责任编辑　韩　星

封面设计　刘　璇

陕西出版资金资助项目

中国与“一带一路”发展系列研究丛书

丛书主编　冯宗宪

中国和“一带一路”沿线国家的区域经济合作发展

冯宗宪　等　著

图书在版编目(CIP)数据

中国和"一带一路"沿线国家的区域经济合作发展/
冯宗宪等著. —西安:西安交通大学出版社,2017.4
ISBN 978-7-5605-9643-3

Ⅰ.①中… Ⅱ.①冯… Ⅲ.①"一带一路"-区域经
济合作-经济发展-研究 Ⅳ.①F125

中国版本图书馆 CIP 数据核字(2017)第 084594 号

书　　名 中国和"一带一路"沿线国家的区域经济合作发展
著　　者 冯宗宪　等
策划编辑 魏照民　柳　晨
责任编辑 郑世骏　柳　晨

出版发行 西安交通大学出版社
(西安市兴庆南路 10 号　邮政编码 710049)
网　　址 http://www.xjtupress.com
电　　话 (029)82668357　82667874(发行中心)
(029)82668315(总编办)
传　　真 (029)82668280
印　　刷 中煤地西安地图制印有限公司

开　　本 787mm×1092mm　1/16　**印张** 36.5　**字数** 514 千字
版次印次 2017 年 8 月第 1 版　　2017 年 8 月第 1 次印刷
书　　号 ISBN 978-7-5605-9643-3
定　　价 178.00 元

读者购书、书店添货,如发现印装质量问题,请与本社发行中心联系、调换。
订购热线:(029)82665248　(029)82665249
投稿热线:(029)82668526
读者信箱:xjtu_hotreading@sina.com

丛书编委会

序　言

千百年来，不同的文化在古丝绸之路上交相辉映、相互激荡，积淀形成了世人共知和推崇的和平、开放、包容、互信、互利的丝绸之路精神，而且不断注入新的时代内涵。作为多元文明碰撞与交流的遗产，丝路精神并非中国独享，它一直是全人类的共同财富。

2013 年 9 月和 10 月，中国国家主席习近平在分别出访哈萨克斯坦和印度尼西亚期间，倡议用创新的合作模式，共同建设丝绸之路经济带和 21 世纪海上丝绸之路的合作构想。“一带一路”构想高瞻远瞩、审时度势，对密切中国同中亚、南亚和东南亚以及欧亚非国家和地区之间的经济贸易关系，深化区域交流合作，统筹国内国际发展，实现陆海共济，维护周边环境安全，拓展中国对外开放的巨大空间，展现中国梦和促进世界各国共同繁荣都有着重大的意义。

“一带一路”构想具有十分丰富的内涵，它体现了对古丝绸之路精神的继承和发扬。2000 多年的交往历史证明，坚持丝绸之路精神，不同种族、不同信仰、不同文化背景的国家完全可以共享和平、共同发展。在建设丝绸之路经济带和 21 世纪海上丝绸之路的今天，更需要将丝绸之路承载的和平合作、开放包容、互学互鉴、互利共赢精神薪火相传，发扬光大，在世界文明交流史上续写灿烂新篇章。中国的“一带一路”倡议，以经济和人文合作为主线，充分体现了互信和互利的精神。“一带一路”，从陆地到海上，从区域双边、诸边到国际多边，从国内到国际，展开跨地域、广泛深入的国际合作与发展项目对接；它要实现从人文交流、交通通道到经济、贸易和金融乃至政策等不同层面的相通，要使星罗棋布的沿线城市、产业园、自贸区等相互连接，达到全面高效的互联互通。通过投资、技术及产业转移，“一带一路”建设将提升改善沿线国家的产业结构和贸易结构，推进区域经济一体化，推动区域及跨区域的绿色、健康和可持续发展；使沿线各国形成利益共同体、责任共同体和命运共同体。“一带一路”以开放多元的特征推进区域合作的进程，有助于为全球经济复苏和发展提供新的动力，有助于形成更加公平的世界经济秩序，也有助于提升全球经济治理的水平和效率。

“千里之行，始于足下”。知往鉴今，在通往成功的道路上，往往分布着不少的荆棘与坎坷。昔日西汉张骞出使西域，创凿空之举，其行程万里，沿途历尽千难万险，备尝艰辛。今天，论建设“一带一路”的物质条件，若与数千年前相比，毕竟要好得多了。然而在实施过程中依然会面临各种自然环境、政治、经济、交通、文化等多重风险和挑战，对此，走出去的企业应当具有充分的心理应对准备，同时需要依靠大学、智库和科研机构开展前瞻性的科学研究和政策研究，以资参考和咨询。

古代长安是古丝绸之路的起点，它已成为中国古代对外开放的历史象征，有着难以磨灭的历史光辉。在中华民族走向伟大复兴的新形势下，西安作为周秦汉唐等十三朝古都和现代国际化城市的结合体，对丝绸之路经济带和 21 世纪海上丝绸之路的建设有着特殊的地理坐标指引和重要节点的支撑作用。在这里，我们高兴地邀请到国内外一批对“一带一路”有着浓厚兴趣、学有专长和志同道合的学者专家，分别从国际经济、政治、历史、贸易、金融、能源、交通、旅游、文化等不同领域进行专题研究，在国家社会科学基金项目、国家自然科学基金项目、陕西出版资金等基金项目的支持下，依托西安交通大学出版社，来共同合作完成“一带一路”发展丛书。

“不积跬步，无以至千里；不积小流，无以成江海”。我们愿共同努力，使这套发展丛书能够为“一带一路”合作发展研究作出微薄的贡献；我们也期待着，“一带一路”这一宏伟蓝图在各国互信合作中得以逐步实现，真正造福世界各国人民。

冯宗宪
2015 年 7 月

目　录

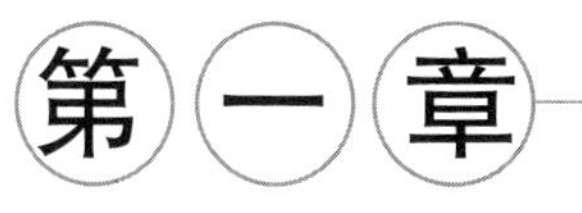

第一章 导论

第一节 本书研究的背景及意义

一、研究背景

古“丝绸之路”是一条绵延数千公里持续两千多年的贸易和文化交流之路。通过“丝绸之路”，中国与中亚、西亚、南亚、欧洲、北非等地区建立起了密切的商贸联系，促进了东西方文化交流和生产力发展。

古代“丝绸之路”的陆上通道主要有两条，一条是西北“丝绸之路”，一条是南方“丝绸之路”。

西北“丝绸之路”指的是自长安出发，从新疆出境经过中亚到达欧洲的线路。西北“丝绸之路”自新疆出境后分为三条路线：北线——沿咸海、里海、黑海的北岸，经过碎叶、怛罗斯、阿斯特拉罕等地到伊斯坦布尔；中线——自喀什起，经费尔干纳盆地、撒马尔罕、布哈拉等到伊朗的马什哈德；南线——自帕米尔山，可由克什米尔进入巴基斯坦和印度，也可从白沙瓦、喀布尔、马什哈德、巴格达、大马士革等前往欧洲。

南方“丝绸之路”主要指的是自成都出发，从云南腾冲出境经缅甸至印度的贸易路线。

古“丝绸之路”既是一条商贸之路，也是一条文化传播和交流之路。在浩瀚的交往历史中，东西方使节、商队、游客、学者、工匠川流不息，沿途各国互通有无、互学互鉴，共同推动了人类文明进步，谱写出千古传诵的友好篇章。

千百年来，丝绸之路是联系世界主要文明的纽带，中华文明、印度文明、波斯文明、希腊罗马文明、阿拉伯文明以至此前存在的埃及文明和两河流域文明，都分布在丝绸之路沿线，通过丝绸之路互相交流，从而丰富了各自的内容，推动了各自的创新和发展。不同的文化在古丝绸之路上交相辉映、相互影响，形成了和平、开放、包容、互信、互利的丝绸之路精神，而且不断注入时代内涵。作为多元文明碰撞与交流的遗产，它一直是全人类的共同财富。

20 世纪末，全球化进程的加速，特别是阻碍东西方交流的“冷战”的结束，为“丝绸之路”的复兴创造了必要的条件。20 世纪 90 年代以来，在古代“丝绸之路”上，多条铁路、公路及管道相继投入运营或建设，这些新的“丝绸之路”在促进沿途国家经贸和文化交流的同时，也对欧亚大陆的地缘政治产生了重要的影响。

中国提出的共建“丝绸之路经济带”和“21 世纪海上丝绸之路”（以下简称“一带一路”）倡议，是新的时代背景下千年丝路的再度升华。“一带一路”横贯欧亚大陆，两端分别以亚太和欧盟为两大桥头堡，沿线国家跨度较大且极具发展潜力。根据国家官方公布的参与国家和范围，保守估计涉及人口占全球人口的近三分之二，国内生产总值合计超过全球的三分之一，达 20 万亿美元。“一带一路”沿线涉及国家众多，除两端韩国、日本、新西兰、澳大利亚和欧洲发达国家外，沿线东南亚、南亚、中亚、西亚等广大腹地多为发展中国家，这些国家蕴藏着丰富的资源，廉价的劳动力成本，但基础设施较落后且缺少资金。与此同时，中国正处于引导企业“走出去”的阶段，因此，双方开展合作共赢的前景非常广阔。

根据联合国官方统计数据显示，从 1990 年到 2013 年的 23 年间，世界的投资和贸易的每年平均增长率分别为 9.7% 和 7.8%，而“一带一路”地区则分别高出全球六到七个百分点。就经济增长速度而言，同期“一带一路”的经济增长相当于全球增长速度的两倍还要多，纵然在后金融危机阶段，也比世界年均增长速度多 2.3 个百分点。中国和不少的沿线国家有着良好的合作关系，特别是改革开放以来，随着综合国力的不断提高，中国对外贸易也发展迅速，对于许多沿线国家而言，中国是其最大的进出口市场

抑或是重要的引资国。由此可见,中国发展同“一带一路”经贸投资合作,前景广阔,影响巨大。

“一带一路”倡议构想高瞻远瞩、审时度势,对密切我国同中亚、南亚、西亚、东亚周边国家,以及欧亚国家之间的经济贸易关系,深化区域交流合作,统筹国内国际发展,开创全球经济治理新模式、维护周边环境,拓展西部大开发和对外开放的空间,都有着重大的意义。2013 年 11 月,在中共十八届三中全会上,这一战略构想被正式写进《中共中央关于全面深化改革若干重大问题的决定》,正式升级为国家战略。2015 年 3 月,国务院三部委联合颁布《推动共建丝绸之路经济带和 21 世纪海上丝绸之路的愿景与行动》,标志着经过一年多的努力,“一带一路”战略落地正式进入到全面推进阶段。

二、本书的研究意义

1. 深入研究继承和发扬丝绸之路精神的合作理念

早在两千多年前,孔子就提出“和为贵”的理念,墨子提出“兼爱、非攻”的伟大思想。只有“兼爱”,各美其美,才能“非攻”,人类才能发展。“一带一路”倡议,以经济合作为基础和主轴,以互联互通为前提,以人文交流为重要支撑,提倡“亲、诚、惠、容”,形成开放包容的合作理念。“一带一路”建设以经济和人文合作为主线,不搞封闭性的集团,不妨碍既有的多边机制。从古至今,丝绸之路的开拓和发展体现了以和平合作、开放包容、互学互鉴、互利共赢的丝绸之路精神。前事不忘,后事之师。

2. 展现“一带一路”不同层次的区域发展与合作愿景

从空间来看,可将“一带一路”分为国内路段和国外路段两大部分。

国外路段可分为三个主要地段:中亚地段、南亚地段、中东欧地段,以及相关的俄罗斯和西欧、北欧及非洲地段。展示了中国以走廊经济、带状经济推进欧亚非区域经贸投资合作发展的新抱负,推动区域自由贸易区战略升级的新蓝图和参与全球经济治理的新举措。

第一，从国内段而言，将以中国西部地区为主要依托。

从这个意义上来看，这是一个引领未来中国西部大开发、实施向西开放战略的升级版。西部地区拥有中国 72%的国土面积、27%的人口，与 13 个国家接壤，陆路边境线长达 1.85 万公里，但对外贸易的总量只占中国的 6%，利用外资和对外投资所占的比重不足 10%。因此，中国扩大对外开放最大的潜力在西部，拓展开放型经济广度和深度的主攻方向也在西部。西部大开发已实行了十七年，取得了前所未有的成就，而未来的西部大开发，需要建立在对内对外开放的基础上，通过扩大向西开放，使中国西部地区与中亚、南亚、东南亚和西亚的贸易往来及经济合作得以加强。丝绸之路经济带国内段是中国形成全方位对外开放格局、实现东西部均衡协调发展的关键一环。

第二，从国际段的中国紧邻区域而言，这一构想符合区域经济合作发展的新方向。

中国与上海合作组织内正式成员的中亚国家、俄罗斯等，都面临经济发展的重大任务，而区域经济合作已成为上合组织元首峰会和总理会议的重要议题。此外，丝绸之路经济带与欧亚经济联盟存在一定的互补性。特别是欧亚经济联盟和上海合作组织成员国、观察员国地跨欧亚、南亚、西亚，有一定重合。以政治安全、经济及社会文化为三大支柱的东盟共同体于 2015 年 12 月 31 日正式成立，标志着东盟一体化进程正处于蓄势待发的重要时期。这些组织所属成员国家大都处于丝绸之路经济带之间，中国通过加强上海合作组织同欧亚经济联盟、东盟共同体的合作，有关国家都可获得更大的发展空间。

第三，从整个国际段而言，这一构想展现了中国发展区域共赢合作和全球经济治理的新理念、新蓝图、新途径和新模式。

构想提出"一带一路"沿线国家合力打造平等互利、合作共赢的"利益共同体"、"责任共同体"和"命运共同体"的新理念；描绘出一幅从波罗的海到太平洋、从中亚到印度洋和波斯湾的交通运输经济大走廊，其东西贯穿欧亚大陆，南北与中巴经济走廊、中印孟缅经济走廊相连接的新蓝图。构想通过加强政策沟通、道路联通、贸易畅通、货币流通、民心相通等新途径，

以战略协调、政策沟通为主，不刻意追求一致和强制性的制度安排，与现有的区域合作机制，如上合组织、欧亚经济联盟、亚太经合组织、东盟、海合组织和欧盟等合作协调发展，可谓讲求实际、高度灵活、富有弹性。中国将以带状经济、走廊经济、区域和次区域合作、互联互通、贸易便利化、技术援助、经济援助、经济一体化等各种可供选择的方式，与沿线国家共同推进欧亚非区域经贸发展，这种创新的国际合作模式，可以使欧亚非各国经济联系更加紧密，相互合作更加深入，发展空间更加广阔。

3. 阐述建设陆海强国，维护国家经济战略安全的必要性和重要性

从大陆与海洋来看，“一带一路”跨越亚洲、欧洲和非洲三大洲，在海洋上连接了太平洋、印度洋和大西洋。陆海之间不可分离。“一带一路”战略构想显示了中国建设海陆强国的雄心和发展愿望。21 世纪是海洋的世纪。海洋事关国家安全和长远发展，中国作为世界第二大经济体，已发展成为高度依赖海洋的外向型经济，对海洋资源、空间的依赖程度大幅提高。中国是一个拥有三百多万平方公里海域、一万八千公里海岸线的大国，建设海洋强国、维护海洋权益是发展之要、民生之需，也是中国海洋权益维护和拓展的题中应有之义。世界主要海洋国家都将海洋权益视为核心利益所在，积极推行新一轮海洋经济政策和战略调整。中国既是陆地大国，也是海洋大国，拥有广泛的海洋战略利益。“一带一路”的构想实施必须统筹国内国际两个大局，坚持陆海统筹，坚持走依海富国、以海强国、人陆海和谐、合作共赢的发展道路，通过和平、发展、合作、共赢方式，扎实推进陆海强国建设。

从维护国家经济安全角度来看，“一带一路”是对世界经济的再平衡；也是对沿线区域经济的再平衡，是维护中国周边安全的战略需要；是应对诸如恐怖主义、跨国犯罪、公共卫生和非传统安全问题等方面跨国挑战的必然选择，也是维护中国经济日益增长所需要的战略通道安全和全球利益所做出的布局安排。

4. 推动"一带一路"的贸易和投资合作深入开展

2012年以来，受后金融危机影响，世界经济复苏乏力，一直靠出口带动经济增长的中国也表现出一定放缓。目前，一方面，中国已形成相对完整的工业体系，而"一带一路"沿途多是发展较落后国家，亟须建设基础设施并发展自己的工业体系，中国长期以来依靠价格和低成本赢得市场的制造业具有优势。而另一方面，基于中国综合国力的不断增强，中国在对外投资方面增长迅速，逐步成为有影响力的投资大国，2013年更是首次成为净投资流出国。"一带一路"战略的提出，必将深化中国同沿线各国的合作潜力，完善中国产业转移和制造业升级，促进沿线后进国家经济发展，从而实现合作共赢。贸易和投资作为经贸合作的先头兵，通过优化贸易和投资来布局经贸合作。因而，为了更好地推进"一带一路"实施，研究中国与"一带一路"国家的贸易和投资，显得至关重要。

建设好"一带一路"，首先要切实做好以下五个方面的工作，即道路联通、政策沟通、货币互通、贸易畅通、民心相通。而在这其中，贸易畅通是至关重要的一环。目前，中国虽然与沿途不少国家经贸关系密切，甚至是最大贸易伙伴，但同时仍然存在着很多问题，且有更大的潜力有待挖掘。从目前来看，虽然沿线不少新兴国家发展迅速，但在发展中仍面临着缺乏资金、技术和经验等问题。而改革开放以来，中国不仅积累了不少成功的发展经验，也形成了完善的工业产业链，且也正面临产能过剩等问题，从而可以形成良好的互补。

国内外实证分析发现，通过对外直接投资，可以对母国产生一定的贸易效应。因此，在当前贸易萎靡、投资盛行的阶段，通过研究中国对"一带一路"沿线国家的直接投资的贸易效应，从而探索对外直接投资对贸易的带动作用，寻求改善中国以往单纯依靠出口来开拓国外市场的途径，这在当前国际需求疲软及国内消费尚需提振的情况下，具有重大的意义。此外，虽然中国这些年来随着国力的增长，对外直接投资数额有大幅度的增加，但由于起步较晚，仍然存在着缺乏全局性规划等一系列问题，通过对中国"一带一路"直接投资贸易效应和影响因素的研究，发掘其中的地区性差

异，对于国家更好地布局“一带一路”经贸合作，提升对外直接投资效益，具有重大的理论意义和应用价值。

5. 认知和正视风险，坚定不移地推进“一带一路”的区域经济合作

三年多来的实践表明，共建“一带一路”逐步成为各国走向共识的合作构想。目前，已经有一百多个国家和国际组织参与其中，中国同三十多个沿线国家签署了共建“一带一路”合作协议，同二十多个国家开展国际产能合作，联合国等国际组织也态度积极，以亚投行、丝路基金为代表的金融合作不断深入，一批有影响力的标志性项目逐步落地。

这反映出“一带一路”深厚的民心基础和广泛的亲和力，说明了“一带一路”建设不是中国一家的独角戏，而是沿线国家的合奏曲。中国进一步巩固了来自中亚、西亚和俄罗斯以及非洲的能源供给，为经济持续发展提供了可靠、安全的周边保障；而与中国的合作也有助于沿线部分国家摆脱“内陆国”“双重内陆国”的困扰，为其经济发展提供了更大的地缘空间和广阔市场。中国与东盟签署了中国—东盟自由贸易区升级版，推动《区域全面经济伙伴关系协定》(RCEP)谈判取得了实质性进展。此外，本地区国家之间合作关系发展的成果，又为“一带一路”建设打下了坚实基础；中国与海湾国家、与南亚和西亚国家、与中东欧国家，以及欧盟的合作也日益深化。“一带一路”沿线各国经济通过“一带一路”平台，更加广泛深入地联系在一起。

当然，“一带一路”的推进，也绝非一帆风顺。“一带一路”建设面临地缘政治经济风险和其他大国的竞争，以及区域安全因素等挑战，美国、欧盟、日本、印度和其他大国的势力范围已达“一带一路”的沿线国家。[①] “一带一路”倡议能否顺利实施，见诸实效，不仅需要沿线国家的积极响应，共商共建，也离不开域外国家，尤其是域外大国的理解和支持。[②]

尽管美国并非“一带一路”沿线国家，但是，在倡议所涉及的东南亚、南

① 郑永年.“一带一路”面临大国竞争与区域挑战[N].联合早报，2016-8-14.

② 马建英. 美国对中国“一带一路”倡议的认知与反应[J].世界经济与政治，2015(10).

亚、中亚及俄罗斯、中东等地长期以来拥有重要的战略及外交投入。官方层面，美国前常务副国务卿伯恩斯指出，美主导"新丝绸之路"倡议与"一带"在重振中亚地区"全球商业、观念及文化"中心地位上可开展合作。在政策研究、学术界和舆论界，美对两项倡议的评价较为复杂。

基于经济利益、地缘政治和战略平衡的考量，欧盟及其成员国对于"一带一路"的倡议，总体上持积极态度。① 欧洲智库甚至将"一带一路"比作中国的第二次开放。② 在经贸合作领域，欧洲方面认为，"一带一路"在具体推进过程中仍然存在许多不确定性。中国提出的"一带一路"倡议，促使欧洲重新审视自己的中亚战略。对于中国和俄罗斯在中亚地区的介入，欧洲人的看法截然不同："一带一路"倡议主要关注经济发展，旨在促进地区稳定，拓展通往中亚资源与欧洲市场的通道。③

日本认为，中国"一带一路"意在为本国经济发展寻求出路，以及构筑新的东亚国际体系；该战略将促进中国沿线经济的发展，削弱美日在亚太地区的经济影响力；但其前景仍面临许多不确定因素。④

拉贾·莫汉等印度战略界学者认为，尽管印度对"一带一路"存在许多保留，但印度无法阻止邻国在基础设施建设上与中国合作，更不应阻挠中国在该地区发起的丝绸之路倡议，而是应该积极参与并影响这一行动计划。⑤对此，中国应注意区域内外大国对"一带一路"的认知偏差及对抗措施，影响了"一带一路"倡议的健康实施和舆论环境，中国应当正视风险，抓住机遇，善加应对外部挑战和威胁，化对抗为合作，化不利为有利，与相关国家共担风险，共享收益；为"一带一路"建设营造和平稳定的周边环境，坚定不移地推进"一带一路"区域经济合作。

---

① 刘丽荣."一带一路"与中欧合作：对接发展的机遇与障碍[J]. 2015(1).

② Francois Godement,"Introduction"—"One Belt,One Road:China'S Great Leap Outward", China Analysis,June 2015,p. 2,http://www. ecfr. eu/page/—/China—analysis—belt_road. pal, 2015 - 07 - 19.

③ Eva Gross,"Recalibrating EU-Central Asia relations",EUISS Bri 巧 Issue, No. 16,June 2015,P. 1.

④ 黄凤志，刘瑞. 日本对"一带一路"的认知与应对[J]. 现代国际关系，2015(11).

⑤ 《印度快报》网站，2014 年 9 月 15 日

第二节　本书的研究思路及方法

一、研究思路

与以往西方地缘政治学者所认为的包括中亚在内的欧亚大陆腹地是全球战略竞争中心不同，“一带一路”构想旨在使中国发展引擎所驱动的地缘经济潜力，形成巨大的正外部性，为相关国家和地区所共享。它展示出中国将自身发展的宏伟愿景与相关国家和地区的发展愿景相结合，将“中国梦”和“亚洲梦”、“欧洲梦”和“非洲梦”相连接，支持有关国家改善民生、增加就业和工业化的努力，积极为沿线地区提供国际公共产品，将政治关系优势、地缘毗邻优势、经济互补优势转化为务实合作优势、持续增长优势。从而构建“一带一路”利益共同体。

经过三十多年的改革开放，特别是加入世界贸易组织以来，中国和全球及区域多边经济合作日益广泛，国际贸易和对外直接投资发展迅速，但由于中国相对于欧美国家，在区域经济合作、国际贸易和国际直接投资方面发展较晚，而国内学术界对这方面的理论研究相对于发达国家的研究，相对欠缺，不但缺乏相应的理论基础支撑，也缺乏对目前区域经济合作及贸易投资实践特征的深刻认识。鉴于国家对“一带一路”的高度重视和研究工作的要求，我们需要认真回顾和总结中国同“一带一路”地区的区域经济合作发展理论和实践，掌握“一带一路”经贸投资现状，发现其中存在的问题，从理论和实践上探索中国与“一带一路”沿线地区不同国家的经贸合作模式；以及对相关的贸易结构、产业内贸易及价值链情况，贸易壁垒和贸易便利化程度，贸易竞争力等方面的问题进行分析；需要研究中国对外直接投资对“一带一路”不同地区的贸易效应的差异，优化中国对外直接投资的效率和提高中国对外直接投资的针对性；也需要研究中国投资和援助支持“一带一路”发展中国家经济发展，形成更多的国际公共产品；如何更好地带动中国同该地区的经贸往来和投资合作。此外，要认真对待和分析“一带一路”的国家风险，提出避险之道，探索“一带一路”区域经济合作的可持续发展,上述就是本文研究的出发点。

首先,本书通过定性及定量地分析中国同"一带一路"地区经贸往来的现状,继而对中国与"一带一路"的区域经济合作和贸易投资及对外援助状况进行分析讨论,并先后从整体和分地区的角度来探讨,总结发现其中存在的问题。

其次,通过产业内贸易指数分析"一带一路"产业内贸易状况及价值链构成;通过建立贸易引力模型,对"一带一路"区域的贸易成本进行估计,对中国和"一带一路"的竞争力状况进行更加深入的分国家、产业的比较分析。

再次,从整体、分地区层面来探究中国对"一带一路"直接投资的贸易效应差异,通过对直接投资的影响因素分析,选取"一带一路"多个国家十多个不同方面的影响因素,系统地构建直接投资的影响因素分析模型,以总结其中的规律,从而为更好地提升投资效率,带动中国同该地区的经贸往来提出针对性的建议。

最后,落脚于"一带一路"沿线国家的风险评估和可持续的合作发展,体现了从"利益共同体"向"责任共同体"和"命运共同体"的演进和升华。

二、研究方法

1.文献回顾法

对本书拟研究的问题,通过对国内外研究文献的分析,从学术角度进行分类梳理,更好地了解该领域目前的最新研究活动和进展,为研究"一带一路"战略下中国对外区域经济合作,贸易、投资发展提供思路,同时,也可为中国管控"一带一路"建设风险提供有益的参考意见。

2.规范分析和实证分析相结合

本书采用规范分析法,对当前国内外"一带一路"区域经济和贸易投资合作现状与存在的问题进行分析,并以实证为基础,经过检验,提出结论;实证以规范为出发点,将包括政策建议在内的规范分析成果用来指导实

践。本书在规范分析时，结合实证说明“是什么”的状态；而对于实证分析的结论，也要和规范分析的讨论相结合，说明“为什么”的道理，以利于问题讨论的深入。

3.整体分析与个体分析相结合

本书采用整体与个体分析相结合的方法，体现在始终把中国同“一带一路”区域经贸投资合作关系的分析相结合。在具体分析中，既从整体角度分析“一带一路”沿线国家的基本现状，以及中国同其整体贸易投资往来情况。还分地区来探讨中国同各地区的经贸投资合作情况。

4.经验分析、指标评价与案例分析相结合

本书根据研究的需要，分别从经验角度、评估角度和案例分析角度，对“一带一路”区域经济合作、贸易和投资等相关问题，分别进行了实证研究和案例研究。这对于不同问题的认识和把握，都有着积极的意义和分析价值。

第三节　研究内容与框架

一、研究内容

本书共分为十三章，各章研究内容如下：

第一章，绪论。本章主要阐述了本书选题的背景及意义，强调了在历史和现实背景下，探索中国对“一带一路”区域经济合作的重要性。同时，对于全书的研究思路和研究内容，以及研究方法和研究框架进行了简要的介绍。

第二章，相关理论及文献研究综述。本章首先主要通过对对外直接投资的贸易效应和影响因素的相关理论的简要回顾梳理，并对国内外学者针对这两个领域及“一带一路”所做研究的综述，从而为文章建立坚实的理论基础。此外，通过对国内外专家学者对该领域所做研究的综述，指明本书研究的目的。

第三章,"一带一路"经济合作理论分析框架。本章从国际贸易、要素流动、对外援助和区域经济一体化角度,政治经济分析等方面,分别进行了讨论,构建了"一带一路"经济合作理论的分析框架。

第四章,中国和"一带一路"沿线国家的区域经济合作。本章从"一带一路"的建设思路,与现有的区域经济合作组织和机制的联系对接,中国和"一带一路"各国的经济发展,产业、贸易投资与技术水平,以及"一带一路"区域经济合作的一般均衡模拟展开分析和讨论。

第五章,中国对"一带一路"进出口贸易与投资和国际援助分析。本章通过对中国与"一带一路"国家2001—2014年的货物贸易数据和中国对该地区的直接投资2003—2014年的数据进行统计,从"一带一路"整体并分别从东南亚、东北亚、南亚、独联体、西亚、中东欧、欧盟等地区来进行描述性分析。并按照SITC10大分类的标准,探寻了中国同"一带一路"沿线国家贸易往来的商品结构。发现了中国与该地区的经贸投资合作存在的问题。

第六章,中国和"一带一路"沿线国家的产业贸易及价值链分析。本章结合中国和"一带一路"沿线国家整体和不同地区,分别从产业内和产业间贸易状况、水平和垂直产业内贸易类型,以及产业内贸易类型品质差异特点,并且对产业内贸易的影响因素进行计算、分析和讨论。还对"一带一路"价值链进行了讨论。

第七章,中国和"一带一路"沿线国家的贸易成本和贸易便利化分析。本章结合引力模型,对中国与"一带一路"国家间的双边贸易成本进行了估计,并结合实际情况,通过计量回归,对中国与"一带一路"国家双边贸易成本影响因素的作用效果进行评估。讨论和比较了"一带一路"贸易便利化现状及其存在的问题。

第八章,中国和"一带一路"沿线国家的竞争力状况分析。本章首先基于全球竞争力指数和制造业竞争力指数,对中国和"一带一路"国家的排名变化进行分析。其次,在总体和行业层次上选用显示性比较优势(RCA)指数,对中国和"一带一路"沿线国家比较优势现状进行分析。再次,通过贸

易引力模型进行贸易竞争力的横向和纵向比较，从而对“一带一路”贸易的比较优势和竞争力进行定位。

第九章，中国对“一带一路”沿线国家直接投资的贸易效应实证研究。本章引入了贸易引力模型，并采用面板数据，来实证研究直接投资对贸易产生的替代效应和互补效应，分别从分地区对中国对“一带一路”直接投资的贸易效应进行实证研究，然后对“一带一路”整体和分地区整体的角度来进行对比分析。

第十章，中国对“一带一路”沿线国家直接投资的影响因素的实证研究。本章在中国对“一带一路”沿线国家直接投资贸易效应的实证研究基础上，构建投资引力模型，选取了多个沿线国家2003—2014年的数据，并从多角度选取了东道国十多个指标，来对中国对“一带一路”及其各大次区域的直接投资影响因素进行探究。

第十一章，“一带一路”沿线国家的风险及其评估。本章主要是针对主权信用风险和政治风险进行了介绍和评估。一是重点关注“一带一路”战略下国家主权信用风险的衡量与测算，提出了相应的模型；二是结合基础设施建设案例研究，讨论了国别政治风险的影响；三是提出了规避风险。

第十二章，“一带一路”沿线国家生态文明与可持续合作发展。本章分析“一带一路”生态文明建设的意义和路径特征，采用综合指数评价法，来构建“一带一路”区域生态文明综合指数，并进行了初步评价。讨论在“一带一路”可持续发展中，中国企业如何做好社会责任担当，并提出了若干建议。

第十三章，结论与展望。首先，本章对全书的研究工作进行了概况总结。其次，针对前面几章的分析结果，指出了今后的研究展望。

二、研究框架

本课题在具体研究过程中，主要遵循的是从理论分析到描述性分析，再到实证分析的研究思路。研究框架如图1-1所示。

中国和"一带一路"区域经济合作发展
文献综述
理论分析框架
区域经济合作和一般均衡分析
产业内贸易和价值链
贸易、投资和援助
贸易竞争力分析
贸易成本和便利比
中国 OFDI 的贸易效应
中国 OFDI 的影响因素
"一带一路"主权信用风险分析
"一带一路"区域可持续合作发展

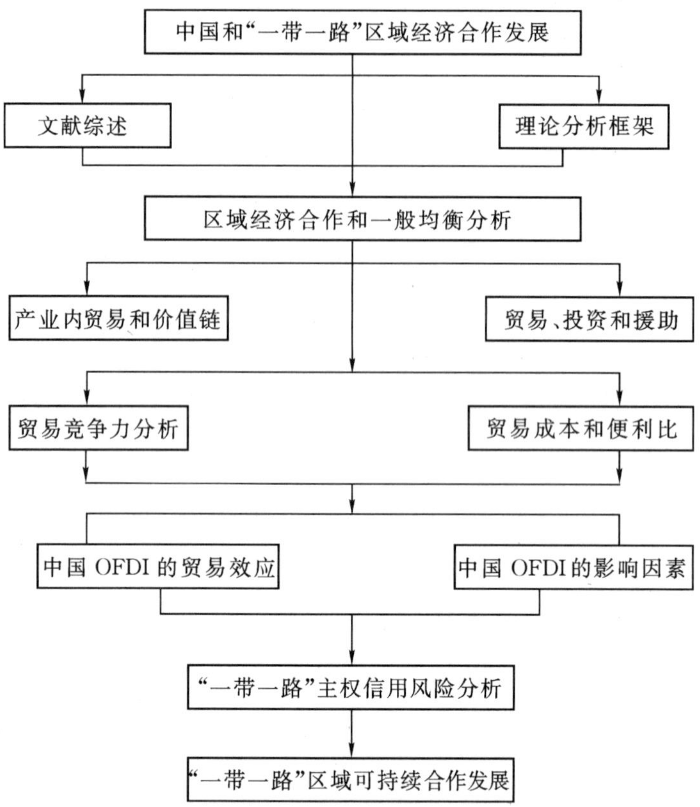

图 1-1 本书的研究框架

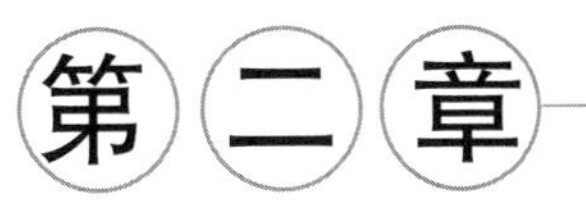

第二章 相关理论及文献研究综述

第一节 区域经济合作研究综述

一、区域一体化理论

荷兰经济学家丁伯根在1954年就提出了关于区域一体化的定义和区分。他创造性地把经济一体化进行了消极和积极的区分。根据一体化的措施，如果一个经济社会消除已有的贸易管制制度，则认为是消极的一体化过程；而主动通过改变自身现状来完成一体化进程的，则称为积极一体化。可以看出，积极一体化比消极一体化更加主动，也更强调统一的强制力量对于自由市场纠正的作用。美国经济学家巴拉萨(Balassa，1961)对区域一体化的区分定义进行了发展和深化。他认为，区域一体化不只是一个简单的过程，而且是一种状态。从结果来看，区域一体化致力于产品和要素的移动最终不受任何非自由市场因素的约束。也就是说，一方面，它包括旨在消除各国经济单位之间差别的种种举措；另一方面，它也意味着各国间各种形式的差别待遇的消失。经济一体化的形式，根据不同标准可分为不同类别。巴拉萨把经济一体化的进程分为四个阶段：(1)贸易一体化，即取消对商品流动的限制；(2)要素一体化，即实行生产要素的自由流动，实现区域经济一体化；(3)政策一体化，即在集团内达到国家经济政策的协调一致；(4)完全一体化，即所有政策的全面统一。

美国经济学家雅各布·维纳(Jacob Viner)在《关税同盟问题》一书中，首次提出了关税同盟理论，作者通过福利分析的方式得出，自由贸易协定的签订将导致签订者福利的提高。通过降低关税，一方面，通过贸易创造增加了彼此的福利，另一方面，通过将原本是与"局外人"的一部分贸易额转移到了签订自由贸易协定的"局内人"，通过贸易转移增加了福利。因此，本国福利的净增加是自由贸易协定产生的原因。区域经济一体化的一个重要过程就是自由贸易区的建设，罗布森（Robson）自由贸易区理论进行了大量研究工作，这些工作认为，统一的关税和贸易政策是消除贸易区内各种壁垒的最基本的环节。斯巴克、西托夫斯基（T Scitovsky）和德纽（JF Deniau）分别提出的静态与动态大市场学说发展了自由贸易区理论。

经济学家弗里茨·马克鲁普（Machlup. Fritz）认为，经济一体化存在多种形式，并不局限于各国之间，也可以是消除一国内部不同区域之间的贸易壁垒。然而，彼德·罗波逊（Robson, Peter）等并不赞成贸易自由化与经济一体化的这种解释。彼德·罗波逊认为，"国际经济一体化是手段不是目的"；保罗·斯特里坦（Streeten. Paul）认为，"贸易一体化不应该按手段来定义，而应该定义为目的、平等、自由繁荣"。平德（Pinder）认为，经济一体化最重要的环节是消除各国的贸易歧视，达到政策协同的效果。

20 世纪 60 年代，英国经济学家约翰逊（H·G·Johnson）进一步扩展了瓦伊纳的贸易创造效应。他最早应用局部均衡模型，形象地展示了贸易创造和贸易转移的成因，并清楚地解释了在完全竞争条件下消费者和生产者的福利得失。

二、区域一体化研究的深化

20 世纪 80 年代以后，随着经济一体化在世界范围内的迅速发展，人们开始从更广阔的视野关注和研究区域经济一体化所涉及到的方方面面的内容。特别是作为迄今为止已经进入经济一体化最高发展阶段的欧盟的发展，已经远远超出了经济领域本身，成为一个涵盖了政治、法律、文化、社会等方面的多元化的范畴。相应地，人们对经济一体化的研究领域也呈现出一种综合性和多学科的特点。

从发展阶段来看，区域经济一体化理论的演进经过了三个阶段，即 20 世纪五六十年代的传统理论阶段、七八十年代的发展阶段以及 90 年代以

来的新阶段。从七八十年代产生的区域一体化理论一般称为新区域主义，这段时期的理论特征被称作“新区域主义”(New Regionalism)。除去经济因素，世界银行还给出了参与区域经济一体化的政治驱动因素，即：增强安全性，涉及区内国家之间的经济、军事安全等；增强谈判能力；促进项目合作；锁定国内改革取向。20世纪90年代以来，区域经济一体化的发展出现了一些新特点：在一些实力更强大的经济体和实力相对弱小的经济体之间签订的贸易协定中，后者对前者做出了更大的让步。比如，美国与加拿大、墨西哥签订的自由贸易协定上，后两者被要求在国内知识产权保护、能源政策等方面做出适应美国的调整；欧盟在吸纳东欧成员国之前，也要求他们在国内政策方面做出改革，并根据其改革进度确定吸纳其加入的时间。

与旧的区域主义相比，“新区域主义”范围更广，更加注重一体化的“纵深层次”，不仅涉及贸易领域，而且涉及金融和对外直接投资，并扩展到政治领域的合作与协调。区域经贸安排已突破传统的地缘概念，出现了越来越多的跨洲和跨地区的自由贸易协议。此外，还出现了诸多新型合作机制，如亚太经合组织、亚欧会议等，把更多的经济体纳入到区域经济之中。以维纳为代表的关税同盟理论是区域经济一体化研究的开端。在有关理论中，以完全竞争为前提，静态分析占据主导地位。传统一体化理论对“旧区域主义”的研究体系相当复杂，这是由其内在的“次优”分析方法决定的。在假设条件上，这种“次优”方法消除了区域贸易协议内部贸易关税，但却保留了国内税、补贴政策和非区域贸易协议关税等扭曲贸易的因素。80年代中期以来，区域经济一体化实践取得了新的进展。在这一背景下，各种以不完全竞争为前提的动态区域经济一体化学说相继问世。其中，一体化有利于研究与开发(R&D)和部门内部贸易(ⅡT)，进而促进经济增长之说颇具代表性。

传统贸易理论侧重考察商品贸易和价格，而“新贸易理论”则探讨了生产要素的配置效率以外的诸多其他因素，如贸易与生产率的联系(即“新增长理论”)、不完全竞争、动态比较优势和贸易需求增加带来的效率增加等。从寻租理论、政治经济学分析、博弈理论、产业组织(特别是不完全竞争理论)、规模经济、地缘理论、开放宏观经济学、区域主义与多边主义的关系等更广泛的视野内探讨区域经济整合问题。

Ethier(1998a)认为,新区域主义使发展中国家与发达国家深层一体化,从而获得贸易增长,生产效率改进,这强调了区域主义可以作为发展中国家的发展战略的一部分;Schiff and Winters(2004)更多地阐述了 RTA 是否和如何支持经济发展;在 Either(1998b)框架内,FDI 对生产率增长的作用分析中包含了内生增长理论。

区域一体化的政治经济分析也是近年来一个重要的分析方法。如 Baldwin(1993)、Grossman & Helpman(1993, 1994)、Levy(1997)、Krishna(1998)、Aghion, Antras, Helpman(2004)等,采用的都是政治经济分析方法分析区域一体化。

市场状态的调整也是新区域主义一个重要的特点,即把完全竞争扩展为不完全竞争。Winters(1997)发展了一个不完全竞争模型来分析 RTA 的贸易条件效果;Winters and chang(2000,2002)应用 winters(1997)的理论模型,检查了当成员国与非成员国属于伯特兰竞争时 RTA 的贸易条件效果。

新经济地理学试图从对经济现象的地理集中研究区域一体化进程中的各种问题。克鲁格曼(1995)认为,当运输成本下降、规模经济上升时会产生产业集中,由于关税过高和汇兑的管制,欧洲国家之间的专业化程度低于美国各区域之间的专业化程度,但欧洲区域一体化的发展会加强其产业的地方化和专业化。沃纳科特(1992)认为,外国贸易壁垒和运输成本两个因素会影响国际贸易和区域经济一体化的形成。如果进口国贸易壁垒过高或者进出口国之间运输成本很大,将使得出口国生产者所得的与进口国消费者所付出的缺口过大,从而阻碍两国之间的贸易合作和区域一体化组织的建立。

以上文献分析,为区域一体化理论研究提供了一个大致的脉络,特别是对于区域经济一体化研究提供了可资借鉴的理论基础。

第二节　新发展观与区域经济合作

一、从发展主义到新发展主义

发展是人类社会的永恒主题，发展观则是从理论上对发展的诠释，从实践上对发展的引导。根据学术界的定义，发展观这一概念包括两层含义：第一个是本质层次上的发展观，它揭示的是发展的本质和规律，是人们对于发展的根本观点或根本看法，既包括经济、社会、人类思维发展和自然的发展，还包括社会形态的发展变化，属于世界观、历史观的范畴。第二个是运行层次上的发展观，它所研究的是在某一个具体的时代背景下，为了达成某一既定的中心任务，可用来推动社会发展的条件、手段、途径、机制等问题。发展主义是西方现代化的主流理念。在广义上，发展主义是一种以经济增长为中心的社会进步理论，代表着工业革命以来的进步主义价值观；在狭义上，发展主义是第二次世界大战以后的一种特定的意识形态理念，是继战后“马歇尔计划”之后西方阵营的第三世界发展战略，也是包括“现代化理论”“依附理论”“世界体系理论”，以及种种关于高科技、工业化、国家干预或市场机制等不同版本的发展学说的总称。

二战后，西方的发展理论的演变大致经历了三个阶段：即以单一经济增长为目标的发展阶段、注重社会综合发展阶段、注重人的全面发展阶段。其最新发展则集中体现于1970年代以来联合国倡导的新发展观。

一般认为，发展主义思潮是二战后发源于拉丁美洲，进而指导广大发展中国家寻求工业化道路、实现现代化的一种代表性思潮。发展主义思潮的核心观点是世界资本主义发展的“中心—外围”理论。世界经济的发展与变化过程，就是在“中心”的影响下，产生“外围”经济结构的一种发展与变化过程，它主要表现为一种不平等的经济关系，发展中国家要摆脱外围地位，就应该推进现代化进程。在当时，市场失灵被认为是发展中国家未能建立起这些先进的大产业的原因。因此，主流的经济学理论，也就是后来被称为结构主义的第一版发展经济学理论，建议政府克服市场失灵，以进口替代战略的方式，通过直接动员和配置资源来发展这些资本密集型的大产业。推行该战略的国家通常会出现一个短时期的投资拉动的快速增长，但之后，经济出现停滞和危机不断。

到20世纪90年代，学术界对发展主义的内涵作了进一步的拓展，泛指第二次世界大战后以发展中国家为对象、以经济发展为核心的一种发展理论，是一种以经济增长为中心的社会进步理论。这种理论认为，发展就是进步，就是GDP的增长，就是现代化。

关于发展的早期理论是经济学家建立起来的。经典发展理论家阿瑟·刘易斯(Arthur Lewis W,1955)、罗森斯坦·罗丹(Rosenstein Rodan,1943)、罗格纳·纳克斯(Ragnar Nurkse,1953)、哈维·莱宾斯坦(Harvey Leibenstein,1957)、阿尔伯特·奥·赫希曼(Albea Otto Hirschman,1978)等人认为，经济发展是一个增长过程，不管是静态分析还是动态观察，不管是资源利用还是要素整合，他们所研究的发展都是致力于促进经济增长的。

进入20世纪八九十年代，众多紧跟西方脚步的发展中国家并没有像经典发展主义理论家鼓吹和预测的那样实现全面的现代化，旧有的理论范式丧失了解释力，再加上联合国两个十年发展计划不见成效，西方国家自身爆发重重危机，很多学者在后现代主义引领下开始对发展主义展开理论反思和实践批判。这一思潮被冠名以"新发展主义"。

法国著名经济学家弗朗西斯·佩鲁的《新发展观》用一种全新的视角剖析了发展中国家的发展问题。佩鲁在对传统发展观进行批判的基础之上，提出了以人为中心、以文化价值为尺度、整体的综合的内生的新发展观。早期传统的发展模式的实质是见物不见人。

发展是为了什么？增长是为了什么？这是研究发展问题首先应弄清楚的，也是传统发展主义和新发展主义的重大区别。传统的发展主义者，如刘易斯的经济增长论的出发点是物、产品，只看到人必须消耗一定的产品，方可维持生命机体的持续存在，因而把国民生产总值及人均国民收入的增长作为发展目标。佩鲁批评刘易斯的发展模式是"取消人，把人简化为无"。佩鲁转换了研究视角，着眼于人，从人出发，又以人为发展目标。他

深刻地分析了人与工具、人与市场的关系:“工具作为由人制造的生产手段,其意义既可被人接受,也可被人反对,在一定的报酬水平上,它既会促进也会阻碍人们的积极性。”佩鲁建构的新发展观是:发展是有前提的;发展是可持续的动态平衡过程;发展应是整体的和综合的;发展必须是内生的和以人为中心的;发展必须关注文化价值的作用,等等。在此基础上,逐步形成了“发展＝经济＋自然＋社会＋人”的综合发展观。在佩鲁的发展哲学基础上,德尼·古莱(Denis Goulet)进一步将发展置于道德理念与价值标准之下进行审视。古莱对当时的发展思想提出质疑:“两大基本伦理问题已经提出:哪种发展是人性的?这种发展必须如何取得?主要的道德问题是,如何达成发展的真实好处而在过程中不破坏人类自由行动的能力。”

托达罗提出:“发展必须被视为是一个既包括经济增长、缩小不平等和根除贫困,又包括社会结构、国民观念和国家制度等这些主要变化的多元过程。”

二、可持续发展与生态文明

20 世纪 80 年代以来,关于走出工业文明困境、探寻新的文明形态——生态文明的努力开始在全球范围出现,特别是 1992 年联合国里约会议,以及会议通过的《21 世纪议程》,推动了全球生态文明的进程。生态文明作为一种全新的文明形态,代表着人类社会发展的一种崭新追求,它意味着社会生产、生活方式,以及价值、结构的重要转变。

20 世纪 70 年代以后,人类社会面临全球环境恶化、能源危机。靠消耗资源和环境的粗放式经济发展模式不能继续,世界各国的专家、学者和执政团体都开始探索新的经济发展模式,也逐步注意到可持续发展和生态文明建设的意义。国内外研究主要集中于生态文明的理念与内涵、生态文明的模式、生态文明的建设、生态文明的评价,以及生态文明城市等方面。

1. 可持续发展

1962 年,《寂静的春天》一书的问世,为人类敲响了破坏环境将受到大自然惩罚的警钟,对环境保护有里程碑的作用。1977 年,B. J. L. Berry 完整论述了如何建设生态城市,奠定了城市生态文明的基础。

联合国 1986 年通过的《发展权利宣言》强调:"发展是经济、社会、文化和政治的全面进程,其目的是在全体人民和所有个人积极、自由和有意义地参与发展及其带来的利益的公平分配的基础上,不断改善全体人民和所有个人的福利。"1987 年,联合国环境与发展委员会的研究报告《我们共同的未来》面世,正式使用了"可持续发展",将发展持续性问题与环境资源问题联系在一起,为生态文明建设提供指引。首次提出"可持续发展"的定义和思想——可持续发展就是为了解决人类当前利益与长远利益的矛盾,既满足当前需要又不削弱子孙后代满足其需要的能力的发展。其核心是要求"经济—社会—生态"巨大的三维复合系统协调运行。报告以此为主题,对人类共同关心的环境与发展问题进行了全面论述。并在 1992 年联合国环境与发展大会上得到与会者的普遍共识,做出关于推进可持续发展的庄严承诺,呼吁各国摒弃传统的以大量能源和资源消耗、以环境破坏为代价的发展,而代之以人口、环境、经济、社会可持续发展的战略。2003 年 11 月,在中国珠海举办的世界经济发展大会通过了《世界经济发展宣言》(珠海宣言),提出:"实现人口、资源、环境的良性循环,为经济的稳定发展提供良好的环境,保持世界经济的可持续发展。"

2.生态文明概念

从词源学的角度,生态(Eco-)一词的词根,起源于希腊语,本意就是我们的家和生活的环境。现在来看,生态是一个泛指概念,被用来定义与人的现实生活相关的各种因素的集合,表达的是一种关系,是人类与自然界共同构成的系统与空间。有学者强调,生态还是描述人类生存、发展环境的和谐与理想状态的形容词,表示生命和环境关系间的一种整体、协同、循环、自生的良好文脉、机理、组织和秩序。

1992 年,联合国环境与发展大会通过全球可持续发展战略的《21 世纪议程》,提出了"环境友好"的理念,生态文明的一个里程碑从此在国际社会中得到一致认可。

目前，关于生态文明并无一个确切与统一的定义，学者们主要从定义域来定义生态文明。定义域有两个角度：一是人与自然的关系，二是人与自然以及人与人的关系。

①生态文明，就是指人与自然和谐相处，这是其最核心的内容。高长江(2000)提出所谓生态文明，从发展哲学的意义上说，指的是一种人与物的和生共荣、人与自然协调发展的文明。王如松(2007)认为，文明是人类在保持与自然平衡的前提下不断进步的一种状态，生态文明是天人关系的文明。李文华(2012)认为，生态文明就是把发展与生态保护紧密联系起来，在保护生态环境的前提下发展，在发展的基础上改善生态环境，实现人类与自然的协调发展。周生贤(2009)认为，生态文明是人类在利用自然界的同时又主动保护自然界、积极改善和优化人与自然关系而取得的物质成果、精神成果和制度成果的总和。

②生态文明，不仅仅是人与自然的关系，还包括人与人的关系。即生态文明是在改造客观世界时，对人与自然、人与人关系的调整优化。杨智明(2009)认为，生态文明的核心是人类在改造客观世界的实践中，不断深化对其行为和后果的负面效应的认识，不断调整优化人与自然、人与人的关系，它反映的是人类处理自身活动与自然界的关系和人与人之间关系的进步程度。刘智峰、黄雪松(2006)进一步认为，生态文明是社会文明的生态化表现，是指人们在改造客观物质世界的同时，不断克服改造中的负面效应，积极改善和优化人与自然、人与人的关系，建立有序的生态运行机制和良好的社会环境，建立高度的物质文明、精神文明和制度文明。陈寿朋(2005)也认为，生态文明是指人类在生产生活实践中，协调人与自然生态环境和社会生态环境的关系，正确处理整个生态关系问题方面的积极成果，包括精神成果和物化成果，实现生态系统的良性运行，人类自身得到进步和改善，人类社会得到全面、协调、可持续发展。

对生态文明的定义域包括广义生态文明和狭义生态文明。从社会生活内容来说，狭义的生态文明一般限于经济方面，广义的生态文明囊括社会生活的各个方面。甘泉(2007)认为，狭义的生态文明，一般限于经济方面，即要求实现人类与自然的和谐发展。而广义的生态文明，则囊括了社会生活的各个方面,不仅要求实现人类与自然的和谐,而且也要求实现人与人的和谐,尤其追求社会公正。从文明程度来说,狭义的生态文明是文明的一方面,广义的生态文明是人类社会发展的新阶段。郭洁敏(2005)提出,广义上的生态文明是继工业文明之后,人类社会发展的一个新阶段;狭义上的生态文明是指文明的一个方面,即相对于物质文明、精神文明和制度文明而言,人类在处理同自然关系时所达到的文明程度。

学术界多数人比较赞同,引用也较多的是潘岳(2006)所使用的提法:生态文明是指人类遵循人、自然、社会和谐发展这一客观规律而取得的物质与精神成果的总和,是一种人与自然、人与人、人与社会和谐共生、良性循环、全面发展、持续繁荣为基本宗旨的文化伦理形态。这个定义涵盖的比较全面,既包括了人与自然,也包括了人与人、人与社会,还包括物质和精神及持续发展的内容。总之,对生态文明概念的不同看法,反映了人们认识上的不同角度和侧面,也反映了人们对生态文明认识的不断深化。

3. 生态文明评价

目前,国内外生态文明建设评价角度主要分为单维度和多维度两个方面。单维度方面最有代表性的有生态足迹视角、真实储蓄视角和能值分析视角;多维度方面的代表是指标体系综合评价视角。一些代表性研究见表2-1。

(1)生态足迹视角

生态足迹(Ecological Footprint Analysis)是加拿大生态经济学家威廉·里斯(Willian Rees)在1992年提出的一种评价可持续发展程度的方法。生态足迹法通过比较某一区域内生态足迹与生态承载力的差异,来评价该区域的可持续发展状况。生态足迹指能够持续地提供一个国家或区域内一定人口生存所需的所有资源和吸纳这些人口所产生的所有废弃物所需要的生物生产性土地面积。

生态足迹法的优点主要表现在:一是生态足迹法的测算原理简单,结果形象易懂,容易被人接受。二是生态足迹法将一定区域的各种资源需求量与资源供给量标准化为全球统一的生物生产性土地面积,便于不同国家

和地区之间进行横向比较。三是生态足迹和生态承载力的计算具有很强的可操作性和可复制性，可以通过制作一个软件包来完成计算过程，从而使得生态足迹法的计算过程变得非常简单，便于该方法的推广普及。

但是，生态足迹法也存在一些较明显的缺陷和不足，主要表现在：一是生态足迹法把评价对象看作一个封闭的系统，忽略了被评价地区与其他地区之间的生产、生活交换。因此，生态足迹法对于全球层面的评价是可行的，但在国家范围以及省域、市域等更小范围就会产生较大的偏误。二是生态足迹法主要用来评价人类活动对自然资源的利用程度，没有考虑经济、社会发展和制度建设等方面，不能全面反映生态文明建设的真实状况。三是生态文明建设评价的目的在于判断生态文明建设的状况，发现生态文明建设过程中存在的问题，据以制定相应的对策。但是，仅仅根据生态足迹法获得的生态赤字数据，很难确定现实中的具体问题，因而很难提出具体的解决对策。

(2)真实储蓄视角

真实储蓄法是世界银行基于弱持续性理论和哈克维克(Harkwick)准则提出的一种衡量区域可持续发展水平的货币化方法。真实储蓄(GS)是在传统净储蓄基础上，计算人力资本投资、自然资源损耗和环境污染价值损失等得出的，计算过程是：从传统宏观经济指标 GDP 中减去总消费得到传统总储蓄，传统总储蓄加上经常性教育投资得到广义总储蓄，广义总储蓄减去人造资本折旧得到净储蓄，净储蓄扣减自然资源损耗和环境污染价值损失就得到真实储蓄，即真实储蓄＝GDP－总消费＋经常性教育投资－人造资本折旧－自然资源损耗－环境污染价值损失。

真实储蓄法把自然资源节约和环境保护与经济发展紧密结合，能够较好地反映区域的可持续发展能力，也能为可持续发展政策的制定提供依据。但在实际运用中也存在一些问题。如，环境质量下降的货币量化比较困难，像噪声污染、水质污染、空气污染等环境污染，是很难准确进行货币计量的。即使所有的资源损耗都能准确进行货币量化处理，但资源价格的波动也会使真实储蓄法对区域可持续发展和生态文明建设程度的评价效果大打折扣。另外，真实储蓄法只考虑了资源环境系统和经济发展系统，对社会发展系统、制度保障，以及生态文明建设的其他方面没有考虑，对生态文明建设的评价并不全面。

(3)能值分析视角

能值分析法是美国生态学家奥德姆(Odum)在对生态系统的能量学进行系统、深入分析的基础上提出的一种评价生态系统可持续性的理论和方法。能值分析法将生态经济系统看作一个开放的热力学系统，以热力学定律、能量等级原理等为基本理论，将生态经济系统内流动和储存的各种不同类别的能量和物质转换为同一标准的能值，据以衡量系统的所有财富。能值是指系统流动或储存的能量所包含的另一类别能量的数量。太阳能是生态经济系统中所有能量的最初来源，因此，能值分析法以太阳能值作为衡量不同类别能量的统一标准，将各种资源、产品或劳务在形成过程中投入的能量，按一定的比率转换成太阳能值。

能值分析方法将生态经济系统的能量流、物质流、货币流转换为统一的太阳能值进行综合分析，据以评价自然资源对生态经济系统的贡献，克服了传统的经济学与能量分析方法中不同质的资源价值不可加总的局限，被认为是连接生态学与经济学的桥梁。

(4)指标体系综合评价视角

指标体系综合评价法，指选择一系列能反映生态文明建设各方面特征的指标，进而构建一个多指标体系，通过对指标体系的计算合成，对区域生态文明建设状况进行综合评价的方法。指标体系综合评价法，不仅通过最后的综合指数，能够较好地衡量一个国家或区域生态文明建设的整体水平，而且通过对每个子系统进行单独的评价，反映被评价地区生态文明建设各个方面的具体情况，通过对不同区域相同子系统的评价结果进行比较，可以较好地识别生态文明建设区域差异的具体表现。

指标体系综合评价法还能较好地把动态评价指标与静态评价指标相结合，反映区域生态文明建设的力度、效率和效果。这些特点使指标体系综合评价法的评价结果能够为区域生态文明建设政策的制定提供更加具体的决策依据。因此，指标体系综合评价法受到大量研究者的青睐。随着评价指标体系和评价方法的不断成熟，指标体系综合评价法已被广泛应用

于国家、区域、城市等不同层面的生态文明建设评价中。

表 2-1 生态文明评价的代表性研究

角度	研究者	研究内容
生态足迹	Haberl 等(2001) Wackemagel 等(2004)	采用恒定世界单产、可变世界单产和可变地方实际单产法计算了奥地利 1926—1995 年的生态足迹 采用全球年平均产量和当地实际年平均产量计算了菲律宾、韩国、奥地利三国 1961—1999 年的生态足迹和“实际土地需求”,并对两种方法的计算结果进行了比较
真实储蓄	温宗国、张坤民等(2004)	以苏州市 1991—2001 年真实储蓄率(GSR)的时间系列为案例,开发了以 GSR 衡量生态城市可持续发展的核心方法
能值分析	李海涛等(2001)	对西藏、新疆、甘肃等省区的生态经济系统进行过能值评估
指标体系综合评价	朱守先、梁本凡(2012)	选取中国 110 座城市,进行低碳发展现状水平综合评价研究

4. 指标体系综合评价

(1)生态文明评价指标体系

对指标体系综合评价法而言,最关键的是构建科学的评价指标体系。由于生态文明建设内容的广泛性和复杂性,很难用单一的指标对其进行评价。国家环境保护部、各级地方政府以及相关研究单位,先后提出了不同的评价指标体系。总体而言,目前生态文明建设评价指标体系主要可以分为单一指标体系和多指标体系两种类型。

单一指标体系。北京林业大学生态文明研究中心课题组提出的生态文明建设评价指标体系就属于这种类型。它包括一个总指标即生态文明指数(ECCI),五大考察领域即生态活力、环境质量、社会发展、协调程度和转移贡献,以及 25 个具体指标;浙江省统计局课题组构建的浙江生态文明建设评价指标体系由一个总指标(浙江省生态文明指数)、四大领域(生态经济、生态环境、生态文化、生态制度)和 37 项评价指标构成。

多指标体系。即不设总指标，仅包括一级指标和二级指标。其中一级指标又以三个指标、四个指标和五个指标最多，但具体内容各不相同。具体如表 2－2 所示。

表 2－2 生态文明评价一级指标

一级指标数目	文献来源	一级指标内容	二级指标数目
三指标	汪毅霖、蒋北	经济发展方式、循环经济规模、生态环境质量三个方面	30
	蒋小平	自然生态环境、经济发展、社会进步三个方面	20
四指标	李勇、周学馨	国土空间优化度、资源节约合理度、生态环境保护度、制度建设完善度四个方面	20
	关琰珠、郑建华、庄世坚	资源节约、环境友好、生态安全和社会保障四个子系统	32
	张欢、成金华	资源条件优越、生态环境健康、经济效率较高、社会稳步发展四个方面	20
	刘衍君、张保华、曹建荣	生态环境保护、经济发展、社会进步、生态环保意识四个方面	23
五指标	冯志峰、黄世贤	生态价值文明、生态产业文明、生态制度文明、生态环境文明和生态行为文明五个方面	36
	齐心	生态自然、生态经济、生态社会、生态政治和生态文化五个方面	45
	杜宇、刘俊昌	自然（资源节约环境友好）、经济（经济又好又快发展）、社会（社会和谐有序）、政治（绿色政治制度）、文化（生态文化的发展及普及）五个方面	34
	王文清	生态保障、资源节约、环境友好、生态经济和社会和谐五个评价子系统	20

（2）指标权重确定的方法

在综合评价中，权重系数确定的精确度和科学性将直接影响评价的结果。可将计算方法分为熵值法、灰色关联度法、人工神经网络定权法、因子分析法、回归分析法、路径分析法、德尔菲法、层次分析法、模糊聚类法和比

重法等。由于不同方法有各自的适用范围和相对的优缺点，因此，在实际运用中，运用单一方法得到的结论可信度或多或少存在一定的偏差。

(3)生态文明评价对象

生态文明评价的对象从评价单元上考察，可分为全国性、省(自治区、直辖市)域、县(市)域及特殊区域几种类型，尤以省域和城市评价为主，全国性和县(市)级的评价相对较少。

目前，朱成全、蒋北(2009)、朱松丽、李俊峰(2010)等，针对性地以全国(中国)为研究对象进行了生态文明评价；蒋小平(2008)、杨雪伟(2010)、高珊，黄贤金(2010)、刘衍君等(2010)、张欢，成金华(2013)、冯志峰(2013)、胡倩，董大为(2012)等，分别对河南省、浙江省、江苏省、山东省、湖北省、江西省、广西壮族自治区等省域范围的生态文明建设进行了评价；王晓欢等(2010)、侯鹰等(2012)、申震东(2009)、朱玉林(2010)、兰庆新(2013)，分别对厦门市、西安市、北京市、贵阳市、长株潭城市群、北上广深等城市进行了生态文明建设评价。

现阶段尚少有对“一带一路”生态文明个体研究或是区域研究。只有少数学者对丝绸之路经济带生态一体化和基于生态环境格局的丝绸之路经济带生态文明建设的模式研究。任海军等(2015)对丝绸之路经济带生态一体化进行了理论探索和可行性分析，并借鉴先进实践经验提出了国际生态保护一体化的合作领域和合作形式。李泽红等(2014)在分析丝绸之路经济带生态环境格局的基础上，总结了丝绸之路经济带生态文明建设的模式，提出了共同应对气候变化、跨国共建生态环境的行动计划。

综上所述，现已有大量学者分别对生态文明和丝绸之路可持续发展展开了大量的研究，且取得了显著的成果，但目前来看，研究丝绸之路上主要国家生态文明评价的研究尚少，需要做进一步的研究。

三、共同体研究

1.共同体的由来

在西方思想传统中，自亚里士多德以来，就重视共同体的意义。在亚里士多德看来,个人的善不能与共同体的善分离开来看待,人们是在一个共同体中,对共同善的共同追求使人们获得了相应的利益或善。①

从词源上来讲,共同体一词原本来源于拉丁文中,一开始指的是伙伴关系的意思。作为"共同体"的英文 Community,是由拉丁文前缀"Com"("一起""共同"之意)和伊特鲁亚语单词"Munis"("承担"之意)组成的[3]。按照腾尼斯等人的观点,在人类发展史上共同体要早于社会。但是,人们对共同体的认识要明显晚于社会。一般认为,把共同体(Community)从社会(Society)概念中分离出来作为一个基本的社会学概念,最早可以追溯到德国社会学家滕尼斯(Ferdinad Tonnies)1887 年发表《共同体与社会》(《Gemeinschaft and Gesellschaft》)。《新不列颠百科全书》的解释是在一个更大的社会中拥有共同的特点和利益并且住在一起的人。并且对"Community"和"Society"与德文中的"Gemeinschaft"和"Gesellschaft"进行了专门区分。②

近年来,随着全球化的扩展和通信交通的日益便利,人与人之间、群体与群体之间联系和交往的纽带,已经不再受到传统的血缘和地域的局限。在原始意义上的共同体概念不断瓦解的同时,人们对共同体的青睐有增无减,共同体概念不断被嵌入到新的语境中而获得重构,如政治共同体、经济共同体、科学共同体、学习共同体、职业共同体等,越来越多地进入各种层次和类型的团体、组织,乃至民族和国家的视野。正如霍布斯保姆(Eric Hobsbawm,1980)所指出的,"共同体"一词从来没有像最近几十年来一样不加区别地、空泛地得到使用了。③

2.共同体与地区一体化

从理论角度探讨,共同体是地区一体化的结果。共同体理论的内核来自区域主义理论中的新旧功能主义和政府间主义,共同体理论受到溢出自

---

① 龚群. 自由主义的自我观与社群主义的共同体观念[J]. 世界哲学,2007(5):72 - 78.

② The New Encyclopedia Britannica in 30 Volume (Micropedia), 15th cdition, Volume Ⅲ, (Chicago, Encyclopedia Britannical Inc. 1980), p. 47.

③ Hobsbawm, E. The age of extremes[M]. London:Michael Joseph,1994:428 - 429.

生逻辑和政府有效控制的双重控制，是政府间主义与功能主义结合起来解释的结果。

“区域主义”是指在一些政治、安全、经济和文化联系相对密切的地区，通过建立某种地区性国际组织或某种非机制性安排，形成一种利益相关、相互依赖的共同发展状态。地区主义在国际经济关系中实践的结果，就是地区经济一体化，地区一体化的结果是建立区域经济共同体，它是共同体建设的一个过程。赫瑞尔（Hurrell，1995）把地区主义依次划分为地区化、地区意识与认同、地区内国家间的合作、地区一体化，以及地区聚合等五种类型，它们都具有地区主义的基本含义，但特征又各不相同。[①]

从现有的传统地区主义理论来看，功能主义、新功能主义和政府间主义都对建设共同体产生了一定的解释力。

功能主义是从功能扩展的角度探讨共同体的形成。功能主义主张建立功能性的国际组织，认为组织的结构随功能而定。功能主义强调合作会自动扩展，即某一功能部门的成功合作会进一步刺激其他功能部门的合作。功能主义视一体化为一个过程，认为只有从各成员国的共同利益出发，通过不断加强相互间的合作，一体化才有可能“自下而上”逐步完成。

新功能主义提出两个核心概念，一是要素“溢出”、二是“超国家性”。新功能主义主张通过溢出使一体化从技术部门逐渐扩展到政治性部门，最终建立制度化的区域性超国家机构共同体。著名的一体化理论家 Chaterles Pentland（1973）将新功能主义描述为“一体化的欧洲共同体方法。”[②]

功能主义和新功能主义都主张利用或主要利用国家政府以外的力量推动地区共同体的构建，构成了超国家主义流派各种理论的共同特征。

政府间主义，则从国内政治的角度对共同体进行分析。认为成员国政府对共同体的政策取决于其国内政治的需要，即使是关系到成员国共同利益的重大问题，也还需要由成员国政府决定。政府间主义始终强调民族国

---

① Andrew Hurrell，“Explaining the Resurgence of Regionalism in World Politics.”Review of International Studies，（No 2. 1 1995）nn 39－45.

② Charles I’entland，International Theory and European Integration，（London，Faber，1973），p. 132.

家和政府在一体化进程中的主导作用，国家利益决定一体化进程的范围和深度，各国政府保持着对一体化进程及相关机构的控制。(盛夏，2000)

从地区一体化的实践经验来看，地区内主要国家具有核心的作用。"一体化进程往往起源于某一个核心地区，由一个或若干个较强、较高度发展，以及在一些重要领域比其他地区更先进、更具吸引力的政治单位构成。"(卡尔·多伊奇，1992)在核心国家的带动下，地区一体化最终会从经济层面，技术层面的合作，最终走向政治联合，形成类似共同体一样的政治经济社会形态。

3.共同体的实践

在现实的国际经济实践中，区域一体化已经成为一个主流，全球范围内各地区都在不同程度地参与地区一体化的进程。当前，世界上明确提出建立"共同体"为目标的有四大组织，即欧洲联盟、东南亚国家联盟、南美国家共同体和非洲国家联盟。

现代意义上的欧洲一体化开始于第二次世界大战以后。1947 年，美国国务卿马歇尔提出了旨在重建欧洲经济的"马歇尔计划"，为欧洲的战后恢复提供经济援助。在经济方面，欧洲国家在美国的敦促下成立了欧洲经济合作组织，其作用主要是协调欧洲各国的经济政策，以努力实现成员国之间的自由贸易。欧洲一体化建设经历了从经济到政治的不同阶段，是一种全面的区域合作。它由 1951 年的煤钢联盟开始，进一步发展到经济共同体，最后建成统一大市场、单一货币和共同外交防务的高级联盟。欧洲的合作从经济合作开始，最终目标是政治联合。目前，经济一体化业已取得了举世瞩目的成就，政治一体化包括政治、外交与安全合作内容等，也已提上议事日程。然而，2016 年 6 月 23 日英国公民投票意外选择了退出欧盟，这意味着欧盟因此蒙受了成立半个世纪以来最大的一次挫折。英国脱欧公投的结果进一步增加了其未来发展的不确定性，因此，欧盟需要痛定思痛，商榷下一步的改革和一体化计划。

2003 年 10 月，第九届东盟首脑会议发表了《东盟第二协约宣言》，正式宣布将于 2020 年建成东盟共同体，其三大支柱分别是"安全共同体""经济

共同体”和“社会文化共同体”。这标志着东盟将由较为松散的以进行经济合作为主体的地区联盟转变为关系更加密切的、一体化的区域性组织。东盟经济共同体的基本构架主要由四个支柱构成，即“创造一个单一市场与生产基地”“形成一个竞争力强的经济区域”“确保本区域经济平衡发展”，以及“推动本地区与国际经济体系的融合”。从 2009 年至 2015 年期间，东盟不同经济领域将先后实现一体化。

相比之下，南美国家共同体和非盟虽然有提出建“共同体”之名，但在经济融合度、地区认同、合作机制、人员流动等要素上，都有很长的道路要走。

当前，欧盟和东盟共同体都面临进一步区域一体化深化的问题，而差异性一体化是影响它们未来发展的一个突出问题。随着区域一体化不断向深度和广度发展，新老成员的差异化如果不能有效处理而使之减弱，反而趋强的话，区域内部的异质性程度加大，甚至会严重影响到一体化的进程。(陈洁，2016)

中国的发展是整个世界发展的一部分。中国提出的“一带一路”构想，是促进共同发展、实现共同繁荣的合作共赢之路，是增进理解信任、加强全方位交流的和平友谊之路。中国政府倡议，在“一带一路”建设中，秉持和平合作、开放包容、互学互鉴、互利共赢的理念，全方位推进务实合作，打造政治互信、经济融合、文化包容的利益共同体、命运共同体和责任共同体。[①]“命运共同体”思想强调和承认世界的多样性、差异性。命运共同体既包括着多样性、差异性，也体现着统一性、整体性。(邱耕田，2015)

欧盟和东盟都是中国十分重要的区域合作伙伴。其中，欧盟是丝绸之路经济带上的发达区域、也是中国丝路经济带合作发展的重要方向，东盟则是 21 世纪海上丝绸之路沿线最具有活力的地区，也是海上丝路建设的优先方向。欧盟与东盟与“一带一路”倡议有许多契合点。在新的国际形势下，伴随着“一带一路”倡议的实施，欧盟和东盟在“一带一路”的经济地位与作用将进一步提升。

---

① 国家发展改革委员会、外交部、商务部.《推动共建丝绸之路经济带和 21 世纪海上丝绸之路的愿景与行动》.2015 年 3 月 28 日

本节将新发展观与区域经济合作发展联系起来，有助于本书从更高的层次来把握区域合作的本质和未来发展趋向。通过从发展主义到新发展主义，从可持续发展到生态文明，从经济利益共同体走向安全责任共同体，实现命运共同体目标的理论和实践的认识与借鉴，将有助于本书对"一带一路"合作发展的分析层次的理论认知高度的提升。

第三节　产业间和产业内贸易研究综述

产业内贸易指各国间同类产品进出口的双向流动。自 Verdoorn(1960)、Balassa(1966)和 Grubel 与 Lloyd(1975)等学者进行开创性研究以来，产业内贸易无论在理论研究还是经验分析方面，都取得了很大进展。早期关于该问题的研究主要集中于产业内贸易是否客观存在(Finger，1975；Chipman，1986)，以及产业内贸易水平的度量问题(Grubel and Lloyd，1975；Greenaway and Milner，1983)。Grubel 和 Lloyd(1975)提出了产业内专业化和贸易形态理论，用来阐述即使两国生产条件或资源禀赋没有显著差异，贸易还是会发生，即产业内贸易(IIT)，并提出了测度指标即 G－L 指数。

20 世纪 70 年代末，Krugman(1979)和 Lancaster(1979)开始了对产业内贸易成因的探讨，从而形成水平型产业内贸易和垂直型产业内贸易两大类基本理论模型。前者解释质量相似但特征不同的同类产品间的贸易，主要以 Krugman(1979、1981)、Lancaster(1979)和 Helpman(1985)等人的研究为代表；后者解释特征相同而质量存在差别的同类产品间的贸易，主要以 Falvey(1981、1984)、Flam 和 Helpman(1987)等人的研究为代表。在这一时期，学者们也开始着手对影响产业内贸易的因素进行经验分析，这些经验分析基本可归为跨国家分析和跨行业分析两大类。

Krugman(1979)和 Lancaster(1980)最先研究 IIT 的理论发展。他们认为，IIT 的形成原因是由于生产方面的规模经济与需求方面的产品差异化需求造成的。Helpman 和 Krugman(1985)认为，若进行 IIT 的原因是为了满足消费者对于同产业下产品多样性的需求，则可称之为水平型产业内

贸易(HIIT)。Falvey(1981)认为,若进出口相同产业的产品,但产品间的品质差异大,该贸易类型则称之为垂直型产业内贸易(VIIT),而VIIT主要反映两国在要素密集程度上的不同所造成的品质差异。Greenaway et al.(1994,1995)进一步明确定义了HIIT和VIIT。学者们假定在相同产业下,出口与进口产品的单位价值比落在0.8～1.25之间,则可称为品质差异小,贸易形态属于HIIT;若出口与进口产品的单位价值比大于1.25或小于0.8,表示品质差异大,属于VIIT。并再对VIIT按单位价值比分解,单位价值比低于0.8,则属于低质量垂直型产业内贸易(LVIIT),单位价值比高于1.25,则属于高质量垂直型产业内贸易(HVIIT)。显然,LVIIT表明,本国处于贸易对象的价值链下游;HVIIT表明,本国处于贸易对象的价值链上游。

总体而言,从产业内贸易的前期研究来看,主要存在两方面局限:第一,产业内贸易模型假定分析的产品基本都是最终产品,而忽视了对中间产品的考虑。第二,对产业内贸易分析主要限于产品市场,而忽视了贸易对劳动力市场的影响,即调整成本问题。20世纪90年代以来,随着经济全球化的深入发展,各国间产业分工乃至产品内部的分工日益密切,中间产品贸易不断扩大,并成为产业内贸易发展的重要动因。此外,国际贸易也对一国内部劳动力市场的影响越来越明显。

产业内贸易测度指标的分析主要可分为:一是研究总体状况的:如Balassa提出的"巴拉萨指数",Grubel和Lloyd提出的"GL指数",Aquino提出的"AQ指数"等;二是研究结构状况的,如水平型(HIIT)或垂直型(VII)T产业内贸易指标。目前,国际上广泛采用"GL指数"测度总体水平,再以"MIIT"测度动态变化,结合对HIIT与VIIT的测度进行结构性研究。

国内外对产业内贸易影响因素研究,主要分为以下三个方面:

①规模经济,大量研究认为,其与产业内贸易水平呈正相关,而在另一些研究中发现了负的影响。

②外商直接投资,其对产业内贸易的影响,应分为水平产业内贸易和垂直产业内贸易两个方面来讨论。一般来说,外商投资与中国的垂直型产业内贸易有正相关关系,与水平型产业内贸易负相关,杜运苏和彭恒文利

用制造业面板数据阐明了这一点。

③产品多样化。针对该指标，很多学者的研究表明，该因素对产业内贸易份额的影响是正向的，而 Greenaway、Hine 和 Milner 对英国做的产业内贸易的跨部门分析，发现产品多样化难以影响水平产业内贸易，而垂直产业内贸易则与产品多样化因素正向相关。

④区域经济一体化对产业内贸易的影响。

Greenaway(1986)认为，从贸易自由化与产业内贸易的关系看，区域经济(关税同盟)的一个最显著的特征是，成员国间取消关税障碍，对外实行统一关税率。从自由化产生贸易扩大效应这个意义上讲，一体化有利于产业内贸易。此外，区域一体化往往在经济发展水平相近的国家组成，成员国消费偏好的分布和强烈程度，对产业内贸易也有潜在的影响。在其他条件不变的情况下，对某种产品的系列品种偏好越多，产业内贸易的发生率就越高，偏好重叠越大，产业内贸易的范围就越广。从要素移动与产业内贸易的关系看，要素自由移动常与经济一体化相伴随。至于要素移动和商品交换之间的关系，传统观点认为是替代而不是补充，新区域经济一体化理论对此则提出了质疑，认为在很多情况下，要素移动与产业内贸易是互补的。以资本要素自由移动为例，汽车的交换产生了直接投资，出现了在不同国家从事专业化生产的跨国公司。而产业内贸易允许跨国公司根据其专业特长获利，同时，也为公司提供了一个探索国际市场的机遇。反过来，对外直接投资又便利了新产品的开发，使产业内贸易进一步扩大。

第四节　贸易与投资的效应

一、直接投资的贸易效应

由于国际直接投资和贸易在经济全球化中的重要性，学术界对二者广泛关注，并在大量理论研究中涵盖了对国际贸易与国际直接投资关系的理解判断，国内外学者认为，二者之间存在密切联系。一方面，对外直接投资可以产生贸易创造效应或贸易替代效应，另一方面，贸易反过来又会对直

接投资造成影响，并根据实际情况的不同，二者的关系会表现出一定的地区和国家差异。

1. 国外实证研究综述

Gopinath，Pick 和 Vasavada(1999)通过对 10 个国家 1982—1994 年的面板数据进行实证研究，发现美国食品行业的对外直接投资会产生贸易替代效应。Fukasakuctal(2000)通过对拉丁美洲和东南亚相关国家的 FDI 和出口贸易的关系进行研究，发现 FDI 和贸易的关系在不同的经济导向中存在着差异。在以外贸为导向型的经济中，对外直接投资有着较强的出口创造效应，且相比于拉丁美洲而言，东南亚的对外直接投资对贸易的促进更为明显。Belderbos 和 Sleuwaegen(1998)通过对日本与欧洲的贸易和投资的关系进行实证研究，发现当东道国有贸易保护时，对外直接投资会产生出口替代作用。W. Hejazi 和 A. E. Safarian(2001)采用 1982—1994 年美国与 51 个主要贸易合作国家的数据建立贸易引力模型，探讨不同行业贸易效应的差异，对制造业实证表明，无论进口还是出口方面，FDI 都表现为贸易创造效应。而对于服务业，则只在出口方面表现为促进作用。Helpman Melitz 和 Yeaple(2004)基于 38 个国家和 52 个产业的对外直接投资和贸易数据，建立多国家、多产业模型，实证表明 FDI 具有出口替代作用。Swenson(2004)在 SIC 细分类下，对部分经合组织国家对美国的直接投资进行分析，发现了在两位数和三位数的 SIC 分类下，会表现出不同的贸易效应，前者表现为替代效应，后者则表现为创造效应。Aizenman 和 Noy(2005)选取 81 个国家和地区 1982—1998 年的数据实证建模，发现对于制造业而言，其 FDI 和进出口之间有着较强的双向反馈关系。Joshua Aizenmana 和 Han Noy(2006)基于 207 个经济体的 FDI 和贸易实证研究，细分研究发现，在发展中国家，FDI 和贸易表现为正相关，而在发达国家，二者的关系则不太明显，且格兰杰因果显示，FDI 的贸易效应强于贸易对 FDI 的作用。Sajid Anwar 和 Lan Phi Nguyen(2011)利用越南与 19 个主要贸易国 1990—2007 年的时间序列数据，并将其以金融危机为节点，分为两个阶段来实证研究 FDI 和进出口贸易的关系。研究发现，无论进口或出口，

FDI都存在创造效应。Leandro,Rothmulle(2003)使用巴西与38个贸易伙伴1996—2003年的对外直接投资与贸易数据,发现FDI与出口没有关系,而与进口存在正相关关系。

2.国内实证研究综述

国内学者也针对对外直接投资对外贸易效应进行了多方面的研究,中国加入WTO,更是掀起了国内对该领域的研究热潮,但国内的研究主要基于引资国的角度,而研究的侧重点也主要在出口总量、贸易结构、技术外溢等方面。

吴俊、王舒鸿(2013)选取我国2002—2010年的FDI和出口贸易数据,发现外资会对中国的出口贸易产生创造效应。并且会由于外资企业的竞争,迫使国内企业进行自主创新。周学仁(2012)以FDI技术水平和东道国的出口贸易结构为衡量指标,通过对1994—2010年我国的FDI和贸易数据进行研究,发现当中国对外直接投资技术水平提高时,有助于改善出口贸易结构。陈勇兵、曹亮(2012)通过采用协整检验的方法,对中国1991—2007年的省际面板数据进行了检验,发现FDI和贸易在总体上具有互补性。李兵(2008)通过对我国的贸易数据实证研究发现,整体来说,对外直接投资对中国的进出口贸易数量影响较弱,FDI对中国的出口贸易存在着一定的创造效应,但对于进口贸易几乎没有影响。在对产业结构的影响方面,对外直接投资只对第二产业制造业的调整具有一定的作用,对于第一和第三产业并没有影响。唐杰英(2009)选取了21个和日本贸易最密切的国家的贸易投资数据,对日本的对外直接投资和贸易,运用截面SUR法进行探究,结果表明,日本的FDI具有贸易促进作用,且FDI是该国产生贸易顺差的主要因素之一。陈愉愉(2012)通过选取1982—2010年的中国对外贸易数据,构建时间序列和行业面板数据进行实证研究,表明中国的OFDI,无论流量还是存量,都对贸易结构存在一定的效应。柴庆春和胡添雨(2012)采取2003—2008年中国对东盟十国和欧盟十国的面板数据进行分析,发现我国对二者的直接投资存在地区差异,前者表现为获取资源和拓展市场,后者则表现为绕开贸易壁垒。郑磊和刘亚娟(2014)选取1995—

2011 年中国与北美自由贸易区、欧盟和东盟的数据进行实证研究，发现中国对这三个地区的直接投资存量均具有贸易互补效应。施晓苏、梁琦(2004)采用 1980—2001 年中国的 FDI 和贸易数据，通过格兰杰因果关系检验，并将各省按东中西部分类来辅以证明，发现中国 FDI 的创造效应远大于替代效应，且中国对外直接投资存量具有贸易创造效应，而对外直接投资流量则表现为贸易替代效应。

二、直接投资的影响因素

1. 国外有关直接投资影响因素的实证研究

Filippaios 和 Papanastassion(2008)运用最小二乘法对美国对欧盟的直接投资进行分析，并按照核心国家和外围国家对欧盟进行分类，发现美国对欧盟的直接投资主要受东道国的经济发展水平、劳动力素质和中间产品的成本的影响。

Fung、Herrero 和 Siu(2009)对中国、韩国、日本和台湾四个国家和地区的直接投资进行分析，发现它们都具有寻求市场的动机，而韩国跟日本还具有寻求人力资源的动机，中国大陆和中国台湾则具有技术寻求型动机。中国更倾向于劳动力质量较弱的地区，而日本则更倾向于更开放的地区。

Anwar(2013)将对印度的对外直接投资进行研究，发现印度国内对其对外直接投资的推动因素主要有：所有权优势的增强、激烈的国内竞争以及国内成本的上升。国外的推动因素主要有更大的市场规模、更便宜的劳动力市场，以及双边投资协定的签订等。Stotian(2012)认为，随着新兴国家的兴起，传统的对外直接投资理论已无法完全解释这些国家对外直接投资的现象。他基于制度的角度来对新兴国家经济体的对外直接投资进行研究发现，母国的制度因素也起到了重要作用，包含了制度变量的模型会增强模型的解释力。

Yeaple(2003)对美国的对外直接投资的决定因素进行了实证研究，结果发现美国的对外直接投资与其比较优势比较吻合，并且东道国的市场因素在美国的对外直接投资中起到决定性的作用 。Diffleld,Love and Taylor(2009)在区分技术拥有型和技术利用型对外直接投资的基础上,研究了劳动生产率和劳动成本对对外直接投资的影响。结果发现,劳动生产率和劳动成本对技术拥有型对外直接投资具有显著的影响,而对外技术利用型则对对外直接投资的影响不显著。Sanyal and Samanta(2008)对美国的对外直接投资进行研究发现,国外市场规模的大小对美国的对外直接投资更具有吸引力,相对于其他经济因素,腐败并不是美国对外直接投资的主要考虑方面。

2.国外有关直接投资影响因素的实证研究

杨纬球、丁启洪(2011)利用选取出口、汇率、利率和科技水平等为解释变量来对直接投资进行研究,发现利率与对外直接投资呈正相关,汇率与对外直接投资呈现负相关,出口与对外直接投资并没有显著的影响因素。陈恩、王方方(2011)通过选取金融风险、资源因素、制度等为自变量进行实证分析,结果显示,东道国的开放程度及经济发展水平是中国对外直接投资的主要影响因素。刘晓洁(2013)运用2003—2010年中国对东盟的直接投资数据,并对新老成员国进行分类,发现中国对新四国的投资增长显著,比较优势明显,这也是中国对新四国投资的主因。陈岩、翟瑞瑞、郭牛森(2014)选用中国对43个国家或地区2003—2009年的数据,主要考察东道国各种距离维度对企业对外直接投资的影响,发现制度距离促进企业的对外投资,经济和文化距离则阻碍对外投资,技术距离与对外投资呈倒U型关系。程惠芳 、阮翔(2004)对中国与32个国家或地区的样本进行分析,发现东道国的经济规模、人均国民收入水平及双边贸易量与对外直接投资呈正相关。代中强(2008)利用面板数据模型,验证了西方主要对外投资理论对中国对外直接投资的实用性,结果发现,相当一部分经典理论并不能很好地得到运用。衣长军(2010)通过对比中国和美国、日本的对外直接投资动因,发现中国同发达国家存在显著的差异,中国的对外直接投资具有不对抗性、非掠夺性,主要是基于提升企业国际竞争力、优化产业结构。

三、"一带一路"贸易和投资

"一带一路"构想提出以来，学术界积极响应，从多角度对其进行研究，为更好的推进这一重大倡议实施建言献策。

冯宗宪、李刚(2015)梳理了中国与"一带一路"主要区域间的合作机制，重点对中国同中亚和俄罗斯的合作机制进行探讨，研究指出，中国应创新多种合作路径相结合的包容性合作模式。李丹、崔日明(2015)首先从经济总量、贸易规模、投资规模等，论证了中国及"一带一路"战略具有引领和推动全球经贸格局重构的能力，并将从亚洲产业分工、全球治理模式等方面来重构全球经贸格局。同时，也指出要加强与沿线国家及相关国家的经贸合作来共同推进全球经贸格局重构。

李向阳(2015)首先阐述了"一带一路"的基本定位，并认为需要厘清政府和企业、中央和地方、历史与现实这三个关系，才能更好地推动实施这一战略。储殷、高远(2015)针对"一带一路"战略定位提出并分析了三个问题，认为这三个问题是推动"一带一路"的先决条件。他们认为，"一带一路"战略实质上为区域性战略，并以多边伙伴关系为基础。在当前背景下，向西北发展具有一定的不确定性。

于翠萍、王美昌(2015)以 GDP 溢出效应为视角，运用中国与"一带一路"沿线共 51 个国家的面板数据，构建了一个全局自回归向量模型，实证结果表明，中国和沿线国家间存在着很强的经济互补性，且彼此间的经贸合作关系越来越重要。朱智洺、丁海燕、陈效林(2015)基于 2003—2013 年中国与中亚五国的贸易面板数据，构建了广义最小二乘法模型，来研究中国对中亚五国的直接投资对中亚五国经济增长的影响。发现整体层面上影响比较显著，但对不同的国家会呈现一定的差异性，并预测这一差异将会继续扩大。周五七(2015)通过对中国对"一带一路"沿线投资的现状分析，指出中国应优先发展对周边国家的直接投资，找准利益契合点，增强对沿线国家的影响力和辐射力。申现杰、肖金成(2014)探讨了"一带一路"的战略意义，最终针对这一战略的推动，提出了加快"五通"、构建自由贸易区的建议。

第五节　贸易成本与贸易便利化

一、贸易成本测度

在传统的国际贸易理论中，贸易模型并没有将贸易成本考虑在内，通常假设贸易成本为零。不考虑贸易成本的原因，并不是因为贸易成本小，可以忽略不计。原因在于：一是贸易成本相关的数据获得性问题；二是传统贸易理论都建立在完全竞争市场的假设条件之上，一旦加入贸易成本会引起均衡的不确定性，与完全竞争范式不相容；三是在不完全竞争的假设条件下，学者一般认为，将贸易成本的不同构成简约为一个单一的参数加以分析也是可行的。随着世界经济的发展，国际贸易理论逐步革新，对古典假设不断放松，贸易成本也逐渐成为理解国际贸易的一个重要概念，在理解国际分工和贸易模式时发挥着核心作用，引起学术界的广泛关注。

不同的理论对于贸易成本都从不同的角度加以阐述或应用，但未形成对于贸易成本的统一定义。Anderson 和 van Wincoop(2004)经过系统梳理，将贸易成本定义为：除了生产产品本身的边际成本以外的所有将产品送达到最终使用者所发生的成本，包括运输成本(运费和时间成本)、政策壁垒(关税和非关税壁垒)、信息成本、合同执行成本、因使用不同货币而带来的成本、法律和监管成本、当地的分销成本(批发和零售)。这种定义意味着贸易成本不同于生产成本，同时，也使得贸易成本更加全面。这种定义也被国内众多学者所接受。

Anderson 和 van Wincoop(2004)指出，测度贸易成本的方法有两种：直接法和间接法。直接法即通过获取相关数据，如关税成本、非关税成本及运输成本等，直接测算贸易成本的绝对值，国外学者主要是从权威数据库中获得相应数据来进行测算，但是，由于数据的可获得性而比较困难。间接法是借助引力模型对于不可直接测算的贸易成本，包括信息成本、语言成本、合同执行成本、货币成本等，来计算贸易成本的大小，经 Anderson 和 van Wincoop(2001)、Novy(2006；2008；2011)改进的引力模型测度的是

贸易成本的相对值。

方虹、彭博等(2010)认为,客观的测度贸易成本,一方面,可以给中国对外贸易发展绩效提供直接的证据,另一方面,对于理解中国参与国际分工的贸易和专业化模式也具有突出贡献。David S. Jacks 等(2008)运用 Novy(2006)的估计方法,对于美国和英国之间的贸易成本进行了测度,发现贸易成本从 1870—1913 年平均下降 15%,全球贸易的繁荣有 44%可以用贸易成本的下降来解释,剩余的 56%是由于经济的扩张。许德友和梁琦(2010)基于 Novy(2006)改进的引力模型,测度了 1981—2007 年中国与主要贸易国的双边贸易成本,研究结果表明,中国国际贸易的平均成本一直在下降,入世后下降趋势更明显,近几年一直低于 0.4。许统生、涂远芬(2010)测算了 1980 年至 2007 年中国与主要贸易伙伴的贸易成本,发现其间中国同主要贸易伙伴的贸易成本下降了将近 50%,贸易成本对中国贸易增长的贡献平均占 60%。测度中国同"一带一路"沿线国家的贸易成本,可以直观地看出,中国同"一带一路"沿线各区域国家的贸易所受到的阻力大小,为中国产业转移的区位选择提供一定的信息。

二、贸易便利化的评价

贸易便利化是目前国际贸易的核心问题,其最早是在 1996 年新加坡部长级会议上提出的议题,它内容涵盖广泛,目前,国际上还没有对其形成一个统一的定义。在提出初期,贸易便利化仅仅指港口硬件的改善和海关手续效率的提高,学者们大多从海关改革方面对其进行研究。之后全球经济快速发展,除了简化、协调海关程序以外,如技术规范、安全标准等非传统关税壁垒也被默认为便利化的评判标准之一,亚太经合组织更是将人员自由流动作为其中一个组成部分。近几年,信息技术在全球贸易中得到广泛运用,甚至使跨境贸易产生质的改变,电子商务水平、互联网普及程度,也成为衡量贸易便利化水平的标准。可以说,随着经济、科技、国际环境的发展,贸易便利化所包含的内容会日益丰富。不过,其要解决的核心问题是不变的,即简化贸易程序,降低国际贸易障碍和贸易成本。

2008 年全球金融危机以来,全球经济发展困难,国际贸易也因此而陷入低迷,而贸易便利化则被视为促进国际贸易发展的一个新的着力点。那么,就有必要对各国的贸易便利化水平进行评价,了解各国的贸易便利化发展情况。从广义上来看,影响贸易便利化的因素众多,从信息技术能力到运输及物流服务,从政府的行政效率到各项贸易监管措施,都对贸易便利化程度有着重要的影响。那么,贸易便利化的评价指标体系应该如何构建呢?

从目前的研究文献来看,对贸易便利化进行评价的方法主要有三类:其一,是 Wilson,Mann(2003)所设计的指标体系,不同学者在实际应用时,在其基础上对二级指标进行了增减变动。其二,是直接采用世界经济组织的 ETI 指数(Enabling trade index)和经合组织(OECD)的 TFI 指标(Trade Facilitation Indicators)来对目标国家的贸易便利化水平进行分析。其三,则是结合物流绩效指数(LPI),世界银行发布的《全球营商环境报告》中,各国在跨境贸易进出口过程中的具体数据等,来对贸易便利化水平进行评价。目前,国内学者使用频率最高的是 Wilson、Mann(2003)所设计的指标体系和 ETI 指数。

国外对贸易便利化的研究主要集中于对贸易便利化效果的评估,以及经济效益的定量分析,常用的研究方法有实际调查分析、引力模型和 CGE 模型。如 APEC(2000)对 21 个成员的海关程序、标准、一致性及商务人员流动进行的定性分析表明,复杂的海关程序和法规被评估为与关税等同的最大的难题;John Raven(2001)在广泛调查和分析的基础上,得出制约贸易便利化的主要方面有:海关的廉洁和效率、口岸管理、商务的诚信水平与合作度、政策框架、支付系统、自动化客户的作用与态度、信息与咨询等。

贸易便利化通常意味着提高行政管理效率,改善港口和海关的物流水平。其更广泛的含义还包括精简规制环境,推进标准的一致性,以及与国际条例一致。Wilson,Mann(2003)从以下四个方面来反映一个经济体的贸易便利化程度:港口效率(port efficiency),用来测度港口和机场的基础设施品质;海关环境(customs environment),用来反映海关的直接成本和海关的行政透明度;规制环境(regulatory environment),用来反映经济体制定相关法规条例的情况;电子商务应用(e-business usage)则是用来反映

一个经济体所拥有的必要国内基础设施(如通信设施、金融中介机构、物流公司等)和其利用互联网来提升经济活力的程度。在以上四个一级指标下,还为每个一级指标寻找了一些数据可获得的代理指标,来构成整个贸易便利化的评价指标体系。

表 2-3　Wilson 设计的贸易便利化指标体系

一级指标	二级指标	指标来源
港口效率	港口效率指数	Clark and others 2002
	港口数量	World Econ. Form 2000
	机场数量	World Econ. Form 2000
海关环境	非常规支付	World Econ. Form 2000
	进口费用	World Econ. Form 2000
	隐性进口壁垒	World Econ. Form 2000
	行政部门不当行为	IMD 2000
	清廉指数	Transparency Int'I 2000
规制环境	规制有效性	Transparency Int'I 2000
	监管标准	Transparency Int'I 2000
	协议遵从度	Transparency Int'I 2000
	规制执行力	Transparency Int'I 2000
电子商务应用	电子交易百分比	Transparency Int'I 2000

借鉴 Wilson,Mann(2003)所设计的指标体系进行研究有利有弊。其优点在于,在该指标体系基本思想的指导下,后来的学者根据实际情况对评价指标进行增减变动,具有很好的灵活性,但这也是该方法的一大缺点,不同学者根据自己的主观判断来设定一级指标和选择二级代理指标,就使得评价体系缺乏一个统一的标准,导致各学者的评价结果也可能存在差异。此外,参考 Wilson、Mann 所设计的指标体系对贸易便利化指标进行汇总计算时,不同学者采取的方法也不尽相同,有算术平均法,也有加权平均法。那么,即使数据来源相同,采取不同数据处理方法的研究之间,也就会有一定的差异。

第六节　国家风险研究综述

一、国外主权信用风险文献综述

国家主权信用风险方面的研究成果十分丰富,学者们对影响国家主权信用风险的因素、国家主权信用风险评级,以及主权评级有限性等问题进行了相关研究。

1.主权信用评级影响因素研究

主权信用评级一个基本的特征就是"主权上限",即对国家内部的私营部门、

企业、不同的金融机构,其信用评级基本都会小于国家的主权评级。通过主权信用评级提供的信息,有助于投资者合理辨别不同国家的主权风险。

各个国家相互贸易日益频繁,企业的海外投资、跨国业务日益增多。其中,这些跨国企业需要考虑的基本要素就是对方国家的主权信用评级。所以,对企业来说,综合发达国家与发展中国家的主权信用评级的决定因素,并加以对比研究具有其重要意义。

评级机构在进行主权评级时,主要考虑的因素包括宏观经济环境、国家经济结构和国家政策稳定性等多种因素。尽管三大评级机构都对影响其评级的因素进行了介绍,但实际上涉及的因素非常多,分析方法也十分复杂。国际上许多学者采用定量分析的方法,力图将国家信用评级的问题模型化、系统化,形成了相当多可供借鉴的研究成果。

Cantor 与 Packer(1996)首次系统地分析了主权信用评级的决定因素和影响,他们通过使用普通最小二乘回归方法,对标准普尔和穆迪指派的众多变量和标准进行多国面板数据的多元线性回归分析,发现以下六个宏观因素在决定国家的主权信用评级中扮演了重要角色:人均收入、增长、通货膨胀、外债、经济发展水平和违约史。此外,他们还发现,主权信用评级

的发布，对投机级国家债券的主权利差比对投资级国家债券的主权利差带来的影响更大。

Ferri(1999)改进了该模型，将模型因变量的评级结果转化为反映利率变动的非线性数据，并用“经常账户盈余短期外债外汇储备”指标替代了原模型中外债总量的指标，进一步提升了模型的拟合优度。

Archer Biglaiser 和 De Roue(2007)，研究了国家的政治体系制度对主权信用评级是否具有决定性作用，但得出该因素的解释能力并不强。

2. 主权信用评级模型和方法研究

主权信用评级理论发展至今，可用于评级的模型有很多。例如，主成分分析法、回归分析法、判别分析法、层次分析法、probit 模型、ICAPM 模型、VaR 模型、MacDougall 政治风险模型等数十种国家主权信用风险模型。Manasse Roubini 和 Schimmelpfeng(2003)通过递归分析法，对反映偿付能力和流动性的宏观经济变定量分析，建立了主权债务违约的危机预警模型。Nada(2006)运用 Ordered probit 离散选择模型进行了新的分析。

Moon 和 Stotsky(1993)，使用 1981 年 892 个地区的横截面数据，研究了可能会决定标准普尔、穆迪两家评级机构主权评级的宏观经济因素。实证研究认为，评级机构在主权评级过程中考察的因素并不完全相同，标准普尔考虑的影响因素比较一致，而穆迪公司的评级过程对因素有显著的自选择行为。

Mayo 和 Barrett(1997)，通过 Logit 模型，使用 48 个国家 1960—1975 年间的面板数据，设计了主权风险预警模型，来对美国进出口银行的风险加以评估。分析结果是：固定资本形成占 GDP 比率、外汇储备比进口、已偿还债务比出口、进口比 GDP、在 IMF 中头寸占进口的比率，以及 CPI 的增长率，都对债务人的偿债能力有显著影响。

Larrain，Helmut，Maltzan(1997)使用格兰杰因果检验法，对主权评级与主权风险之间的关系做出探究，结果认为，在历史数据的基础上，主权评级未能够很好地预测政府的主权风险，即在大多数情况下，并非机构的主权评级对主权风险和国家风险事先预警，而是国家变化的主权风险反向改变了风险评级机构的评级结果。

Juttner 和 McCarthy(1998)认为,主权评级决定因素的影响程度是会发生变化的。对于不同的国家或地区,甚至是在不同的时间段内,这些要素的影响程度并不完全一致并且一直有所改变。

Butler 和 FauVer(2005、2006)使用了 86 个国家、地区的经济数据,指标包括政府效益、政策法规、政府廉洁度、政治稳定性、民主进程等,给不同国家赋予综合数值,以此来考察这些因素对主权信用评级的解释能力。实证结论认为,除了我们常研究的国家经济基本面要素,国家的政治、法规方面的要素对主权信用评级也具有重要影响。

NadaMora(2006)在前人的研究基础上,使用了更多主权信用评级结果,扩充了经济危机过后的期间中对数据的检测维度,同时也改善了模型。实证结果说明,评级机构的评级结果与国家的实际情况,从长远视角来看,是比较相符的。

Antonio Afonso(2007)考察了主权信用评级的决定要素,认为大类因素对长期的主权信用评级具有解释力,分别是:外债规模、违约记录、外汇储备、政府有效性;同时,还有大类要素对短期的主权信用评级具有解释力:政府债务、人均 GDP、政府财政收支以及经济增长率。

Monfort 和 Mulder(2000),发现一系列经济基本面,以及与经济危机有关的国际因素,对主权信用评级具有决定作用,如净出口额、经常账户收支、总外债和外汇储备等。德彭也得出相关研究结论:政府财政收支、外债总额、货币政策、财政政策,都有效地解释了主权信用评级结果。

3. 关于主权信用评级有效性的研究

McKinnon 和 Pill(1998))探讨了主权信用评级结果的顺周期性。Reisen 和 Maltzan(1999)对亚洲金融危机中主权信用评级的研究表明,按照早期的金融危机模型评估,主权评级具有减缓新兴市场国家债券交易过度投机的能力,然而,这一能力却在过去的十年里没有发挥出来,评级结果与债券收益率之间的关系相互独立。

Ferris、Stiglitz(1999)认为,三大评级机构在 1997 年亚洲金融危机爆

发前对东南亚各国的经济形势过于乐观的估计，危机发生后又过于悲观，进而加剧了亚洲金融危机的传染性，使主权信用评级在亚洲金融危机中表现出“扩危机化”的效应。Amadou(2003)通过检验各国的评级状况与债务危机发现，主权债务评级并不能预测货币危机。但是，当债务危机被定义为主权债务利差超过某个基点并结合评级机构对各国经济展望时，有助于预测债务危机。Nada(2006)通过采用包含后危机时期的检验范围和加入更多国家的评级信息相结合的方式增加了样本容量，得出了从长期看來，主权信用评级与各国的经济发展情况是相吻合的结论。

Gartner、Griesbach 和 Jung(2011)分析了欧洲主权债务危机中评级机构的作用。研究表明，评级机构确实具备使国家资产负债率陷入困境的能力，而且欧债危机爆发最严重的五个国家(葡萄牙、西班牙、希腊、意大利和爱尔兰)都似乎充当了这一不幸的角色。

Afonso、Furceri 和 Gomes(2011)研究了评级机构与金融市场之间的关系，研究表明，政府债券收益率对评级结果有显著反应，对负面评级反应更加强烈，并且负面评级所产生的溢出效应会从低评级国家向高评级国家传导。

二、国内主权信用风险文献综述

在对国家主权信用风险进行研究的过程中，国内学者就国家风险的定义、影响国家主权信用风险的相关因素，以及国际主权信用评级市场等方面进行了深入研究，主要研究成果如下：

1. 关于国家风险的相关研究

目前，国内直接对主权信用评级模型进行实证分析的文献非常少，大部分都是从商业银行等金融机构管理风险角度出发进行定性分析。林孝成(2000)介绍了各国家大型金融机构评估风险的指标体系和方法，指出了国家风险评估模型在应用时存在的六个方面的技术问题。曹荣湘(2003)强调了研究主权信用评级的重要性。郑兰祥(2005)从统计学的角度介绍了一些国家风险计量的模型。毋兴(2008)将 Black－scholes 模型的公司债务定价原理运用于主权风险的评估,通过计算中国的经济资本市场价值和中国的债务市场价值对中国的外债负担进行了实证考察。结果发现,相对中国巨大的出口创汇能力,以及庞大的外汇储备,外国债权人对中国国债的投资基本不存在风险。李林林(2013)将国家风险定义为由于借债国发生某种特殊事件,如国家宏观经济政策变化,或社会、政治动荡所导致的跨国贷款风险,并认为,若借款者是一国政府或政府机构,那么,这种风险就是主权信用风险。这种定义侧重于将国家主权信用风险归因于国家宏观经济政策的变化或社会、政治的动荡,更加强调政府偿债意愿在跨国贷款偿还中的主导作用。

2. 影响国家主权信用风险相关因素的研究

洪露(2007)通过将标准普尔的评级数据,以及各国宏观经济数据进行回归分析得出,人均 GDP、通货膨胀率、实际增长率、经济发展水平以及违约史是影响一个国家的信用评级最关键的因素。从琳、侯佳(2010)通过对 44 个国家的宏观经济指标进行线性回归,对决定主权信用评级的因素进行了分析,结果显示,人均 GDP、通货膨胀率,以及债务占出口比例,对国家主权信用评级有影响。屠强(2010)分析了宏观经济变量对标准普尔的短期主权信用评级的解释作用,认为标准普尔公司进行评级的标准以一国真实实力和综合国力为基础;一个国家如果要取得较高评级,需切实地增强本国的经济实力,优化人均 GDP、出口额、国内生产总值这些宏观经济指标,从而在竞争激烈的国际信贷市场上取得主动地位。陆留存、田益祥(2011)利用面板数据和面板有序概率方法,比较分析了样本国家的主权信用评级预测,分析得出在评级机构公布的众多影响因素中,实际 GDP 增长、人均 GDP、通货膨胀、政府效率、经常账户收支、外汇储备、对外债务、政府盈余(或赤字)和政府债务因素,对主权信用评级具有决定性作用。万艳(2012)对 2011 年 93 个国家的截面数据进行分析表明,一国曾经发生过违约事件,对该国的主权信用评级有着明显的负面影响;而相对于发展中国家而言,发达国家的经济基本面变化对主权信用评级的影响程度较小。那明(2014)利用 OECD 国家的面板数据资料对主权信用评级的影响因素进行

了实证分析。刘亚莉(2006)以新兴市场国家的货币危机与债务危机的发生情况为样本,对货币危机与债务危机之间的相互关系进行了经验研究,得出了主权信用等级的变化不能显著地预测出货币危机发生,但货币危机的发生会导致主权信用评级下降的结论。

3.国际主权信用评级市场的相关研究

陈伟(2003)对标准普尔的政府信用等级评价体系进行了分析,系统介绍了其指标与方法。黄瑾轩(2009)通过对2008年次贷危机的深入分析发现,三大评级机构在对金融产品、主权风险进行评级的过程中存在着很多问题,如道德风险,评级失误等。他认为,三大评级机构在主权信用评级中对发达国家和发展中国家执行了双重标准。杨胜刚、成程(2011)对三大国际信用评级机构的定量分析模型进行了重演,以此验证我国的主权信用评级是否被低估。结果表明,当前我国的模拟评级与实际评级大致持平。周嘉(2015)认为,当前主权信用评级市场是一个十分典型的寡头垄断市场,并对该市场形成的成因进行了分析。郭濂(2015)对国际三大信用评级机构的发展历史、评级划分和评级指标进行了对比分析,进而提出了完善国家信用评级行业的建议。孙红、张国柱等(2015)研究了国际三大评级结构的发展历程与评级模式,并对其进行了剖析。

三、政治风险研究综述

1.政治风险研究的分析角度

“政治风险”一词最早起源于20世纪60年代的美国。关于政治风险的界定,以往研究可以大致分为两个方向,一个方向是从影响因素角度进行的,即是什么导致了政治风险的存在与发生,也可以说,是基于政治风险来源进行的定义;另一方向则是从经营环境变动的角度阐述了政治风险是如何传导的,强调了不连续的经营环境是政治风险传导的必要条件。

首先,从影响因素入手研究政治风险的文章普遍受20世纪60年代美国政治背景的影响。Westo 和 Sorge(1972)认为,政府对商业活动的干预打扰、对相关协议的破坏和不承认等干预行为导致了政治风险的发生；Nehrt(1970)、Greene(1972)、Rodriguez & Carter(1976)以突发的政治性事件为出发点定义政治风险，将政治风险直接等同于政治事件；Root(1972)丰富了上述的定义，认为不仅仅是政治事件，而应该是给海外投资者的经营活动带来潜在损失可能性的政治事件。Massa、Savage 和 Fitzpatrick(1983)认为，政治风险来自于政治环境的突然变动，而政治环境的突然变动其实受多种因素影响，这其中不仅包含政治因素，更是包含经济因素等其他因素；Jeffrey. D. Simon(1982)在政治风险影响因素之中加入了社会维度；Alon 和 Martin(1998)在政治风险影响因素之中加入了经济维度，这样一来，政治风险的影响因素就进一步得到了丰富和扩充。

我国学者何新华、胡文发(2007)将政治风险定义为由以上内容引起的对国际投资的不确定性影响。黄一玲(2013)从东道国政策目标的角度对政治风险进行界定，认为政治风险源于东道国出于对自己国家政治、经济等方面安全考虑而限制或禁止海外投资者进行商业活动所设置的种种障碍。

另外，从经营环境变动的角度对政治风险界定的研究中，Stenfan. H. Robock(1971)认为，投资环境出现变动对于界定政治风险来说是很重要的要素。Brunetti 和 Beatrice(1998)认为，政治风险的存在使得海外投资者的投资环境出现了较大的不确定性，进而导致海外投资者们的经营活动因此受到影响甚至造成损失。Wen. lee Ting(1999)认为，政治风险可以定义为由于东道国相关政策或相关制度变动导致的海外投资者或项目承办商的经营利润受到影响。

2.政治风险分类、来源、影响等方面的研究综述

Franklin(1968)首先对政治风险进行分类，他将政治风险分为转移、经营和资本风险三种；Stephen(1971)提出了另一种政治风险的分类，即将政治风险分为宏观和微观两个层次。Jeffrey. D. Simon(1984)则选择两个角度对政治风险进行分类，一个角度是根据其来源分为内部、外部政治风险；另一角度则是根据跨国经营者进入东道国的方式是直接投资还是间接投

资分为直接、间接政治风险。李琛(2010)考虑到当前空前复杂的国际环境,认为以往的分类已不足以解释当前政治风险并结合国际政治环境的变化提出一种新的政治风险分类方法,即:企业层面、国家层面和全球层面的政治风险。

从来源来说,有关政治风险的研究主要分为两个角度:一类是从投资环境的角度进行的,包括基于东道国环境和非东道国环境。史宝良(1994)认为,东道国政策的连续和稳定是海外投资者最关注的政治环境因素,东道国政府某些政策的改变就意味着政治风险的出现。何娣(2001)从更广义的角度考查了东道国政治环境对外国投资的影响,包括:社会不稳、意识形态、武装冲突或恐怖主义化及国际联盟等对外资在这些国家投资盈利性的影响。张英达、葛顺奇(2011)进一步认为:东道国与他国的政治和军事关系变化也应该被纳入到东道国政治环境对外资的影响因素中。而基于非东道国环境的政治风险来源研究中,Jeffrey. D. Simon(1984)指出:东道国不是政治风险的唯一因素,政治风险的来源应该包括四个方面:东道国环境、母国环境、国际环境和全球环境。王惠农(1992)也认为,政治风险的环境来源正在扩大化,特别是东道国和跨国公司母国的环境的不稳定状况,以及国家间关系的重大变化共同构成一国对外投资的政治风险的环境来源。赵曙明(1998)认为,第三国环境也是政治风险的来源,如果东道国在经济、政治上依附于第三国,第三国的状况及可能存在的风险会波及东道国,影响外资企业。

另一大类则是源于制度角度的政治风险研究。传统的经济学研究一直将制度因素作为经济运行的外部限制条件,忽略了制度因素在经济运行中的作用。随着新制度主义经济学的兴起,制度的重要性逐渐被人们所认知。Henisz(2001)、Henisz(2003)、Garcia-Canal(2008)认为,良好的制度水平代表东道国能够为企业经营提供一个安全稳定的发展环境,使企业的资产免于遭到动荡的政局和战乱的影响与破坏,是企业生存的基本保障。Ahlquist(2006)认为,政治制度在东道国政治风险形成过程中扮演了重要的角色,东道国的政治制度缺失是东道国政治风险的最主要来源。

有关政治风险影响的文献中,Haendel(1979)率先发现,东道国会通过采取特殊待遇和优惠措施等手段吸引外资流入，如拉美市场的自由化，可视为东道国政治环境发生积极变化。Alon 和 Herbert(2009)的研究更进一步，他认为，政治风险是一种中性现象，尽管多数政治风险造成投资主体在东道国的损失，也不排除政治风险可能给东道国带来积极的影响。

四、有关海外港口设施和我国海外高铁项目政治风险研究综述

1.斯里兰卡港口设施政治风险研究综述

任清(2015)认为，斯里兰卡港口城被叫停是典型的政治风险，可以通过提前预防、购买保险，以及提交给国际组织进行争议仲裁等方式解决；唐鹏琪(2015)通过分析斯里兰卡的政治风险和经济风险，认为港口城项目符合斯里兰卡的发展方向，其政治风险主要来源于印度对斯里兰卡的影响，其经济风险则在于投资领域多数集中于基础设施类。王聪(2015)分析了斯里兰卡在印度洋区域重要的战略位置，以及在此背景下中国对斯里兰卡的投资有哪些政治风险，并在最后给出了中国企业对斯里兰卡的投资方向的建议。卢光盛(2016)认为，由于斯里兰卡的地理方位处于我国"一带一路"战略的重要位置，我国应谨慎应对斯里兰卡所存在的国家风险，文章仔细分析了斯里兰卡最新政策，以及投资环境变化，并在最后给出了政策性建议以及给企业风险防范的有关建议。

2.有关我国高铁海外项目的政治风险研究综述

樊一江(2010)阐述了世界高铁的发展历史，以及我国高铁的不断进步和"走出去"的发展过程；张晓通、陈佳怡(2014)分析了中国高铁的发展现状，以及"走出去"遇到的主要问题，并在最后给出了有关政策建议；张璐晶(2015)整理了 2014 年一年中国高铁大步"走出去"的历程；陈安娜(2015)分析了世界高铁发展形势、中国高铁所具有的条件与优势，以及中国高铁应如何积极应对挑战使"走出去"步伐更稳健；李继宏(2015)分析了中国高铁所具有的成本优势、技术优势等优势，以及标准不被认可、竞争激烈、资金需求过大等挑战；张友兵、刘岭、崔俊锋、牛道恒(2016)认为，我国高铁具

有国家战略优势、产业优势、质量优势以及融资等优势，并在国家层面以及企业层面分别给出使我国高铁更好地“走出去”的有关建议。

陈鹏(2014)从高铁外交的角度阐述了中泰高铁对“一带一路”战略的积极作用以及经济影响力；唐奇芳(2014)从东盟互联互通的角度分析了中泰高铁与“一带一路”战略的关系和联系；潘远洋(2014)分析了泰国高铁的前景，包括中泰高铁项目的由来、中泰高铁项目的最新动向，以及所面临的机会和挑战，具体包括地缘政治不稳定，以及日本强势竞争等问题；陈云(2015)从扩张中国高铁出海版图的角度分析了中泰高铁的背景，以及项目所带来的种种益处。周啸东(2014)分析了土耳其安伊高铁的项目前、项目中分别遇到的问题，包括中标被质疑导致的项目推迟，以及面对不同标准等问题；邵鹏鸣(2015)研究了为何墨西哥高铁最终失败并告诫中国企业应时刻保持冷静和警觉；林书友(2015)从墨西哥方的角度分析了我国企业中标被撤销的原因，包括墨西哥方为何出尔反尔，以及我国企业为何是唯一投标者；孙岩峰(2015)通过分析墨西哥国内局势，以及对其所处的拉美区域局势的分析中，得出了资源丰富、机会众多的区域所包含的风险可能更大，投资者应更加谨慎的结论。

3.有关政治风险应对研究综述

罗会钧和黄春景(2009)提议，政府应建立一套符合中国实际和国际投资特点的境外投资法律体系；陈国余(2006)认为，应当尽量利用风险保障机制来解决我国企业对外投资的政治风险。刘春胜(2007)分别从国际政治层面、企业与市场层面对政治风险的类型和产生的原因进行了分析，从政治与公共关系和内部市场视角，提出了企业的两种管理策略；罗春雪(2010)通过对政治风险管理理论的基础研究，将政治风险的理论与中国企业在美国经营的具体实际相结合，提出通过母国政府与跨国企业共同协调来降低政治风险造成经济损失的策略建议；戴志强、李琳(2009)除了强调设立海外投资风险基金外，还提议搭建信息服务平台，向企业提供外交信息，并提议政府组织培育国外投资园区，将本国海外企业集中起来，形成合力以有效防范风险；袁正之(2008)建议国家之间签订条约，针对政治风险，由双方政府出面解决问题。相似地，赛格、门明(2010)也提出，企业对外投资经营中应建立一套投资前预防性策略、投资中分散策略和风险发生后不久策略的三位一体的规避策略体系；杨新杰(2008)提出防御性策略，包括停止经营活动或撤回投资来规避风险、加强与东道国以外的多个国家建立合资企业、购买保险，将政治风险转移给保险人；史建军(2008)提出，海外投资企业应尽可能地使用当地的原材料、劳动力和零部件，帮助当地发展经济，解决劳动力问题，使得本企业与当地的利益相关者捆绑在一起，增加政治风险的抵抗能力；钞鹏(2012)还提出企业应当履行企业的社会责任，改善与东道国的关系。

第七节　本章小结

本章从区域经济合作、新发展观，产业间和产业内贸易，贸易成本与贸易便利化、国家风险，以及生态文明建设等方面，对区域合作发展的相关文献进行了收集和梳理。

区域经济合作，由于地区、国家不同，有着不同的历史发端。区域主义的一体化思路，无论是功能型合作模式，还是协议型合作模式，对于“一带一路”合作都有可借鉴之处，可以相互补充，相互支持。新发展观，提出了以人为中心、以文化价值为尺度、整体的综合的内生的新发展观。这对于中国和发展中国家的发展有着深刻的启迪。21 世纪以来，中国也提出了科学发展观和新发展理念，科学发展观的核心和出发点是以人为本、基本要求是全面协调可持续发展、根本方法是统筹兼顾。坚持统筹兼顾，就是既要总揽全局、统筹规划，又要抓住牵动全局的主要工作、协调好各方面利益关系，调动一切积极因素。在此基础上，2015 年中共十八届五中全会提出了创新、协调、绿色、开放、共享五大发展理念，是对科学发展观理论的进一步完善和提升，也为中国和“一带一路”沿线国家构筑利益共同体、责任共同体和命运共同体提供了中国思路和方案。

随着“一带一路”倡议进入到实施阶段，中国和“一带一路”的总体贸易和产业贸易、区域及国别贸易都在纷纷展开，特别是产业内贸易和产品内

贸易，以及双向投资的开展，各国竞争力的展现，对于区域一体化起到了更紧密的联系作用。与此同时，必须注意到“一带一路”沿线国家和地区之间的贸易成本和贸易便利化问题。这些问题的研究，需要紧密结合“一带一路”实践，借助科学的经济学理论和方法，通过文献梳理，为本书进行规范分析和实证分析提供了可用的方法。

在“一带一路”合作发展中，必然会遇到各种风险，特别是国家风险和生态环境风险。通过文献分析，可以给本书提供测度风险、揭示风险的手段、工具，也为管控风险提供了基础。

总之，上述文献的梳理及综述分析，对于本书拟进行中国和“一带一路”合作发展的研究、分析和讨论，分别提供了可供借鉴的理论基础、定量、定性方法和不同的分析视角。从而为建立本书的研究框架，接下来各章的分析、讨论，进行了必要的文献研究准备。

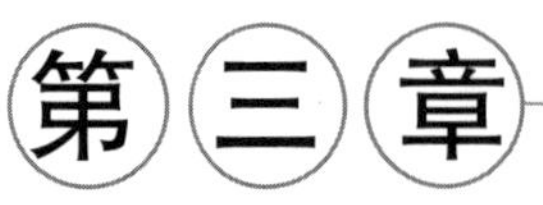

第三章 "一带一路"区域经济合作发展的理论框架

第一节 引言

中国提出的"一带一路"构想，是基于国际政治、经济和发展经济学理论，形成的区域合作发展的理念和倡议，而不仅仅是寻求构建一个实体和机制。这一构想借用了丝绸之路的历史符号，旨在通过中国与有关国家之间积极推进双边和多边经贸合作机制，共同打造政治互信、经济融合、文化包容的利益共同体、命运共同体和责任共同体，达到区域和平发展的目的。与此同时，必须注意到贸易和投资与对外援助三位一体构成的国际政治经济关系的三大支柱。

以国家为分析单位的国际贸易比较优势理论，被用作跨国区域经济合作的最初理论依据。区域一体化传统概念就是建立在李嘉图的"比较优势"理论和赫克歇尔-俄林的"要素禀赋理论"等新古典贸易理论基础上的。然而其理论局限性主要表现在三个方面。第一，关于生产要素非流动性和运输成本为零的假设，都远离客观现实。第二，国家的比较优势的稳定性减弱，动态性日益突出。第三，新古典贸易理论不能解释同行业内部贸易现象。

迈克尔·波特（Michael Porter）于 20 世纪 80 年代末到 90 年代初提出竞争优势理论。波特对比较优势理论的发展主要有三点：第一，把政府行为和机遇因素，特别是政府的贸易政策和产业政策也纳入国家比较优势框架，提出"国家竞争优势四要素"模型。第二，把对国家比较优势的分析角度，从宏观转向企业，发展了竞争力的概念。第三，指出国家竞争优势的

产生和保持都是一个高度地方化的过程，一个国家的价值观念、文化、经济结构、制度和历史都是其国际竞争力的构成因素。

20 世纪六七十年代以来，发展中国家普遍开始追求自主发展和工业化，急需理论支撑体系。有关发展中国家现代化道路的研究成为国际理论热点，产生了“双缺口”论、“依附论”和“中心—边缘理论”等很有影响力的学说。“中心—边缘理论”的研究者认为，资本有一种向中心地区集中的倾向，中心与边缘双方之间的经济差距将随着经济的发展而扩大(亨廷顿，1991）。所谓“新国际劳动地域分工理论”，就是对世界技术经济演变格局不同于核心—边缘理论的新的理论解释，并不是什么新理论，而是把产品生命周期理论、雁行产业形态说和比较优势理论等，已有理论学说进行结合应用。认为产品的技术周期与不同国家之间技术梯度之间存在动态匹配关系，基于技术差距的比较优势的梯度递进和转移，决定着世界生产和贸易格局的阶段性动态演化。

这一理论学派对国家间技术差距的认识，逐步从行业技术差别扩展到产品的质量档次差别和技术含量差别，以及生产过程的技术差别，从垂直性的技术差别，扩展到水平性的技术差别。

第二节 “一带一路”上的国际资本流动效应

从经济学角度研究要素国际流动的经济效应，较早的是麦克杜格尔(G. D. A. Mac Dougall)，后来，肯普(M. C. Kemp)又进行了更为细致的分析。由于劳动要素国际转移的效应分析类似于资本要素，这里仍以资本国际流动，也就是以对外投资为基础进行分析。

一般认为，资本在国际间自由流动后，将使资本的边际生产力在国际上平均化，从而可以提高世界资源的利用率，增进全世界的生产和各国的福利，如图 3 - 1 所示。

“一带一路”虽然涉及众多国家和地区，但并不是一个特定的固定成员的封闭体系，没有确定具体的国家；而是一个开放的跨区域的架构，只要愿意合作者，均可参加。由于“一带一路”国家之间经济技术、地理位置、资源

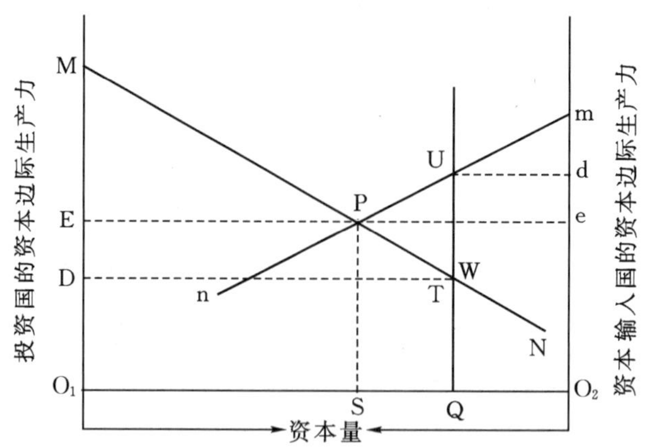

图 3－1　资本流动的经济效应

状况条件差异很大，在资本要素流动的讨论中，有必要进行一些分类讨论。

假设"一带一路"上的国家分别是由投资国（Ⅰ国）和资本输入国（Ⅱ国）组成的。资本流动之前，投资国由于资本丰富，资本的边际生产力低于资本输入国。假定资本是受边际生产力递减法则支配的，同时，假定在两国国内存在完全竞争，资本价格即等于资本的边际生产力。

图 3－1 中，假定 O_1 为投资国（资本输出国）的原点，O_2 为资本输入国的原点，横轴为资本量，投资国资本量为 O_1Q，资本输入国资本量为 O_2Q，$O_1Q+O_2Q=O_1O_2$ 为世界资本总量。纵轴为资本的边际生产力。MN 线为投资国的边际生产力曲线，也是资本需求曲线。mn 线为资本输入国的边际生产力曲线和资本需求曲线。资本流动前，投资国使用 O_1Q 量的资本与一定量的劳动，生产了 O_1MTQ 量的产品；另一方面，资本输入国生产出 O_2mUQ 量的产品。

投资国的资本边际生产力为 QT，低于资本输入国的资本边际生产力 QU，由此引起前者向后者国际间资本流动，直至两国的资本边际生产力均等，这种流动才会停止，即将有 SQ 量的资本由投资国（Ⅰ国）流到资本输入国（Ⅱ国），两国的资本边际生产力同为 $SP=O_1EO_2e$。资本流动的结果，投资国产量变为 O_1MPS，资本输入国产量变为 O_2mPS，与资本流动前两国总产量（O_1MTQ+O_2mUQ）相比，共增加了三角形 PUT 的生产量，即由于

资本的国际自由流动，提高了全世界的总生产量，这是由于生产资源优化配置的结果。

对于投资国来说，其产量减少了 $SPTQ$ 量，但其国民收入并未减少，因为它得到了 $SPWQ$ 量的对外投资收益(对外投资量 × 边际生产力)。可见，只要对外投资收入量大于生产的减少量(此处为 PWT 量)，投资国的国民收入就会上升。

对于资本输入国来说，其生产增加量为 $QUPS$ 量。其中，$QWPS$ 量支付给投资国，所以国民净收入增加了 PWU 量。可见，只要资本输入后增加的产量大于必须支付给外国资本的报酬，资本输入国的净利益就会扩大。

当然，资本流动对两国不同要素的所有者影响不同，投资国的资本收入提高了，而且主要是资本所有者获得利益，但对劳动者的影响是不利的。假定生产只用资本和劳动两种要素，图中，投资国劳动收益在资本流动以前是 DMT 量，资本流动后减少为 EMP 量，即劳动收益所减少的 $DEPT$ 量被再分配给资本，产生了不利于劳动而有利于资本的影响。而资本输入国的情形与此相反，资本收入由 O_2dUQ 减少到 O_2eWQ，减少了 $edUW$ 量，劳动收益由 dmU 增加到 emP，增加了 $edUP$ 量，即利用外资产生了有利于劳动的影响 。

对于以上的分析，有必要进一步说明和剖析：

①作为一种静态的局部均衡分析，所得出的资本流动能够增加总产量，并使有关国家分享利益。这一点，在理论上及实践上都可予以肯定。但资本流动对输出国劳动者的不利影响只有在输出资本时，确实减少了国内生产规模的前提下方能成立，即在静态情况下，要素充分就业的前提下才能成立。而事实上，输出的资本往往是投资国过剩的资本或新增的资本，即资本输出并不一定导致本国生产规模的减少。

②从动态的角度考虑，投资国资本输出的原因如果是由于产品替代规律的作用，则对新的替代产品的生产扩大会吸收被替代产品资本输出的劳动力。因此，也不一定导致劳动者收入的减少。由于分析的是一种产品(局部均衡)，因此，它是以对外投资挤垮资本输入国国内资本的垄断竞争原则为基础的，即以以攻为守的防御策略为基础。对资本输入国来说，在

外国资本比国内资本拥有更先进的技术和经营技能的前提下，会使本国国内资本受到破坏。

③资本的输入，特别是直接利用外资，对资本输入国来说，除了得到稀缺的资本要素外，还可促进先进技术的流入，也能带来训练工人、增加就业、规模经济、学习先进管理经验，以及带动周边经济发展的好处。同时，对外国投资课以税金也是一种好处。

通过以上分析可以看出，对资本输入国来说，外国直接投资可以说是一把双刃剑。一方面，它对国内资本会有挤出作用，另一方面，它又具有波及效果。

第三节 "一带一路"上的贸易与投资的关系分析

国际贸易和对外直接投资(FDI)是国际经济分工的两种基本形态。由于各种经济资源在不同国家之间分布的不均衡性，使得一国在商品生产中可能出现要素需求和其分布不一致的现象，从而导致生产要素在国家间发生转移。如果没有要素国际流动，就需要通过商品贸易来满足不同国家的需要。商品贸易的转移成本有时候会很高，可能完全抵销掉甚至超过商品输出国在生产成本上的相对优势，也可能抵销掉产品差异和技术垄断所带来的相对价值上的竞争优势。这样，贸易就可能停止。这时，通过要素国际流动就可实现要素在国际间转移的要求。当然，要素国际流动也存在成本问题，如投资风险，缺乏适当劳动力供给，及要素流动的费用，等等。这些成本可将其称之为要素流动的转移成本。那么，通过要素流动与商品贸易上的转移成本比较，就可以在商品出口还是要素输出两者间做出抉择。如果从要素输入国或总体的立场来考虑，除了要素流动与贸易具有静态的替代关系外，还有动态的互补和相互促进的关系。

一、贸易与要素流动的替代关系

蒙代尔认为，如果两国生产函数相同，即两国采用同样的生产技术，则根据 H—O—S 定理及 H—O 理论，即可得出要素国际流动与产品贸易是

完全替代关系的结论。蒙代尔的分析基于通常的如下假定:两国、两种商品及两种要素的模式,生产函数是一次齐次的,要素密集度不发生逆转,实行不完全的国际分工。

不妨假定“一带一路”上存在A、B两类国家,A类国资本丰富,其出口比较优势产品Y是相对资本密集型产品。而B类国资本相对稀缺,劳动力丰富,其主要出口优势产品X是相对劳动密集型的。贸易与要素流动的替代效应如图3-2所示。

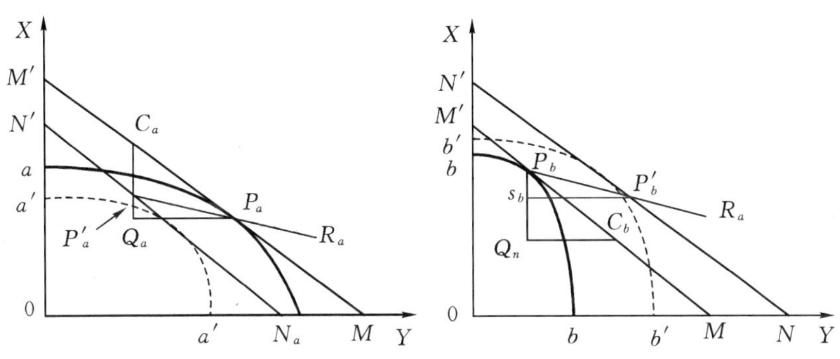

图3-2　贸易与要素流动的替代效应

图3-2中,A类国出口P_aQ_a量的Y商品,进口Q_aC_a量的X商品,两类国家在MM'线表示的贸易条件下达成均衡。通过自由贸易已实现了两国资源的合理配置,并各自达到最大福利,所以,不存在要引起要素流动的原因。

但是,一旦存在某种贸易障碍,就会刺激要素流动。假定B类国对进口的Y商品征收了关税。这样,B国Y商品的国内价格就会上涨,因而刺激生产的增加,导致生产Y商品的密集性要素(资本)价格相应上涨,于是,便发生A国向B国的投资。如假定不发生劳动的国际流动,则A类国的生产可能性曲线缩小到$a'a'$,B国的生产可能性曲线扩张到$b'b'$。根据雷布钦斯基定理,在原贸易条件不变的前提下,A国的生产点为P'_a,B国为P'_b。这样,最后的结果是:A类国减少了P_aQ_a量的出口商品Y的生产,而增加了P'_aQ_a量的进口商品X的生产;B类国则增加了$S_bP'_b$量的进口商

品 Y 的生产，减少了 P_bS_b 量的出口商品 X 的生产。两类国家生产量的总和同自由贸易时一致，要素流动与自由贸易时没有差别，即两者之间是完全的替代关系。

蒙代尔模式结论的得出，除了其原有的假定以外，至少还暗含着以下假定：

①在将贸易转化为要素流动后，两类国家之间的贸易条件不发生变化，如果要素流动前后的贸易条件随着贸易量的变化而变化，则情况就不同了，若B类国由于要素输入而使其贸易条件改善，则不能说要素流动与自由贸易是完全相互替代的关系。

②在要素流动前后，两类国家消费点相同，资本的报酬额相当于 Y 商品的 MN 量或 X 商品的 $M'N'$ 量，即B国在支付资本报酬后的余额和自由贸易条件下的 P_b 点生产、在 C 点消费的状况相同，而接受资本报酬的A国也是一样。就是说，虽然发生了资本流动，却没有额外的利益。但事实上，许多国家在要素流动前后的利益是不同的。

从这些意义上讲，要素流动与自由贸易并非完全没有差别，因此，两者也并非是完全的替代关系。

可以看出，蒙代尔所揭示的贸易与要素流动之间具有一定程度的相互替代关系是有一定道理的，特别是在静态或较短的一段时间内，这种替代关系较为明显。这种相互替代关系使得要素流动在某种程度上具有逆贸易导向的特征。

二、贸易与要素流动的互补关系

日本学者小岛清教授认为，同货币资本流动相比，直接投资有以下两个特点需要强调指出：

①直接投资不单是资本要素的流动，而且是包括资本、技术、技能、经营管理知识，以及信息等要素的总体转移，即组合要素的流动。出资（股权安排）部分多数是以体现为机器、设备或者中间产品等含有先进技术的生产资料的形式进行单方面价值转移的，再加上工人的技术培训、经营管理、市场销售等技能的转移——这一切才是直接投资的基本内容。因此，在理

论模式中，可以把直接投资视为包括销售问题在内的先进生产函数的转移或移植。

②直接投资是资本、技术、经营管理知识等的综合体，是由投资国的特定产业部门的特定企业向要素输入国的同一产业部门的特定企业（子公司、合资企业等）的转移。因此，它的流动方式就不同于单纯的货币资本流动，也不会同该国的国内资本一起再分配到各种产业部门、各个企业。但是，一般地说，通过对工人、经营者的培训，以及诱发当地资本建立竞争性企业等形式，由外国直接投资所带来的先进的生产函数将逐渐普及和固定下来。也就是说，将使本国整个产业的生产函数发生改变。当然，先进生产函数的普及是需要时间的，而且在不同的产业部门，由于新的生产函数和原有生产函数之间的差距大小、资本密集程度大小、劳动和经营训练难易程度等方面不同，它的普及也将有所不同。因此，投资国和要素输入国的技术差距越小，技术就越容易移植、普及和固定下来。

假定在"一带一路"中，同 B 类国相比，A 类国资本丰富，X 商品（劳动密集型商品）与 Y 商品（资本密集型商品）均采用比较先进的生产函数（一次齐次的）；而 Y 商品的优势程度大大超过 X 商品（技术差距很大）。由此再进一步假定对 B 类国 X 商品进行直接投资时，新的生产函数比较容易普及，可使生产率提高一倍；而对 B 国 Y 商品进行直接投资时，新的生产函数的普及比较困难，生产率只能提高 0.5 倍，如图 3－3 所示。

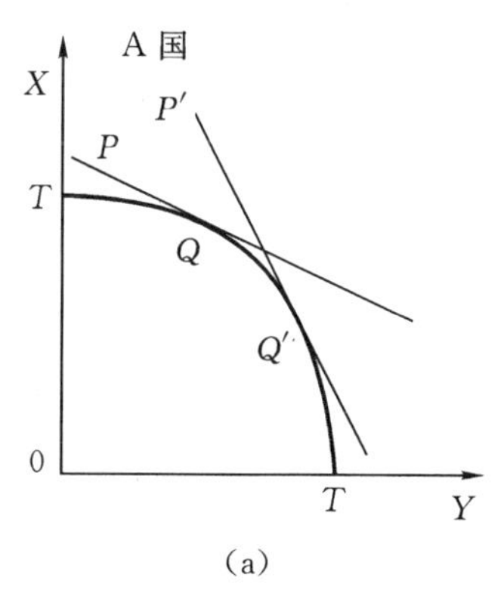

(a)

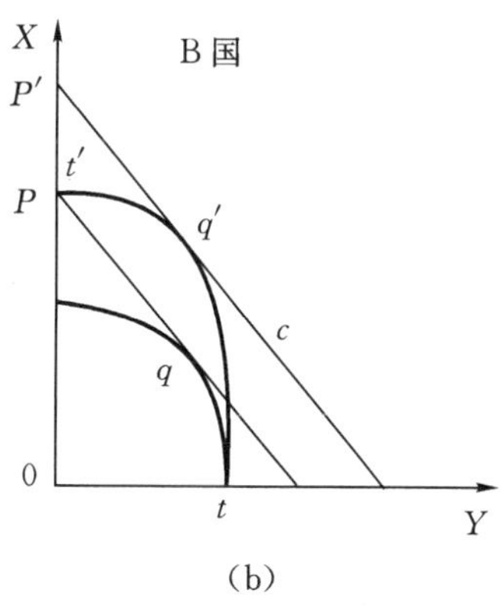

(b)

图 3－3 要素流动与贸易的互补关系

图 3-3 中,A 类国的生产可能性曲线为 TT 线,B 类国初期的生产可能性曲线为 tt 线,tt 线显得较小,是因为 B 国原来采用的是落后的生产函数。Q 点和 q 点分别为两国的初始生产点,A 国 Q 点上的切线 p 的斜度小于 B 国 q 点上的切线 p 的斜度,则 A 国的 Y 商品(资本密集型的)、B 国的 X 商品(劳动密集型的)分别具有比较优势,A 国出口 Y,进口 X,贸易就按比较优势原理为基础进行。

同时,假定 A 国 X 产业向 B 国 X 产业进行直接投资。如果把直接投资定义为先进的生产函数的跨国转移,并且不考虑货币资本的流动,A 类国的生产可能性曲线并不发生什么变化,这是由于向外国提供技术和经营知识,不会使它们有所减少。资本输入国 B 类国 X 产业由于采用了先进的生产函数,生产率提高了一倍。于是,B 类国生产可能性曲线向上方扩大一倍。如果商品价格比率不变,生产点便会由 q 点移向 q' 点。若 B 类国的国际交易线为 p' 线(与 p 线平行),则 B 类国就是以 q' 点为生产点,c 点为消费点,出口相当于两点之间差额的 X 商品,并进口 Y 商品,并且若 p' 线是国际交易条件线,则 A 类国的生产点与消费点也将相应调整到 Q' 点和 C 点,两类国家的贸易在扩大的基础上达到了均衡。也就是说,对外直接投资扩大了贸易。可见,此时投资与贸易是互补性质的,投资导致贸易发展。

至于 A 国进行直接投资的原因,小岛清认为,是由于 A 国的贸易条件对 X 商品不利而使其失去了比较优势,X 产业相对获利能力的减弱使 A 国进行缩小 X 产业,扩大 Y 产业。因此,一个产业是否进行对外直接投资,取决于特定产业的盛衰及利润动机。

小岛清还进一步指出,要使直接投资能够导致贸易发展,必须具备下列条件:要由投资国潜在的比较劣势产业进行对外直接投资,从而提高要素输入国有潜在比较优势的 X 产业的生产函数,并使之成为显在的比较优势产业。而对于要素输入国来说,直接投资除了报酬还流问题外,可以被当作技术进步的效果来处理。若它是发生在要素输入国的比较优势产业部门,则是偏于顺贸易型的,反之,若发生在比较劣势产业部门,就会是偏于逆贸易型的。另外,关于要素输入国对直接投资支付报酬的问题,只要图中 B 国的 p 线和 p' 线之间的利益不致全部被抽去,B 国就会得到相当的

好处。这也正是要素输入国欢迎直接投资的原因,接受直接投资可以导致要素输入国的技术进步,因而直接投资也就是要素输入国技术进步的启动器和推进器。如果对外投资(特别是直接投资)是这种顺贸易类型的,则后进的要素输入国从中得到好处是不言而喻的。但是,小岛模型的分析也有一些缺陷:

①关于直接投资的动因,小岛清已意识到产业衰落或比较优势的失去(或已是比较劣势),是直接投资的动因,但导致比较优势减弱或逐渐丧失的原因,则没有说明。

②按小岛模型的理解,只有当某一产业失去比较优势时,才进行直接投资。这样,投资企业在要素输入国的优势很难持久。一旦输入国企业掌握了这些技术等先进要素,则在较短的时间段内,投资国的投资企业将面临再次危机。因此,要素输入国在引进资本、技术时,也要考虑出口产业结构的替代或更迭问题,按不同的梯队进行抉择。

③小岛模型追求的是投资导致资本输入国出口产业兴旺,但许多企业对外投资,往往追求的是资本输入国的市场。因此,作为资本输入国来说,不能依赖投资国来扩张本国的出口,而应在外资引进时有所选择,并且,资本输入国也存在产品替代而导致产业兴衰的问题。

④小岛模型中的 A 国之比较优势产业既有 X 产业,也有 Y 产业。若 A 国产业中的将要衰落的产业,也无法在 B 国迅速成长为出口优势产业,则 A 国对 B 国的投资是否还有意义呢?也就是说,若接受投资的发展中国家与资本输出的发达国家技术差距较大,但该发展中国家却有可观的市场或巨大的潜在市场,那么,该发达国家为什么不去占领这些市场,而去投资具有出口优势的另外一国呢?

第四节　对外开放的两缺口模型及债务周期分析

一、两缺口模型分析

1966 年,钱纳里(H. B. Chenery)和斯特劳特(A. M. Strout)在《外援与

经济增长》一文中，提出了两缺口模型。①

从一国需求方面看，国民收入与消费、投资、出口和进口的关系：

$$Y=C+I+(X-M)$$

从一国供给方面看，国民收入与消费和储蓄的关系：

$$Y=C+S$$

投资与净出口之和应恒等于储蓄，即

$$I+(X-M)=S$$

将此式右移，可得

$$I-S=M-X$$

这就是两缺口模型的基本公式，左端 $I-S$ 是储蓄减去投资的部分，称为"储蓄缺口"；右端 $M-X$ 是出口少于进口的部分，称为"外汇缺口"。

两缺口反映出发展中国家使用的资源超过了它实际拥有的资源，出现了发展瓶颈。两个缺口同时存在，缺口大小不同，需要相机行事。短期内，储蓄和出口增减比较困难，往往调整投资和进口。对此如何解决呢？

一是采取消极的办法：不利用外资，会影响到经济增长。如果本国投资过多，则减少投资实现均衡；外汇缺口超过投资缺口时，则减少进口。

二是通过积极的措施，利用外资，促进经济增长。如果储蓄缺口大于外汇缺口，不必减少投资，可增加进口、引进外资来平衡；如果外汇缺口大于储蓄缺口，不必减少进口，可增加投资解决。

两缺口模型分析强调了大多数发展中国家在经济发展过程中存在着国内资源不足、经济结构不平衡等问题，揭示了在开放经济条件下，积极利用外部资源是克服储蓄和外汇约束，促进经济增长的重要而有效的途径。两缺口分析说明了经济发展过程中计划的必要性和政府调节的重要性。两缺口同时分析揭示了发展中国家进行经济结构调整的必要性。发展中国家应积极实行对外开放，充分利用外部资源；国家应调节引进外资的活动，制订相应的引进外资计划，并采取适当的措施来调节外资的流向和结构，以使其得到有效的利用；应当尽快进行经济改革，改变现有的经济

① 钱纳里，斯特劳特. 外援与经济增长[M]. 北京：科学出版社，1966.

结构。

但是，两缺口模型也存在一些问题：

①两缺口分析使用的是总量分析方法，虽然可以说明从国外引进资源的总量，但对国内所需追加资源的结构缺乏具体分析，因而无法说明所需的特殊资源量。对外资的流向也没有作更多说明。例如一些发展中国家在一段时间发展迅速，然而，当世界经济出现问题，例如，美国开始“量宽退出”，大量资本由发展中国家向美国回流时，人们沮丧地看到“双缺口”依然如故。

②两缺口分析过分强调资本形成在经济发展中的作用，忽略其他发展要素的相互作用，特别是制度性的作用。这样就可能出现政府官员的严重贪污腐化，置国家和民众的利益于不顾，导致一些发展中国家的两缺口难以解决。

③两缺口分析过分强调引进外资的积极作用，忽视了诸如跨国公司以及外债负担过重对经济的消极影响。

二、两缺口模型和图形分析

1. 两缺口模型的一般公式

$$Y=C+I+(X-M)$$
$$Y=C+S$$
$$C+I+(X-M)=C+S$$
$$I-S=M-X$$

其中，储蓄部分包括民间自愿储蓄和政府储蓄两部分；外资部分包括国际机构的长期贷款、外国政府的官方发展援助、外国私人投资、外国商业银行的中短期贷款，以及国际货币基金组织的中短期贷款。

2. 两缺口模型的图形

如图 3 - 4 所示，以总产出或总收入增长率 g 表示纵轴，以资本流入 F 占总收入的比率 b 代表横轴，以 $I-S$ 曲线代表储蓄缺口，$M-X$ 曲线代表外汇缺口，它们相交于 E 点，即 $I-S$ 与 $M-X$ 相等，资本流入达到均衡水平 OF_0。在 F_0 的左方，资本流入尚不足以消除储蓄缺口；在 F_0 的右方，资本流入水平超出国内储蓄所能承受的增长率之外，如果资本流入此时不足以创造更多的出口，外汇缺口就会进一步扩大，导致偿债困难。

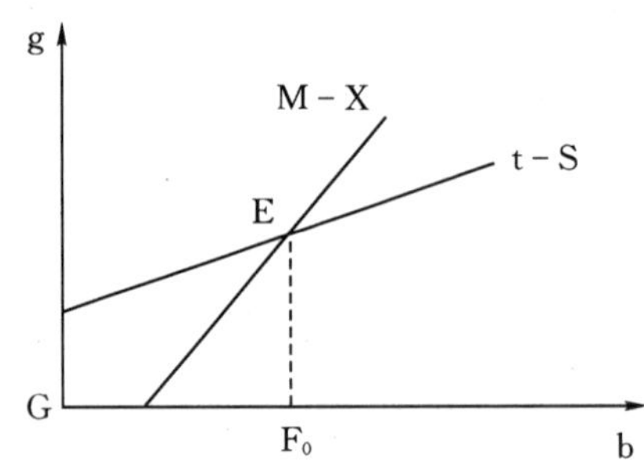

图 3－4　两缺口模型的图形分析

三、“三缺口”和“四缺口”模型

1. 三缺口模型

钱纳里与斯特劳特提出两缺口模型后，引起了发展经济学家的广泛兴趣。有人对它提出了批评，一些发展经济学家在此基础上进行了补充和发展，将该模型扩展为“三缺口”和“四缺口”，即增加了技术、管理和企业家才能，以及政府税收等方面韵内容。国外对于“三缺口”模型的研究是由“两缺口”模型调整演变而来的。Chenery & Strout(1966) 在“两缺口”模型中讨论了储蓄缺口和外贸收支缺口对经济增长的约束。Bacha(1990) 在“两缺口”模型中引入财政缺口，分析了财政约束对高负债国家经济增长的影响[①]。Taylor(1994) 则利用“三缺口”模型分析了储蓄、外汇、投资和通货膨胀缺口对潜在产出增长和产能利用率的约束。[②] Iqbal 等(2000) 根据

① EL Bacha . A three-gap model of foreign transfers and the GDP growth rate in developing countries [J]. Journal of Development economics, 1990,32(2):279－296.

② Taylor L. ,Gap models[J]. Journal of Development Economics,1994,(45):17－34.

1970—1993 年对巴基斯坦的宏观经济表现充分考察后，运用“三缺口”模型，定量研究了内部政策调整及外部冲击对其经济的影响。① Thanoon 等(2003) 利用“三缺口”模型分析了马来西亚财政及外汇缺口是否对其政策调整有所约束，并预测了其未来十年经济复苏的关键是私人部门，再配上公共部门相应的政策支持。② Ranaweera (2003) 在“三缺口”模型基础上，对乌兹别克斯坦经济失衡进行分析后得出，积极的政策调整能有效提高经济水平和福利。③ Sepehri 等(2005) 根据越南 1986—2000 年的年度经济数据，对“三缺口”模型中的宏观经济指标进行相应估计后，发现外汇缺口对其经济增长存在约束。其研究还发现，国内私人储蓄缺口比公共储蓄缺口对经济增长更具约束力。④

包括技术缺口在内的“三缺口模型”认为，在经济发展过程中，技术、管理、企业家的缺乏是发展中国家所面临的最重要的约束，资本吸收因此受到限制。基于这一点，有学者提出了“三缺口模型”，发展中国家的经济发展除了存在着储蓄缺口和外汇缺口这两方面数量上的制约外，还存在第三种形式的缺口——技术缺口(Tech-gap)，即

$$\Delta T = It - St - M$$

技术、管理和企业家的缺口总称为“技术缺口”，是指由于与国外相比，缺乏必要的技术和管理，无法吸收并有效地使用各种资源，从而影响生产率的提高和经济的发展。“三缺口模型”较好地解释了后起的发展中国家，引进外资在缩小技术缺口方面的重要作用。一国存在技术缺口，是外国资本大规模流入的重要需求动因。这种由于技术缺口构成的国内储蓄不能符合投资需求而构成的缺口，是一种结构性缺口，此时，外国资本的流入是

---

① Iqbal Z. ,James,J. & Pyatt G. ,Three－Gap Analysis of StructuralAdjustment in Pakistan[J]. Journal of Policy Modeling,2000,22(1):117－138.

② Thanoon M. A. ,Baharumshah A. Z. ,The road to recovery in Malaysia:a three-gap analysis[J]. Journal of Policy Modeling,2003,(25):857－861.

③ Ranaweera T. ,Alternative paths to structural adjustment in athree－gap Model:The Case of Uzbekistan[J]. Post-Communist Economies,2003,15(4):595－611.

④ Sepehri A. & Akram-lodhi AH. , Transition, savings and growth in vietnam: a three-gap analysis[J]. Journal of International Development, 2005,17(4): 553－574.

对国内储蓄的一种替代。

从发展中国家的实践来看，技术缺口仅仅依靠国内资源几乎是无法给予足够的弥补的，大多数还是需要从国外引进才能满足本国的发展的需要。另外，当存在技术缺口时，而发展中国家难以估计在自我研发的过程中存在的各种风险，需要利用外国直接投资，包括技术、知识、管理等一揽子以资源的转移来避免风险，获得一定的技术溢出效果。所以，技术缺口只有通过主要以技术为载体的外国资本的流入作为替代，因为填补技术缺口的外资流入是不能通过国内储蓄全部或部分予以实现的。因此，发展中国家的技术缺口是外国资本大规模流入的重要需求动因。

赫尔希曼(A. O. Hirschman)等人提出，对于发展中国家而言，资本稀缺是经济发展的重要约束，但不是最关键的约束。最关键的约束是发展中国家的技术缺乏，也就是缺乏必要的技术知识、管理和企业家的才能。在经济发展中，除储蓄和外汇两个缺口外，还存在着第三个缺口，即技术缺口，也就是技术、管理和企业家的缺口，发展中国家的国内资源尚无能力填补第三个缺口，只能依赖国外资本。

根据宏观经济学原理，社会总供给 Y、社会总需求 D 可表示为

$$Y = C + S + K_s + M, D = C + I + K_d + X$$

其中：C 为消费；S 为储蓄；I 为投资；K_s 为技术投入；K_d 为技术需求；M 为进口，X 为出口。社会供求差额可表示为

$$Y - D = (S - I) + (K_s - K_d) + (M - X)$$

其中：$(S - I)$ 为储蓄缺口；$(K_s - K_d)$ 为技术缺口；$(M - X)$ 为外汇缺口。

2.四缺口模型

"四缺口模型"除了涉及储蓄、外汇、技术及管理等三个缺口之外，还探讨了政府税收的计划目标与实际税收收入之间的缺口。大部分发展中国家的经济发展计划和目标，要靠政府投资来促进完成，人民生活水平的提高也与政府支出的财政补贴有着密切的关系。但发展中国家比较贫穷的现实，常常使由财政开支决定的政府税收计划目标与实际税收收入之间存在着缺口。因此，政府要顺利实现经济发展计划，必须向跨国公司等外资

企业的利润征税，并在金融上积极参与外资企业在当地的生产经营活动，通过征税、入股经营、财政参与等形式，为政府筹集公共金融资源，填补税收缺口，支持政府在发展规划方面的投入。

根据宏观经济学原理，社会总供给 Y、社会总需求 D 可表示为

$$Y = C + S + T ++ M, D = C + I + G + X$$

其中：C 为消费；S 为储蓄；I 为投资；T 为政府收入；G 为政府支出；K_s 为技术投入；K_d 为技术需求；社会供求差额可表示为：

$$Y - D = (S - I) + (T - G) + (K_s - K_d) + (M - X)$$

其中：$(S - I)$ 为储蓄缺口；$(T - G)$ 为财政缺口；$(K_s - K_d)$ 为技术缺口；$(M - X)$ 为外汇缺口。

近半个世纪以来，国外学界主要从援助方、受援方以及授受双方互动关系三大视角研究对外援助现象。经济学侧重于从援助方角度研究外援的经济功能问题，政治学侧重于从援助方角度研究援助动机及其政治作用，社会学则是以社会交换理论分析授受双方的利益及其互动关系。其中，政治学和经济学是研究对外援助的主要学派，两者之间存在着一定的交叉关系。

林毅夫认为，“一带一路”沿线的许多亚欧国家经济发展水平较低，基础设施普遍落后。“一带一路”倡议实施后，短期内可为所在国增加就业机会，长期来看，可以提高其经济增长的潜力，帮助发展中国家逐渐完成从发达国家“输血”的发展援助模式，向自身“造血”的发展合作新模式转变。以基础设施建设和产业转移为主要抓手的发展合作新模式，对国际发展有很大意义。①

有数据显示，1990—2013 年期间，全球贸易、跨境直接投资年均增速为 7.8%和 9.7%，而“一带一路”相关六十五个国家同期的年均增速则分别达到 13.1%和 16.5%。

“一带一路”沿线国家中，有不少低收入的发展中国家。据世界银行统计，2012 年，“一带一路”沿线多数为低收入国家，以及九个最不发达国家，

① 林毅夫.“一带一路”助推对外开放，光明网，2015 年 3 月 12 日

各国人均国民总收入尚不足世界平均水平的一半。这些国家的基础设施相对落后,产业发展滞后,对外开放程度不高,社会发展水平较低,对于加快经济社会发展、实现国家现代化的愿望十分迫切。这些国家除了缺少资金和外汇,在利用外资过程中,企业家的缺乏,技术、管理的落后,是经济发展中的又一个缺口,弥补这一缺口,已经成为经济发展的关键问题之一。

从发展中国家的实践来看,由于国内资源尚无弥补这些缺口的能力,因而必须利用国外资源来填补。国外资源,过去通常是从发达国家引入,但发展中国家在这些方面对外部资源的需要和依靠程度正在日益提高。

具体的做法是:需要在引进外资中实行"一揽子"的资源进口计划,即在引进外资的同时,注重对国外的适宜技术、管理知识和人才等软件的配套引进,使进口的资源能得到有效而充分地利用。

如果一国存在技术缺口时,而且发展中国家难以估计在自我研究和发展(R&D)过程中的各种风险(如国产化阶段可能遭受的成本惩罚、质量惩罚、规模惩罚),需要利用外国直接投资,包括技术、知识、管理等一揽子资源的转移来避免风险,获得一定的技术溢出效果,缩小技术差距,争取技术优势。所以,一国存在的技术缺口,为了填补技术缺口的外资流入是不能通过国内储蓄全部或部分予以实现的,只能通过主要以技术为载体的外国资本流入进行替代。因此,一国存在的技术缺口,是外国资本大规模流入的重要需求动因。

国内外多位专家分析认为,在"一带一路"战略下,未来将能够从根本上改变区域内的贸易投资合作现状。有研究指出,"一带一路"沿线国家经济增长对跨境贸易的依赖程度较高,2000 年,各国平均外贸依存度为 32.6%;2010 年提高到 33.9%;2012 年达到 34.5%,远高于同期 24.3%的全球平均水平。可见,跨境贸易对于这些国家经济增长,具有较强的带动作用。

三、最佳引资和债务周期

1.最佳引资的分析

利用外资是指利用国外资金和国外资源。由于有了外国资本就可以

在国际市场上购买各种资源，实现生产要素的转换，因此，人们常将二者通称为利用外资。

发展中国家之所以利用外资，一方面在于本国资本（或资源）短缺，在国内收入低、储蓄不多的情况下，利用外资可以加速本国经增长，并促进长期资本形成。另一方面，工业发达国家随着收入的增长，积累的资本也越来越多。这些大量相对过剩的资本急于寻找有利的投资机会。发展中国家资本少，工资低、原料便宜，对国外资本投资有很大吸引力，从而为发展中国家利用国外资源，发展本国经济提供了有利环境，使外资利用具有现实的可能性。

一个经济体在引进外部资源时，是否存在着界限，是否越多越好？

从理论上讲，引进外部资源存在着最佳的规模，超过最佳规模，引进外部资源意味着损失。

如图 3－5 所示，横轴表示外部资源引进量，纵轴表示收益和成本。

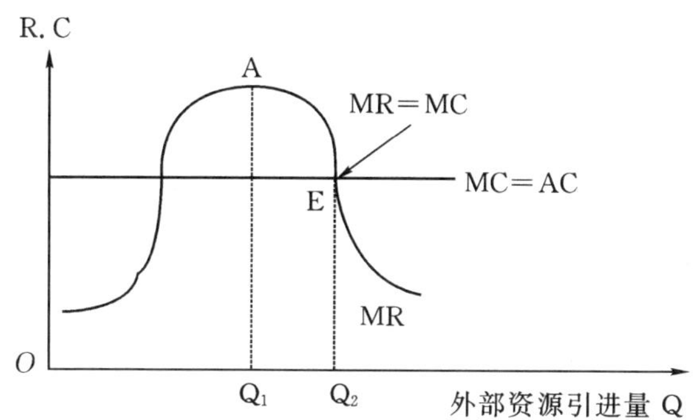

图 3－5　最佳外资引进分析

可以看出，最佳引进量 OQ_2 是在 $MC=MR$ 时的吸引外部资金量，即落在边际收益等于边际成本的点上。这时，该社会所有的富余资源与引进的外部资源相结合，可以创造出最大的经济效益。图中 A 点所对应的外部资源引进量，是单位外部资源可以产出最多的收益量，是产出效率最佳点，但却不是总的经济效益最大的点，因为此时仍然存在闲置的国内资源（如劳动）等待与引进的外部资源（如资金）结合。在 A 点的左边，边际收益大于边际成本，有较高的回报率，但作为社会仍然有着富余的其他资源；在 A 点的右边，尽管边际收益在降低，但引进的外部资金尚未吸收完该社会的其他富余资源，只有在 E 点则各种资源结合得最为充裕，总收益最大。

2.债务周期模型

外资流入对发展中国家而言，只是必要条件，而非充分条件。并不是有了所需的外资流入，经济发展便是指日可待的了。

如果结合国际收支表考察，可知流入一国的外国资本，除了少量的捐赠款项，都是要在将来的一定时期内偿还的，有息贷款除还本外还要付息。可以这样说，从资本输入国角度而言，外国资本流入本国的过程，也是本国债务积累的过程。债务的偿还与资本流入相反，是一种资本流出。从宏观角度来看，在资本流入阶段，是进口大于出口，投资大于储蓄；而在资本流出阶段，则是出口大于进口，储蓄大于投资。图 3－6 提供了一个理论模式。

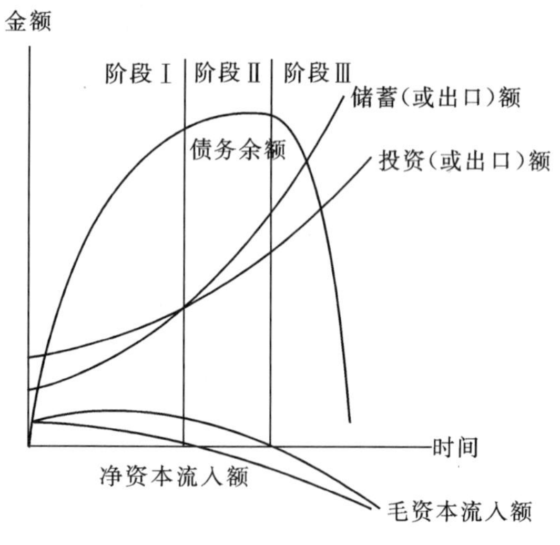

图 3－6　债务周期

一个债务周期，可以分为以下三个阶段。

第Ⅰ阶段，以净资本和毛资本流入为主要特征。为实现一定的目标增

长率所需的投资额大于国内可能的储蓄，因而需要国外资本流入以弥补国内的储蓄缺口。该阶段的毛资本流入额是为弥补储蓄缺口所需净资本流入额与该阶段内的还本付息额之和。

第Ⅱ阶段，以净资本流出和毛资本流入为主要特征。在这个阶段中，随着经济的发展，国内储蓄逐渐增加，并开始超过了投资需求额。动用国内储蓄余额还本付息后作为国内资本的净流出，由于储蓄余额尚低于还本付息所需数额，这时仍需借入外资，因此，毛资本流入仍为正值。

第Ⅲ阶段，以净资本和毛资本流出为主要特征。国内储蓄已达到能充分满足投资与还本付息的水平，因而不必再借入外资。出现毛资本流出取代毛资本流入。国内在Ⅰ、Ⅱ阶段积累起来的债务余额渐趋减少直至为零。

从投资曲线和储蓄角度来看，图 3－6 显示的过程是随着一个国家储蓄缺口的变化(即由储蓄小于投资—储蓄等于投资—储蓄大于投资)，债务余额由增至减的过程。而如果把投资曲线和储蓄曲线分别改为进口曲线和出口曲线，则该图显示的过程，是随着一个国家外贸缺口的变化(即由进口大于出口—进口等于出口—进口小于出口)，债务余额由增至减的过程。

由图 3－6 所提供的理论模式可以看出，它是假定一国在净负债为零或为负值时，经济达到成熟。然而，从各国实际发展来看，相当多的国家即使是在经济达到较成熟阶段之后，仍在一定时期内是净负债国。尽管如此，它还是具有一定的理论意义。这一理论摸式揭示了一个国家要利用外资促进本国经济发展，并最终实现还本付息，取决于以下几个条件。

(1)边际储蓄倾向必须大于投资率

设 s 为边际储蓄倾向，S 为储蓄额，Y 为收入额，它等于储蓄增量在收入增量中所占比例，即

$$s = \frac{\Delta S}{\Delta Y} \tag{3.1}$$

设 t 期储蓄额为 S_t，平均储蓄倾向为 s，则

$$S_t = S_0 + \bar{s}(Y_t - Y_0) \tag{3.2}$$

这样 t 期的 S_t 为

$$S_t = \frac{S_t}{Y_t} = \frac{S_0 + \overline{S}(Y_t - Y_0)}{Y_t} \tag{3.3}$$

根据哈罗德—多马模型，投资率 $i(I=I/y)$ 是“目标增长率 g 和边际资本产出比”的乘积。在凯恩斯宏观经济模型中的均衡条件是 $S=I$，为保持均衡则需 $s=i$，即边际储蓄倾向应等于投资率。在发展的初期，一般会出现 $s<i$ 的情况，而要使 t 期储蓄率最终超过投资率 f(设为常数)必须有

$$s > \frac{iY_t - S}{Y_t - Y_0} \tag{3.4}$$

当 $s<i$ 时，

$$\frac{iY_t - S}{Y_t - Y_0} > i \tag{3.5}$$

所以，当 $s>i$ 时，

必须有

$$s > i > \frac{iY_t - S}{Y_t - Y_0}$$

(2)边际出口倾向必须大于边际进口倾向

设出口 X，边际出口倾向为 x，进口为 M，边际进口倾向 m，则有

$$x = \frac{\Delta x}{\Delta Y} \quad m = \frac{\Delta M}{\Delta Y}$$

设 t 期出口量为 X_t，进口量为 M_t，则

$$X_t = X_0 + x(Y_0 e^{gt} - Y_0) \tag{3.6}$$

$$M_t = M_0 + m(Y_0 e^{gt} - Y_0) \tag{3.7}$$

在发展初期 $X_o<M_o$，若要使 X_t，超过 M_t，即 $X_t>M_t$ 必须有 $x>m$。

当 $x\neq m, X_t=M_t$ 时，有

$$x = \frac{M_0 - X_0}{Y_0 e^{gt} - Y_0} > 0 \tag{3.8}$$

当 $X_0<M_0$ 时，

$$\frac{M_0 - X_0}{Y_0 e^{gt} - Y_0} > 0 \tag{3.9}$$

因此，$x>m$ 成立。

(3)提高投资收益

根据哈罗德—多马模型，在目标增长率、投资率为一定时，增长率的大

小取决于边际资本一产出比 vt 的变化。由于改善投资收益,既可降低资本产出比,又可降低在既定经济增长率水平之下的投资率。

(4)改善债务条件

所谓债务条件,主要指债务的偿还期和利率。一般而言,债务偿还期越长,利率越低,债务条件就越有利。一个国家某个时期 t 的债务偿还额(本利和)可由下式确定:

$$A_t = \frac{r(1+r)^n}{(1+r)^n - 1} D_t - 1 \tag{3.10}$$

式中:A_t—t 期还本付息额;

r—利率;

n—债务偿还期;

D—t 期以前借款本金。

在一国尚未解决储蓄缺口时,债务条件恶化意味着需要借更多的外债以清偿债务,在储蓄缺口消除,并开始动用本身的储蓄余额还债时,债务条件恶化意味着需要花费更多的储蓄以清偿债务。从债务国方面来讲,由于各种债务来源的偿还期和利率不同,因此改善债务条件的基本前提是合理选择债务构成。

第五节 “一带一路”基础设施搭建的互联互通效应

21 世纪“一带一路”的互联互通是“三位一体”的联通,不仅包括交通、通信,以及管道基础设施的硬件联通,还包括规章制度、标准、政策的软件联通,以及增进民间友好互信和文化交流的人文联通,涵盖政策沟通、设施联通、贸易畅通、资金融通和民心相通五大领域。基础设施建设是互联互通的基础和优先领域。[①]

中国人民大学重阳金融研究院研究报告指出,“一带一路”沿线国家能够获得的收益大致包括:为各国完善道路、油气管理、电网等基础设施的建

① 加强互联互通伙伴关系对话会联合新闻公报.新华网,2014 年 11 月 8 日.

设提供支持；多元化能源出口路线；促进国内商品市场的丰富，扩大对外贸易额；获得出海口，更有效地融入全球经济；形成改善国内投资环境的动力，以增加外来投资；进一步密切与外部世界尤其是与中国和欧洲国家之间的联系等。

华泰证券投入产出模型分析认为，中短期内，"一带一路"战略能够显著带动沿线国家的经济增长。其研究观点认为，在"基建走出去"的情况下，1 单位的基建投资可以推动下游产业产生 3.05 单位的生产扩张。中短期内，"一带一路"有助于消化过剩产能，但对推动本国经济增长效益不大。以投入产出模型计算，1 单位的基建投资将拉动上游相关产业 1.89 单位的生产扩张。但更重要的是，作为上游产业，1 单位的基建投资可以推动下游产业 3.05 单位的生产扩张。"一带一路"将有利于国内部分行业，如钢材、水泥、煤炭等的过剩产能消化，因为虽然 1 单位的投资走了出去，但是，1.89单位的生产还是源自于国内的。然而，在"基建走出去"的情况下，1 单位的基建投资对下游产业所产生的 3.05 单位的推动效应就完全贡献给了国外，而不是推动本国经济。[①]

表 3-1 "一带一路"沿线部分国家固定资本形成额占 GDP 的比率

国家	平均固定资本形成占 GDP 比率(%)	时间段
卡塔尔	38.5	(2003—2010)
蒙古	36	(2003—2013)
印度	30.8	(2003—2012)
越南	30.1	(2003—2013)
老挝	27.1	(2003—2012)
泰国	26.4	(2003—2013)
阿曼	25.9	(2003—2008)
哈萨克斯坦	25.4	(2003—2013)
斯里兰卡	25	(2003—2013)
孟加拉国	24.9	(2003—2012)
马来西亚	22.7	(2003—2013)

① 俞平康，以投入产出模型分析"一带一路"对世界经济的巨大贡献

从表中可以看到，卡塔尔、蒙古、印度等沿线国家的固定资本形成额占GDP的比率较高，意味着基础设施投资对这些国家的经济增长起到明显的拉动作用。

商品在国际间流动是要付出转移成本的。转移成本包括两类。

一类为有形转移成本，如包装、运输和装卸商品的成本等，这类成本不管是在国际贸易还是国内贸易，都会发生。但一般说来，国际贸易的有形转移成本要大得多，特别是国际运输成本。

另一类是无形转移成本，它是因各国政府管理对外贸易及其产生的相关部门乃至各环节而产生的，如进口关税、非关税壁垒措施等，这些成本是国际贸易所特有的，或者可以称之为交易成本。

互联互通是物质的、机制的连接纽带，可以说，是贸易的通道和基础设施；“一带一路”是全球互联互通战略的重要组成部分。要构建价值链，对于中国周边内陆国家而言，就首先要打通陆海战略通道，通过实体项目的实施，推进区域基础设施、基础产业和基础市场的形成，因此，实现互联互通，是构建“一带一路”价值链的前提和不可或缺的重要基础。在此过程中，中国将是全球互联互通的动力源和重要网络节点。[①]

图 3-7 中，$S_A^1D_A^1$ 代表“一带一路”A 国商品出口到 B 国的数量，而 $S_B^2D_B^2$ 是 B 国由 A 国进口的商品数量，$S_A^1D_A^1 = S_B^2D_B^2$。P_1、P_2 分别代表两国的商品的美元价格，P_1P_2 的长度代表运输成本。运输成本的存在，使 A 国商品在 B 国市场上的售价提高，从而使得 A 国商品出口数量比没有运输成本时要少，运费愈高，出口量减少得愈多。如果运输成本等于或大于贸易开始以前的两国国内商品价格之差额，则两国间不会开展商品的贸易。由两国间运输成本分析可得：

$$0 \leqslant P_1P_2 < \infty$$

讨论：当 $P_1P_2 \to \infty$；A 国和 B 国之间道路不连通，此时，$S_A^1D_A^1 = S_B^2D_B^2 = 0$；两国间形成天然的且难以跨越的(运输)贸易壁垒，双方之间不可能产生贸易；

---

① 翟崑，“一带一路”开启全球互联互通史的新篇章，2014 年 10 月 9 日，新华网

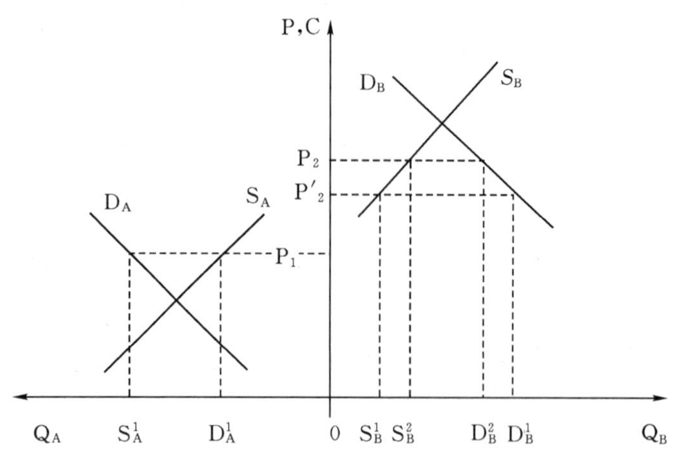

图 3-7　互联互通、运输成本对国际贸易的影响

假定当 B 国率先开通和改善两国的互联互通状况，并提高产品的生产率，从而降低了 B 国的商品价格，使得 B 国运输成本下降。

P_2 下降至 P'_2；$P_1\ P_2 > P_1\ P'_2$；$S_A^1 D_A^1$ 扩展至 $S_A^2 D_A^2$；$S_A^1 D_A^1 < S_A^2 D_A^2$；

当 $P_1\ P_2 \to \infty$，$P_1\ P_2$ 下降或 $\to 0$；本国商品出口到外国的数量和外国由本国进口的商品数量增加。

由此可见，以往运输方式和运输工具的缺乏，导致运输成本的存在且相当高企，使得早期两国贸易规模缩小，而当今互联互通、规模经济的推动，可以使得两国之间同种商品的价格差异缩小，从而降低了运输成本，扩大了国际贸易的规模，但运输成本仍然存在，不会相等。运输成本是由贸易两国来共同负担的，分担的比例取决于出口供给弹性和进口需求弹性，弹性小的国家分担比例高。

互联互通的规模经济效应。从产品供给角度来说，互联互通的最重要作用是规模经济效应。互联互通，特别是基础设施互联互通，有助于突破区域一体化面临的基础设施瓶颈，使规模经济能够在更大的区域内实现。产品从一国生产者到另一国消费者这一过程所产生的成本，是比较优势产生国际分工的临界值。决定这个临界值的正是物理联通水平决定的运输等成本，制度联通所决定的通关、金融等成本。随着互联互通程度的加深，

这个临界值会逐步降低，一些新的分工会出现，进而创造新的国际贸易。那些已经存在的分工产品价格则会下降，吸引更多的消费人群，扩大贸易规模。

规模经济理论最早可追溯到1776年，亚当·斯密在他的《国富论》中提出了分工提高生产效率，交易费用影响分工的发展，贸易扩大市场规模，并促进专业化和劳动分工等理论。这些理论都是规模经济理论的雏形。与规模经济相对的是规模不经济。规模不经济(Diseconomies of scale)指随着企业生产规模扩大，而边际效益却渐渐下降，甚至跌破零，成为负值。造成此现象的原因，可能是内部结构因规模扩大而更趋复杂，这种复杂性会消耗内部资源，而此耗损使规模扩大本应带来的好处相互消减，因此，出现了规模不经济的现象。

规模经济运用到运输行业中，就形成了运输规模经济概念，它反映了随着道路的扩张，车速的提高，车载量的增加，运输总产出的扩大，平均运输成本不断下降的现象。运输规模经济的相关研究包括运输网络幅员经济、线路通过密度经济、港站(或枢纽)处理能力经济、车(船、机)队规模经济、载运工具能力经济和运输距离经济，等等。

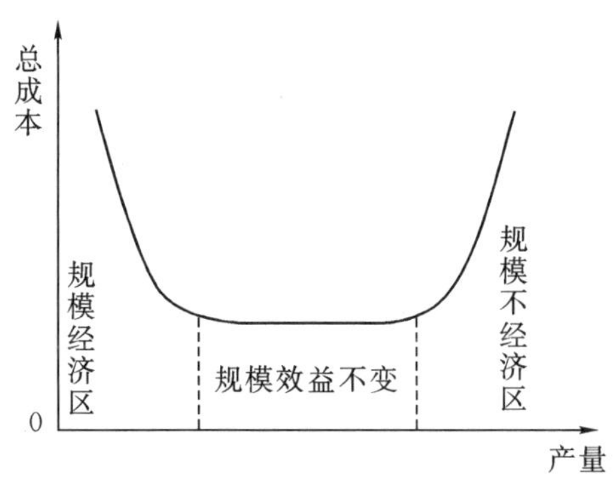

图3-8 “一带一路”运输服务业的规模经济效应

运输业属于基础性服务产业，运输服务属于服务部门，具有社会公益性和私人盈利性的双重属性，要想尽快实现“一带一路”运输服务的规模经济效应，各相关沿线国家应该充分发挥宏观调控职能等方面的优势，出台相应的政策措施，实现道路相通、政策沟通和贸易联通，推动整个运输行业与经济贸易健康稳定发展。

中国提出要通过政府间的互动和市场联动，继续加强和完善沿线基础设施建设，为运输规模经济效应的实现奠定基础。目前，中国和沿线区域基础设施总量不足，且有效供给率也不高。这就严重制约了“一带一路”运输规模经济的发展。要想实现运输和贸易的规模经济效应，必须要有一个通达完善的运输网络，使得国内外区段、各经济走廊运输基础设施达到一个设施完善、高效连通的水平。因此，需加大和完善基础设施建设，提高其有效的供给，提高交通运输发展质量和效益，提升交通运输基本公共服务能力和水平，全面推进交通运输安全发展、高效发展、协调发展、创新发展，为实现运输规模经济效应奠定基础。

第六节 “一带一路”贸易便利化的经济学分析

一、冰山成本

冰山运输成本(Iceberg transport cost)首先由萨缪尔森(1952)提出①，是用来描述贸易壁垒而产生的经济效率损失。具体指的是产品在区域间运输采取“冰山”形式的运输成本，即 产品从产地运到消费地，其中，有一部分在途中“融化”掉了。对于贸易，存在着很多的非常规但又不可能完全消除的成本，这在对外贸易上产生了较大的风险与利益的损害。

假设有两个国家市场——国内和外国市场。如果 X 商品在国内生产，其价值 V_{XH}，其中一些要供外国市场消费，需要通过车(或船)运输，因此当这些货物到达外国市场的时候，其价值已成为 $\tau x V_{XH}$，而$(1-\tau_x)$就是通过运输过程从国内市场到外国市场消费的 X 商品的比例。为了决定在本国市场和外国市场的相对价格 P_{XH}，P_{XF}，有必要记得国内市场价值 V_{XH} 是单

① Samuelson P A. 1952. Spatial price equilibrium and linear programming. American Economic Review, 42.

位 P_{XH}乘上被从国内市场运到外国的 X 产品数量。

在国际运输中,虽然由外国的消费者支付给了国内的生产者每单位 X 的价格 P_{XH},但是,最后实际运到外国的 X 商品总量仅为 $\tau xMXH\ t$;换言之,由外国消费者实际支付的单位价格 P_{XF}可以表示为

$$P_{XF} = P_{XH}(M_{XH}/M_{XF}) = P_{XH}/TX$$

由于 $0<\tau<1$, $px_f > px_h$

这里表示外国消费者在外国市场上实际得到的商品数量的价值。同样地,

$$P_{YH} = P_{YE}/TY$$

以图形分析,两种情形都可以概略地反映在图 3-9 上。

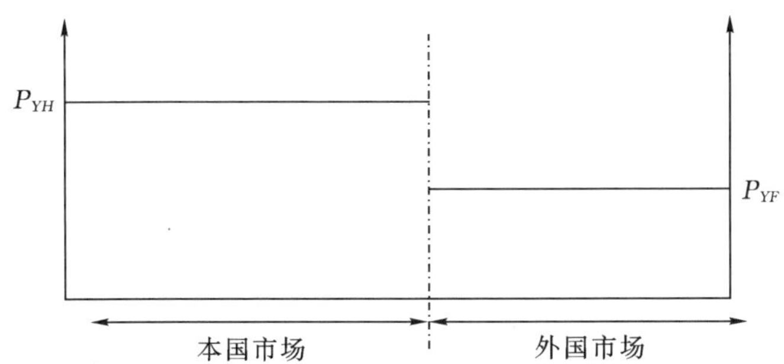

图 3-9　在本国市场和外国市场上的外国生产的产品的冰山价格

冰山形式可以分步骤地将本国和外国之间各自产品的运输成本,通过 τ 值的不连续的变化展现出来。在任何一个国家的一部分的每个商品的价格是不变的。换句话说,没有空间距离相关的定价。

对此可进一步简述如下:假设从国内某地运送 1 单位的产品,只有 $\tau(0<\tau<1)$部分能到达目的地,其余$(1-\tau)$ 部分在国际运输途中损失掉了,这部分被称为“冰山成本”。厂商无论在国内市场还是在国外市场销售产品,当达到均衡状态时,获得的利润必然相等,国内市场与国外市场间的运输成本 τ 支付最终必然要转嫁到消费者头上。因此,当市场均衡时,则有下面等式:$p_f= p_h(1+\tau)$;式中,p_h 表示某一产品的国内市场价格,p_f 表示某产品的国外市场价格。显然 τ 值越趋于 1,意味着在途中消耗的冰山成

本越少,反之则越大。

萨缪尔森的"冰山"成本理论实质上是对"一价定律"的补充和修正。"一价定律"认为,如果商品贸易中的交易成本为零,则两地之间的可贸易商品价格将趋于一致。这是因为,在商品贸易中的交易成本为零的情况下,商品能够自由流动,只要价格稍有差异,套利行为就会按照"低买高卖"的原则在市场间活动,导致市场的供求关系发生变化,进而推动商品价格最终趋于一致。"一价定律"的前提条件是交易成本为零,而这在现实中是不可能存在的。因此,"冰山"成本模型提出了新的观点:由于交易成本的存在,只要两地区同种商品的价格差异保持在交易成本的范围内,就说明两地区的市场是一体化的。也就是说,一体化市场并不要求同质商品的价格完全一致,且波动方向同升同降。

1980年,克鲁格曼在《美国经济评论》上发表《规模经济、产品差异和贸易模式》(Krugman,1980)一文,进一步引入运输成本因素进行扩展分析。① 为分析的方便,他借用了萨缪尔森(Paul Samuelson)在50年代提出的"冰山运输成本"(也称"冰山贸易成本")概念,假定商品的运输成本是商品运输量的一个比例,也就是假定商品抵达目的地的过程就像"冰山"的移动过程,过程中会"融化"掉一部分。有了这个便利的假定,克鲁格曼得以用数理解析的方法严格讨论"本地市场效应"(home market effect),即:在大市场中,企业集聚规模会超越市场扩大规模。其直观意义其实很简单:由于规模收益递增和运输成本,商品集中于接近其大市场的地方生产,会更有利可图。一方面,集中在一个地方生产使规模经济得以更好地实现,生产成本降低;另一方面,接近大市场使运输成本降低,只有少量非本地产品才需要承担较高的运输成本。显然,本地市场效应意味着人们集中于大的经济体可使自身状况更好,原因在于消费品价格的总体水平相对更低。本地市场效应揭示了企业空间集聚的一种重要的动力来源,对一国为什么在某种特定产品的生产方面具有优势,提供了需求方面的有效解释,或者说,解

① Krugman, Paul. 1980. "Scale Economies, Product Differentiation, and the Pattern of Trade."American Economic Review, 70(5): 950 - 59.

释了为什么各国往往倾向于出口那些在本国有大规模国内市场的产品。

二、贸易便利化

贸易便利化通过程序和手续的简化、适用法律和规定的协调、基础设施的标准化和改善，为国际贸易交易创造了一个协调的、透明的、可预见的环境。它是以国际公认的标准和做法为基础的。简而言之，贸易便利化就是在互联互通降低货物标的物之运输成本的基础上，对国际贸易制度和手续的简化与协调，以进一步减少其交易成本。

本文进一步分析国际贸易便利化对贸易成本的影响。

如图 3－10 中，在自由贸易条件下，$S_A^1D_A^1$ 代表“一带一路”上 A 国商品出口到 B 国的数量，而 S_B^1、D_B^1 分别是 B 国商品的生产和消费数量，$S_A^1D_A^1 = S_B^2D_B^2$。P_1 代表两国商品的美元价格。

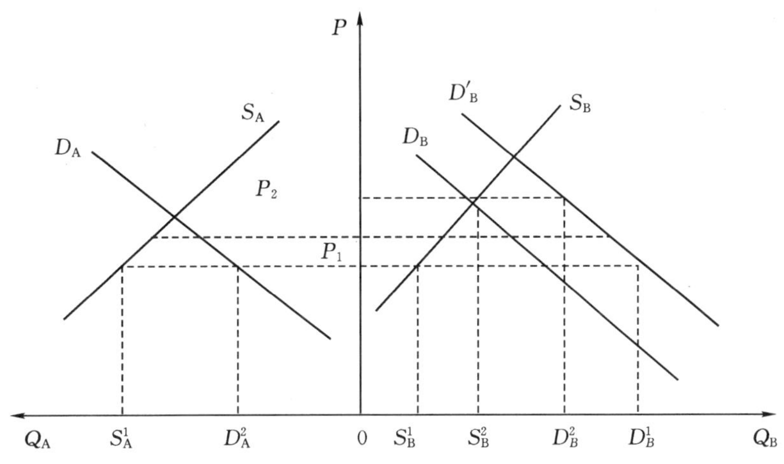

图 3－10　交易成本、贸易便利化对“一带一路”国际贸易的影响

现假定 B 国政府实行海关通关和检验检疫等非关税壁垒措施，因通关环节程序多样，检验检疫手续烦琐，如同配额制，但更加隐蔽。此举使得货物在途时间成本增加，其他如保管费用也会相继增加，在图中显示非关税壁垒措施实施后，使得商品进口量 $S_B^2D_B^2$ 小于自由贸易时的数量 $S_B^1D_B^1$ 。同时，消费者需求也由两部分构成，除了进口产品，剩下的产品需求只能由本

国厂商来供给。由于需求量大于供给量，从而引起国内商品价格上涨。当国内生产量与对本国商品的需求量相等时，市场达到新的均衡。

因此，由分析可知，新壁垒措施增加了进口商品的在途运输等待成本，仓储费用、交易费用；而且与一般的配额制度有所不同，即它具有时间延滞性和不确定性。所谓时间性，即可造成商品进入国内的在途时间延滞、增加运输成本、导致数量减少；所谓不确定性，即检验检疫措施针对不同种类、批次和来源地的商品可以分别采取全检、抽检(一次抽样、多次抽样等)等不同的检验方式；若事先不予告知，存在不透明，就形成了进口商品进入的不确定性。

这就说明，贸易便利化对国际贸易隐性的深刻影响。因此，需要进行贸易便利化，例如，标准、流程的透明化，以降低商品交易成本和在途费用。当然，为了防止有毒有害商品的进入风险，检验检疫确有存在的必要，也需要一定的成本，所以贸易便利化的结果既不是返回到自由贸易状态，也不是停留在新壁垒形成后的均衡水平，而是在二者之间找到一种科学合理的平衡。

进而言之，贸易便利化是在互联互通基础上进行的，它也有助于提高“一带一路”各国贸易的效率，减少无谓损失。2014 年，世界贸易组织通过的《贸易便利化协定》议定书，对世界和丝绸之路经济带经济贸易具有重要意义和深远影响，会降低货物的流通壁垒，降低交易成本，提高国际贸易效率，为跨国厂商创造便捷的通关环境。有效地实施《贸易便利化协定》将使发达国家的贸易成本降低 10%，发展中国家的贸易成本则降低更多，达到 13%～15.5%；使发展中国家出口每年增长 9.9%(约 5690 亿美元)，发达国家出口增长 4.5%(约 4750 亿美元)，带动全球 GDP 增长 9600 亿美元，增加 2100 万个就业岗位。

三、“一带一路”区域经济合作形式和贸易效应

1.“一带一路”的区域经济合作形式

目前“一带一路”存在的经济贸易一体化组织，无论从内容还是层次来看，差异都很大。从不同角度考虑，可以分为不同的类型。

(1)按一体化的程度分类

①优惠性贸易安排(Preferential Trade Agreement,简称 PTA)。其特点是,在成员国(地区)内部实行较非成员国(地区)更低的关税。成员国之间通过协定或其他形式,对全部或部分商品规定特别的关税优惠,也可能包含小部分商品完全免税的情况。这是经济一体化的最低级和最松散的一种形式。在特惠区内,这种关税远低于对其他国家的关税。目前,我国内地已与中国香港特别行政区、澳门特别行政区分别签订了建立更紧密经贸关系的安排的货物贸易和服务贸易协议;中国大陆和台湾地区签署了海峡两岸经济合作框架协议(英文为 Economic Cooperation Framework Agreement,简称 ECFA)。

②自由贸易区(Free Trade Area,简称 FTA)。其特点是各成员国之间取消了商品贸易的关税壁垒,使商品在区域内完全自由流动,但各成员国仍保持各自独立的关税结构,按照各自确定的标准,对非成员国征收关税。这是一种松散的经济一体化形式,其基本特点是用关税措施突出了成员国与非成员国之间的差别待遇。例如,1960 年 5 月建立的"欧洲自由贸易联盟"(EFTA),它的目标只限于逐步相互减少低工业品关税,以至最后完全取消,实现集团内部的自由贸易。自由贸易协定的签订取消了成员国之间的进口关税,降低了成员国之间的贸易壁垒,使得成员国之间的贸易自由化得以实现,并出台了一系列贸易优惠措施,使得成员国之间可以充分利用这一优势扩大相互贸易规模,同时,各成员国之间的资源将得到更为有效的配置,劳动生产率将得以提高,本国低效率的生产资源向高效率的生产部门转移将因此得以实现。自由贸易协定的签订对成员国社会福利水平通常具有一种正向的促进作用。美国、加拿大和墨西哥三国于 1992 年 12 月签署的北美自由贸易协定(NAFTA),规定在今后 15 年内分三个阶段逐步取消关税和其他贸易壁垒,使之成为商品服务自由流通的贸易区。需要说明的是,在此存在转口贸易问题,非成员国(地区)的商品可以通过低关税成员国(地区)进入高关税成员国(地区)。

③关税同盟(Customs Union,简称 CU)。其特点是成员国(地区)对非成员国(地区)实施统一关税壁垒的自由贸易区 。例如欧亚经济联盟、共同

市场等。各成员国之间完全取消关税和其他壁垒,实现内部的自由贸易,并对非成员国的商品进口建立统一的关税制度。这在一体化程度上比自由贸易区更进了一步。它除了包括自由贸易区的基本内容外,而且成员国对同盟外的国家建立了共同的、统一的关税税率。结盟的目的在于使参加国的商品在统一关境以内的市场上处于有利地位,排除非成员国商品的竞争。世界上最早最著名的三国关税同盟是比利时、卢森堡和荷兰组成的关税同盟。而比利时和卢森堡早在1920年就建立了关税同盟,二战中,荷兰加入比卢关税同盟,组成比卢荷关税同盟。另外,安第斯条约组织、西非共同体、东非共同市场等也属于这种形式。

2010年年7月初,俄罗斯、哈萨克斯坦、白俄罗斯关税同盟海关条约生效,三国关税同盟开始运行。2011年7月起,三国取消了相互之间的边境海关监管。俄罗斯、白俄罗斯和哈萨克斯坦三国《关税同盟海关法典》基本以俄罗斯现行《海关法典》为蓝本,92%的贸易商品采用了俄罗斯现行商品的进口税率。由于当时三国均不是世贸组织成员,三国构建区域经济一体化进程距国际规范还有一定距离的现实,关税同盟的建立具有一定的排他性。关税同盟建立后,俄罗斯和白俄罗斯进口商品的税率变化不大,但哈萨克斯坦上调了5044种商品的进口税率,平均税率水平由6.2%提高至10.6%。对中国等国家有一定影响。

④共同市场(Common Market,简称CM)。其特点是在成员国(地区)之间实行关税同盟+要素自由流动,例如欧盟。除了在成员国内完全废除关税与数量限制并建立对非成员国的共同关税外,还取消了对生产要素流动的各自限制,允许劳动、资本等在成员国之间自由流动,甚至企业主可以享有投资开厂办企业的自由。欧洲经济共同体在20世纪80年代接近发展到这一水平。1994年1月1日开始运行的南美洲共同市场,显示了发展中国家经济合作的勃勃生机。

⑤经济联盟(Economic Union,简称EU)。其特点是共同市场+宏观政策协调。例如,所有成员国采取统一货币,并形成统一货币区。成员国之间不但商品与生产要素可以完全自由流动,建立对外统一关税,而且要求成员国制定并执行某些共同经济政策和社会政策,逐步消除各国在政策

方面的差异，使一体化程度从商品交换，扩展到生产、分配乃至整个国家经济，形成一个庞大的经济实体，最著名的如欧洲联盟。

⑥完全经济一体化(Complete Economic Integration)。这是区域经济一体化的最高级形式。目前，世界上尚无此类经济一体化组织。完全经济一体化不仅包括经济同盟的全部特点，而且各成员国还统一所有重大的经济政策，如财政政策、货币政策、福利政策、农业政策，以及有关贸易及生产要素流动的政策，并由其相应的机构(如统一的中央银行)，执行共同的对外经济政策。这样，该集团相当于具备了完全的经济国家地位。

完全经济一体化和以上几种一体化形式的主要区别在于：它拥有新的超国家的权威机构，实际上支配着各成员国的对外经济主权。1992 年 2 月 7 日，欧盟十二国首脑签署了《马斯特里赫特条约》，建立了欧洲统一大市场联盟，从 1993 年 1 月 1 日生效。条约议定，到 1997 年或最晚不超过 1999 年，欧洲联盟将实行统一的社会政策，普遍的欧洲公民权利，统一的中央银行和单一货币，高度协调的防务和外交政策等。1995 年 12 月 15 日，欧盟首脑会议已就统一货币名称、起用日期达成了共识。特别是 2002 年 1 月 1 日欧元在欧盟多数成员国之间的流通，就标志着共同体迈进了经济一体化的阶段。

以上六种经济一体化形式，虽然依次反映经济一体化的逐级深化，但一体化的不同层次，并不意味着不同的一体化集团必然从现有形式向较高级形式发展和过渡。也就是说，阶段之间不一定具有必然过程。此外，一体化目标有高有低，结合范围有广有狭，但是，都涉及到成员国将局部权力让渡给共同体的问题。权力让渡的程度，一般都取决于一体化目标的高低。表 3-2，从五个方面说明了区域经济一体化的阶段化形态及其特征。

GATT 与 GATS 所允许承认的经济整合或区域贸易安排，至少须达到自由贸易区的整合程度。GATT 第二十四条规定，“关税同盟或自由贸易区之目的在便利促成区域间贸易，而不应在增加非成员国与此区域性组织间的贸易障碍”。“GATT 第二十四条释义了解书”前言解释，“在成立或扩大关税同盟或自由贸易区时，其成员国应尽可能避免对其他 WTO 会员之贸易造成不利影响”。

表 3-2 "一带一路"区域经济一体化的阶段化形态及其特征

指标＼形态	降低区域内产品关税	区域内贸易数量限额与关税等贸易障碍消除	共同对外关税及贸易政策	人员、货物、劳务、资金等的自由流通	经济货币政策调和与发展超国家机制
优惠性贸易安排	*				
自由贸易区	*	*			
关税同盟	*	*	*		
共同市场	*	*	*	*	
经济同盟	*	*	*	*	*

二、"一带一路"的区域合作的经济效应

1. 贸易创造和贸易转移效应

关税同盟从欧洲开始，是经济一体化的组织形式之一。对内施行减免关税和贸易限制，商品自由流动；对外实行统一的关税和对外贸易政策。关税同盟有两种经济效应，静态效应和动态效应。

在区域经济一体化的理论中，关税同盟理论占有重要地位。这一理论是美国经济学家维纳(J・Viner)在其于1950年出版的《关税同盟问题》一书中提出的。维纳指出关税同盟的静态效应是指关税同盟对价格、数量、进口来源，以及经济福利的效应，即贸易创造和贸易转移。

所谓贸易创造，当关税同盟中一个国家的一些国内产品，被来自同盟中另一国家的较低生产成本的进口产品所替代时，就产生了贸易创造效应。

所谓贸易转移，当一国的进口从一个非关税同盟的低成本国家，被另一关税同盟国的高成本国家所替代时，就发生了贸易转移效应，它的产生是因为各成员国之间签订了优惠贸易协定。

Meade(1955)认为，关税同盟内具有较高生产效率的成员国，将因其产品具有更低的价格优势，从而向各个成员国市场扩张其产品，由此带来的贸易量的大量增加，即为贸易扩张效应。Corden(1972)进一步提出了关税同盟的另两种相关效应，分别是成本递减效应和贸易抑制效应。前者表现

为高效率成员国通过以其低价产品占领各成员国市场的方式，获得贸易扩张效应，同时，高效率成员国的边际生产成本也将因贸易量和生产量的增加而递减。后者主要是指高效率成员国由于放弃了从区外较便宜的国家的进口而转向用本国较贵的生产来替代，对其福利产生了一定的损失。这两种效应也为之后动态效应中的规模经济效应的研究奠定了理论基础。

2. 轴轮—辐条效应

轴轮—辐条效应（Hub and Spokes），它是指这样一种合作关系，在该关系中存在一个核心成员（Core member）和多个末端成员（Tip members）。末端成员只与核心成员有关系往来，与其他末端成员没有任何联系。Bhagwati（2002）称之为“意大利面碗”效应，这种网络关系由许多复杂的轴轮—辐条 FTA 构成，每一个轴轮—辐条 FTA 模型的构成，都包括一个处于中心地位轴轮国和处于四周的辐条国构成，轴轮国与每一个辐条国单独签订双边贸易协定，辐条国之间不签订贸易协定。轴轮国产品可以通过贸易协定进入所有辐条国市场；辐条国产品受到原产地限制无法自由流动。

“意大利面条碗”现象（Spaghetti bowl phenomenon）一词源于巴格沃蒂（Bhagwati）1995 年出版的《美国贸易政策》（U. S. Trade Policy）一书。指在双边自由贸易协定（FTA）和区域贸易协定（RTA），统称特惠贸易协议下，各个协议的不同的优惠待遇和 原产地规则。原产地规则就像碗里的意大利面条，一根根地绞在一起，剪不断，理还乱。贸易专家们称这种现象为“意大利面条碗”现象或效应。亚太双多边、区域次区域合作机制近年来迅猛发展，从 APEC 成立之初的三个合作论坛和三个自贸协定，发展到目前的二十五个合作机制和 56 个自贸协定。APEC 成员在合作方向和重点上面临“选择的困惑”，一体化和碎片化的趋势同步上升。这种碎片化的现象，也叫“意大利面碗效应”，分散的区域性自由贸易区较多，会影响企业充分利用自由贸易区带来的减税安排来降低成本。如果能够实现区域经济一体化，就能克服这一现象，解决各经济体在一体化路径选择上的困惑。由于在“轮轴—辐条”结构中存在很强的不对称性，轮轴国能够获得更大的利益，为了追求这种轮轴国的地位，各国纷纷签订各种规则各不相同的自由贸易协定，使自由贸易协定的数量和规模不断扩大。由于大国之间的竞争，小国会成为两大国或更多大国缔结区域贸易协定的竞争对象。在自由贸易协定所形成的轮轴—辐条结构中，轮轴国与辐条国之间存在不对称收益，也就是使轮轴国与辐条国处于不平等的地位。这种不平等首先表现在，轮轴国可以利用辐条国间的竞争，在与某一辐条国的协议中，要求对方接受轮轴国与另一辐条国签订的自由贸易协定中的类似条件。这实际上是要求辐条国对轮轴国做出让步，从而使轮轴国获得更多的收益，而这种收益，辐条国不一定能够得到。

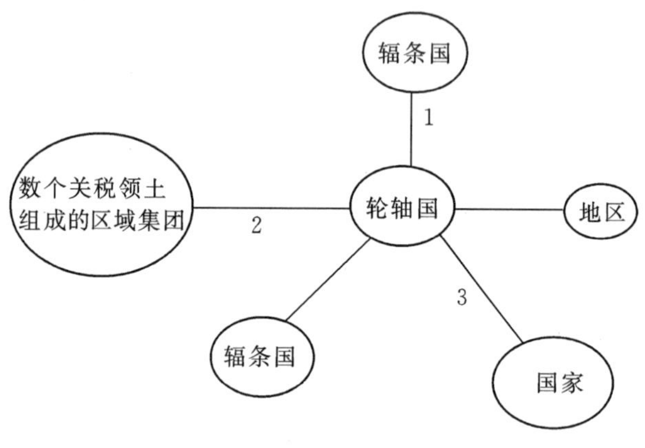

图 3－11 "轮轴—辐条"结构

第七节 "一带一路"区域经济合作的双层博弈——政治经济分析

一、双层博弈模型

"双层博弈"（Two-Level Game）模型最早是由哈佛大学政治学教授Putnam提出来的。Putnam指出，政府在制定对外政策和进行国际谈判的时候，既要考虑本国国内政治的因素，又要考虑外国政府的可能做出的反应。因此，执政者实际上面对着两种博弈。在普特南的模型中，执政者处于外交政策决策的核心地位。执政者在制定外交政策时，必须兼顾国内政

治与国际政治这两个层面。在国内政治这一层面上，各种利益集团试图对政策形成过程施加影响，以便使最终出台的政策对自己最有利，执政者则审时度势，连横合纵，通过与不同的利益集团结盟，使自己的利益最大化。在国际层面，各国执政者派出的谈判代表甚或是执政者本人，要追求的是在谈判中尽量满足本国各利益集团的要求，在可能的范围内尽量使本国多得，外国少得。Evans，Jacobson 和 Putnam 主编的《双刃的外交》一书收集了关于“双层博弈”的十数个研究案例。Mo 和 Iida 的研究试图进一步用博弈论工具将“双层博弈”模型表述为正式模型。Milner 则进一步将信息、国内政治制度等因素引入“双层博弈”模型，从而丰富了该模型的解释力。

“双层博弈”模型的不足之处在于其忽视了谈判中的不确定性和谈判策略对最终协议的影响。此外，“双层博弈”模型和绝大多数博弈论模型一样，都假定局中人为同质(homogeneous)的，而在国际政治和国际谈判中，不同国家国力的强弱和不同国家在国际体系中扮演角色之不同，在很大程度上会影响到最后的结果。

国际外交协议的达成过程可分为谈判过程和批准过程，这两个过程是联系在一起的。国际层次的谈判过程必须要考虑国内的接受程度，批准过程是实现国际协议的重要部分，也就是说，国际合作需要国内的社会基础。普特曼认为，有三方面的因素决定了国内支持程度：国内层次上支持者的权力分配、偏好以及可能形成的联盟；国内政治制度；国际层次谈判者的战略。普特曼强化了国际合作的国内政治经济基础的思想，初步确立了理解国内与国际相互联系的框架。以双层博弈等理论为代表，国际政治经济学在 90 年代完成了研究路径由外而内的转型。

二、“一带一路”国内外政治经济关系：双层博弈的分析

双层博弈最早应用在国际政治经贸谈判的议题上。当国际上针对牵涉到国内利益的议题进行谈判时，在国内层次，利益团体会依据自己的利益要求决策者制订符合自己利益的政策与他国谈判。而在国际层次上，谈

判者会以极大化自身获得国内支持的目的,来作为谈判的目的[①]。因此,双层博弈是由两个博弈所组成,一个是国际上的贸易谈判过程,另一个是国内的决策者与利益团体的谈判过程,而这两个过程相互牵引,影响各自的谈判策略。

在双层博弈的结构下,具有一些特征[②]:

Putnam 认为,国际贸易谈判政策制订的「胜集」(win set)[③]大小取决于三个因素:

一是国内各利益集团之间的利害与合作关系,二是国内的政治经济制度;三是参加国际谈判者的策略。这也说明,胜集大小既取决于第二层谈判(国内博弈)中的权力分布、偏好结构与制度。同时,胜集大小亦取决于第一层的谈判过程与结果。

在这样的结构下,本章以双层博弈分析"一带一路"国家间经济合作双方互动的模式如何与彼此国内的利益格局相互影响。

透过双层博弈的分析可以发现,利益双方互动的模式受到国内政治竞争的影响,无法单独处理,必须在讨论决策者为了谋求在国内的权力稳定与效益极大化的前提下,来讨论互动的合作(谈判)过程,才能符合现实。然而,即使以双层博弈来分析双方互动模式,仍有所不足,因为双方互动并不是单纯的由双方的决策者,或是在封闭的结构中进行,而必须考虑国际政治因素的介入与影响,虽然这个层次也可以用双层博弈来分析,但更特殊的是,加入其他国家的因素后,已经使得双边博弈结构转变成多边博弈结构。

在具体分析中,还应把握各利益集团各自的胜集目标和策略安排,它们各自对其对手胜集目标和策略安排的信息了解,以及采取积极的松绑策略、退让妥协策略来换取对方达成协议,打破僵局的可能性。

同时,本章认为可以将胜集视为一个集合概念,因此可用集合的相关

---

① Robert Putnam. 1988. "Diplomacy and Domestic Politics: The Logic of Two-Level Games." International Organization 42(3), p. 434.

② Robert Putnam. 1988, pp. 442 - 452.

③ 所谓的胜集是指所有谈判者皆可以接受结果的集合。

概念来配合进一步解释。

从图 3－12 来看，M_i 和 M_j 代表 C_i 国和 C_j 国分别能在各自国家得到批准的合作协议的最大结果，而 L_i 和 L_j 分别代表双方各自能够得到批准的最小结果。假定 C_i 的胜集大于 C_j 的胜集，说明 C_i 的议价空间大于 C_j 。同时，二者的重合胜集表明双方可能达成协议的区间，即形成双方利益（国内外层次）的交集。

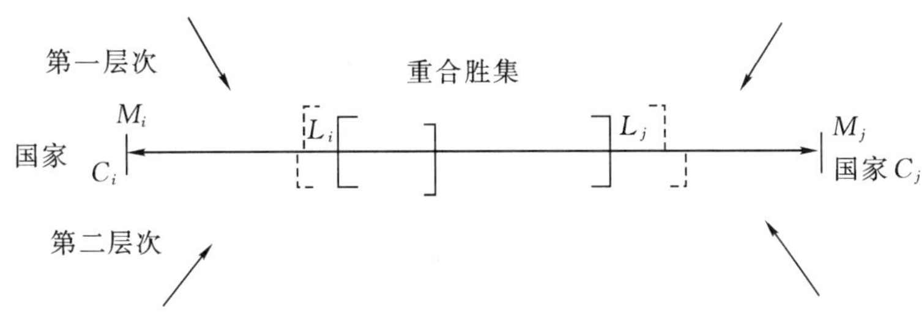

图 3－12　双层博弈的两国重合胜集示意

假定两国最终无法达成协议，则不存在重合胜集，即无胜集之交集。这就意味着双方无法达成在任何协议基础上形成利益的交集，从而导致形成空集。

在未能达成正式协议的前提下，所有的重合胜集——双方可能达成协议的区间，都只是虚集；即不确定的集合，这种不确定性的信息集合，主要是指随机的、暂时的、模糊的信息等，都可能会随时间、条件的变化而发生变化。在图 3－12 中，是用虚线表示的集合部分。

只有在达成正式合作协议的前提下，所有的重合胜集——双方达成协议的区间，才是实集；即确定性的实数集合，在图 3－12 中，是用实线表示的集合部分。

即使达成协议，仍然可能发生以下情况，导致无法履行协议。一种可能是政府更迭，后任否定前任与外国所签订的协议；另一种可能是国内相关利益者的坚决反对，致使协议成为一张废纸。

在这样的结构下，我们进一步讨论区域经济合作双方互动的模式，如何与彼此国内的利益格局相互影响的双层博弈，并且得到以下命题：

对于横轴中间的任一方而言，如果对于现状越不满意，越有动机改变现状，从而扩大自身胜集。

若只考虑单边行动，某国利益集团若选择国内胜集中两端最为极端的政策，对手国的反应也越激进。而从双边行动来看，两个国家的胜集离中间越近，说明离最小胜集越近，相互挑战谈判平衡的动机越小。

两方中任一方决策者若以优先争取国内支持极大化为目标，则将胜集现状往国内的中间位置微调是最佳战略，从而构成国际对手报复的极小化战略。

单一国家单边政策所在的胜集范围越大，受到对手挑战或报复的可能性越大，其政策的稳定性越低。两国双边政策制定的门槛越高，现状被颠覆的难度也越高，但双方都可接受的可能性相对较小。

透过双层博弈的分析可以发现，国家间利益双方互动的模式由于受到国内政治竞争的影响，无法单独处理，必须在讨论决策者为了谋求在国内的权力稳定与效益极大化的前提下来讨论互动的谈判过程才能符合现实。然而，即使以双层博弈来分析双方互动模式，仍有所不足，因为双方互动并不是单纯的由双方的决策者，或是在封闭的结构中进行，而必须考虑国际政治因素的介入与影响，虽然这个层次也可以用双层博弈来分析，但更特殊的是，加入其他国家的因素后，已经使得双边博弈结构转变成多边博弈结构。在具体分析中，还应把握各利益集团各自的胜集目标和策略安排，它们各自对其对手胜集目标和策略安排的信息了解，以及采取积极的松绑策略、退让、妥协策略来换取对方达成协议，寻求打破僵局的可能性。

本章根据双层博弈的思想可以得出推论，"一带一路"国际合作政策，是受到各国国内政府和各种利益集团力量抗衡的影响而决定的。也就是说，对于本国的决策者来说，在双层博弈的国家间，区域合作谈判和最终协议的达成、获得通过乃至实施，是一个体现了合作利益分配的、动态演化的全过程。第一层——也就是国际合作通过的概率，第二层——也就是国内谈判的通过率的条件函数。

第八节 “一带一路”区域经济合作的一般均衡模型分析

一、基本思路

根据上一部分的分析,“一带一路”地区间的禀赋特征和贸易往来存在较大区别。因此,本节将首先考虑包含中国的“一带一路”各国间经济和贸易往来的一般情况,即每个国家的经济行为都受到来自三个方面的影响,分别为本国、中国和其他国家。因此,本节将构建一个包含三个经济体的模型来分析影响“一带一路”建设的基本经济因素。

显然,“一带一路”的各大区域的差异不仅体现在产品生产方面,更体现在要素禀赋和技术水平上。因此,在分析中国与“一带一路”诸国进行经济合作的影响因素的过程中,必须考虑存在生产技术差异性的一般均衡模型。

贸易是经济体之间经济联系最直观的表现形式,甚至可以认为是不同经济体之间的“引力”,因此,本节将集中通过出口额来表现不同区域间的经济联系。同时,考虑全球分工的深化,不同地区的产品交换不再遵循古典贸易理论的描述,产品和产品之间具有了替代关系。Krugman(1991)的《收益递增和经济地理》一文简明地勾画出了产品存在替代性时的贸易产生与经济集聚现象的原因。因此,本文将选用对消费品的替代性勾画更为详尽的 Krugman 模型来分析“一带一路”建设的影响因素。

二、基本模型

1. 消费者行为

不妨首先考虑消费者行为,首先需要考虑消费者的效用函数,本章考虑来自不同地区的产品对一国的消费者来说是可替代的。因此,这里采取 Krugman 文中的 CES 形式,即假设各类工业品之间的替代弹性相同,同时，将每个经济体的产品进行了加总，以突显不同经济体间的差异。考虑一个典型的本国消费者的效用函数如下：

$$U_L = (S_C^{\frac{\sigma-1}{\sigma}} + S_L^{\frac{\sigma-1}{\sigma}} + S_O^{\frac{\sigma-1}{\sigma}})^{\frac{\sigma}{\sigma-1}} \tag{3.11}$$

其中：U_L 为本国消费者的效用；S_C 为本国消费者消费的来自中国的产品总和，即本国对中国产品的进口量；S_L 为本国消费者消费的来自本国的产品总和；S_O 为本国消费者消费的来自其他国家的产品总和；σ 为任何两国间产品的替代弹性，该变量越大，则对于消费者来说，产品越没有差异，$\sigma>1$。

同时，消费者面临如下约束。

$$s.t.\ P_C S_C + P_L S_L + P_O S_O = I_L \tag{3.12}$$

其中：I_L 为本国的人均国民收入，由于仅考虑一个典型消费者，人均国民收入与国民总收入不做区分；S_C、S_L、S_O 仍代表来自中国、本国和其他国家的产量；P_C、P_L、P_O 代表来自这三个经济体的产品的价格。

为分析消费者的最大化行为，根据式(3.11)和式(3.12)两式，构建拉格朗日函数如下：

$$L = (S_C^{\frac{\sigma-1}{\sigma}} + S_L^{\frac{\sigma-1}{\sigma}} + S_O^{\frac{\sigma-1}{\sigma}})^{\frac{\sigma-1}{\sigma}} - \lambda(P_C S_C + P_L S_L + P_O S_O - I_L) \tag{3.13}$$

由于 CES 型效用函数求最大值时的二阶条件满足，此时仅考虑一阶条件：

$$\frac{\partial L}{S_C} = S^{\frac{-1}{\sigma}}(S_C^{\frac{\sigma-1}{\sigma}} + S_L^{\frac{\sigma-1}{\sigma}} + S_O^{\frac{\sigma-1}{\sigma}})^{\frac{1}{\sigma-1}} - \lambda P_C = 0 \tag{3.14}$$

$$\frac{\partial L}{S_L} = S^{\frac{-1}{\sigma}}(S_C^{\frac{\sigma-1}{\sigma}} + S_L^{\frac{\sigma-1}{\sigma}} + S_O^{\frac{\sigma-1}{\sigma}})^{\frac{1}{\sigma-1}} - \lambda P_L = 0 \tag{3.15}$$

$$\frac{\partial L}{S_O} = S_O^{\frac{-1}{\sigma}}(S_C^{\frac{\sigma-1}{\sigma}} + S_L^{\frac{\sigma-1}{\sigma}} + S_O^{\frac{\sigma-1}{\sigma}})^{\frac{1}{\sigma-1}} - \lambda P_O = 0 \tag{3.16}$$

结合式(3.12)～式(3.16)，可求得反需求函数：

$$P_C = \frac{S_C^{-\frac{1}{\sigma}} I_L}{S_C^{\frac{\sigma-1}{\sigma}} + S_L^{\frac{\sigma-1}{\sigma}} + S_O^{\frac{\sigma-1}{\sigma}}} \tag{3.17}$$

$$P_L = \frac{S_L^{-\frac{1}{\sigma}} I_L}{S_C^{\frac{\sigma-1}{\sigma}} + S_L^{\frac{\sigma-1}{\sigma}} + S_O^{\frac{\sigma-1}{\sigma}}} \tag{3.18}$$

$$P_O = \frac{S_O^{-\frac{1}{\sigma}} I_L}{S_C^{\frac{\sigma-1}{\sigma}} + S_L^{\frac{\sigma-1}{\sigma}} + S_O^{\frac{\sigma-1}{\sigma}}} \tag{3.19}$$

2. 生产者行为

下面来考虑生产者行为。考虑"一带一路"建设的本质，是通过降低各国之间贸易往来的运输成本、通关成本与其他交易成本，进而促进各国间的贸易往来。我们认为，"一带一路"各国的合作将通过降低交易成本的形式集中体现。为突出"一带一路"建设的国别差异，交易成本仅出现国际贸易行为而非国内贸易。

生产者的行为集中体现于生产函数或成本函数，在这里采用可以反映规模经济的生产技术。值得注意的是，本文仅考虑一国的国内市场，来自三个不同经济体的企业的加总成本函数如下：

$$C_{\mathrm{C}} = F_{\mathrm{C}} + \tau_{\mathrm{C}}\delta_{\mathrm{C}}S_{\mathrm{C}} \tag{3.20}$$

$$C_{\mathrm{L}} = F_{\mathrm{L}} + \tau_{\mathrm{L}}S_{\mathrm{L}} \tag{3.21}$$

$$C_{\mathrm{O}} = F_{\mathrm{O}} + \tau_{\mathrm{O}}\delta_{\mathrm{O}}S_{\mathrm{O}} \tag{3.22}$$

其中：C_{C}、C_{L}、C_{O} 分别为三个经济体的生产成本；F 为固定成本，由于不影响最终结果，假设三个经济体的典型企业固定成本相同，加总的固定成本也相同；τ_{C}、τ_{L}、τ_{O} 为三个经济体生产单位产品的平均成本，代表了三个经济体的生产技术；S_{C}、S_{L}、S_{O} 为三个经济体的产量，由于分析的是一般均衡，产量和需求量相等，因此，此处的产量和上一节的需求量用同一字母表示。值得注意的一点是，δ_{C} 和 δ_{O} 为交易成本系数，显然，这里考虑"从量税"形式的交易成本，并以"冰山成本"的形式进入厂商的成本函数，其含义为：i 国要使 S 单位已生产好的产品在该国市场销售，必须付出等价于产量的比例($\delta_{\mathrm{i}}-1$)的交易成本。

3. 产品市场

本节仅考虑研究对象区域的产品市场，根据式(3.20)～式(3.22)，可得三个经济体加总的企业在所研究区域的利润函数：

$$R_{\mathrm{C}} = P_{\mathrm{C}}S_{\mathrm{C}} - F_{\mathrm{C}} - \tau_{\mathrm{C}}\delta_{\mathrm{C}}S_{\mathrm{C}} \tag{3.23}$$

$$R_{\mathrm{L}} = P_{\mathrm{L}}S_{\mathrm{L}} - F_{\mathrm{L}} - \tau_{\mathrm{L}}S_{\mathrm{L}} \tag{3.24}$$

$$R_{\mathrm{O}} = P_{\mathrm{O}}S_{\mathrm{O}} - F_{\mathrm{O}} - \tau_{\mathrm{O}}S_{\mathrm{O}}S_{\mathrm{O}} \tag{3.25}$$

将式(3.17)～式(3.19)代入式(3.23)～式(3.25)可得一般均衡时的企业利润函数。

$$R_C = \frac{S_C^{\frac{\sigma-1}{\sigma}} I_L}{S_C^{\frac{\sigma-1}{\sigma}} + S_L^{\frac{\sigma-1}{\sigma}} + S_O^{\frac{\sigma-1}{\sigma}}} - F_C - \tau_C \delta_C S_C \tag{3.26}$$

$$R_L = \frac{S_L^{\frac{\sigma-1}{\sigma}} I_L}{S_C^{\frac{\sigma-1}{\sigma}} + S_L^{\frac{\sigma-1}{\sigma}} + S_O^{\frac{\sigma-1}{\sigma}}} \tag{3.27}$$

$$R_O = \frac{S_O^{\frac{\sigma-1}{\sigma}} I_L}{S_C^{\frac{\sigma-1}{\sigma}} + S_L^{\frac{\sigma-1}{\sigma}} + S_O^{\frac{\sigma-1}{\sigma}}} - F_O - \tau_O \delta_O S_O \tag{3.28}$$

那么,考虑三个加总后的厂商的最优化行为,对式(3.26)～式(3.28)分别求解关于 S_C、S_L、S_O 的一阶条件有:

$$\frac{\partial R_C}{\partial S_C} = \frac{\sigma-1}{\sigma} \frac{S^{\frac{-1}{\sigma}} I_L}{S_C^{\frac{\sigma-1}{\sigma}} + S_L^{\frac{\sigma-1}{\sigma}} + S_O^{\frac{\sigma-1}{\sigma}}} - \tau_C \delta_C = 0 \tag{3.29}$$

$$\frac{\partial R_L}{\partial S_L} = \frac{\sigma-1}{\sigma} \frac{S_L^{-\frac{1}{\sigma}} I_L}{S_C^{\frac{\sigma-1}{\sigma}} + S_L^{\frac{\sigma-1}{\sigma}} + S_O^{\frac{\sigma-1}{\sigma}}} - \tau_L = 0 \tag{3.30}$$

$$\frac{\partial R_O}{\partial S_O} = \frac{\sigma-1}{\sigma} \frac{S_O^{\frac{-1}{\sigma}} I_L}{S_C^{\frac{\sigma-1}{\sigma}} + S_L^{\frac{\sigma-1}{\sigma}} + S_O^{\frac{\sigma-1}{\sigma}}} - \tau_O \delta_O = 0 \tag{3.31}$$

值得注意的是,为简化分析,此处舍去高阶小量$(S_C^{\frac{\sigma-1}{\sigma}} + S_L^{\frac{\sigma-1}{\sigma}} + S_O^{\frac{\sigma-1}{\sigma}})^{-2}$为系数的项。在产量大于1的现实情形下,这并不影响最终结果。Krugman(1991)的论文也采取了类似化简方法。

由于三个加总后的厂商共同瓜分该国市场,各自之间构成了古诺博弈关系,因此,彼此的最大化行为会在对方的最优化行为的基础上进行。因而需要对式(3.29)～(3.31)进行联立求解,可解得均衡时的 S_C^*,也就是中国对该国的出口量:

$$S_C^* = \frac{\sigma-1}{\sigma} \frac{I_L}{\tau_C \delta_C + (\tau_C \delta_C)^{\sigma} \tau_L^{1-\sigma} + (\tau_C \delta_C)^{\sigma} (\tau_O \delta_O)^{1-\sigma}} \tag{3.32}$$

其中,S_C^* 代表了消费者与生产者共同最优化行为下的一国的典型消费者对中国产品的进口额的一般均衡解。下面分析进行“一带一路”合作对中国与该国贸易往来的影响。这里,我们集中通过交易成本系数 δ_C 的下降

程度来代表中国建设“一带一路”的努力程度，可以预见的是，这将造成贸易转移效应。

不妨对式(3.32)式关于 δ_C 求导，易有

$$\frac{\partial S_C^*}{\partial S_C}=-\frac{\sigma-1}{\sigma}\frac{I_L[\tau_C+\sigma\tau_C(\tau_C\delta_C)^{\sigma-1}\tau_L^{1-\sigma}+\sigma\tau_C(\tau_C\delta_C)^{\sigma-1}(\tau_O\delta_O)^{1-\sigma}]}{[\tau_C\delta_C+(\tau_C\delta_C)^{\sigma}\tau_L^{1-\sigma}+(\tau_C\delta_C)^{\sigma}(\tau_O\delta_O)^{1-\sigma}]^2}<0$$

也就是说，中国建设“一带一路”进行区域经济合作的努力是有效的。具体的效果，除了和 δ_C 相关之外，还和 $\sigma, I_L, \tau_C, \tau_L, \tau_O, \delta_L$ 相关。

考虑中国技术进步对于建设“一带一路”的影响，不妨对式(3.32)关于 τ_C 求导，易有

$$\frac{\partial S_C^*}{\partial \tau_C}=-\frac{\sigma-1}{\sigma}\frac{I_L[\delta_C+\sigma\delta_C(\tau_C\delta_C)^{\sigma-1}\tau_L^{1-\sigma}+\sigma\delta_C(\tau_C\delta_C)^{\sigma-1}(\tau_O\delta_O)^{1-\sigma}]}{[\tau_C\delta_C+(\tau_C\delta_C)^{\sigma}\tau_L^{1-\sigma}+(\tau_C\delta_C)^{\sigma}(\tau_O\delta_O)^{1-\sigma}]^2}<0$$

也就是说，中国的技术进步将增强中国建设“一带一路”的效果。

考虑中国产业结构调整对建设“一带一路”的影响，可以发现，σ 的影响方向并不明确，同时，还受到其他变量影响。

由于影响“一带一路”建设的部分变量影响程度甚至方向并不明确，因此，需要进行数值模拟来分析不同地区进行“一带一路”建设的区别和影响因素。相关内容将在第四章进行讨论。

第四章 "一带一路"的空间特征和区域经济一体化路径

第一节 引言

中国提出的"一带一路"构想是以基础设施、贸易、投资、金融等多方面开放合作为重要特点的区域经济一体化新模式。它以更加开放、包容的理念,以更加符合发展中国家多样化的利益需求的行动方案,为发展多区域经济合作,加快实施自由贸易区战略,提供有力的支撑和平台基础。

中国提出了"一带一路"构想的共建原则,其基本特征和含义是:

在政治和国家关系上,恪守联合国宪章的宗旨和原则。遵守和平共处五项原则,即尊重各国主权和领土完整、互不侵犯、互不干涉内政、和平共处、平等互利。

在合作圈范围方面,坚持开放合作。"一带一路"相关的国家基于但不限于古代丝绸之路的范围,各国和国际、地区组织均可参与,让共建成果惠及更广泛区域的人民群众。

在发展道路和模式方面,坚持和谐包容。倡导文明宽容,尊重各国发展道路和模式的选择,加强不同文明之间的对话,求同存异、兼容并蓄、和平共处、共生共荣。

在政府和市场的作用方面,坚持市场运作。遵循市场规律和国际通行规则,充分发挥市场在资源配置中的决定性作用和各类企业的主体作用,同时发挥好政府的作用。

在利益方面,坚持互利共赢。兼顾各方利益和关切,寻求利益契合点和合作最大公约数,体现各方智慧和创意,各施所长,各尽所能,把各方优

势和潜力充分发挥出来。

中国提出“一带一路”的倡议，是为了要促进经济要素有序自由流动、资源高效配置和市场的深度融合，以政策沟通、设施联通、贸易畅通、资金融通、民心相通为基础，推动与各国实现经济政策协调，开展更大范围、更高水平、更广领域和更深层次的区域合作，打造开放、包容、均衡、普惠的区域经济合作构架，符合国际社会根本利益。中国希望与沿线国家一道，以共建“一带一路”为契机，平等协商，兼顾各方利益，反映各方诉求，形成更大范围、更高水平、更深层次的大开放、大交流、大融合；全方位地推进务实合作，实现合作共赢，打造政治互信、经济融合、文化包容的利益共同体、责任共同体和命运共同体。“一带一路”的共建途径，是以目标协调、政策沟通为主，不刻意追求一致性，可高度灵活，富有弹性，是多元开放的合作进程。

一、“一带一路”沿线国家政体及其特征

中国与“一带一路”沿线国家交往，必然会受到这些国家国内政情的影响。由于历史传统、经济发展和社会文化的差异，沿线国家分别形成了独特的政治模式，而政权稳定度也各有不同。“一带一路”沿线七十多个国家的政体、政党制度和政权稳定性有着很大的差别，研究发现：“一带一路”沿线国家政体复杂多样，大致存在有“总统制”“议会共和制”“君主制”“君主立宪制”“人民代表大会制”和“主席团制”六种政体。其中，总统制最为普遍。

其中，总统制国家二十九个，集中分布在中亚和东欧，多数为前苏联加盟共和国；议会共和制国家二十五个，主要集中在南亚和中欧（土耳其正在经历由议会共和制向总统制的转变）；君主立宪制国家七个，主要分布在东南亚和西亚，分别为泰国、马来西亚、柬埔寨、不丹、约旦、巴林和西班牙（巴林在2002年完成宪政改革后实行两院制，但王室依然掌握国家权力）；君主制国家六个，除文莱外，沙特阿拉伯、阿联酋、阿曼、科威特和卡塔尔均为海湾阿拉伯国家，这六国也全部为伊斯兰国家。中国的两个社会主义邻国，老挝和越南实行人民代表大会制。波黑则实行主席团制，由波斯尼亚、塞尔维亚和克罗地亚三族共治。

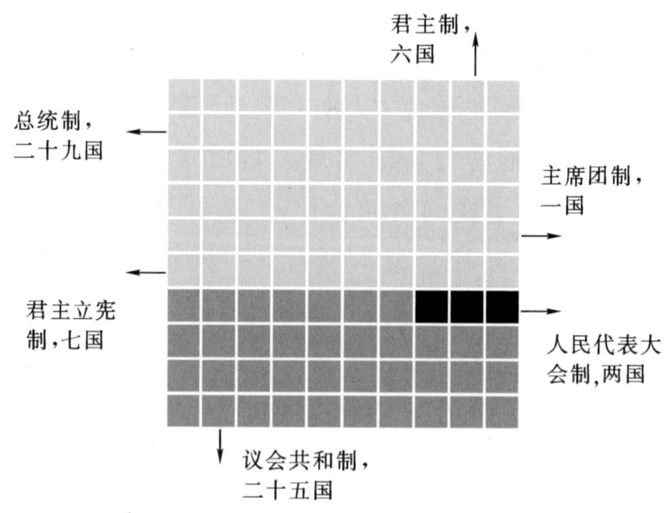

图 4－1 "一带一路"沿线国家政体

在"一带一路"沿线七十国中，六十一国实行多党制。老挝、越南和土库曼斯坦三国实行一党制。沙特阿拉伯、阿联酋、阿曼、科威特、卡塔尔和巴林等海湾君主制国家禁止政党活动。

沿线多国政局不稳，在沿线国家中，近十年至少出现过一次大规模政治冲突或动乱的国家多达二十二个。其中，陷入长期战乱或冲突的国家有八个：阿富汗、伊拉克、也门、叙利亚、巴勒斯坦、乌克兰、斯里兰卡。而黎巴嫩和波黑宗教种族问题突出。黎巴嫩从 2014 年至今一直没有选出国家总统。[①]

"一带一路"沿途是世界上典型的多类型国家，以及多民族、多宗教聚集区域，古代四大文明古国诞生于此，佛教、基督教、伊斯兰教、犹太教等也发源于此，并流传至世界各个角落。"一带一路"以经贸合作带动人文交流，以人文交流促进经贸合作，必将在各民族、宗教文化相互碰撞、融合中扮演非常重要的角色。

伊斯兰国家是"一带一路"沿线国家的重要组成部分。沿线伊斯兰国家的"伊斯兰属性"对现实中中国和伊斯兰国家间相互需求的对接至关重

① "一带一路"沿线 70 国政治情况综合分析，和讯网. 2015. 9. 10

要。中国在“一带一路”战略推进过程中，应该认知、理解沿线国家在地域状况、民族构成、政治制度、经济模式和文化风俗的不同，从而理性地寻求该战略的适应性落地路径。

世界上一共有五十七个伊斯兰国家，其中，大部分都集中在“一带一路”沿线，主要集中在中亚、西亚、东南亚、北非和中非。这些国家在宗教信仰和世俗生活两个方面，都或多或少地具有“伊斯兰属性”。

“伊斯兰属性”是指与伊斯兰教相关的民族、社会和国家特点，这一属性包含两个主要方面：宗教信仰方面，信仰伊斯兰教教义；世俗生活方面，实行伊斯兰教法等。其中，过半国家将伊斯兰教奉为国教。伊斯兰属性影响这些国家的政治制度、经济发展和文化类型。但是，这些伊斯兰国家在教派归属、教法阐释和教俗关系上，又呈现出多样性，甚至有些国家在上述几个方面分歧严重、根本对立。[①]

二、“一带一路”沿线国家的人口和经济发展水平

表 4-1 “一带一路”沿线国家的人口、经济发展水平及分类

经济发展水平	主要国家
转型经济体与发达经济体（17 国）	波兰、捷克、斯洛伐克、匈牙利、斯洛文尼亚、克罗地亚、罗马尼亚、保加利亚、爱沙尼亚、立陶宛、拉脱维亚、以色列、塞尔维亚、黑山、马其顿、波黑、阿尔巴尼亚
亚非发展中经济体（35 国）	土耳其、伊朗、叙利亚、伊拉克、阿联酋、沙特阿拉伯、卡塔尔、巴林、科威特、黎巴嫩、阿曼、也门、约旦、巴勒斯坦、越南、老挝、柬埔寨、泰山、马来西亚、新加坡、印度尼西亚、文莱、菲律宾、缅甸、东帝汶、印度、巴基斯坦、孟加拉国、阿富汗、尼泊尔、不丹、斯里兰卡、马尔代夫、蒙古、埃及
独联体转型经济体（12 国）	白俄罗斯、摩尔多瓦、亚美尼亚、格鲁吉亚、阿塞拜疆、俄罗斯、乌克兰、哈萨克斯坦、吉尔吉斯斯坦、塔吉克斯坦、乌兹别克斯坦、土库曼斯坦

① 侯宇翔.推进“一带一路”战略要注重沿线环境的“伊斯兰属性”[J].当代世界.2016(6)

2014 年,“一带一路”沿线六十五个国家总人口约为 45.21 亿人,约占世界总人口的 62.27%。人口较多的国家主要集中在东亚和南亚地区,人口较少的国家主要集中在中欧、东欧和西亚地区。其中,人口超过 1 亿人的国家依次为中国、印度、印度尼西亚、巴基斯坦、孟加拉国和俄罗斯等六国,合计约为 34.02 亿人,占沿线国家总人口的 75.25%。人口最多的中国和印度,分别拥有 13.64 亿人和 12. 95 亿人,合计占沿线国家总人口的 58.84%。人口少于 1000 万人的国家有 37 个,包括 12 个西亚国家、15 个中欧、东欧国家,人口总计约 1.63 亿人,占沿线国家总人口的 3.61%,仅略多于孟加拉国人口总量(1.59 亿人)。其中,不丹、黑山、文莱、马尔代夫等国人口均低于 80 万人。

“一带一路”沿线国家间的人均 GDP 差距巨大。中欧、东欧、西亚多数国家人均 GDP 较高,而东南亚、南亚、中亚等国家人均 GDP 较低。2014 年沿线国家中,人均 GDP 超过一万美元的国家有 23 个,包括中欧、东欧 10 国、西亚 9 国、东南亚 3 国、中亚 1 国。其中,21 国高于世界人均 GDP 的平均值(10721.42 美元),超过 4 万美元的有 5 个国家,依次为卡塔尔、新加坡、阿联酋、科威特、文莱,位居榜首的卡塔尔人均 GDP 高达 96732.4 美元。2014 年人均 GDP 低于 1000 美元的有尼泊尔、阿富汗两国,分别为 701.68 美元和 633.57 美元。在其余 40 国中,人均 GDP 低于 4000 美元的有 21 个国家,包括东南亚 7 国、南亚 5 国、中亚 3 国、西亚 3 国、中东欧 2 国及北非 1 国;高于 4000 美元的有 17 国,8 个中东欧国家占据了其中将近一半,此外,还包括西亚 4 国、东北亚 2 国及东南亚、南亚、中亚各 1 国。①

三、国际机构和部分国家的丝绸之路计划

“一带一路”区域内存在多个地区性乃至全球性大国。例如,中国、俄罗斯、印度、沙特阿拉伯、土耳其等。而中国、印度、俄罗斯、南非和巴西又同为金砖国家。此外,区域外多个全球性大国参与其中,如美国、日本等国

① 杨言洪,徐天鹏.“一带一路”沿线国家经济社会发展比较[J] 北方民族大学学报(哲学社会科学版)2016(4)

家。区域内外的大国因素，已经成为中国在推动与“一带一路”沿线国家共同发展方面不得不重点考虑的问题。这就要求中国在推动与沿线国家合作和共同发展时，需要审慎处理区域内外大国之间的竞争与合作关系，构建大国对话与协调的平台，尽可能地降低区域合作的政治风险。

20 世纪 80 年代以来，有关国际机构和国家纷纷提出丝路开发计划，并取得了一定进展。联合国自 1988 年就启动了许多丝路项目，亚洲开发银行倡议建立了中亚区域经济合作机制，国际道路联盟提出“复兴丝路计划”等。2011 年，美国提出“新丝路计划”。2013 年，俄罗斯提出“铁路丝路计划”，不少中亚、西亚国家也提出了自己的丝路构想。这些计划的动机各异，侧重点不同，但客观上也为丝路带建设提供了条件。

1. 联合国的“丝路—对话之路”项目

联合国自 1988 年启动了“综合研究丝路—对话之路”项目。1992 年到 2005 年，联合国多次开展基础设施项目，试图重建“丝路”。国际道路联盟 1998 年提出了“复兴丝路”计划。2008 年欧亚经济论坛上，联合国开发计划署等发起、19 国响应，决定再为复兴丝路投入 430 亿美元。

2. 俄罗斯、印度和伊朗发起的“南北走廊计划”

俄、印和伊朗于 2000 年 9 月发起“南北走廊”计划，后来中国和中亚所有国家加入，衍化为 14 国倡议；拟采用轮船、铁路及公路等方式，建立由南亚经过中亚、高加索、俄罗斯到达欧洲的货运通道，自印度孟买始，经过伊朗阿巴斯港，远至阿塞拜疆首都巴库，以及俄罗斯的莫斯科和圣彼得堡，最终到达北欧国家。

3. 美国的“新丝路计划”

早在 1999 年，美国国会就通过了“丝绸之路战略法案”。该法案计划通过支持 中亚和南高加索国家的经济和政治独立，来复兴连接这些国家及欧亚大陆的“丝绸之路”。为此，美国致力于推动中亚国家建立市场经济和民主政治体制。2005 年，美国提出“大中亚”计划，强调要以阿富汗为立足点，在中亚地区建立政治、经济与安全的多边机制，以促进地区发展与民主改造。2011年，美国提出"新丝路计划"。"新丝绸之路"计划的最终目标是在中亚、西亚和南部构筑一条由美国主导的经济与能源通道，这可以在一定程度上限制中国和俄罗斯对这一地区（中亚、南亚和东南亚）的影响力，构建一个美国主导、排斥中俄的中亚、南亚地缘经济板块。

4.其他项目

2012年8月，阿富汗、印度和伊朗讨论了连接伊朗与中亚、南亚的新"南方丝路"；2016年5月，印度总理访问伊朗，将投资5亿美元帮助伊朗修建恰巴哈尔港。通过该港，印度将可以绕过巴基斯坦，借道伊朗和阿富汗，实现与中亚的联通。在国际南北运输走廊项目中，伊朗是最重要的部分，不仅控制着恰巴哈尔港，而且承担了绝大部分的陆路运输。2013年，俄罗斯提出"铁路丝路计划"。

此外，其他影响较大的有日本的"丝路外交"和印度的"联通中亚"新战略。日本提出"丝绸之路外交"的初衷是保障能源来源的多元化。日本早期并不重视中亚外交，直到1997年桥本内阁首次提出"丝绸之路外交"设想，才开始加强与中亚的交往。为了推动丝绸之路外交，日本自2004年起推动设立"中亚5+日本"机制，通过五国外长的定期会晤来促进政治对话、经贸合作、文化交流。

印度于2012年推出"联通中亚政策"，在西翼重启"南方丝绸之路"和"北南国际运输走廊"，拟打通印度与欧亚大陆腹地的陆上通道，联通中亚、高加索与印度洋地区，构建以印度为中心的欧亚大陆互联互通网络。

对比各个计划，内容互有交叉。上述各计划及中国提出的丝路经济带，在内容上交集不少，大圈套小圈，圈圈相交，范围上的最大公约数集中在中亚，向四方发散；内容上的和最大公约数在经贸合作与道路建设。不同版本的"丝路"都视中亚为连通欧、亚的物流、资源、经济乃至政治枢纽，并寄望自己这个枢纽"无缝对接"，更有效地拓展自身商路与经济辐射圈，

扩大本国的经济、能源、安全外延。[①] 各种丝路建设计划虽然存在大量交叉处，但有许多利益共同点，可以通过各种平台和交流机制，寻找出各个版本的最大交集，建设开放的、四通八达的丝绸之路。

表 4－2　国际机构和部分国家的丝绸之路计划

提出机构和国家	战略名称	提出时间	主要内容
联合国	“复兴丝路”计划项目	1998	国际公路运输系统——TIR 系统
亚洲开发银行倡议	中亚区域经济合作机制（CAREC）	2002	《中亚地区区域合作战略与规划》为区域发展提供了一个长期框架，并通过签订《交通和贸易便利化战略行动计划》《贸易政策战略行动计划》《能源领域合作战略》等文件，建立了成员国的合作领域和合作机制
俄罗斯、印度和伊朗	北南走廊计划	2000	北起芬兰湾的圣彼得堡，经俄南部的里海港口阿斯特拉罕后跨里海至伊朗北部的诺乌舍赫尔港，再南下至伊南部港口城市阿巴斯后过阿曼湾，最后经阿拉伯海抵达印度港口孟买，其中包括公路、铁路、海运等多种运输形式
欧盟	欧盟与中亚新战略合作伙伴关系	2009	“通过平等对话、透明度和结果导向，来获得稳定、安全与繁荣”，通过使用适合中亚国家各自不同国情且相对平衡的合作方式，区别处理与各中亚国家的合作项目。同时，欧盟也积极与中亚国家一起在双方区域内部建立起开放式的有建设性的区域组织，以增强双方区域间的交流与合作
美国	新丝绸之路计划	2011	通过重建各类基础设施，帮助阿富汗融入中亚地区，并以此为中心，打造一个连接中亚和南亚地区的经济圈。塑造和扩张美国在该地区的实际存在和影响力。着力在打造地区性能源市场、促进贸易和交通、优化海关和边界手续、推动商业和人员往来等四方面推进该计划

① 杨正位、周宝根. 丝路带新策：各种丝路计划存在大量交叉. 新浪财经，2014－04－14.

第二节 “一带一路”建设的空间特征

根据“一带一路”的地理走向，丝绸之路经济带重点畅通中国经中亚、俄罗斯至欧洲（波罗的海）；中国经中亚、西亚至波斯湾、地中海；中国至东南亚、南亚、印度洋。21世纪海上丝绸之路重点方向是从中国沿海港口过南海到印度洋，延伸至欧洲；从中国沿海港口过南海到南太平洋。“一带一路”的发展路径，陆上依托国际大通道，以沿线中心城市为支撑，以重点经贸产业园区为合作平台，共同打造新亚欧大陆桥、中蒙俄、中国－中亚－西亚、中国－中南半岛、中国－巴基斯坦和中印孟缅两个经济走廊等国际经济合作走廊；“六大经济”走廊规划成为“一带一路”倡议的主要内容和骨架。海上以重点港口为节点，共同建设通畅安全高效的运输大通道。①

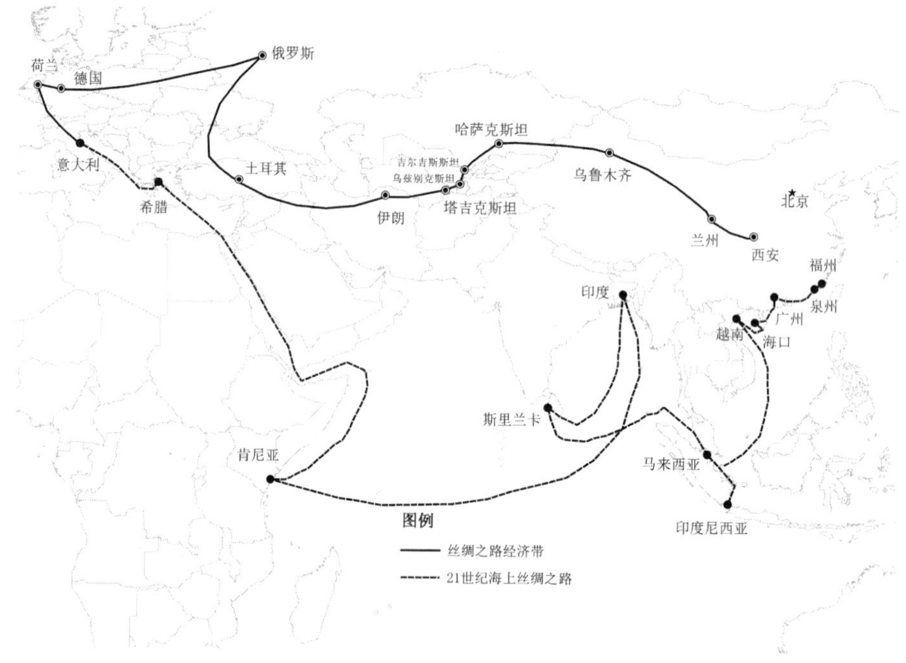

图 4－2 “一带一路”的地理走向

① 《推动共建丝绸之路经济带和21世纪海上丝绸之路的愿景与行动》

一、"丝绸之路经济带"建设的空间走向与合作路径

1. 中蒙俄经济走廊

中国国家主席习近平 2014 年 9 月 11 日在出席中俄蒙三国元首会晤时提出，可以把丝绸之路经济带同俄罗斯跨欧亚大铁路、蒙古国草原之路倡议进行对接，打造中蒙俄经济走廊。

建设中蒙俄经济走廊，就是把中方倡议的"一带一路"同蒙方的"草原之路"倡议、俄方正在推进的跨欧亚大通道建设有机地结合起来。穿过蒙古境内的路线是通过欧洲向亚洲的最短运输路线。这意味着内蒙古、黑龙江等东北地区，将可以构建经过蒙古国、俄罗斯的丝绸之路经济带。不过，中蒙俄经济走廊怎么走，仍待进一步深入研究。一些专家认为，经过满洲里进入俄罗斯，或经过阿尔山、二连浩特分别进入蒙古国的线路，应该都算是中蒙俄经济走廊的一部分。

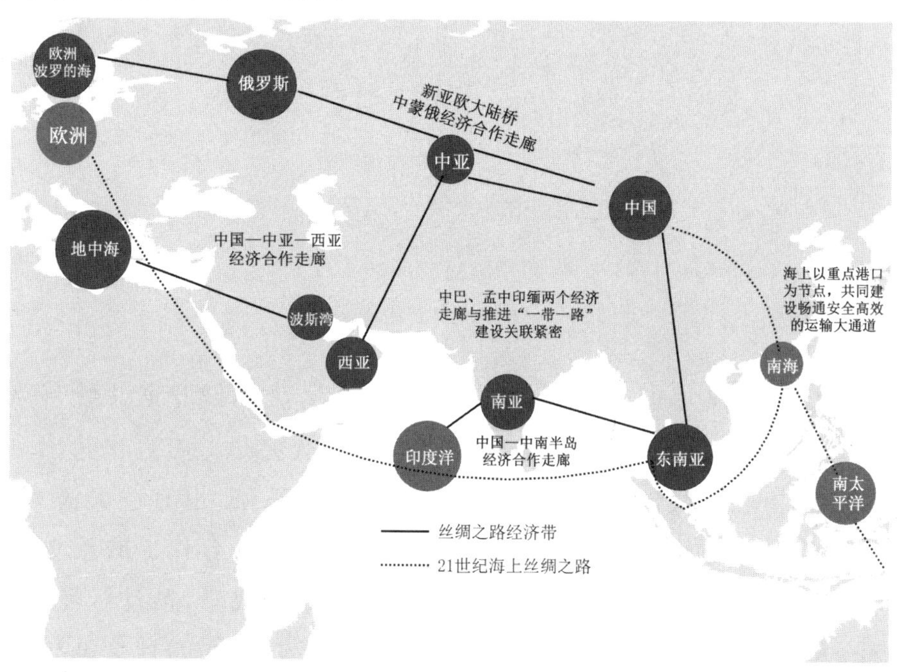

图 4-3　"一带一路"六大经济走廊示意图

国家发改委相关文件显示，中蒙俄经济走廊分为两条路线：从华北京津冀到呼和浩特，再到蒙古和俄罗斯；东北地区从大连、沈阳、长春、哈尔滨到满洲里和俄罗斯的赤塔。"两条走廊互动互补形成一个新的开放开发经济带，统称为中蒙俄经济走廊。"具体路径则是，把丝绸之路经济带同俄罗斯跨欧亚大铁路、蒙古国草原之路倡议进行对接；加强铁路、公路等互联互通建设，推进通关和运输便利化，促进过境运输合作，研究三方跨境输电网建设，开展旅游、智库、媒体、环保、减灾救灾等领域务实合作。

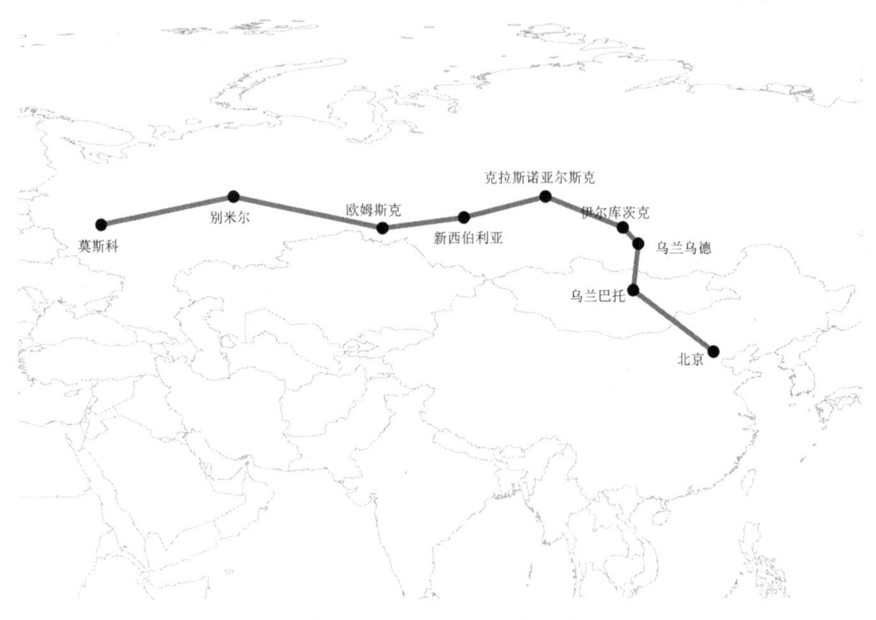

图 4 - 4　中蒙俄经济走廊示意图

中国国家主席习近平 2015 年 7 月 9 日在乌法同俄罗斯总统普京、蒙古国总统额勒贝格道尔吉举行中俄蒙元首第二次会晤。习近平指出，中俄蒙互为邻国和战略伙伴，开展三方合作既有良好基础，也有巨大潜力。我们要从战略高度和长远角度出发，推动三方开展全面合作。政治上，要增进互信，打造命运共同体；经济上，要对接各自发展战略，推动区域经济合作进程；人文上，要密切民众交流和联系，巩固三方合作的社会基础；在国际和地区事务中，要加强协调和配合，维护地区及世界和平稳定。经济合作是三方合作的优先领域和重点领域。三国主管部门要抓紧把三方发展

战略对接落实到具体合作领域和项目上来。

俄罗斯总统普京表示，俄中蒙三国联系紧密，拥有很好的合作基础。2014 年，首次三国元首会晤以来，相关部门保持了密切沟通协调，铁路运输、旅游等领域合作顺利展开。

蒙古国总统额勒贝格道尔吉表示，蒙中俄三国元首第二次会晤达成三方深化合作的共识，令人高兴。三国在铁路运输、物流、农产品和矿产品贸易便利化、基础设施等领域开展合作，将造福三国人民。蒙方希望推动三国合作深入发展。三国元首批准了《中俄蒙发展三方合作中期路线图》。三国有关部门分别签署了《关于编制建设中俄蒙经济走廊规划纲要的谅解备忘录》《关于创建便利条件促进中俄蒙三国贸易发展的合作框架协定》《关于中俄蒙边境口岸发展领域合作的框架协定》。

在地理位置上，蒙古仅有中国与俄罗斯两个邻国，蒙古的对外交通只能在中俄之间做出选择，蒙古能源的出口方向则只有中国。至于进口方面，蒙古人的日用品乃至蔬菜水果几乎都由中国供应。此外，投资蒙古的外国资本也有近一半来自中国。“草原之路”是蒙古国政府在 2014 年时提出的一项振兴经济计划。这一计划大部分内容与提升蒙古交通运输能力相关。具体包括了建设连通中俄的高速公路和电气化铁路，完善蒙古国铁路网及石油天然气管道系统等。蒙古国也有意改变目前境内的俄式宽轨铁道，换成与中国对接的标准轨。

中蒙俄经济走廊是三国相依相邻地缘优势的产物，是中蒙俄三国发展战略有机对接的结晶，是“一带一路”合作共赢理念的具体体现。三国领导人从杜尚别首次会晤达成原则共识，到乌法第二次会晤签署谅解备忘录，再到 2016 年塔什干会晤正式签署纲要，三年实现三大步的跨越。规划纲要植根于三国共同的发展需求，以拓展合作空间、发挥潜力和优势、促进共同繁荣、提升联合竞争力为愿景，明确了三方合作的具体内容、资金来源和实施机制，合作项目涵盖了基础设施互联互通、口岸建设、产能、投资、经贸、人文、生态环保等重点领域。走廊建设重视打造坚实的金融支撑和保障，充分利用国家投资、私营机构、国际金融机构投融资，鼓励公私合作伙伴参与其中。三国还将建立定期会面监督机制，及时完善政策举措。根据三方合作的现实需要，目前三方经济合作可先易后难，循序渐进，从三方都感兴趣且已有一定基础的领域和项目入手，优先在过境运输、互联互通、电力、旅游等领域开展合作，争取启动几个具有示范性、带动性的合作项目，进而扩大全面务实合作，形成资金提供、资源开发、销售等市场一体化的链条，形成规模合作。与丝绸之路经济带西北通道相比，中蒙俄经济走廊的运输成本低、时间短，经过的国家少、海关通关成本也低，是一条十分重要而便捷的北方新通道，而加强跨区域口岸合作，是建设丝绸之路经济带、深化中俄欧各领域互利务实合作的重要举措。

2.新亚欧大陆桥经济走廊

欧亚大陆桥为欧洲与亚洲两侧海上运输线联结起来的便捷运输铁路。现有三条在运行，一条在建。大陆桥是指横贯大陆的铁路把两侧的海上运输线联结起来的便捷运输通道，它的主要功能是便于开展海陆联运，缩短运输里程，如图 4-5 所示。

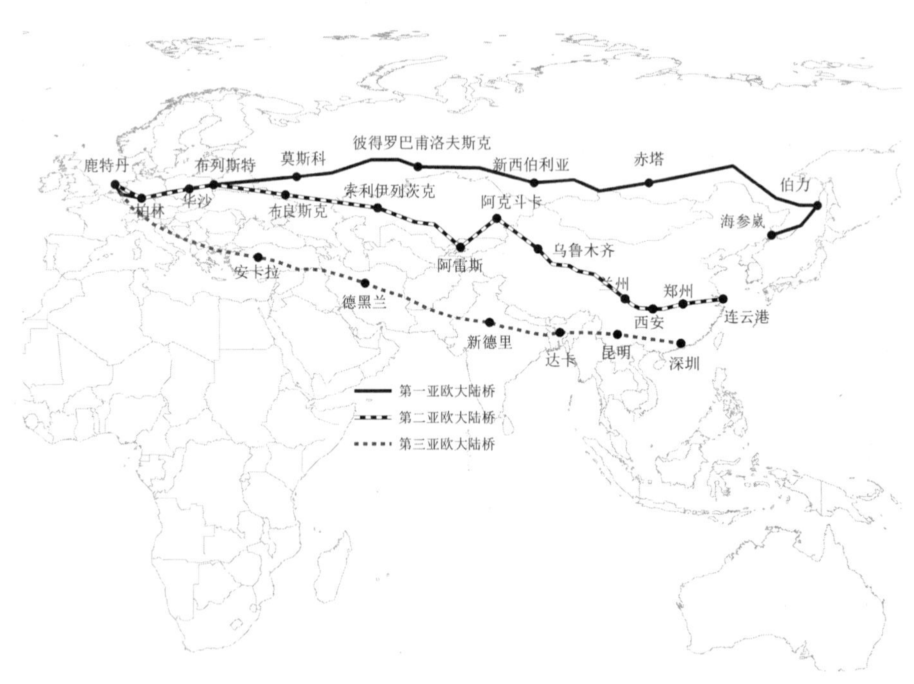

图 4-5　亚欧大陆桥示意图

第一欧亚大陆桥(西伯利亚大陆桥,英文名:SiberianLandbridge,SLB)从俄罗斯东部的符拉迪沃斯托克(海参崴)为起点横穿西伯利亚大铁路通向莫斯科,然后通向欧洲各国,最后到荷兰鹿特丹港(绕过中国黑龙江和吉林)。贯通亚洲北部,整个大陆桥共经过俄罗斯、哈萨克斯坦、白俄罗斯、波兰、德国、荷兰六个国家,全长13000公里左右。

第二欧亚大陆桥指1990年9月与哈萨克斯坦铁路接轨的经中国兰新铁路、陇海铁路的新欧亚大陆桥,由于所经路线很大一部分是经原"丝绸之路",所以人们又称作现代"丝绸之路",是目前亚欧大陆东西最为便捷的通道,是"丝绸之路"经济带的六大通道之一。它是从中国的江苏连云港市到荷兰鹿特丹港的国际化铁路交通干线,国内由陇海铁路和兰新铁路组成。大陆桥途经江苏、安徽、河南、陕西、甘肃、青海、新疆7个省、区,65个地、市、州的430多个县、市,到中哈边界的阿拉山口出国境。进入哈萨克斯坦,再经俄罗斯、白俄罗斯、波兰、德国,西至荷兰的第一大港鹿特丹港。这条大陆桥跨越欧亚两大洲,联结太平洋和大西洋,全长约10800千米,通向中国、中亚、西亚、东欧和西欧多个国家和地区。新亚欧大陆桥辐射世界三十多个国家和地区,区域经济互补优势明显。一方面,它将日本、西欧等具有资金、技术和管理优势的国家与人口众多、资源丰富的发展中国家市场结合在一起;另一方面,它将经济增长迅速、发展前景广阔的亚太地区市场与急需寻求增长动力和投资对象的欧洲市场结合在一起。新亚欧大陆桥在地理位置、运输距离、辐射范围等方面的优势,显示出沿线国家巨大的开发潜力以及相互之间的合作潜力。可以说,新亚欧大陆桥经济走廊的构建,不仅为亚欧两大洲经济贸易交流提供了一条便捷的大通道,也为扩大亚太地区与欧洲的经贸合作,促进亚欧经济的发展与繁荣,进而开创世界经济的新格局提供了新的依托和动力。

第三亚欧大陆桥指东起中国南海之滨的深圳,路经昆明以深圳港为代表的广东沿海港口群为起点,顺道广西、云南昆明为枢纽,经缅甸、孟加拉国、印度、巴基斯坦、伊朗,从土耳其进入欧洲,最终抵达荷兰鹿特丹港,横贯亚欧21个国家。建立第三亚欧大陆桥,有助于推进中国与南亚各国的经贸关系,为双边的战略关系奠定坚实的物质基础。第三亚欧大陆桥将为中国西出印度洋提供新通道，在一定程度上会打破制约中国成为海洋大国的瓶颈因素。

3. 中国—中亚—西亚经济走廊

中国—中亚—西亚经济走廊从新疆出发，抵达波斯湾、地中海沿岸和阿拉伯半岛，主要涉及哈萨克斯坦、吉尔吉斯斯坦、塔吉克斯坦、乌兹别克斯坦、土库曼斯坦等五个中亚国家，以及伊朗、土耳其等国。

中亚五国拥有丰富的自然资源。在矿产资源方面，哈萨克斯坦拥有铁矿、锰矿、铜矿、钾盐等矿藏，其中铬铁矿探明储量有2亿吨，仅次于南非、津巴布韦居世界第三；乌兹别克斯坦现探明有近100种矿产资源，据估计，矿产资源储量总价值约为3.5万亿美元。其中，黄金探明储量为3350吨，居世界第四位，铀储量为18.58万吨，居世界第七位；吉尔吉斯斯坦的有色金属、黑色金属特别是稀有金属汞、锑的储量可观。在油气能源方面，哈萨克斯坦石油已探明储量居世界第七位，可采储量40亿吨，天然气可采储量3万亿立方米，煤探明储量为1624亿吨；土库曼斯坦天然气储量居世界第四位；塔吉克斯坦和吉尔吉斯斯坦的水电资源丰富，尤其是塔吉克斯坦的水电资源达6400万千瓦。丰富的自然资源成为中亚五国经济发展的天然优势，同时，也是吸引外资及与其他国家经济合作的重要领域。

伊朗国土面积约1648195平方公里，是亚洲主要经济体之一，经济实力较强。伊朗经济以石油开采业为主，为世界石油、天然气大国，地处世界石油、天然气最丰富的中东地区。截至2011年底，已探明石油储量1545.8亿桶，天然气储量33.69万亿立方米，分别占世界总储量的11%和17%，分列世界第三、第二位。石油出口是经济命脉，石油生产能力和石油出口量分别位于世界第四位和第二位。土耳其是一个横跨欧亚两洲的国家，是连接欧亚的十字路口，地理位置和地缘政治战略意义极为重要，在国际上具有重要地位。土耳其是北大西洋公约组织成员，经济合作与发展组织创始会员国及二十国集团的成员。在经济上，土耳其工业基础较好，是全球发展最快的国家之一。

尽管中亚、西亚地区资源丰富，但制约经济社会发展的因素很多。其

中，基础设施建设落后、缺乏资金技术等问题较为突出。通过中国一中亚一西亚经济走廊建设，打通对外经贸合作和资金流动通道，无疑对于促进相关国家经济社会发展具有重要的促进作用。

4. 中国—中南半岛经济走廊

中国一中南半岛国际经济走廊，以中国广西南宁和云南昆明为起点，以新加坡为终点，纵贯中南半岛的越南、老挝、柬埔寨、泰国、马来西亚等国家，是中国连接中南半岛的大陆桥，也是中国与东盟合作的跨国经济走廊。该走廊以沿线中心城市为依托，以铁路、公路为载体，以人流、物流、资金流、信息流为基础，正朝着建设优势互补、区域分工、联动开发、共同发展的区域经济体的方向努力。

中南半岛，又称为中印半岛，位于中国和南亚次大陆之间，西临孟加拉湾、安达曼海和马六甲海峡，东临太平洋的南海，为东亚与群岛之间的桥梁，为亚洲南部三大半岛之一，面积 206.5 万平方公里，占东南亚面积的 46%。它包括越南、老挝、柬埔寨、缅甸、泰国及马来西亚西部，这些国家和地区皆与中国具有密切的历史、文化和经济联系。中南半岛海岸线长 1.17 万千米，沿河海分布许多重要城市和港口。其中，主要港口包括海防、岘港、芽庄、胡志明市、磅逊、梭桃邑、曼谷、新加坡、巴生港、槟城港、毛淡棉、丹老与仰光等。半岛南端居南海、新加坡海峡和马六甲海峡的重要位置，是国际航运的要道，交通与战略意义重要。湄公河为半岛最大的国际河流，水利资源丰富，经济及交通意义最重要。

中国一中南半岛经济走廊东起珠三角经济区，沿南广高速公路、桂广高速铁路，经南宁、凭祥、河内至新加坡，将以沿线中心城市为依托，以铁路、公路为载体和纽带，以人流、物流、资金流、信息流为基础，加快形成优势互补、区域分工、联动开发、共同发展的区域经济体，开拓新的战略通道和战略空间。

与中国一中南半岛经济走廊紧密相关的有大湄公河次区域，该区域处于东南亚、南亚和中国大西南的接合部。次区域涉及澜沧江——湄公河流域内的中国、缅甸、老挝、泰国、柬埔寨、越南，面积 256.86 万平方公里，总人口约 3.2 亿,连接中国和东南亚、南亚地区,地理位置十分重要。

大湄公河次区域经济合作(Great Mekong Subregion Cooperation,简称 GMS)于 1992 年由亚洲开发银行发起,涉及流域内的六个国家有中国、缅甸、老挝、泰国、柬埔寨和越南,旨在通过加强各成员国间的经济联系,促进次区域的经济和社会发展。大湄公河次区域经济合作建立在平等、互信、互利的基础上,是一个发展中国家互利合作、联合自强的机制,也是一个通过加强经济联系,促进次区域经济社会发展的务实的机制。

大湄公河次区域经济合作会议的核心是强化该区域的互联互通,以促进经济一体化和加快合作步伐。大湄公河流域国家之所以强调区域内的互联性,是因为本地区公路、铁路、港口等基础设施缺乏,联通不畅,造成经济发展障碍。目前,大湄公河流域国家正在建设贯通东西、连接南北的九条跨境公路,其中部分已经完工。从中国昆明出发联通新加坡的南北道路已经畅通,贯通缅甸、泰国、越南的东西道路则计划 2015 年完工。在本次峰会将签署 215 个发展项目,总投资将高达 515 亿美元。其中,90 个(441 亿美元)将用于运输和交通设施开发等互联互通工程。

5. 中印孟缅经济走廊

中印孟缅经济走廊,又称孟中印缅经济走廊。它的筹划由来已久,值得注意的是,中印两国领导人共同倡议建设"中印缅孟经济走廊"[①]。中、印、缅、孟四国山水相连,友好往来源远流长。四国物产丰富,资源能源富集,经济互补性强,合作潜力巨大。四国邻近地区是连接亚洲各次区域的重要枢纽,入有中、印、缅广袤腹地,出有加尔各答、吉大港、仰光等著名港口,有连接南亚和东南亚的明显区位优势。四国经济走廊覆盖到的地区面积约 165 万平方公里,人口达 4.4 亿,有自然资源、农产品富足的优势,也有基础设施薄弱、政治因素影响等劣势。中印孟缅经济走廊属次区域经济合作,并不等同于中印孟缅四国区域全面经济合作,只包含"昆明(中国云

---

① 中印倡建中印缅孟经济走廊. 东方早报,2013 年 5 月 21 日

南省)—缅甸—孟加拉—加尔各答(印度西孟加拉邦、比哈尔邦)这一地带。[①] 在这一次区域相邻区域内,已经存在昆明(中国)—缅甸—老挝—泰北湄公河次区域经济合作圈、新加坡—柔佛(马来西亚)—廖内(印尼)的三角经济带、槟城(马来西亚)—棉兰(印尼)—普吉(泰国)三国经济带。

中印孟缅经济走廊正好处在丝绸之路经济带拟重点畅通的西南路线上。鉴于印度、缅甸和孟加拉国都是印度洋沿岸国家,该走廊更大的意义在于连通“一带”与“一路”。由于在陆上与海上丝路中均占据重要地位,中印孟缅经济走廊的建设对于“一带一路”战略在中国西南方向的有效推进至关重要。成型后的中印孟缅经济走廊,占据着有利的地缘地位,会促成以中南半岛为核心并向四周辐射的地缘经济格局。直接辐射东亚、南亚、东南亚、中亚几个大市场。

2014 年 9 月 18 日,中国国家主席习近平在新德里同印度总理莫迪会谈时提出,中印双方要加快推进中印孟缅经济走廊建设,开展在丝绸之路经济带、21 世纪海上丝绸之路、亚洲基础设施投资银行等框架内的合作,推动区域经济一体化和互联互通进程。双方要共同致力于在亚太地区建立开放、透明、平等、包容的安全和合作架构。2015 年 5 月 15 日上午,国务院总理李克强在北京同印度总理莫迪会谈时表示,要加紧推进中印孟缅经济走廊建设,推动区域经济发展。做好铁路、产业园区等重点领域务实合作,打造旗舰项目,推动双边贸易动态平衡。中方愿参与印工业走廊建设,加强职业技能培训合作,希望印方为中国企业赴印投资创造良好环境。

中国国务院总理李克强 2013 年访问印度期间,与印方共同提出建设中印孟缅经济走廊的倡议,也得到了缅甸、孟加拉国方面的积极回应。目前,中印孟缅经济走廊联合工作组已经成立,相关工作进展顺利。整体上看,中国与其他三国经济有一定的互补性。例如,中国的制造业和农业设施设备,相对较为发达。印度制造业相对落后,但是印度在智能化、个性化的设计和制作方面有优势。如果在产业园区内,中印在这两方面形成互补和示范,那么,“中印制造”潜力十分巨大,既有价格优势,又有科技含量,而

---

① 储信艳 中印倡议建中印缅孟经济走廊.新京报,2013 年 05 月 21 日

且依托印度的语言优势，产品与欧美客户更容易对接。此外，印度的软件和文化影视产业相对较为发达，有望给占据一定地理优势的中国云南做强做大软件外包产业奠定一定的基础，印度也是人口大国，未来市场增长潜力非常巨大。

“中印孟缅经济走廊”是中国同周边互联互通以及东亚与南亚相互对接的重点项目。印度《印度教徒报》网站 2015 年 6 月 26 日报道，现在，印方对该项目表示出了积极的态度。这一 2800 公里长的走廊的主干道已经基本准备就绪。从缅甸葛礼瓦到蒙育瓦的一段不到 200 公里的路，需要升级为全天候道路。这一走廊将使东北方邦与海路连接。对于中国而言，不能仅以现时经济收益、互补性或市场容量来取舍，应该从战略的高度把握这一难得机遇，加紧实施和推进。

东盟的“东西走廊”和“南北走廊”是东盟互联互通的核心。东西走廊中，越南通过老挝、泰国和缅甸与中国昆明相连。如中印孟缅经济走廊和东盟“东西走廊”相打通，将有利于区域的互联互通，以及经济一体化。尽管中印两国可以大力支持中印孟缅经济走廊，两国毕竟是走廊两端，并不接壤。走廊所经四国各有矛盾，如孟加拉国和缅甸的关系不睦。而在走廊中段的首要挑战是在缅甸境内的安全问题。所以，中印孟缅经济走廊实际上还是有很多问题，需要进一步观察。此外，这一区域还面临包括贩毒、边界复杂、管理难度大、非法贸易与反贸易行为严重、宗教冲突、武装冲突，以及疾病、生态环境污染、枪支走私等安全问题。①

6. 中巴经济走廊

中巴经济走廊是指中国和巴基斯坦两国共同打造的中国新疆乌鲁木齐—喀什—红其拉甫—巴基斯坦苏斯特—洪扎—吉尔吉特—白沙瓦—伊斯兰堡—卡拉奇—瓜达尔港全长 4625 公里的交通大动脉。中巴经济走廊是李克强总理于 2013 年 5 月访问巴基斯坦时提出的，建设这一走廊旨在进一步加强中巴互联互通，促进两国共同发展。

① 包蕴涵中印加力中印孟缅经济走廊建设中国经济时报。2015 年 6 月 29 日

巴基斯坦伊斯兰共和国(英语:Islamic Republic of Pakistan)简称巴基斯坦,意为“圣洁的土地”“清真之国”。95%以上的居民信奉伊斯兰教,是一个多民族伊斯兰国家。国语为乌尔都语。巴基斯坦位于南亚次大陆西北部,南濒阿拉伯海,东接印度,东北邻中国,西北与阿富汗交界,西邻伊朗。海岸线长980公里。南部属热带气候,其余属亚热带气候。首都伊斯兰堡,前首都卡拉奇是最大城市。巴基斯坦是经济快速增长的发展中国家,是世界贸易组织、伊斯兰会议组织、77国集团、不结盟运动和英联邦成员国。

巴基斯坦是中国的重要邻国,地处中东、南亚、中亚和中国四大地缘政治板块的中心位置,中巴经济走廊的建设旨在进一步加强中巴互联互通,促进两国共同发展。中巴经济走廊规划不仅涵盖“通道”的建设和贯通,更重要的是以此带动中巴双方在走廊沿线开展重大项目、基础设施、能源资源、农业水利、信息通信等多个领域的合作,创立更多工业园区和自由贸易区。

2015年4月,中国国家主席习近平在访问巴基斯坦期间指出,双方要以中巴经济走廊建设为中心,以瓜达尔港、能源、交通基础设施、产业合作四个领域为重点,为两国务实合作搭建战略框架。自喀什出发,穿越高原峡谷、纵横盆地沙漠,至瓜达尔港入海——中巴经济走廊这一包括公路、铁路、油气和光缆通道在内的贸易走廊,是贯穿丝绸之路经济带和21世纪海上丝绸之路的关键枢纽。

在2015年4月习近平主席访问巴基斯坦期间,中国政府与巴基斯坦政府签署了51项合作协议和谅解备忘录,提出总值460亿美元的能源、基础设施投资计划。这是迄今为止中国在“丝绸之路经济带”和整个“一带一路”上最大的单笔投资。包括公路、石油天然气管道、电站、光缆和机场等领域,预计于2020年建成。

而从中国来看,建设中巴经济走廊,可更好地维护中国在印度洋沿岸国家的经济利益,同时,“中巴经济走廊”带动了沿线一大批能源、电力、公路、铁路等基建重大项目,自然成为中外企业关注的焦点;中巴商贸、物流、教育等方面迎来良好的合作机遇。从巴国方面看,“中巴经济走廊”建设将直接为当地民众提供大量工作机会,有效地改善巴国基础设施滞后的现状，助力巴国改善电力供给，推动巴国渔业、农产品、纺织等产品"走出去"，是推动巴基斯坦摆脱经济困境的重大机遇。

中巴经贸以中巴经济走廊为引领，以瓜达尔港、能源、交通基础设施和产业合作为重点，形成"1+4"经济合作布局。中国在巴基斯坦的投资包含核能、中巴经济走廊项目和瓜达尔港建设等三大方面一揽子方案。一揽子方案中核能涉及5台核电机组、约27个能源合作项目。从中巴能源需求看，"中巴经济走廊"从陆路开辟了通向中东的门户，以此为枢纽，可把中国、波斯湾和阿拉伯海连接起来，开辟一条绕过马六甲海峡的内陆能源通道。据巴基斯坦《国民报》2015年7月23日报道，巴基斯坦边防建设兵团（Frontier Works Organisation，FWO）承建的连接瓜达尔的中巴经济走廊西线870公里道路项目，已经完成502公里。该项目完成后将使瓜达尔港可以通过N25公路连接阿富汗边境口岸查曼，通过N50和N55公路连接德拉伊斯梅尔汗（Dera Ismail Khan）。同时，巴基斯坦政府通过公共发展项目（Public Sector Development Programme，PSDP）拨款203亿卢比（约合2亿美元）用于中巴经济走廊西线道路等项目建设。巴高速公路局官员表示，2016年12月，走廊西线将具备运行条件，并称俾路支省将是从中巴经济走廊建设中受益最多的省份。①

二、丝绸之路经济带能源经济走廊

能源合作是建设丝绸之路经济带的重头戏，也是对外合作中进展较快、成绩较突出的领域。与俄罗斯和中亚国家（哈萨克斯坦、土库曼斯坦和乌兹别克斯坦）的油气合作而言，2014年，中国从土库曼斯坦和乌兹别克斯坦进口的天然气数量占总进口量的47.89%，中国从俄罗斯和哈萨克斯坦进口的原油数量占总进口量的14.56%。根据中国与俄罗斯和中亚国家达成的协议，未来这些指标还将继续增长。

能源领域合作是"一带一路"的重要组成部分，其重点是要加强"一带一路"沿线国家能源基础设施互联互通合作，共同维护油气管道等能源运

① 中巴经济走廊西线道路建设进展迅速．商务部网站．2015-07-24 11:21:00

输通道安全,推进跨境电力与输电通道建设,积极开展区域电网升级改造合作,同时,积极推进能源装备技术的深化合作,目前,我国与“一带一路”沿线国家,围绕技术、装备和工程服务走出去的能源合作,正在加速展开。

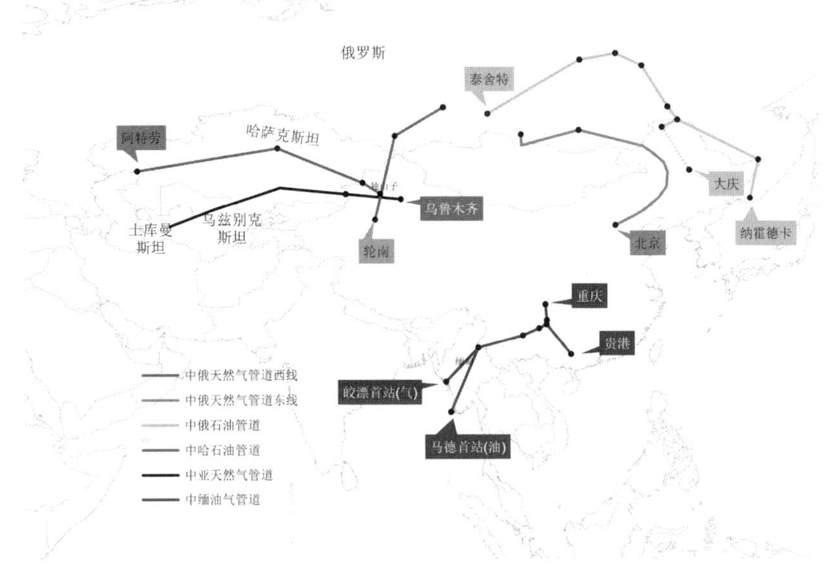

图 4-6　丝绸之路经济带能源经济走廊示意图

从推动能源合作的角度讲,随着“一带一路”建设的推进,将会在改善交通和物流、基础设施、融资环境与软环境等四个方面对“一带一路”的能源合作产生巨大的推动效应,展现其美好的前景。同时,以上这四个因素的叠加效应,对变化中的国际能源格局也将带来重大影响。

亚洲是能源需求增长最快的地区,同时,也是能源进口量快速增长的地区。这导致全球能源供需格局,在近年出现了需求重心加速东移的现象。亚洲能源安全关乎全球能源和经济安全。目前,亚洲各国资源禀赋不均衡,经济发展不均衡:部分国家能源资源丰富,但是,经济欠发达,铁路、公路、桥梁、港口、机场和通信等基础设施建设严重不足,无法依靠资源实现经济腾飞;而大多数国家能源无法自给,需要从亚洲以外地区进口,高成本制约了国民经济效率的提升,而且,能源需求冲突易引发区域内国家间的冲突,影响亚洲整体实力的提高。因此,亚洲各国具有能源合作共赢的

巨大潜力,能源合作成为亚洲地区发展的关键因素。但是,亚洲地区面临着比较复杂的地缘政治的形势,目前阶段,尚未实现有效的跨国经贸合作,区域能源市场也未能建立起来。如何实现亚洲共同能源安全,需要有新的思路,这是"一带一路"的重要内容。

"一带一路"战略构想,既与中国能源进口的陆上与海上通道相吻合,有助于加强中国与沿线国家的能源联系,同时,也有助于通过能源与交通基础设施、商业金融与投资合作的促进区域融合发展。

能源项目都是长期的投资。首先,它的投资金额比较大。其次,其回报时间比较长。第三,还需要有安定的社会环境。所以,"一带一路"建设首先要建立政治上的互信环境,大型项目的建设才有可靠的安全保障。政治不安定,对方国家承担的风险就很大。因此,需要更好地从战略角度进行长期安排,也为一些大的基础设施建设提供了条件。

第三节　"一带一路"倡议与相关国家和区域经济合作组织对接

一、"一带一路"倡议与区域经济一体化

为推动"一带一路"建设,中国愿与沿线国家一道,不断充实完善"一带一路"的合作内容和方式,积极利用现有双多边合作机制,积极对接沿线国家发展和区域合作规划,促进区域合作蓬勃发展。

目前,在"一带一路"沿线区域上存在着各种各样的区域合作机制,具有代表性的有:上海合作组织、欧亚经济联盟,中国—东盟(10+1)。此外,还有亚太经济合作组织(APEC)、欧洲联盟等。另外,还有已完成谈判的跨太平洋伙伴关系协议(Trans-Pacific Partnership Agreement,简称 TPP),正在进行谈判的跨大西洋贸易与投资伙伴关系(Transatlantic Trade and Investment Partnership,简称 TTIP;国际媒体称之为欧美自由贸易区)、中日韩自由贸易区、区域全面经济伙伴关系(Regional Com-prehensive Eco-nomic Partnership,简称 RCEP);以及正在进行的亚太自由贸易区(FTA-

AP)可行性研究等。如果将“一带一路”建设视为一种区域合作和区域经济一体化过程,那么,“一带一路”建设如何与现有的和正在兴起的区域合作机制进行对接,产生怎样的影响,有着重要的研究价值。

进一步来看,近年来,中国不断提出要“加快实施自由贸易区战略”,“推进更高水平的对外开放”。党的十七大把自由贸易区建设上升为国家战略,党的十八大提出要加快实施自由贸易区战略。十八届三中、五中全会进一步要求以周边为基础加快实施自由贸易区战略,形成面向全球的高标准自由贸易区网络。中共中央“十三五”规划建议提出:“加快实施自由贸易区战略,推进区域全面经济伙伴关系协定谈判,推进亚太自由贸易区建设,致力于形成面向全球的高标准自由贸易区网络。”在“一带一路”建设中推进区域经济一体化,对于“一带一路”战略构想的实施,有着非常重要的战略意义。

二、丝绸之路经济带与欧亚经济联盟合作

1.欧亚经济联盟

欧亚经济联盟是一个由白俄罗斯、哈萨克斯坦、俄罗斯、亚美尼亚、塔吉克斯坦、吉尔吉斯斯坦等六个前苏联国家为加深经济、政治合作与融入而计划组建的一个超国家联盟。

2011年10月,该计划由俄罗斯时任总理普京以欧盟为基础而提出并引发关注。但作为一个概念,首次是由哈萨克斯坦总统纳扎尔巴耶夫于1994年在莫斯科大学演讲期间提出的。需要说明的是,这里的欧亚主要是指“欧亚地区”,也就是独联体地区。2014年5月29日,负责俄罗斯、白俄罗斯、哈萨克斯坦三国一体化进程的欧亚经济委员会最高理事会会议在哈萨克斯坦首都阿斯塔纳举行,俄罗斯总统普京、白俄罗斯总统卢卡申科、哈萨克斯坦总统纳扎尔巴耶夫签署了《欧亚经济联盟条约》。根据条约,欧亚经济联盟已于2015年1月1日正式启动,到2025年,联盟将实现商品、服务、资金和劳动力的自由流动,终极目标是建立类似于欧盟的经济联盟,形成一个拥有1.7亿人口的统一市场。

2. 丝绸之路经济带建设和欧亚经济联盟建设对接合作

2015年5月8日，中华人民共和国与俄罗斯联邦8日在莫斯科发表《中华人民共和国与俄罗斯联邦关于丝绸之路经济带建设和欧亚经济联盟建设对接合作的联合声明》。在声明中，俄方支持丝绸之路经济带建设，愿与中方密切合作，推动落实该倡议。中方支持俄方积极推进欧亚经济联盟框架内一体化进程，并将启动与欧亚经济联盟经贸合作方面的协议谈判。双方将共同协商，努力将丝绸之路经济带建设和欧亚经济联盟建设相对接，确保地区经济持续稳定增长，加强区域经济一体化，维护地区和平与发展。双方将秉持透明、相互尊重、平等、各种一体化机制相互补充、向亚洲和欧洲有关各方开放等原则，通过双边和多边机制，特别是与上海合作组织平台开展合作。

为推动实现上述目标，双方将在以下优先领域采取步骤推动地区合作，见表4-3。

表4-3 丝绸之路经济带建设和欧亚经济联盟建设对接领域

对接领域	对接合作内容
贸易投资领域	扩大投资贸易合作，优化贸易结构，为经济增长和扩大就业培育新的增长点。促进相互投资便利化和产能合作，实施大型投资合作项目，共同打造产业园区和跨境经济合作区
物流、交通基础设施、多式联运等领域	在物流、交通基础设施、多式联运等领域加强互联互通，实施基础设施共同开发项目，以扩大并优化区域生产网络
中国与欧亚经济联盟自由贸易区	在条件成熟的领域建立贸易便利化机制，在有共同利益的领域制订共同措施，协调并兼容相关管理规定和标准、经贸等领域政策。研究推动建立中国与欧亚经济联盟自由贸易区这一长期目标
中小企业领域——创造良好环境	为在区域经济发展方面能够发挥重要作用的中小企业发展创造良好环境
金融合作领域	促进扩大贸易、直接投资和贷款领域的本币结算，实现货币互换，深化在出口信贷、保险、项目和贸易融资、银行卡领域的合作。通过丝路基金、亚洲基础设施投资银行、上海合作组织银联体等金融机构，加强金融合作

续表 4－3

对接领域	对接合作内容
合作机制	启动中国与欧亚经济联盟对接丝绸之路经济带建设与欧亚经济一体化的对话机制，并将推动在双方专家学者参与下，就开辟共同经济空间展开协作进行讨论。双方将成立由两国外交部牵头、相关部门代表组成的工作组，协调上述领域的合作。双方将通过中俄总理定期会晤机制及其他双边合作机制，监督上述共识的落实进程

中国是欧亚经济联盟最大的贸易伙伴，中国的参与将为欧亚经济联盟发展带来更多机遇。欧亚经济联盟吸纳中国为其合作伙伴成员，经济实力将成倍增长，在世界的影响力难以估量。

欧亚经济联盟国家都是中国的友好邻邦，相互间经贸合作紧密，中国对欧亚经济联盟国家，特别是对俄罗斯的经济安全，以及在世界经济所处地位的影响已非常明显。根据《欧亚经济联盟》条约，其目标是在 2025 年前实现联盟内部商品、服务、资本和劳动力的自由流动，推行协调一致的经济政策。这也就意味着，在中国产能走出去的当前，与欧亚经济联盟单个国家打交道的情形，或将被这些国家“抱团取暖”的形式所替代。统一的经济政策和标准也将节省中国产品走进这些地区的成本。丝绸之路经济带一旦建成或部分建成，都将有利于推动建成连接欧洲与亚洲生产和消费能力的快速通道，使得包括哈萨克斯坦、白俄罗斯等国在内的全球化“疏漏”地区更快更好地融入国际交换体系中，并获得更多的发展红利。丝绸之路经济带与欧亚经济联盟对接需要“路线图”，因为这是一个宏伟的项目，有许多组成内容，包括交通、物流、石油天然气管道等，需要一整套规划来加以实施。

时隔一年后，该项工作已取得积极进展。2016 年 3 月底，俄罗斯经济发展部出台了对接路线图，制定了一份项目清单。2016 年 5 月 31 日，最高欧亚经济理事会（元首级）通过了与中方正式启动谈判的决议，中方对此表示欢迎。中方期待与欧亚经济联盟开展建设性谈判，早日达成贸易和投资合作的制度性安排，为深化双方经贸关系注入新的动力。

2016 年 6 月底，俄罗斯总统普京访华，俄罗斯方面提出建立“大欧亚伙伴关系”，在京期间，两国元首就建立“欧亚伙伴关系”达成共识，这是一项令国际视野聚焦的重大进展。从“大欧亚伙伴关系”所涵盖的区域来看，主要是俄罗斯、哈萨克斯坦、白俄罗斯等欧亚经济联盟成员，中国、蒙古国等东北亚国家，印度、巴基斯坦等南亚国家和伊朗等中东国家。这些地区恰恰是贸易壁垒、资金活动、劳动力转移受限最多的区域。进一步看，“欧亚伙伴关系”所含内容极其广泛，不仅俄罗斯和中亚所在欧亚经济联盟将会参与，上海合作组织也将可能加入，而且，东盟也可能被邀进入，2015 年 5 月，欧亚经济联盟已与东盟成员越南正式签署了自由贸易区协议。据悉，已有近 40 个国家表示有意与欧亚经济联盟建立自由贸易区。

三、“一带一路”与欧洲联盟合作

欧洲联盟(European Union)，简称欧盟，是由欧洲共同体(European Communities，又称欧洲共同市场) 发展而来的，欧盟是世界上最有力的国际组织和世界上第一大经济实体，在贸易、农业、金融等方面，趋近于一个统一的联邦国家，而在内政、国防、外交等其他方面则类似一个独立国家所组成的同盟。欧盟是一个集政治实体和经济实体于一身、在世界上具有重要影响的区域一体化组织。

在“一带一路”的战略构想中，欧洲是不可或缺的重要组成部分。“一带一路”的终点指向欧洲：丝绸之路经济带经由中亚和中东，连接中国与欧洲；21 世纪海上丝绸之路，经由东南亚、南亚和东非、北非，通往欧洲。作为“一带一路”的一端，欧洲长期与中国保持紧密合作关系。经贸关系是中、欧关系的“压仓石”和“稳定器”。自 2004 年以来，欧盟连续 12 年成为中国第一大贸易伙伴。长期以来，中国和欧盟互为最重要的贸易伙伴，但双方经贸合作主要集中在货物贸易方面，在相互投资和产业合作等方面尚待加强。近年来，中、欧经济结构的互补性缩小、产业竞争加剧，贸易额增速放缓。要给中、欧经贸关系未来发展注入新的动力，就必须实现双方经济合作的全面升级。

2015 年是中、欧建交 40 周年。在此期间，无论是中国还是欧洲，都发

生了巨大的变化。经过改革开放30多年的高速发展，中国已经成为世界第二大经济体，欧方则从12国组成的欧洲共同体扩大成拥有28个成员国的世界最大超国家集团。在这种背景下，中、欧双方协力打造升级版中、欧关系，不仅符合双方利益，对世界经济的走势也将产生深远影响。李克强总理2015年6月访欧期间，呼吁中欧加强“国际产能合作”，为中、欧经济合作指出了升级方向。

中、欧“国际产能合作”的重点领域包括：

第一，对接双方发展战略，在基础设施建设合作上取得突破。

第二，以装备制造为重点，在第三方合作上取得突破。

第三，面向产业投资需求，在金融合作上取得突破。

第四，在提升贸易投资自由化水平上取得突破。

在这四个方面中，实现双方发展战略对接具有长期性和全局性的意义。为此，中方积极推动中国“一带一路”规划与欧盟“容克投资计划”对接，双方经济合作的层次有望升级到长期发展战略层面。2014年，新上任的欧盟委员会主席容克宣布，为刺激金融危机后停滞的欧洲经济，欧盟计划在三年内投资3150亿欧元推动成员国再工业化、数字市场一体化、港口铁路网改造等。此项计划与中国“一带一路”着力促进互联互通、产能合作和装备走出去的战略构想，有着很好的契合度和兼容性。二者成功对接，意味着中、欧产能将强强联合，充分发挥双方资源优势，扩大中、欧利益交集，为中、欧经贸关系发展提供新的契机。

为推动中国与欧盟在长期发展战略层面上实现对接，中国与欧盟领导人就建立中、欧共同投资基金，中、欧互联互通平台和中、欧投资协定等问题进行了广泛磋商。目前，中国和欧盟国家都在积极推动产业结构升级，“中国制造2025”与“德国工业4.0”“新工业法国”“英国制造2050”等战略在目标上高度近似，双方合作空间很大。同时，中国倡导的“亚欧互联互通”与欧盟构建泛欧交通网络、中欧陆海快线、新欧亚大陆桥等基础设施项目，也有许多共通之处。中国“互联网＋”战略与欧洲单一数字市场建设、欧洲智慧城市建设等项目也可以相互促进。中、欧在上述领域中实现全面战略对接，将为双方经贸关系发展注入新的活力。中方的这些合作倡议已经得到欧方的积极回应,欧委会主席容克表示,要尽快派欧委会副主席前往北京与中方进行磋商,尽快敲定具体对接的合作路线图。

2015 年 9 月 28 日,欧盟委员会发表声明,对中国的"一带一路"倡议对接"欧洲投资计划"表示欢迎。欧盟委员会称,互联互通平台将更好地协调中国"一带一路"倡议与欧盟的泛欧交通网络政策,推动双方在基础设施、设备、技术与标准等领域的合作,从而为双方创造众多的商业机遇,提升中国与欧盟的就业、增长与发展。

四、"一带一路"和东盟自由贸易区的合作

1. 中国—东盟自由贸易区的建立

中国—东盟自由贸易区,缩写 CAFTA,是中国与东盟十国组建的自由贸易区。2010 年 1 月 1 日,自由贸易区正式全面启动。自由贸易区建成后,东盟和中国的贸易额占到世界贸易的 13%,成为一个涵盖 11 个国家、19 亿人口、GDP 达 6 万亿美元的巨大经济体,是目前世界人口最多的自由贸易区,也是发展中国家间最大的自由贸易区。

中国和东盟成员都是发展中国家,经济实力有限,经济增长对外部市场的依赖度高,全球经济的变动会对其经济产生重大影响。中国—东盟自由贸易区,正是为应对经济全球化中的负面影响和应对区域经济一体化的快速发展应运而生的。

中国与东盟国家有着建立自由贸易区的良好基础。

一是山水相连,息息相关,相互间有着悠久的传统友谊和相似的历史遭遇。二是资源禀赋各具优势,产业结构各有特点,互补性强,合作潜力大。三是在国际社会事务方面有着广泛的共同语言和共同利益,对经济发展有稳定和增长的共同愿望。四是中国自改革开放以来,积极改善和发展与东盟及其成员国的友好关系,相互间政治关系、经济关系不断有新的发展,尤其是自 1991 年中国与东盟建立对话伙伴关系以来,相互间合作关系进入了一个新的发展阶段。面对世界经济全球化、区域一体化的快速发展,中国与东盟国家及时做出了正确的战略决策:积极发展和密切相互间

的经贸合作，建立自由贸易区。[①]

中国—东盟自由贸易区建设大致分为三个阶段。

第一阶段(2002 年至 2010 年)，启动并大幅下调关税阶段。自 2002 年 11 月，双方签署以中国—东盟自由贸易区为主要内容的《中国—东盟全面经济合作框架协议》始，至 2010 年 1 月 1 日，中国对东盟 93%产品的贸易关税降为零。

第二阶段(2011 年至 2015 年)，全面建成自由贸易区阶段，即东盟越、老、柬、缅四国与中国贸易的绝大多数产品亦实现零关税，与此同时，双方实现更广泛深入的开放服务贸易市场和投资市场。

第三阶段(2016 年之后)，自由贸易区巩固完善阶段。

十年来，中国作为域外大国，率先加入《东南亚友好合作条约》；率先与东盟建立起战略伙伴关系；率先与东盟启动双边自由贸易区商谈，建成了世界上最大的发展中国家自由贸易区在此期间，中国和东盟的经贸关系飞速发展。2012 年，双方贸易额已达 4000 亿美元，是 10 年前的 6 倍，中国已是东盟最大的贸易伙伴；双方相互投资超过 1000 亿美元，是 10 年前的 4 倍。10 年来，中国和东盟的交流往来全面扩大。2012 年，双方人员往来达 1500 万人次，是 10 年前的 4 倍。中国赴东盟游客 730 万人次，比 10 年前增长 2.6 倍，中国已成为东盟第二大游客来源地。中国与东盟每周往来航班达 1000 多架次，超过中日和中韩。

2. 中国—东盟经贸关系新发展

2013 年以来，中国、东盟经贸关系得到了进一步的发展，表现在如下方面。

一是中国—东盟自由贸易区升级版建设启动。2014 年 8 月，中国与东盟达成共识，9 月开始了第一轮升级版谈判。升级版建设意味着双方将更大、更高水平地开放市场，密切经济合作，力争双方贸易额 2020 年达到一万亿美元。中国—东盟自由贸易区升级版建设是中国—东盟经贸合作新

---

① 中国—东盟自由贸易区的提出经历，中国网 china.com.cn 2009-12-31

发展的重要内容。根据《"一带一路"建设与东盟地区的自由贸易区安排》的报告预测,中国与东盟间贸易额将扩大至2020年的1万亿美元,双向投资额将达1500亿美元。①

二是东盟着力自身共同体建设。5月、11月先后召开的东盟领导人会议,就东盟共同体建设达成一系列共识,通过了发展愿景的《内比都宣言》。目前,东盟共同体目标实施率已达到88%,东盟计划2015年底宣布建成共同体。东盟共同体由政治安全共同体、经济共同体、社会人文共同体组成。

三是大湄公河次区域经济合作(GMS)力推互联互通。12月在曼谷召开的大湄公河次区域经济合作第五次领导人会议上,通过了至2018年《区域投资框架执行计划》,以加强互联互通来开发新的增长动力。中泰两国领导人共同见证了《中泰铁路合作谅解备忘录》等合作文件的签署。GMS领导人会议每三年召开一次。

四是21世纪海上丝绸之路建设营造合作发展。2013年10月,中国领导人提出了共建21世纪海上丝绸之路建设的重大倡议,在2014年获得了东盟绝大多数国家的响应和支持,为该倡议在2015年实施务实合作打下了良好基础。该合作倡议包括政策沟通、设施联通、贸易畅通、资金融通、民心相通五大领域。东盟是"一带一路"建设的重点和优先地区。今后,中国和东盟将围绕政策沟通、设施联通、贸易畅通、资金融通、民心相通,推进基础设施、自由贸易区升级版、海洋经济、人文交流等合作。

"一带一路"建设坚持共商、共建、共享原则,有利于把中国的发展战略与东盟共同体发展蓝图,东盟国家的项目和企业,以及东盟各国的双边、多边合作机制和平台对接。目前,中国政府已经制定"一带一路"建设的愿景与行动文件,亚投行筹建工作迈出了实质步伐,丝路基金顺利启动,一批基础设施互联互通项目正在稳步推进。这些早期收获展现了"一带一路"的广阔前景。②

五是积极推动区域全面经济合作伙伴关系(RECP)建设。RECP由包

① 5社科院:中国未来5年对外投资逾5000亿美元,大公报2015-06-26

② 6一带一路"建设是中国东盟关系新亮点,光明日报,2015年7月25日

括东盟国家、中国在内的十六个国家组成，旨在通过开放市场、加强经济合作来促进区域经济增长，2014 年进行了四轮谈判，按计划将于 2015 年底结束谈判达成协议。若 RCEP 谈成，将涵盖约 35 亿人口，GDP 总和将达 23 万亿美元，占全球总量的三分之一。

六是双方贸易、投资持续增长。中国与东盟贸易增速高于中国对外贸易平均增速。中国仍是东盟第一大贸易伙伴，东盟继续是中国第三大贸易伙伴，是中国企业在国外投资和承包工程的重要市场。在中国牵头筹建亚洲基础设施投资银行过程中，东盟十国均是其中的创始成员国。双方间贸易、投资的增长带动了中国与东盟的经济增长，进而推动了东亚地区的经济增长。

3. 中国和东盟自由贸易区升级版

数据显示，2014 年中国—东盟双边贸易额超过 4800 亿美元，中国成为东盟第一大贸易伙伴，东盟成为中国第三大贸易伙伴。双方的目标是，到 2020 年双边贸易额达 1 万亿美元。中国社会科学院“一带一路”课题组发布的研究结果表明，中国有必要进一步提升与东盟成员在产业、技术、能源、环境、海上合作等战略领域和次区域合作的层次，有重点地推进基础设施建设和互联互通，加快构建利益共享的区域资源保障体系和产业分工体系。现在，中国和东盟贸易的正常产品关税已削减为零，中国—东盟自由贸易区升级版谈判的重点领域覆盖了货物贸易、服务贸易、投资、经济合作、争端解决等。在货物贸易方面，将进一步简化和规范原产地、海关以及检验检疫规则，提升贸易便利化水平。“服务业和农业领域的谈判或是难点，谈判需要攻坚克难。”[①]

现在，中国—东盟自由贸易区升级谈判的重点领域是货物贸易、服务贸易、投资以及经济合作。2013 年 9 月，国务院总理李克强在第 16 次中国—东盟领导人会议上详细阐释了“钻石十年”蓝图，并特别提出了启动中国—东盟自由贸易区升级版谈判的愿景。2014 年 8 月，中国和东盟经贸部

---

① 7 中国—东盟自由贸易区升级版应提速，国际商报，2015 年 7 月 5 日

长会议通过了自由贸易区升级谈判的要素文件，从2014年8月起正式启动了谈判，随着TPP谈判步伐的加快，中国—东盟自由贸易区升级版谈判压力骤增。分析人士表示，无论“一带一路”建设进程，还是应对其他区域经济合作谈判的挑战，抑或是从中国自身外贸形势来看，都需要加快中国—东盟自由贸易区谈判进程。

2015年11月22日，在李克强总理和东盟十国领导人的共同见证下，中国商务部部长与东盟十国部长分别代表中国政府与东盟十国政府，在马来西亚吉隆坡正式签署中国—东盟自由贸易区升级谈判成果文件——《中华人民共和国与东南亚国家联盟关于修订〈中国—东盟全面经济合作框架协议〉及项下部分协议的议定书》(简称《议定书》)。

《议定书》是中国在现有自由贸易区基础上完成的第一个升级协议，涵盖货物贸易、服务贸易、投资、经济技术合作等领域，是对原有协定的丰富、完善、补充和提升，体现了双方深化和拓展经贸合作关系的共同愿望和现实需求。现有的中国—东盟自由贸易区零关税已经覆盖了双方90%～95%税目的产品，中国东盟自由贸易区现有货物贸易原产地规则以“区域价值百分比40%”为主，标准比较单一，原产地的认定也比较复杂。针对这样的问题，在这次升级谈判中，双方同意对绝大部分工业品同时适用“4位税目改变”和“区域价值百分比40%”标准，涉及到3000多种产品。这两种原产地标准，企业可自行选择适用，这将大大便利有关企业利用自由贸易区的优惠政策。因此，双方在此次升级谈判中，主要通过升级原产地规则和贸易便利化措施，进一步促进双边货物贸易发展。

新版本的自贸协定不仅重视积极推进货物贸易的发展，而且还在服务贸易上更多地“补短板”。一方面，中国在建筑工程、证券、旅行社和旅游经营者等部门做出改进承诺。另一方面，东盟各国在商业、通信、建筑、教育、环境、金融、旅游、运输等8个部门的约70个分部门向中国做出更高水平的开放承诺。

在此基础上，双方的具体改进措施包括扩大服务开放领域，允许对方设立独资或合资企业，放宽设立公司的股比限制，扩大经营范围，减少地域限制等。考虑到电子商务对各自经济发展的重要作用，有关各方还同意将

跨境电子商务合作这一新议题纳入《议定书》，通过加强信息交流，以促进双方的贸易和投资。

结合“一带一路”建设和东盟共同体建设，中国—东盟自由贸易区升级版谈判成功，将为双方带来巨大商机，旅游、生物制药、港口建设，以及基础设施投资建设等领域都将获得利好，对推动“一带一路”建设与东盟共同体发展是一个双赢的结局。

五、“一带一路”和中东及中东欧区域合作

1. “一带一路”和中东地区的经济合作

中东（英语：Middle East）是一个欧洲中心论词汇，意指欧洲以东，并介于远东和近东之间的地区。在地理上，中东的范围几乎涵盖整个西亚地区，并包含北非地区。由于“中东”一词有狭义和广义之分，因而，具体指代范围和所含国家并没有定论。

本节在此将中东地区泛指称为西亚和北非地区。

西亚地区包括伊朗、伊拉克、格鲁吉亚在亚洲的地区、亚美尼亚、阿塞拜疆、土耳其在亚洲的地区、叙利亚、约旦、以色列、巴勒斯坦、沙特阿拉伯、巴林、卡塔尔、也门、阿曼、阿拉伯联合酋长国、科威特、黎巴嫩、塞浦路斯，共 20 国。面积约 718 万平方公里，拥有丰富的石油资源。

北非（North Africa）位于北回归线两侧，通常包括苏丹、南苏丹、埃及、利比亚、突尼斯、阿尔及利亚、摩洛哥 7 国及大西洋中的葡属马德拉群岛、亚速尔群岛。面积 837 万平方千米。人口 1.5 亿（1991），70%以上为阿拉伯人。

西亚和北非地区国家位于“丝绸之路经济带”和“21 世纪海上丝绸之路”的交汇处，是中国推进“一带一路”建设的重要合作伙伴。

加强中国与西亚、北非各国的交流与合作，有利于实现双方资源禀赋、资金优势、市场潜力的有效对接，创造性地就业和新的经济增长点，也将带动地区国家与世界各国的经济合作。2014 年 1 月 17 日，中国国家主席习近平在会见海合会代表团时提出，中国与包括海合会国家在内的西亚国家

共建“丝绸之路经济带”的设想。这一构想是对当前中国—中东区域合作模式的创造性发展，着眼于现状又展望未来，以点带面，由线到片，逐步形成复合型、多元化的跨区域合作形式。

20世纪90年代起，随着中国对西亚石油进口的快速增加和国际石油价格的高位运行，以及中国资本品和轻工业产品的制造生产及出口能力的显著提高，中国与西亚的双边货物进出口规模迅速扩大。2000—2012年，中国对西亚进出口贸易额从161.53亿美元增至2308.25亿美元，年均增长达到24.8%。中国与西亚的贸易总额占中国对外贸易总额的比重虽仍较小，但呈现出稳步上升的趋势，其重要性正不断增加。1994年，中国国际贸易总额为2366.20亿美元，与西亚的进出口贸易额却只有38.28亿美元，占总额的1.62%。2012年，中国贸易总额为38 671.19亿美元，与西亚的贸易额已增至2308.25亿美元，占比增至5.97%，增长了4.35个百分点。

中国—西亚合作中存在的问题，一是合作领域较窄，集中在能源领域。据中国商务部统计显示，中国在西亚几个主要贸易伙伴中，向中国出口原油占双方贸易总额的比重较高，比如沙特、科威特、阿曼、伊朗、伊拉克等。中国对西亚投资的85.3%仍然集中在能源、矿产采掘等少数几个领域，集中于资源比较丰富的国家。因而在对中国的整体贸易中，有的国家出现较大盈余，如沙特阿拉伯，有的国家出现了较大赤字。对于那些存在较大赤字的国家极容易对中国采取贸易保护政策，从而影响中国与整个西亚地区的贸易发展。

2011年以来，基于对社会动荡的反思，西亚、北非的阿拉伯国家更加注重社会经济发展，积极改善民生。中国方面应继续把握机遇，在“一带一路”平台上积极探寻双方经贸合作发展的新思路，努力拓宽经贸合作领域，着力加强对西亚、北非国家基础设施建设、农业技术培训、人力资源培训、新能源开发等领域的投资与帮助，实现互利互通，共同发展。

二是中国与西亚、北非的经贸交往缺乏整体性、全局性规划。随着中国经济发展，在“中国企业走出去”的号召下，越来越多的企业进入西亚和北非地区，但是，对这些企业在当地的运作未能有效规范，而企业本身也缺乏“中东通”式的人才，对西亚、北非各国的文化、宗教、习俗了解不足，再加

上有些企业人员缺乏培训，注重短期利益，一定程度上损害了中国企业和中国产品乃至中国国家形象。例如，在对西亚出口中占有较大份额的家电产品，在售后服务上口碑不好，少数不法商人贩卖劣质产品等。

针对上述问题，中方需要结合“一带一路”构想，结合从能源到整体，扩大合作规模。中国—中亚—西亚共建“丝绸之路经济带”，不能只等同于进出口石油、矿产，必须要有更加丰富的内涵。

首先，除能源领域外，应努力扩大双方合作领域，诸如农业合作、制造业合作、金融合作、人力资源合作等，合理利用双方广阔的市场。应该继续加强农产品信息、科技研发、人员管理等方面的交流。此外，日用消费品也应是中国与西亚各国可以进一步关注的热点。除了石油及石油衍生产品，西亚各国其他大量商品大都依赖进口。中国经济这些年快速发展，由于价格优势，原来以消费欧美产品为主的西亚、北非阿拉伯国家的消费者已渐渐地接受中国商品，比如家具、鞋子、服装、文具、箱包、袜子、小五金、电动工具、大小家电、强化地板、洁具等。

其次，中国和西亚、北非需要在国际领域进一步加强协作，双方对此要明确规定更加具体的内容。例如，执行和监督机构不明确，解决上述合作时出现结构松散，不同领域运行不齐、效率差异等问题。双方应积极推动机制建设，采取各种措施积极落实协议，把合作落到实处，在国际问题领域进一步加强协商，同时，进一步发挥经济合作机制对政治、安全等其他领域机制的协调作用。

再次，中国和西亚要加强双方官方和民间多层次、多领域的交流，增进相互了解，使“丝绸之路经济带”建立在雄厚的经济、政治和社会基础上。新闻媒体要加强舆论宣传力度，说明中国是西亚、北非各国的可靠朋友，中国的发展不仅不会威胁西亚、北非国家的利益，反而会有利于双方共同抗衡来自西方的压力。

2. 扩大中国和中东欧的经济合作

中东欧国家主要包括波兰、捷克、斯洛伐克、匈牙利、斯洛文尼亚、克罗地亚、罗马尼亚、保加利亚、塞尔维亚、黑山、马其顿、波黑、阿尔巴尼亚、爱沙尼亚、立陶宛、拉脱维亚等16个国家，总面积133.6万平方公里，总人口1.23亿，森林、矿产等资源丰富，是全球新兴市场的重要组成部分。若干年前，中东欧还只是吸引西方投资的新兴市场。西方国家通过各种利润丰厚的商业活动来帮助中东欧国家发展和创造财富。现在的经济形势已大为不同，中东欧已成为一个较为发达的市场，高附加值产品和服务很快将成为其增长引擎。

对于中国企业而言，中东欧国家的地理优势使它们成为东西方之间的纽带，其法律体系与欧盟标准一致，且经营成本也低于西欧国家。中国企业在中东欧国家的投资，有助于充分利用欧盟的政策，通过和当地企业展开合作，达到拓展西欧国家市场，以更低的成本融入当地工业分工体系的目的。中东欧国家还正在遵循西方的成功范例，参与开发新兴经济体的市场。

2014年，是中国同保加利亚等七个中东欧国家建交65周年，是中东欧国家转型25周年，也是欧盟第一次东扩10周年；这对于中东欧国家，以及中国—中东欧关系来说，是个有着特殊意义的年份。据海关统计，中东欧双边贸易额由2012年的521亿美元增至2014年的602亿美元，增长15.6%。其中，中国出口由388亿美元增至437亿美元，进口由134亿美元增至165亿美元，分别增长12.6%和24.6%。中东欧16国中的欧盟成员国，可以成为中国企业大规模进入欧洲市场的桥头堡，当地生产的中国产品，可以节约大量的关税和运输等费用，从而更加具有竞争力。以战略思维和长远眼光推进合作，实现“义”“利”结合，相互促进，为世界的和平与发展做出贡献。目前，中国企业正在积极探讨与中东欧有关国家的核电、火电、高速公路等投资项目。当前，黑山高速公路项目已启动建设，塞尔维亚科斯托拉茨电站二期项目签署贷款协议，中国和中东欧新的合作项目正在积极探讨，并将从以下四个方面展开。

一是中方明确将中东欧国家列入“一带一路”计划，并配套相应的政策来推进中东欧国家的参与度。这集中体现在中国和中东欧国家的互联互通和基础设施建设合作上。中方明确强调，将充分利用中东欧地理位置优势，包括天然良港等，推动海陆联运，建设中欧陆海快线。结合“一带一路”合作倡议和《中欧合作2020战略规划》，中国和一带一路沿线16个国家正

制定《中国—中东欧国家中期合作规划》。为实现这一点，中方提出了很多配套举措，包括中东欧国家可以动用“丝路基金”，继续利用好100亿美元专项贷款，并根据具体项目情况，提高贷款优惠力度，降低融资成本，并适时地扩大贷款规模。另外，充分利用希腊港口，推进匈塞铁路建设，争取两年内竣工，并筹备匈塞铁路延长线到马其顿，直接贯通到希腊港口，成为中欧海陆联运大通道。中方还可能积极寻求与欧盟合作，利用欧盟基础设施建设框架安排，实现优势互补，互为利用。

二是力推中国优质、优势产能和先进装备技术“走出去”，通过外向维度的走出去推进内部产业转型升级。以前中国是日用消费品生产大国，现在情况有所变化，一些优质和先进的装备制造业较具有国际竞争力。尤其是高铁、电力、电信等装备技术水平迅速提高，钢铁、水泥、玻璃等建筑材料的产能较高。而中东欧国家交通、信息等大项目建设需要添置工程机械或更新设备。双方合作不仅有助于消化国内富余产能，接受国际市场的竞争和检验，同时，也帮助中东欧国家进行基础设施建设，改善民生，从而实现双赢。尤其是高铁技术，中国积极推进“走出去”进程，如果成套技术能够在中东欧国家落地，则会极大地推动中国品牌在欧洲乃至世界的影响力，可以直接推动就业和增长。过去一年，无论投资、并购，中国在中东欧落地了较多的项目，推进中国和中东欧合作的举措80%得到落实，尤其是经贸和投资等方面，落实力度较大。中东欧国家获得了来自中国的投资，增加了就业，推动了经济发展，缓解了欧债危机对它们的冲击，从而在某种程度上也推动欧盟积极走出危机。

三是金融合作力度增强。100亿专项贷款目前是对中东欧国家最具有影响力的金融工具，从过去两年实施情况看，既发挥了一定的优势，也显示出一些不足。比如，除100亿专项贷款中优惠贷款部分外，商业贷款利率较高，导致项目直接融资成本较高。而优惠贷款因为需要接受国的主权担保，导致在中东欧的欧盟成员国难以落地，因为这些国家如果提供主权担保，财政赤字占国内生产总值的比例很有可能超过3%，债务占GDP比重很有可能超过60%，违反欧盟的规定。因此，这些优惠贷款大多流向没有欧盟诸多规则限制的西巴尔干国家。因此，在新的贝尔格莱德纲要中，中方明确宣布了新的举措，提高贷款优惠力度，降低融资成本，并适时扩大贷款规模。中方将设立30亿美元规模的投资基金，以多种方式推动本地区国家股权投资。同时，中国将启动第二期10亿美元的中国一中东欧投资合作基金，支持对中东欧的投资项目。中方还欢迎中东欧国家企业及金融机构在中国境内发行人民币债券，探索设立人民币中东欧合作基金。这样，可以给项目建设提供更多的融资手段。

四是创新人文交流与合作模式，合作规模扩大。它不仅体现在中国和中东欧在科技、文化、卫生、青年、妇女、媒体等领域，进入全方位合作与交流时代，而且创新了人文交流合作方式，建立了各种联合会，创新了机制平台建设，促进各领域合作齐头并进、百花齐放。比如，中国一中东欧国家旅游促进机构和旅游企业联合会、中国中东欧国家高校联合会、中国中东欧学者智库交流合作中心等，都已经或即将在各自领域发挥重要作用。扩大教育交流，为双方合作培养更多国际化人才。中方每年对中东欧国家提供的政府奖学金留学生名额将在现有的基础上再翻一番。希望各方继续简化签证手续，便利人员往来。①

六、"一带一路"和新区域自由贸易协定谈判

1.跨太平洋伙伴关系协议(TPP)及其谈判

(1)跨太平洋伙伴关系协议(TPP)谈判的由来

跨太平洋伙伴关系协议(Trans-Pacific Partnership Agreement，TPP)的前身是跨太平洋战略经济伙伴关系协定(Trans-Pacific Strategic Economic Partnership Agreement，P4)，是由亚太经济合作会议成员国中的新西兰、新加坡、智利和文莱等四国发起，从2002年开始酝酿的一组多边关系的自由贸易协定，原名亚太自由贸易区，旨在促进亚太地区的贸易自由化。2006年5月1日，跨太平洋战略经济伙伴关系协定对新西兰和新加坡生效，对智利和文莱生效的时间分别为2006年11月8日和2009年7月1

① 刘作奎，中国和中东欧合作新亮点，新华网，2014年12月19日

日。由于初始成员国为四个,故又称为“P4 协议”。

2008 年 2 月,美国宣布加入,并于当年 3 月、6 月和 9 月就金融服务和投资议题举行了三轮谈判。2008 年 9 月,美国总统奥巴马决定参与 TPP 谈判,并邀请澳大利亚、秘鲁等一同加入谈判。原本名不见经传的“P4 协议”,对亚太地区和世界经贸发展的影响本来很小,但随着美国高调宣布加入 TPP 谈判,引发了全球强烈关注。2008 年 9 月 22 日,时任美国贸易代表的苏珊·施瓦布(SusanShwab)宣布,美国将考虑参加 TPP 谈判;2009 年 11 月 14 日,美国总统奥巴马在其亚洲之行中正式宣布,美国将参与 TPP 谈判,强调其将促进美国的就业和经济繁荣,并为设定 21 世纪贸易协定标准做出重要贡献。随后,美国贸易代表罗恩·柯克(Ron Kirk)于 2009 年 12 月 14 日正式通告美国国会,美国将参与 TPP 谈判,并强调要建立一个高标准、体现创新思想、涵盖多领域和范围的亚太地区一体化合作协定。与此同时,秘鲁、越南和澳大利亚也宣布加入 TPP 谈判,TPP 谈判实现了由“P4”向“P8”的转变,并呈现亚太地区参与国家扩大的趋势。

2009 年 11 月,美国正式提出扩大跨太平洋伙伴关系计划,澳大利亚和秘鲁同意加入。美国借助 TPP 的已有协议,开始推行自己的贸易议题,全方位主导 TPP 谈判。自此跨太平洋战略经济伙伴关系协议,更名为跨太平洋伙伴关系协议,开始进入发展壮大阶段。2012 年 10 月 8 日,墨西哥经济部宣布,墨西哥已完成相关手续,正式成为跨太平洋伙伴关系协定(TPP)第十个成员国。2012 年 10 月 9 日,加拿大宣布,加正式加入《跨太平洋战略伙伴关系协定》(TPP)。2013 年 3 月 15 日,日本正式宣布日本加入跨太平洋伙伴关系协议(TPP)谈判。2013 年 9 月 10 日,韩国宣布加入 TPP 谈判。

(2)TPP 的特点和前景

根据国际货币基金组织(IMF)统计,2010 年,TPP 发起成员国和谈判国的 GDP 规模已达 16.84 万亿美元,占全球 GDP 总量的 27%;如果日本、加拿大和墨西哥等陆续加入,GDP 规模会增至 24.91 万亿美元,约占世界经济总量的 40%,是欧盟经济规模的 1.5 倍,TPP 的扩张速度和经济规模正呈现出一种积极态势。由于成员间的贸易协定纵横交错,如何处理原有自由贸易协定与 TPP 的关系,是谈判的主要议题之一。澳大利亚为进一步扩大出口市场，坚持要求在原有自由贸易协定基础上继续贸易自由化进程。美国倾向于不受原有贸易协定的约束，达成一个全新的自由贸易协定。①

跨太平洋伙伴关系协议将突破传统的自由贸易协定(FTA)模式，达成包括所有商品和服务在内的综合性自由贸易协议。跨太平洋伙伴关系协议将对亚太经济一体化进程产生重要影响，可能将整合亚太的两大经济区域合作组织，亦即亚洲太平洋经济合作组织和东南亚国家联盟重叠的主要成员国，将发展成为涵盖亚洲太平洋经济合作组织(APEC)大多数成员在内的亚太自由贸易区，成为亚太区域内的小型世界贸易组织(WTO)。②

TPP谈判采取闭门磋商的方式进行，谈判结束前不对外公布技术文本。TPP谈判进行至今，已经完成了二十多轮谈判。其谈判的主要内容包括约二十九章，涉及到货物贸易、原产地规则、贸易救济措施、卫生和植物卫生措施、技术性贸易壁垒、服务贸易、知识产权、政府采购和竞争政策等众多议题。

从深度来看，TPP谈判以全面实现零关税为目标，以全部贸易品为标的，旨在达到最大程度的贸易自由化。TPP的主要特点：设立前所未有的高标准，试图建造国际贸易新规则。TPP谈判框架一经提出，就引起了全世界的关注。作为经济危机背景下促进贸易自由化的有益尝试，TPP提出了高于WTO等多边贸易体制的贸易自由化水平的谈判目标，将诸多"超WTO议题"纳入谈判框架，极大地改变了国际经贸格局。

美国通过推动TPP，首先，以经贸协定为基础，利用部分亚太国家对中国崛起的疑虑和担忧心理，吸引他们共同加入TPP，从而在经济上与中国争夺话语权；其次，当TPP逐步形成与"10+1""10+3"等实力相当的合作机制后，美国会展开全面的制度竞争，稀释、分化和瓦解原有APEC框架下，亚太或东亚区域合作机制；最后，美国设想将TPP逐渐过渡为FTAAP，"将东亚和美国共同嵌入亚太市场"，形成美国主导的、"合乎法理"的

---

① 刘中伟 沈家文. 跨太平洋伙伴关系协议(TPP)：研究前沿与架构[J].《当代亚太》(京)2012(01)

② 姜跃春，张梅，李晓玉："跨太平洋伙伴关系协议"的新进展与有关各方的战略考量，《CIIS研究报告》第10期，2015(4)

亚太自由贸易体系。与此同时，TPP也并不是一个纯粹的自由贸易机制，在经贸之外的影响，将不可避免地扩展到政治和军事领域。美国前国务卿希拉里·克林顿(Hilary Clinton)在夏威夷的演讲中，清楚地表述了美国的战略考虑："美国在跨大西洋体系中扮演了核心角色，在跨太平洋体系中也正在扮演同样角色。"[①]

就WTO与TPP关系而言，TPP有四大特点。第一，TPP议题包容了世贸组织已有的协议和规则。第二，TPP要对世贸组织已有的协议进行深化。第三，TPP中加进一些世贸组织没有的新议题。第四，TPP对原有世贸组织协议的深化和新议题的谈判成果，今后可能要融进世贸组织。[②]

(3)TPP谈判的进展

2015年以来，奥巴马政府全力推动国会批准"快速道"授权。6月19日，美国众议院以10票之差，通过了赋予总统奥巴马贸易谈判授权，经过一段时期的讨价还价，2015年6月25日，美国参议院终于授权总统奥巴马同包括日本在内的对TPP感兴趣的11个国家开展谈判。该法案将为美国政府设置贸易谈判目标，作为交换，国会议案允许跨太平洋战略经济伙伴协定(TPP)在谈判完成后在国会进行直接表决，而不对内容做任何修改；以加快贸易协定的法定批准流程。

虽然得到授权并达成协议，但现美国的批评人士说，协调劳工标准和环保法律可能会削弱美国或其他国家好不容易得到的劳工保护。工会组织担心，一些美国的贸易伙伴国对劳工权益的保护较弱，因此，可以维持产品低价并鼓励企业将更多工作机会从美国转移到低工资的国家。为了在"跨太平洋伙伴关系协议"中取得利益，跨国集团、金融机构、医药公司和建筑公司，都对奥巴马总统和国会施加了强大压力。此前不少TPP成员都在关注美国"快速道"授权的立法前景，不愿过早在一些敏感议题上做出重大让步，从而导致谈判停滞不前。

2015年10月5日，跨太平洋伙伴关系协定(TPP)12个谈判国在美国

① 安邦:中国应该如何看待TPP? FT中文网，2011年11月14日

② 从WTO效应递减看TPP http://www.chinareviewnews.com 2013-06-07

佐治亚州亚特兰大举行的部长会议上达成基本协议，同意进行自由贸易，并在投资及知识产权等广泛领域统一规范。规模占全球四成的巨大经济圈将应运而生。2016年2月4日，美国、日本、澳大利亚、文莱、加拿大、智利、马来西亚、墨西哥、新西兰、秘鲁、新加坡和越南12个国家在新西兰城市奥克兰正式签署了TPP协议。TPP成为一份21世纪的标志性协议，可以为全球贸易设立新标准，具有以下五大特征：

全面的市场准入。TPP将在货物和服务贸易的几乎一切领域消除或削减关税及非关税壁垒，覆盖贸易的全部范围，包括货物和服务贸易及投资，以便为缔约国的企业、劳工和消费者创造新的机遇与利益。

实现承诺的区域性方法。TPP将促进生产和供应链的发展，促进"无缝贸易"，提升效率，支持工作岗位的创造和维持，提高生活水平，增强环保力度，促进跨境融合，促进国内市场开放。

应对新的贸易挑战。为增进创新、生产力和竞争力，TPP将应对新问题，包括数字经济的发展、国有企业在全球经济中的角色，等等。

包容性贸易。TPP包含一些新的要素，试图保障不同发展水平的经济体、不同规模的企业都能从贸易中获益。它包含了一些承诺，旨在帮助中小型企业理解这份协议，利用它所带来的机遇，并提醒TPP各缔约国政府关注中小企业所面临的独特挑战。它也包含了一些特别承诺，旨在促进各方发展，并帮助其提升贸易能力，确保各方都能兑现协议中的承诺并充分利用其益处。

区域一体化平台。TPP意在为区域经济一体化提供一个平台，鼓励其他亚太地区经济体加入进来。

TPP协议共有三十个章节，覆盖范围广泛的贸易和贸易相关问题，包括货物贸易、海关和贸易设施、卫生检疫措施、贸易的技术壁垒、贸易救济、投资、服务、电子商务、政府采购、知识产权、劳动、环境以及一些"横向"章节，旨在确保TPP能够胜任其使命，既能增进发展、竞争力和包容性，又能裁决争端，界定例外并提供制度性安排。

除了对现有自由贸易协定(FTA)处理问题的传统方法进行更新之外，TPP也体现了一些新的、正在出现的贸易问题和交叉性问题。这包括与互

联网和数字经济相关的问题、国有企业参与国际贸易投资的问题、小企业利用贸易协定的能力问题，等等。

奥巴马认为，TPP将巩固美国在环太平洋经济圈和国际事务的领导地位，是美国重返亚洲外交政策的经济保障；美国将获得参加协议的国家免除上万种关税；这个协定有助于进一步打破全球贸易壁垒，开发有待开放的市场；协议也是对经济实力不断增长的中国的重要的平衡力量。如果TPP在国会通过，便是奥巴马总统第二个任期最重要的政绩。然而，令奥巴马失望的是，不仅共和党议员不支持这个协议，民主党反对这个协议的声音比共和党更强烈。民主党总统候选人希拉里在参选之前，支持TPP，宣布竞选后，则与党内对手桑德斯持同一立场反对TPP。反对TPP成为2016美国总统大选中两党唯一的共识。《华尔街日报》指出：2016年美国总统选战给了TPP致命一击，由于共和党候选人特朗普上台，并于2017年就任之初，即宣布退出了TPP。《纽约时报》指出：自由贸易在数十年前是两党经济议题的基石，如今却成为"政治贱民"。

2. 跨大西洋贸易投资伙伴协定及其谈判

20世纪90年代中期，欧盟国家将变革跨大西洋关系作为重要议题，力图在新的现实基础上，构筑新的欧美同盟关系。"跨大西洋条约""新大西洋宪章""新跨大西洋盟约"以及"跨大西洋自由贸易协定"等各种版本设想纷纷出台，欧美双方就推动建立跨大西洋自由贸易区的意向尤为热情。

2013年2月13日，美国总统奥巴马、欧洲理事会主席范龙佩和欧盟委员会主席巴罗佐发表联合声明，称美国与欧盟为开展跨大西洋贸易与投资伙伴关系（Transatlantic Trade and Investment Partnership，简称TTIP；国际媒体称之为欧美自由贸易区）的谈判，将启动"必要的内部程序"。

2013年4月25日，欧洲议会国际贸易委员会通过决议，建议欧洲理事会今年6月授权启动跨大西洋贸易投资伙伴协定（TTIP）谈判。[①]决议表

① 55欧洲议会通过支持欧美启动自由贸易区谈判的决议，中华人民共和国驻欧盟使团经商参处 商务部网站，2013－05－02

示，谈判授权应包括政府采购和金融业，但不应包括文化和声像产品。TTIP应确保欧洲企业能全面进入美国政府采购市场，美应取消对欧洲服务贸易的限制，以及对欧洲牛肉进口禁令。决议强调，应加强对知识产权和个人数据的保护，美欧在转基因生物、克隆、消费者健康等方面的差异，不应损害欧洲在这些领域的预防性原则。决议最后呼吁欧委会同利益攸关方进行广泛对话，在谈判中考虑各方利益。

2013年6月18日发表新闻公报，欧盟领导人和美国总统奥巴马在G8峰会期间启动了"跨大西洋贸易投资伙伴关系"谈判，TTIP谈判将创建世界上最大的自由贸易协定，并可能重振自"冷战"结束以来跨大西洋关系。一旦该协议进入全面实施，将给欧盟带来每年1190亿欧元的经济收益。双方谈判代表原打算在2014年底前完成谈判。但这一目标未能如期实现。

协议要覆盖的范围十分广泛，谈判过程将因此更为复杂。TTIP将去除所有贸易关税壁垒和减少非关税壁垒（包括农业方面）；扩大服务业的市场准入；引入更紧密的监管协调；强化知识产权保护；限制对国有企业的补贴等。这意味着谈判将十分艰难。事实上，法国已要求并获得了电影和电视上的"文化例外"。

欧美两大经济体约占世界国内生产总值的一半，世界贸易额的三分之一，平均每天贸易额达27亿美元，相互投资达3.7万亿美元。随着欧盟和美国结成一个更大的共同市场，"两国企业的竞争性将会增强。"因此，如果TTIP生效，将引领世界贸易、投资规则制订，重新树立西方世界在经济领域的领导权。除TTIP外，欧盟还与日本、加拿大分别进行全面经济和贸易协定谈判。

TTIP不仅是自贸协定，更要建立起一整套协作机制，最终目标是形成美欧利益共同体，以应对日益变化的国际经济环境带来的新机遇和挑战。除减免关税外，TTIP谈判将重点致力于解决市场准入和监管法规、非关税壁垒以及市场规则等三个关键性问题。一旦美欧在产品技术标准上达成一致，将对全球产生重要影响，成为新的国际标准。如果达成，TTIP就将成为新的国际贸易、投资规则的基础，进而影响到整个全球化规则制订。而且和跨太平洋伙伴关系协定（TPP）一道，大大提升发展中国家参与全球

化的成本。

目前,美欧 TTIP 谈判分成了 15 个具体工作小组。但双方存在分歧的问题是长期存在且广为人知的。最困难的项目之一是欧盟限制转基因食品进口,而这对美国农业来说构成了一个大问题。另一个是金融监管,比起国内正出现的更严格框架(比如,最近美国金融业监管者建议显著提高大银行的资本标准),美国银行更喜欢欧盟现有的条例。

2014 年 10 月 9 日,欧盟各成员国政府决定公开 2013 年 6 月递交欧盟委员会的谈判指引,以求推动欧盟与美国正在进行的跨大西洋贸易谈判。欧盟贸易委员卡尔·德古赫特(Karel De Gucht)对这一消息表示欢迎,并指出他先前曾鼓励成员国公布此项授权。"此举可以使每个人都能清晰地看到欧盟希望如何将此项协定付诸实际,并使之在有助于整个欧洲经济增长、就业创造的同时,维护我们在环境保护、健康、安全、消费者、数据隐私或任何其他公共政策目标领域所保持高水平的承诺。"欧盟此举体现出谈判双方两大贸易伙伴力图缓解公众对谈判透明度的担忧和不安,而双方立法者也透露了相同的情绪。过去一直指责谈判太过隐秘的欧洲议会绿党(European Parliament Greens Party)也赞扬了这一举措。目前公开的授权表明,双方设想达成协定来解决三大领域问题,即市场准入、监管问题和非关税壁垒措施及规则。协定在符合 WTO 义务的同时,授权文件所提出的雄心水平,也显示出其预期承诺水平将超越 WTO 多边协定。从指导谈判的序言和一般原则来看,欧盟重申了对可持续发展的承诺和将贸易作为一种工具来达成此项承诺的立场。欧盟列出的目标包括,根据有关环境和劳工问题的国际协定,推进环境、劳工和消费者方面的高水平保护标准。①②

从目前看由于 TPP 死于美国之手,美国主导的"全球主义"(globalism)时代就要落幕了,加之 2016 年又出现英国退出欧盟,《跨大西洋贸易与投资伙伴关系协议》(TTIP)的谈判也难免随之推迟甚至消亡。

---

① 欧盟公布《跨大西洋贸易与投资伙伴协定》谈判授权,http://bl.tumugongchengwang.cn/f/f/g_2.html 2014 年 10 月 3 日

② 张其佐.美国加速推动建立 TPP 和 TTIP 的动因及其对全球和中国的影响,经济参考网,2013-3-30

3. TPP 和 TTIP 谈判对中国和“一带一路”新兴经济体的影响

美国加速推动 TPP 和 TTIP 在太平洋和大西洋两端“双管齐下”，推进“两洋贸易战略”，将对世界政治经济格局产生重要影响，尤其对中国和“一带一路”新兴经济体的影响不可低估。具体而言：

第一，有可能架空世贸组织（WTO）或者改变世贸规则。由于 WTO 多哈回合从 2001 年启动谈判到现在，取得了部分进展，但多哈回合谈判迟迟未能结束。如 TPP 和 TTIP 谈判取得突破，WTO 将面临尴尬境地。从现实的合作机制看，美对 WTO 的需求和兴趣将进一步下降，多哈回合谈判很可能就此宣告结束，甚至被迫接受 TPP 协议达成对国际贸易体制和规则的改变。接下来谈什么，怎么谈，前景尚不明朗。此外，TPP 和 TTIP 拟实施的是大大超越 WTO 的新一代贸易规则，WTO 规则可能不得不随之做出调整，使原来的发展回合变味。

第二，有可能导致亚太经合组织（APEC）出现裂痕。一旦 TPP 生效，亚太经合组织成员必然会分为两大阵营：TPP 成员与非 TPP 成员。由于亚太经合组织成员所做出的承诺本身就缺乏约束力，未来它在区域合作的影响将会下降，对非 TPP 的成员的吸引力也会减弱。

第三，打乱“10＋X”为主的亚洲区域合作进程。过去十余年，区域内大国围绕东盟所开展的“10＋1”合作取得进展。而尚未取得实际性进展的“10＋3”与“10＋6”将因日本加入 TPP 谈判而受影响。日本与部分东盟国家选择加入 TPP，进一步降低了对“10＋3”与“10＋6”的需求，亚洲区域经济合作可能陷入停滞。

第四，给中国参与国际竞争设置新的障碍，中国和新兴经济体有可能处于被“边缘化”的危险。

首先，从中长期看，TPP 将给中国带来很多挑战，除贸易投资转移效应外，劳工、国企、知识产权等新规则和标准有很多针对中国的，会给中国企业参与国际贸易投资活动带来许多限制和困难。

其次，TTIP 和 TTP 谈判几乎把中国最主要的贸易伙伴“一网打尽”。一旦 TPP 和 TTIP 最终达成协议，而将中国和金砖国家排除在这两大贸易

区之外，中国和“一带一路”新兴经济体届时处境将十分被动。

美国TPP战略更深远的意义在于，对世界贸易体系的规则影响力。美国一直宣称TPP为“立足于下一代和21世纪”的贸易体制，标准更高，范围更广。TPP谈判中涵盖诸多更有利于美国的贸易标准，这将确保美国在新的自由贸易区构建中居于主导地位。美国希望通过设立新型的区域贸易协议，使美国企业快捷、便利、无障碍地进入亚太地区，扩大出口、增加国内就业，拉动经济持续、平稳地增长，进而在国际竞争格局中继续占据主导地位。美国新的战略路径选择，即借助TPP平台，从区域到全球各个击破 一一就范，推广美国的贸易规则. 美国希望通过获得TPP内部主导权，或者说，是获得决定区域内规则的能力，进而获得区域合作的外部收益，即扩大其在多边贸易谈判中的筹码，最终获得国际经济规则制定过程中的主导权。

目前来看，一方面，美国极力拉拢东盟一些国家和其伙伴国，如日本、韩国参与TPP谈判，另一方面，则对作为东盟重要伙伴和上海合作组织重要成员的中国采取态度暧昧的举动，表现出其复杂的心态。而对于其他上海合作组织国家，由于美国与俄罗斯在势力范围上的矛盾，以及客观上的经济差距，显然不是近期需要考虑的问题。

对中国而言，积极发展对外贸易，参与国际市场竞争，是中国取得经济建设成就的重要成功经验。中国具备参与国际贸易竞争的资源禀赋和产业基础，应该继续积极推动贸易自由化。目前来看，推动东亚自由贸易区建设进程面临一定困难。美日是中国的两个最大贸易对象国，实现中美、中日自由贸易，是中国提高贸易开放水平和竞争力的重大考验。

2015年，中国通过与韩国和澳大利亚密切合作，已先后完成中韩、中澳自由贸易区谈判。进一步而言，中国应尽快在上合组织内部和欧亚经济联盟推动讨论自由贸易区的可行性，加快推进中日韩自由贸易区谈判以及RECP进程。这样，当中国能在多个系统中同时谈判的时候，筹码更多。同时，中国要充分利用自身巨大的市场优势，一方面增加对外部国家的吸引力，另一方面尽快转换为内需主导的经济模式，降低经济的对外依存度。中国作为世界第二大经济体及最大的发展中国家，俄罗斯作为金砖大国和上合组织重要成员国，要实现新的增长预期，必须以史大勇气迎接国际贸易自由化的挑战，加快改革开放的进程，更加主动积极地参与制定新一轮国际经济特别是贸易投资规则，相互配合，从双边、多边两个方面加快构建自由贸易区网络，在经济全球化进程中占据更为主动的位置。

4. 中日韩自由贸易区谈判

2012 年 5 月 15 日，在第五次中日韩领导人会议上，中日韩领导人宣布，将于年内启动中日韩自由贸易区谈判。专家表示，自由贸易区谈判的启动将书写东北亚区域合作史上重要的篇章，具有重大的战略意义。但建立自由贸易区的难度不小，需要中日韩三国坚定信心，共同克服。

韩国在已经和欧洲、美国达成自贸协定的情况下，比较积极地推动和中国、日本达成 FTA。在中日韩自由贸易区谈判之前，中韩自由贸易区谈判已进行多年。中韩自由贸易区谈判至今已经开展了六轮谈判，取得了一定的成果。目前，中韩均有意加快推动中韩自由贸易区谈判，其步伐将领先于中日韩自由贸易区谈判。如果中韩自由贸易区谈判能够成功，中日韩自由贸易区也就具备了成功的基础。

面对全球经济区域一体化的发展趋势，中日韩建立自由贸易区是共同利益所在，也是大势所趋。中日韩自由贸易区对于三国有着重大的战略意义，中日韩合作，合则赢，不合则输。

中日韩三国同处东北亚，人口达 15 亿。2012 年，三国 GDP 合计达到 14.3 万亿美元，占东亚的 90%，占亚洲的 70%，占全球经济的近 20%。三国也是全球贸易大国，2012 年，三国进出口总额约为 5.4 万亿美元，占全球贸易总量的 35%。三国经济规模在全球仅次于欧盟和北美，一旦达成自由贸易区协议，中日韩自由贸易区将成为仅次于北美自由贸易区、欧盟的世界第三大自由贸易区。一旦自由贸易区建成，将建成一个人口超过 15 亿的大市场，成为世界上人口最多的发展中国家和发达国家联合起来的自由贸易区。据预测，该自由贸易区建成后，将形成一个拥有 15 亿人口和 15 万亿美元 GDP 的共同市场，成为世界第三大经济板块。中国的 GDP 获益增长 1.1%至 2.9%，日本 GDP 获益增长 0.1%至 0.5%，韩国 GDP 获益增长 2.5%至 3.1%。

然而,中日韩自由贸易区在面临机遇的同时,也存在着多重挑战。中日韩三国的国内生产总值均位于世界前10位,但三国间的贸易、投资水平并不高,具有比较大的合作与发展潜力。加快建设自由贸易区虽然是大势所趋,但谈判不可能一帆风顺。由于存在敏感产业、政治环境等诸多阻碍,中日韩自由贸易区的建成会是一个漫长而艰难的过程。日韩对国内农业高度保护,中国农产品出口可能对其市场造成冲击,日韩汽车、钢铁产品出口,也会对中国相关产业造成影响,未来这些因素都将成为谈判中的难点。另外,美国战略重心的东移,加剧了东亚区域合作的复杂化,使中日韩自由贸易区进程面临更多不明朗因素。

在经济方面,中日韩三国经济水平差异性较大,产业分工不平衡。经济发展水平的差异会导致市场容量、市场结构与消费结构的差异,导致对产品准入标准的差异化要求,从而增加了贸易、投资等领域的障碍与摩擦。此外,中日韩贸易收支严重失衡且存在贸易壁垒,日韩对贸易赤字增减的关注在很大程度上影响着自由贸易区的进程。三国对敏感产业的关注不同,也会加大谈判的难度。例如,日本的敏感产业有:农业、钢铁产业、能源产业、服务和纺织等加工工业、造船产业。韩国的敏感产业有:农水产业、能源产业、服装和纺织等加工工业。中国的敏感产业则包括化工产业、汽车产业、电子信息产业、机械设备产业、金融业、零售业、中高端制造业和运输设备。其中,农业是中日韩自由贸易区谈判中的头等难题。

然而中日韩已经形成你中有我、我中有你,谁也离不开谁的程度。中日韩三国建立自由贸易区签订FTA(自由贸易区协议)能为三国的经济发展带来重大积极的影响,有利于提高三国人民的福祉。

5. 东盟10+6(RCEP)

2003年,中国提出支持在东亚范围内建立东盟10国+中日韩的自由贸易安排(EAFTA);2006年,日本则倡议在"10+3"的基础上,引入印澳新("10+6"),建立东亚全面经济伙伴关系(CEPEA)。日本贸易振兴机构官员分析说,日本希望拉三国入局,是因为澳大利亚、新西兰对外签订的自由贸易协定水平较高,与日本诉求相近,与此同时,日本与印度经济联系紧密。

2011 年 11 月 19 日举行的东亚峰会上，东盟提出了相对应的新框架——RCEP 构想，即东盟版的"10＋6"，提议设置 16 个国家间的货物贸易、服务贸易、投资工作组。2012 年 4 月举行的东盟首脑会议上，东盟各国又形成了年底前开始 RCEP 谈判的声明。东盟邀请已与其签订 FTA 的六国参与 RCEP 谈判。

2012 年 11 月 18 日召开的东亚峰会上，正式启动 RCEP（区域全面经济伙伴关系）谈判。所谓 RCEP，即由东盟十国发起，邀请中国、日本、韩国、澳大利亚、新西兰、印度共同参加（"10＋6"），通过削减关税及非关税壁垒，建立 16 国统一市场的自由贸易协定。

在推动中国—东盟 FTA 升级的同时，中国也作为"10＋6"成员参与了区域全面经济伙伴关系协定（RCEP）的谈判，这就意味着，中国与东盟之间许多可以在 RCEP 通道上解决的问题，就不需要拿到中国—东盟 FTA 层面重议再论，从而今后可以大大节省中国—东盟 FTA 的谈判时间和进程。

RCEP 是东亚规模最大的、成员最多的、影响最为深远的自由贸易区谈判，RCEP 谈判目标是达成一个现代、全面、高质量和互惠的经济伙伴关系协定，建成后有望成为世界上涵盖人口最多、区域最广、成员最多元、发展最具活力的自由贸易区。这 16 个国家的人口占全球的 48%，GDP 总和占全球的 30%。这个自由贸易区一旦谈成、建成，会极大地优化本地区的生产网络和价值链，促进地区的和平稳定和繁荣发展，为全球经济复苏做出贡献。根据国际货币基金组织公布的数据，这 16 国的总体经济规模为 17.23 万亿美元，占世界经济总量的 27%．虽然小于纳入日本、墨西哥、加拿大的 T PP 谈判参与国的总体经济规模（24.9082 万亿美元），但这个大经济圈将囊括世界经济增长中心的亚洲各国。

在目前各类自贸协定中，RCEP 的复杂性和差异性是最大的。是一个囊括不同发展阶段、文化背景和人口规模国家的自贸协定。在参加谈判的国家中，有的人均 GDP 不到 1 千美元，有的超过 5 万美元。RCEP 如果达成协议，将涵盖约 35 亿人口，GDP 总和将达 23 万亿美元，占全球总量的三分之一，所涵盖区域亦将成为世界最大的自由贸易区，这将是一个重要的历史性事件，有助于建设一个和平、安全、发展的亚太，并对地区和世界产

生重大影响。

自2002年以来，中国、日本、韩国、澳大利亚、新西兰、印度分别与东盟10国签署了五个10+1自贸协定。在此基础上，东亚区域经济一体化进程不断加快，并呈现多元化的发展趋势。然而，由于东盟和其他5个国家之间签订的自由贸易协定的具体规定各不相同，出现了所谓“意大利面碗效应”，因此，建成一个更加互惠、更大规模和范围的、更有包容性的区域经济体非常必要。但是，想要整合这些现有的自由贸易协定却存在一些困难。如关税削减程度和进度、原产地规则等方面各自采用不同标准，因此，现实贸易中操作起来较为繁杂。再如有些国家（如韩国）在与东盟签订自由贸易协定时，包括了金融服务领域，而有些国家与东盟签订的自由贸易协定，却没有涉及相关领域的自由化，因此，RCEP的内容就需要一些取舍和统一。还有一些国家（如印度）与东盟签订的自由贸易协定的自由化程度比较低，因此，将印度纳入到相对更高水平的自由贸易协定时，就会出现一些来自国内的阻力。不仅与东盟合作的6个国家的经济发展水平各异，东盟内部也存在一些社会政治体制和价值观的差异，这些差异都会在一定程度上阻碍区域经济一体化向更高的水平发展。

东盟与上述6个国家关于互相之间关税优惠的初步构想是，有60%的贸易商品要实现零关税。有个别国家表示，愿意将80%的贸易商品实行零关税，但互相之间需进行磋商以进入务实阶段，争取要在2015年内按原设想完成相关磋商。

当前，世界经济增长乏力，国际贸易和跨境投资不振，尽早达成RCEP协定，将为促进相关国家间的贸易和投资增长，推动区域经济融合发展注入新的动力，其政治、经济影响是其他任何自贸协议无法比拟的。

东盟10+6一体化谈判遇到的困难，首先，在于东盟10国差距悬殊巨大。其中，既有全球最富有的“高收入”国家（人均国民总收入超过12476美元以上者）。例如，新加坡、文莱已十数年都处于“高收入国家”阵营，其中，新加坡2011年人均国民总收入为42930美元；也有全球最贫困的超低收入国家（人均国民总收 入只有830美元左右的国家），如柬埔寨、老挝、缅甸等，都长期处于超低“低收入国家”阵营，尽管东盟表示要排除各种干扰，全面推动东亚一体化进程，促进本地区实现更长时期、更高水平、更好质量的发展。

其次，如何整合 FTA，成为目前业内最关心的问题。此前由东盟与其他各方所签订的双边 FTA 中做出的开放承诺，如东盟分别与中国、日本和韩国实施的“10+1”，以及东盟与印度、澳大利亚、新西兰实施的双边自由贸易协定，在 RCEP 框架谈判中，是否将被整合，并对其他成员国生效。联席会议上东盟国家提出所有双边 FTA 都对第三方开放，即最惠国待遇。这意味着按照 RCEP 时间表，两三年内中国就需谈判对印度、日本等国相互开放市场，而中国与印度、日本之间还没有签订双边 FTA。此外，“一些双边 FTA 中无法达成共识的问题，换到 RCEP 框架下，仍难以在短期解决”。而六国之间经济发展水平、贸易开放程度差异也不小，澳、新之间已经实现自由化，中日韩之间则正在就自由贸易区进行谈判；而印度的开放程度则更低。

东盟经济共同体的四个方面包括统一的市场和生产基地、一个竞争力强的经济区、一个经济平衡发展的经济区、一个与全球经济接轨的区域。

《区域全面经济伙伴关系协定》谈判于 2013 年初开始，2012 年 11 月至今已进行了 13 轮谈判。举行了四次经贸部长会议。RCEP 第 14 轮谈判将于 2016 年 8 月 10—19 日在越南胡志明市举行，第 15 轮谈判将于 2016 年 10 月 16—22 日在中国天津举行。根据领导人在 2015 年 11 月 RCEP 联合声明中关于进一步加紧工作和争取 2016 年结束 RCEP 谈判的指示，各国部长们强调在接下来的谈判中，实质性推进 RCEP 谈判的重要性，根据《RCEP 谈判指导原则和目标》，尽早达成高质量的协议。未来协定的内容将涵盖货物贸易、服务贸易、投资和经济技术合作等广泛领域。同时，协定还将设立开放准入条款。在谈判结束之后，其他经济伙伴可申请加入协定。成立了相关的工作组，包括货物贸易、服务贸易、投资、经济技术合作、知识产权、竞争政策、法律与机制等，这七个领域都取得了很大的进展。

在 2015 年全球经济不稳定的背景下，RCEP 成员国的经济表现仍然保持稳定，总产出达 22.4 万亿美元，占世界总产出的 30.6%。RCEP 各国的贸易总额达到 11.9 万亿美元，吸引外资额为 3296 亿美元。RCEP 国家

近年来 GDP 平均增速超过全球 GDP 增速的 30%以上。2015 年，中国对 RCEP 成员货物贸易、服务贸易和对外投资额分别为 1.2 万亿、1626.4 亿和 130 亿美元，占中国对外货物贸易、服务贸易和对外投资总额的 30.8%、22.8%和 11%。

6. TPP 和 RCEP 经济效应

区域经济合作将为自由贸易区带来贸易创造和贸易转移两种效应。由于 RCEP 谈判的规定，成员国之间需要提供超过 WTO 规定的最惠国待遇的优惠待遇，在自由贸易协定成员国之间提供的关税待遇，通常都是零关税待遇。相对 RCEP 而言，TPP 开放的领域更宽，零关税设置的更为严格，其开放的自由化程度也更高，所以，这种更优惠的待遇将使得自由贸易区内创造出很多新的贸易机会，但也自然挤出了很多非本区域的贸易活动，也就是形成了贸易歧视，这就产生了所谓的贸易转移，这是比较负面的一些影响。

图 4-7 展现了 TPP 和 RCEP 两大正在谈判的自由贸易区可能产生的贸易效应情况。其中，上半部分反映的是自由贸易区协定参与者的效应状况，而下半段则反映的是自由贸易区协定非参与者的效应状况。从上半

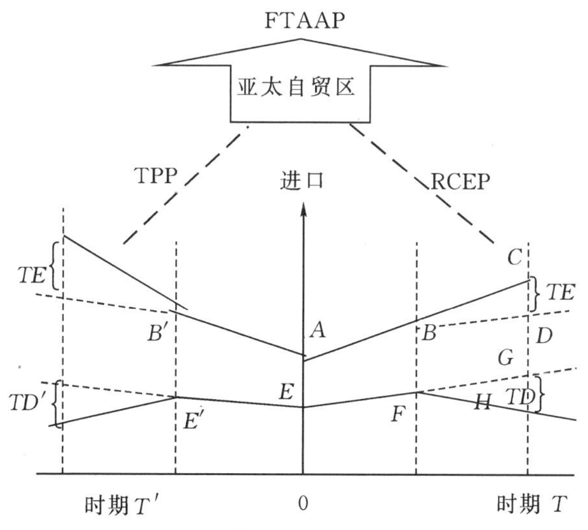

图 4-7 两大自由贸易区贸易创造和贸易转移效应及未来走向

段参与者效应看,AB 表示某项自由贸易协定实施前 H 国(东道国)从 P 国(伙伴国)的进口额. 如果没有自由贸易协定的实施,进口水平将沿着 BD 表示的增长路径发展,即 BD 为假定不存在 FTA 情况下,对进口贸易规模的模拟预测。由于自由贸易协定的签订往往伴随着关税和非关税壁垒的取消或下降,因此,进口水平会沿着更快的增长水平而非原路径发展即沿着 BC 发展,BC 和 BD 之间的差额表示由签订自由贸易协定所引起的两国间贸易的扩张(TE)。

从下半段自由贸易区的区外国家的角度来看,假定 EF 表示某项自由贸易协定实施前的进口水平,FG 为按照 FTA 实施前的增长路径预测的进口水平,实际的进口水平 FH 和预测的进口水平 FG 之间的差额,反映了自由贸易协定所产生的该类商品的贸易转移(TD),贸易创造 TC 则为 TE 和 TD 的差额。

中国在 RCEP 谈判中是局中人,并且是核心成员,协议达成将会进一步巩固中国在东盟、南太平洋、东北亚和南亚地区中的经济引领作用。但中国在 TPP 谈判中是局外人,一旦 TPP 协议达成,而且 TPP 协议的自由化程度若高于 RCEP,可能会受到贸易歧视,由于一些国家参加了两个协议谈判,双边下注,甚至可能导致 RCEP 的成果流失。对此,中国必须引起高度重视,妥善解决。一方面,不仅要扩大静态的贸易效应,更要实现动态的 RCEP 规模经济效应,竞争效应与投资效应,同时,通过对外提升贸易结构的方式,促进中国国内的传统产业升级。从国家发展的长远利益考虑,中国需要向高标准自由贸易区看齐,要与 TPP 成员保持深入接触,并在必要时,主动探讨二者并行并且扩展至更大范围,如亚太自由贸易区的可行性,加强与提升 RCEP 的自由贸易水平。从而使“一带一路”的经济合作达到一个高水平的新起点。

第四节　“一带一路”各地区的空间差异性特征描述

由于数据的可得性有限,仅选取表 4－1 中不带星号的典型国家作为其所在区域的代表进行经济特征描述分析。同时,为消除地区划分与国家

选取的主观性，本文均选用国家平均值来描述不同地区的经济特征。数据如无特殊说明，均来自中国国家统计局数据库与世界银行数据库，同时，计价数据均以现价美元计。

一、中国与“一带一路”各区域的经济规模与国民收入情况

要分析不同区域的经济特征，首先，应研究其经济增长与国民收入情况。中国与“一带一路”各大区域的国内总产值和人均国内总产值概况，如表 4－4 和表 4－5 所示。本部分数据来自世界银行数据库。

表 4－4　1993—2014 中国与“一带一路”区域国家经济规模对比　　单位：亿美元

GDP	中国	俄罗斯	欧盟	非欧盟东欧	非欧盟中北欧	南亚	中亚	东南亚	西亚	东北亚	西大洋洲	地中海沿岸非洲	印度洋沿岸非洲
1993	4429	4351	75194	843	3906	3832	434	4820	5752	48077	3638	1719	154
1994	5623	3951	79776	692	4255	4348	397	5542	5470	53100	3837	1728	168
1995	7320	3955	92000	639	5010	4830	391	6469	6569	58947	4366	1827	197
1996	8608	3917	94159	610	5007	5284	402	7195	7346	53109	4767	2034	258
1997	9582	4049	88836	662	4556	5544	421	6814	7605	48859	5066	2153	282
1998	10253	2710	91985	587	4576	5621	427	4690	8115	42922	4593	2221	315
1999	10894	1959	91833	449	4611	6024	387	5447	8300	49200	4509	2380	308
2000	12053	2597	85413	453	4519	6264	372	5974	9308	52940	4711	2514	311
2001	13322	3066	86431	518	4608	6454	397	5754	8658	46942	4354	2463	320
2002	14619	3451	94271	586	5057	6792	416	6407	9155	45912	4640	2287	326
2003	16499	4303	114888	699	5921	7926	504	7179	10708	49851	5583	2543	367
2004	19417	5910	132873	906	6716	9191	663	8056	12964	54227	7209	2854	390
2005	22686	7640	138913	1193	7331	10531	843	9029	15772	54725	8133	3320	473
2006	27298	9899	148247	1481	7917	12041	1140	10815	18321	53720	8642	3795	570
2007	35231	12997	171446	1924	8997	15250	1473	12924	21711	54833	9966	4471	699
2008	45584	16608	184377	2468	10311	15514	1909	14950	25660	58570	11950	5547	837
2009	50594	12226	164694	1719	9387	17056	1780	14885	22288	59417	10549	5236	849
2010	60397	15249	164012	1975	10230	20850	2200	18919	26197	65971	12963	5901	900
2011	74924	19048	177229	2299	12092	22767	2753	21841	31475	71185	15671	6149	986
2012	84616	20161	166771	2467	11900	22911	3041	23082	32876	71896	17243	6902	1141
2013	94906	20790	173652	2644	12232	23535	3455	23828	33583	62377	17642	6986	1253
2014	103601	18606	178555	2159	5172	26060	3395	23964	30760	60239	14538	6487	1371

从表 4-4 中可以明显看出，除了中亚和俄罗斯，自 20 世纪 90 年代以来的 20 年间，"一带一路"其他区域各国经济规模呈现显著的增长趋势。俄罗斯的经济从 20 世纪 90 年代以来下滑明显，直到 1999 年之后开始逐渐回复，而中亚地区也是从 2002 年之后才开始有明显的经济复苏迹象的。2008 年全球经济危机给各区域都造成了不同程度的影响，只有中国、南亚、东北亚和印度洋沿岸非洲在危机中保持经济增长，这充分说明了海上丝绸之路的发展潜力。整体上看，欧盟和东北亚地区属于传统的发达区域，经济规模的优势也一直得到了保持。中国、俄罗斯、南亚、东南亚、西亚和西大洋洲等新兴市场发展势头也十分迅猛。

截止 2014 年，"一带一路"区域的前五大经济体依次为：欧盟、中国、东北亚、西亚、南亚。

表 4-5　1993—2014 中国与"一带一路"区域国家人均收入对比

人均GDP	中国	俄罗斯	欧盟	非欧盟东欧	非欧盟中北欧	南亚	中亚	东南亚	西亚	东北亚	西大洋洲	地中海沿岸非洲	印度洋沿岸非洲
1993	376	2929	13464	1163	29939	530	714	3280	7183	14887	10622	2428	195
1994	472	2663	14454	978	31783	568	626	3803	7343	16499	11520	2309	199
1995	608	2666	15129	928	36785	623	609	4393	8824	18519	12916	2235	221
1996	707	2644	15520	929	37306	674	616	4676	9587	17086	13927	2417	282
1997	779	2738	14762	972	35055	717	633	4588	9925	15669	13998	2530	294
1998	826	1835	15373	932	35752	732	650	3650	9164	13194	12274	2416	318
1999	870	1331	15478	722	36407	757	564	3745	9729	15294	12174	2765	306
2000	955	1772	14539	754	35927	793	570	4082	11652	16574	11988	2831	299
2001	1047	2100	14769	811	35226	821	641	3762	11028	14832	11313	2643	302
2002	1142	2375	16253	939	38781	847	705	3898	11283	14865	12496	2120	297
2003	1281	2975	20016	1139	45729	945	874	4195	12506	16185	15332	2509	330
2004	1498	4102	22505	1489	52620	1061	1108	4809	14313	17720	18857	2941	334
2005	1740	5323	23701	1929	59395	1071	1368	5279	16697	18479	20876	3583	390
2006	2082	6920	25503	2367	62586	1300	1805	5978	18682	18776	21205	4010	451
2007	2673	9101	29813	3012	72396	1513	2291	6998	20187	19589	24783	4700	544
2008	3441	11635	32605	3988	74816	1756	3026	7399	25719	20159	27281	5788	637
2009	3800	8563	28796	3082	63318	1799	2789	7105	20058	19792	23970	4765	620
2010	4515	10675	28427	3475	67873	1989	3292	8580	22135	22570	28871	5313	632

续表 4-5

人均GDP	中国	俄罗斯	欧盟	非欧盟东欧	非欧盟中北欧	南亚	中亚	东南亚	西亚	东北亚	西大洋洲	地中海沿岸非洲	印度洋沿岸非洲
2011	5574	13324	30829	3949	78207	2160	4117	9761	26067	24713	33955	4256	684
2012	6265	14079	28860	4208	76412	2197	4554	10113	27119	25176	36411	5794	760
2013	6992	14487	30019	4665	78371	2314	5127	10409	27584	23017	37329	5330	807
2014	7594	12736	30837	4452	74737	2526	5143	10485	27579	22778	61887	4628	851

从表 4-5 中可以明显看出，除了中亚、俄罗斯和地中海沿岸非洲，自 20 世纪 90 年代以来的 20 年间，“一带一路”其他区域各国的人均收入呈现增长趋势。俄罗斯的人均收入从 20 世纪 90 年代以来下滑明显，直到 2000 年之后开始逐渐回复，而中亚地区的人均收入也是从 2002 年之后才首次超过了 1993 年的水平。2008 年全球经济危机给各区域都造成了不同程度的影响，只有中国和南亚在危机中保持人均收入的提高，更难能可贵的是，这两个区域都是人口密集区域，因此，未来的发展潜力都很巨大。整体上看，欧盟、非欧盟中北欧、东北亚地区和西大洋洲属于传统的发达区域，它们也是唯有的四个在 1993 年人均收入超过 10000 美元的地区，这些区域的人均收入优势也一直得到了保持。东南亚在 2012 年首次人均收入超过 10000 美元。截止 2014 年，“一带一路”区域的前五大人均收入区域依次为：非欧盟中北欧、西太平洋、欧盟、西亚、东北亚。

不难看出，从人均收入角度来看，中国处于“一带一路”国家的中等水平。但从经济规模上看，中国占有明显优势。在“一带一路”内部，无论是人均收入还是经济规模，欧盟、东北亚和西亚地区的优势都十分明显。而新兴市场诸如中国、俄罗斯和南亚在国民富裕程度上与传统发达地区还存在差距。

二、中国与“一带一路”各区域的产业结构与生产技术情况

这里采用某个产业的增加值占 GDP 的比重来分析“一带一路”不同区域的产业结构差异。重点分析农业和工业，而服务业由于分类过于细致，通过对工农业的分析来间接分析之。本部分数据来自世界银行数据库。

1. 中国与“一带一路”各区域的农业状况分析

从表 4-6 可以看出，近二十年间，农业增加值占 GDP 的百分比变化较大的区域（超过 5%）为：中国、非欧盟东北欧、南亚、中亚、东南亚、西亚、印度洋沿岸非洲。其中，我国的农业比重从 1993 年的 19%下降到了 2014 年的 9%。非欧盟东北欧的农业比重从 1993 年的 24%下降到了 2014 年的 12%。南亚的农业比重从 1993 年的 29%下降到了 2014 年的 19%。中亚的农业比重从 1993 年的 26%下降到了 2014 年的 14%。东南亚的农业比重从 1993 年的 25%下降到了 2014 年的 17%。西亚的农业比重从 1993 年的 13%下降到了 2014 年的 5%。印度洋沿岸非洲的农业比重从 1993 年的 37%下降到了 2014 年的 30%。

表 4-6　1993—2014“一带一路”各区域农业增加值占 GDP 的百分比

农业	中国	俄罗斯	欧盟	非欧盟东欧	非欧盟中北欧	南亚	中亚	东南亚	西亚	东北亚	西大洋洲	地中海沿岸非洲	印度洋沿岸非洲
1993	19%	8%	5%	24%	2%	29%	26%	25%	13%	12%	13%	16%	37%
1994	20%	7%	5%	20%	2%	29%	30%	24%	12%	12%	15%	16%	34%
1995	20%	7%	6%	22%	2%	26%	29%	24%	12%	14%	15%	14%	35%
1996	19%	7%	5%	21%	2%	25%	28%	23%	12%	16%	15%	17%	35%
1997	18%	6%	5%	20%	4%	25%	29%	23%	12%	14%	16%	14%	36%
1998	17%	6%	5%	20%	5%	25%	27%	23%	13%	14%	15%	15%	32%
1999	16%	7%	4%	19%	4%	24%	27%	22%	11%	14%	15%	15%	31%
2000	15%	6%	4%	20%	4%	24%	26%	19%	10%	12%	16%	13%	30%
2001	14%	7%	4%	18%	4%	22%	26%	18%	9%	11%	16%	13%	29%
2002	13%	6%	4%	17%	4%	23%	25%	18%	9%	9%	17%	11%	30%
2003	12%	6%	4%	15%	3%	23%	25%	18%	9%	9%	16%	12%	30%
2004	13%	6%	4%	14%	3%	21%	23%	17%	8%	9%	16%	11%	29%
2005	12%	5%	3%	13%	3%	21%	22%	17%	7%	9%	4%	10%	30%
2006	11%	5%	3%	12%	3%	20%	21%	16%	7%	8%	4%	10%	27%
2007	10%	4%	3%	10%	2%	20%	20%	17%	6%	8%	4%	9%	26%
2008	10%	4%	3%	10%	2%	20%	18%	17%	3%	8%	4%	9%	28%
2009	10%	5%	3%	9%	3%	20%	16%	17%	4%	8%	4%	12%	30%
2010	10%	4%	3%	11%	3%	20%	16%	17%	3%	6%	5%	12%	30%

续表 4－6

农业	中国	俄罗斯	欧盟	非欧盟东欧	非欧盟中北欧	南亚	中亚	东南亚	西亚	东北亚	西大洋洲	地中海沿岸非洲	印度洋沿岸非洲
2011	10%	4%	3%	11%	3%	20%	17%	17%	3%	5%	5%	12%	30%
2012	10%	4%	3%	11%	3%	19%	17%	16%	3%	5%	2%	12%	30%
2013	9%	4%	3%	11%	3%	19%	17%	16%	3%	6%	2%	13%	29%
2014	9%	4%	3%	12%	2%	19%	14%	17%	5%	9%	3%	14%	30%

静态比较来看，1993 年“一带一路”的主要农业区域依次为：印度洋沿岸非洲、南亚、中亚、东南亚、非欧盟东欧和中国。到了 2014 年，“一带一路”的主要农业区域依次为：印度洋沿岸非洲、南亚、东南亚、中亚和地中海沿岸非洲（并列）、非欧盟东欧、中国。

可见，“一带一路”区域传统的农业国家的农业增加值在 GDP 中的比重都经历了下降，但其农业主产区的地位并未发生根本变化。另外，除了非欧盟中北欧的农业比重保持稳定以外，其余各区域的农业增加值占 GDP 的比重均发生略微下降，这也代表了各国的产业结构升级都没有中断过。

2. 中国与“一带一路”各区域的工业状况分析

从表 4－7 可以看出，近二十年间工业增加值占 GDP 的百分比变化较大的区域（超过 5%）为：俄罗斯、欧盟、非欧盟中北欧、非欧盟东欧、中亚、东南亚、西大洋洲、印度洋沿岸非洲。其中，俄罗斯的工业比重从 1993 年的 45%急剧下降到了 2014 年的 4%。欧盟的工业比重从 1993 年的 32%下降到了 2014 年的 25%。非欧盟东欧的工业比重从 1993 年的 40%下降到了 2014 年的 28%。非欧盟中北欧的工业比重从 1993 年的 31%增加到了 2014 年的 38%。中亚的工业比重从 1993 年的 43%下降到了 2014 年的 32%。东南亚的工业比重从 1993 年的 31%增长到了 2014 年的 36%。西大洋洲的工业比重从 1993 年的 33%下降到了 2014 年的 27%。印度洋沿岸非洲的工业比重从 1993 年的 14%增加到了 2014 年的 22%。

表 4-7　1993—2014"一带一路"各区域工业增加值占 GDP 的百分比

工业	中国	俄罗斯	欧盟	非欧盟东欧	非欧盟中北欧	南亚	中亚	东南亚	西亚	东北亚	西大洋洲	地中海沿岸非洲	印度洋沿岸非洲
1993	46%	45%	32%	40%	31%	24%	43%	31%	34%	35%	33%	36%	14%
1994	46%	45%	33%	41%	31%	25%	36%	31%	33%	35%	31%	36%	14%
1995	47%	37%	32%	37%	32%	23%	36%	32%	34%	35%	30%	36%	14%
1996	47%	39%	31%	36%	32%	23%	35%	33%	36%	32%	31%	36%	15%
1997	47%	38%	31%	35%	31%	23%	30%	33%	36%	34%	29%	36%	16%
1998	46%	37%	31%	34%	29%	23%	30%	34%	33%	31%	29%	33%	18%
1999	45%	37%	30%	32%	29%	23%	32%	34%	36%	31%	30%	34%	18%
2000	45%	38%	30%	32%	32%	23%	36%	35%	39%	31%	31%	38%	19%
2001	45%	36%	30%	32%	32%	22%	35%	35%	39%	31%	30%	36%	19%
2002	44%	33%	29%	32%	30%	23%	33%	35%	39%	30%	29%	42%	19%
2003	45%	33%	29%	33%	30%	22%	32%	36%	39%	31%	29%	44%	20%
2004	46%	36%	29%	31%	30%	24%	33%	36%	40%	33%	30%	43%	21%
2005	47%	38%	29%	31%	31%	24%	31%	37%	43%	34%	26%	46%	21%
2006	47%	37%	29%	32%	33%	24%	31%	37%	43%	36%	27%	47%	21%
2007	47%	36%	29%	32%	31%	23%	32%	36%	42%	36%	27%	46%	21%
2008	47%	36%	28%	32%	33%	24%	36%	36%	45%	33%	27%	48%	20%
2009	46%	34%	27%	30%	29%	23%	36%	35%	40%	32%	27%	36%	19%
2010	46%	35%	27%	30%	30%	22%	36%	35%	44%	34%	25%	37%	20%
2011	46%	37%	27%	30%	31%	24%	35%	35%	48%	33%	26%	38%	21%
2012	45%	37%	26%	29%	30%	24%	34%	36%	48%	33%	28%	38%	20%
2013	44%	36%	26%	28%	30%	24%	30%	35%	47%	33%	27%	36%	20%
2014	43%	4%	25%	28%	38%	24%	32%	36%	35%	38%	27%	38%	22%

静态比较来看,1993 年,"一带一路"的主要工业区域依次为:中国、俄罗斯、中亚、非欧盟东欧、地中海沿岸非洲。到了 2014 年,"一带一路"的主要农业区域依次为:中国、非欧盟中北欧、东北亚、地中海沿岸非洲、东南亚。

可见,除了俄罗斯和中亚,"一带一路"区域传统的工业国家的工业增

加值依然保持较高水平。且在GDP中的比重大都经历了下降。另外，欧盟、西大洋洲等发达地区的工业增加值占GDP的比重均发生略微下降，这也代表了制造业的国际产业转移方向。

由于工业增加值比重各区域的变化差异较大，且国际贸易中的主要产品即工业产品，本文在数值模拟部分将通过工业增加值占GDP的比重的差异来体现各国产业结构差异。生产技术主要通过专利数量来反映，但由于各国的专利申请法案标准不一，这里通过每百万人平均R&D研究人员数目来反映不同区域的技术差异。由于直接反映技术差异的数据较少，这里仅通过一个截面来观察。

3."一带一路"区域的创新能力状况分析

(1)基于彭博全球创新指数的国家创新能力比较

在各国经济发展和综合国力对比中，科技创新能力是重要指标之一。日前，美国彭博社发布了2016年全球创新指数，全球创新指数由彭博社通过对全球超过200个国家包括研发、制造、高科技公司、教育、研究人员和专利等指标综合分析，按照表4-8中的标准，对全球前50个国家的综合创新能力进行排名发布。

表4-8 彭博全球创新指标及其含义

指标	含义说明
(1)R&D强度	研究和开发支出占GDP的百分比
(2)制造业附加值	制造业附加值占GDP(或人均GDP)的百分比
(3)劳动生产力	15岁以上雇员的人均GDP以及3年间的增长
(4)高科技密度	高科技企业数量
(5)高等教育率	高等教育入学率和科学、工程类毕业生集中度
(6)研究者集中度	参与R&D(研究与开发)的专家、博士后、学生比例
(7)专利活动	单位专利申报数量；专利获批占全球总数比例

其数据来源于世行、国际货币基金组织、世界知识产权组织等，该指数每年都会更新一次。

如表 4－9 可知，据国外媒体报道，创新指数排名前五名的国家和地区分别是韩国、德国、瑞典、日本和瑞士。全球第一大经济体、科技大国美国的创新指数排名第 8，第二大经济体中国的排名为 21 名。在创新指数方面，中国和澳大利亚、新西兰、加拿大、波兰等国较为接近。在彭博社榜单的详细指标中，中国在"专利活动"方面排名全球第 6 名，在"研发强度"方面排名第 16 名，在"高科技密度"方面排名第 3 名。

表 4－9　彭博 2016 创新指数排名榜

排序/经济体	总得分	R&D 强度	制造业附加值	劳动生产力	高科技密度	高等教育率	研究者集中度	专利活动
1. 韩国	91.31	2	1	39	2	1	6	2
2. 德国	85.54	8	3	32	5	17	14	3
3. 瑞典	85.21	5	16	16	9	16	5	8
4. 日本	85.07	3	13	29	5	34	9	1
5. 瑞士	84.96	7	8	3	10	25	13	5
6. 新加坡	84.54	17	5	5	13	2	7	24
7. 芬兰	83.80	4	18	26	23	4	3	7
8. 美国	82.84	10	26	8	1	37	21	4
9. 丹麦	81.40	6	22	13	21	18	2	10
10. 法国	80.39	15	39	15	4	12	18	11
11. 以色列	79.81	1	35	35	7	29	1	20
12. 俄国	78.85	31	27	18	8	3	27	15
13. 奥地利	78.45	9	11	14	30	7	11	13
14. 挪威	77.07	21	43	1	12	24	8	19
15. 爱尔兰	76.67	24	7	12	25	6	24	22
16. 比利时	76.19	13	23	10	21	31	22	17
17. 英国	74.92	22	44	30	11	9	20	14
18. 荷兰	74.90	18	28	24	15	41	16	9
19. 加拿大	73.44	23	40	19	17	22	12	26
20. 澳大利亚	73.42	14	47	2	16	21	15	32
21. 中国	72.12	16	15	40	3	50	46	6
22. 新西兰	72.09	28	37	6	24	20	23	16

续表 4-9

排序/经济体	总得分	R&D强度	制造业附加值	劳动生产力	高科技密度	高等教育率	研究者集中度	专利活动
23. 波兰	71.64	36	17	28	14	26	36	21
24. 斯洛文尼亚	70.72	11	4	17	—	11	17	25
25. 马来西亚	69.15	32	6	37	20	27	38	39
26. 意大利	67.86	27	19	33	25	43	35	18
27. 西班牙	66.81	29	34	7	34	13	31	27
28. 冰岛	65.96	12	30	31	—	39	4	23
29. 葡萄牙	65.14	26	36	22	37	23	19	35
30. 匈牙利	64.66	25	10	44	28	45	33	34
31. 捷克	64.32	19	2	42	—	33	26	29
32. 立陶宛	62.60	33	14	20	—	10	29	40
33. 希腊	62.43	40	49	27	29	8	32	36
34. 爱沙尼亚	62.30	20	21	34	—	19	25	38
35. 卢林堡	61.04	30	47	4	—	47	10	12
36. 土耳其	60.92	34	20	41	30	38	44	33
37. 中国香港	60.49	43	50	9	18	15	28	45
38. 克罗地亚	58.42	39	33	11	40	28	40	41
39. 斯洛尼亚	57.69	37	12	38	—	40	30	44
40. 拉脱维亚	57.45	47	42	25	32	36	37	37
41. 乌克兰	56.77	41	46	50	36	5	45	28
42. 保加利亚	56.03	46	25	43	35	32	39	43
43. 马耳池	55.71	35	31	36	—	44	34	31
44. 塞尔维亚	54.92	44	24	45	38	35	42	46
45. 印度	52.76	38	38	47	18	42	50	42
46. 突尼斯	50.18	45	32	48	39	30	41	50
47. 泰山	50.69	49	9	46	25	49	49	47
48. 摩洛哥	48.85	42	41	49	33	46	47	48
49. 阿根廷	48.42	48	29	23	—	48	43	49
50. 哈萨克斯坦	48.48	50	45	21	—	14	48	30

美国富国证券公司的分析师布莱森(Jay Bryson)表示,中国仍然是一个发展中国家,经济规模虽然排名全球第二,但是,中国的科技发展目前仍然以复制为主,而不是自身研发。中国在“专利活动”方面排名全球第 6 名,在“研发强度”方面排名第 16 名。中国香港名列 27。韩国的科技创新能力排名全球第一,目前在全球宽带普及率和速度方面,韩国连续多年排名全球第一,另外,韩国也拥有三星电子、LG 电子等科技巨头企业。

美国彼德森(Peterson)国际经济研究所的分析师诺兰德(MarcusNoland)表示,在前五名中,地处亚太地区的韩国排名第一,日本排名第四,这体现了亚太地区激烈的经济发展竞争。诺兰德表示,韩国面临两方面的挤压,西边是拥有低工资优势的制造大国中国,东边是科技产业更加发达的日本,这促使韩国在科技创新方面表现更加迫切,创新成果也十分抢眼。进入这一榜单前十名的国家和地区还有:东南亚的新加坡(6)、芬兰(7)、美国(8)、丹麦(9)、法国(10)。在创新指数前十名中,北欧国家占据三个位置,显示了北欧在科技创新研发上的领先优势。而在“一带一路”上的其他重要国家,如俄罗斯为第 12 名,土耳其为第 36 名、南亚的印度为第 45 名,东南亚的泰国第 47 名、中亚的哈萨克斯坦则排至第 50 名。

(2)基于全球创新指数的国家创新能力比较

2007 年以来,美国康奈尔大学、欧洲工商管理学院和世界知识产权组织每年定期联合发布《全球创新指数(GII)报告》,旨在衡量全球主要经济体的创新能力、表现和结果。全球创新指数对诸多国家和地区的科技创新能力进行了定量分析和排序。全球创新指数(GII)通过使用推动创新、增加作为创新活动成果的产出等多个因素,衡量各国如何从创新中受益。GII 共设五个投入参数(机构、人力、常用与 ICT 基础架构、市场复杂度和业务复杂度)以及两个产出参数(科学与创新成果以及健康要素),现已成为首要的基准工具,为全球范围内的企业高管、政策制定者,以及其他在创新方面寻求创见的人员所使用。

2014 年,中国的 GII 指数排名居全球第 29 位,创新效率指数排名居全球第 2 位,创新投入指数排名居全球第 45 位,创新产出指数排名居全球第 16 位。可以看到,为了进一步提高中国的综合创新能力,急需完善中国的

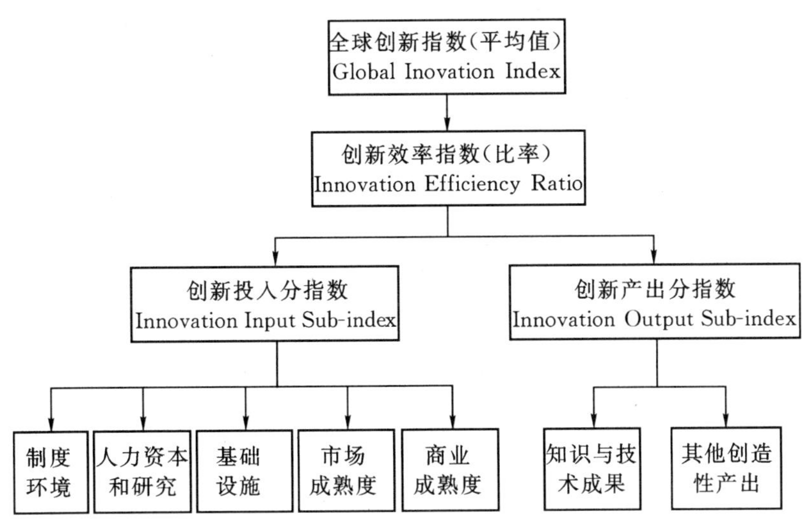

图 4-8 全球创新指数构成

创新投入环境。为了进一步反映中国创新型国家建设现状,[①]崔维军和陈亚兰(2013)借鉴郑伟、李廉水的研究成果,对相关国家进行分类,利用聚类分析法,对全球创新指数进行聚类分析,聚类结果见表 4-10。[②]

表 4-10 2007—2011 年创新型国家(地区)聚类分析结果

国家(地区)类型	2007	2009	2010	2011
创新领先国家(地区)	美国、德国、英国、日本、法国、瑞士、新加坡、加拿大、荷兰、中国香港、丹麦	美国、德国、瑞典、英国、新加坡、韩国、瑞士、丹麦、日本、荷兰、加拿大、中国香港、芬兰	冰岛、瑞典、中国香港、瑞士、丹麦、芬兰、新加坡、荷兰、新西兰、挪威、美国、加拿大、日本	瑞士、瑞典、新加坡、中国香港、芬兰、丹麦、美国、加拿大、荷兰、英国、冰岛、德国、爱尔兰、以色列、新西兰、韩国、卢森堡、挪威

① 张红娟.《2014 年全球创新指数报告》述评.国家知识产权战略网.2015.6.3

② 崔维军 陈亚兰.中国创新型国家建设进程监测与分析[J] 科技进步与对策.2013(10)

续表 4-10

国家(地区)类型	2007	2009	2010	2011
创新追随国家(地区)	瑞典、芬兰、阿联酋、比利时、卢森堡、澳大利亚、以色列、韩国、冰岛、爱尔兰、奥地利、印度、意大利、挪威、马来西亚、西班牙、新西兰	挪威、奥地利、中国台湾、卢森堡、比利时、法国、冰岛、爱尔兰、澳大利亚、以色列、卡塔尔、马来西亚、阿拉伯、联合酋长国、新西兰、西班牙	英国、卢森堡、德国、比利时、澳大利亚、爱尔兰、韩国、奥地利、法国、以色列、阿拉伯联合酋长国、中国台湾	奥地利、日本、澳大利亚、法国、爱沙尼亚、比利时、匈牙利、卡塔尔、捷克、塞浦路斯、中国、斯洛文尼亚、马亚西亚、西班牙、葡萄牙、马亚西亚、西班牙、葡萄牙、阿拉伯联合酋长国、意大利、拉脱维亚
中等创新国家	中国、南非、巴西、俄罗斯等 26 个国家与地区	中国、印度、南非、巴西、俄罗斯等 57 个国家与地区	中国、南非、印度、俄罗斯、巴西等 48 个国家与地区	南非、印度、俄罗斯、巴西等 37 个国家与地区
创新追赶国家	克罗地亚、波兰等 53 个国家与地区	坦桑尼亚、冈比亚等 45 个国家与地区	埃及、阿根廷、菲律宾等 59 个国家与地区	巴拉圭、文莱等 52 个国家与地区

表 4-11　2011 年“一带一路”各区域每百万人平均 R&D 研究人员数目

地区	每百万人研究人员	地区	每百万人研究人员	地区	每百万人研究人员
中国	963	南亚	149	西大洋洲	3693
俄罗斯	3120	中亚	593	地中海沿岸非洲	694
欧盟	3184	东南亚	4068*	印度洋沿岸非洲	51
非欧盟东欧	1017	西亚	1970*		
非欧盟中北欧	6260	东北亚	5543		

注:带星号的东南亚和东北亚地区数据的缺失国家较多,因此,在计算区域研究人员数目的平均结果时,均有所高估(由于新加坡和以色列)。

根据表 4-8 至表 4-11,可以发现中国的创新技术研发能力在"一带一路"区域属于中等水平。从 2007—2010 年时的中等创新国家,到 2011 年已进入创新追随国家行列。欧盟东北欧、东北亚、东南亚(主要是新加坡)、西大洋洲和欧盟的生产技术最高,印度洋沿岸非洲、南亚、中亚、地中海沿岸非洲最低;中国则处于其中间。这一方面说明中国在与中亚、南亚、非洲国家进行技术合作时,相对处于主动地位。另一方面说明中国需要积极同发达地区国家进行技术合作。结合产业结构的相关结论,中国同欧洲、东北亚、大洋洲国家的贸易往来应注重资本与技术密集型产品合作。而与中亚、南亚、非洲国家则应注重初级产品与劳动密集型产品贸易。

三、"一带一路"各地域对华进出口贸易情况

"一带一路"各子区域对我国贸易情况可分为进出口两大方面,为便于观察各子区域在对华贸易中所占份额的变化,本章通过绝对贸易额和相对贸易额两方面来考察各区域对华贸易情况。本部分数据来源于 UN-COMTRADE 数据库。

此处选取 1993—2014 年的贸易数据对中国在"一带一路"区域的出口情况进行分析,首先是贸易额分析。

表 4-12 1993—2014 中国对"一带一路"各区域出口额 单位:百万美元

出口	俄罗斯	欧盟	非欧盟东欧	非欧盟中北欧	南亚	中亚	东南亚	西亚	东北亚	西大洋洲	地中海沿岸非洲	印度洋沿岸非洲
1993	2692	12363	115	404	1420	261	5004	2455	19321	1205	401	109
1994	1581	15579	106	517	1764	193	6775	2764	26448	1692	509	146
1995	1665	19329	84	640	2512	256	9821	3390	35703	1874	679	202
1996	1693	20078	68	804	2223	218	9748	3414	38955	1932	651	182
1997	2038	24048	118	1186	2655	249	12105	4113	41564	2365	851	260
1998	1840	28439	97	970	2585	455	10640	4624	36330	2659	1009	234
1999	1497	30451	87	1025	2927	634	11860	5044	40616	3076	1292	224
2000	2233	38779	178	1252	3794	767	16831	6911	53508	3870	1405	315
2001	2710	42133	258	1096	4220	492	17862	7364	58155	4023	1542	324

续表 4-12

出口	俄罗斯	欧盟	非欧盟东欧	非欧盟中北欧	南亚	中亚	东南亚	西亚	东北亚	西大洋洲	地中海沿岸非洲	印度洋沿岸非洲
2002	3521	50154	545	1184	5444	944	22839	10178	64576	5208	1912	368
2003	6030	74969	967	1787	7189	2063	29983	15270	80287	7127	2637	590
2004	9098	102217	1532	2587	11231	3015	41913	19610	102353	9968	3813	792
2005	13211	136408	2625	3353	15960	5229	54379	26009	120494	12482	5201	1035
2006	15832	178935	3970	4299	23393	7738	70004	36371	137811	15371	7554	1354
2007	28530	232362	6198	5909	35203	12693	92904	54080	160571	20373	10756	2044
2008	33076	276676	7999	6572	44381	22596	112208	68156	193005	25101	14312	3098
2009	17514	223638	3957	5394	41855	16670	103895	57555	154537	23259	14131	2926
2010	29612	297484	6440	5946	57606	16531	134317	70996	193537	30337	15582	3933
2011	38903	337197	7950	7576	71284	18585	164510	91480	237085	38100	16631	5226
2012	44057	317236	8368	6623	70434	21305	197348	96298	245486	42240	20548	6362
2013	49591	321823	8834	6413	75230	23241	234997	107861	247377	42239	21756	8200
2014	53675	351959	6332	5985	85824	24056	260941	129131	255482	44522	24212	11496

结合表 4-12 和图 4-9 可以看出，虽然在 2008—2009 年，中国整体的对外出口受到了全球经济危机的影响，整体上来看，自 20 世纪 90 年代以来的 20 年间，中国对“一带一路”各区域的出口额呈现显著的增长趋势。其中，中国对欧盟和东南亚的出口额增长速度最快，欧盟更是在 2003 年超过东北亚，成为“一带一路”区域中国的首要出口伙伴国。另一方面，中国对东北亚的出口额增速出现明显下滑，尤其是近五年以来，我国对东南亚的出口额迅速逼近东北亚，这可能是由于环太平洋地区层出不穷的区域合作平台所致。1993 年，中国在“一带一路”区域的前五大出口伙伴依次为：东北亚、欧盟、东南亚、俄罗斯、西亚。而截止 2014 年，中国在“一带一路”区域的前五大出口伙伴依次为：欧盟、东北亚、东南亚、西亚、南亚。这反映了中国出口区域的变化。欧盟的地位变得最为重要，东亚国家次之，南亚逐渐成为我国的重要出口伙伴国，和俄罗斯的出口合作需要进一步加强。

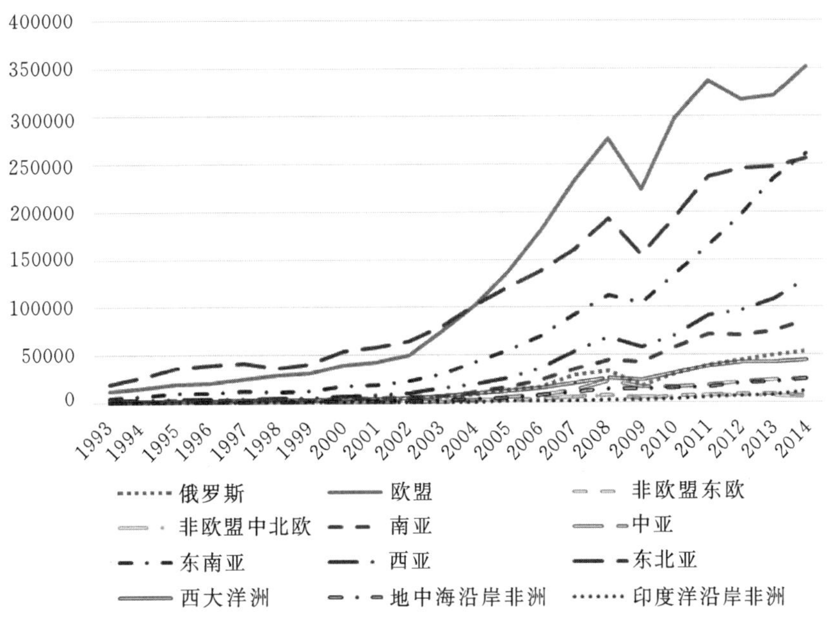

图 4-9　中国对“一带一路”各区域 1993—2014 出口额变化情况(单位:百万美元)

1. 中国对“一带一路”各区域出口比重分析

在对贸易额分析的基础上,还需要分析每个时点各区域对中国进口占总量的比重的相对量。后者也是中国对其出口依赖程度的体现。

从我国对“一带一路”各区域出口比重来看,近二十年间出口比重变化较大的区域(超过 5%)为:东南亚、西亚、东北亚。其中,我国对东南亚的出口占我国对“一带一路”总出口的比重从 1993 年的 11%增加到了 2014 年的 21%,这在一定程度上反映了我国对东南亚的国际产业转移趋势。我国对西亚的出口占我国对“一带一路”总出口的比重从 1993 年的 5%增加到了 2014 年的 10%,这说明,我国与西亚国家的贸易联系不断加强。我国对东北亚的出口占我国对“一带一路”总出口的比重从 1993 年的 42%下降到了 2014 年的 20%,这反映了我国的出口目标地区不断分散到全球范围。另外,我国对俄罗斯、非欧盟中北欧的出口占比略微下降,我国对非欧盟东欧、南亚、中亚、西大洋洲、地中海沿岸非洲和印度洋沿岸非洲的出口占比略微上升。

表 4-13　1993—2014 中国对"一带一路"各区域出口比重

出口	俄罗斯	欧盟	非欧盟东欧	非欧盟中北欧	南亚	中亚	东南亚	西亚	东北亚	西大洋洲	地中海沿岸非洲	印度洋沿岸非洲
1993	6%	27%	0%	1%	3%	1%	11%	5%	42%	3%	1%	0%
1994	3%	27%	0%	1%	3%	0%	12%	5%	46%	3%	1%	0%
1995	2%	25%	0%	1%	3%	0%	13%	4%	47%	2%	1%	0%
1996	2%	25%	0%	1%	3%	0%	12%	4%	49%	2%	1%	0%
1997	2%	26%	0%	1%	3%	0%	13%	4%	45%	3%	1%	0%
1998	2%	32%	0%	1%	3%	1%	12%	5%	40%	3%	1%	0%
1999	2%	31%	0%	1%	3%	1%	12%	5%	41%	3%	1%	0%
2000	2%	30%	0%	1%	3%	1%	13%	5%	41%	3%	1%	0%
2001	2%	30%	0%	1%	3%	0%	13%	5%	41%	3%	1%	0%
2002	2%	30%	0%	1%	3%	1%	14%	6%	39%	3%	1%	0%
2003	3%	33%	0%	1%	3%	1%	13%	7%	35%	3%	1%	0%
2004	3%	33%	0%	1%	4%	1%	14%	6%	33%	3%	1%	0%
2005	3%	34%	1%	1%	4%	1%	14%	7%	30%	3%	1%	0%
2006	3%	36%	1%	1%	5%	2%	14%	7%	27%	3%	2%	0%
2007	4%	35%	1%	1%	5%	2%	14%	8%	24%	3%	2%	0%
2008	4%	34%	1%	1%	5%	3%	14%	8%	24%	3%	2%	0%
2009	3%	34%	1%	1%	6%	3%	16%	9%	23%	3%	2%	0%
2010	3%	34%	1%	1%	7%	2%	16%	8%	22%	4%	2%	0%
2011	4%	33%	1%	1%	7%	2%	16%	9%	23%	4%	2%	1%
2012	4%	29%	1%	1%	7%	2%	18%	9%	23%	4%	2%	1%
2013	4%	28%	1%	1%	7%	2%	20%	9%	22%	4%	2%	1%
2014	4%	28%	1%	0%	7%	2%	21%	10%	20%	4%	2%	1%

2. 中国对"一带一路"各区域进口额分析

研究选取 1993—2014 年的贸易数据对中国在"一带一路"区域的进口情况进行分析，首先是贸易额分析。

表 4－14　1993—2014 中国对"一带一路"各区域进口额　　单位：百万美元

进口	俄罗斯	欧盟	非欧盟东欧	非欧盟中北欧	南亚	中亚	东南亚	西亚	东北亚	西大洋洲	地中海沿岸非洲	印度洋沿岸非洲
1993	4981	16092	531	1140	533	347	6139	2027	29015	2353	212	13
1994	3495	18192	760	1139	521	355	7036	1709	33921	2910	42	20
1995	3799	20604	569	1166	685	526	9751	2247	39460	3009	182	17
1996	5152	19199	536	1151	1106	560	10712	3076	41857	3936	109	24
1997	4086	18457	361	1260	1350	623	12382	3844	44234	3673	140	23
1998	3641	19968	196	1107	1332	499	12572	3186	43527	3126	185	13
1999	4223	24833	361	1503	1250	697	14825	3506	51225	4174	197	19
2000	5770	29887	535	2087	1890	1052	21995	9466	64966	5863	213	24
2001	7959	34640	658	2320	2313	1017	22932	9318	66570	6285	292	29
2002	8407	37721	774	2979	2883	1444	30818	9667	82528	6814	335	46
2003	9728	52081	1351	3580	4885	2011	46846	14958	117955	8555	471	70
2004	12127	66867	1199	5062	8362	2828	62509	21906	157608	13210	1112	144
2005	15890	69859	1275	5081	10725	3498	74512	31243	178268	17829	1838	276
2006	17554	86222	867	5559	11427	4320	89059	40945	207012	21030	2464	281
2007	19689	105809	1280	7519	15901	6969	107885	48380	239638	27808	3402	386
2008	23833	127082	1694	9568	21468	8227	116266	80451	265024	39843	4419	357
2009	21283	121789	2705	10042	15192	6877	105786	54639	235621	42274	5356	458
2010	25914	160323	2646	20380	22964	13582	153047	83560	318820	65646	7188	753
2011	40363	200800	3877	30984	26111	21021	190774	126785	363461	88464	6238	910
2012	44138	201918	3713	26041	22614	24639	194197	136018	353007	91021	10744	949
2013	39668	209843	3872	59735	21005	27033	196612	142009	351756	108005	6763	1234
2014	41619	233128	4247	44908	20187	20957	192423	144163	360916	108582	3929	2281

结合表 4－11 和图 4－10 可以看出，虽然在 2008—2009 年我国整体的进口受到了全球经济危机的影响，整体上来看，自 20 世纪 90 年代以来的 20 年间，我国对"一带一路"各区域的进口额呈现显著的增长趋势。其中，我国对东北亚、欧盟和东南亚的进口额增长最明显。虽然我国对东北亚的进口额一直排名第一，但经济危机以来，我国对该区域的进口开始出现下

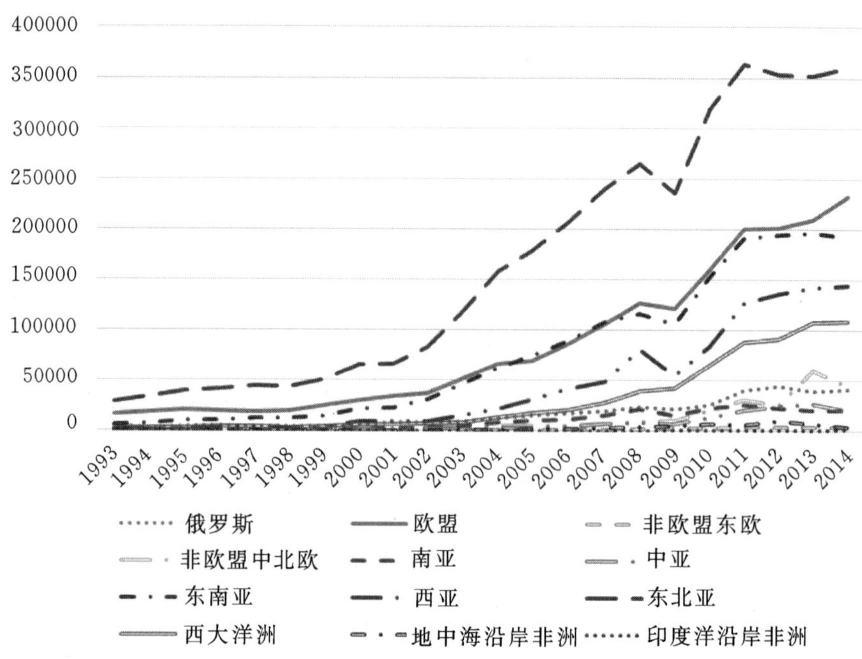

图 4-10　1993—2014 中国对“一带一路”各区域进口额变化情况(单位:百万美元)

滑态势。值得注意的是,我国对西大洋洲地区的出口远小于进口,这要求我国额外注重与该区域的价值链合作。1993 年,我国在“一带一路”区域的前五大进口伙伴依次为:东北亚、欧盟、东南亚、俄罗斯、西大洋洲。而截止 2014 年,我国在“一带一路”区域的前五大出口伙伴依次为:东北亚、欧盟、东南亚、西亚、西大洋洲。这反映了我国进口区域的变化。东北亚和欧盟的主要进口伙伴地位依然重要,西亚有望取代俄罗斯,成为我国的能源进口主要来源。

3. 中国从“一带一路”各区域进口贸易比重分析

在对进口贸易额分析的基础上,还需要分析每个时点,我国从各区域进口占总量的比重的相对量。后者也是我国对其进口依赖程度的体现。

表 4-15　1993—2014 中国对"一带一路"各区域进口比重

进口	俄罗斯	欧盟	非欧盟东欧	非欧盟中北欧	南亚	中亚	东南亚	西亚	东北亚	西大洋洲	地中海沿岸非洲	印度洋沿岸非洲
1993	8%	25%	1%	2%	1%	1%	10%	3%	46%	4%	0%	0%
1994	5%	26%	1%	2%	1%	1%	10%	2%	48%	4%	0%	0%
1995	5%	25%	1%	1%	1%	1%	12%	3%	48%	4%	0%	0%
1996	6%	22%	1%	1%	1%	1%	12%	4%	48%	5%	0%	0%
1997	5%	20%	0%	1%	1%	1%	14%	4%	49%	4%	0%	0%
1998	4%	22%	0%	1%	1%	1%	14%	4%	49%	3%	0%	0%
1999	4%	23%	0%	1%	1%	1%	14%	3%	48%	4%	0%	0%
2000	4%	21%	0%	1%	1%	1%	15%	7%	45%	4%	0%	0%
2001	5%	22%	0%	2%	1%	1%	15%	6%	43%	4%	0%	0%
2002	5%	20%	0%	2%	2%	1%	17%	5%	45%	4%	0%	0%
2003	4%	20%	1%	1%	2%	1%	18%	6%	45%	3%	0%	0%
2004	3%	19%	0%	1%	2%	1%	18%	6%	45%	4%	0%	0%
2005	4%	17%	0%	1%	3%	1%	18%	8%	43%	4%	0%	0%
2006	4%	18%	0%	1%	2%	1%	18%	8%	43%	4%	1%	0%
2007	3%	18%	0%	1%	3%	1%	18%	8%	41%	5%	1%	0%
2008	3%	18%	0%	1%	3%	1%	17%	12%	38%	6%	1%	0%
2009	3%	20%	0%	2%	2%	1%	17%	9%	38%	7%	1%	0%
2010	3%	18%	0%	2%	3%	2%	17%	10%	36%	8%	1%	0%
2011	4%	18%	0%	3%	2%	2%	17%	12%	33%	8%	1%	0%
2012	4%	18%	0%	2%	2%	2%	18%	12%	32%	8%	1%	0%
2013	3%	18%	0%	5%	2%	2%	17%	12%	30%	9%	1%	0%
2014	4%	20%	0%	4%	2%	2%	16%	12%	31%	9%	0%	0%

从中国对"一带一路"各区域进口比重来看，近二十年间，进口比重变化较大的区域(超过 5%)为：欧盟、东南亚、西亚、东北亚、西大洋洲。其中，中国从欧盟的进口占中国从"一带一路"总进口的比重，从 1993 年的 25% 下降到了 2014 年的 20%。中国从东南亚的进口占中国从"一带一路"总进口的比重，从 1993 年的 10%增加到了 2014 年的 16%。中国从西亚的进口占中国从"一带一路"总进口的比重，从 1993 年的 3%增加到了 2014 年的 12%，这说明，中国对西亚国家的能源依赖不断加强。中国从东北亚的进

口占中国从"一带一路"总进口的比重，从 1993 年的 46%下降到了 2014 年的 31%。中国从西太平洋的进口占中国从"一带一路"总进口的比重，从 1993 年的 4%增加到了 2014 年的 9%。另外，中国对俄罗斯、非欧盟东欧、地中海沿岸非洲和印度洋沿岸非洲的进口占比略微下降，中国对非欧盟中北欧、南亚、中亚的进口占比略有上升。

第五节　中国与"一带一路"区域经济合作的模拟分析

本节在此将通过现有数据，对第三章的理论结果式(3.32)中的相应参数进行估值与校准。进而对校准后的理论模型进行数值模拟，以期获得中国进行"一带一路"建设的一个模拟过程，并借此分析中国与俄罗斯、欧盟、非欧盟东欧、非欧盟中北欧、南亚、中亚、东南亚、西亚、东北亚、西大洋洲、地中海沿岸非洲、印度洋沿岸非洲等地区的经济合作。

关于产品替代弹性 σ，本章集中讨论研究对象地区与中国的产品差异，由于不考虑具体的行业区分，这里用产业结构来代替产品结构。一个地区的产业结构与中国差异越大，证明其产品的差异也就越大。这里根据数据最全面的 2007 年度的中国工业增加值占 GDP 的百分比，减去研究对象地区的工业增加值占 GDP 的百分比的差的绝对值，加 2 作为替代弹性 σ 的基础数据，这样处理是为了保证该参数在 2 到 3 之间(Krugman, 1991)。

关于国民收入 I_L，此处采用现价美元计价的各年 GDP 代替，作为 I_L 的基础数据。

关于技术 τ_L，将选取 2011 该地区百万人中的 R&B 研发人员数目作为表示变量，但由于技术越高 τ 越小，将对百万人中的 R&B 研发人员数目取倒数作为基础数据。由于不考虑"一带一路"国家间的竞争，认为 τ_O 恒定为所有 τ_L 均值水平。

在模拟过程中，$\delta_C=\delta_O=2$，为交易成本变化的均值。代表世界范围国际贸易的交易成本系数。结合不同变量的经济含义与取值范围，对基础数据进行标准化处理。其中大于 1 的数据均在标准化的基础上加一。

校准后的贸易模拟结果如图 4-11 所示。

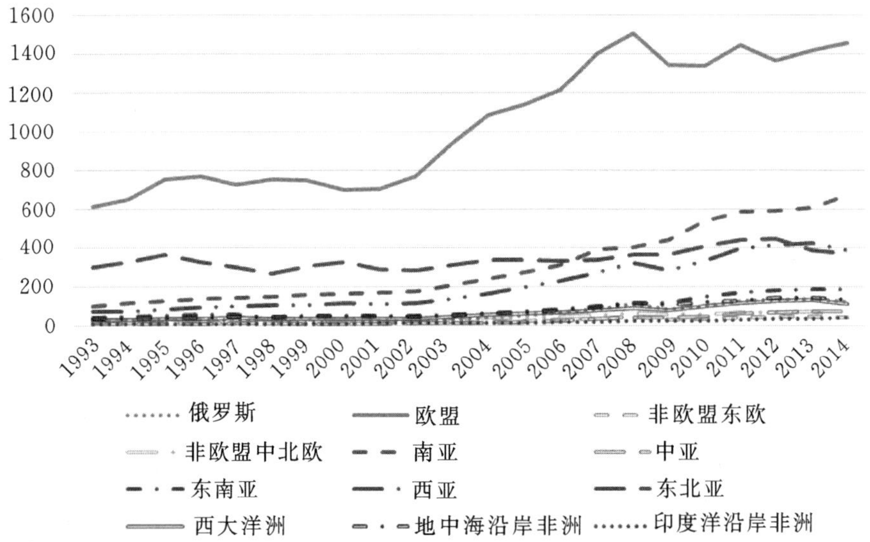

俄罗斯 欧盟 非欧盟东欧
非欧盟中北欧 南亚 中亚
东南亚 西亚 东北亚
西大洋洲 地中海沿岸非洲 印度洋沿岸非洲

(a)1993—2014 中国对“一带一路”各区域出口额变化模拟结果

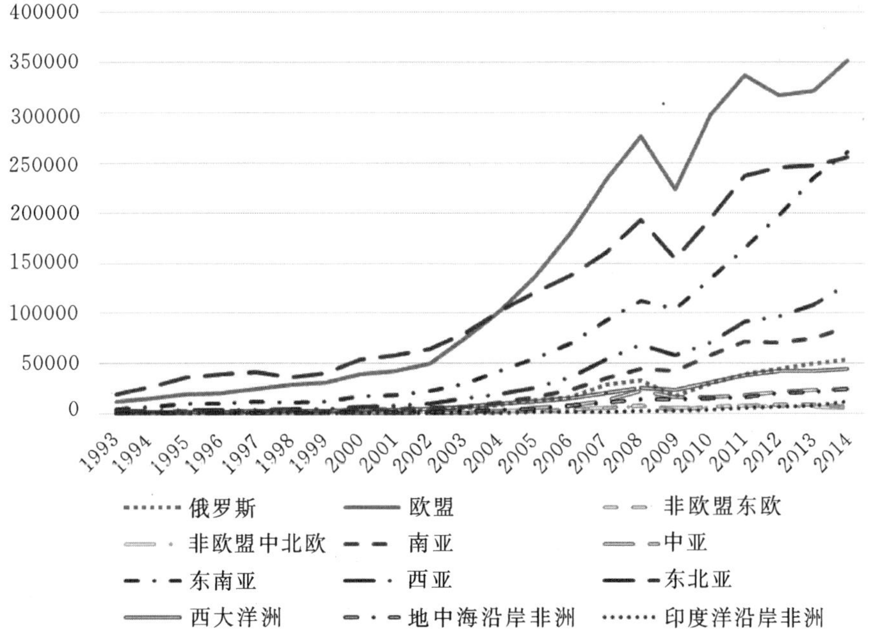

俄罗斯 欧盟 非欧盟东欧
非欧盟中北欧 南亚 中亚
东南亚 西亚 东北亚
西大洋洲 地中海沿岸非洲 印度洋沿岸非洲

(b)1993—2014 中国对“一带一路”各区域出口额实际变化

图 4－11　1993—2014 中国对“一带一路”各区域出口额模拟值与实际值对比

对比图 4－11(a)和(b)可以看出，校准后的模型基本上反映出了中国对"一带一路"各区域近二十年间的贸易变化情况。两幅图排名前五的贸易伙伴区域都是：欧盟、东北亚、东南亚、西亚、南亚。但是，校准模型的我国前五大出口伙伴为：欧盟、南亚、东北亚、西亚、东南亚。而实际上，我国的前五大出口伙伴区域依次为：欧盟、东北亚、东南亚、西亚、南亚。可以看出，南亚的实际值要低于预测值，而东北亚、东南亚的实际值要高于预测值。南亚和东北亚是由于没有考虑距离。离中国更近的东北亚、东南亚被低估，离中国较远的南亚(贸易距离而非地理距离)、欧盟被高估。

整体而言，以 2014 年水平为例。俄罗斯在实际出口区域中排名第六，数值模拟中排名第七。欧盟在实际出口区域中排名第一，数值模拟中排名第一。非欧盟东欧国家在实际出口区域中排名第十，数值模拟中排名第十一。非欧盟中北欧在实际出口区域中排名第十二，数值模拟中排名第十二。南亚在实际出口区域中排名第五，数值模拟中排名第二。中亚在实际出口区域中排名第九，数值模拟中排名第九。东南亚在实际出口区域中排名第二，数值模拟中排名第五。西亚在实际出口区域中排名第四，数值模拟中排名第三。东北亚在实际出口区域中排名第三，数值模拟中排名第四。西大洋洲在实际出口区域中排名第七，数值模拟中排名第八。地中海沿岸非洲在实际出口区域中排名第八，数值模拟中排名第六。印度洋沿岸非洲在实际出口区域中排名第十，数值模拟中排名第十一。可以看出，除了东南亚和南亚的排名数值模拟结果和实际值差异较大，其余模拟结果，均较好地反映了中国的实际贸易状况。式(3.32)代表的理论模型结果对于中国与"一带一路"地区的贸易变化具备一定的解释能力。

因此，本研究将在式(3.32)的基础上进行进一步分析，由于式(3.32)对于"一带一路"地区的贸易情况反映较为客观，将在式(3.32)的基础上，通过交易成本的改变，来观察我国的"一带一路"区域合作构想一旦降低了贸易成本，对实际的贸易情况有什么具体影响。

由于考虑的是政策的边际影响，这里固定各区域 GDP 为 2014 年水平。在模拟过程中，δ_C 将从 2 减少为 1，也就是贸易成本减半。同时，$\delta_O = 2$，为交易成本变化的均值。代表世界范围国际贸易的交易成本系数。

随着“一带一路”的建设进程的深入，各区域之间的联系不断加强，贸易畅通与道路联通等合作政策，都会导致交易成本的不断下降。下降效果见图4－12。

从图4－12中可以看出，“一带一路”建设与贸易合作将导致中国对所有地区贸易的增加。虽然此处模型并未考虑贸易转移效应，但根据Kemp Wan定理，全区域的贸易合作最终会导致各国的净福利效应增加。这说明了“一带一路”建设的合理性和互利共赢的特征。

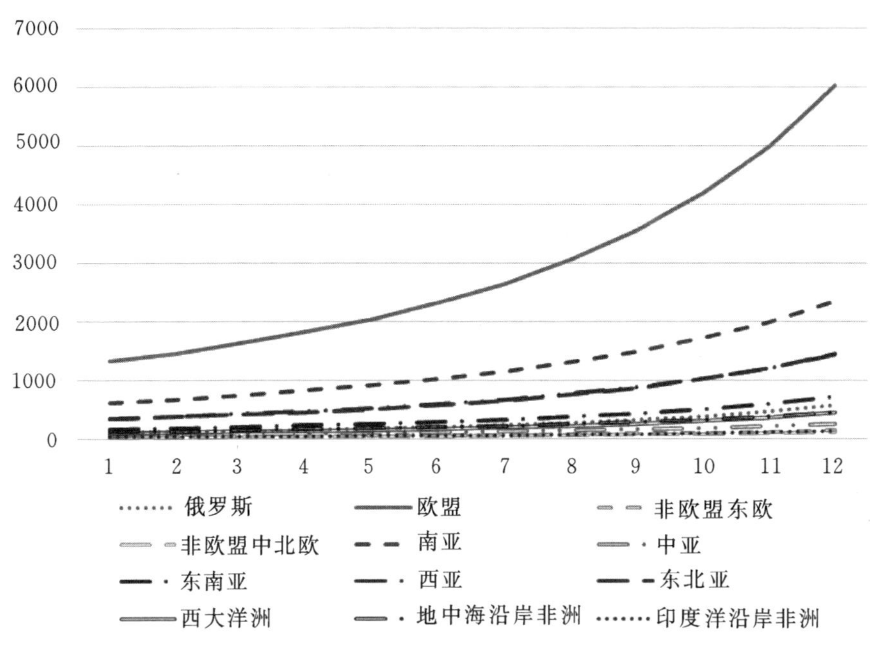

图4－12 “一带一路”建设的政策效果模拟分析

具体来看，“一带一路”建设的政策效果模拟可以分为三个层次。效果最强的是中国对欧盟的出口，随着贸易成本的减半，中国对欧盟的出口额增加了六倍以上。效果较强的是中国对南亚、东北亚和西亚地区的出口，随着贸易成本的减半，中国对这三个区域的出口额增加了三倍以上。而中国对其余区域的出口受交易成本的影响并不显著，除东南亚与俄罗斯的出口随着交易成本的减半将出现成倍增加之外，中国对非欧盟东欧国家、非欧盟中北欧国家、中亚、西大洋洲、地中海沿岸非洲、印度洋沿岸非洲等区域的出口受贸易政策影响并不显著。因此,"一带一路"贸易合作的重点应该放在与欧盟、东亚、南亚、西亚上。而对于其他区域,如中亚、非洲等则应注重贸易发展培育和扩大其他方面的合作。

第六节　本章小结

首先,本章介绍了"一带一路"构想的共建原则,"一带一路"沿线各国政体和不同国际组织,以及部分国家的丝路开发计划。

其次,以丝绸之路经济带六大经济走廊框架为主体,对"一带一路"建设的空间特征进行了介绍;并对"一带一路"与目前已有的主要的自由贸易区架构和地区组织的合作进行了概述,分析了中国与之的合作关系现状和前景,并且对区域内正在展开的谈判和新的区域经贸协定及其影响进行了分析展望。

再次,对"一带一路"涵盖的国家进行了区域划分,从包括经济规模、产业特征、收入、科研水平、各自对华贸易情况等不同层面,深入分析了"一带一路"所涵盖的各大区域的特征差异。

最后,为分析"一带一路"建设的影响因素,进行了一般均衡的数值模拟,模拟的参数都是根据实际数据校准后得出的,对比实际贸易变化可以证实,模拟结果具有一定的解释力。

在不考虑空间因素的合作层面,"一带一路"建设的相关政策效果在各大区域是不同的。欧洲与西太平洋相对于其他地区具有明显优势,如科技研究领域,文化教育产业等;南亚具有独特的经济因素优势,这些都足以支撑"一带一路"建设的不断发展。中国应当加强与这些区域的合作。值得注意的是,以色列和新加坡的科研实力都很突出,需要与以色列和新加坡继续加强科研层面的合作。

产业结构调整方面,"一带一路"区域传统的农业国家的农业增加值,在 GDP 中的比重都经历了下降,但其农业主产区的地位并未发生根本变化。另外,除了非欧盟中北欧的农业比重保持稳定以外,其余各区域的农业增加值占 GDP 的比重均发生略微下降,这也代表了各国的产业结构升

级都没有中断过。另一方面，除了俄罗斯和中亚，“一带一路”区域传统的工业国家的工业增加值依然保持较高水平。且在GDP中的比重大都经历了下降。另外，欧盟、西大洋洲等发达地区的工业增加值占GDP的比重均发生略微下降，这也代表了制造业的国际产业转移方向。

创新生产技术方面，中国的技术研发能力在“一带一路”区域属于中低水平。非欧盟东北欧、东北亚、东南亚（主要是新加坡）、大洋洲和欧盟的生产技术较高。印度洋沿岸非洲、南亚、中亚、地中海沿岸非洲的生产技术偏低。这一方面说明，中国在与中亚、南亚、非洲国家进行技术合作时，可能处于主动地位。另一方面说明，中国需要积极同发达地区、国家进行技术合作。结合产业结构的相关结论，中国同欧洲、东北亚、大洋洲国家的贸易往来应注重资本与技术密集型产品合作。而与中亚、南亚、非洲国家则应注重初级产品与劳动密集型产品贸易。

具体而言，“一带一路”建设的政策效果最强的是欧盟地区，效果较强的是对东北亚、南亚和西亚地区的合作，之后是俄罗斯和东南亚。中国对非欧盟东欧地区、非欧盟中北欧地区、中亚、西大洋洲、地中海沿岸非洲、印度洋沿岸非洲等区域的出口受贸易政策影响并不显著。因此，“一带一路”贸易合作的重点应该放在与欧盟、东北亚、南亚、西亚上。而对于其他区域，则应注重培育力度和加强其他方面的合作。

出口方面，中国在“一带一路”区域的前五大出口伙伴依次为：欧盟、东北亚、东南亚、西亚、南亚。这反映了中国出口区域的指向变化中，欧盟的地位变得最为重要，南亚逐渐成为中国的重要出口伙伴国，和俄罗斯的出口合作需要进一步加强。进口方面，中国在“一带一路”区域的前五大出口伙伴依次为：东北亚、欧盟、东南亚、西亚、西大洋洲。这反映了中国进口区域的指向变化中，东北亚和欧盟的主要进口伙伴地位依然重要，西亚有望取代俄罗斯，成为中国的能源进口主要来源。

收入方面。除了中亚和俄罗斯，自20世纪90年代以来的20年间，“一带一路”其他各区域各国经济规模呈现显著的增长趋势。俄罗斯经济从20世纪90年代以来下滑明显，直到1999年之后开始逐渐回复。2008年，全球经济危机给各区域都造成了不同程度的影响，只有中国、南亚、东北亚和印度洋沿岸非洲在危机中保持经济增长，这充分说明了海上丝绸之路的发展潜力。整体上看，欧盟和东北亚地区属于传统的发达区域，经济规模的优势也一直得到了保持。中国、俄罗斯、南亚、东南亚、西亚和西大洋洲等新兴市场发展势头也十分迅猛。但从人均收入角度来看，中国处于“一带一路”国家的中等水平。在“一带一路”内部，无论是人均收入还是经济规模，欧盟、东北亚和西亚地区的优势都十分明显。而新兴市场，诸如中国、俄罗斯和南亚，在国民富裕程度上与传统发达地区还存在差距。

由于经济距离不具有客观的计算方式，本章的模拟并未直接考虑空间因素，尤其是地理邻接因素的合作层面。一旦考虑空间因素，中亚在“一带一路”建设中的作用具有重要意义，东亚和南亚仍具备明显优势。因此，和空间因素相关的合作，如大部分行业的产品贸易，尤其是运输成本较高的产品贸易时，在保持和南亚良好的合作关系的同时，需要增强与中亚的贸易层次的合作。值得注意的是，西亚、西太平洋是能源资源富集地区，然而，该地区是中国进行经济合作成本较高的区域，因此，能源合作需要额外注重风险因素。

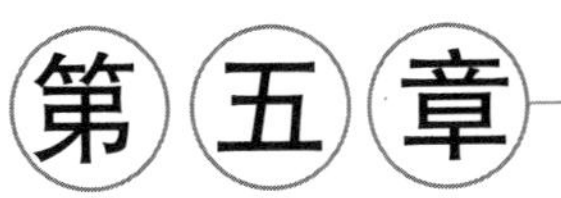

第五章 中国对“一带一路”国家贸易、投资及援助分析

古丝绸之路和海上丝绸之路，是历史上横贯欧亚大陆的贸易交通线，促进了欧亚非各国和中国的友好往来，也为世界贸易的发展和文明的进步做出了不可磨灭的贡献。“一带一路”是对古丝绸之路和海上丝绸之路的继承和发扬。“一带一路”是一个开放包容的平台，初步统计，“一带一路”覆盖总人口超过世界人口总数的五分之三，GDP 为全球的三分之一强还要多。根据联合国统计数据，该区域在过去的十五年间，无论贸易增速还是跨境投资增速，均高于全球平均水平四到五个百分点左右。“一带一路”沿线国家巨大的合作潜力和经贸实力，将成为全球经济增长乏力的新的经济增长源，从而为世界经济复苏发展注入新的经济增长点。

第一节 “一带一路”沿线国家及其分类

“一带一路”是一条开放包容的共赢之路，“一带一路”建设秉承的是共商、共建、共享原则，不是封闭的固定成员的体系，根据目前的情况，“一带一路”国家按地区分类如表 5－1 所示。

表 5－1 “一带一路”沿线地区和国家

地区	国家
东北亚地区(3 国)	蒙古、韩国、日本
东南亚及大洋洲地区(14 国)	印度尼西亚、马来西亚、菲律宾、新加坡、泰国、文莱、越南、柬埔寨、东帝汶、巴布亚新几内亚、老挝、缅甸、新西兰、澳大利亚
南亚地区(7 国)	尼泊尔、不丹、印度、巴基斯坦、孟加拉国、斯里兰卡、马尔代夫
中亚地区(5 国)	哈萨克斯坦、土库曼斯坦、吉尔吉斯斯坦、乌兹别克斯坦、塔吉克斯坦

续表 5－1

地区	国家
西亚地区(19 国)	阿富汗、伊朗、亚美尼亚、伊拉克、也门、阿塞拜疆、土耳其、格鲁吉亚、叙利亚、沙特阿拉伯、阿拉伯联合酋长国、以色列、巴勒斯坦、卡塔尔、科威特、阿曼、黎巴嫩、约旦、巴林
中东欧地区(16 国)	阿尔巴尼亚、波斯尼亚和黑塞哥维那、克罗地亚、马其顿、黑山、塞尔维亚、波兰、匈牙利、捷克、斯洛伐克、斯洛文尼亚、爱沙尼亚、拉脱维亚、立陶宛、罗马尼亚、保加利亚
独联体(4 国)	俄罗斯、白俄罗斯、乌克兰、摩尔多瓦
欧盟国家(17 国)	法国、德国、意大利、荷兰、比利时、卢森堡、英国、丹麦、爱尔兰、希腊、葡萄牙、西班牙、奥地利、瑞典、芬兰、马耳他、塞浦路斯

“一带一路”横贯欧亚大陆、西太平洋和印度洋。若以中国为辐射中心，西北可达波罗的海三国(立陶宛、拉脱维亚、爱沙尼亚)，东北到达俄罗斯和蒙古，西南延至埃及和也门，东南可至印度尼西亚，辐射的国家范围广泛，是当今世界上跨度最长、发展潜力最好的经济大走廊。根据现有文献研究的关于“一带一路”沿线国家所作的分类及沿线国家对中国倡议的回应及其政策意向，将这片广大区域从地理上界定为东南亚、南亚、中亚、西亚(中东)和中东欧地区的 64 个国家(未含中国)，沿线涉及上海合作组织、东南亚国家联盟、南亚国家联盟、欧亚经济联盟、独联体经济联盟、欧盟和海湾合作委员会等多个区域性经济组织的成员。

表 5－2 “一带一路”沿线重要国家的经济发展水平及分类

经济发展水平	主要国家
中东欧发达经济体(17 国)	波兰、捷克、斯洛伐克、匈牙利、斯洛文尼亚、克罗地亚、罗马尼亚、保加利亚、爱沙尼亚、立陶宛、拉脱维亚、塞尔维亚、黑山、马其顿、波黑、阿尔巴尼亚、以色列
亚非发展中经济体(35 国)	土耳其、伊朗、叙利亚、伊拉克、阿联酋、沙特阿拉伯、卡塔尔、巴林、科威特、黎巴嫩、阿曼、也门、约旦、巴勒斯坦、越南、老挝、柬埔寨、泰山、马来西亚、新加坡、印度尼西亚、文莱、菲律宾、缅甸、东帝汶、印度、巴基斯坦、孟加拉国、阿富汗、尼泊尔、不丹、斯里兰卡、马尔代夫、蒙古、埃及
独联体转型经济体(17 国)	白俄罗斯、摩尔多瓦、亚美尼亚、格鲁吉亚、阿塞拜疆、俄罗斯、乌克兰、哈萨克斯坦、吉尔吉斯斯坦、乌兹别克斯坦、土库曼斯坦、塔吉克斯坦

“一带一路”沿线国家大多属于发展中国家和转型经济体，经济发展后发优势强劲，与中国经济具有良好的互补性。

第二节 中国对“一带一路”国家整体贸易与直接投资现状

一、中国对“一带一路”国家进出口贸易状况

加入世界贸易组织以来，我国同“一带一路”地区的货物贸易量大幅度增长，贸易总额从 2948.43 亿美元增长到 2014 年的 25020.69 亿美元，同比增长 748.61%，年均增长高达 15.5%。受 2008 年经济危机影响，2009 年出现了－14.63%的负增长。后金融危机时代，虽然双边货物贸易并没有保持大幅度增长，但从 2012 年数据来看，我国同“一带一路”地区年度货物贸易总额仍是稳中有升。

表 5－3　2001—2014 中国同“一带一路”国家货物贸易总额

年度	总额(亿美元)	定基比	环比
2014 年	25020.69	748.61%	9.52%
2013 年	22845.89	674.85%	4.92%
2012 年	21773.92	638.49%	2.35%
2011 年	21274.73	621.56%	23.07%
2010 年	17286.51	486.29%	34.76%
2009 年	12827.75	335.07%	－14.63%
2008 年	15026.31	409.64%	20.92%
2007 年	12426.31	321.46%	25.59%
2006 年	9894.50	235.59%	22.57%
2005 年	8072.78	173.80%	22.24%
2004 年	6604.24	123.99%	34.46%
2003 年	4911.64	66.59%	39.77%
2002 年	3514.18	19.19%	19.19%
2001 年	2948.43	0.00%	0.00%

注：数据来源于国家统计局。

分地区来看，中国2014年对沿线地区的货物贸易按照所占份额大小，排名依次是欧盟，占27.15%；东南亚地区和大洋州地区14国，即东盟十国和东帝汶、巴布亚新几内亚、澳大利亚、新西兰，占比25.25%。其次是东北亚三国日本、韩国、蒙古，占比24.41%。往下依次是西亚，大洋洲2国，独联体和南亚等国。排名前十的国家依次是日本、韩国、德国、澳大利亚、马来西亚、俄罗斯、越南、英国、新加坡和芬兰；其中，千亿美元级别以上的有日本、韩国、德国、澳大利亚和马来西亚。

图5-1　2014年中国与"一带一路"分地区货物贸易占比

进口方面，中国方面始终处于出超地位，2014年，货物进口总额为11878.54亿美元，占货物贸易总额的比例为47.47%，出口为13240.06亿美元，贸易顺差为1361.52亿美元。在"一带一路"沿线国家，2014年，我国货物进口排名前十的国家依次是韩国、日本、德国、澳大利亚、马来西亚、沙特阿拉伯、俄罗斯、泰国、英国、新加坡。货物出口排名前十的国家依次是日本、韩国、德国、芬兰、荷兰、越南、英国、印度、俄罗斯、新加坡。

二、中国对“一带一路”国家直接投资状况

根据国家统计局数据显示，2014 年，中国 OFDI 金额约 1231.2 亿美元，对外直接投资流量超过吸引外资流量总额。这意味着，我国正在成为净资本输出国，“这是中国经济逐步走向成熟的重要标志”。有国外学者评价到，参照发达国家英美日等国的发展历程，经济走向成熟的一个重要标志就是从以商品输出为主过渡到以资本输出为主。在我国的对外直接投资国中，“一带一路”国家占有重要的地位，2014 年，中国对“一带一路”直接投资排名前 14 的国家，都属于中国当年对外直接投资流量的前 20 强。

如表 5 - 4 所示，从 2003 年到 2014 年，我国对外 FDI 流量增长高达 58 倍，从 5 亿美元增长到 301.9 亿美元。数据显示，增长较快的是 2005 年和 2007 年，分别环比增长 162.58%和 235.34%。在“一带一路”沿线国家中，2014 年 FDI 流量排名前十的国家依次是卢森堡、澳大利亚、新加坡、英国、德国、印度尼西亚、荷兰、老挝、巴基斯坦、泰国。截止 2014 年，FDI 存量排名前十的国家依次是澳大利亚、新加坡、卢森堡、英国、俄罗斯、法国、哈萨克斯坦、印度尼西亚、德国、挪威。

表 5 - 4　2003—2014 中国对“一带一路”沿线国家 OFDI 流量

年度	总额(万美元)	定基比	环比
2014 年	3018974	58.83	38.29%
2013 年	2183031	42.27	−2.08%
2012 年	2229404	43.19	5.50%
2011 年	2113139	40.88	41.75%
2010 年	1490748	28.55	44.95%
2009 年	1028468	19.38	46.20%
2008 年	703485	12.94	43.63%
2007 年	489795	8.71	235.34%
2006 年	146059	1.89	−11.82%
2005 年	165643	2.28	162.58%
2004 年	63083	0.25	25.03%
2003 年	50455	0.00	0.00%

注：数据来源于中国国家统计局。

根据商务部数据(见图5-2),2013年我国在"一带一路"的FDI主要投向东南亚地区和欧盟,东南亚地区占比为39.34%,欧盟占比为32.75%,三分之一强,往下依次是中亚五国、独联体各国,以及西亚和东北亚各国。行业方面,中国对沿线国家和地区的直接投资中,按次序依次主要流向了租赁和商务服务业、金融业、批发和零售业、采矿业、交通运输业等。

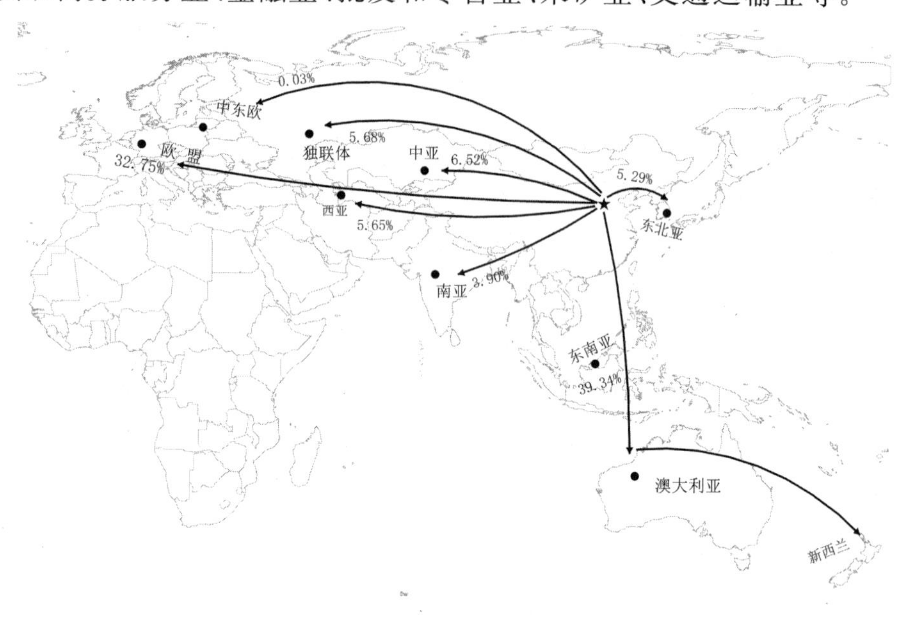

图5-2 2013年中国与"一带一路"地区FDI流量占比

第三节 中国对"一带一路"国家分地区贸易与投资现状

一、中国对东南亚地区贸易与投资现状

东南亚历来是我国重要的贸易伙伴。加入世界贸易组织以来,我国同该地区的货物贸易总额增长了十倍多,且一直保持着高速增长。在东南亚和大洋洲地区的13个国家中,东盟是我国重要的贸易伙伴,早在2002年,

中国就已经与东盟签订了《中国—东盟全面经济合作框架协议》。2010 年，该自由贸易区正式建成，按照协议，中国从该地区 90% 的进口商品都实现了零关税。而东盟十个成员国中，六个也都实现了这一目标，剩下的四个在 2015 年也相互达到了这一目标。2014 年统计显示，东盟已经成为中国第三大贸易伙伴，中国则是东盟最大的贸易伙伴。2014 年，中国同东南亚货物贸易总额为 6316.01 亿美元，相比上年增长 6.59%，占同期中国同“一带一路”地区贸易总额的四分之一左右。

表 5－5　中国同东南亚地区货物贸易总额

年度	总额(亿美元)	定基比	环比
2014 年	6316.01	1119.68%	6.59%
2013 年	5925.39	1044.25%	11.33%
2012 年	5322.30	927.79%	8.96%
2011 年	4884.62	843.27%	25.97%
2010 年	3877.74	648.83%	39.63%
2009 年	2777.22	436.31%	－5.99%
2008 年	2954.13	470.47%	18.13%
2007 年	2500.70	382.91%	27.11%
2006 年	1967.36	279.92%	22.73%
2005 年	1602.98	209.55%	24.50%
2004 年	1287.50	148.63%	37.49%
2003 年	936.46	80.84%	40.58%
2002 年	666.16	28.64%	28.64%
2001 年	517.84	0.00%	0.00%

注：数据来源于国家统计局。

对外直接投资方面，2013 年，我国对东南亚和大洋洲地区的投资流量达 109.1778 亿美元。其中，我国对东盟十国的投资流量同比增长 19.1%，占我国流量总额的 6.7%，东盟成为中国对外直接投资的第四大经济体，仅次于香港和英属维尔京群岛、开曼群岛这两个避税天堂。产业方面，中国对该地区的直接投资主要集中在电力、商务服务、批发零售、制造等领域。

澳大利亚是我国重要的贸易伙伴之一。2014 年，双边货物贸易总额 1370.73 亿美元。其中，中方进口为 979.49 亿美元，占贸易总额的

71.46%，出口为391.24亿美元，澳大利亚方面的贸易顺差高达588.251亿美元，构成澳大利亚主要的对外贸易顺差。2014年的贸易统计数据表明，中国连续两年成为澳大利亚最大的贸易伙伴，并且无论澳大利亚的出口和进口，中国均为第一位。在中国从澳大利亚的进口中，矿产品一直排在第一位，2014年，中国该产品进口额为591.8亿美元，占澳大利亚对中国出口的70%以上，第二大类商品为贵金属及其制品，出口额为63.4亿美元。中国对澳大利亚的出口也相对集中，前三类商品机电产品、纺织品和家具、玩具制品占澳大利亚进口总额的62.2%。

2015年6月，中国和澳大利亚两国代表在澳大利亚首都堪培拉签署中澳自由贸易协定，这预示着中澳贸易将会继往开来，更创新高。对外直接投资方面，中方2013年对澳大利亚直接投资增长59.1%至34.58亿美元。主要流向采矿业20.95亿美元，占60.6%，其他还有流向房地产业与租赁和商务服务业等。澳大利亚一直是中国的一个重要的投资目的国，中国是除美国、瑞士外的第三大外资来源国。

二、中国对东北亚地区贸易与投资现状

东北亚地区的三个国家都是我国重要的经贸伙伴，尤其是韩国和日本，更是在我国的贸易伙伴中占有举足轻重的地位。据海关统计数据显示，2014年，中日货物贸易总额为3126亿美元，其中，中国从日本进口为1630亿美元，中国已是其最大贸易伙伴。日本对中国出口的主要产品是机电产品和化工产品，其分别占出口总额的39.3%和10.8%。在日本市场上，中国的劳动密集型产品仍然占有相当大的市场份额，如纺织品及原料、鞋靴伞和箱包等轻工产品。这些产品在日本进口市场的占有率均在60%以上。日本是我国主要的引资国之一，其主要投资领域是制造业，中国已成为日本企业的重要生产基地。

根据商务部数据，2014年，中韩双方的货物贸易总额2907亿美元，其中中国从韩国进口1903亿美元，占65.47%。无论进口和出口，中国均是韩国的最大贸易伙伴。韩国从中国进口的前三类商品主要是机电产品、光学医疗设备和化工产品。2015年6月，中韩正式签订自贸协定，中韩经贸

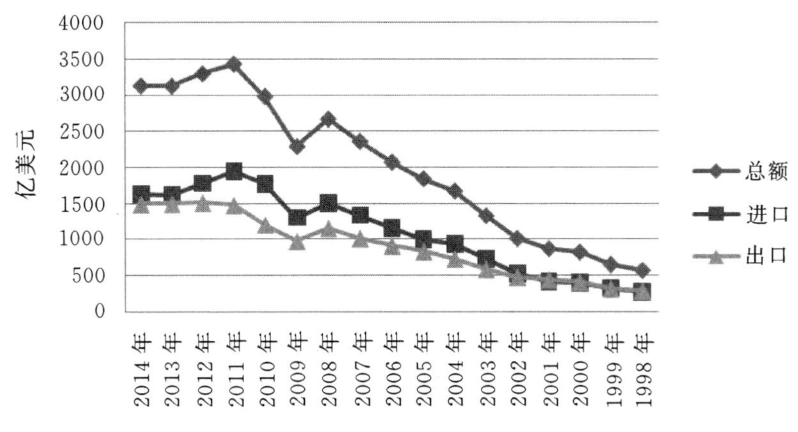

图5-3　1998—2014中国同日本的进出口贸易

合作的前景从而更加光明。对外直接投资方面,韩国是中国吸收外资的重要来源国。2013年,韩国对中方直接投资30.5亿美元,在中国引资国中排第四位,虽然韩、日两国为中国重要的投资来源国,但中国对二者的投资却偏少,存在着严重的不平衡。

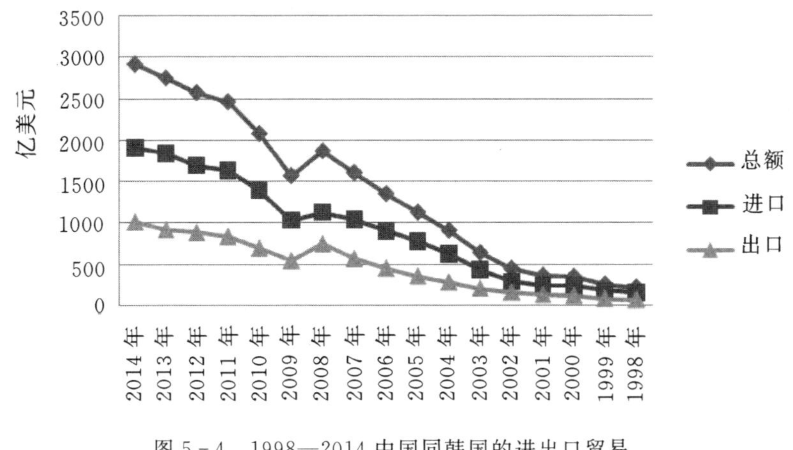

图5-4　1998—2014中国同韩国的进出口贸易

三、中国对南亚地区贸易与投资现状

2014年,中国与南亚地区的贸易总额为1056亿美元,占"一带一路"沿线地区贸易总额的3.81%，合作前景非常广阔。南亚各国中，中方第一大贸易伙伴是印度，占中国同该地区货物贸易总额的66.83%，其次是巴基斯坦，占15.15%。

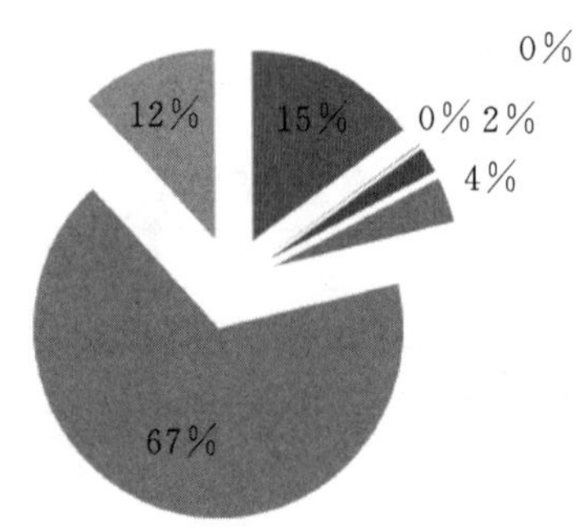

图5-5 2014年中国同南亚各国货物贸易比例

投资方面，中国对南亚国家的投资量仍非常小，2013年的直接投资流量仅为4.84亿美元。其中，投向巴基斯坦的比例近三分之一。而拥有广阔市场和同为世界上最大发展中国家的印度，中国对其的投资流量仅为1.49亿美元。南亚次大陆人口众多，正处于快速发展时期，同为全球最大的发展中国家，中国应积极发展同印度的关系，以实现龙象共舞。

四、中国对中亚五国贸易与投资现状

中亚五国处于欧亚交通要道，在古丝绸之路时就是重要的交通重镇。作为中国睦邻友好的重要邻居，该地区的经济发展薄弱，矿产能源资源却十分丰富。因此，其与中国有着很好的互补性。特别是随着中国矿产能源资源的进口比重日益增多，能源安全十分重要。近十年间，中国和该地区的双边贸易额年均增幅高达近40%，明显大幅领先于同期中国同其他地区的年均增速。特别是对于哈萨克斯坦，个别年份双边的贸易增长甚至高达八倍。2014年，中国同中亚五国货物贸易总额突破449.44亿美元，相比2000年增长了24.7倍。其中，中国从中亚进口209.43亿美元，占46.6%，中国已经成为该地区最大的贸易伙伴国。中亚五国经济发展起步较晚，工

业化程度比较落后，甚至连许多轻工产品都无法实现自给，从中国进口的占相当一部分。对中国的出口也主要是能源矿产类这些初级产品。中亚五国中，哈萨克斯坦无论发展水平，还是矿产、能源资产蕴藏量，都领先于其他四国。

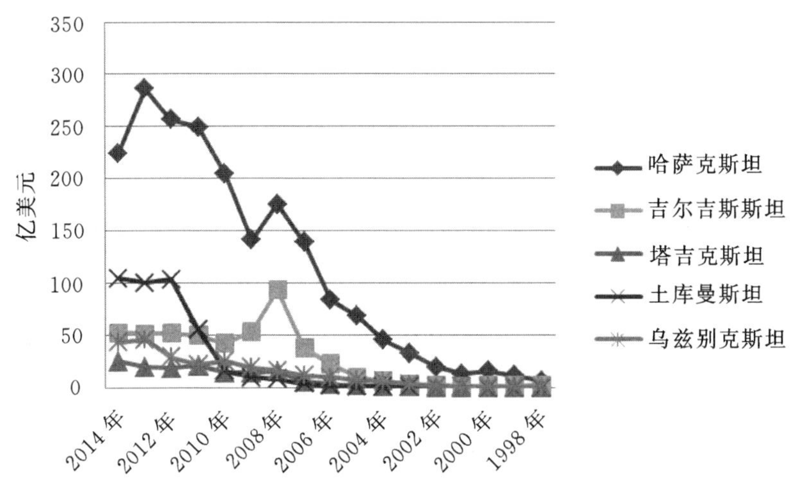

图 5-6　1998—2014 中国与中亚各国的货物贸易总额

2008 年以来，全球经济危机的大背景下，中国对中亚五国的直接投资却逆势而上，大幅度增长。2013 年，中国对该地区的直接投资流量达到 10.9 亿美元，比 2007 增长了近三倍。但相比于欧美发达国家，中国仍远远不足，截止 2013 年，中国对该地区的直接投资存量为 88.9 亿美元，且表现出了极大的不均衡性，近 70 亿美元都流入到了哈萨克斯坦。中亚五国因矿产资源丰富，因此，中国对该地区的直接投资多表现为资源寻求型投资。

五、中国对独联体地区贸易与投资现状

中国同独联体地区货物贸易增长迅速，从 1998 年的 57.73 亿美元，增长到 2014 年的 1059.11 亿美元，增长了 18 倍多。独联体四国中，中国与俄罗斯的贸易占主要地位，2014 年，我国同俄罗斯贸易总额达 953.27 亿美元，占该地区的 90%左右。对外直接投资方面，与 2003 年相比，2013 年中国对独联体地区的投资流量和投资存量都增长了 33 倍左右。中国对独联

体地区的 OFDI 一直保持高速增长。该地区四个国家中,俄罗斯是中国投资的重点,投资领域主要分布在能源、矿产资源开发、林业等领域。

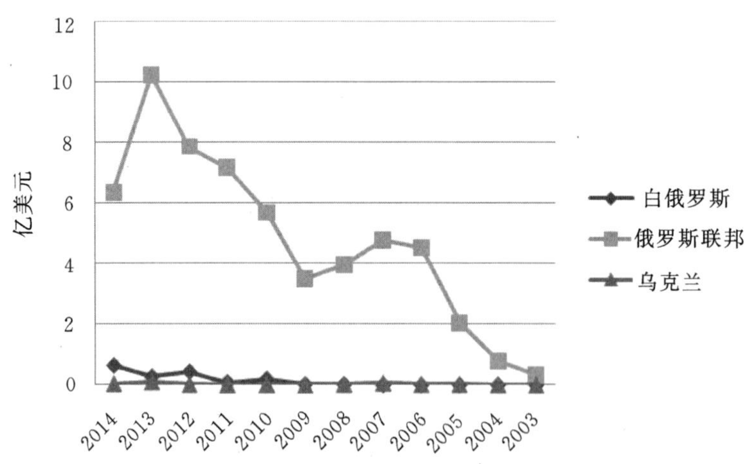

图 5-7 2003—2014 中国对独联体地区直接投资流量(摩尔多瓦数据缺失)

2014 年,我国同俄罗斯贸易总额达 953.27 亿美元。其中,中国进口总额为 416.48 亿美元,进口的主要商品为矿产品、木及木制品等初级原材料产品,前三类商品占中国进口总额的比例高达 88%。机电产品、纺织品及原料和贱金属制品占中国对俄罗斯出口的前三位。

六、中国对西亚地区贸易与投资现状

加入世界贸易组织以来,中国同西亚的经贸往来一直保持着高速增长,2014 年相比于 2001 年增长了 17.7 倍。年平均增长保持在 30%～40%,中国进口 1655 亿美元,出口 1390 亿美元。在西亚 19 国中,沙特阿拉伯是我国最大的贸易伙伴,2014 年,同我国贸易总额为 691 亿美元,其后为阿联酋和伊朗,分别为 548 亿美元和 519 亿美元。西亚是世界主要的产油地,其国家多是欧佩克成员国,对国际油价影响举足轻重。因此,这些国家的对外出口也主要是石油和天然气为主的能源资源产品。作为能源进口大国,西亚的能源占中国能源进口的相当一部分比例,有较强的依赖性。该地区从中国进口的前三类商品依次是机械及运输设备、按原料分类的制成品和杂项制品。

表 5-6　中国同西亚地区货物贸易　　单位:亿美元

年度	总额	进口	出口
2014 年	3045.37	1655.13	1390.24
2013 年	2774.82	1604.39	1170.43
2012 年	2526.49	1490.11	1036.38
2011 年	2349.53	1375.27	974.26
2010 年	1660.12	900.37	759.75
2009 年	1186.03	581.48	604.55
2008 年	1526.41	820.32	706.09
2007 年	1046.26	492.54	553.72
2006 年	791.33	416.77	374.56
2005 年	585.29	317.37	267.92
2004 年	423.11	223.98	199.13
2003 年	306.06	150.23	155.83
2002 年	205.79	98.56	107.23
2001 年	172.84	94.14	78.7

注:数据来源于国家统计局。

对外直接投资方面,中国对西亚地区 OFDI 从 2003 年到 2013 年,由 0.21 亿美元增长到 22.35 亿美元,十年间增长了 105 倍。虽然增长迅速,但应当看到,中国对该地区的直接投资仍相对较小,截止 2013 年底,中国对该地区 19 个国家的投资存量才只有 77.13 亿美元,由此可见一斑。在这 19 个国家中,前三依次是伊朗、沙特阿拉伯和土耳其,分别为 28.5 亿美元、17.47 亿美元、6.4 亿美元,分别占对西亚地区直接投资存量的 36.9%、22.65%和 8.3%。西亚是世界重要的能源供应地,石油和天然气资源非常丰富,中国在西亚的投资也主要流向了能源矿产资源,但相比于西方发达国家,中国在西亚地区的直接投资仍明显不足。

七、中国对中东欧贸易与投资现状

该地区曾是受前苏联控制的原社会主义国家,“冷战”后,随着苏联的解体,在西方东扩压力之下,这些国家相继加入欧盟和北约,但由于特殊的地理位置和历史际遇，这些国家一直处于大国博弈的阴影之下。中国与该地区的货物贸易占"一带一路"沿线国家的1.8%，比重较少，但我国一直很注重同该地区的经贸合作。对外直接投资方面，中国对该地区的直接投资占整个"一带一路"直接投资的0.03%。2013年，中国对该地区的直接投资为1206万美元。在此之前，中国对该地区的直接投资额最高仅为227万美元。其中，2004、2005、2008年更是为0。截止2013年底，中国对该地区的直接投资存量仅为4242万美元。

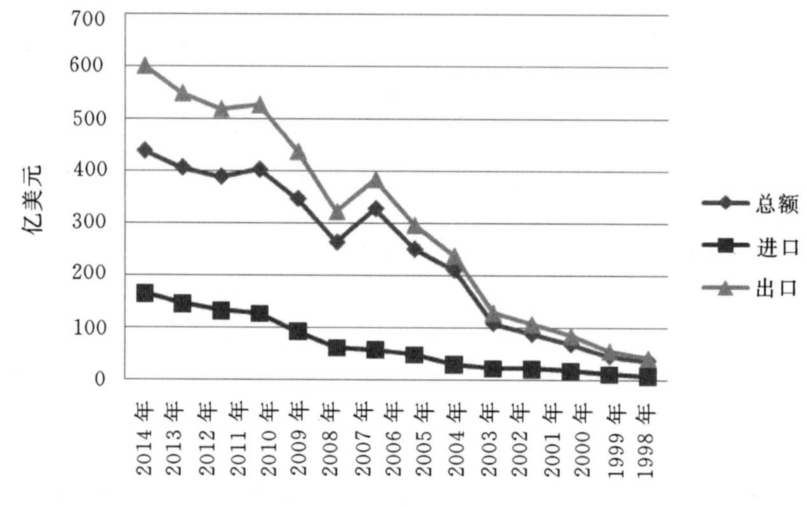

图5-8　中国与中东欧货物贸易

虽然起步较晚，但中国日益重视和加强同该地区的经贸合作。2013年，在罗马尼亚举行的中国—中东欧双边政府首脑会晤，双方签署了《中国—中东欧国家合作布加勒斯特纲要》，这是第一次以联合公报的形式，确立双方合作的共同意愿。2014年12月的贝尔格莱德会议上，李克强总理同中东欧相关国家领导人一致同意共同打造中欧陆海快线，这将在现有航路的基础上，为中欧双方贸易新开一条便捷的航线。这意味着，从中国通往欧洲海运的货物将缩短至少七到十一天的运输时间。随着"16＋1"合作的不断深化，以及"一带一路"所带来的巨大机遇，中国和中东欧地区国家间的经贸合作前景非常广阔。

八、中国对欧盟地区贸易与投资现状

欧盟是世界上最大的经济共同体，也是中国最重要的贸易伙伴之一。2014 年，中欧货物贸易总额 6792.15 亿美元，占中国与“一带一路”贸易总额的 27.15%，实现了 21.85%的快速增长，其中，中国从欧洲进口为 2591.38 亿美元，出口为 4297.57 亿美元，双方贸易顺差额高达 1706.19 亿美元。中国已是欧盟最大的进口来源地，仅次于美国的第二大出口市场。

中国商务部国别数据统计表明，2013 年，中国从欧盟进口的主要产品依次是机电产品 650.2 亿美元、运输设备 476.5 亿美元和化工产品 181.9 亿美元，三者合计比例为 66.9%。欧盟从中国进口的则主要是劳动密集型产品，同年，前三类主要进口产品占进口总额的 68.8%，依次是机电产品、纺织品及原料和家具、玩具。德国是欧盟成员国中最大的经济体，也是中国在该地区的最大贸易伙伴，双方 2014 年的进出口总额高达 1777.72 亿美元，占中国同该地区货物贸易总额的四分之一强。

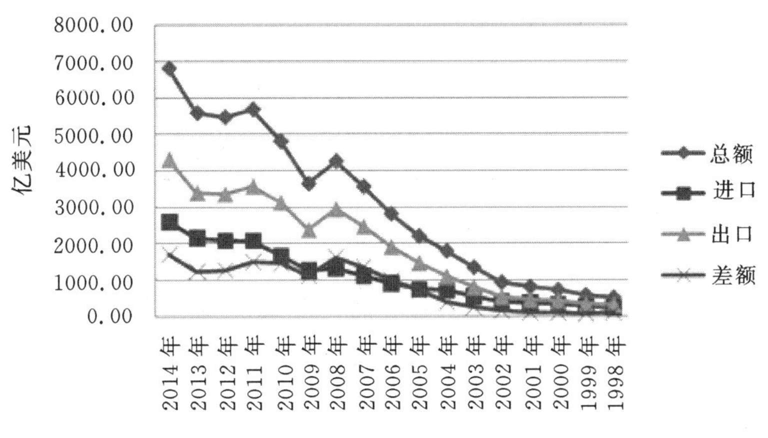

图 5－9　中国与欧盟的货物贸易

双向投资方面，截止 2013 年底的数据显示，欧盟对华投资累计实际投入 904 亿美元，在所有经济体中排第四位，同时，欧盟还是中国第一大的技术引进地区。在欧盟对华直接投资中，英国、法国、荷兰和德国是欧盟对华投资的主要成员国家。2014 年是中国对欧盟直接投资流量最高的年份，金额高达97.87亿美元,比上年同期增长了110.79%。其中,卢森堡位居首位,流量达45.78亿美元,占对欧盟投资流量的近50%,其次为英国14.99亿美元,占15.3%,德国14.39亿美元,位列第三,占14.7%。从行业来看,流向租赁和商业服务业42.3亿美元,占43.2%,制造业12.86亿美元,占13.1%,房地产业9.97亿美元,采矿业8.73亿美元。

表5-7　2003—2014中国对欧盟直接投资

年度	存量(亿美元)	流量(亿美元)	流量定基比	流量环比
2014年	544.76	97.87	86.61	110.79%
2013年	446.89	46.43	40.26	-17.45%
2012年	316.31	56.25	48.98	-24.90%
2011年	203.66	74.9	65.55	22.83%
2010年	126.46	60.98	53.18	105.31%
2009年	62.89	29.7	25.39	536.38%
2008年	31.76	4.67	3.15	-55.44%
2007年	29.44	10.47	8.31	712.77%
2006年	12.74	1.29	0.15	-32.01%
2005年	7.67	1.9	0.68	159.36%
2004年	5.37	0.73	-0.35	-35.06%
2003年	4.22	1.13	0	0.00%

注:数据来源于国家统计局。

第四节　中国对"一带一路"沿线国家的进出口贸易结构

为了进一步了解中国与"一带一路"沿线国家的贸易情况,本文根据SITC第四版本,从十大类细分的角度,对中国同该地区的贸易数据做了整理,以探究双边贸易商品结构。本节贸易方面的数据均来自un comtrade数据库。根据SITC划分标准,前五类为初级产品,后五类为工业制成品。

由图5-10可知,对各商品分类占贸易总额的比例进行统计可见,中国同该地区贸易往来占比最大的为机械运输设备。从2004年起,该类商

品的进出口额始终占比高达45%左右。第二类是杂项制品，主要是一些劳动密集型产品，可以看到，其所占比例呈下降趋势，从2001年的25.16%下降到2014年16.75%。第三类是轻纺、橡胶制品，其所占比例一直在15%左右，近年来有所微降，但仍十分平稳，保持在13%左右。其后依次是化工产品、非食用原料、矿物燃料、食品及食用活物、其他制品、动植物油脂及饮料和烟。核算显示，进出口中，初级产品的比例有所微升，但增长非常不明显，14年增长了两个百分点，从12.78%增长至14.63%，而工业制成品则从87.22%下降至85.37%。

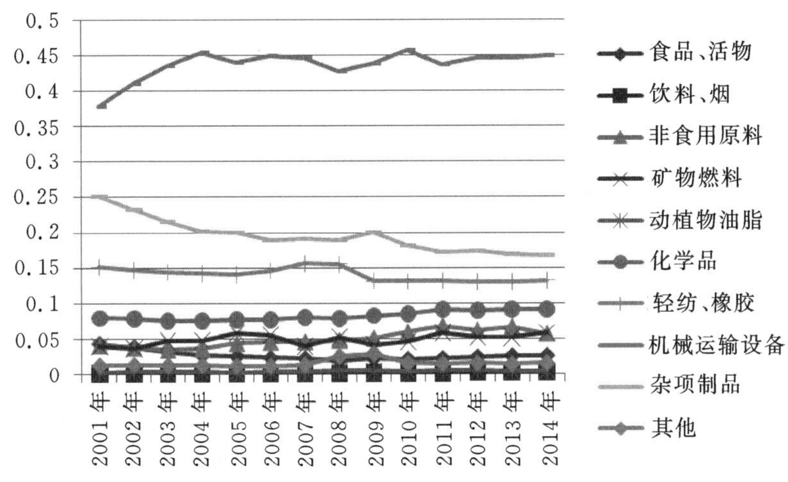

图5-10　2001—2014中国与“一带一路”SITC分类贸易额

由图5-11可知，在出口方面，中国对外出口最多的是机械运输设备，并不断提升，其占比从2001年的34%增长到2014年的48%左右。不过可以看到，近几年其占比已趋于平稳。排在第二位的是杂项制品，其占比呈不断下降趋势，14年间下降了13个百分点至23%左右。第三大类是轻纺橡胶类产品，其占比从2001年的13.32%微升至16.53%。其下依次是化学品、食品及活物、其他制品、非食用原料、矿物燃料、食品及食用活物、动植物油脂及饮料和烟。可以看到，中国对该地区的出口结构正不断改善，工业制成品的占比正不断提高，从89.02%增长至95.44%。

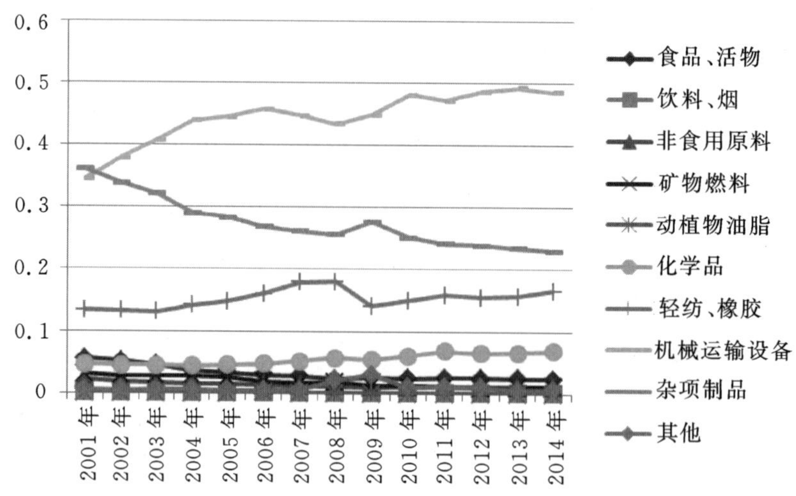

图 5-11　2001—2014 中国与"一带一路"SITC 分类出口贸易额

由图 5-12 可知，在进口方面，占比最高的也是机械运输设备，其占比在 43%左右并呈不断下降趋势，2014 年占进口比例为 39.32%。后面几类产品的占比则主要分为两个阶梯，化工产品、矿物燃料、非食用原料和其他为第一阶梯，食品活物、动植物油脂、饮料及烟则排在第二阶梯。初级产品的进口从 2001 年的 16%增长至 2014 年的 29%左右，工业制成品则从 83%下降至 70%左右。

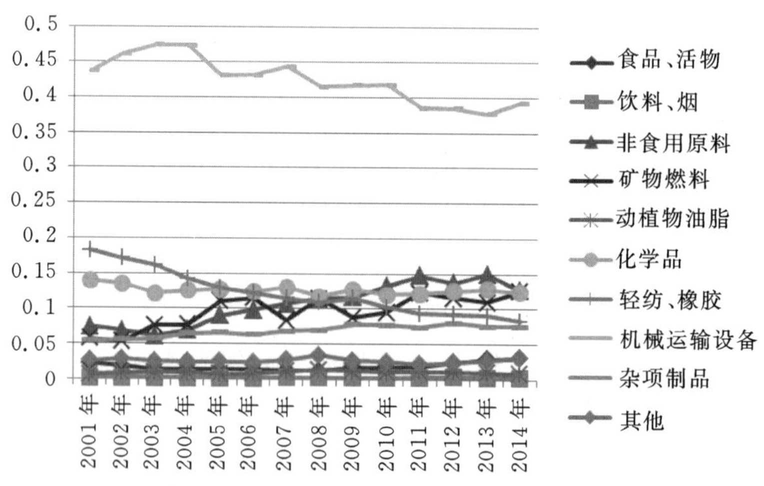

图 5-12　2001—2014 年中国与"一带一路"SITC 分类进口贸易额

第五节　中国对"一带一路"国家经贸投资合作存在的问题

自加入世界贸易组织以来，中国同"一带一路"沿线国家经贸合作发展的趋势良好，双边货物贸易从2001年的2948.43亿美元增长到2014年的25020.69亿美元，增长了7.48倍，年均增长率高达15.5%，远高于同期中国对其他地区的增长。对外直接投资方面，OFDI流量从2003年的5亿美元增长58倍至2014年的301.9亿美元。可以看到，中国与"一带一路"沿线国家经贸投资合作取得了长足的发展。我们有理由相信，中国与沿线国家和地区的经贸合作会取得更大的成果。但同时也应看到，中国在同"一带一路"的经贸往来中，仍然存在着不少问题。

一、经贸合作不平衡，贸易顺差大

在对外贸易方面，中国长期以来一直是出超，巨额的贸易顺差虽然增加了我国的外汇储备，但也带来了种种问题，特别在同"一带一路"沿线各国的贸易中，我国与一些国家和地区的贸易严重失衡。

以2014年为例，中国同"一带一路"货物贸易出口额为13239.5亿美元，进口额为11928.58亿美元，贸易顺差额高达1310.9亿美元。特别是2015年，随着大宗商品、原油矿产资源价格持续走低，而这些领域又都是中国进口的重点领域，相信2015年的贸易顺差也会达到一个较高的水平。地区方面，中东欧最为悬殊，加入世界贸易组织以来的十年间，中国同该地区的出口与进口额之比竟然高达4.3这样一个非常悬殊的水平。伴随着严重的贸易失衡的是种种的贸易纠纷。2009年以来，我国对外贸易中，受到贸易救济调查420起。其中，一半以上是反倾销，高达297起。特别是中国出口产品主要是劳动密集型的加工贸易，且贸易对象比较集中，这就更加加剧了我国对外贸易中的贸易摩擦。

随着"一带一路"战略的提出，适逢当前国内需求不足，供给过剩，必将加快中国企业走出去。而"一带一路"沿线是某些大国的传统势力影响范围,这就会与以德、日为首的制造业强国正面相对,摩擦必不可少。因此,中国在积极地做好应对准备的同时,也要去调整贸易结构,改善以劳动和资源密集型为主的产业结构、以牺牲环境为代价所带来的出口增长。

二、进出口较单一,贸易结构不合理,投资行业过于集中

2001—2014 年,在中国同沿线国家的货物贸易中,出口沿线国家的木材制品、塑料、橡胶等这些原本占比就比较高的产品又提升了 20%以上,纺织品、玩具制品等也提高了 15 个百分点以上,而机械设备则仅提高了 7 个百分点左右。由此可见,尽管中国同沿线国家的商品贸易发展迅速,但不同行业间却存在着较大的差异。在同沿线国家的货物贸易中,资源初级加工,以及劳动密集型仍然是主要出口领域。进口方面,中国的进口也比较单一,沿线特别是西亚、中亚和澳大利亚等国家和地区日益成为中国能源的主要来源地,占同期中国能源进口的绝大部分。中国的出口,主要是加工贸易和一般贸易,多是处于价值链低端的劳动密集型产品。此外,占中国出口相当一部分比例的机电产品,却多是贴牌生产,是以廉价劳动力产生的竞争力,从而给我国产品形成了价廉质低的印象,亟须改善。

不仅仅是贸易方面,对外直接投资方面也存在着相应情况。中国对"一带一路"沿线投资领域过于集中,多集中于能源产业、产品初级加工、房地产业等资源密集型和劳动密集型行业。而资本密集型和技术密集型却相对缺失,而这正是除欧盟、澳大利亚等发达国家之外的广大沿线地区所缺失的,处于待开发状态。与此同时,国内产能却严重过剩,廉价劳动力优势逐渐消失。国家应引导中国制造企业,特别是机电产业走出去,从而在造福"一带一路"沿线东道国的同时,抢占市场,获得先行优势。

三、对外直接投资分布不均衡,集中在部分地区

中国对"一带一路"沿线直接投资大多集中在东南亚、中亚等周边国家和地区,以及欧盟、澳大利亚等发达国家,而对空间距离较远且不够发达的国家的投资严重偏少。以 2013 年中国对"一带一路"的 OFDI 为例,中国对欧盟的直接投资流量占 32.75%,对东南亚的直接投资占 39.34%,中亚为

6.52%，仅这几个国家和地区就占中国对“一带一路”直接投资流量的78.34%，而中国对独联体、西亚、北非、南亚、中东欧等地的直接流量，则仅占11%左右，中国对外直接投资的严重不平衡性由此可见一斑。

在“一带一路”沿线国家中，2014年，FDI流量排名前十的国家依次是卢森堡、澳大利亚、新加坡、英国、德国、印度尼西亚、荷兰、老挝、巴基斯坦、泰国。截止2014年，FDI存量排名前十的国家依次是澳大利亚、新加坡、卢森堡、英国、俄罗斯、法国、哈萨克斯坦、印度尼西亚、德国、挪威，而中东欧、西亚、南亚等四十多个国家，却没有一个国家进入到流量或存量的前十名。这不利于中国对“一带一路”的辐射力，同时，随着我国企业在某一地区投资的过度集中，会出现本国企业在东道国的恶性竞争。例如，在中车成立之前，南车、北车在国外竞标时的恶性竞争，便很好地说明了这个问题。

而从投资行业来看，则多集中于资源开发和建筑工程领域，特别是在资源领域的投资，给某些国家炒作“中国威胁论”和“新殖民主义”提供了口实，而与此同时，我国的制造业能力却没有凸显。因此，在今后的对外直接投资方面，应实行差别化国别投资，政府有序指引，防止盲目扎堆投资，促进直接投资在“一带一路”沿线的合理分布。

四、沿线部分国家和地区政局动荡，影响贸易和投资稳定发展

除中东地区是一个多民族、多教派且多股势力交汇的地方。第二次世界大战以后，常年发生战争。其中，仅大规模战争就四次，是整个世界地缘冲突最严重的地区。该地区冲突缘由由来已久，且多种因素掺杂其中。

围绕利益和信仰问题，主要存在以下争议问题：耶路撒冷地位问题，边界划分问题，犹太人定居点问题，难民回归问题，水资源分配问题等。特别是2015年以来，该地区冲突明显存在加速与升级趋势，IS武装对伊拉克、叙利亚的持续侵蚀，以美、欧为首与以俄罗斯为首的双方阵营对叙利亚总统巴沙尔去留问题，大批中东难民涌进欧洲带来的欧盟安全动荡，巴黎恐怖袭击引发德、法、英对IS武装打击的介入，土耳其击落俄罗斯战机，以及沙特阿拉伯与伊朗断交。一波未平，一波又起，可谓局势动荡，风云诡异。

除中东内部冲突以外，自美苏“冷战”以来一直处在大国博弈的中东欧

局势也是变幻动荡，随着苏联解体，欧盟东扩，而俄罗斯的强势回归加剧了欧美与俄罗斯在该地区的正面冲突。自2014年4月的乌克兰危机爆发以来，更使美、欧与俄罗斯的冲突台面化，从而也更加的激烈，这突出表现在中东地区。以利比亚战争为例，战乱发生后，中国耗费了大量的人力、物力采取了史无前例的撤侨行动，受此次战乱影响，仅中资企业直接经济损失就高达188亿美元。中东局势的动荡必然会使得中国企业暂时避开这一地区，寻找替代国。而作为亚欧大陆的衔接点，中东却是陆上丝绸之路必不可少的一环。由此可见，如何保护中国在该地区的利益，以及与该地区在加强经贸合作的同时，又避免陷入冲突的泥潭，无疑是一个非常重要的问题。

第六节　中国的对外援助

一、国际援助和债务周期

国际援助是指发达国家或高收入的发展中国家及其所属机构、国际有关组织、社会团体以提供资金、物资、设备、技术或资料等方式，帮助发展中国家发展经济和提高社会福利的具体活动。对外援助逐渐成为促进双边经贸合作和投资的重要纽带，因此，对三者之间的关系研究就显得十分重要。

1.国际援助类型

国际发展援助分有偿和无偿两种，其形式有赠与、中长期无息或低息贷款，以及促进受援国经济和技术发展的具体措施。它的目标是促进发展中国家的经济发展和社会福利的提高，缩小发达国家与发展中国家之间的贫富差距。国际发展援助属于资本运动的范畴，它是以资本运动为主导，并伴随着资源、技术和生产力等生产要素在国际间的移动，它所采用的各种方式和方法均为资本运动的派生形式。

2.国际发展援助方式

国际援助方式，按其援款的流通渠道，可分为双边援助和多边援助；按

其援助的方式,可分为财政援助和技术援助;按其援款的使用方向,可分为项目援助和方案援助。

(1)双边援助和多边援助

双边援助(Bilateral Aid)是指两个国家或地区之间通过签订发展援助协议或经济技术合作协定,由一国(援助国)以直接提供无偿或有偿款项、技术、设备、物资等方式,帮助另一国(受援国)发展经济或渡过暂时的困难而进行的援助活动。双边援助与多边援助并行,是国际发展援助的主要渠道。近些年来,虽然世界各国通过多边渠道提供的援助数额有所增加,但通过双边渠道提供的援助活动仍占他们对外援助的主导地位。

多边援助(Multilateral Aid)是指多边机构利用成员国的捐款、认缴的股本、优惠贷款及在国际资金市场借款或业务收益等,按照他们制订的援助计划,向发展中国家或地区提供的援助。在多边援助中,联合国发展系统主要以赠款的方式,向发展中国家提供无偿的技术援助,而国际金融机构及其他多边机构多以优惠贷款的方式提供财政援助。在特殊情况下,多边机构还提供紧急援助和救灾援助。

(2)财政援助、技术援助和粮食援助

按援助类型,国际援助分为财政援助、技术援助、粮食援助等。

财政援助是为了帮助受援国发展经济或缓解政府财政困难。技术援助主要是转让技术专利、培养技术人才、传授管理知识、提供咨询服务等。

①财政援助是指援助国或多边机构为满足受援国经济和社会发展的需要,以及为解决其财政困难而向受援国提供的资金或物资援助。从方式来看,财政援助包括双边赠予和双边直接贷款两种,前者指的是援助国向受援国提供不要求受援国承担还款义务的赠款,赠款可以采取技术援助、粮食援助、债务减免和紧急援助等形式来进行;后者则指援助国政府向受援国提供的优惠性贷款,一般多用于开发建设、粮食援助、债务调整等方面。

②技术援助是技术先进的国家和多边机构向技术落后的国家在智力、技能、资料、咨询、工艺和培训等方面提供的各项资助活动。

③粮食援助,既包括直接提供粮食,也包括为发展粮食生产提供物资和资金。如通过世界食品计划组织(WFP)或国际紧急食品储备组织(IEFR)来提供食品供应。

3.项目援助和方案援助

按使用方向,国际援助分为项目援助和方案援助。

①项目援助是援助国政府或多边机构将援助资金直接用于受援国某一具体建设目标的援助,是把援助资金或物资直接用于单个项目。

②方案援助又称非项目援助,它是指援助国政府或多边机构根据一定的计划,而非按照某个具体的工程项目向受援国提供的援助。方案援助一般用于进口拨款、预算补贴、国际收支津贴、偿还债务、区域发展和规划等方面。它面向一定的经济发展计划提供总体开发援助。

4.战略型援助、发展型援助和人道主义援助

从性质来看,国际援助分为战略型援助、发展型援助和人道主义援助

①战略型援助。这一类援助从特定的外交战略、意识形态出发,直接把援助与军事、政治目的和条件挂钩。如美国乔治敦大学教授、前美国国际开发署副署长兰开斯特在《外交》杂志上撰文称,"美国的国际援助在冷战结束以前成功地遏制了共产主义在亚洲、非洲和拉丁美洲的蔓延","将成为美国全球化外交的重要工具",是"以价值观为基础的外交的一个组成部分"。

②发展型援助。这一类援助从短期目标来看,以扩大出口、确保资源供应等对外经济利益为目的,把援助与本国的经济利益直接挂钩;从中长期目标来看,以获取更长远的对外经济利益为目的,注重以经济援助来促进发展中国家的经济发展。

③人道型援助。这是在帮助他国改善经济与社会条件这一较纯粹的援助动机之下,不以特定的对外利益为直接目的,不在援助上附加任何政治或经济条件的做法。如联合国儿童基金会(UNICEF)、国际红十字会(ICRC)及非政府组织(NGOS)等提供人道主义援助和紧急救援,帮助那里的自然灾害和战争受害者。

此外,按国际援助提供的主体来看,可以分为非政府援助和次政府援助两种不同的类型,也可以分发达国家提供的援助和发展中国家提供的援

助。在国际援助体系中，发达国家和发展中国家的作用及影响力此消彼长。发展中国家开始摆脱作为穷国和客体只是接受援助的处境，在国际援助中发挥积极作用，客观上削弱了发达国家在国际社会中的主导地位。

4. **赠予成分及其计算**

赠予成分(Carltl Element)指一国政府在向另一国政府提供的政府贷款中所含有的赠送成分。赠予成分是根据贷款利率、偿还期、宽限期、收益率等数据计算出来的衡量贷款优惠程度的综合性指标。赠予成分公式是西方国家用以衡量援助优惠程度的一项综合指标。经济合作与发展组织(OECD) 提出的优惠贷款赠予成分计算公式，是国际通行的赠予成分计算方法。

经济合作与发展组织出版的《发展合作评论》，每年都公布该组织下属的发展援助委员会成员国对外援助的赠予成分，以此作为评价各国援助条件的主要依据。经合组织规定，赠予成分必须达到 25%以上，才能被认定为官方援助(ODA)，而中国方面并没有这个规定。

国际通用的计算赠予成分百分比的公式为

$$GE = 100 \times (1 - \frac{r/a}{d}) \times \left[1 - \frac{\frac{1}{(1+d)aG} - \frac{1}{(1+d)aM}}{d(aM - aG)}\right]$$

式中：GE——贷款金额面值中赠予部分所占百分比，即赠予成分；

r——利率；

a——每年偿付次数；

d——获益率，即贷款期内的贴现率；一般按综合年利率的 10%计算；

G——宽限期，是贷款使用后的一段时间内不必偿还贷款的本金和利息的期限；

M——偿还期。

政府贷款业务

【例】 若有一笔偿还期为 30 年的无息贷款，宽限期 10 年，每半年还款一次，则该贷款的赠予成分为多少？(贴现率按 10%计)

【解】 该笔贷款的赠予成分为：

$$GE = 100 \times \left(1 - \frac{\frac{0}{2}}{10\%}\right) \times \left[1 \times \frac{\frac{1}{(1+10\%)^{2\times10}} - \frac{1}{(1+10\%)^{2\times30}}}{10\% \times (2\times30 - 2\times10)}\right]$$

$$= 100 \times 1 \times [1 - 0.036] = 96.4$$

从式中可以看出，赠予成分与利息率成反比，而与收益率、偿还期和宽限期成正比。对于这一公式，理论界有不同看法。前苏联学者 B. C. 巴斯金认为，取 10%为投资收益率是不合理的。西方国家的对外援助是一种国家资本输出，而西方国家政府投资的利润率是很低的。例如，20 世纪 60 年代初，美国政府投资的利润率不到 3%，1969 年仅为 4.6%。因此，取 10%为收益率，就会大幅度提高贷款的赠予成分。援款优惠程度的高低取决于许多因素，如贷款的偿还方式(对受援国来说，以实物偿还的条件肯定优于自由外汇偿还)，物资采购方式(自由采购优于带限制条件的采购)，等等。公式不可能把这些因素考虑在内。

二、中国对外援助的实施

1. 中国对外援助的原则和类型

对外援助是中国对外战略的重要组成部分，也是中国必须履行的国际义务。中国根据自身能力积极开展对外援助，切实履行援助承诺的行动。中国提供对外援助，坚持不附带任何政治条件，不干涉受援国内政，充分尊重受援国自主选择发展道路和模式的权利。相互尊重、平等相待、重信守诺、互利共赢，是中国对外援助的基本原则。

20 世纪 60 年代，周恩来总理提出了中国对外援助的八项原则：

(1)中国政府一贯根据平等互利的原则对外提供援助，从来不把这种援助看作是单方面的赐予，而认为援助是相互的。

(2)中国政府在对外提供援助的时候，严格尊重受援国的主权，绝不附带任何条件，绝不要求任何特权。

(3)中国政府以无息或低息贷款方式提供经济援助，在需要的时候延长还款期限，以尽量减少受援国负担。

(4)中国政府对外提供援助的目的,不是造成受援国对中国的依赖,而是帮助受援国逐步走上自力更生、经济上独立发展的道路。

(5)中国政府帮助受援国建设的项目,力求投资少,收效快,使受援国政府能够增加收入,积累资金。

(6)中国政府提供自己所能生产的、质量最好的设备和物资,并根据国际市场的价格议价。如果中国政府所提供的设备和物资不合乎商定的规格和质量,中国政府保证退换。

(7)中国政府对外提供任何一种技术援助的时候,保证做到使受援国人员充分掌握这种技术。

(8)中国政府派到受援国帮助进行建设的专家,同受援国自己的专家享受同样的物资待遇,不容许有任何特殊要求和享受。

改革开放后,中国的对外援助政策也进行了改革和调整,突出了"平等互利、形式多样、注意实效、共同发展"的内容,对外援助的经济意义超越了对政治利益的诉求。考虑到中国的经济实力和国内的实际状况,对外援助金额并没有相应地大幅增加。1995 年是中国对外援助框架全面改革的转折点,开始把对外贸易、资本流动和国际经济合作结合起来,运用国内外资金、资源和市场来促进中国的经济发展。中国需要追求对外援助形式的多样化,同时,兼顾受援国和中国双方的利益。此后,金融机构提供的优惠贷款成为中国对外援助的主要形式,合资合作项目开始受到更大的重视和鼓励。

国务院新闻办公室 2011 年 4 月 21 日发表的《中国的对外援助》白皮书介绍说,中国对外援助资金主要有三种类型:无偿援助、无息贷款和优惠贷款。截至 2009 年底,中国累计对外提供援助金额达 2562.9 亿元人民币,其中,无偿援助 1062 亿元,无息贷款 765.4 亿元,优惠贷款 735.5 亿元。[①] 2010 年至 2012 年,中国共向 121 个国家提供了援助,对外援助金额为 893.4 亿元人民币。其中,36.2%(323.2 亿元)为无偿援助,重点用于帮助受援国建设中小型社会福利项目,以及实施人力资源开发合作、技术合作、物资援助和紧急人道主义援助等。另外有 8.1%属于无息贷款,55.7%

① 国务院新闻办公室.《中国的对外援助(2011)》白皮书

属于优惠贷款。①

新中国成立以来，累计对外援助金额超过 3400 亿元。60 多年来，中国共向 166 个国家和国际组织提供了近 4000 亿元人民币的援助。中国建设了 2700 多个成套工程项目，这些工程项目很多在当地都是标志性的建筑，成为中国和受援国家友好合作的一座座丰碑。中国还派遣了 60 多万援助人员，培训了近 1200 万受援国各类人才和专业人员。

发达国家的国际援助有一个基本的考量指标，援助资金要达到 GNI 的 0.7%，这是一个标准。目前来看，一少部分国家实现了这个目标，还有相当一部分国家没有达到这个目标，中国是一个最大的发展中国家，在南南合作的框架下，体现了一种合作共赢、共同发展的理念，但它不是由过去的战争和殖民背景下的强制性的义务。所以，从这个角度来看，和国际社会比较，它不是一个直接的比较。作为发展中国家，中国对外援助虽不及这个比例，但力图达到更好的效果。

2. 中国对外援助的国家和受援资金分布

2010 年至 2012 年，中国共向 121 个国家提供了援助。其中，亚洲地区 30 国，非洲地区 51 国，大洋洲地区 9 国，拉美和加勒比地区 19 国，欧洲地区 12 国。此外，中国还向非洲联盟等区域组织提供了援助。

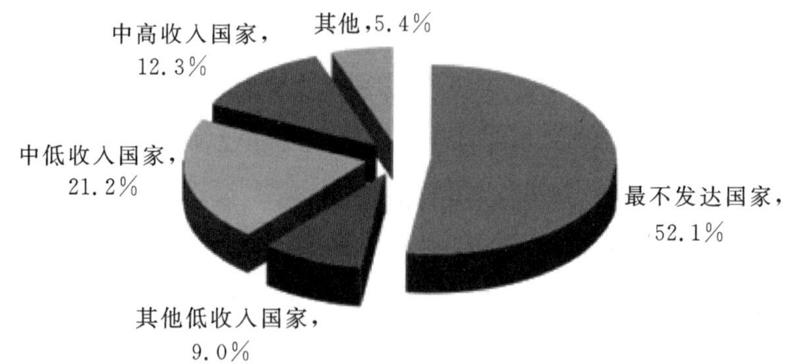

图 5-13 2010 年至 2012 年中国对外援助资金分布(按受援国收入水平划分)

① 国务院新闻办公室.《中国的对外援助(2014)》白皮书

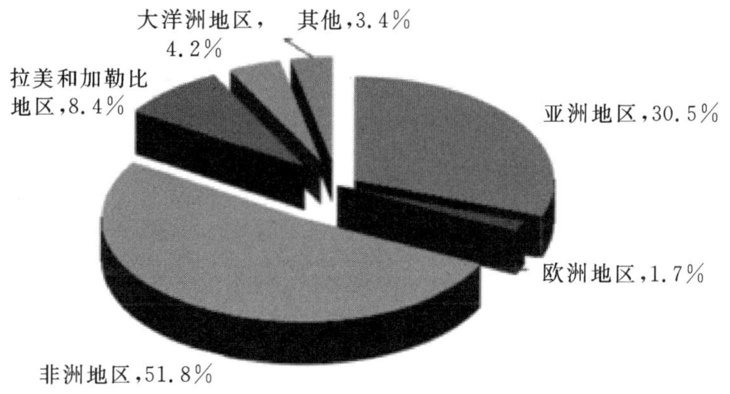

图 5－14　2010 年至 2012 年中国对外援助资金分布（按援助地区划分）

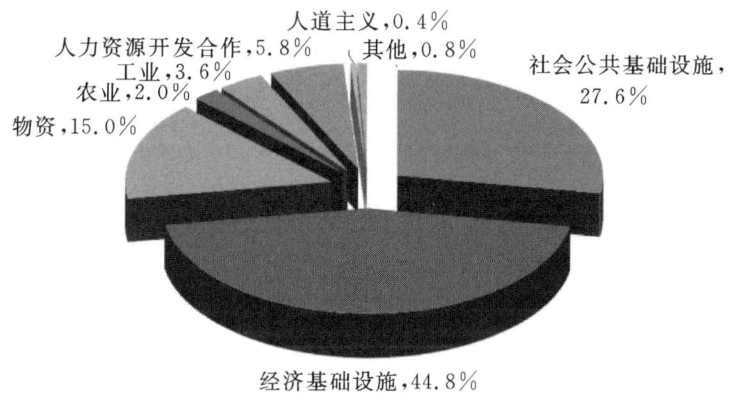

图 5－15　2010 年至 2012 年中国对外援助资金分布（按援助投入领域划分）

3. 国际公共产品视角下的中国对外援助

对外援助具有国际公共产品的性质。中国是世界上最大的发展中国家，在发展进程中，中国在南南合作框架下，向其他发展中国家提供力所能及的援助，支持和帮助发展中国家特别是最不发达国家减少贫困、改善民生。中国以积极的姿态参与国际发展合作，发挥出建设性作用。中国对外援助也是对国际社会的回馈和承担国际责任的体现。新中国成立后，中国一直接受国际社会援助。这些援助不仅补充了中国经济建设所需资金，更给中国带来了先进的设备、技术、管理经验和理念，促进了中国经济和社会发展。作为一个负责任的全球大国，中国与其他国家和国际机构的合作越来越多。在中国资金改变世界的同时，中国自身也在被改变。1997 年，中国开始主动参与国际组织的多边援助。2000 年，中国又向世界粮食计划署、联合国开发计划署等 10 个国际组织提供了多边援助。参与多边援助表明，中国对外援助观念的重大转变。

对外援助体现了中国通过供给国际公共产品的一种大国责任担当。2010—2012 年，中国对外援助方式主要包括援建成套项目、提供一般物资、开展技术合作和人力资源开发合作、派遣援外医疗队和志愿者、提供紧急人道主义援助，以及减免受援国债务等。

2002—2011 年，中国累计免除 50 个重债穷国和最不发达国家近 300 亿元人民币到期债务，承诺对同中国建交的最不发达国家 97%的税目的产品给予零关税待遇。通过给予有外交关系的最不发达国家零关税待遇，中国对发展中国家，特别是对最不发达的国家，采取多予少取的政策。这直接带动了这些国家对中国的各类出口，推动了这些国家的经济增长、就业创造、税收贡献。2008 年以来，中国已连续五年成为最不发达国家第一大出口市场，吸收最不发达国家约 23%的产品出口。

三、"一带一路"和中国贸易、投资及对外援助三位一体行动

1. 国外经验——马歇尔计划

马歇尔计划(The Marshall Plan)，官方名称为欧洲复兴计划(European Recovery Program)，是第二次世界大战结束后美国对被战争破坏的西欧各国进行经济援助、协助重建的计划，对欧洲国家的发展和世界政治格局产生了深远的影响。该计划于 1948 年 4 月正式启动，并整整持续了四个财政年度之久。在这段时期内，西欧各国通过参加经济合作发展组织(OECD)，总共接受了美国包括金融、技术、设备等各种形式的援助合计 131.5 亿美元。

在马歇尔计划付诸实施之前，美国已经投入了大量资金用于欧洲重建。据估计，在 1945 年到 1947 年间，美国在这方面的投入就达 90 亿美元。这些援助中的大多数都是以间接形式进行的，其中包括作为租借法案中一揽子协定的继续，或由美军出面重建当地的基础设施及帮助难民等不同途径。此外，美国还与一些国家签定了正式的双边援助协定。此外，当时尚处于幼稚期的联合国所做的一系列救济，以及减免债务等人道主义努力，其资金大多也来自于美国。这些努力也收到了一定成效，但由于它们缺乏系统的组织和完善的计划，反而忽视了欧洲重建的许多最基本的需求。

1948 年至 1952 年是欧洲历史上经济发展最快的时期。工业生产增长了 35%，农业生产实际上已经超过了战前的水平。战后前几年的贫穷和饥饿已不复存在，西欧经济开始了长达二十年的空前发展。历史学家研究了这些成就到底是否或者有多少应该归功于马歇尔计划，但至今尚存争论，多数认为，这样的经济奇迹并非只是马歇尔计划的功劳，因为迹象表明，当时的欧洲已经露出了经济复苏的兆头。人们普遍认为，马歇尔计划加速了西欧经济的发展，但并非启动了欧洲经济的腾飞。马歇尔计划之所以能够在西欧取得显著成效，是因为西欧本身经济发展程度就比较高，有雄厚的经济基础。即使他们受到了战争的破坏，这些国家依然拥有比较完整的基础设施，以及有较高的文化和技术素质的劳动力。而第三世界国家则普遍不具备以上条件。

马歇尔计划的的实施使西欧从战后初期的财政拮据及由物资紧缺而引发的限量配给的局面中摆脱出来，减少了人们对于政府的不满，稳定了政治局势。马歇尔计划在欧洲一体化的进程中扮演了重要的角色，被认为有力地促进了欧洲的一体化进程。

虽然一些历史学家认为，对于马歇尔计划的正面作用不应过分夸大，但该计划的总体效果，还是被绝大多数人所认同。人们认为，通过一个类似的计划，还可以帮助世界上更多的地区。

美国通过国家财政开支，用纳税人的钱去援助西欧，再由西欧向美国购买物资，这样做对美国的商品输出大有好处。美国统治当局似乎找到了一种途径，通过刺激欧洲的生产力和接受大量的欧洲进口货物，美国向欧洲的交叉出口在随后的几十年也不断增加。

美国在战争期间几乎开动了全国的产能，庞大的工业机器全速运转，在战后几年军事需求和基础工业品需求迅速降低的情况下，这种不好停下的工业运转，很可能由于产能大规模过剩，导致宏观经济危机。比如，1944年过后的五六年，钢产量从4789万吨扩展到8132万吨。原煤从4亿吨到6.39亿吨。工业产值在停战时，依然保持118%的总增。而战时经济中，西欧作为最大的输入市场，二战后经济已经停滞。应对这种情况，美国做了两项大的政策行动：一是通过固定资本的大更新和对工业企业部门的改组，开始释放战时经济被压抑的"消费品"市场，将战时工业体系转向民用。二是通过援欧计划，培养和复兴欧洲的消费品市场，借由战后重建对欧洲就业的刺激，拉动欧洲庞大人口对于基本消费品的需求力。

美国输欧的资金中，赠款90%，贷款10%。其中，88亿美元流入货品采购，27亿美元进入原料市场，16亿美元进入工业机械。大规模的资金输入，使得欧洲快速恢复战前水平，并且盘活了美国找不到出口的战争期间积累的大量资本，贷款虽然少量，但是快速的欧洲经济增长依然带来了利好。赠款虽然不直接产生收益，但是其扶持起来的欧洲商品市场，使得美国出口贸易找到了销地，并且为下一波美资投入做了铺垫。

通过有计划的美国资金和物资的输入，重建西欧经济，结构性地将"美国"植入到欧洲经济中，使其和美国联动运转。这种调节秩序，实际上形成了以美国为主导核心，各国依据美方统筹各自进行国家主导或半主导的经济重建。这实际上就大大增加了欧洲经济对美国经济从源头上的向心倾向，这个好处至今受益。

2.中国对外援助支撑"一带一路"倡议的实施

中国正在推动"一带一路"战略构想，顺应和平、发展、合作、共赢的时代潮流；在"一带一路"倡议的新时期，中国对外援助在方式、规模、内容等方面日渐发生显著的变化，以更加积极的姿态参与国际发展合作，谋求发挥建设性作用。尽管中国对外援助的资金规模是个重要方面，但是，援助

有效性与质量更为关键。中国将坚持正确的义利观，尊重和支持“一带一路”发展中国家探索符合本国国情的发展道路，积极推动南南合作，切实帮助其他发展中国家促进经济社会发展。“一带一路”与历史上的马歇尔计划存在本质区别，时代不同、目标不同，且参与方式及参与国所处地位不同。因此，把“一带一路”简单类比于马歇尔计划，称之为“中国版马歇尔计划”或“新马歇尔计划”，并不合乎实际。

“一带一路”倡议为中国对外援助提供了新的方向、原则、领域、优先事项等，加快了中国对外援助的转型。在此背景下，中国不仅需要扩大对外援助的规模，还要更加突出基础设施、气候变化、减贫与可持续发展、安全能力与和平建设等重点领域。特别突出的是，2014 年中国将减贫纳人对外援助工作范畴，不仅与非盟共同发布了《中非减贫合作纲要》，而且提出了第一个东亚减贫合作倡议。今后，中国将继续增加对外援助投入，进一步优化援助结构，突出重点领域，创新援助方式，提高资金使用效率，有效帮助受援国改善民生，增强自主发展能力。

在“一带一路”倡议背景下，2013 年设立的中国一欧亚经济合作基金、2014 年成立的丝路基金、2015 年设立的中国气候变化南南合作基金、中国—联合国和平与发展基金，及南南合作援助基金等，意味着以基金为主要形式的投资方式今后将成为中国对外援助的重要方式与引擎。

在推动“一带一路”构想和倡议之时，必须推动中国对外贸易、对外投资和对外援助的三位一体联动。对外援助有助于受援国增加来自援助国的贸易品，增加贸易出口，同时，也可以扩大受援国与其他国家的贸易活动。此外，对外援助也有助于受援国增加来自援助国的直接投资和其他国家的直接投资，贸易、投资环境的改善，也可以帮助受援国吸引更多的援助，发展本国经济。目前，中国对沿线国家的投资主要还是用于当地兴建基础设施。基础设施的建设需要大量的融资，而这些国家通常在融资能力上面都比较缺乏，在国际金融市场上面更没有办法融资，所以，中国必须有一个解决融资问题的机构，这就是亚洲基础建设开发银行(AIIB)。其主要的功能也是为了沿线国家基础设施的投资融资。除此之外，还有 400 亿的丝路基金。最重要的是，满足沿线国家的基础设施共建对融资的需求。要跟沿线国家联合开发，联合投资，这就需要多边的金融机构解决开发性融资的需求。

在"一带一路"倡议的新时期，中国对外援助日渐发生显著的变化，处于重要的转型时期。由此，中国对外援助政策框架与战略规划需要服务于"一带一路"倡议的四大目标，满足其五大特点，从而更切实地力助向中国与世界和平发展的根本目标迈进。对此，中国决策者需要以"一带一路"倡议为指导，并且借鉴美、日等国家有益的政策及其实践，完善中国对外援助政策框架，制定中国对外援助战略规划(2016—2020年)，确定中长期的沿线国家国别援助行动计划，开展援助政策及其项目评估，推进公私伙伴关系，提出"共同发展伙伴关系"倡议，深化三方发展合作，以全球视野、世界眼光提高援助项目的有效性与质量，从而创新对外援助模式，更好地提升对外援助在"一带一路"倡议中的战略地位，并使其成为重要支柱，努力为2015年后发展议程及其全球发展做出贡献。鉴于对外援助是"一带一路"倡议的重要支柱及关键性角色，中国需要在"一带一路"倡议的目标、原则、理念等的指导下，更加有效地、战略地使用对外援助，提升自身对外援助的质量与效果。为此，中国既需要一如既往地总结自身颇具特色的援助经验，也需要理性地借鉴发达国家对外援助或发展合作的成功做法。

目前，有关国际援助研究大致可以分为三个方面：援助的有效性、援助的分配，以及提供援助的决定因素。

拉德莱特指出，以经济增长和发展为目的的援助，其目标不外下述四种：第一，通过基础设施建设，支持农业部门，引进新技术等，促进经济增长；第二，提高受援国人民的教育、健康水平，或者改善受援国的政治体系；第三，当地区发生危机时，对当地施以食品方面的救援；第四，特殊时期稳定受援国的经济。

从发展援助的历史阶段看，又可以看到对援助受援国的项目效果不佳背后的原因探寻。起初，人们以为发展中国家之所以落后，最重要的原因是缺乏资本和技术，而这个问题是很容易通过资本和技术援助解决的。随着众多援助项目的失败，经验的积累，到了20世纪80年代，关注的焦点变成了"政策失灵"，但在一系列"结构调整"的援助项目失败之后，近年来"制

度失灵”“政治监督”又成了流行的词汇。在很多情况下，援助对经济增长并没有显著的贡献，为了提高援助的效果，援助国与受援国应共同努力，给援助项目设置特定的条件，或者是根据以往的效果来确定未来的援助力度，但在这一方面，人们还很难达成一致意见。[①]

第七节　本章小结

基于上述分析和存在的问题，提出以下建议：

第一，推动中国和“一带一路”外贸商品结构调整。

加强对重点行业出口的分类指导。继续巩固和提升纺织、服装、箱包、鞋帽、玩具、家具、塑料制品等劳动密集型产品在全球的主导地位。提升农产品精深加工能力和特色发展水平。强化电力、轨道交通、通信设备、船舶、工程机械、航空航天等装备制造业和大型成套设备出口的综合竞争优势，着力扩大投资类商品出口。进一步提高节能环保、新一代信息技术、新能源等战略性新兴产业的国际竞争力。扩大先进技术设备、关键零部件等进口，促进产业结构调整和优化升级。稳定能源资源产品进口，完善战略储备体系。合理增加一般消费品进口，引导境外消费回流。促进贸易平衡，继续对最不发达国家部分进口产品实施零关税待遇。

第二，深化“一带一路”贸易合作。

在稳定劳动密集型产品等优势产品对沿线国家出口的同时，抓住沿线国家基础设施建设的机遇，带动大型成套设备及技术、标准、服务出口。

第三，加快产业转移，推动产业升级。

要顺应沿线国家产业转型升级趋势，加快机电产品和高新技术产品出口。加快与相关国家开展农产品检验检疫合作及准入谈判。

第四，积极扩大与沿线国家的农产品贸易。

扩大来自沿线国家的进口，促进贸易平衡，开展农牧渔业、农机及农产

---

① 周宝根.援助促进受援国发展吗？——国外发展援助有效性的学理纷争[J].国际经济合作2009(5)

品流通等领域的深度合作。

第五，大力拓展产业投资。

推动中国优势产业产能走出国门，促进中外产能合作，拓展发展空间。鼓励较高技术水平的核电、发电及输变电、轨道交通、工程机械、汽车制造等行业企业到沿线国家投资。支持轻工纺织、食品加工等行业企业到沿线国家投资办厂。深化能源资源合作，加强农业经济、海洋经济合作。支持境外产业园区、科技园区等建设，促进产业集聚发展。

在"一带一路"倡议背景下，中国对外援助在资金、分布、方式、领域、举措等方面正在发生变化，将向"一带一路"倡议沿线国家倾斜。中国政府应对过去半个多世纪的中国对外援助与国际社会责任履行进行总结和反思，进行战略的新定位与模式的新创造，改革传统的对外援助与交往体制。长期以来，成套项目建设和物资援助是中国对外援助的主要方式，然而，在"一带一路"倡议下，丝路基金与亚投行正在成为中国主导的国际发展合作框架的两个主要支柱。

建议以"一带一路"倡议与联合国 2015 年后发展议程为契机，进一步提升对外援助在"一带一路"倡议总体规划与外交中的地位，使其成为与"一带一路"倡议中政治合作、经贸投资合作并列的三大支柱之一。

在量力而行、不附带任何政治条件等原则下，中国对外援助政策特别应该适当增加援助有效性与质量、减贫与可持续发展、公共行政、环境与治理、反腐等原则与内容，尤其是将"一带一路"倡议所涉及的丝路基金、亚投行、中国—欧亚经济合作基金等纳人政策框架范围之内，为"一带一路"提供更多的公共产品。

对外援助可以对"一带一路"倡议实施起到先行、先导和杠杆作用，中国不仅需要制定与"一带一路"相匹配的援外战略（例如，可从战略目标、援助计划、援助资金、援助优先范围、援助方式等方面与"一带一路"倡议全面对接），也应据此制定相应的援外法律制度加以落实，以便更好地服务于"一带一路"倡议的推进。中国对外援助除了政府，也要让非政府组织（NGO）发挥作用。中国应建立政府、企业和民间组织三位一体的立体援外模式，促进民心相通，开启"民间帮助民间"的新型援外思路，制定政策并提

供支持，鼓励更多中国民间组织走出国门，参与中国的对外援助事业，在国际人道主义救援、国际社区援助方面，在国际公共空间构造和公共利益维护的倡导方面积极扮演角色。

中国政府对NGO参与对外援助，应该扶持、资助、指导和协调。积极探索委托民间组织承接国际援助的模式，转变直接的政府对政府（“G2G”）援助模式为政府＋民间（“G2G＋P2P”）援助模式，增强援助项目跟当地原住民需求的融合度，提升援助效率和准确性，提升援助的人际感染力、传播力，以及社会影响力，从而推动中国国际形象的重塑。

第六章 "一带一路"沿线国家产业贸易和全球价值链地位研究

第一节 引言

长期以来,传统贸易理论(如比较优势论、要素禀赋论等)都是以产业间贸易为主要对象的,这与当时的生产和贸易状况有关。自20世纪60年代以来,随着科学技术的不断发展,国际贸易实践中出现了一种和传统贸易理论以产业间贸易为对象的结论相悖的现象,即产业内贸易现象。

产业内贸易的成因具体表现在三个方面,同类产品的异质性是产业内贸易的重要基础;需求偏好相似是产业内贸易的内在动因;规模经济是产业内贸易的利益来源。因此,产业内贸易是一国经济发展到一定程度,异质产品、需求偏好、规模经济起关键作用的结果。

产业内贸易理论,主要针对各国之间,既进口又出口同类产品的现象,对产品的同质性、异质性与产业内贸易现象进行解释,并提出了产业内贸易指数的计算方式。

本章将针对上述问题,首先应用产业贸易指数,结合中国和"一带一路"沿线国家的产业内和产业间贸易状况、水平和垂直产业内贸易类型,以及产业内贸易类型品质差异特点进行计算、分析;其次还将对"一带一路"价值链进行讨论。

第二节 产业内贸易计算方法与数据来源

产业内贸易可以分为同质产品产业内贸易和异质产品产业内贸易。

所谓异质,是指质量存在差异。异质产品的产业内贸易,又可细分为水平差异的产业内贸易和垂直差异水平的产业内贸易。

产业内贸易可分为同质产品产业内贸易和异质产品产业内贸易。所谓异质,是指质量存在差异。产业内贸易可分为同质产品的产业内贸易和异质产品的产业内贸易。前者是指可以完全替代的同质产品在两国间的双向输出和输入的活动。后者又可分为基于产品水平差异的水平型产业内贸易和基于产品垂直差异水平的垂直型产业内贸易。实践表明,产业内贸易大多发生在同类异质产品之间。

一、产业内贸易指数

Grubel 和 Lloyd(1975)提出了产业内专业化和贸易形态理论,用来阐述即使两国生产条件或资源禀赋没有显著差异,贸易还是会发生,即产业内贸易(IIT),并提出了测度指标即 G－L 指数。本章首先采用 Abd-el-Rahman(1991)提出的方法,Min(C_{ij} ,M_{ij})/Max(X_{ij} ,M_{ij} $\geqslant 0.1$ 来辨别该产业属于产业内贸易或是产业间贸易。若该指数大于等于 0.1,则为 IIT,小于 0.1 则为产业间贸易,再结合 Grubel & Lloyd(1975)的方法计算各产业的 IIT 指数:

$$\text{IIT} = 1 - \frac{|X_{ij} - M_{ij}|}{X_{ij} + M_{ij}} \tag{1}$$

这里 IIT 表示产业内贸易指数,X_{ij} 代表 j 产业商品出口到 i 国的贸易额,M_{ij} 表示从 i 国进口 j 产业商品的贸易额。IIT 介于 0 和 1 之间,0 代表完全产业间贸易,1 代表完全产业内贸易。

表 6－1　产业内贸易指数划分标准

产业内贸易指数 GL	0≤GL≤0.25;	0.25≤GL≤0.5;	0.5≤GL≤0.75;	0.75≤GL≤1
产业内贸易水平	低	较低	较高	高

二、产业内贸易类型

Krugman(1979)和 Lancaster(1980)最先研究 IIT 的理论发展。他们

认为,IIT 的形成原因是由生产方面的规模经济与需求方面的产品差异化需求造成的。Helpman 和 Krugman(1985)认为,若进行 IIT 的原因是为了满足消费者对于同产业下产品多样性的需求,则可称之为水平型产业内贸易(HIIT)。

Falvey(1981)认为,若进出口相同产业的产品,但产品间的品质差异大,该贸易类型则称之为垂直型分工产业内贸易(VIIT),而 VIIT 主要反映两国在要素密集程度上的不同所造成的品质差异。对这一概念的理论解释来自于新 H－O 模型和自然垄断模型。Greenaway et al. (1994, 1995)进一步明确定义了 HIIT 和 VIIT。学者们假定在相同产业下,出口与进口产品的单位价值比落在 0.8～1.25 之间,则可称为品质差异小,贸易形态属于 HIIT;若出口与进口产品的单位价值比大于 1.25 或小于 0.8,表示品质差异大,属于 VIIT。并再对 VIIT 按单位价值比分解,单位价值比低于 0.8,则属于低质量垂直型产业内贸易(LVIIT),单位价值比高于 1.25,则属于高质量垂直型产业内贸易(HVIIT)。显然,LVIIT 表明,本国处于贸易对象的价值链下游,HVIIT 表明,本国处于贸易对象的价值链上游。本章通过 Fontagne 和 Fruendenberg (1998)定义的贸易形态与分解方式,将 GL－IIT 指数分解为垂直产品的产业内贸易指数 VIIT、水平产品的产业内贸易指数 HIIT、低质量垂直型产业内贸易 HVIIT 和高质量垂直型产业内贸易 LVIIT:

$$\text{HIIT 定义为:}\frac{1}{1+0.25}<\frac{UV_{ij}^{x}}{UV_{ij}^{M}}<1+0.25 \tag{2}$$

$$\text{VIIT 定义为:}\frac{UV_{ij}^{x}}{UV_{ij}^{M}}\geqslant 1+0.25 \text{ 或 } \frac{UV_{ij}^{x}}{UV_{ij}^{M}}\leqslant\frac{1}{1+0.25} \tag{3}$$

其中,

$$\text{HVIIT 定义为:}\frac{UV_{ij}^{x}}{UV_{ij}^{M}}\geqslant 1+0.25 \tag{4}$$

$$\text{LVIIT 定义为:}\frac{UV_{ij}^{x}}{UV_{ij}^{M}}\leqslant\frac{1}{1+0.25} \tag{5}$$

其中,UV_{ij}^{x} 为 j 产业产品出口到 i 国的单位价值,UV_{ij}^{M} 为从 i 国进口 j 产业产品的单位价值,在计算过程中,由于并没有现成的单位价值的数据,本章

使用各行业进出口额分别除以相应的数量，从而得到各行业的进出口商品单位价值。由于一些行业的进出口商品数量数据存在缺失问题，本章将这些存在数据缺失的行业进行了删除处理。因数据缺失而删除的样本占整体样本的比重很低，并不会对本文的主要结论造成很大影响。

三、行业分类及数据来源

关于行业分类标准，本章采用最新研究中常用的联合国第四次修订的《国际贸易标准分类》(SITC REV. 4)。为了全面、系统的考察中国和“一带一路”国家之间的产业内贸易及其变化情况，本章采用两位数行业分类标准，该标准共分为67类行业，具体行业名称与代码见附表1，为便于分析，下文一律使用行业代码。本章测算了2014年中国和“一带一路”国家在两位数行业标准下的产业内贸易水平。

为了对“一带一路”国家与中国之间的产业内贸易有更为深入的了解，本章选取了“一带一路”沿线五大区域46个国家在SITC REV. 4分类标准下的3位数行业进行分析，在了解现状的情况下进一步分析其发展趋势。本文所使用的数据均来自于联合国Comtrade数据库，该数据库中各国数据的起始年份为2007年，故在趋势分析部分的样本区间为2007—2014年。

第三节　中国和“一带一路”国家间产业内贸易基本现状

一、中国和“一带一路”国家间产业内贸易识别

首先采用Abd-el-Rahman(1991)提出的方法，对中国和“一带一路”沿线国家是否存在产业内贸易或是产业间贸易进行识别。为说明问题，这里采用2014年的数据。

在中亚各国，土库曼斯坦同中国进行产业内贸易的行业只有3个，塔吉克斯坦有4个，乌兹别克斯坦为7个，哈萨克斯坦同中国进行产业内贸

易的行业有8个，吉尔吉斯斯坦也是8个。因此，中亚五国处于待考察区域的较低水平；中亚各国的情况差别较大，从行业分布看，中国和中亚国家的产业内贸易多集中在初级产品部门，主要因为该地区工业部门发展程度较低。

在南亚各国中，孟加拉国同中国进行产业内贸易的行业有7个，不丹和马尔代夫只有1个，斯里兰卡有11个，尼泊尔有7个，巴基斯坦有12个，印度有26个，是南亚各国中最多的。从行业分布看，中国和南亚国家在0～4大类行业的产业内贸易多于在5～9大类，即该地区产业内贸易主要在初级产品部门，这与东盟地区形成鲜明对比。

在西亚各国中，中国与巴林进行产业内贸易的行业有5个，约旦和科威特分别只有3个，阿曼有7个，卡塔尔有5个，沙特阿拉伯有6个，叙利亚有3个，阿联酋有7个，以色列则有30个，巴勒斯坦的全部行业均为产业间贸易。从行业分布看，中国和西亚国家的产业内贸易多集中在5～9大类的制造业部门，且主要集中在以色列，这体现了中国和以色列紧密的产业经济联系。

在独联体和中东欧各国，同中国进行产业内贸易的行业，俄罗斯有20个，白俄罗斯有12个，乌克兰有10个，摩尔多瓦有5个，保加利亚有16个，克罗地亚有8个，捷克有35个，爱沙尼亚有15个，匈牙利有33个，波兰有26个，罗马尼亚有24个，塞尔维亚有8个，斯洛伐克有26个，斯洛文尼亚有21个，整体上看，中国和独联体、中东欧各国的较多行业均存在产业内贸易，处于“一带一路”各区域前列。

在东盟国家中，文莱只在第03类行业同中国进行产业内贸易，其余行业皆是产业间贸易；缅甸同中国进行产业内贸易的行业有12个，柬埔寨有14个，老挝有10个，菲律宾有22个，越南有23个，新加坡有29个，印度尼西亚有32个，马来西亚有33个，泰国有42个，是东盟各国中最多的。从行业分布看，中国和东盟国家的产业内贸易主要集中在第5、6、7、8大类行业，即主要集中在制造业部门。

中国与“一带一路”沿线国家的产业内贸易特征如图6-1所示。

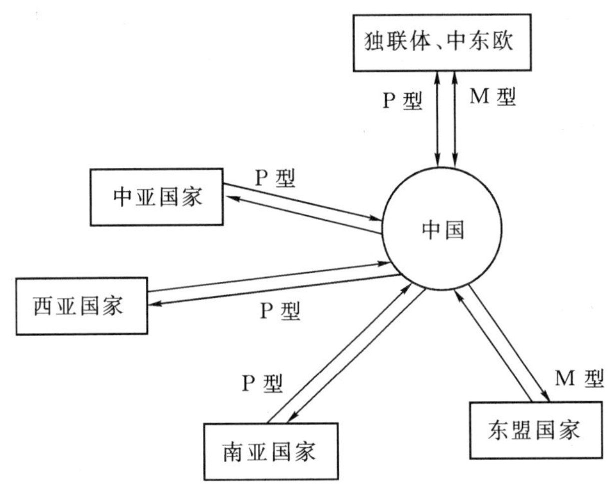

说明:P型为初级品贸易型,M型为制成品贸易型。

图6-1　中国与“一带一路”沿线国家的产业内贸易特征

二、中国和“一带一路”沿线国家产业内贸易类型

产品差异包括水平差异和垂直差异,水平差异是指同质产品具有不同的特性或属性,即消费者所能感知的产品在规格、款式、颜色等方面的差别,这类产品在价格上是接近的;垂直差异则是指产品具有不同的物理特征和质量,通常表现为产品的价格差异,即高质量产品具有高价格,低质量产品具有低价格。一般认为,规模经济和不完全竞争是解释水平型产业内贸易的基础,而比较优势与完全竞争,则可以解释垂直型产业内贸易。①

采用(2)~(5)式对产业内贸易的类型进行判断,可以发现,中国和“一带一路”国家间产业内贸易类型呈现以下结果。

1.中国和中亚国家的产业内贸易类型

中国和中亚国家的产业内贸易,有20%属于水平型产业内贸易(IIT),其余80%均属于垂直型产业内贸易。其中,高质量垂直型IIT远高于低质

① 高敬峰.水平型与垂直型产业内贸易区分研究[J].商业研究,2008(10).

量垂直型IIT，表明中国在更多情况下处于中亚国家价值链阶梯的中下游，中亚地区也是唯一整体上处于价值链阶梯上游的地区。

2.中国和南亚国家的产业内贸易类型

中国和南亚国家的产业内贸易，只有14%属于水平型产业内贸易(IIT)，其余86%均属于垂直型，但高质量垂直型IIT略少于低质量垂直型IIT。

3.中国和西亚国家的产业内贸易类型

中国和西亚国家的产业内贸易，有19%属于水平型IIT，其余81%均属于垂直型，但低质量垂直型IIT高于高质量垂直型IIT，表明中国在更多情况下，处于西亚国家价值链的下游。

4.中国和独联体、中东欧国家的产业内贸易

在独联体和中东欧国家，有12%属于水平型IIT，其余88%均属于垂直型。其中，80%属于低质量垂直型IIT，远高于高质量垂直型IIT，表明中国在绝大多数情况下处于独联体和中东欧国家价值链阶梯的下游。

5.中国和东盟国家的产业内贸易类型

在中国和东盟国家的产业内贸易中，只有12%属于水平型，其余88%均属于垂直型。其中，高质量垂直型(HVIIT)与低质量垂直型(HVIIT)各占一半。

总体上看，中国和"一带一路"国家的产业内贸易主要为垂直型贸易，这体现了中国和这些地区日益紧密的经济联系，也为中国和这些国家之间进行贸易、投资和产业转移奠定了坚实的现实基础。具体来看，中国应主要从西亚、中东欧和独联体国家承接产业转移，并向中亚国家实施产业转移。

第四节　中国和"一带一路"国家间产业内贸易变化趋势

一、产业内贸易整体发展趋势

本章第三节，分析了中国与"一带一路"沿线国家产业内贸易的发展情况，着重阐述了2014年时，各个国家与中国产业内贸易的程度与结构。通过这一分析，可以对中国与"一带一路"沿线国家产业内贸易发展的现状有一个年度性全面的认识。在这一节，本章主要分析中国与"一带一路"沿线国家产业内贸易发展的历史趋势、特点，进而分析存在的问题与未来的发展方向。

首先，对每个国家的各个行业以贸易额为权重进行加权平均，接着，再以贸易额为权重，对46个国家进行加权平均，由此计算的产业内贸易加权平均指数结果如图6-2所示。

数据来源：联合国Comtrade数据库经笔者计算得到。

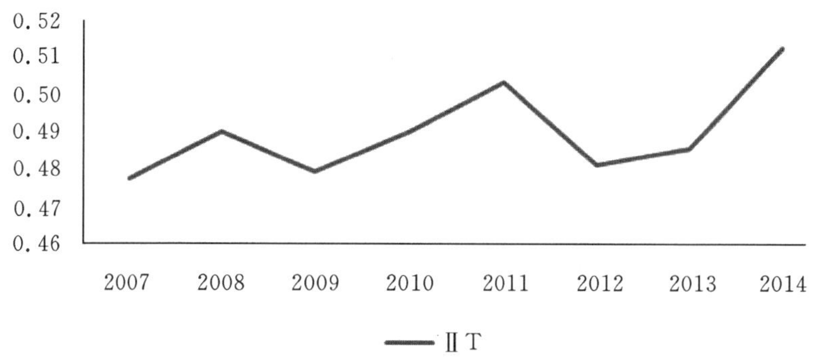

图6-2　中国与"一带一路"沿线国家产业内贸易加权平均指数变化情况

从图6-2可以看到，尽管本章的样本期只包含了八年时间，但中国与"一带一路"沿线国家间的产业内贸易发展具有明显的上升趋势。2007年，产业内贸易指数尚未达到0.5的分界线，贸易模式主要以产业间贸易为主。而经历了八年波动上升的发展之后，在2014年，产业内贸易指数达到了0.51。这一整体的发展趋势掩盖了各个地区、各个国家,以及行业层面的巨大差异,为此,本文将进一步从区域层面、国家层面,以及行业层面,对产业内贸易的变化情况做深入分析。

二、产业内贸易区域层面发展趋势

按照所处的地理位置不同,本章将"一带一路"沿线46个国家分为中亚、南亚、西亚、独联体、中东欧国家和东盟五个区域。① 通过对产业内贸易额加权平均的方式,计算出各地区的产业内贸易指数,结果如图6-3所示。

在区域层面,除中亚地区波动较为显著外,其他区域的产业内贸易指数较为平稳。中亚地区波动较大的原因有两个。

首先,中亚地区所包含的"一带一路"沿线国家数量是五大区域中最少的,这就使其平滑效应不如其他地区那么强烈。

其次,中亚国家与中国的产业间贸易主要集中在前五类行业(SITC0-SITC4),而这些行业主要是资源密集型行业,以能源和原材料为主,所以,导致了较大的产业内贸易指数波动。

从排名来看,中国与东盟各国之间的产业内贸易程度最高,其次为中东欧和独联体国家,而中亚、南亚地区国家虽然与中国的产业内贸易额较高,但产业内贸易程度不是很高,在所有地区中位列最后。

在分析2014年中国与"一带一路"国家产业内贸易的基础上,本章进一步分析了产业内贸易的变化趋势。表6-1列示了五大区域历年产业内贸易类型的变化情况,从中可以看到,在整个样本区间内,各地区的产业内贸易行业数量排名为:中东欧和独联体国家>东盟>南亚>西亚>中亚。

---

① 中亚:哈萨克斯坦、吉尔吉斯斯坦、塔吉克斯坦、土库曼斯坦、乌兹别克斯坦;南亚:印度、巴基斯坦、孟加拉国、斯里兰卡、尼泊尔、不丹、马尔代夫;西亚:叙利亚、约旦、以色列、巴勒斯坦、沙特、巴林、卡塔尔、阿曼、阿联酋、科威特;东盟:印度尼西亚、马来西亚、菲律宾、新加坡、泰国、文莱、越南、老挝、缅甸、柬埔寨;中东欧和独联体:俄罗斯、白俄罗斯、乌克兰、摩尔多瓦、保加利亚、克罗地亚、捷克、爱沙尼亚、匈牙利、罗马尼亚、波兰、塞尔维亚、斯洛伐克、斯洛文尼亚。

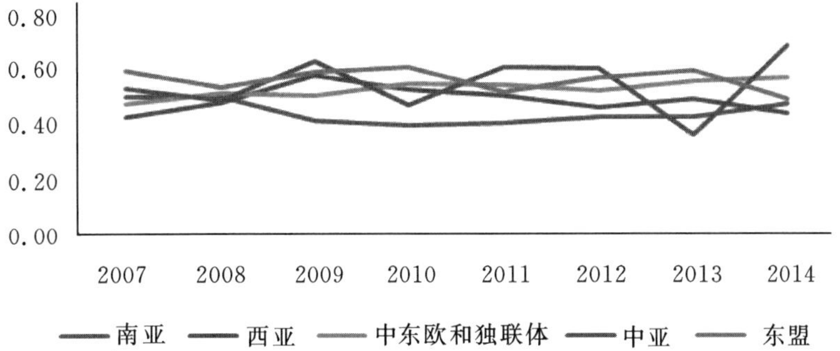

数据来源：联合国 Comtrade 数据库经笔者计算得到。

图 6-3 "一带一路"各地区产业内贸易指数

表 6-1 "一带一路"各地区主要产业内贸易类型

	2007	2008	2009	2010	2011	2012	2013	2014
南亚								
VH	43	49	44	44	44	50	51	49
VL	48	48	46	59	59	60	63	46
H	15	20	28	25	26	22	15	33
东盟								
VH	109	136	143	133	122	147	146	158
VL	241	213	226	258	265	220	206	187
H	95	89	94	83	93	82	80	88
西亚								
VH	31	20	30	31	32	36	36	34
VL	53	57	71	70	66	57	54	59
H	14	14	17	23	28	28	27	22
中东欧和独联体								
VH	90	93	112	102	107	113	120	109
VL	214	247	290	347	363	285	388	375
H	41	52	58	62	60	59	52	65
中亚								
VH	19	17	22	22	15	17	20	25
VL	10	11	8	15	13	11	14	10
H	3	2	2	4	8	7	8	8

注：VH 表示高质量垂直型产业内贸易，VL 表示低质量垂直型产业内贸易，H 表示水平型产业内贸易。

数据来源：联合国 Comtrade 数据库经笔者计算得到。

分地区来看，中国与中亚国家间的产业内贸易，主要以垂直型产业内贸易为主，其比重一度超过了80%，而高质量垂直型产业内贸易要高于质量垂直型产业内贸易，水平型产业内贸易部门数量很少，略有上升趋势。这表明，至少从分工地位来看，中国相对中亚国家，在全球价值链阶梯中的地位居于较有利地位。

中国与西亚国家间的产业内贸易，主要以垂直型产业内贸易为主，而低质量垂直型产业内贸易的部门，多年来明显高于高质量垂直型产业内贸易。水平型产业内贸易部门数量较少，略有下降趋势，但高于中亚，少于南亚地区。这表明，至少从分工地位来看，中国与西亚国家的产业内贸易分工，在全球价值链阶梯中的地位居于较低地位。

中国与南亚国家间的产业内贸易，主要以垂直型产业内贸易为主，而低质量垂直型产业内贸易与高质量垂直型产业内贸易大致相当。水平型产业内贸易数量有上升趋势，但整体贸易量不大。这表明，至少从分工地位来看，中国与南亚国家在全球价值链中的位置居中。

中国与东盟国家之间的产业内贸易，主要以低质量垂直型产业内贸易为主，从趋势上看，高质量垂直型产业内贸易，有增长的趋势，而低质量垂直型产业内贸易有所下降，到2014年两种类型的产业内贸易已经较为接近。水平型产业内贸易部门在减少。从分工地位来看，中国与东盟国家在全球价值链中的位置居中。

中国与中东欧和独联体国家之间的产业内贸易，主要以低质量垂直型产业内贸易为主，从趋势上看，高质量垂直型产业内贸易和低质量垂直型产业内贸易，都有所上升，但低质量垂直型产业内贸易部门上升得更快。水平型产业内贸易部门略有增加。从分工地位来看，中国与该地区国家在全球价值链中的位置不高。

从区域比较来看，中国与"一带一路"上的产业内贸易形成了明显的强弱三极，一是与中亚、南亚和西亚地区各国形成的一极，和中东欧、独联体形成的第二极，另一是与东盟形成的第三极。中国与中亚、南亚和西亚地区所形成的产业内贸易总体部门少，规模小，与中亚和西亚主要是能源矿产贸易，除了中亚地区外，中国与南亚和西亚的低质量垂直型产业内贸易，

大于高质量垂直型产业内贸易，总体产业内贸易水平最低。中国与东盟、中东欧和独联体地区所形成的产业内贸易总体部门多，规模大，特别是与东盟地区，中国与该地区的高质量垂直型产业内贸易与低质量垂直型产业内贸易正趋于持平，中国与该地区的贸易量大，产业内贸易水平最高。然而，与中东欧和独联体地区的低质量垂直型产业内贸易，与高质量垂直型产业内贸易还趋于扩大，中国与该地区的产业内贸易水平地位次之。

中亚和西亚主要是能源矿产贸易，除了中亚地区，中国与南亚和西亚的低质量垂直型产业内贸易大于高质量垂直型产业内贸易。

三、“一带一路”沿线国家层面产业内贸易发展趋势

1.“一带一路”沿线若干国家的产业内贸易结构

由于“一带一路”沿线国家众多，为了分析的方便，本文选取了具有代表性的六个国家进行分析。[①] 主要的选择标准为与中国的产业内贸易所涉及的行业数量多、产业内贸易额较大，最终选择的国家为泰国、马来西亚、捷克、新加坡、匈牙利，以及印度。表 6－2 列示了这些国家与中国进行产业内贸易的结构变化情况。

表 6－2　主要国家历年产业内贸易结构 %

	2007	2008	2009	2010	2011	2012	2013	2014
泰国(96)								
VH	23	32	26	20	20	21	27	33
VL	55	48	52	55	57	57	47	43
H	22	20	22	25	23	22	25	24
马来西亚(78)								
VH	16	24	21	29	21	27	34	26
VL	60	53	55	54	60	53	44	49
H	25	24	24	16	19	20	23	26

① 全部 46 个国家产业内贸易结构可以参见附录 2。

续表 6-2

	2007	2008	2009	2010	2011	2012	2013	2014
捷克(75)								
VH	17	20	19	13	13	21	12	11
VL	70	69	74	74	79	68	78	79
H	13	11	7	12	8	11	10	10
新加坡(72)								
VH	12	14	18	10	8	17	13	14
VL	75	71	68	78	78	71	74	76
H	12	15	13	12	14	11	13	10
匈牙利(62)								
VH	21	20	8	13	14	19	15	11
VL	72	72	76	78	75	72	78	80
H	8	7	16	9	11	9	7	9
印度(62)								
VH	31	33	35	37	30	34	34	26
VL	53	47	43	43	48	41	49	43
H	16	20	22	21	22	25	17	31

注:VH 表示高质量垂直型产业内贸易,VL 表示低质量垂直型产业内贸易,H 表示水平型产业内贸易。国家后面括号中的数字代表进行产业内贸易的行业数。

数据来源:联合国 Comtrade 数据库经笔者计算得到。

从表 6-2 的结果可以发现,"一带一路"沿线国家中,与中国进行产业内贸易行业最多的国家是泰国,一共有 96 个行业与中国进行了产业内贸易,这 96 个行业中与中国产业内贸易类型为水平型的行业占比为 23%,而垂直型产业内贸易的行业数占比为 77%,其中,高质量垂直型产业内贸易占比为 25%,而低质量垂直型产业内贸易占比为 52%,而中国与印度和马来西亚之间的产业内贸易结构与中泰之间的情况十分接近。

值得注意的是,对于一些经济发展水平相对较高的国家来说,如捷克、匈牙利和新加坡,中国与这些国家进行产业内贸易时,垂直型产业内贸易占主导地位,且中国各产业处于明显的劣势地位。在所有进行产业内贸易的行业中,约有四分之三的行业,其产业内贸易模式为低质量的垂直型产业内贸易,这说明,中国在全球价值链中的地位远低于捷克、匈牙利和新加坡等经济较为发达的国家。

2."一带一路"沿线国家的人均 GDP 与产业内贸易关系

上述结论表明,各国之间的产业内贸易水平及结构,与一国的经济发展水平存在着一定的关系,为此,本章进一步剖析了表征各国经济发展水平的人均 GDP 与各国产业内贸易水平,以及贸易模式的关系,通过 2007 年与 2014 年的对比,分析其动态演进。图 6－4 和图 6－5 分别展示了 2007 年与 2014 年"一带一路"沿线国家产业内贸易水平与其人均 GDP 之间的散点图。

比较图 6－3 和图 6－4 可以发现,产业内贸易水平与人均 GDP 之间存在着正相关关系。从统计意义上来说,人均 GDP 较高的国家与中国之间的产业内贸易水平较高。图中蓝色的实线为人均 GDP 与产业内贸易指数之间的拟合线,从该线 2007 和 2014 两年的变化可以看出,其斜率随着时间的推移有变大的趋势。同时,"一带一路"国家中与中国产业内贸易指数超过 0.5 的国家(图中位于水平线上方的国家)数量有增加趋势。

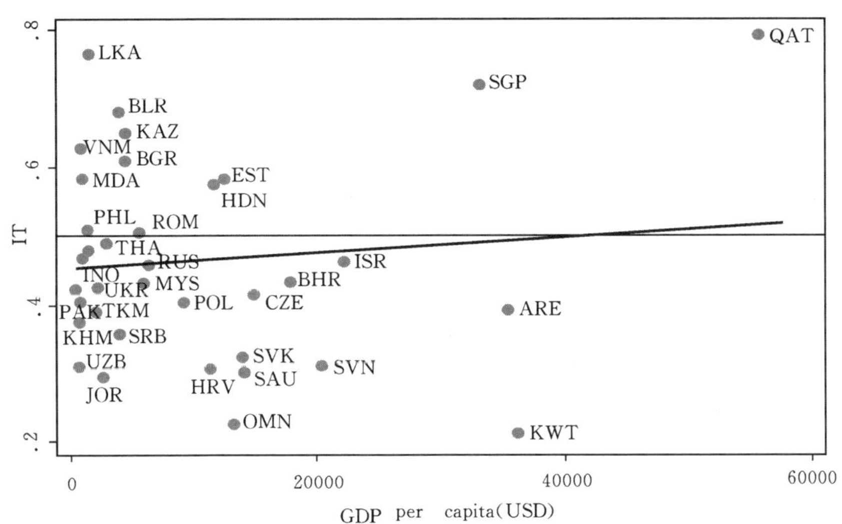

数据来源:联合国 Comtrade 数据库经笔者计算得到。

图 6－4　2007 年"一带一路"沿线国家人均 GDP 与产业内贸易

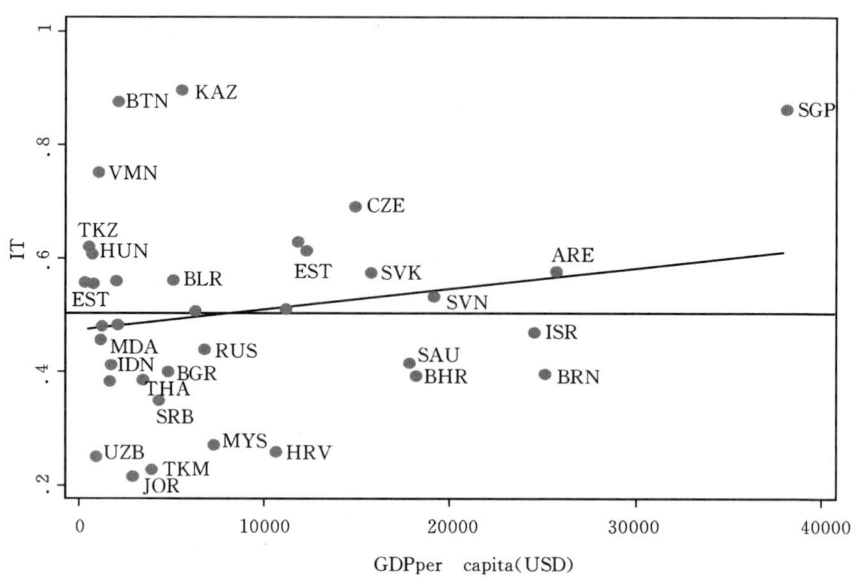

数据来源:联合国 Comtrade 数据库经笔者计算得到。

图 6-5　2014 年"一带一路"沿线国家人均 GDP 与产业内贸易

3."一带一路"沿线国家的人均 GDP 与产业内贸易价格比值关系

图 6-6 以及图 6-7 描绘了"一带一路"沿线国家人均 GDP 与刻画产业内贸易结构的 FF 指数之间的关系。

在两个不同的时间点上,人均 GDP 与产业内贸易结构指数 FF 之间,均存在着负相关关系,这一结果意味着经济发展水平越高的国家,在与中国进行产业内贸易时,其价格优势越为明显。需要注意的是,FF 指数衡量的是进出口单位价值之比,该指数越大,说明本国在产业内贸易中的相对地位越高,因此,两者之间存在负相关关系,是符合直觉预期的。该图中两条水平线分别为 FF=0.8 以及 FF=1.25,故在两条水平线以上的国家,其相对于中国而言,在价值链中的地位较低,即中国与该国的产业内贸易属于高质量垂直型产业内贸易;对于位于两条水平线之间的国家来说,他们与中国的产业内贸易属于水平型产业内贸易;位于两条水平线以下的国家,相对于中国而言,其出口产品的价格优势较为明显,即他们与中国的产业内贸易属于低质量垂直型产业内贸易。

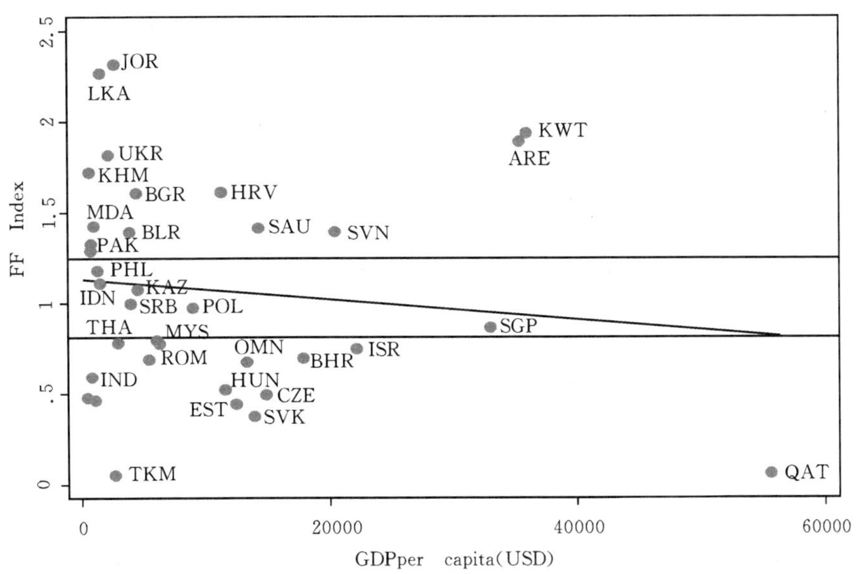

数据来源:联合国 Comtrade 数据库经笔者计算得到。

图 6-6　2007 年“一带一路”沿线国家人均 GDP 与产业内贸易模式

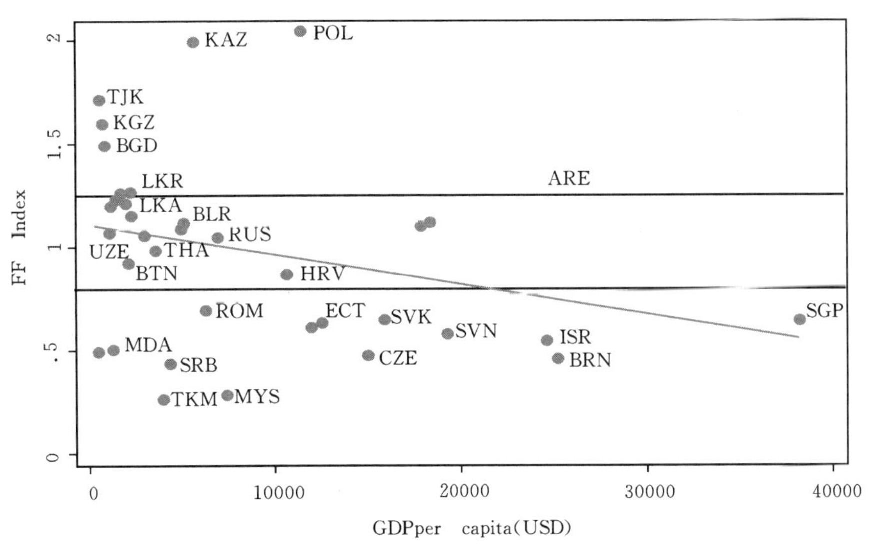

数据来源:联合国 Comtrade 数据库经笔者计算得到。

图 6-7　2014 年“一带一路”沿线国家人均 GDP 与产业内贸易模式

具体来说，在2007年，中国与14个国家之间的产业内贸易属于高质量垂直型产业内贸易，在这些国家中，科威特以及沙特阿拉伯的人均GDP很高，但这两个国家与中国的产业内贸易主要以石油等资源密集型产业为主，故虽然这些国家依靠资源优势得到了快速的发展，但他们的制成品竞争力很弱，工业发展水平也相对较低。中国与六个国家之间的产业内贸易类型为水平型产业内贸易，与26个国家之间的贸易类型为低质量垂直型产业内贸易。在2014年，情况发生了不利的变化，高质量垂直型产业内贸易的国家下降为七个，许多原先贸易模式为高质量垂直型产业内贸易的国家变成了水平型产业内贸易。

四、"一带一路"沿线国家行业层面发展趋势

为了便于本文的分析，本章参考王三兴（2012）的做法，在行业层面，将原先的三位数行业以产业内贸易额为权重，加总到一位数行业。这样做，也可以有效地避免仅按照大类进行分类所计算的产业内贸易指数较为粗糙的问题，加总后，一位数行业代码所对应的行业名称，如表6－3所示。

表6－3　SITC行业分类名称

编号	行业名称	编号	行业名称
SITC0	食品和活动物	SITC5	化学成品及有关产品
SITC1	饮料及烟草	SITC6	按原料分类的制成品
SITC2	非食用原料	SITC7	机械及运输设备
SITC3	矿物燃料、润滑油及有关原料	SITC8	杂项制品
SITC4	动植物油、脂及蜡	SITC9	未分类产品

资料来源：联合国国际贸易标准分类（Rev. 4）。

加总后的一位数行业可以分为十大类，这十大类行业可进一步按照要素密集程度分为三类，可以将SITC0－SITC4初级产品所对应的行业归为资源密集型行业，SITC5和SITC7所对应的行业可以归为资本密集型行业，SITC6和SITC8所对应的行业可以归为劳动密集型行业，而第十类行业属于未分类产品，不在本章的研究范围内。

各行业产业内贸易指数计算结果列示于表6－4。可以看到，在前五类行业中，产业内贸易指数波动明显大于后四类行业，原因在于，前五类行业主要是资源密集型行业，产品也以初级商品为主，这类产业的贸易受需求冲击较大。而SITC5＋7和SITC6＋8的产业内贸易指数相对波动较小，且这些行业的产业内贸易指数约为0.5，表明其主要贸易模式并不是十分清晰的，介于产业内贸易与产业间贸易之间。

表6－4 中国与“一带一路”沿线国家一位数行业产业内贸易指数

SITC	2007	2008	2009	2010	2011	2012	2013	2014
0	0.41	0.51	0.39	0.48	0.60	0.57	0.32	0.33
1	0.69	0.68	0.52	0.38	0.45	0.38	0.85	0.60
2	0.51	0.56	0.62	0.41	0.47	0.54	0.48	0.52
3	0.41	0.58	0.82	0.38	0.48	0.30	0.50	0.72
4	0.26	0.54	0.36	0.61	0.72	0.48	0.26	0.44
5	0.50	0.49	0.46	0.47	0.42	0.46	0.49	0.53
6	0.49	0.52	0.44	0.46	0.51	0.48	0.48	0.49
7	0.41	0.45	0.48	0.53	0.52	0.51	0.56	0.55
8	0.44	0.50	0.53	0.45	0.45	0.39	0.46	0.50

数据来源：联合国Comtrade数据库经笔者计算得到。

在上述分析基础上，本章根据FF指数的分类方式，将三位数行业的分类结果加总到一位数行业层面，结果如表6－5所示。除食品和活动物，以及非食用原料两个行业外，资源密集型行业涉及的行业内贸易，并不是很多。值得一提的是，非食用原料行业是唯一一个高质量垂直型产业内贸易占比重较高的行业。从资本密集型行业来看，在化学成品及有关产品行业中，低质量垂直型产业内贸易与高质量垂直型产业内贸易的比例约为1∶1，而在机械及运输设备行业中，低质量垂直型产业内贸易所占比例高达80％，这对旨在从制造业大国向制造业强国迈进的中国来说，仍然存在着巨大的挑战。

表 6-5 一位数行业产业内贸易结构变化情况

	2007	2008	2009	2010	2011	2012	2013	2014
SITC0:食品和活动物								
VH	40	40	41	54	53	47	54	66
VL	65	61	56	67	56	69	69	74
H	14	23	27	22	33	31	25	28
SITC1:饮料及烟草								
VH	6	5	5	6	8	6	9	9
VL	7	9	10	14	10	7	11	8
H	2	3	1	4	4	3	2	2
SITC2:非食用原料								
VH	67	72	77	85	74	94	90	89
VL	42	32	33	37	38	32	39	33
H	17	19	16	16	21	30	12	16
SITC3:矿物燃料、润滑油及有关原料								
VH	8	13	5	8	10	5	10	11
VL	6	7	5	7	6	3	7	8
H	9	4	9	8	8	10	9	6
SITC4:动植物油、脂及蜡								
VH	5	9	5	7	8	7	2	2
VL	3	2	4	3	3	5	2	4
H	2	2	2	1	0	1	2	1
SITC5:化学成品及有关产品								
VH	76	81	106	84	84	105	102	103
VL	141	138	135	126	133	124	122	134
H	44	56	45	64	68	60	51	53
SITC6:按原料分类的制成品								
VH	55	58	77	66	67	81	80	64
VL	138	156	161	190	181	170	164	183
H	43	41	54	48	48	48	49	47
SITC7:机械及运输设备								
VH	20	14	13	17	11	10	19	22

续表 6-5

	2007	2008	2009	2010	2011	2012	2013	2014
VL	118	119	166	167	196	112	193	202
H	20	15	25	25	22	3	22	31
SITC8:杂项制品								
VH	15	23	22	5	5	8	7	9
VL	45	52	71	138	143	111	118	31
H	17	14	20	9	11	12	10	32

注:VH 表示高质量垂直型产业内贸易,VL 表示低质量垂直型产业内贸易,H 表示水平型产业内贸易。

数据来源:联合国 Comtrade 数据库经笔者计算得到。

本章根据要素密集度的差异,进一步将九大类行业归纳为资源密集型行业、资本密集型行业,以及劳动密集型行业,并计算了五大区域中各类型行业的产业内贸易水平及其结构,结果如图 6-8 至图 6-12 所示。

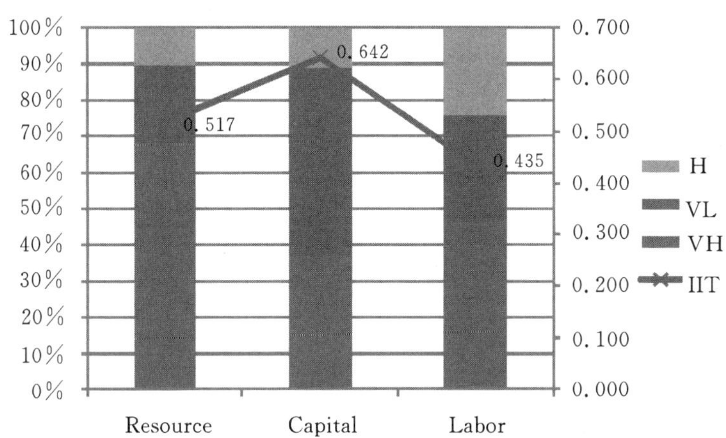

数据来源:联合国 Comtrade 数据库经笔者计算得到。

图 6-8 中国与中亚国家产业间贸易水平及结构

图 6-8 为中国与中亚各国之间的产业内贸易水平及其结构,一个最为显著的特点是,中国与中亚国家间在资本密集型行业具有较高的产业内贸易水平,产业内贸易指数达到了 0.642,但高质量垂直型产业内贸易占比

不是很高。

另一个显著的特点是,在资源密集型行业中,中国的相对定价能力较高,高质量垂直型产业内贸易占到了所有贸易类型的68%。但同时也应该注意到,中国与中亚国家的产业内贸易,无论从涉及的产业还是产业内贸易额来看,都比较少。

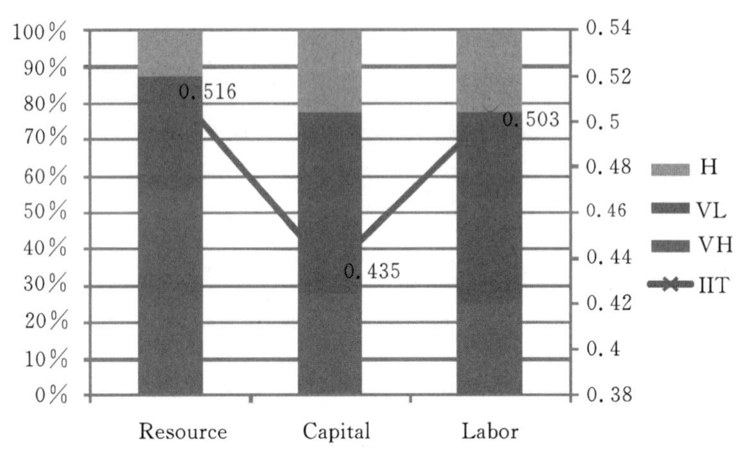

数据来源:联合国 Comtrade 数据库经笔者计算得到。

图 6-9 中国与南亚国家产业间贸易水平及结构

从图 6-9 可以看到,中国与南亚国家之间的产业内贸易水平,最高的是资源密集型产业,其次,是劳动密集型产业,排名最后的是资本密集型产业。从贸易结构看,在资源密集型产业中,水平型产业内贸易约占 12%,垂直型产业内贸易占到了 88%。在垂直型产业内贸易中,高水平垂直型产业内贸易占比重较大,达到了 57%,低水平垂直型产业内贸易占比仅为 31%。

在资本密集型行业,水平型产业内贸易占比接近 22%,垂直型产业内贸易占比为 78%。其中,低质量垂直型产业内贸易所占比重较大,达到了 49%,而高质量垂直型产业内贸易占比仅为 29%。

劳动密集型产业的贸易结构与资本密集型产业的贸易结构较为接近,水平型产业内贸易约为 22%,低质量垂直型产业内贸易占比为 53%,而高

质量垂直型产业内贸易占比为25%。与南亚国家相比，中国在产业内贸易中的主要优势集中于资源密集型产业，在资本密集型产业和劳动密集型产业中，相对地位较低，且资本密集型行业的产业内贸易，未来将大有可为。

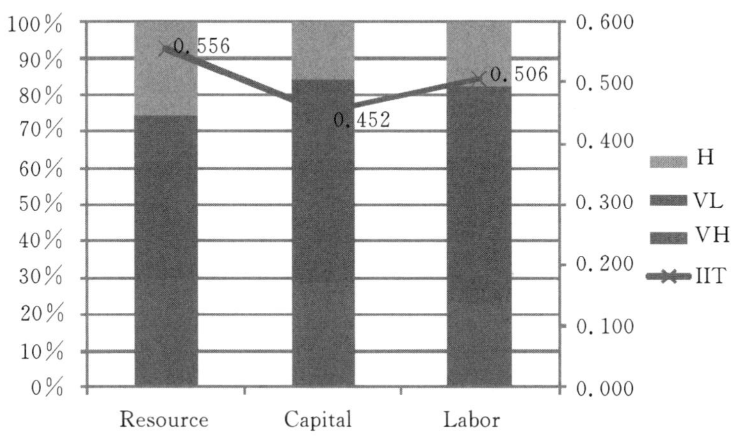

数据来源：联合国 Comtrade 数据库经笔者计算得到。

图 6－10　中国与西亚国家产业间贸易水平及结构

图 6－10 显示了中国与西亚国家间的产业内贸易水平及结构。图中结果表明，中国与西亚国家之间的资源密集型行业具有较高的产业内贸易水平，而资本密集型行业的产业内贸易水平较低。这是由于长期以来，中国从西亚国家进口的商品主要以能源、矿物燃料为主，而中国出口到西亚国家的商品主要以机械、运输设备，以及按原料分类的制成品为主。西亚国家对于资源的高度依赖，导致其工业部门的发展相对落后，这也直接造成了资本密集型产业较低水平的产业内贸易。同时，在各类要素密集度产业中，中国的相对价格都比较低，高质量垂直型产业内贸易所占比重较低。

图 6－11 显示了中国与独联体及中东欧国家的产业内贸易水平及其结构。相比于其他“一带一路”国家来说，这一地区的国家经济水平发展程度相对较高，与中国的产业内贸易主要集中在制成品行业，而资源密集型行业的产业内贸易相对较少。与其他地区相比，中国与独联体及中东欧国家之间的相对价格差异是最大的，高水平垂直型产业内贸易在资本密集型行业仅为 20%，在劳动密集型行业，这一比例更低。

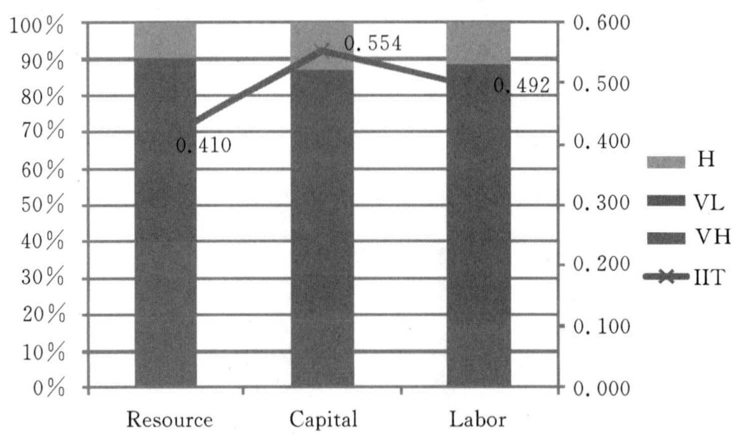

数据来源：联合国 Comtrade 数据库经笔者计算得到。

图 6-11　中国与独联体及中东欧国家产业间贸易水平及结构

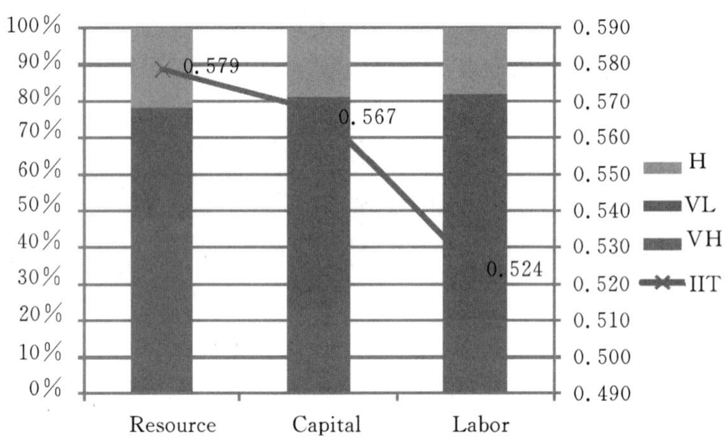

数据来源：联合国 Comtrade 数据库经笔者计算得到。

图 6-12　中国与东盟国家产业间贸易水平及结构

从图 6-12 可以看到，中国与东盟国家之间的产业内贸易水平最高的依然是资源密集型产业，其次是资本密集型产业，排名最后的是劳动密集型产业。与南亚国家相比，中国与东盟国家之间整体产业内贸易水平较高，三类行业的产业内贸易水平都超过了 0.5。从结构层面看，资源密集型

产业中，水平型产业内贸易约占21%，垂直型产业内贸易占到了79%。

在垂直型产业内贸易中，高质量垂直型产业内贸易占比重较大，达到了49%，低质量垂直型产业内贸易占比仅为30%；在资本密集型行业，水平型产业内贸易占比接近19%，垂直型产业内贸易占比为81%。其中，低质量垂直型产业内贸易所占比重较大，达到了59%，而高质量垂直型产业内贸易占比仅为22%；劳动密集型产业的贸易结构与资本密集型产业的贸易结构较为接近，水平型产业内贸易约为19%，低质量垂直型产业内贸易占比为61%，而高质量垂直型产业内贸易占比为20%。与东盟国家相比，中国在产业内贸易中的优势较为薄弱，但在资本密集型产业和劳动密集型产业中的相对劣势地位，却十分显著，这需要我们利用与这些国家的产业内贸易，来提升自身的竞争水平，通过在进口中学习(Learning by Importing)的方式，达到产业转型升级的目的。

第五节　中国和"一带一路"国家产业内贸易影响因素研究

一、中国和"一带一路"沿线国家产业内贸易的影响因素模型

影响不同国家之间产业内贸易的因素很多，大致可归为两大类：一类是国家特征因素，另一类是产业特征因素。国家特征因素主要包括国家经济水平，资源禀赋条件，开放程度、贸易壁垒和成本等；而产业特征影响因素，则主要包括产品差异、市场结构、FDI等。

为了研究中国和"一带一路"沿线国家产业内贸易的潜在决定因素，我们估计如下面板模型：

$$IIT_{it} = \alpha_0 + \alpha_1 DGDP_{it} + \alpha_2 DCGDP_{it} + \alpha_3 FDI_{it} + \alpha_4 QPEN_{it} + \alpha_5 DIST_i + \varepsilon_{it} \tag{6}$$

IIT_{it} 是第 i 国和中国在第 t 期的产业内贸易指数，计算方法见(1)式。

$DGDP_{it}$ 表示第 i 国和中国在第 t 期 GDP 的相对差异，代表两国经济规模差异对产业内贸易的影响。Hclpman 和 Krugman(1985)研究表明，

贸易双方的经济规模相对差异越小，产业内贸易指数越大。这是因为贸易双方市场规模相似时，差异产品的重叠需求会增加。*DGDP* 的计算采用 Balassa 和 Bauwens(1988)的方法：

$$\mathrm{DGDP}_{it} = 1 + \frac{\theta\ln(\theta) + (1-\theta)\ln(1-\theta)}{\ln 2}$$

这里

$$\theta = \frac{\mathrm{GDP}_{it}}{\mathrm{GDP}_{it} + \mathrm{GDP}_{China,t}}$$

其中，GDP_{it} 和 $\mathrm{GDP}_{China,t}$ 分别表示第 t 期第 i 国和中国的 GDP。

在 Helpman 和 Krugman(1985)的模型中，产业内贸易的另一个重要决定因素是贸易双方要素禀赋的相似度，用两国人均 GDP 差异即 DCGDP 表示。人均 GDP 的差异，可以衡量贸易伙伴之间差异产品需求变化的程度，贸易双方人均 GDP 越接近，产业内贸易越活跃。在本文中，DCGDP 为中国和俄罗斯、中亚各国人均 GDP 差异绝对值的自然对数。

控制变量中，FDI 表示被考察各国外国直接投资净流入占 GDP 的份额。当外国公司投资的目的是利用东道国的某种丰裕要素，如资源、劳动力，且此后的产出以投资来源国为出口对象时，FDI 可以促进产业内贸易。

OPEN 表示被考察各国进出口贸易额占 GDP 的比重，作为该国对外开放度的衡量。一般情况下，贸易开放度越高，贸易壁垒就越低，产业内贸易水平相应地也就越高，因此，该变量系数预期为正。

DIST_i 为地理变量，用中国和被考察各国首都间距离的自然对数来表示。地理变量是产业内贸易的重要决定因素。因为距离越短，运输和信息成本越低(Balassa & Bauwens, 1987)。

按照(1)式的计算方法，IIT 指数的值限定在 0 到 1 之间。这时，采用普通最小二乘法会导致不一致估计，而面板 Tobit 估计法可以解决这一问题，因此，本文采用面板 Tobit 进行参数估计。

GDP、外国直接投资、进出口贸易总额数据来源于亚洲发展银行的 Key Indicators 发展报告。中国和俄罗斯、中亚各国首都之间的距离，来自于 www. indo. com 网站中的 Distance Calculator 功能。

二、中国和俄罗斯、中亚五国产业内贸易的影响因素分析

以下分析中国和俄罗斯、中亚各国产业内贸易的潜在影响因素。分别以贸易加权平均产业内贸易指数和上述六大行业的产业内贸易指数为因变量，采用面板 Tobit 方法对(2)式进行估计，结果见表 6－10。

表 6－10　中国和俄罗斯、中亚各国产业内贸易影响因素的估计结果

	(1) 贸易加权 IIT	(2) 第二行业	(3) 第三行业	(4) 第五行业	(5) 第六行业	(6) 第七行业	(7) 第 8 行业
DGDP	−1.010 ***	1.048 **	0.822	−2.349 ***	−3.871 ***	−0.106	0.500 **
	(0.232)	(0.476)	(0.777)	(0.632)	(0.581)	(0.313)	(0.255)
DCGDP	0.0002	0.0197	0.0391	−0.0071	0.0238	−0.0276 **	0.0063
	(0.0078)	(0.0193)	(0.0340)	(0.0260)	(0.0237)	(0.0132)	(0.0098)
FDI	−0.0028	0.0113 **	0.0081	0.0122 *	−0.0161 **	−0.0008	0.0062 **
	(0.0022)	(0.0054)	(0.0097)	(0.0072)	(0.0069)	(0.0039)	(0.0027)
OPEN	0.0005	0.0001	−0.0046 **	−0.006 ***	0.0038 ***	−0.0015 *	−0.0015 **
	(0.0004)	(0.001)	(0.0022)	(0.0014)	(0.0012)	(0.0007)	(0.0006)
DIST	−0.0772	0.674 ***	−1.238 ***	−0.244	−0.250	−0.520 ***	−0.0471
	(0.102)	(0.197)	(0.350)	(0.261)	(0.244)	(0.141)	(0.0998)
常数项	1.666 *	−6.660 ***	9.587 ***	5.028 **	5.567 ***	4.716 ***	−0.0716
	(0.853)	(1.659)	(2.894)	(2.195)	(2.059)	(1.181)	(0.827)

注：括号内为标准差；***、**、* 分别表示在 1%、5%、10%的水平下显著。

表 6－10 中，第(1)列为贸易加权平均产业内贸易指数为因变量的估计结果，第(2)到(7)列分别为第二、三、五、六、七、八等六大行业的产业内贸易指数为因变量的估计结果。贸易双方经济规模相对差异，即 DGDP 的系数预期为负，这是因为经济规模相似的国家更容易发生产业内贸易。贸易加权平均 IIT 和第五、六类行业 IIT 回归方程的 DGDP 系数与预期一致，且均在 1%的水平上显著；但第二和八类行业 IIT 回归方程的 DGDP 系数为正，并在 5%的水平上显著，表明中国和俄罗斯、中亚国家经济规模上的差距，有利于这两类行业发生产业内贸易。

人均 GDP 水平可以衡量一国经济发展水平、消费者偏好和要素禀赋，大量实证研究表明，贸易双方较大的人均 GDP 差异，会促进基于比较优势的专业化分工，以及产业间贸易，进而导致较小的产业内贸易水平，即 DCGDP 的系数预期为负。但在表 4 中，除了第七类行业，DCGDP 的系数在各个回归方程中，都不显著，且在多数回归方程中，该变量的系数为正，与以往的研究结论相矛盾。这可能是因为与中国人均 GDP 差异最大的俄罗斯和哈萨克斯坦产业内贸易指数最高，而差异最小的土库曼斯坦产业内贸易指数最低，从而致使该系数为正。

FDI 流入在第二、五和八类行业具有正向的显著性影响。一个可能的解释是流入俄罗斯、中亚五国的外资的最终目的是东道国国内市场，这种类型的 FDI，在一定程度上可以促进水平型产业内贸易。在第六类行业表现出负向显著性影响，在第三、七类行业的影响不显著，表明 FDI 对俄罗斯和中亚五国各行业的作用并不一致。

贸易开放度 OPEN 的系数在贸易加权 IIT 和第二、六类行业的方程中为正，并在第六类行业方程中在 1%的水平上显著，与预期一致。但在其他回归方程中，至少在 10%的水平上显著为负，表明贸易开放度的提高抑制了这些行业产业内贸易的发展。

距离变量 DIST 的系数在除第二类行业外的所有回归方程中都为负，与预期一致。在属于初级产品产业的第二、三类行业方程中在 1%的水平上显著，在工业品产业中，只有第七类行业显著，表明运输成本对初级产品产业的影响要高于工业品产业。

第六节　"一带一路"全球和区域价值链

一、中国和"一带一路"能源产业全球价值链的分析

1. 能源产业价值链

对中国和一带一路能源产业及制造业全球价值链的分析，是分析中国

一带一路区域产业格局和变革走向的重要手段。对以煤、气、油为主的能源产业全球价值链的分析表明，各种能源在产业价值链上存在相当程度的融合，为能源之间相互替代、形成多元化的局面，提供了可能。

能源产业价值链基本特点表现在围绕能源利用，形成了能源和化工两大行业。能源经过转化与加工，面对能源和化工两大市场。一方面，可以生产电、热、冷、油品、燃气等各种能源产品，另一方面，还可以提供化工原材料，以及塑料、橡胶、纺织、化肥、药品等各类化工产品。能源化工行业是国家的命脉，能源利用创造了大量的价值，支撑着人类社会的文明进步。

能源产业具有鲜明的“上中下游”格局：上游为能源的勘探开采和资源的初步加工，如煤矿的勘探开采、油气田的勘探开采和天然气液化等；中游是能源的转化与加工，如电力生产、石油炼制与化工、煤化工和天然气化工等；下游是基础化工原料的精细加工与能源产品的终端市场分销，如化工市场的精细化工生产、合成材料生产、化肥农药生产等，能源市场的供电、供热、供冷、供气，以及油品供应，等等。

围绕能源上中下游产业，形成三类辅助业务：金融贸易、仓储物流、工程技术与装备业务。金融贸易业务包括，如勘探开采权的权益投资、能源利用产业的股权投资、能源化工产品的进出口贸易和期货交易等；仓储物流包括油气管输、港口码头、能源化工产品的仓储与公路、铁路、海洋运输等；工程技术与装备包括各种相关能源利用产业的工程咨询、技术服务、装备制造等。所有这些辅助型的业务与能源利用的上中下游产业的诸多业务一起，共同构成完整的能源利用产业价值链。组成能源产业价值链的节点，从上游到下游分别是：勘探、开采权的权益投资业务—勘探开采—能源初加工—能源的精细化加工—物流、贸易能源消费。其中，金融、物流、贸易 W 及技术参与整个链条的各个节点。

2. 全球能源产业链

能源产业全球价值链是价值链在能源产业层面上纵向和横向的延伸，是各节点主体国间及各国企业间不断竞争合作的结果，是由政府或者供需主导而形成的。

从全球价值链体系来看，国与国之间的经济分工是建立在价值链上比较优势的分工。全球化分工将“一带一路”上的主要经济体大致分成三类国家：以欧盟和日本等为代表的资本和高端产品生产、消费型国家，以中国、印度、东盟部分国家为代表的生产—消费型国家，以中亚、俄罗斯、中东、巴西、澳大利亚为代表的能源资源型国家。相关的，在“一带一路”区域之外，也有类似特点的一些域外国家。

这样，我们可以将“一带一路”的域内外价值链结合起来分析。从“一带一路”域内来看，以中亚、俄罗斯、中东、巴西、澳大利亚为代表的能源资源型国家，分别向生产—消费型国家，如中国、印度、新兴经济体等国，以及向资本—消费型国家输出能源资源，而生产—消费型国家通过加工，将对方需要的部分制成品输出到能源—资源国，形成原料输出和制成品输出的区域贸易格局；生产—消费型国家向资本—消费型国家重点输出中间产品，与相对低端的消费品，以及中低端设备、技术和服务；资本—消费型国家向生产—消费型国家重点输出高端产品，以及关键设备、技术和服务；与此同时，资本—消费型国家向能源—资源型国家重点输出少量高端消费品，以及高端设备、技术和服务。从而构成“一带一路”区域内外的全球产业价值链和区域产业价值链的综合格局。

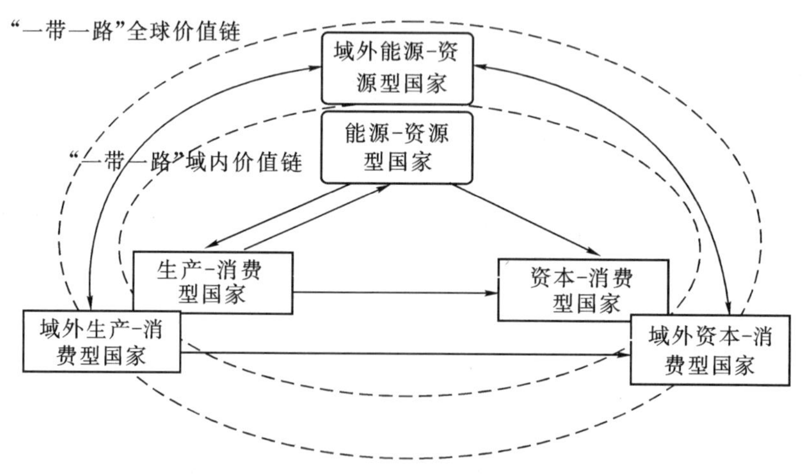

图 6－13 “一带一路”全球及区域能源供应价值链

3. 中国跨国公司在“一带一路”上的内部贸易和价值链

在跨国公司内部，存在着一种“垂直式”或“垂直专业化”的分工形式，即跨国公司的某种产品的不同生产阶段，由地处不同国家的子公司来完成，处于某一生产阶段的子公司，就会从其母公司或其他子公司输入零部件或中间产品，加工后输回母公司或其他子公司，由此产生了“垂直贸易”。这类分工通常是由贸易国之间要素禀赋差异引起的，贸易产品在要素投入方面，有着很大的差异。

当然，公司内贸易不仅只是“垂直贸易”一种形式，也不能简单地视为完全是由于要素禀赋差异引起的，还可能是由公司特定优势所引起的。公司特定优势包括技术与创新、公司规模、进入市场、融通资金的优势等。随着跨国公司的发展，生产国际化的趋势日益明显，跨国公司母公司通过向国外子公司出口中间投入品，然后再进口制成品；或者通过从国外子公司进口上游产品，再在其他国家子公司加工为成品销往世界各地，使得公司内贸易不断扩大。同时，跨国公司的内部贸易也在不断推动国际贸易的发展。在公司内部可以形成单一产业的价值链（即产业上下游之间在产品、服务和信息等环节的纵向一体化构成），也可以形成多个产业的空间价值链（不同产业链之间在物流、渠道、财务和品牌等环节的纵向一体化构成）。

具体来说，跨国公司进行公司内贸易的动机，主要有以下几个方面：①绕过高成本的东道国外部市场，在公司内部进行交易，可以降低交易成本。②垄断技术优势，消除知识资产在市场转移中的各种不确定性。③保证特定产品的生产，确保供销优势。④利用转移价格获取利润。通过公司内贸易，有利于跨国公司获取在公司内部协调国际经济活动的实力，以内部市场取代外部市场，从而使其能根据各国生产要素的比较优势，在全球范围内构建其生产、销售、供应的分工体系，以达到生产要素的最优配置和利润最大化目标。

全球价值链视角下的中国跨国公司，在“一带一路”上的公司内贸易，势在必行，大有可为。中国跨国公司为追逐长远利益最大化，有利于突破国家及区位的束缚，将自身优势与东道国的区位优势紧密结合起来，通过价值链的国际化，构建全球价值链，以市场内部化的方式，充分控制并利用东道国的区位优势，不仅可以巩固跨国公司原有垄断优势，而且可以攫取在全球市场上的国际竞争优势，而其纽带就是资源、产品和服务的公司内贸易。

中国跨国公司在“一带一路”全球价值链的构建并不是简单地将母国既有的企业价值链整体复制到东道国，而是需要建立在对进入的各东道国比较优势、企业自身垄断优势的充分评估基础上的，是价值链的区域分割、延伸要素空间外移乃至跨国整合过程的结果。比如，跨国公司可将原材料生产环节集中于资源比较优势突出的国家，将零部件生产环节集中于技术实力足、人力资源优势强的国家，而将产品组装与销售置于临近主要目标市场的地区，等等。这种价值链的分割与整合了促进了某种价值创造活动的相对集中，从而产生，一系列的企业“中心”，如世界性的研发中心、采购中心、生产中心、营销中心，等等。价值链活动的集中，必然带动规模的提升，从而可以获得规模经济利益。

中国跨国公司在“一带一路”打造全球价值链空间上的各环节之间，并不是相互独立，而是相互联系、相互影响的有机体。一方面，内部存在线性关系，境外能源产业上游价值链活动的效率与质量，必然严重影响国内下游价值链，对下游价值链的生产效率起着决定性的作用；反之，下游价值链活动的要求和能动作用，又会促进上游价值链的发展与革新；另一方面，价值链各环节之间是网络状的关系，存在千丝万缕的联系，都是相互影响和促进的关系，其中一个环节效率的提升，都可能带动所有价值链环节生产效率的提升。跨国公司价值链相互联系和影响的纽带就是公司内贸易，中国的跨国公司通过对“一带一路”全球价值链的重构，可充分利用本国和东道国各自的优势，能促进公司整体生产效率的提升。

二、中国“一带一路”产业全球价值链的分析

如图 6－14，说明能源—资源型国家处于能源资源和工业制成品混合产业链的上游，生产并在国内销售能源的同时，有富裕的能源可以输出，而能源成为保障一般制造业投入、产出全过程的供应链和生命线。能源—资

源输出国一方面向中国等生产—消费型国家出口能源资源产品;生产—消费国则利用其劳动力比较优势,利用能源资源产品加工,并与其他部件组合成中间产品和最终消费品后,再分别向能源资源国和资本—生产—消费国出口。因此,能源资源制造产业链在能源—资源型国家、生产—消费型国家和资本—消费型国家中形成了跨国的垂直分工结构。资本—消费型国家则利用其资本和技术优势,利用能源资源产品加工,对其他部件组合的中间产品再加工后,形成高端设备、高端消费品之后,再分别向能源资源国和资本—生产—消费国出口。

改革开放以来,中国通过承接国际产业转移的形式,融入全球价值链体系,但面临全球价值链低端锁定的局面,实现全球价值链升级,需要构建新型全球价值链,"一带一路"战略的实施为此提供了新的机遇。目前,中国的部分产业可以通过对外投资,向"一带一路"区域国家转移。但是,在产业转移的过程之中,要促进中国的产业转型升级,以及区域内产业承接国的经济发展,合理地安排产业转移的区域分布和行业分布。

实践证明,构建合理的全球价值链,可以使得中国企业在全球进行资源的优化配置,提高企业利润,也使得东道国和母国经济都获得发展。越来越多的中国跨国公司,正在将产品设计、原材料采集、零部件生产、组装、销售、售后等各个环节,分散至全球不同国家进行,按照各国的要素禀赋和比较优势,工序在全球进行资源配置,从而实现利润最大化。生产网络按照资源最优配置到不同国家,形成"全球价值链"。

中国与"一带一路"区域内国家能源及制造业,可以形成相互支持与互补的关系。中国是世界生产大国,贸易大国,资本相对充足,是促进"一带一路"建设工作的主动力。一方面,可以为沿线国家注入资本,技术合作,加强贸易联通,促进经济增长;另一方面,通过资本输出、产业转移,推动国内优质产能向国外输出,提高资本利用率和收益率。中亚、西亚地区国家具有丰富的能源资源、劳动力人口相对匮乏,东南亚、南亚和非洲劳动力人口充足,另外,目前中国与区域内其他国家在劳动力、公共资源等方面未能完全互补。

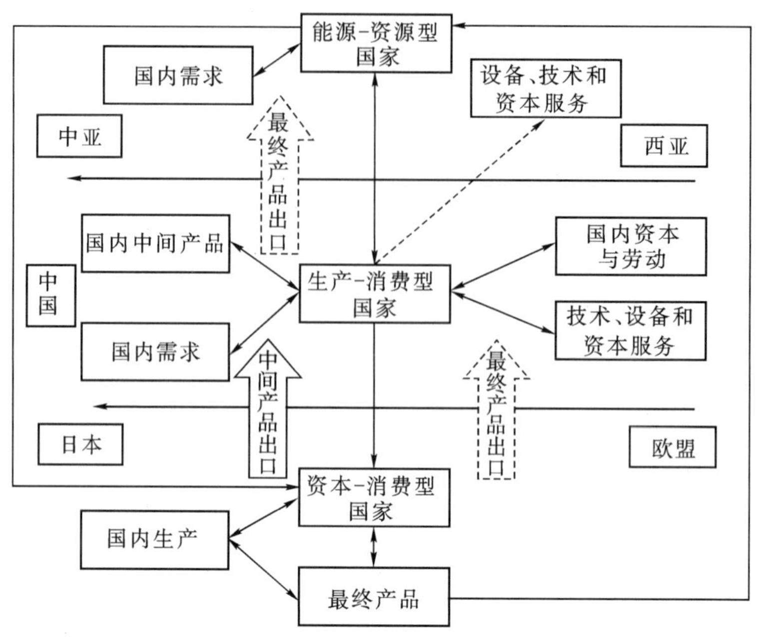

图 6-14　中国和“一带一路”沿线不同类型国家制造业价值链垂直一体化分工

“一带一路”区域内能源—资源型、生产—消费型、以及资本—消费型这三种类型国家与中国制造业具有较高的互补性。第一，区域内自然资源拥有量不均衡，需要优势互补；第二，“一带一路”上的国家劳动力分布不均衡，需要促进劳动力转移；第三，中亚、西亚和南亚地区公共资源如教育、健康医疗、基础设施等明显落后，需要进一步加强；这些“一带一路”上的国家与中国的关系，表现在互为对方的产品和服务市场、生产要素来源地、交通过境地等，共同参与国际经济一体化分工体系。推动“一带一路”沿线经济体之间的相互融合，进而促进各个国家的资源得到优化配置、经济平稳发展，减小地区差距，改善收入分配，同时避免资源枯竭、环境恶化。

中国可以充分、有效地利用中亚、西亚和俄罗斯等国的能源资源，通过资本优势与当前有利时机，进一步密切与上述国家和地区的能源价值链合作。例如，在能源上游领域投资入股，密切合作的价值链连接；通过使用本币结算，推进人民币的适用范围和空间；通过产业转移，帮助资源型国家延伸能源资源的产业链，扩大就业，尽可能规避资源诅咒的陷阱。中国可以

通过资本优势与当前的有利时机，进一步密切与资本—消费型国家和地区的制造业价值链合作，如在研发、设备制造等领域投资入股，通过第三方合作，共同帮助资源型国家延伸产业链，扩大当地就业。在“一带一路”区域中，虽然各国分属不同制度、不同类型和不同发展阶段，但中国已经逐步显现了其核心的垂直价值链地位和扩展能力，所需要的是，按照发挥各自优势，坚持共建、共享和开放的原则，使“一带一路”区域价值链和全球价值链更好地对接，发挥出更大的经济效益。

三、基于全球价值链的显性比较优势指数

相对于传统的显性比较优势指数(RCA)，全球价值链的显性比较优势指数(RCA－GVC)更能反映出全球价值链背景下生产分割的效应。Timmer 等人，将其运用于全球价值链收入的分析上。其计算公式为：

$$RCA-GVC_{ijt}=(GVC\_income_{ijt}\div GVC\_income_{it})\div(GVC\_income_{wjt}\div GVC\_income_{wt})$$

其中，$RCA-GVC_{ijt}$ 为 t 年 i 国 j 产品的全球价值链的显性比较优势指数，GVC_income_{ijt} 为 t 年 i 国 j 产品的全球价值链收入，GVC_income_{it} 表示 t 年 i 国所有产品的全球价值链收入，GVC_income_{wjt} 代表 t 年世界 j 产品的全球价值链收入，GVC_income_{wt} 表示 t 年世界所有产品的全球价值链收入。

若 $RCA-GVC_{ijt}>1$，表明相对于其他国家来说，t 年 i 国生产 j 产品获得的全球价值链收入份额更高，因此，i 国 j 产品具有比较优势；若 $RCA-GVC_{ijt}<1$，则表明 i 国 j 产品不具有比较优势。

本章通过分析各行业的全球价值链竞争力的地域差别及发展情况，了解“一带一路”沿线国家的全球价值链的行业竞争力，及不同国家、地区间的贸易竞争情况。以下行业划分来自《国际标准行业分类》第三版的分类标准。

四、"一带一路"沿线国家制造业全球价值链显性比较优势指数分析

1. 食品行业

在食品行业中，具有价值链显性比较优势的国家，多集中在欧洲国家、土耳其、印尼、印度、澳大利亚等地。其中，塞浦路斯、波罗的海三国、希腊、印尼等具有较强的竞争力，比较优势不断增强。欧洲多数国家和澳大利亚的竞争力，源于优良的自然环境与食品制作、保鲜技术；印度、印尼、俄罗斯优势在于丰富的资源型产品；日本在食品方面的优势，则主要体现为发达的食品制造和流通。中国食品行业近年来由比较优势减弱为劣势。

表 6-11　食品行业 RCA-GVC 指数

国家(地区)	1996	2001	2006	2011
中国大陆	1.09	0.98	0.83	0.82
俄罗斯	1.32	1.26	1.13	1.07
印度	1.08	1.15	1.12	1.02
土耳其	1.12	1.26	1.38	1.30
爱沙尼亚	1.52	1.21	1.08	1.22
拉脱维亚	1.57	1.47	1.45	1.62
立陶宛	1.70	1.44	1.36	1.60
奥地利	0.88	0.77	0.77	0.76
比利时	0.97	0.94	0.95	0.91
保加利亚	1.77	1.51	1.24	1.25
塞浦路斯	1.62	1.86	1.82	1.89
捷克	1.07	1.00	0.85	0.73
丹麦	1.37	1.23	1.17	1.10
芬兰	0.90	0.78	0.76	0.85
法国	0.99	0.98	1.04	0.99
德国	0.72	0.69	0.68	0.58
希腊	1.85	1.68	1.79	1.67

续表 6-11

国家(地区)	1996	2001	2006	2011
匈牙利	1.39	1.17	0.97	0.86
爱尔兰	1.36	1.05	1.11	1.06
意大利	0.73	0.69	0.74	0.76
卢森堡	0.87	0.83	0.91	0.85
马耳他	0.82	0.92	0.95	0.83
荷兰	1.30	1.15	1.16	1.15
波兰	1.45	1.34	1.29	1.15
葡萄牙	1.04	1.02	1.12	1.06
罗马尼亚	1.65	1.57	1.41	1.31
斯洛伐克	1.03	0.95	0.72	0.66
斯洛文尼亚	0.75	0.72	0.62	0.62
西班牙	1.17	1.12	1.20	1.23
瑞典	0.76	0.67	0.65	0.63
英国	0.82	0.77	0.78	0.78
日本	0.86	0.95	0.88	1.05
韩国	0.72	0.67	0.57	0.47
中国台湾	0.72	0.57	0.52	0.52
澳大利亚	1.48	1.43	1.26	1.08
印度尼西亚	1.38	1.46	1.50	1.63

2. 非耐用品

在非耐用品具有价值链显性比较优势的国家，大多为中国、印度、土耳其、印尼、罗马尼亚、波罗的海三国等发展中国家，依靠的是丰富而相对廉价的劳动力资源。而部分欧洲发达国家，如葡萄牙、意大利、希腊等凭借的则是精湛的手工技艺。

表 6－12 非耐用品 RCA－GVC 指数

国家(地区)	1996	2001	2006	2011
中国大陆	1.70	1.84	0.83	1.57
俄罗斯	0.99	0.92	1.13	0.55
印度	2.10	2.19	1.12	1.83
土耳其	1.93	2.76	1.38	2.40
爱沙尼亚	1.86	2.29	1.08	1.56
拉脱维亚	1.66	1.84	1.45	1.20
立陶宛	1.55	1.90	1.36	1.37
奥地利	1.26	1.16	0.77	0.86
比利时	0.96	0.97	0.95	0.84
保加利亚	1.49	1.66	1.24	1.72
塞浦路斯	1.91	1.35	1.82	0.92
捷克	1.09	1.06	0.85	0.86
丹麦	0.99	0.93	1.17	0.75
芬兰	0.77	0.70	0.76	0.63
法国	0.83	0.83	1.04	0.74
德国	0.74	0.68	0.68	0.58
希腊	1.77	1.60	1.79	1.58
匈牙利	1.07	0.94	0.97	0.54
爱尔兰	0.44	0.47	1.11	0.41
意大利	1.93	1.99	0.74	1.77
卢森堡	1.04	1.00	0.91	1.28
马耳他	2.28	2.09	0.95	1.42
荷兰	0.84	0.86	1.16	0.77
波兰	1.29	1.25	1.29	1.04
葡萄牙	2.60	2.52	1.12	2.15
罗马尼亚	1.63	1.73	1.41	1.41
斯洛伐克	1.21	1.17	0.72	0.93
斯洛文尼亚	1.64	1.50	0.62	1.03
西班牙	1.43	1.34	1.20	0.95
瑞典	0.60	0.61	0.65	0.55
英国	0.94	0.90	0.78	0.84
日本	0.59	0.50	0.88	0.49
韩国	1.25	1.15	0.57	0.76
中国台湾	1.38	1.23	0.52	0.88
澳大利亚	1.08	0.92	1.26	0.75
印度尼西亚	1.57	1.58	1.50	1.18

3. 木材与印刷

木材、纸质与印刷业国际分割程度不高，价值增值通常是在本国内完成，对原材料和技术水平有较高要求。同时，反映该国家的出版物等文化产业发展程度。因此，该行业的比较优势集中在欧盟、澳大利亚，多数为发达国家，爱尔兰、塞浦路斯、英国、芬兰、拉脱维亚、斯洛伐克等，具有很强的竞争力，且 RCA - GVC 指数呈现增长趋势；发展中国家在此行业几乎不具有竞争力。中国大陆、日本、韩国及中国台湾地区无一在此行业有竞争力，其中，中国内地、日本的 RCA - GVC 指数减小，尽管中国台湾此行业 RCA - GVC 指数在增大，但仍不具备比较优势。

表 6 - 13　木材与印刷业 RCA - GVC 指数

国家(地区)	1996	2001	2006	2011
中国大陆	0.59	0.35	0.23	0.23
俄罗斯	0.55	0.45	0.58	0.67
印度	0.80	0.57	0.41	0.57
土耳其	0.62	0.44	0.52	0.77
爱沙尼亚	1.54	2.94	1.39	1.66
拉脱维亚	2.09	1.70	2.21	2.30
立陶宛	0.54	0.78	1.23	1.04
奥地利	1.43	1.40	1.41	1.58
比利时	0.99	0.95	1.20	1.33
保加利亚	0.83	0.80	0.66	0.74
塞浦路斯	1.90	2.20	2.57	2.81
捷克	0.88	0.72	0.87	1.03
丹麦	1.19	1.14	1.19	1.17
芬兰	2.30	2.12	2.05	2.37
法国	1.04	0.99	1.00	1.20
德国	1.28	1.19	1.19	1.18
希腊	1.34	1.73	1.36	1.82
匈牙利	0.95	0.88	0.80	0.88
爱尔兰	2.94	2.30	2.80	3.13
意大利	1.09	1.06	1.16	1.26

续表 6-13

国家(地区)	1996	2001	2006	2011
卢森堡	1.20	1.37	1.18	1.12
马耳他	1.08	1.15	1.27	1.36
荷兰	1.38	1.52	1.52	1.53
波兰	1.14	1.28	1.15	1.47
葡萄牙	0.83	1.02	1.20	1.45
罗马尼亚	0.46	0.52	0.64	0.72
斯洛伐克	1.15	1.24	1.50	2.03
斯洛文尼亚	1.12	1.13	1.20	1.38
西班牙	1.03	1.09	1.25	1.40
瑞典	1.40	1.41	1.43	1.58
英国	1.58	1.75	1.99	2.13
日本	0.41	0.34	0.34	0.36
韩国	0.51	0.39	0.39	0.45
中国台湾	0.47	0.40	0.48	0.65
澳大利亚	1.18	1.29	1.46	1.55
印度尼西亚	0.63	0.43	0.38	0.40

4.化学制品

化学制品的价值链显性比较优势集中在俄罗斯、英国、爱尔兰、比利时、马耳他、荷兰及波罗的海三国,绝大多数呈现竞争力逐步增强的趋势。俄罗斯的优势源于丰富的矿产资源,欧洲国家则凭借先进的研发能力。中国大陆、日本、韩国、中国台湾及印度、印度尼西亚、土耳其等不具备比较优势,且 RCA-GVC 指数随着时间呈现走弱趋势。

表 6-14　化学制品 RCA-GVC 指数

国家(地区)	1996	2001	2006	2011
中国大陆	0.85	0.73	0.36	0.35
俄罗斯	1.45	1.97	1.89	2.15
印度	0.97	0.91	0.82	0.93
土耳其	1.18	0.70	0.54	0.66

续表 6 - 14

国家(地区)	1996	2001	2006	2011
爱沙尼亚	0.80	1.00	0.81	0.68
拉脱维亚	0.60	0.60	0.67	0.67
立陶宛	1.14	1.11	1.34	1.19
奥地利	0.95	0.85	0.76	0.80
比利时	1.31	1.29	1.35	1.52
保加利亚	0.80	0.85	1.30	0.81
塞浦路斯	0.92	0.79	0.97	0.95
捷克	0.86	0.64	0.61	0.78
丹麦	1.06	1.32	1.46	1.57
芬兰	0.68	0.68	0.67	0.90
法国	1.15	1.09	1.11	1.23
德国	1.05	0.92	0.81	1.00
希腊	0.81	0.72	0.93	1.08
匈牙利	1.11	0.80	1.00	1.09
爱尔兰	1.30	1.52	1.55	2.11
意大利	0.88	0.85	0.75	0.73
卢森堡	1.13	1.08	0.94	0.91
马耳他	0.98	0.77	0.96	1.33
荷兰	1.23	1.36	1.34	1.43
波兰	0.83	0.93	0.85	1.00
葡萄牙	0.75	0.67	0.72	0.82
罗马尼亚	0.69	0.80	0.86	0.87
斯洛伐克	1.05	0.92	0.66	0.64
斯洛文尼亚	1.12	0.99	1.27	1.26
西班牙	0.91	0.89	0.87	1.02
瑞典	0.84	1.02	0.96	0.90
英国	1.26	1.29	1.33	1.34
日本	0.58	0.57	0.52	0.55
韩国	0.51	0.36	0.33	0.39
中国台湾	0.71	0.74	0.57	0.57
澳大利亚	1.12	1.12	0.96	1.00
印度尼西亚	1.01	1.14	0.92	0.87

5.机械产品

中国大陆、欧盟部分国家、澳大利亚、日本、韩国、中国台湾等地，在机械产品价值链上具有一定的比较优势。其中，欧盟如奥地利、意大利、芬兰、瑞典、德国、匈牙利等竞争力较强。日本、韩国及欧洲国家依靠的是核心技术研发，而中国更多承接的是劳动密集环节。机械产品的生产国际分工程度更为深化，随着2001年后加入世贸组织，中国的国际分工参与度提高，在机械产品方面的竞争力也显著增强。印度、俄罗斯两国的机械产品竞争力，也发展到与世界水平相当。

表6-15 机械产品RCA-GVC指数

国家(地区)	1996	2001	2006	2011
中国大陆	0.96	0.99	1.17	1.22
俄罗斯	0.94	0.86	1.09	1.00
印度	0.81	0.74	0.96	1.01
土耳其	0.89	0.65	0.67	0.77
爱沙尼亚	0.52	0.67	0.81	0.88
拉脱维亚	0.53	0.69	0.77	0.67
立陶宛	0.56	0.61	0.63	0.55
奥地利	1.24	1.48	1.56	1.60
比利时	0.94	1.01	1.00	1.00
保加利亚	0.66	0.89	1.06	1.25
塞浦路斯	0.38	0.48	0.63	0.50
捷克	1.24	1.24	1.21	1.16
丹麦	1.03	1.08	1.05	1.11
芬兰	1.33	1.25	1.38	1.55
法国	0.86	0.90	0.91	0.98
德国	1.39	1.47	1.35	1.39
希腊	0.24	0.54	0.75	0.51
匈牙利	0.65	0.80	0.89	1.36
爱尔兰	0.45	0.48	0.45	0.38
意大利	1.37	1.53	1.57	1.60
卢森堡	1.22	1.35	1.26	1.16

续表 6-15

国家(地区)	1996	2001	2006	2011
马耳他	0.55	0.58	0.62	0.61
荷兰	0.87	0.94	0.97	0.99
波兰	0.73	0.79	0.92	0.89
葡萄牙	0.49	0.71	0.71	0.74
罗马尼亚	0.70	0.77	0.70	0.75
斯洛伐克	1.19	1.17	1.26	1.13
斯洛文尼亚	1.10	1.34	1.36	1.36
西班牙	0.59	0.77	0.82	0.79
瑞典	1.19	1.36	1.36	1.41
英国	1.00	1.04	0.97	0.98
日本	1.56	1.56	1.55	1.35
韩国	0.99	1.00	1.10	1.09
中国台湾	1.29	1.32	1.24	1.17
澳大利亚	0.69	0.90	1.15	1.29
印度尼西亚	0.33	0.36	0.41	0.37

6. 电子设备

日本依靠电子设备核心部件先进的研发能力和制造水平，并将生产网络延伸至韩国、中国大陆和中国台湾，使得电子设备的竞争力主要集中在东亚地区。受日本、韩国产业转移带来的技术外溢效应，印度尼西亚在此行业竞争水平也接近国际平均水平。

表 6-16 电子设备 RCA-GVC 指数

国家(地区)	1996	2001	2006	2011
中国大陆	0.96	1.24	1.72	1.62
俄罗斯	0.41	0.41	0.53	0.51
印度	0.38	0.52	0.76	0.66
土耳其	0.41	0.34	0.37	0.43
爱沙尼亚	0.51	−0.34	0.96	0.82
拉脱维亚	0.42	0.41	0.43	0.53
立陶宛	0.37	0.49	0.49	0.36
奥地利	0.90	0.94	0.90	0.91

续表 6-16

国家(地区)	1996	2001	2006	2011
比利时	0.69	0.73	0.66	0.64
保加利亚	0.30	0.44	0.43	0.49
塞浦路斯	0.26	0.31	0.36	0.32
捷克	0.78	0.85	0.95	0.87
丹麦	0.74	0.89	0.88	0.90
芬兰	1.38	1.72	1.68	1.12
法国	0.80	0.86	0.74	0.71
德国	0.88	0.86	0.97	0.95
希腊	0.28	0.48	0.34	0.24
匈牙利	0.80	1.19	1.40	1.01
爱尔兰	1.31	1.69	1.50	1.11
意大利	0.67	0.65	0.67	0.62
卢森堡	0.76	0.78	0.94	0.88
马耳他	1.12	1.16	1.26	1.21
荷兰	0.77	0.78	0.73	0.68
波兰	0.54	0.56	0.59	0.55
葡萄牙	0.50	0.50	0.62	0.54
罗马尼亚	0.41	0.38	0.43	0.45
斯洛伐克	0.77	0.71	1.07	1.19
斯洛文尼亚	0.84	0.88	0.88	0.78
西班牙	0.55	0.55	0.53	0.47
瑞典	1.36	1.13	1.12	1.11
英国	1.01	1.01	0.81	0.72
日本	1.54	1.42	1.33	1.21
韩国	1.40	1.77	1.90	1.80
中国台湾	1.55	2.12	2.52	2.57
澳大利亚	0.51	0.51	0.69	0.79
印度尼西亚	0.72	0.70	0.74	0.92

7. 运输设备

在运输设备领域，具有较强竞争力的国家集中在欧盟，如捷克、德国、斯洛伐克等，及东亚的日本、韩国两国。日、韩、德凭借先进的研发和技术

制造水平，捷克、斯洛伐克很大程度上受益于前苏联的发达的重工业技术。韩国在运输设备方面的竞争力已达到国际水平领先。中国运输业的竞争力正在接近世界平均水平，但仍缺乏国际竞争力。

表 6-17　运输设备 RCA-GVC 指数

国家(地区)	1996	2001	2006	2011
中国大陆	0.56	0.58	0.75	0.89
俄罗斯	0.83	0.69	0.68	0.70
印度	0.72	0.65	0.62	0.77
土耳其	0.58	0.48	0.46	0.52
爱沙尼亚	0.27	0.56	0.59	0.64
拉脱维亚	0.42	0.49	0.58	0.58
立陶宛	0.34	0.36	0.50	0.54
奥地利	0.75	0.89	1.04	1.08
比利时	1.15	1.12	1.06	1.04
保加利亚	0.42	0.45	0.45	0.49
塞浦路斯	0.19	0.25	0.35	0.32
捷克	0.91	1.23	1.46	1.68
丹麦	0.48	0.45	0.49	0.48
芬兰	0.60	0.69	0.73	0.73
法国	1.33	1.30	1.28	1.22
德国	1.31	1.46	1.52	1.64
希腊	0.30	0.33	0.42	0.35
匈牙利	0.73	0.98	1.13	1.17
爱尔兰	0.35	0.42	0.42	0.42
意大利	0.66	0.68	0.72	0.76
卢森堡	1.01	0.99	0.87	1.05
马耳他	0.54	0.63	0.63	0.78
荷兰	0.67	0.69	0.70	0.72
波兰	0.75	0.81	1.00	1.10
葡萄牙	0.71	0.70	0.68	0.73
罗马尼亚	0.57	0.57	0.88	1.06
斯洛伐克	0.71	1.05	1.23	1.43
斯洛文尼亚	0.77	0.84	0.89	1.14
西班牙	1.17	1.18	1.17	1.19
瑞典	1.28	1.27	1.30	1.42

续表 6－17

国家(地区)	1996	2001	2006	2011
英国	0.98	0.97	1.02	1.19
日本	1.10	1.16	1.41	1.32
韩国	1.44	1.40	1.59	1.92
中国台湾	0.78	0.66	0.76	0.85
澳大利亚	0.70	0.72	0.80	0.87
印度尼西亚	0.86	0.67	0.84	0.74

表 6－18　要素密集度的产业分类

要素密集度分类	WIOT分类行业	行业名称	要素密集度分类	WIOT分类行业	行业名称
初级产品和资源产品（农业） 劳动密集型制造业	c1 c2 c4	农、林、渔 采矿 纺织及服务制造	劳动密集型服务业	c18 c19 c20	建筑 汽车及摩托车销售、维护及修理燃油零售批发（不含汽车及摩托车）
资本密集型制造业	c5 c6 c10 c16 c3 c7 c8 c11	皮革毛皮、羽毛、鞋类制品 木材加工及木、竹、藤、草制品 橡胶及塑料制品 其他制造及废弃资源和废旧材料回收入加工 食品、饮料制造、烟草 制纸及纸制品、印刷和记录传媒复制 石油加工炼焦及核燃料加工 非金属矿物制品	资本密集型服务业	c21 c22 c26 c35 c17 c23 c24 c25	零售（不含汽车及摩托车） 住宿和餐饮 旅行社务 私人雇佣的家庭服务 电力煤气及水的生产供应 内陆运输 水路运输 航空运输及其他运输配套和辅助务

续表 6-18

要素密集度分类	WIOT分类行业	行业名称	要素密集度分类	WIOT分类行业	行业名称
知识密集型制造业	c12 c9 c13 c14	金属制品 化学原料及化学制品制造 机械制造 电气及电子机械材料制造	知识密集型服务业	c27 c29 c28 c30	邮政与通讯 房地产 金融 租赁和商务服务
公共服务业	c15 c31 c32	交通运输设备制造 公共管理和国防、社会保障教育	公共服务业	c33 c34	卫生和社会工作 其他社区社会及个人服务

对于中国加快培育竞争新优势的贸易发展战略而言,本文能够获得的启示是:①中国应提升各行业产品的价值链分工地位和比较优势;②与金砖国家相比,中国在制造业方面尤其是劳动密集型制造业方面优势明显。同样,印度在制造业方面的优势也主要集中在劳动密集型方面,而俄罗斯在制造业上的优势则主要体现在资本密集型方面。此外,中国在知识密集型制造业方面的优势是其他三国都不具备的;③印度在服务业方面尤其是劳动密集型服务业方面优势明显,类似的是巴西与俄罗斯。而中国在资本密集型服务业上有一定的优势。此外,印度在知识密集型服务业方面的优势是其他三国都不具备的。

第七节　本章小结

综上,本章将"一带一路"沿线46个国家分为中亚、南亚、西亚、独联体及中东欧国家和东盟五个区域。然后,分别研究分析了中国与该五大区域的产业贸易类型,以及产业内贸易发展水平,揭示了产业内贸易特征,明确了中国在产业价值链的地位,进而制定有效的双边贸易政策和产业发展政策，以加强与沿线国家的经济合作伙伴关系，共同打造经济融合的利益共同体。研究结论如下：

一、中国和"一带一路"沿线国家的产业内贸易特征

总体上看，中国与"一带一路"沿线国家的产业内贸易，主要为垂直型产业内贸易，这充分说明，中国同这些地区的经济联系趋于紧密，也为中国与这些国家之间进行产业转移，乃至提升中国在全球价值链的地位提供了可能。

①中国与中亚、南亚国家的产业内贸易多集中在初级产品部门，主要因为这些地区工业部门发展程度较低，少数属于水平型产业内贸易，其余大多数均属于垂直型产业内贸易，中国与中亚地区高质量产业内贸易(HVIIT)远高于低质量产业内贸易(LVIIT)，但与南亚地区的高质量产业内贸易，略少于低质量产业内贸易。

②中国和西亚国家的贸易中，与多数国家的贸易集中在初级产品部门，而与以色列的产业内贸易多集中在5～9大类的制造业部门，大多属于垂直型产业内贸易，但低质量垂直型产业内贸易高于高质量垂直型产业内贸易，表明中国与它的产业内贸易尚处于西亚国家区域价值链的下游；也说明在西亚这个高石油收入的地区，中国面临着其他国家的竞争。

③中国和独联体、中东欧各国的较多行业，均存在产业内贸易，处于"一带一路"各区域前列，绝大多数属于垂直型产业内贸易。但其中低质量产业内贸易远高于高质量产业内贸易，一方面，说明中国处于独联体和中东欧国家区域价值链的下游；另一个方面，也说明在中东欧和独联体地区，中国面临着欧美、日本和其他国家的激烈竞争。

④中国和东盟国家的产业内贸易主要集中于制造业部门。其中，垂直型产业内贸易占到了88%，且高质量、低质量产业内贸易各占一半。说明中国处于东盟国家区域价值链阶梯重要的转型时期。

二、"一带一路"产业内贸易的影响因素

①"一带一路"FDI流入在第二、五和八类行业具有正向的显著性影

响，这种类型的 FDI 在一定程度上可以促进水平型产业内贸易。在第六类行业表现出负向显著性影响，在第三、七类行业的影响不显著，表明 FDI 对俄罗斯和中亚五国各行业的作用并不一致。

②贸易开放度 OPEN 的系数，在贸易加权 IIT 和第二、第六类行业的方程中为正，并在第六类行业方程中，在 1%的水平上显著，与预期一致。但在其他回归方程中至少在 10%的水平上显著为负，表明贸易开放度的提高，促进或抑制了对某些行业产业内贸易的发展。

③距离变量 DIST 的系数，在除第二类行业外的所有回归方程中都为负，与预期一致。在属于初级产品产业的第二、三类行业方程中在 1%的水平上显著，在工业制成品产业中只有第七类行业显著，表明运输成本对初级产品产业的影响要高于工业制成品产业。

三、"一带一路"价值链

从"一带一路"区域内来看，以中亚、俄罗斯、中东、巴西、澳大利亚为代表的能源资源型国家，分别向生产—消费型国家，如中国、印度、新兴经济体等国家，以及向资本—消费型国家输出能源资源，而生产—消费型国家通过加工，将对方需要的部分制成品输出到能源—资源国，形成原料输出和制成品输出的区域贸易格局；生产—消费型国家向资本—消费型国家重点输出中间产品，以及相对低端的消费品，以及中低端设备、技术和服务；资本—消费型国家向生产—消费型国家重点输出高端产品，以及关键设备、技术和服务；与此同时，资本—消费型国家向能源—资源型国家重点输出少量高端消费品，以及高端设备、技术和服务。从而构成"一带一路"区域内外的全球产业价值链和区域产业价值链的综合格局。

四、政策建议

①根据产业内贸易水平与人均 GDP 之间存在着正相关关系的分析结论，中国产业和商务部门应当关注"一带一路"沿线国家经济发展和产业内贸易的互动影响，将那些发展具有较高水平和潜力的国家，作为产业内贸易和高质量垂直型产业内贸易发展的重点国家，同时，也要进一步促进与

那些资源型国家的产业内贸易和垂直型产业内贸易分工发展，此外，对于那些目前经济发展相对落后的国家，要通过援助手段和OFDI，促进中国与其贸易的合作，全方面地提高中国在区域价值链和全球价值链中的地位。

②有关部门和智库应深入研究与"一带一路"各国政府有关部门和相关企业的合作，有重点地加快发展对"一带一路"各国特别是重点地区、重点国家在不同行业的产业内贸易，通过积极与对方协商，提出相应的丝路经济带和当地经济发展战略，以及具体的产业、产品对接计划和政策。一方面，要扩大优势，与资源型产业内贸易水平正在提升的国家和产业，如哈萨克斯坦、土库曼斯坦、俄罗斯、沙特阿拉伯等国的能源和化工部门加强对接，有利于巩固中国与中亚、西亚的能源供应链合作；另一方面，要补充短板，利用中国在制造业方面的有利条件，加强与中东欧、东盟等在资本密集型、劳动密集型制造业部门的合作对接，着力提高高质量垂直产品内贸易分工水平，还要满足中亚、西亚和南亚国家形成制造能力的需要，搭建中国与上述各国的全球和区域产业价值链。

③鉴于中国和沿线各国在不同行业的产业内贸易的决定因素不同，因此，中国在支持各个行业产业内贸易发展时，应采取差别化的政策措施，避免一刀切导致的负面作用。具体而言，应当从运输距离、对外直接投资、加大开放力度等方面，分别进行努力，有效地扩大中国与沿线各国的经贸与投资合作。建议中央政府通过双边与多边渠道，促进道路联通、降低运输成本和推进贸易便利化，来加以妥善解决，以降低双边及多边的贸易成本，提高运输经济效率。

④中国应对流入产生正向效应的沿线国家的产业加大FDI的投入，进一步拓展产业内贸易；并加强对产生负向影响的产业进行针对性研究，以确定其原因所在，以避免不必要的风险。

⑤提高中国西部地区贸易开放度，促进提高中国对沿线各国的原料和制成品的贸易规模，企业应当抓紧进行针对性的生产和贸易规划。当然，贸易开放度提高，也意味着竞争程度的提高。由于美国、日本、俄罗斯和欧盟各大国对"一带一路"相关地区的重视，相关各国将会与多国加大展开产业间和产业内贸易。对此，中国特别是西部地区走出去的企业，要有竞争

的意识和对竞争能力的建设性安排。

⑥中国应当充分、有效地利用中亚、西亚和俄罗斯等国的能源资源，通过资本优势与当前有利时机，进一步密切与上述国家和地区的能源价值链合作。例如，在能源上游领域投资入股，密切合作的价值链连接；通过使用本币结算，推进人民币的适用范围和空间；通过产业转移，帮助资源型国家延伸能源资源的产业链，扩大就业，尽可能规避资源诅咒的陷阱。中国可以进一步密切与资本—消费型国家和地区的制造业价值链合作。例如，在研发、设备制造等领域投资入股，通过第三方合作，共同帮助资源型国家延伸产业链，扩大当地就业。在“一带一路”区域中，中国已经逐步显现了其核心的垂直价值链地位和扩展能力，所需要的是，按照发挥各自优势，坚持共建、共享和开放的原则，使“一带一路”区域价值链和全球价值链更好地对接，发挥出更大的经济效益。

第七章 “一带一路”沿线国家的贸易成本和贸易便利化分析

“一带一路”设想是连接亚洲、欧洲和非洲，以及印度洋、南太平洋的重要纽带，“一带一路”战略的实施，对于加强沿线国家的经济技术合作，提升亚、欧国家的国际地位，促进中国同沿线国家政治经济文化的交流与合作，具有重大意义。改革开放以来，中国经济取得了巨大进步，成长为世界第二大经济体。然而当前中国正处于经济转型的转折时期，面临着诸多问题：地区发展差异大、产业结构不合理、产能严重过剩，以及原有“贸易桥梁”失效，等等。同样，丝绸之路经济带与海上丝绸之路上的大多数国家都处于经济发展的重要时期，更紧密地与中国合作，已经变成了现实的选择。然而不能忽视的是，在“一带一路”上存在着众多的贸易壁垒，特别是在沿线国家的投资环境、营商条件、就业市场、海关、金融、交通物流等领域都存在大量政策性障碍或非关税壁垒。因此，使沿线国家不得不承受过高的贸易成本，造成“一带一路”建设的诸多不便。这对于形成“一带一路”的贸易畅通，无疑有着很大的负面影响。因此，进行贸易成本和贸易便利化研究，就显得十分必要。通过“一带一路”进行区域经济与贸易便利化合作，对于中国和沿线各国解决这些问题，具有重要意义。

第一节 贸易壁垒、贸易成本和贸易便利化

一、贸易壁垒

从狭义而言，在国际贸易实践当中，贸易壁垒一般是指关税壁垒和非关税壁垒。从广义而言，凡使正常贸易受到阻碍，市场竞争机制作用受到

干扰的各种人为措施,均属贸易壁垒的范畴。如进口税或起同等作用的其他关税,商品流通的各种数量限制,在生产者之间、购买者之间或使用者之间,实行的各种歧视措施或做法(特别是关于价格或交易条件和运费方面),国家给予的各种补贴或强加的各种特殊负担,以及为划分市场范围,或谋取额外利润而实行的各种限制性做法,等等。

1. 关税壁垒

所谓关税壁垒,是指进出口商品经过一国关境时,由政府设置的海关向进出口商征收关税所形成的一种贸易障碍。

按征收关税的目的来划分,关税有两种:一是财政关税,其主要目的是为了增加国家财政收入;二是保护关税,其主要目的是为保护该国经济发展而对外国商品的进口征收高额关税。保护关税愈高,保护的作用就愈大,甚至实际上等于禁止进口。

关税及贸易总协定所推行的关税自由化、商品贸易自由化与劳务贸易壁垒,尽管在关税方面取得了较大进展,在其他方面却收效甚微。某种形式的贸易壁垒削弱了,其他形式的贸易壁垒却加强了,各种新的贸易壁垒反而层出不穷。

关税壁垒(tariff barriers),又称为关税措施,指在关税设定、计税方式及关税管理等方面阻碍进口的措施。常见的关税壁垒有几种形式:关税(从量关税、从价关税、选择关税、混合关税)、关税高峰、关税升级、关税配额、特别关税(附加关税)。

①关税减让方面(tariff reduction) 比如,WTO成员没有按照该国减让表承诺的减让水平进行减让。

②关税税则分类方面(tariff classification) 比如,海关官员在对进口产品进行税则分类时,拥有过多的自由裁量权,使得进口商难以预见未来对同一进口产品适用的关税。

③关税高峰(tariff peaks) 尽管有关税减让表规定的减让水平,仍然在特定产品领域维持高关税。

④关税配额(tariff quotas) 对一定数量(配额量)内的进口产品适用较

低的关税税率,对超过该配额量的进口产品适用较高的税率。实践中,配额量的确定、发放和管理过程中的不适当做法,常常成为贸易壁垒。

2. **非关税壁垒**(non-tariff barriers)

随着 WTO 等国际间贸易组织成员的不断增加以及各地区组织的建立,如北美自由贸易区等,对这两类组织的非成员国关税壁垒还在起着作用。但值得注意的是,国际上非关税壁垒的作用正在上升,或有上升的趋势。一些发达国家利用其自身的技术优势,对来自其他国家产品的认证要求,极大地阻碍了欠发达和发展中国家制成品的出口;而只能出些资源性的初级产品。加剧了南北间的经济及贸易发展差距。

另外,发达国家,以及一些次发达甚至发展中国家,越来越多地采用的反倾销手段,也是非关税壁垒之一。就中国而言,配额、许可证制度也属于后者。

非关税壁垒是指除关税以外的一切限制进口措施所形成的贸易障碍,又可分为直接限制和间接限制措施两大类。

直接限制是指进口国采取某些措施,直接限制进口商品的数量或金额,如进口配额制、进口许可证制、外汇管制、进口最低限价等。

间接限制是通过对进口商品制订严格的条例、法规等,间接地限制商品进口,如歧视性的政府采购政策,苛刻的技术标准、卫生安全法规,检查和包装、标签规定,以及其他各种强制性的技术法规。

非关税壁垒滥用以下措施,往往对货物贸易、服务贸易和投资造成壁垒:

①进出口限制措施:进口许可(import licensing) ;出口许可(export licensing);进口配额(import quotas);进口禁令(import prohibition);出口限制(export restrictions);补贴(subsidies);自愿出口限制(voluntary export restraints) 当地含量要求(domestic content regulations);

②技术性贸易壁垒(technical barriers to trade);政府采购(government procurement); 国家专控的进出口贸易(the operations of import State Trading Enterprises) 卫生与动植物检疫措施(sanitary and phyt-

osanitary measures);

③贸易救济措施:反倾销、反补贴、保障措施等贸易救济措施(anti-dumping,countervailing,safeguards and other trade remedy measures);

④妨碍与贸易有关的投资的措施:投资准入范围的限制(access restrictions);税收歧视(tax discrimination);外国股权的限制(foreign ownership restrictions);

⑤妨碍服务贸易的措施:准入限制(access restrictions);外国股权的限制(foreign ownership restrictions);

⑥妨碍与贸易有关的知识产权的措施:对知识产权保护力度不够等。

根据贸易壁垒的表现形式,可以把贸易壁垒分成以下四种:

①立法(legislation):以法律、法规、条例的形式规定贸易壁垒;

②行政决定(administrative decisions):以行政决定、行政命令、指令形式规定贸易壁垒;

③政策以及舆论(policy or consensus):政府采取或者支持的以政策、舆论宣传来影响该国国民,比如,使用国货、歧视进口产品等;

④做法(practices):比如,短时间内不适当地频繁使用反倾销措施,地方保护主义、贪污、官僚主义等。

2015年12月9日,WTO总干事发布的与贸易有关的发展问题年度报告显示,2014年10月—2015年10月,WTO成员在实施新的贸易限制措施方面仍表现得有所节制。但在12月9日召开的贸易政策审议机构(TPRB)会议上,报告数据也表明,自2008年以来,记录在案的仍在实施的贸易限制措施的数量仍未减少。与此前相比,在本报告期内,新贸易限制措施发布的频率保持在月均15项的稳定水平。该时期内,WTO成员新实施的贸易限制措施共计222项,月均19项,为自2008年开始实施贸易政策监控以来的月均第二高位。但自2008年10月以来,仅有25%的限制性措施已被取消。因此,截至2015年10月,仍在实施中的贸易限制措施数量已增至2557项,比上一个时期增长了17%。根据世界银行公布的数据,2013年底,中国出口商品遭遇二十国集团(G20)国家设立的反倾销措施和其他贸易壁垒的比例为6.4%,而美国这一比例为1.2%,中国是其五倍多。而且中国面临的贸易壁垒，不仅来自发达国家，还来自于与中国出口有竞争的发展中国家，这对出口企业的心理预期将产生不利影响。近年来，受金融危机的影响，各国经济复苏缓慢，贸易保护主义重新抬头并趋于增强。这对中国企业出口形成了很大的威胁，尤其是非关税壁垒中的技术性贸易壁垒、绿色贸易壁垒、蓝色贸易壁垒，已成为中国外贸出口企业面临的三大主要贸易障碍。

3. 投资壁垒

资本流动和投资壁垒的本质特征在于，其对所保护行业的外资进入起到阻碍性的壁垒作用。投资壁垒对本国市场的保护，从根本上讲，主要是对外资企业的数量与产出进行控制，以及通过进入时及进入后的管制，以增加其运营成本，从而减少外资企业的经营利润，最终达到阻碍外资企业进入的目的。因此，对投资壁垒作用机理的分析，也主要从数量控制和价格控制这两方面着手。对于禁止性投资壁垒来说，即不允许外资进入。此时，外资进入的数量为零，产品关税价格相当于无穷大。在这种情况下，外国企业进入东道国市场的机会就被剥夺了。因此，这是一种最为严厉的贸易与投资壁垒。

在欧美国家，较早地设立了外资并购安全审查制度，其理论基础是国家主权原则，而世界贸易与投资自由化，则要求贯彻国际合作原则。对外国投资的国家安全审查制度，实质上是一种投资准入壁垒，指东道国在投资准入环节通过设置安全审查的程序、制度和行为，对可能威胁国家安全的外国投资并购活动或经营实体，禁止或限制进入到有关国家安全、国计民生或公共利益的关键部门和产业，以保护本国产业和国家安全。其方式有：东道国违反与投资国共同参加的与投资有关的多边条约或与投资国签订的双边投资保护协定；对外国投资进入该国造成或可能造成不合理的阻碍或限制；对外国在该国投资所设经营实体的经营活动造成或可能造成不合理的损害；未按 WTO 有关规定，向外国投资开放特定领域投资壁垒的作用对象是外资企业，其目的是为了保护本国重要产业的发展、维护国家政治经济安全，以及维持行政垄断。

贸易和投资壁垒主要变量间的因果关系,可以通过图 7-1 进行说明。

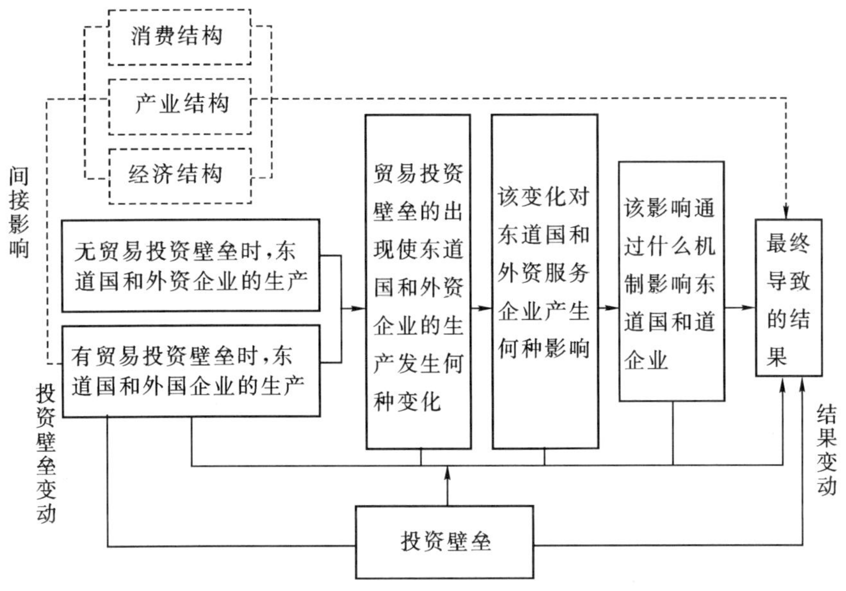

图 7-1 贸易与投资壁垒影响示意图

二、贸易成本

1. 贸易成本的概念

传统的贸易理论习惯上用贸易成本的比较优势理论来解释国际贸易:一国出口一种产品,是因为它相对于世界其他国家,在生产该种产品上成本更低,或者它在生产充裕要素密集型的产品上更有优势,然而,这一理论假设运输成本为零。但事实上,现在的贸易规模远小于假设所有贸易障碍为零的情形下的贸易量。在实际中,贸易成本是指除了生产商品的成本之外,获得商品所必须支付的所有成本,包括运输成本、批发和零售的配送成本、政策壁垒(关税和非关税壁垒)成本、合同实施成本、汇率成本、法律法规成本及信息成本等。

2.贸易成本的构成

①从环节来看，根据贸易实务操作流程，贸易成本涉及各个贸易环节中所产生的费用。它可以分为搜寻成本、签约成本、履约成本、运输成本、跨境成本、分销成本等。

②从内容来看，贸易成本包括由商品流通直接引起或由商品流通派生，并直接为其服务的商流、物流、信息流和资金流所产生的成本。

商流成本是指由商品所有权转移引起的所有商务交易活动的成本；物流成本是指由商品实体空间位移所引起的所有经济活动成本；资金流成本是指由商流和物流所引起的资金运动的成本；信息流成本是在由商流、物流和资金流引起的相关信息的交互运动产生的成本。

③从性质来看，贸易成本可以分为生产型、制度型、组织型和交易型贸易成本。

克服天然形成的贸易障碍所需要的投入，属于生产型贸易成本。例如运输成本。克服人为设置的贸易障碍所需要的投入，属于制度型贸易成本。例如关税和非关税壁垒。由产业组织演变所决定的组织运营成本，属于组织型贸易成本。企业之间为实现交易所引发的搜寻、签约等成本，属于交易型贸易成本。该划分方法最为重要，因为它可以从本质上区分不同贸易成本表现形式的根本性质。生产型贸易成本是生产过程在贸易领域中继续的耗费，是体现于运输和仓储上可以直接计算的显性成本；而制度型、组织型和交易型，均是无法直接量化的隐性成本，只能通过机会成本来衡量。

④从主体来看，参与贸易的所有主体都会产生相应的贸易成本。具体可分为出口企业成本、物流企业成本、仓储企业成本、进口商成本、批发商成本、零售商成本等。从生产者到消费者的价格加成，等于所有贸易主体所承担的贸易成本及其利润之和。

⑤从市场来看，按照市场界限划分，贸易成本可分为国内贸易成本和国际贸易成本。由于国界的存在使得国家之间的要素和产品不能自由流动。因此，国际贸易成本，除了本国的分销成本，还要包括相应的过境成本

和在贸易伙伴国内的分销成本。

随着世界经济的发展，国际贸易理论逐步革新，对古典假设不断放松，贸易成本也逐渐成为理解国际贸易的一个重要概念，在理解国际分工和贸易模式时，发挥着核心作用，引起学术界的广泛关注。

方虹、彭博等(2010)认为，客观的测度贸易成本，一方面，可以给中国对外贸易发展绩效提供直接的证据，另一方面，对于理解中国参与国际分工的贸易和专业化模式，也具有突出贡献。

David S. Jacks 等(2008)运用 Novy(2006)的估计方法，对于美国和英国之间的贸易成本进行了测度，发现贸易成本从 1870—1913 年平均下降 15%，全球贸易的繁荣有 44%可以用贸易成本的下降来解释，剩余的 56%是由于经济的扩张。

许德友和梁琦(2010)基于 Novy(2006)改进的引力模型，测度了 1981—2007 年中国与主要贸易国的双边贸易成本，研究结果表明，中国国际贸易的平均成本一直在下降，入世后下降趋势更明显，近几年一直低于 0.4。

许统生，涂远芬(2010)测算了 1980 年至 2007 年中国与主要贸易伙伴的贸易成本，发现其间中国同主要贸易伙伴的贸易成本下降了将近 50%，贸易成本对中国贸易增长的贡献平均占 60%。测度中国同一带一路沿线国家的贸易成本，可以直观地看出中国同“一带一路”沿线各区域国家的贸易所受到的阻力大小，为我国产业转移的区位选择，提供一定的信息。

三、贸易便利化

1. 贸易便利化的概念

对于贸易便利化，目前还没有国际通用的标准定义。所谓贸易便利化，一般是指通过程序和手续的简化、适用法律和规定的协调、基础设施的标准化和改善，为国际贸易交易创造一个协调的、透明的、可预见的环境。简而言之，贸易便利化，就是对国际贸易制度和手续的简化与协调。

WTO(1998)和 UNCTAD(2001)都认为，贸易便利化是指国际贸易程序，包括国际货物贸易流动所需要的收集、提供、沟通及处理数据的活动、做法和手续的简化和协调。世界贸易组织将贸易便利化定义为"国际贸易中货物流动所需数据要进行收集、呈报、传递以及处理，贸易便利化就是对这个过程中涉及的行为、惯例以及手续进行简化与协调"。

OECD(2001)对贸易便利化的表述是：国际货物从卖方流动到买方，并向另一方支付所需要的程序及相关信息流动的简化和标准化。UN/ECE(2002)将贸易便利化定义为：用全面的和一体化的方法减少贸易交易过程的复杂性和成本，在国际可接受的规范、准则及最佳做法的基础上，保证所有贸易活动在有效、透明和可预见的方式下进行。亚太经合组织(2002)的定义是：贸易便利化一般是指使用新技术和其他措施，简化和协调与贸易有关的程序和行政障碍，降低成本，推动货物和服务更好地流通。

欧洲国际商会对贸易便利化做出了界定："贸易便利化，是对货物在国际间从销售者到购买者流动所需手续和相关信息流动，以及支付方式的简化与标准化"。APEC 在其贸易便利化行动计划中指出，"贸易便利化是指对阻碍、延迟跨境货物流动或增加其流动成本的海关及其他行政手续的简化及理顺"；或者说，"对进出口货物贸易边境措施的削减，使得国际货物贸易能以最有效率的方式跨境流动"。[1] 简言之，贸易便利化就是简化和协调货物在国际贸易各项活动中所涉及的各种程序，以提高贸易政策透明度和降低贸易成本。

近年来，人们更多地从广义的范围，即影响贸易交易的整个环境，来考虑贸易便利化问题。在实践中，各种促进贸易便利化的措施，大都体现在通过贸易程序和手续的简化、适用法律和规定的协调、基础设施的标准化和改善等，为国际贸易活动创造一个简化的、协调的、透明的、可预见的环境。因此，贸易便利化涉及的内容十分广泛，几乎包括了贸易过程的所有环节。其中，海关与跨境制度是问题的核心，此外，还包括运输、许可、检疫、电子数据传输、支付、保险及其他金融要求、企业信息等诸方面。

① 沈铭辉.东亚国家贸易便利化水平测算及思考[J].国际经济合作，2009(7).

2. 贸易便利化协定的诞生过程

随着多边、区域、双边和单边的协作及努力，影响国际贸易活动的障碍或壁垒正逐渐减少或被约束，各国的贸易制度日趋开放。而随着国际贸易规模的扩大和各国及地区贸易联系的加强，“贸易的非效率”作为一种“隐形”的市场准入壁垒日益受到众多国际组织、各国政府和贸易界的普遍关注，促使人们开始高度重视各种贸易管理程序的合理化。

数十年来，许多政府间和非政府组织——如联合国贸发大会UNCTAD、联合国欧洲经济委员会UN/ECE、世界海关组织WCO、国际商会ICC、经济合作与发展组织OECD、国际货币基金组织IMF和世界银行等，一直在向实现更简便、更协调的国际贸易程序这一目标而努力，有关进一步减少和消除阻碍要素跨境流动的障碍、减低交易成本、建立高效的贸易便利体系等内容，已成为多边、区域、双边经贸合作的重要内容。世界贸易组织(WTO)自1995年成立以来，也开始了对贸易便利化问题的全面考虑和专门分析，经过数年的酝酿和极富建设性的争论，各成员最终就将贸易便利化作为“新加坡议题”中的唯一议题，纳入“多哈发展议程”谈判达成了共识。

世界贸易组织(WTO)2014年11月27日在瑞士日内瓦召开临时总理事会，通过了《贸易便利化协定》(以下简称《协定》)，该协定是世贸组织推进的多边贸易谈判(即多哈回合)的议题之一。贸易便利化措施旨在通过简化通关手续等举措，在事实上消除贸易壁垒，在2014年的WTO部长级会议上，就发展中国家的开发援助和一部分农业领域达成了共识。该协定生效后所产生的经济效应，估计在世界范围内有望达到一万亿美元。协定在获得三分之二成员国批准之后生效。在去年达成的共识中，明确表示协定将在2015年7月生效，对各国的批准程序设置了期限，但由于协定被推迟通过，此前设置的期限或被取消。

有关研究表明：有效地实施《协定》，将使发达国家贸易成本降低10%，发展中国家成本降低13%～15.5%。《协定》实施最高可使发展中国家出口每年增长9.9%(约5690亿美元)，发达国家增长4.5%(4750亿美元)，带动全球 GDP 增长 9600 亿美元，增加 2100 万个就业岗位。①

《WTO 贸易便利化协议——对贸易成本的潜在影响》是经合组织贸易农业司 2014 年发布的一份工作报告。报告使用经合组织贸易便利化指标，并综合考虑其他因素，对 WTO2013 年 12 月达成的贸易便利化协议，对不同国家带来的潜在利益进行了重新计算。协议潜在影响的重新计算基于两个情景，一是 WTO 成员将执行协议所有规定；二是 WTO 成员只履行强制性规定。同时，发展中国家将采取的不同措施，以及执行的时间表都将有巨大影响。根据最新计算，如果 WTO 成员履行协议全部规定，低收入国家贸易成本将减少 14.1%；中低收入国家减少 15.1%；中高收入国家减少 12.9%。但如果 WTO 成员只履行协议部分规定，低收入国家贸易成本减少 11.4%，比全部履行低 2.4 个百分点；中低收入国家贸易成本减少 12.6%，比全部履行低 2.5 个百分点；中高收入国家贸易成本减少 12.1%，比全部履行低 0.8 个百分点。②

按照相关规定，《协定》将在 WTO2/3 以上成员接受后正式生效。2015 年 9 月 4 日，中国正式接受 WTO《贸易便利化协定》议定书，成为第十六个接受《协定》的成员。2016 年 G20 贸易部长会议期间，20 国成员承诺 2016 年年底全部批准贸易便利化协议。

3. 贸易成本便利化的成本—收益分析

(1)贸易便利化的成本分析

一国按发展水平，可以分别采取发达国家和发展中国家的标准承担各自义务。就中国而言，以发达国家的标准承担义务的能力很有限，要逐步实行贸易便利化，意味着增加以下成本。

首先，是加强基础设施的建设和维护，提高管理能力、引进技术的支出。要实现贸易便利化的现代化通关作业改革，需要在自动化、电脑化、网络化的基本设施的安装、调试、运行、维护上加大投入。其次，是关税损失

① 商务部世贸司负责人就《贸易便利化协定》有关情况进行解读. 商务部网站 2015－01－13 日

② 经合组织重新计算贸易便利化协议潜在利益. 商务部网站. 2014 年 3 月 8 日

和进口增加的贸易逆差成本。再次，是争端解决方面的成本。

为了帮助各国政府优化边境程序、降低贸易成本、促进贸易往来，并从国际贸易中获得更大收益，经合组织已制定了一系列贸易便利化指标。这一系列指标规定了其实施领域，并能够评估改革措施的潜在影响。一个经济体实施上述指标所涉及的贸易便利化措施，资本投入和运作成本，对比实施后所带来的潜在收益相对较低。贸易便利化措施引入新的方式，所需的投入总额介于500万美元～2500万美元，每年与其直接或间接相关的运作成本不超过350万美元。其中，有些措施需要大量的前期投入，一旦进入实际实施阶段，运作费用不一定很高。最好范例是"一站式窗口"机制。另外，有些措施前期所需投入可能较少，一旦进入运作阶段，则可能面临挑战，从长远来看，将面临可持续性问题。克服这些改革阻力，除了需要技术支持和财政援助，还需要政治意愿和足够的时间。[①]

根据经合组织的贸易便利化指标，中国在商界参与、海关预裁定和申诉机制、规范政府部门与贸易有关的各项收费等方面，高于亚洲平均水平，也高于世界范围内中高收入的发展中国家(世行标准)平均水平，在规范政府收费、治理水平和公正执法等方面，甚至超过经合组织发达国家的平均水平。但在口岸部门的协调和与贸易有关的信息可获得性方面，仍有待提高。

(2)贸易便利化的政府的收益

①推动贸易自由化，消除烦琐手续带来的重复工作、资金、时间的消耗，可充分利用国内外"两个市场""两种资源"，更合理配置、更高效使用人、财、物等资源。

②贸易便利化对经济增长的促进，已被世界各国包括发展中国家普遍接受。

③贸易便利化使贸易商对通关更有预见性，更易应对，增加了与政府和海关的沟通及合作，大大改善了贸易商的守法状况，节约了政府的管理成本。

---

① 贸易便利化惠及各国进出口，国际商报，2013年7月15日。

④贸易便利化还能使本国投资环境大为改善，会不断吸引外商投资。

(3)贸易便利化的进出口商及代理的收益

①通过可预见的、透明的政府、海关管理，可以降低并消除由于通关时的盲目性带来的损失，减少名目繁多的海关文件和形式各异的标准带来的不必要的延误，大大节约流转时间，降低贸易成本，规避各种风险。

②贸易便利化可为本国和外国贸易商创造更多的商业机会。

③贸易便利化对发展中国家的产业界来说，收益相对更大。对中国企业而言，进出口货物将变得更加便利。例如《协定》要求成员公布进出口程序信息，由此，中国企业能够从互联网快速获取进口国海关的程序要求。《协定》还允许贸易商在货物抵港前，向海关等口岸部门提交进口文件，并在货物的税率和费用最终确定前，允许贸易商在提交保证金的情况下，放行货物等，这些措施都将有助于加速货物的放行和结关。

(4)贸易便利化的消费者的收益

过去因本国烦琐的进口管理手续不得不面临更高的价格，这降低了消费者的福利水平。通过贸易便利化减少或取消一些不合理的进口管理手续，无疑会有效地提高消费者的福利水平。据 AEPC 的一个研究评估，贸易便利化使该地区消费者平均由此可减少进口价格 1%到 2%的支出，这远远高于当前关税水平的福利增加效应。

4.《贸易便利化协定》的主要内容

《贸易便利化协定》共分为三个部分，共计条款二十四项。第一部分包括过境货物流动、货物放行与清关等内容。该部分对 1994 年《关税与贸易总协定》(General Agreement on Tariffs and Trade, GATT)中的相关条款(第五条、第八条及第十条)进行澄清与改进，并对海关合作加以规定。

《贸易便利化协定》由序言、第一部分、第二部分，以及最终条款构成。

序言重申了《多哈部长会议宣言》第二十七段的任务和原则，总理事会于 2004 年 8 月 1 日通过的决议附件 D 所通过的《多哈工作计划》，以及《香港部长会议宣言》第三十三段和附件 E，澄清和改进 GATT1994 第五、第八和第十条关于进一步促进货物流动、放行和清关，包括货物的过境的内容。

序言认识到，发展中国家成员，特别是最不发达国家成员的特殊需要，要在这一领域能力建设方面加强援助。序言也认识到，成员方有必要在贸易便利化和海关合规性方面进行有效合作。

第一部分由十三个条文组成。

首先，是信息方面。第一条为信息的公开与可利用性，规定了各成员方要在非歧视原则下，及时公布有关进出口和过境方面的所有政府信息和文件、表格，并且必须上网公布，可供查询，不断更新。成员方必须要设置有关信息的咨询点。成员方必须要把有关信息通知 WTO 贸易便利化委员会（协定生效后 WTO 货物贸易理事会下的专门委员会）。第二条是关于信息形成过程的规定，要给予交易商，以及其他有关各方发表意见的机会，定期磋商。

其次，是程序方面。第三条是事先裁定的规定。成员方当局应该对申请人提交的有关事项进行事先裁定，不予裁定应该说明理由。在我国和很多国家有“海关行政裁定”制度。它是指海关在货物实际进出口前，对外贸经营者提出的申请，根据海关法规，对于实际进出口活动有关的海关事务做出的具有普遍约束力的决定。事先裁定已经超出了传统的海关行政裁定的商品归类、原产地确定、禁止进出口措施和许可证件的适用，以及包括海关估价在内的其他海关事务的海关领域范围，故采用“事先裁定”一词。第四条是行政复议或司法审查程序。要求立法机关保障任何人有权就相关行政决定提出行政复议，还可以进一步提出司法审查。

再次，是边境机构业务的主要部分。第五条是其他措施，包括动植物检疫、扣押、检验程序，以及公正、非歧视和透明度原则。第六条是进出口环节的费用收取的纪律规则，包括一般纪律、特别纪律、处罚纪律。第七条是货物的放行和清关，主要是海关业务的规定，包括到达前的程序、电子支付问题、从关税、水费、费用和收费最终裁定放行的分离问题、风险管理问题、事后审核问题、建立和公布平均放行时间问题、贸易便利化措施的授权运营商（即 AEO 制度）问题、加急装运问题、易腐货物问题等各方面业务规定，非常具体细致。

最后，是关于各国边境机构之间合作部分。第八条规定了国家边境机构之间的合作原则。第九条是海关监管下准备进口货物的移动。第十条是关于与进出口和过境相关的手续,要求简化手续、解决复印件与电子副本,以及原件等产生的问题、采用国际标准、实行边境口岸单一窗口制度、装运前检验问题、海关经纪人(报关)、共同边境的程序和统一文件的要求、拒收货物问题、货物进出境加工暂准进口问题。第十一条是自由过境的详细规定,包括海关担保制度。这两条都需要各国边境机构之间的紧密合作才能完成。第十二条是海关合作,包括促进履约和合作措施、信息交换、验证、合作费用的分担等各方面的规定。第十三条是机构安排,成立 WTO 贸易便利化委员会,各成员方也要有相应的国内的贸易便利化机构,负责国内协调和执行本协定。

第二部分,是有关发展中成员和最不发达成员的特殊差别待遇(special and differential treatment, SDT)的内容,主要涉及实施时限和实施能力两个方面。不分条,而是直接用款加以罗列。这部分主要是关于对发展中国家乃至最不发达国家成员的特殊待遇和差别待遇的规定,主要体现了在能力建设方面,对发展中国家乃至最不发达国家的支援和某些变通性规定。《协定》将条款实施分为 A、B、C 三类,分别给予不同的实施时限要求及能力建设援助。发展中和最不发达成员,可自行确定各项条款的类别归属。A 类是指发展中或最不发达成员自协定生效时起,立即实施的条款,或最不发达成员在协定生效后一年内实施的条款。B 类是指发展中或最不发达成员在协定生效后经过一定过渡期后实施的条款。C 类是指发展中或最不发达成员既需在协定生效后经过一定过渡期,又需在接受援助支持并具备实施能力后实施的条款。第三部分是有关机构安排的内容,包括 WTO 贸易便利化委员会及各成员国内贸易便利化委员会的设立等,以促进国内协调及协定条款的实施。

最终条款沿袭了一般 WTO 协定的条文。

此外,从救济角度来看,《协定》一旦实施,中国国务院各部门、地方各级人民政府及其部门制定的贸易政策如有违反《协定》之处,世贸组织成员可以依据《贸易政策合规工作实施办法》向中国商务部提出书面意见要求改正。

四、贸易便利化和全球供应链

贸易便利化和全球供应链有着密切的联系。阻碍全球供应的因素，包括港口、道路、关税、海关、检验检疫、金融、科技和国际标准等各个方面，基本涵盖了整个经济领域。从理想状态来看，全球物流要求有一条完全无缝连接的服务供应链来支持货物的实际流动。但是，一国进出口商利用全球物流网络的难易程度，却取决于一些受不同国家政府干预影响的国内外因素。例如，政府能够改善物流服务的监管、提供与金融贸易相关的基础设施（直接地或者通过公私伙伴关系）以及简化贸易程序，无疑会有助于高效的物流和贸易的便利，这对于提高一国的竞争力，至关重要。供应链绩效可以通过时间、成本、可靠性和灵活性来衡量。但是，这些结果取决于影响一国供应链的地方性投入，包括贸易相关程序、贸易相关的配套服务包括港口、公路、铁路、航空港，以及信息与通信技术（ICT）等在内的基础设施的建设和完善。

贸易便利化不只是海关程序的现代化。从一个贸易者的角度来看，一笔业务通常从订货开始，当买方收到货物和卖方收到货款的时候，一般认为业务结束，这是一个供应链的周而复始的过程。传统外贸经济下，因受制于信息不发达，支付和物流条件不足的限制，出口商品需要通过层层供应链，才能最终到达消费者手上，一般需要四到七个中间环节，如果单纯从运输、通关和银行某一供应环节看，在这一环节由于复杂的手续导致的货物或货款的延误，似乎对买卖双方的成本没有特别大的影响。但是，不能把贸易交易的供应环节分割开来，孤立地看整个供应链的影响，因为可能由于运输环节的延误会导致通关延误，银行环节手续的延误可能会导致运输或通关的延误等，所以，必须把整个商品贸易交易的环节，作为一个供应链系统链条来看。

贸易链从订货开始，然后是运输，最后是货物支付。在每一个环节中，都有很多具体的不同的程序和制度，这些程序和制度必须要保持高效的运行。整个贸易环节涉及各种参与者，使得贸易程序变得非常复杂。从理论上关注,原先关注贸易上的价格,现在,更加关注贸易的时间成本,它对贸易利益分配的影响。在全球供应链的环境下,全球价值链的贸易环境下,中间品的贸易带来了同一件物料多次地跨越国境。贸易便利化就成为决定和影响贸易成本的关键因素。贸易便利化不单纯是通关便利化的单一环节的问题了。

实施贸易便利化一般是在国家和地区层面进行的,这就需要采取一系列的措施,让更多的国家建立共同目标,来推动贸易便利化的地区合作。就全球供应链指数排名来说,排名最靠前的都来自于亚太地区。同时,该地区的其他一些国家的贸易成本还是居高不下。有的时候是因为地区物流成本太高,或者基础设施不足,或者说,现代的技术应用不足,不够普及,还有一些非常复杂的手续没有得到精简,有待于各国共同努力进一步去提高供应链的效率。中国一直在积极推动实施贸易便利化,根据研究显示,中国全球供应链指数排名世界前五。

贸易便利化的相关指标,是衡量国际供应链是否改进的重要标志。中国国际问题研究所所长曲星认为,共赢精神是"丝绸之路经济带"成功的基本保证。在路网建设的过程中,必须考虑相关国家国内布局的需要,如果不考虑过境国长期受益的关切,仅将其作为货物的通路,"丝绸之路经济带"就无法顺利运行。

据经合组织网站 2013 年 5 月 3 日消息,经合组织发布《贸易便利化指标》,认为贸易便利化协议将为全球经济增加数十亿资金。根据经合组织最新研究,多边协议的签署将减少国际贸易中的繁文褥节,大大降低贸易成本,大幅增强全球经济。

据估计,全面实施目前世界贸易组织多哈发展回合谈判中的所有措施,将分别降低发达经济体和发展中国家 10%和 13%~15.5%的贸易总成本。同时,经合组织认为,全球贸易成本降低 1%,全球经济将增加超过 400 亿美元的收入,且绝大部分将发生在发展中国家。

五、贸易便利化指数

在衡量贸易障碍及贸易成本相关的指数中,比较有代表性的是经合组

织推出的贸易便利化指数 TFI（Trade Facilitation Indicators）和世界经济论坛推出的贸易促进指数 ETI(Eabling trade index)。

1. 贸易便利化指数(TFI)

TFI 指数(Trade Facilitation Indicators)旨在衡量 OECD 国家实施的特定贸易便利化措施，对经济和贸易的影响。

表 7－1　TFI 各项指标及内容

指　标	指　标　内　容
信息可得性	信息咨询点；贸易信息的发布
贸易团体参与度	与贸易商进行协商交流
事前规定	行政管理部门对贸易商进口跌价产品的分级，产地、价值评估等问题的事前声明；以及执行这类声明的具体规则和程序
申诉程序	对边境机构所做出的行政决议进行申诉的可能性和方式
费用及收费	关于进出口商品进行收费的准则
文档手续	包括对副本的接受程序，贸易文件的简化，以及与国际标准的一致
自动化手续	包括数据的电子化处理，使用风险管理方法，使用自动化边境程序
程序手续	包括提高边境控制效率；单一窗口；清关后审计；授权经营者
边境内部机构合作	控制海关当局的代表团；国内边境代理机构的合作
边境外部机构合作	与邻国或第三方国家进行合作
治理与公正性	海关结构与职能；责任；道德规范

TFI 整个指标体系分为 3 个方面，共 11 个指标：口岸效率与海关环境（信息的可利用性、费用、文档手续、程序手续、自动化手续）、规制环境（贸易社区参与度、裁决、上诉、治理与公正）、国际合作（边境外部机构合作、边境内部机构合作）TFI 指标值从 0 到 2，最高分为 2 分，对应最好的表现。

2. 贸易促进指数(Eabling trade index)

贸易促进指数(ETI)是世界经济论坛用来测量一系列与贸易障碍有关的相关政策问题的指标。ETI 指数一共分为四个测量指标，具体包括市场准入(国内外市场准入)、边境管理(海关管理效率、进出口程序效率、边境管理透明度)、运输及交通设施(运输设施的可利用性)和商业环境。根据衡量,得出国家的排名情况。ETI 计算后分值为 1～7 分,分数越高,代表便利化程度最高。

表 7-2　ETI 指数计算指标体系

一级指标	二级指标	三级指标	指标来源
市场准入	国内市场准入	有效的贸易加权平均关税	International Trade Centre
		进口的免税贸易品份额	International Trade Centre
		关税方差	International Trade Centre
		关税高峰	International Trade Centre
		从量税	International Trade Centre
		关税数量	International Trade Centre
	外国市场准入	出口平均关税	International Trade Centre
		贸易优惠幅度指数	基于 International Trade Centre 原始数据的计算
边境管理	边境管理效率及透明度	海关服务指数	基于 Global Express Association 原始数据的计算
		清关效率	The World Bank，物流绩效指数
		进口平均所需天数	The World Bank，营业环境报告
		进口平均所需费用成本(关税、贸易税除外)	The World Bank，营商环境报告
		进口平均所需的文件数量	The World Bank，营商环境报告
		出口平均所需天数	The World Bank，营商环境报告
		出口平均所需费用成本(关税、贸易税除外)	The World Bank，营商环境报告
		出口平均所需的文件数量	The World Bank，营商环境报告
		进口程序所需时间的可预测性	World Economic Forum
		进出口非规支付	World Economic Forum
		海关透明度指数	基于 Global Express Association 原始数据的计算

续表 7-2

一级指标	二级指标	三级指标	指标来源
基础设施	交通运输设施的可利用性	国际航线入座数 * 飞行距离	International Air Transport Association
		机场基础设施质量	World Economic Forum
		铁路基础设施质量	World Ecnomic Forum
		航运联通性指数	UNCTAD
		船港基础设施质量	World Economic Forum
		铺面化道路百分比	The World Bank,世界发展指数
		道路质量	World Economic Forum
	交通运输服务可利用性	安排有价格竞争力运输容易程度	The World Bank,物流绩效指数
		物流服务能力	The World Bank,物流绩效指数
		货物可追溯性	The World Bank,物流绩效指数
		货物运输及时性	The World Bank,物流绩效指数
		邮政服务效率	World Economic Forum
		运输方式转变效率	World Economic Forum
	信息通信技术可用性	移动电话订阅	International Telecommunication Union
		互联网用户百分比	International Telecommunication Union
		固定宽带上网用户百分比	International Telecommunication Union
		移动宽带上网用户百分比	International Telecommunication Union
		信息通信技术在商业交易中的应用程序	World Economic Forum
		企业利用互联网销售的程度	World Economic Forum
		政府网络服务指数	United Nations
商业环境	商业环境	财产权保护程度	World Economic Forum
		知识产权保护程度	World Economic Forum
		商业纠纷的司法效率及公正性	CEPLL
		公共基金高度	World Economic Forum
		政府行政规则负担	World Economic Forum
		金融服务价格可接受程度	World Economic Forum
		金融服务的可利用性	World Economic Forum
		银行代款难易程度	World Economic Forum
		贸易融资的可得性	World Economic Forum
		雇佣外籍劳工的难易程度	World Economic Forum
		FDI 规则对 FDI 的影响	World Economic Forum
		对多边贸易规则的开放指数	International Trade Centre
		警察可信赖度	World Economic Forum

续表 7-2

一级指标	二级指标	三级指标	指标来源
商业环境	商业环境	犯罪及暴力活动造成的商业成本	World Economic Forum
		恐怖主义造成的商业成本	World Economic Forum
		凶杀率	UNODC
		恐怖主义事件发生次数	World Economic Forum

(1)市场准入

市场准入这一指标用来衡量一国接受国外产品开放程度,2014 年之前二级指标为国内外市场准入,2014 年通过指标的重分类,分为国内市场准入、国外市场准入两个二级指标,但是,下设的 H 级指标没有任何变化。国内外市场准入这个指标是用来测度一国对其市场的保护水平、对一国出口商的保护水平等。该指标在测度时,除了对关税壁垒、非关税壁垒这些常规的贸易壁垒的测度外,还考虑了一些非贸易壁垒的因素。比如,免税进口商品的份额、关税高峰频率、不同关税数量及目的地市场的优惠幅度。目的地市场的优惠幅度,指的是货物或服务出口到国外时受到国外市场关税保护。这时,可采取协商谈判的方法,来获得在目标市场的优惠差额。

(2)边境管理

边境管理在 2014 年之前,又分为三个二级指标,分别为海关管理的效率、进出口程序的效率及边境管理的透明度,评估的是货物或服务入境的管理效率。海关管理效率是指对海关管理部门实施的程序进行的一种测度,包括海关服务指数的测量。进出口程序的效率主要测量的是进出口所需要的天数和文件、进出口所需的费用成本(关税、贸易税除外)、海关和边境机构清关的效率和效力等。这些指标的测量主要涉及到有关进出口成本的计量问题。边境管理透明度 2014 年之前为腐败指数和非常规支付手段,2014 年为海关透明度,其本质评估的是一样的,都是对与进出口有关的贿赂、由于缺少相关文件的额外支付及国家的腐败程度进行的测量。

(3)交通及通信基础设施

对交通及通信基础设施的衡量,主要有几方面,分别为:运输设施的可

利用性及特点、运输服务的可利巧性及特点、信息通信技术的使用。这一指标的测度,主要用来确保货物在通关后能否顺利到达目的地。

运输设施的可利用性,主要用来测量机场密集度、道路百分比、拥挤程度等,从每个国家提供给承运人中转连接、各类交通设施的质量。例如,铁路的建设、港口作业的实施、空运的基础设施及公路的建设等,简单来说,该指标测度的就是国家各种运输的基础设施的情况。运输服务的可利用性,测度的是运输过程中的服务的质量和数量。主要有物流的竞争力、海运的便利性和可行性、追踪和标记货物的能力、到达目的地的及时性和邮寄效率等。

(4)商业环境

商业环境这一指标测度的是国内的规章制度、安全环境。2014 年 1 月前,其设置的二级分指标包括规章环境、实体安全,2014 年发布的《全球贸易促进报告》中,对该指标予以重新分类,其中包括产权保护、公共机构效率、融资渠道、对外开放度、实体安全等。这一改变使各个指标更加细化,其中包括了政府参与的指标。2014 年,新加入了融资渠道这个新的指标。本国雇佣外来劳动力的开放程度,也是重要因素之一,因为外来劳动力的增加,在一定程度上也推动了一国货物商品的跨境流动。除此之外,还包括鼓励 FDI 的政策环境、资本的控制等。[①]

3. **物流绩效指数**(Logistics Performance Index,LPI)

物流绩效指数(又称供应链指数)是世界银行对跨国货运代理商和快递承运商的绩效调研得出的一系列数据指标,用以衡量一国的物流绩效水平。物流绩效指数的综合分数反映出,根据通关程序的效率、贸易和运输质量相关基础设施的质量、安排价格具有竞争力的货运的难易度、物流服务的质量、追踪查询货物的能力,以及货物在预定时间内到达收货人的频率,所建立的对一个国家的供应链物流的认知。指数的范围从 1 至 5,分数越高代表绩效越好。物流绩效指数(Logistics Performance Index,LPI)

① 王依漫.中国贸易便利化对国家竞争力的影响研究.天津财经大学硕士学位论文,2015.

2007年由世界银行集团首次发布，以后每两年发布一次，是首个对各国物流绩效发展水平的综合评价指标。其数据来源为物流绩效指数调查，该调查由世界银行联合学术机构、国际组织、私营企业，以及国际物流从业人员共同完成。世行高级运输经济学家和LPI项目创始人让-弗朗索瓦·阿维斯说："LPI试图捕捉一个相当复杂的现实，即供应链的属性。在物流成本较高的国家，造成高成本的最重要的因素往往不是贸易伙伴之间的距离，而是供应链的可靠性。"六个方面的内容并采用五分制评分，分数越高，则绩效越高：

①海关效率(Customs)：主要指海关及边境控制机构在通关过程中的效率，如通关速度、程序的简化性及手续的可预测性等；

②物流基础设施质量(Infrastructure)：主要指贸易运输的基础设施如公路、港口、管道等的建设情况；

③国际货运便利性(International shipments)：指能够安排有价格竞争力出货的容易程度；

④物流服务(Logistics competence)：是运输商及报关行提供高质量物流服务的能力；

⑤货物可追溯性(Tracking & tracing)：指跟踪和追溯货物的能力；

⑥货物运输及时性(Timeliness)：指货物在预定时间交付的能力。

从广义来看，一国的物流绩效水平，是贸易便利化建设的重要组成部分，可以在一定程度上，代表一国在边境管理、运输基础设施方面的贸易便利化程度。参照表2可以发现，除物流基础设施质量之外，物流绩效指数的其他五个指标数据，均被纳入了ETI指数的计算当中，可以说，物流绩效指数是贸易便利化条件下，交通运输便利程度的一个代表。

第二节　中国与"一带一路"国家双边贸易成本测度

一、贸易成本测度的间接估计方法

引力方程提供了贸易壁垒和贸易流量的主要联系，间接估计方法就是

借助引力模型，从双边贸易流量来倒推贸易成本的大小，传统的间接方法是，事先假定贸易成本的组成要素，接着把这些要素放到引力模型中去估计。

这种方法最著名的应用是在 John McCallum(1995)和 Andrew Rose(1999)的论文中：McCallum(1995)检测了美国—加拿大边界的影响，而Rose(1999)关注的是共同货币。然而，正如 Anderson 和 van Wincoop(2001)在文章中所指出的：通过非理论的方式，将贸易成本分为各个组成部分，会导致遗漏变量偏误，因此，最终会导致无效的比较静态分析，同时也指出这种方法没有考虑多边阻力对于双边贸易流量的影响，因此，估计是不全面的，不能得到一般均衡解。

大多数被估计的引力方程采取如下形式：

$$x_{ij} = a_1 y_1 + a_2 y_j + \sum_{m=1}^{M} \beta_m \ln(z_{ij}^m) + \varepsilon_{ij} \tag{7.1}$$

式中：

x_{ij}——从 i 国出口到 j 国的自然对数形式；

y_i, y_j——出口国和进口国 GDP 的自然对数形式；

$z_i^m j(m=1,\cdots,M)$——一组与双边贸易壁垒有关的观测值；

a_1, a_2, β_m——系数；

ε_{ij}——扰动项。

Anderson 和 van Wincoop(2001)得到了一个国际贸易的多国一般均衡模型。每一个国家被认为生产与其他国家不同的单一产品，同时，每一个消费者都最优化消费不同种类的国内和国外产品。不同国家消费者的偏好被认为是同 的，同时，用不变的替代效用弹性来描述。在 Anderson 和 vanWincoop 的研究框架下，可得到这样一个以微观为基础的贸易成本引力方程：

$$x_{ij} = \frac{y_i y_j}{y^w}\left(\frac{t^{ij}}{\Pi_i P_j}\right)^{1-\sigma} \tag{7.2}$$

式中：

x_{ij}——从 i 国到 j 国的名义出口；

y_i, y_j——i 国和 j 国的名义收入；

y^w——世界收入，被定义为 $y^w = \sum_j y_j$；

t_{ij}——总的双边贸易成本，且 $t_{ij} \geqslant 1$，如果 p_i 是货物原产国的净供给价格，那么 $p_{ij} = p_i t_{ij}$ 是国家 j 的消费者所面对的商品价格；

σ——商品的替代弹性，且 $\sigma > 1$，

Π_i，P_j——国家 i、国家 j 的价格指数，Anderson 和 van Wincoop (2001)称这些价格指数为多边阻力变量，因为它们包括了与所有其他贸易伙伴国的贸易成本，可以被称为平均贸易成本。Π_i 是外向型多边阻力变量，P_j 是内向型多边阻力变量，其表达式如下：

$$P_j^{1-\sigma} = \sum_i \Pi_i^{\sigma-1} \theta_i t_{ij}^{1-\sigma} \tag{7.3}$$

$$\Pi_j^{1-\sigma} = \sum_i P_i^{\sigma-1} \theta_i t_{ij}^{1-\sigma} \tag{7.4}$$

式中：

θ_i，θ_j——是国家 i 和 j 的收入在世界总收入中所占的比例。

在这一模型中，双边贸易流量，不仅与两国经济规模正相关，与双边贸易成本负相关，还与多边阻力呈正相关。例如，在双边贸易成本给定的情况下，如果 i 国的多边阻力上升，那么，与 j 国进行贸易相对更容易，因此，与 j 国的贸易量随之增加。

假定双边贸易成本是两个特定的贸易成本代理变量的函数——边境障碍和地理距离。特别的，进一步假定贸易成本函数为 $t_{ij} = b_{ij} d_{ij}^k$，这里的 b_{ij} 是与边境有关的指示标量，d^{ij} 是双边距离，k 是距离弹性。此外，Anderson 和 van Wincoop 通过假定双边贸易成本是对称的($t_{ij} = t_{ji}$)简化了模型，在这种对称性假设下，外向型和内向型的多边阻力，也是相等的($\Pi_i = P_i$)。通过这些额外的假定，Anderson 和 van Wincoop(2001)得到了一个多边阻力的隐含解。

有额外的假设自然会有很多缺陷：首先，选择的贸易成本函数也许是不正确的，它也许会漏掉如关税这样的重要的贸易成本的决定要素。其次，双边贸易成本可能是不对称的。例如，一个国家征收了比其他国家更高的关税。再次，在实践中，贸易壁垒是随时间改变的。例如，全球范围内的关税水平是逐年下降的，所以像距离这样的不随时间改变的贸易成本代

理变量,很难去反映贸易成本随时间的变化。此外,Novy(2006)还指出,该模型由于是在生产与消费特定的分配情形下成立的,静态比较分析是无效的,因为贸易壁垒的改变,不仅会对贸易流量产生影响,也会对国家内生产与消费的分配产生影响。

Novy(2006)在 Anderson 和 van Wincoop(2001)模型的基础上,提出了一个富有洞察力的观点:双边贸易壁垒的改变,同时影响国际贸易和国内贸易。比如,当国家 i 与所有其他国家的贸易壁垒都下降的时候,原来在国内消费的产品就会被运往国外,也就是由国内贸易转为了国际贸易。因此,一国对外贸易的程度和国内贸易的程度都取决于该国与世界其他国家的贸易壁垒。Novy(2006)通过巧妙的办法,用直接观测得到的国内贸易流量和国际贸易流量来表示多边阻力,替代了难以观测得到的价格指数。此外,由于贸易流量随时间动态变化,因此,横截面数据和时间序列数据,都可以用来测度贸易成本。但可惜的是,该模型依旧对贸易成本作了对称性的假设。这一问题在 Novy(2008)得到了解决。Novy(2011)进一步完善了模型,证明了这一贸易成本的测度方法可以从两个不同类型的贸易模型推导出来——李嘉图模型和厂商异质模型,使模型更具理论基础。

二、中国和"一带一路"贸易成本的测度

1.测度方法

本章采用 Novy(2011)的贸易成本的测度方法,其基本的推导过程如下:引力方程(7.2)包含了一个国家的外向型多边阻力和另一个国家的内向型多边阻力,$\Pi_i P_j$。因为国内贸易和国外贸易都受多边阻力的影响,所以,国家 i 的国内贸易 x_{ii} 可以代入公式(7.2)中,这样变形后可以得到对于一个国家的内向型和外向型多边阻力:

$$\Pi_i P_i = \left(\frac{x_{ii}/y_i}{y_i/y^w}\right)^{\frac{1}{\sigma-1}} t_{ii} \tag{7.5}$$

对公式(7.2)增加一个相反方向的贸易流量,可以得到一个相对应的引力方程,这样就获得了包含两个国家的外向型和内向型多边阻力变量的

双向引力方程：

$$x_{ij}x_{ji}=(\frac{y_iy_j}{y^w})^2(\frac{t_{ij}t_{ji}}{\Pi_iP_i\Pi_jP_j})^{1-\sigma} \tag{7.6}$$

把公式(7.5)得到的解代入，整理后可得

$$\frac{t_{ij}t_{ji}}{t_{ii}t_{jj}}=(\frac{x_{ii}x_{jj}}{x_{ij}x_{ji}})^{\frac{1}{\sigma-1}} \tag{7.7}$$

因为从国家 i 到国家 j 的航运成本是不对称的($t_{ij}\neq t_{ji}$)，各国的国内成本也是不对称的($t_{ii}\neq t_{jj}$)，所以取一个几何平均值，同时，减去 1 得到贸易成本的关税当量，这个结果记为贸易成本当量 τ_{ij}：

$$\tau_{ij}=(\frac{t_{ij}t_{ji}}{t_{ii}t_{jj}})^{\frac{1}{2}}-1=(\frac{x_{ii}x_{jj}}{x_{ij}x_{ji}})^{\frac{1}{2(\sigma-1)}-1} \tag{7.8}$$

因此，在这里估计的是双边贸易成本相对于国内贸易成本的相对值，不必有无摩擦的国内贸易的约束，而着重抓住国际贸易成本比国内贸易成本多的部分。这个公式也十分便于理解：倘若双边贸易流向相对于国内贸易流量增加，必定是两个国家相互展开贸易，比进行国内贸易更容易，也就是成本更低了。

总之，在众多估计模型中，Novy(2011)改进的引力模型，是迄今为止最可靠最具有理论基础的，使用该模型，不仅克服了之前模型的缺陷，而且在数据的获得性上更加简便可行，具有很强的理论价值和实用价值。

2. 计算数据和相关参数

在对中国与“一带一路”国家贸易成本计算过程中所用到的参数有：

(1)中国与各国相互出口的数据(x_{ij}、x_{ji})

中国与各国相互出口的数据，主要来自 Wind 资讯，对于个别国家在个别年份缺少的数据，利用联合国贸易数据库(Un Comtrade)、联合国贸易和发展会议数据库(UNCTAD)进行补充。

(2)国内贸易数据(x_{ii}、x_{jj})

国内贸易数据难以直接获取，但是，可以按照 Shang-Jin Wei (1996)的方法计算出来。由于市场出清，用总收入减去总出口可表示为国内贸易，$x_{ii}=y_i-x_i$，总出口 x_i 是国家 i 出口到其他国家的全部出口之和，$x_i=\Sigma_{i\neq j}$

x_{ij}。然而国内生产总值 GDP 并不适合替代总收入 y_i，因为 GDP 中包含了如服务这些不可贸易品，按照 Anderson(1979)的做法，引入可贸易品份额 s，$y_i = s_i \cdot GDP_i$。Evenett 和 Keller(2002)对 s 的范围进行了研究，认为介于 0.3 到 0.8 之间，工业化水平越高，可贸易品份额越高，发达国家通常大于 0.6。Novy(2008)为研究方便，设发达国家的可贸易品份额 $s_i = s_j = 0.8$。

本章在计算与“一带一路”沿线国家的贸易成本时，按照所选国家的发达程度，在 0.3 到 0.8 之间选取可贸易品份额。在这里，GDP 的数据来自联合国贸易和发展会议数据库（UNCTAD），总出口数据同样来自 wind 资讯、联合国贸易数据库，及联合国贸易和发展会议数据库。

(3)替代弹性(σ)

替代弹性越高，表明了商品的同质性越高，也就是消费者会对价格越敏感，因此，较高的替代弹性对应的是较低的贸易成本。Anderson 和 Wincoop(2004)研究后认为，替代弹性处于五到十的区间，本文借鉴 Novy(2011)的经验做法，把替代弹性设成八。

2. 中国同“一带一路”沿线国家双边贸易成本估计结果

国际贸易成本相对于国内贸易成本的相对值，是一个关税当量。例如，以色列 1996 年双边贸易成本的关税当量是 1.69。假设有一产品在中国国内的生产成本是 10 美元，国内批发和零售分销成本是 55%(t_{ii})，一个中国消费者购买这个产品花费了 15.50 美元，然而，一个国外消费者不得不支付 41.695 美元($t_{ij} = 4.1695 = 1.55 \times (1+1.69)$)。

此外，本章是根据贸易流量来反推贸易成本，所测度的是一个总的国际贸易成本，因此，避免了对于像非关税壁垒这些隐性贸易成本构成因素的忽略。

从表 7-3 计算结果可以看出，从 1995 年到 2013 年，中国同“一带一路”沿线各国家的双边贸易成本，从各区域整体的角度来看，基本上都有较大幅度的下降，不过，在各区域内部由于经济发展水平的差距，或是对外政策的不同，中国与各个国家的贸易成本的变化程度有着较大的差别。

表 7-3　中国同丝绸之路经济带沿线各国贸易成本及变化率

地区	国家	贸易成本		变化率
		1995 年	2015 年	
中亚	土库曼斯坦	1.95	0.85	−57.0%
	吉尔吉斯斯坦	0.97	1.13	17.0%
	乌兹别克斯坦	1.51	1.13	−24.9%
	塔吉克斯坦	1.67	1.37	−17.8%
	哈萨克斯坦	1.25	0.35	−31.5%
	均值	1.48	1.07	−22.9%
西亚	伊朗	1.35	0.63	−54.0%
	伊拉克	1.17	0.73	−37.1%
	阿塞拜疆	2.75	1.63	−41.4%
	格鲁吉亚	4.45	1.63	−63.3%
	亚美尼亚	3.79	1.65	−56.6%
	土耳其	1.50	1.04	−30.5%
	叙利亚	1.94	1.62	−16.3%
	约旦	1.43	1.20	−15.9%
	以色列	1.56	1.03	−34.2%
	巴勒斯坦	3.70	3.40	−5.1%
	均值	2.37	1.46	−35.7%
南亚	阿富汗	3.00	2.15	−27.4%
	尼泊尔	2.61	1.87	−28.3%
	不丹	3.97	3.29	−17.0%
	印度	1.37	0.85	−38.5%
	巴基斯坦	1.16	0.98	−14.9%
	孟加拉国	1.39	1.10	−20.8%
	均值	2.25	1.71	−24.5%
东亚	韩国	0.62	0.36	−42.8%
	蒙古	1.02	0.70	−31.1%
	日本	0.63	0.54	−15.6%
	均值	0.76	0.53	−29.8%
中东欧	俄罗斯	0.89	0.70	−21.0%
	白俄罗斯	1.4	1.11	−42.9%
	乌克兰	1.30	0.85	−34.4%
	塞尔唯亚	1.95	1.60	−17.9%

地区	国家	贸易成本		变化率
		1995 年	2015 年	
中东欧	阿尔巴尼亚	2.47	1.50	−39.0%
	马其顿	4.50	1.69	−62.4%
	黑山	2.32	1.88	−19.0%
	均值	2.67	1.42	−37.8%
欧盟	奥地利	1.52	1.17	−23.1%
	比利时	0.89	0.56	−37.2%
	保加利亚	1.85	1.22	−33.5%
	塞浦路斯	2.28	1.82	−20.4%
	克罗地亚	2.55	1.65	−34.8%
	捷克共和国	1.59	0.57	−64.1%
	丹麦	1.45	1.05	−27.5%
	爱沙尼亚	2.53	1.27	−49.5%
	芬兰	1.37	1.14	−16.5%
	法国	1.19	0.92	−23.1%
	德国	0.93	0.63	−32.1%
	希腊	2.10	1.56	−25.6%
	匈牙利	1.61	0.19	−88.0%
	爱尔兰	1.59	1.06	−33.2%
	意大利	1.10	0.92	−16.5%
	拉脱维亚	2.55	1.45	−43.9%
	立陶宛	3.20	1.35	−56.9%
	卢森堡	1.86	1.36	−26.5%
	马耳他	2.39	0.90	−62.5%
	荷兰	1.00	0.50	−50.6%
	波兰	1.60	1.03	−36.0%
	葡萄牙	2.01	1.25	−36.3%
	罗马尼亚	1.40	1.25	−11.0%
	斯洛伐克	1.90	0.64	−66.5%
	斯洛文尼亚	1.31	1.05	−66.8%
	西班牙	1.31	1.05	−19.5%
	瑞典	1.27	1.05	−17.0%
	英国	1.13	0.85	−22.2%
	均值	1.76	1.05	−37.2%

在丝绸之路经济带中，中国与西亚、东亚、欧洲国家的贸易成本平均下降幅度较大，为34%以上。中国和中亚、南亚国家的贸易成本平均下降幅度较小，分别下降了27.0%和25.6%，贸易的便利化程度还有待进一步的提升。2013年，中国同西亚、南亚、中东欧，以及欧盟国家的贸易成本均值均大于1.00，和东亚国家的均值0.54相比，还有很大的下降空间。

表7-4 中国同海上丝绸之路沿线各国贸易成本及变化率

地区	国家	贸易成本		变化率	地区	国家	贸易成本		变化率
		1995年	2015年				1995年	2015年	
东盟国家	印度尼西亚	0.92	0.69	−24.5%	海滨国家	也门	0.83	0.88	6.3%
	泰国	0.83	0.35	−57.5%		均值	1.21	0.83	−30.9%
	菲律宾	1.08	0.63	−41.0%	非洲国家	埃及	1.76	1.22	−31.6%
	文莱	2.83	1.25	−56.0%		埃塞俄比亚	2.61	1.29	−50.7%
	越南	0.91	0.14	−84.6%		吉布提	2.60	1.79	−31.4%
	柬埔寨	1.72	0.65	−61.9%		肯尼亚	2.09	1.42	−32.1%
	缅甸	0.96	0.76	−20.1%		坦桑尼亚	1.68	1.19	−29.5%
	老挝	1.62	0.97	−39.9%		莫桑比克	2.43	1.04	−57.0%
	均值	1.36	0.68	−48.2%		毛里求斯	2.92	1.76	−39.9%
南亚	斯里兰卡	1.86	1.34	−27.9%		塞舌尔	4.83	3.04	−37.0%
	马尔代夫	3.52	2.93	−16.8%		马达加斯加	2.07	1.28	−37.9%
	均值	2.69	2.14	−22.3%		均值	2.56	1.56	−38.6%
海湾国家	沙特阿拉伯	1.06	0.66	−38.0%	南太平洋国家	澳大利亚	0.95	0.62	−34.6%
	阿联酋	1.06	0.51	−52.1%		新西兰	1.26	0.92	−27.0%
	阿曼	1.26	0.53	−57.8%		斐济	1.66	1.65	−1.3%
	科威特	1.24	0.71	−42.3%		汤加	4.59	3.43	−25.4%
	巴林	1.47	1.57	7.0%		均值	2.11	1.65	−21.8%
	卡塔尔	1.52	0.92	−39.5%					

在海上丝绸之路沿线各国中，中国同东盟国家的双边贸易成本平均下降幅度最大达44.1%，除了同缅甸的贸易成本仅下降了15.6%之外，同其

他几个东盟国家的贸易成本下降幅度均为30%以上。2001年开始的中国—东盟的自由贸易区建设助推了双边贸易成本的下降。中国同非洲国家的平均贸易成本,从1995年的2.60下降到2013年的1.54,下降了39.9%,同期,中国与海湾国家的平均贸易成本从1.17下降到0.66,下降了39.2%,可以看出,中国与非洲国家2013年的平均贸易成本,与1995年中国同海湾国家的平均贸易成本相接近,中国同非洲国家的贸易自由化程度,还有较大的提升空间。

第三节　中国与"一带一路"国家双边贸易成本影响因素分析

一、双边贸易成本的影响因素

由于国际贸易成本的构成部分很多,因此影响它的因素也是多种多样的。通过分析贸易成本的影响因素,能够帮助国家采取相应的措施节约贸易成本,提高贸易利润和贸易效率。本章根据对已有文献资料的分析整理,将双边贸易成本的影响因素总结成五类来进行阐述。

1.地理因素

影响贸易成本的地理因素,主要是参与双边贸易的两个国家之间的空间距离、两国领土是否接壤,以及是否是一个被陆地所包围的内陆国家。

地理距离相距较远意味着高昂的贸易成本,这已经成为一个共识。地理距离直接左右了运输成本的高低,而运输成本又是贸易成本中一个极其重要的组成部分。当两个国家距离较近时,单次运输成本就会降低,相对于运输到距离更远的国家就有成本优势,继而会带来贸易量的增加。由于出口固定成本的存在,贸易规模越大,贸易成本相应越低。地理距离也同样会影响信息传递成本,尤其是在面对面交流非常必要的情况下。因此,当一个国家在选择出口或进口对象时,往往会优先考虑地理距离较近的国家。

进一步来看,为什么两个国家共享边界也会影响贸易成本呢?首先,从互联互通的正向影响来看,邻国之间如果展开高水平的互联互通对接,通常会拥有更为一体化的运输网络,这样能够减少转载次数。比如,从铁路到公路的转换,或在不同数量级的铁路轨距上的转换。其次,从贸易便利化角度来看,邻国之间达成运输和海关协议,早期收益更加明显。如此会形成更短的过境时间,也节约了运输成本和保险成本。最后,两个邻国之间的贸易量越高,越能增加回程载货的可能性,避免了空车返回,也使固定成本在两次运输中得到分担。“丝绸之路经济带”的提出,就是中国加强与周边邻国的经贸往来,降低贸易成本和增强贸易效益的有效途径。

Nuno Limão 和 Anthony J. Venables(2001)通过对撒哈拉以南地区的非洲国家的贸易进行实证分析提出:内陆国家在国际贸易中是处于不利地位的,尽管他们能够通过高水平的国家基础设施建设来克服相当大比例的不利因素。中国的西部地区,以及丝绸之路经济带上的许多国家都处于亚欧大陆的心脏地带,如何克服这样的地缘劣势,将成为丝绸之路经济带建设的重要议题。不论是从中国还是全球来看,长期以来,内陆地区的对外开放程度远不如沿海地区,原因已不仅在于资源禀赋、运输条件等方面落后于沿海地区,更是在思维观念、科技文化水平、金融体系等“软”实力上,内陆与沿海有很大的差异。这些内陆国家与世界主要市场相距较远,周围也多是不发达地区,缺少发展外向型经济的动力,由此带来了较远的运输距离和较高的运输成本。先天区域劣势,也很难吸引贸易伙伴和投资伙伴的关注、交流与合作,也必然会面临更大的信息成本。

2. 历史因素

影响贸易成本的历史因素,主要包括是否有共同的殖民历史、共同语言的使用,以及文化的相似性。

早期殖民者的进入加强了宗主国家与殖民地国家的贸易联系,殖民扩张的过程也是一个资本和商品在全球范围内流通的过程。不断强化的政治和经济联系,对殖民国家与殖民地国家都形成了深刻的影响。虽然后来殖民关系不再存在,但是曾经紧密的贸易联系被延续下来了,而且由于都使用过殖民国家的官方语言，语言同样被保存下来，交流起来也更为方便。Novy(2006)对殖民关系对于贸易成本的影响进行了定量方面的研究，结果表明：当两国共享一段殖民历史时，他们关税等值的贸易成本平均下降16%。中国曾经也是半殖民地半封建国家，被多个列强所统治和榨取，因此，殖民联系也在一定程度上影响了中国的对外贸易。

要开展国际贸易首先就必须要克服语言障碍进行交流，贸易伙伴国之间至少要选择一门语言作为共同语言，若两国人民本身在日常生活中有共同语言的存在，那么，语言交易成本相对较小，否则，需要付出时间去学习语言。例如，中国在同美国、英国、日本等这些国家开展国际贸易时，大多数用的是英语；而当老挝、越南等经济体量较小的国家同我国进行贸易时，他们不得不学习汉语。两个国家有共同语言，沟通障碍就小，而存在语言差异的国家容易引起误解，甚至由于信息不完全而失去对彼此的信任。我国与"一带一路"部分国家语言相通，新疆少数民族语言与中亚国家语言同属于阿尔泰语系，具有很强的相似性，某些词语同汉语名称也有相似的发音，信息成本能得到较大程度的节省。

国家间文化距离小，那么，两国具有相近的价值观和文化认同感更高，对于彼此产品的接受度也高，交流起来也更加方便，沟通成本低。当更易进入一国市场时，关税及非关税壁垒也可能更低，而文化距离大，就在一定程度上会加大两国贸易的沟通成本、诚信风险等，将阻碍两国贸易。因此，不同的文化背景对应着不同大小的贸易成本。自古丝绸之路以来，中国与中亚、西亚、南亚、东南亚，甚至一些欧洲和非洲国家，在文化与风俗上就有着千丝万缕的联系，因此，"一带一路"的概念刚被提出，就受到沿线众多国家的普遍支持和热烈讨论，当然，由于存在文化距离，沿线的一些国家也有持观望和怀疑的态度，这需要双方共同努力，逐步消除误会和隔阂。

3.制度因素

制度因素主要包括了对外贸易政策、汇率制度，以及区域贸易协定等。

贸易政策与贸易壁垒成本是直接相关的，但是贸易壁垒成本中的非关税壁垒往往很难度量，这一部分成本常常被忽略。在实施自由贸易政策情

形下，国家对贸易是不加干预的，取消一切对自由贸易的阻碍和限制。因此，偏向自由贸易政策时，贸易成本较低。在实施保护贸易政策情形下，国家主要通过对关税（从价税、从量税）和非关税壁垒的设置，达到国家对贸易的调控。虽然关税被作为最广泛使用的政策工具去限制贸易，但是，它的重要性在下降。无论是单边的，还是在世界贸易组织主持下多边谈判协议的成果，抑或是优惠贸易协定（PTAs）的结果，贸易自由化使得关税平均水平大幅下降。然而，非关税壁垒措施在使用的产品范围和使用它们的国家数量上，都显著增加。中国自2001年加入WTO后，一直向着更为开放的自由贸易之路前进。“一带一路”上除欧洲发达国家外，大多数国家属于发展中国家和转型经济国家，经济规模较小，他们依靠出口来带动经济，各自都有建立自由贸易区的意愿。实现更优惠的贸易安排，将使得政策壁垒成本、法律和监管成本等进一步降低。

汇率制度将会直接决定汇率的变化程度。布雷顿森林体系解体以后，汇率的频繁浮动引起政策制定者和学者们的担忧。汇率会对货币兑换成本产生直接作用，汇率波动即意味着存在汇率风险，会增加交易成本，降低国际贸易的收益。汇率的波动将影响国际收支和贸易成本情况。当汇率波动幅度大时，不确定性和生产成本的调节会增加贸易成本；而当波动幅度较小时，有利于控制成本和利润评估，降低贸易成本。中国正在推动人民币走向国际化，亚洲基础设施投资银行和丝路基金的设立，将利于中国输出资本，提高丝路国家对于人民币的接受程度，用人民币结算国际贸易，有效地规避汇率的波动。

区域贸易协定是指国家或地区间签订国际条约实现区域贸易优惠安排。实行区域贸易安排能有效地降低甚至消除贸易壁垒，但也有可能会发生贸易转移，即区域内生产成本较高的产品取代区域外生产成本较低的产品，这一过程正是通过降低贸易成本实现的，具体体现在关税的下降，或是配额取消、通关效率提高等非关税壁垒的减少、放松等方面。如今，中国通过巩固与东盟10+1的经贸合作关系，推动亚洲区域的经济往来，通过与欧亚经济联盟对接，进行欧亚区域合作。这些都是保障贸易畅通、降低贸易成本的重要步骤。

4. 经济规模因素

影响贸易成本的经济规模因素主要包括一个国家的经济总量、人均GDP等。

当一国的经济总量大时，说明了它产业规模较大，这样，就极有可能形成外部规模经济，企业的商务活动或沟通交流更为简便顺利，在信息收集、产品运输方面能够享受更低的成本。同时，一个经济体量较大的国家对外开放格局往往更大，与世界其他国家的经贸联系更为频繁，拥有更加成熟的政策制度，这些，都能使贸易壁垒降低。

两国人均GDP较为相近，容易形成相似的需求结构和消费偏好，重叠需求的范围就会扩大，为产业内贸易发展奠定了坚实的基础，这也是需求偏好相似学(收入贸易学说)的核心观点。这背后的驱动因素是规模经济，因为一国生产某种商品满足国内需求后，就倾向于扩大市场，出口产品到国外市场，这样，便能发挥规模经济使单位产品成本降低，率先出口的国家往往是与本国人均收入水平相似、需求偏好相似的国家，因为这种产品会更易被当地消费者所接受。例如，美国发明的缝纫机在国内市场销售良好的情况下，率先出口到了英国，因为他们之间需求偏好相似。

5. 其他因素

影响贸易成本的其他方面因素，主要是与国际贸易有关的基础设施和配套服务体系，它们在贸易成本的决定中起着举足轻重的作用。

这里所指的基础设施主要是交通运输和通信技术。Nuno Limão 和 Anthony J. Venables(2001)研究表明本国或贸易伙伴的基础设施水平从25％提高到75％，能够克服大约三分之二的为内陆国家的缺陷。“要想富、先修路”这句口号在中国广为流传，充分显示了交通基础设施在中国经济建设中的重要性。落后的交通设施会阻碍国际贸易的顺畅流通，成为制约贸易发展的瓶颈。加大对海陆空设施的投入，提高他们的营运效率，将降低由于空间距离的存在而产生的地理阻隔，节约运输成本和时间成本。信息时代的到来改变了以往的贸易行为和贸易方式，企业通过计算机和网络

来经营和处理业务流程，使成本显著降低。如今，全球范围内都在大力发展信息技术和通信产业，国际贸易中的通信成本因此也不断降低。丝绸之路经济带沿线国家总体基础设施落后，运输干线的标准不统一，存在空车回程等问题。所以，丝绸之路经济带的建设首先要依托沿线基础设施的建设，推动交通通信等的互联互通。

配套服务体系主要是指进出口国是否有完备的银行信贷、货物保险、国际结算等服务体系，并且海关通关环节是否便捷高效。这些服务措施都有助于降低贸易的筹资成本、风险成本等各种费用，使得贸易便利化、自由化。总体而言，中国和“一带一路”国家在这些方面仍需改善，整合各项资源，加强政策的协调配合，形成配套支持合力。

二、模型设定与数据来源

变量选取与模型设定：根据前文对贸易成本的影响因素所做的论述分析，结合中国与“一带一路”沿线国家的实际情况，以及数据的可得性，本章将重点考察如下几个贸易成本的影响因素：在地理因素方面，选择了距离变量和是否相邻的虚拟变量；在历史因素方面，选择了两国共同语言程度的变量；在制度因素方面，选择了是否加入 WTO 及加入的时间；在经济规模因素方面，选择了收入水平的虚拟变量；在其他因素方面，选择了互联网用户数量这一变量。

根据 Novy(2011)引力模型的研究方法及思路，将回归模型设定如下：

$$\begin{aligned}\tau_{ijt} = {} & \beta_0 + \beta_1 \ln \text{Distance}_{ij} + \beta_2 \text{Common Border}_{ij} \\ & + \beta_3 \text{Common Langua}_{ij} + \beta_4 \text{WTO}_t + \beta_5 \text{income}_j \\ & + \beta_6 \ln(\text{Inter}_{it} * \text{Inter}_{jt}) + \varepsilon_{ijt} \qquad (7.9)\end{aligned}$$

其中，τ_{ijt} 表示双边贸易成本的关税当量，i 代表中国，j 代表“一带一路”沿线的国家，t 表示时间，β 是回归系数，ε_{ijt}是随机干扰项。本文样本的观测时间是 1995—2013 年，样本容量为 9918 个(19 ∗ (60＋27) ∗ 6＝9918)。对于解释变量的说明和理论预期，如表 7－5 所示。

表 7－5　解释变量说明及数据来源

解释变量	含义	预期符号	理论说明	数据来源
$\ln Distance_j$	两国之间的距离	+	两国距离越大，双边贸易成本越大	indo 距离计算器
Common $Border_{jj}$	是否拥有共同边界（虚拟变量）	－	有共同边界时，语言、文化和传统更接近，利于贸易的展开	世界地图
Common $Language_{jj}$	是否使用共同语言	－	相似的语言会减少沟通障碍降低贸易的信息成本	CEPLL 数据库
WTO	是否加入 WTO 及时间先后（虚拟变量）	－	往往越早加入 WTO，关税水平越低，贸易成本也更低	世贸组织官方网站
$income_j$	对象国的收入水平（虚拟变量）	－	贸易国的收入水平越高代表经济实力越强，基础建设更为完善，贸易成本也越低	世界银行数据库
$\ln(Inter_{it} * Inter_{jt})$	两国互联网用户数乘积		两国互联网用户数量越多，信息沟通越顺畅，有利于降低信息成本和合同履约成本	世界银行数据库

三、实证结果及分析

1. 中国与丝绸之路经济带沿线各国实证结果及分析

本文将用公式(9)对中国与丝绸之路经济带沿线国家在 1995—2013 年的面板数据进行计量回归，首先是利用 stata11.0 软件对模型设定进行取舍，对于面板数据通常有三种可能的估计模型：混合回归模型、固定效应模型和随机效应模型。可以利用 Hausman 检验来检验固定效应模型和随机效应模型的有效性，该检验结果显示，固定效应模型和随机效应模型的参数估计方差的差，是一个非正定矩阵，因此，本章就认为随机效应模型的基本假设(个体效应与解释变量不相关)得不到满足，需采取固定效应模型进行多元线性回归，最终回归结果，如表 7－6 所示。

表 7-6　丝路经济带贸易成本影响因素回归结果

解释变量	回归系数	P 值
Common $Bonder_{ij}$	O	
$CommonLangucge_j$	O	
$income_j$	O	
ln $Distonce_f$	O	
$\ln(Inter_{ii} * Inter_{ji})$	−0.0472638	0.000
WTO_t	−0.1799735	0.000
常数 β_0	1.876617	0.000
F 检验	F(55.938)=65.41	0.000

前四个变量的取值由于不随时间变化被 stata 软件自动剔除，其回归系数为 0。变量 WTO_t、变量 $\ln(Inter_{it} * Inter_{jt})$在 1％的显著性水平下通过检验，这两个变量估计系数的正负号均和预期一致。针对固定效应检验的 Prob＞F=0，表明固定效应非常显著。根据回归结果可做出如下分析：

加入 WTO 对于双边贸易成本存在负效应。各国在加入 WTO 初期，都会大幅度削减关税和取消非关税壁垒，这有益于扫清贸易障碍，使贸易成本大大下降，然而，之后进一步的放开开放程度碰到的阻碍因素变强，WTO 在减少贸易限制的作用受限。

表 7-7　海上丝路贸易成本影响因素回归结果

解释变量	回归系数	P 值
Common $Border_{ij}$	0.2218278	0.779
Common $Language_j$	−12.44186	0.610
$income_j$	0.0232243	0.882
ln $Distance_{ij}$	0.4852117	0.078
$\ln(Inter_{it} * Inter_{jt})$	−0。0442088	0.000
WTO_i	−0.0580627	0.209
常数 β_0	−2.535651	0.000
wald chi2(2)=243.02	0.000	

在包括中国在内的60个丝路国家中，截止到2015年4月26日，47个国家已经加入了WTO，还有阿富汗、阿塞拜疆、白俄罗斯、伊朗、伊拉克、哈萨克斯坦、叙利亚、土库曼斯坦、乌兹别克斯坦、不丹、波黑、塞尔维亚等13个国家尚未入世，若这13个国家在未来能成为WTO的成员国，可期待中国和它们双边贸易成本会有较大程度的下降。

两国互联网用户数量增加，能够起到降低贸易成本的作用，但影响程度不大。互联网用户数量每增加1%，贸易成本会下降0.00047个单位，相信随着一些落后国家互联网普及率的上升，信息获取和传递的便利化程度会得到提升，从而降低贸易成本，创造中国和各国之间的贸易机会。

2. 中国与海上丝绸之路沿线各国实证结果及分析

由于中国与缅甸、马尔代夫及埃塞俄比亚是否拥有共同语言的数据整体缺失，本文将除上述三个国家以外的27个海上丝绸之路沿线国家作为回归分析对象，使用stata11.0软件对1995—2013年中国与这27个21世纪海上丝绸之路沿线国家的贸易成本的影响因素进行回归检验。首先，进行Hausman检验，发现模型设定更适合随机效应模型。其次通过B－P检验，对混合ols模型和随机效应模型进行取舍，检验结果表明，需用随机效应模型。最后，将模型假定为随机效应模型，用广义最小二乘法(GLS)做多元线性回归，回归结果，如表7－8所示。

表7－8　海上丝路贸易成本影响因素回归结果

解释变量	回归系数	P值
Common $Border_{ij}$	0.2218278	0.779
Common $Language_{j}$	－12.44189	0.610
$income_{j}$	0.232243	0.882
ln $Distance_{ij}$	0.4852117	0.078
ln $Inter_{it}$ * $Inter_{jt}$	－0.0442088	0.000
WTO_{i}	－0.0580627	0.209
常数 β_0	－2.535651	0.289
wald chi2(2)＝243.02	0.000	

Common $Language_{ij}$，Common $Border_{ij}$，$income_j$，WTO_t 均没有通过10%的显著性检验，依次单一剔除这四个变量时，其余三个变量依然未通过10%的显著性。将这三个变量全部剔除后进行回归，结果如表7-9所示，显示 ln $Distance_{ij}$ * $Inter_{jt}$ 在1%的显著性水平下通过检验，ln $Distance_{ij}$ 在5%的显著性水平下通过检验，其作用方向均与预期相同，各变量针对参数联合检验的 wald chi2(2)=241.21 的 prob>chi2=0，表明参数整体上非常显著。

表7-9　剔除不显著因素后回归结果

解释变量	回归系数	P值
ln $Distance_{ij}$	0.4327386	0.037
ln ($Inter_{it}$ * $Inter_{jt}$)	−0.05001	0.000
常数 β_0	−2.117374	0.232
wald chi2(2)=241.21	0.000	

针对回归结果可做如下分析：是否拥有共同边界，对于中国同海上丝绸之路沿线国家的双边贸易成本的影响，没有通过显著性检验，本研究中共选择了27个国家，其中只有越南、老挝这两个国家与中国有共同边界，可能导致其作用效果不明显。从另一方面来看，交通的便利化和互联网信息的快速发展，也可能削弱共同边界的作用。

中国与海上丝路沿线国家是否拥有共同语言，对双边贸易成本的作用影响不明显。一方面，这可能是因为随着高等教育的普及，熟练掌握外语的人才逐渐增加，语言人才在双边贸易中提供的服务极大地降低了信息沟通偏误所带来的贸易成本；另一方面，全球一体化进程伴随着各国文化的相互渗透和融合，在这种文化交流日益频繁的大背景下，贸易国家间语言的相似性所能发挥的作用也逐渐被弱化。

两国之间的地理距离对双边贸易成本具有正向影响，即两国距离越大，其进行贸易所产生的成本也越大，本研究中地理距离对贸易成本的作用程度较小，两国之间的地理距离每增加1%，双边贸易成本将增加0.004327386。地理距离曾是影响国际贸易成本的主要因素之一，但随着交通运输技术、生鲜产品保鲜技术的不断进步，以及集装箱运输的发展，货物的运输成本和损耗都大幅度地得到降低，减弱了地理距离的影响。

两国互联网使用人数的增加，对降低双边贸易成本有着显著的影响。互联网上信息丰富，贸易从业人员可在网络上便捷地发布货物的收购或售卖信息，贸易信息的数量和流通速度大幅度增加，降低了人们以往的信息获取成本；贸易双方可以通过互联网进行即时沟通，降低了信息沟通反馈的滞后，降低了贸易双方的沟通成本。从回归结果可以看出，两国每百人中接入国际互联网的人数增加1%，双边贸易成本就会降低0.000500107。

贸易双方加入世贸组织（WTO）对降低双边贸易成本的作用，在本次研究中的效果未通过显著性检验。但是，计量检验发现，其作用方向与预期是相同的。建立公平、公正的贸易规则与制度，是世界贸易组织创立的初衷之一，WTO成员国之间的贸易障碍较小，世贸组织对关税及非关税壁垒的限制，使得成员国之间进行贸易时，可获得较大程度的便利性，降低其贸易成本。中国及部分海上丝绸之路的沿线国家，如老挝、柬埔寨、越南等国加入世贸组织的时间较晚，其贸易政策及制度还不甚完善，因此，在未来中国同海上丝路沿线国家的双边贸易成本，还有较大的下降空间。

第四节 "一带一路"贸易便利化状况

《推动共建丝绸之路经济带和21世纪海上丝绸之路的愿景与行动》中，提出了"一带一路"贸易便利化建设目标，即沿线国家宜加强海关合作，以及检验检疫、认证认可、标准计量、统计信息等方面的双边、多边合作，推动世界贸易组织《贸易便利化协定》生效和实施。改善边境口岸通关设施条件，加快边境口岸"单一窗口"建设，降低通关成本，提升通关能力。降低非关税壁垒，共同提高技术性贸易措施透明度，提高贸易便利化水平。本章将首先采用2014年《全球贸易促进报告》中所提供的ETI指数，分别对中国和"丝绸之路经济带"和海上丝绸之路沿线国家的贸易便利化水平进行比较分析，然后采用LPI指数，分别对"一带"和"一路"沿线国家的供应链绩效进行专门比较。

一、“丝绸之路经济带”沿线国家贸易便利化状况比较

“一带一路”战略内容丰富，其沿线涵盖的国家也十分广泛，本章综合现有文献对于“一带一路”范围的界定，选择了沿线87个国家作为研究对象，以期能够更加全面地了解“一带一路”沿线国家的贸易便利化状况。

1. 基于ETI测度的丝绸之路经济带沿线国家贸易便利化程度比较分析

丝绸之路经济带沿线国家的ETI测度评分，如表7－10所示。丝绸之路沿线国家众多，由于各国所处地理位置及经济发展水平的不同，这些国家的贸易便利化指数得分差异较大。

从地理区域上来看，地处亚欧中部的中亚国家哈萨克斯坦和吉尔吉斯斯坦ETI综合得分较低，仅分别为3.7分和3.5分。虽然整体得分不高，但这两国各有表现较为突出的方面。哈萨克斯坦在市场准入和运营环境两方面相对具有优势，吉尔吉斯斯坦则在市场准入方面为贸易提供了较大的便利化。

和中亚国家类似，同样深居内陆的蒙古国贸易便利化排名较为落后，而临海的日本和韩国综合排名靠前，分别为第13和第30名。不过，这两国在市场准入方面给贸易者设置了比较大的阻碍。

位于亚非欧三大洲交界地带，石油资源丰富的西亚国家整体上具有不错的贸易便利化水平，只有阿塞拜疆和伊朗两国综合排名排到了60名之外，阿塞拜疆综合得分3.9分，排名77位，其四项一级指标，除边境管理落后外，其他三项发展都比较均衡。而伊朗的每一项分项指标都表现不佳，得分较低，综合排名仅为131名。在所选西亚国家中，以色列的贸易便利化水平最高，综合得分4.7分，排名第32位，其在每个一级指标下都表现不错，贸易便利化建设较为平衡。

人口密集、经济发展落后的南亚地区国家贸易便利化水平整体较低，得分最高的印度综合得分也仅为3.6分，排名第96位，其他几个国家排名在100到120之间，贸易便利化水平不容乐观。

中东欧国家的贸易便利化水平排名集中在50到90之间，只有俄罗斯综合得分最低为 3.5 分，排名为第 105 位。从各项一级指标得分可以看出，俄罗斯在交通运输及通信基础设施建设方面做的工作比较好，单项得分为 4.2 分，排名第 52 位。而市场准入、边境管理，以及商业环境这三大因素，均对别国与俄罗斯进行跨境贸易形成不利的影响，从而产生较多的贸易成本。

表 7-10　丝绸之路经济带国家 ETI 测度评分

区域	国家	市场准入		边境管理		基础设施		商业环境		综合评价	
		得分	排名	得分	排名	得分	排名	得分	排名	得分	排名
	中国	3.1	119	4.9	48	4.6	36	4.6	37	4.3	54
中亚	哈萨克斯坦	3.2	108	3	127	4.2	53	4.2	67	3.7	94
	吉尔吉斯斯坦	4.2	32	3.3	118	3	104	3.4	121	3.5	104
	土库曼斯坦	/	/	/	/	/	/	/	/	/	/
	乌兹别克斯坦	/	/	/	/	/	/	/	/	/	/
	塔吉克斯坦	/	/	/	/	/	/	/	/	/	/
西亚	以色列	3.9	49	5.4	29	4.8	33	4.5	40	4.7	32
	格鲁吉亚	4.6	13	5.2	35	3.8	71	4.4	48	4.5	36
	约旦	4	43	5.1	39	3.9	59	4.6	35	4.4	40
	土耳其	3.7	62	4.9	44	4.3	47	4.3	56	4.3	46
	亚美尼亚	4.6	9	4.3	73	3.7	73	4.4	47	4.3	53
	阿塞拜疆	3.6	66	3.8	94	3.9	62	4.3	58	3.9	77
	伊朗	1.9	138	3.3	119	3.4	92	3.4	125	3	131
	伊拉克	/	/	/	/	/	/	/	/	/	/
	叙利亚	/	/	/	/	/	/	/	/	/	/
南亚	印度	2.4	136	4.2	74	3.8	67	4.1	73	3.6	96
	不丹	3.4	102	3.6	102	3	109	4.1	72	3.5	107
	巴基斯坦	2.7	133	4.3	72	3.3	94	3.5	116	3.5	114
	孟加拉国	3.8	57	3.2	123	2.8	119	3.7	99	3.4	115
	尼泊尔	3.7	61	3.1	125	2.7	123	3.5	113	3.3	116
	阿富汗	/	/	/	/	/	/	/	/	/	/
东亚	日本	3.2	111	6	5	5.9	5	5.1	22	5.1	13
	韩国	3.1	120	5.7	19	5.8	7	4.3	55	4.7	30
	蒙古	2.9	126	2.4	137	3	103	3.7	105	3	130

续表 7-10

区域	国家	市场准入		边境管理		基础设施		商业环境		综合评价	
		得分	排名	得分	排名	得分	排名	得分	排名	得分	排名
中东欧	黑山	4.2	33	4.7	54	3.9	65	4.4	51	4.3	49
	马其顿	4.3	28	4	85	3.6	80	4.5	43	4.1	63
	阿尔巴尼亚	4.4	17	4.4	70	3.4	90	3.9	85	4	69
	波黑	4	45	3.9	90	3.4	88	4.2	64	3.9	78
	乌克兰	4.1	38	3.6	100	3.9	61	3.7	103	3.8	83
	塞尔维亚	3.2	112	4.2	78	3.8	69	3.7	104	3.7	89
	俄罗斯	2.8	132	3.6	103	4.2	52	3.5	119	3.5	105
	白俄罗斯	/	/	/	/	/	/	/	/	/	/
欧盟	荷兰	3.4	75	6.1	4	6	3	5.5	8	5.3	3
	芬兰	3.4	75	6.2	2	5.5	14	5.8	3	5.2	5
	英国(已脱欧)	3.4	75	6	7	6	4	5.4	11	5.2	6
	瑞典	3.4	75	6.2	3	5.5	17	5.5	9	5.1	9
	德国	3.4	75	5.8	13	5.9	6	5.4	12	5.1	10
	卢森堡	3.4	75	5.8	15	5.6	13	5.6	6	5.1	11
	丹麦	3.4	75	5.9	9	5.5	16	5.1	21	5	17
	奥地利	3.4	75	5.8	10	5.3	19	5.3	14	5	18
	比利时	3.4	75	5.6	23	5.4	18	5.2	16	4.9	20
	法国	3.4	75	5.6	27	5.8	9	4.9	30	4.9	21
	爱尔兰	3.4	75	5.8	14	4.9	27	5.1	20	4.8	26
	西班牙	3.4	75	5.6	25	5.6	12	4.5	41	4.8	27
	爱沙尼亚	3.4	75	5.9	8	4.6	34	5.1	23	4.8	28
	马耳他	3.4	75	5.2	32	4.8	31	5	26	4.6	34
	葡萄牙	3.4	75	5	43	5	26	4.6	39	4.5	36
	塞浦路斯	3.4	75	5.1	42	4.3	48	5	29	4.4	37
	斯洛文尼亚	3.4	75	5.4	28	4.6	35	4.3	59	4.4	38
	捷克共和国	3.4	75	5.1	37	4.9	28	4.3	60	4.4	39
	拉脱维亚	3.4	75	5.3	30	4.4	41	4.5	44	4.4	41
	立陶宛	3.4	75	5.2	34	4.5	9	4.4	54	4.4	44
	波兰	3.4	75	5.2	31	4.3	49	4.4	50	4.3	45

续表 7-10

区域	国家	市场准入		边境管理		基础设施		商业环境		综合评价	
		得分	排名	得分	排名	得分	排名	得分	排名	得分	排名
欧盟	意大利	3.4	75	4.9	47	4.8	32	4.2	65	4.3	47
	匈牙利	3.4	75	5.1	38	4.4	43	4.2	66	4.3	50
	斯洛伐克	3.4	75	4.8	50	4.4	40	4.4	49	4.3	55
	克罗地亚	3.9	50	4.5	65	4.4	42	4.1	69	4.2	56
	希腊	3.4	75	4.6	59	4.2	51	4	79	4	67
	保加利亚	3.4	75	4.7	57	4.1	55	4	83	4	70
	罗马尼亚	3.4	75	4.6	58	3.8	68	3.9	84	3.9	75

注:英国已脱欧。

再来看欧洲大陆上的欧盟成员国的贸易便利化水平。整体来说,它们的排名都比较靠前,都排进了前 75 名。在全球贸易便利化排名前 10 和前 20 名中,欧盟成员国都占了一半。可以看到,欧盟国家中贸易便利化排名靠前的几个国家,荷兰、芬兰、英国、德国等,其经济发展水平也是相对靠前的。从综合排名来看,欧盟成员国内部不同国家的排名差异较大。此外,通过观察各单项指标可以发现,除克罗地亚之外,其他欧盟国家在市场准入这一指标下的得分完全一致,均为 3.4 分,排名第 75 位,可以看出,欧盟国家对别国产品的开放程度是不够高的,是它们在推进贸易便利化进程中需要重点关注的。

综合上述分析来看,可以发现,一国贸易便利化水平与其经济发展水平,可能有正向的变动关系,经济发展水平越高,贸易便利化水平越高。其次,处于同一地理区域的国家,其贸易便利化水平综合得分往往比较集中相近。最后,可以发现,贸易便利化综合得分较高的国家中,大部分国家如日本、韩国及欧盟国家,其市场准入这一指标的得分明显低于其他各项一级指标的得分,说明关税壁垒和非关税壁垒,依然是阻碍贸易的重要因素。

2. 基于 LRI 测度的丝绸之路经济带沿线国家贸易便利化程度比较分析

表 7-11 为丝路经济带国家包括中亚、西亚、南亚、东亚、中东欧(未包

含属于欧盟的国家)的一些国家,以及欧盟28国,共计60个国家的LPI和各分项指标的得分及世界排名。

表7-11　2014年丝路经济带沿线国家物流绩效基本情况

国家	LPI		海关效率		物流基础设施质量		国际货运便利性		物流服务		货物可追溯性		货物运输及时性	
	排名	得分	排名	得分	排名	得分	排名	得分	排名	得分	排名	得分	排名	得分
德国	1.00	4.12	2.00	4.10	1.00	4.32	4.00	3.74	3.00	4.12	1.00	4.17	4.00	4.36
荷兰	2.00	4.05	4.00	3.96	3.00	4.23	11.00	3.64	2.00	4.13	6.00	4.07	6.00	4.34
比利时	3.00	4.04	11.00	3.80	8.00	4.10	2.00	3.80	4.00	4.11	4.00	4.11	2.00	4.39
英国	4.00	4.01	5.00	3.94	6.00	4.16	12.00	3.63	5.00	4.03	5.00	4.08	7.00	4.33
瑞典	6.00	3.96	15.00	3.75	9.00	4.09	3.00	3.76	6.00	3.98	7.00	3.98	8.00	4.26
卢森堡	8.00	3.95	10.00	3.82	15.00	3.91	1.00	3.82	14.00	3.78	22.00	3.68	1.00	4.71
日本	10.00	3.91	14.00	3.78	7.00	4.16	19.00	3.52	11.00	3.93	9.00	3.95	10.00	4.24
爱尔兰	11.00	3.87	12.00	3.80	16.00	3.84	27.00	3.44	9.00	3.94	3.00	4.13	16.00	4.13
法国	13.00	3.85	18.00	3.65	13.00	3.98	7.00	3.68	15.00	3.75	12.00	3.89	13.00	4.17
丹麦	17.00	3.78	13.00	3.79	17.00	3.82	9.00	3.65	18.00	3.74	36.00	3.36	3.00	4.39
西班牙	18.00	3.72	19.00	3.63	20.00	3.77	21.00	3.51	12.00	3.83	26.00	3.54	17.00	4.07
意大利	20.00	3.69	29.00	3.36	19.00	3.78	17.00	3.54	23.00	3.62	14.00	3.84	22.00	4.05
韩国	21.00	3.67	24.00	3.47	18.00	3.79	28.00	3.44	21.00	3.66	21.00	3.69	28.00	4.00
奥地利	22.00	3.65	23.00	3.53	25.00	3.64	40.00	3.26	26.00	3.56	10.00	3.93	23.00	4.04
芬兰	24.00	3.62	8.00	3.89	28.00	3.52	20.00	3.52	19.00	3.72	39.00	3.31	38.00	3.80
葡萄牙	26.00	3.56	31.00	3.26	31.00	3.37	29.00	3.43	20.00	3.71	20.00	3.71	35.00	3.87
中国	28.00	3.53	38.00	3.21	23.00	3.67	22.00	3.50	35.00	3.46	29.00	3.50	36.00	3.87
土耳其	30.00	3.50	34.00	3.23	27.00	3.53	48.00	3.18	22.00	3.64	19.00	3.77	41.00	3.68
波兰	31.00	3.49	32.00	3.26	46.00	3.08	24.00	3.46	33.00	3.47	27.00	3.54	15.00	4.13
捷克共和国	32.00	3.49	33.00	3.24	36.00	3.29	13.00	3.59	29.00	3.51	25.00	3.56	39.00	3.73
匈牙利	33.00	3.46	48.00	2.97	40.00	3.18	32.00	3.40	37.00	3.33	15.00	3.82	20.00	4.06
拉脱维亚	36.00	3.40	35.00	3.22	51.00	3.03	33.00	3.38	42.00	3.21	30.00	3.50	19.00	4.06
斯洛文尼亚	38.00	3.38	41.00	3.11	32.00	3.35	57.00	3.05	30.00	3.51	28.00	3.51	37.00	3.82
爱沙尼亚	39.00	3.35	26.00	3.40	35.00	3.34	34.00	3.34	39.00	3.27	47.00	3.20	49.00	3.55
罗马尼亚	40.00	3.26	59.00	2.83	64.00	2.77	36.00	3.32	43.00	3.20	34.00	3.39	27.00	4.00
以色列	41.00	3.26	43.00	3.10	45.00	3.11	96.00	2.71	36.00	3.35	46.00	3.20	12.00	4.18
斯洛伐克	43.00	3.25	52.00	2.89	37.00	3.22	38.00	3.30	46.00	3.16	63.00	3.02	30.00	3.94

续表 7-11

国家	LPI		海关效率		物流基础设施质量		国际货运便利性		物流服务		货物可追溯性		货物运输及时性	
	排名	得分	排名	得分	排名	得分	排名	得分	排名	得分	排名	得分	排名	得分
希腊	44.00	3.20	28.00	3.36	42.00	3.17	62.00	2.97	40.00	3.23	61.00	3.03	54.00	3.50
立陶宛	46.00	3.18	44.00	3.04	39.00	3.18	55.00	3.10	57.00	2.99	49.00	3.17	43.00	3.60
保加利亚	47.00	3.16	64.00	2.75	53.00	2.94	37.00	3.31	55.00	3.00	76.00	2.88	24.00	4.04
马耳他	51.00	3.11	46.00	3.00	47.00	3.08	41.00	3.23	54.00	3.00	52.00	3.15	81.00	3.15
印度	54.00	3.08	65.00	2.72	58.00	2.88	44.00	3.20	52.00	3.03	57.00	3.11	51.00	3.51
克罗地亚	55.00	3.05	50.00	2.95	55.00	2.92	61.00	2.98	56.00	3.00	59.00	3.11	62.00	3.37
塞浦路斯	58.00	3.00	53.00	2.88	59.00	2.87	60.00	3.01	63.00	2.92	65.00	3.00	65.00	3.31
乌克兰	61.00	2.98	69.00	2.69	71.00	2.65	67.00	2.95	72.00	2.84	45.00	3.20	52.00	3.51
塞尔维亚	63.00	2.96	113.00	2.37	66.00	2.73	54.00	3.12	53.00	3.02	69.00	2.94	48.00	3.55
黑山	67.00	2.88	60.00	2.83	62.00	2.84	51.00	3.15	117.00	2.45	84.00	2.76	73.00	3.19
约旦	68.00	2.87	78.00	2.60	76.00	2.59	65.00	2.96	60.00	2.94	96.00	2.67	58.00	3.46
巴基斯坦	72.00	2.83	58.00	2.84	69.00	2.67	56.00	3.08	75.00	2.79	86.00	2.73	123.00	2.79
波黑	81.00	2.75	105.00	2.41	84.00	2.55	87.00	2.78	81.00	2.73	107.00	2.55	59.00	3.44
哈萨克斯坦	88.00	2.70	121.00	2.33	106.00	2.38	100.00	2.68	83.00	2.72	81.00	2.83	69.00	3.24
俄罗斯	90.00	2.69	133.00	2.20	77.00	2.59	102.00	2.64	80.00	2.74	79.00	2.85	84.00	3.14
亚美尼亚	92.00	2.67	75.00	2.63	107.00	2.38	90.00	2.75	79.00	2.75	114.00	2.50	98.00	3.00
白俄罗斯	99.00	2.64	87.00	2.50	86.00	2.55	91.00	2.74	116.00	2.46	113.00	2.51	93.00	3.05
尼泊尔	105.00	2.59	123.00	2.31	122.00	2.26	104.00	2.64	107.00	2.50	87.00	2.72	92.00	3.06
孟加拉国	108.00	2.56	138.00	2.09	138.00	2.11	80.00	2.82	93.00	2.64	122.00	2.45	75.00	3.18
塔吉克斯坦	114.00	2.53	115.00	2.35	108.00	2.36	92.00	2.73	113.00	2.47	119.00	2.47	133.00	2.74
格鲁吉亚	116	2.51	131.00	2.21	100.00	2.42	138.00	2.32	119.00	2.44	102.00	2.59	87.00	3.09
马其顿	117.00	2.50	116.00	2.35	92.00	2.50	132.00	2.38	105.00	2.51	121.00	2.46	118.00	2.81
阿塞拜疆	125.00	2.45	82.00	2.57	68.00	2.71	113.00	2.57	149.00	2.14	148.00	2.14	143.00	2.57
乌兹别克斯坦	129.00	2.39	157.00	1.80	148.00	2.01	145.00	2.23	122.00	2.37	77.00	2.87	88.00	3.08
蒙古	135.00	2.36	132.00	2.20	120.00	2.29	110.00	2.62	126.00	2.33	149.00	2.13	147.00	2.51
土库曼斯坦	140.00	2.30	122.00	2.31	146.00	2.06	116.00	2.56	155.00	2.07	134.00	2.32	153.00	2.45
伊拉克	141.00	2.30	149.00	1.98	131.00	2.18	139.00	2.31	147.00	2.15	136.00	2.31	116.00	2.85
不丹	143.00	2.29	140.00	2.09	132.00	2.18	131.00	2.38	111.00	2.48	140.00	2.28	158.00	2.28
吉尔吉斯斯坦	149.00	2.21	145.00	2.03	147.00	2.05	127.00	2.43	151.00	2.13	145.00	2.20	155.00	2.36
叙利亚	155.00	2.09	142.00	2.07	144.00	2.08	150.00	2.15	159.00	1.82	158.00	1.90	145.00	2.53

续表 7－11

国家	LPI		海关效率		物流基础设施质量		国际货运便利性		物流服务		货物可追溯性		货物运输及时性	
	排名	得分	排名	得分	排名	得分	排名	得分	排名	得分	排名	得分	排名	得分
阿富汗	158.00	2.07	137.00	2.16	158.00	1.82	156.00	1.99	152.00	2.12	159.00	1.85	149.00	2.48
中亚国家均值	/	2.43	/	2.16	/	2.17	/	2.53	/	2.35	/	2.54	/	2.77
南亚国家均值	/	3.31	/	2.37	/	2.32	/	2.69	/	2.59	/	2.52	/	2.88
中东欧国家均值	/	2.77	/	2.48	/	2.63	/	2.82	/	2.68	/	2.69	/	3.24
欧盟国家均值	/	3.56	/	3.40	/	3.50	/	3.42	/	3.53	/	3.56	/	3.97

从国家来看，德国的LPI得分最高为4.12分，不仅在丝路经济带国家中排名第一，在全球也是位于第一。在丝路经济带国家中，排名最低的国家为阿富汗，其得分仅为2.07，近乎是最高分的二分之一。可见，丝路经济带内部国家间的物流绩效发展水平差异较大。如果以评分为3.00分的塞浦路斯为界，可以发现，有近24个国家的得分低于3.00分，且这些国家主要集中在中亚、西亚、南亚，以及中东欧国家。而地处东亚的日本、韩国则得分较高，世界排名分别为第10名和第21名。从区域划分的角度来看，亚洲国家的物流绩效发展水平普遍低于欧盟国家。中国以3.53分的评分位于世界第28名，在丝路经济带中排名为第16名，处于一个中上游的位置，但是，与物流绩效发展水平位于前列的德国、荷兰、比利时等国家还有一定的距离。

从制定LPI所参考的六个指标出发进行分析，分别计算丝路经济带中每个区域的LPI分项指标均值，可得如图1所示的直方图。可以看出，欧盟和东亚国家的六个分项指标整体得分高于中亚、南亚、西亚，以及中东欧国家。对于每个区域来说，货物运输及时性在六个分项指标中，都是最突出的指标，说明相对于提升物流绩效水平的其他几个指标来说，提高货物在预定时间交付的能力，是相对比较容易的，而且从区域之间的比较来看，欧盟国家的货物运输及时性，是最为突出的。

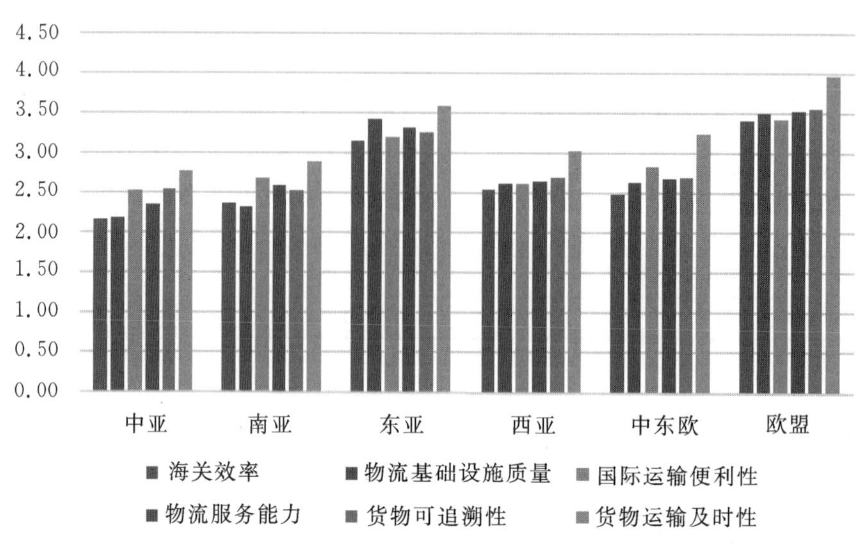

图 7-1　2014 年丝绸之路经济带分区域 LPI 分项指标均值

从图 7-1 中可以看出，对于每一个区域来说，海关效率都是它们提高整体物流绩效水平的短板，需要进一步提高。对中亚、南亚、西亚，以及中东欧国家来说，物流基础设施质量，也是制约它们整体物流绩效水平提高的重要因素。中亚和南亚国家的六个分项指标均值均未超过 3.00 分，而西亚和中东欧国家也只有货物运输及时性指标这一项的均值大于 3.00。不过，值得注意的是，土耳其、以色列，以及印度的物流绩效发展水平，相对于其各自所属区域的国家来说，具有较为明显的领先优势。

二、"海上丝绸之路"沿线国家贸易便利化状况比较

1. 基于 ETI 测度的海上丝绸之路贸易便利化程度评价

关于海上丝绸之路沿线国家的 ETI 测度评分如表 7-12 所示。

表 7-12　21 世纪海上丝绸之路沿线国家 ETI 测度评分

区域	国家	市场准入		边境管理		基础设施		商业环境		综合评价	
		得分	排名	得分	排名	得分	排名	得分	排名	得分	排名
	中国	3.1	119	4.9	48	4.6	36	4.6	37	4.3	54
东盟	新加坡	5.5	2	6.3	1	6.1	1	5.8	2	5.9	1
	马来西亚	4	40	5.2	33	5.1	23	5	27	4.8	25
	泰国	3.9	51	4.7	56	4.3	46	4.1	75	4.2	57
	印度尼西亚	4.4	20	4.4	69	3.9	64	4.2	61	4.2	58
	菲律宾	4.6	11	4.3	71	3.4	89	4	82	4.1	64
	越南	4.2	34	4	86	3.9	60	4	81	4	72
	柬埔寨	4.1	36	3.4	108	3.1	101	4.1	74	3.7	93
	老挝	4.1	39	3.4	114	2.9	115	4.2	68	3.6	98
	缅甸	4.3	25	3.3	117	2.1	136	2.9	134	3.2	121
	文莱	/	/	/	/	/	/	/	/	/	/
南亚	斯里兰卡	3.3	104	4	87	3.5	83	4.4	53	3.8	84
	马尔代夫	/	/	/	/	/	/	/	/	/	/
海湾国家	阿联酋	3.2	109	5.7	17	5.8	10	5.3	13	5	16
	卡塔尔	3.8	59	5.2	36	5.1	24	5.7	4	4.9	19
	阿曼	3.8	54	5.1	40	4.5	38	5.2	17	4.7	31
	巴林	3.5	72	5.1	41	4.9	29	5	28	4.6	33
	沙特阿拉伯	3.3	105	4.7	52	4.5	37	4.7	34	4.3	48
	科威特	3.2	113	4.5	66	4.1	57	4.2	63	4	74
	也门	3.6	65	3.2	124	2.5	131	2.9	136	3	128
非洲国家	毛里求斯	5.3	3	4.7	53	4.1	56	4.8	32	4.7	29
	肯尼亚	4	42	3.6	101	3.3	93	3.9	89	3.7	90
	埃及	3.3	103	3.4	109	4	58	3.7	106	3.6	97
	马达加斯加	4.3	24	3.8	91	2.5	129	3.5	117	3.6	103
南太平洋国家	新西兰	4.3	22	6	6	5	25	5.6	7	5.2	4
	澳大利亚	3.4	74	5.6	22	5.2	20	5.2	19	4.9	23

海上丝绸之路沿线划分的不同区域的国家，也呈现出不同的贸易便利化水平。

东盟成员国家按照贸易便利化程度，可以分为三个层次。首先，是新加坡和马来西亚得分最高，综合排名分别为第一和第25位。其次，泰国、印度尼西亚、菲律宾及越南这四国综合得分相近，在4～4.2分之间，而缅甸、老挝和柬埔寨的贸易便利化程度则处于世界落后水平。

地处波斯湾沿岸的海湾国家，贸易便利化水平整体较高。其中，阿联酋的综合得分最高为5分，排名为第16位，类似于日本、韩国，阿联酋同样是只在市场准入方面为贸易设置了较大的阻碍，其他三个方面的发展处于先进水平。海湾国家中科威特和也门的综合排名最为落后，分别为第74和第128位。

与海湾国家形成鲜明对比的是非洲国家。除毛里求斯表现突出，排名为第29位之外，其他几个非洲国家的贸易便利化水平均处于国际落后水平，综合排名集中在90～120之间。可以看到，非洲国家在边境管理、基础设施，以及商业环境这三个方面均表现不佳，而肯尼亚、坦桑尼亚，以及马达加斯加在市场准入方面，却都得分较高，说明其关税水平较低。同为发达国家，且同位于大洋洲的新西兰和澳大利亚都有领先的贸易便利化水平，不过，澳大利亚在市场准入方面，对贸易有着较大的阻碍。

通过上述分析，可以发现，海上丝绸之路沿线国家的贸易便利化情况，与对丝绸之路经济带国家分析所得出的特征相一致。即，沿线国家的贸易便利化水平差异较大。一般看来，经济发展水平高的国家有着较高的贸易便利化水平；处于相同地理区域的国家，其贸易便利化发展水平较为接近；对于贸易便利化水平发展程度较高的国家来说，市场准入往往是其贸易便利化水平的短板。不过，与丝路经济带沿线国家不同的是，海上丝路沿线国家中，经济不发达且贸易便利化水平落后的东盟国家和非洲国家，却有着较低的市场准入门槛，而丝路经济带中的经济落后国家的四项贸易便利化指标，均得分较低。

2.基于LRI测度的海上丝绸之路贸易便利化程度比较

关于海上丝绸之路沿线国家的LPI测度评分如表7-13所示。

表 7－13　2014 年海上丝绸之路沿线国家物流绩效基本情况

国家	LPI		海关效率		物流基础设施质量		国际货运便利性		物流服务		货物可追溯性		货物运输及时性	
	排名	得分	排名	得分	排名	得分	排名	得分	排名	得分	排名	得分	排名	得分
中国	28	3.53	38	3.21	23	3.67	22	3.5	35	3.46	29	3.5	36	3.87
新加坡	5	4	3	4.01	2	4.28	6	3.7	8	3.97	11	3.9	9	4.25
马来西亚	25	3.59	27	3.37	26	3.56	10	3.64	32	3.47	23	3.58	31	3.92
泰国	35	3.43	36	3.21	30	3.4	39	3.3	38	3.29	33	3.45	29	3.96
越南	48	3.15	61	2.81	44	3.11	42	3.22	49	3.09	48	3.19	56	3.49
印度尼西亚	53	3.08	55	2.87	56	2.92	74	2.87	41	3.21	58	3.11	50	3.53
菲律宾	57	3	47	3	75	2.6	35	3.33	61	2.93	64	3	90	3.07
柬埔寨	83	2.74	71	2.67	79	2.58	78	2.83	89	2.67	71	2.92	129	2.75
老挝	131	2.39	100	2.45	128	2.21	120	2.5	129	2.31	146	2.2	137	2.65
马尔代夫	82	2.75	49	2.95	82	2.56	72	2.92	74	2.79	92	2.7	148	2.51
斯里兰卡	89	2.7	84	2.56	126	2.23	115	2.56	66	2.91	85	2.76	85	3.12
阿联酋	27	3.54	25	3.42	21	3.7	43	3.2	31	3.5	24	3.57	32	3.92
卡塔尔	29	3.52	37	3.21	29	3.44	16	3.55	28	3.55	32	3.47	34	3.87
沙特阿拉伯	49	3.15	56	2.86	34	3.34	70	2.93	48	3.11	54	3.15	47	3.55
巴林	52	3.08	30	3.29	49	3.04	58	3.04	51	3.04	42	3.29	119	2.8
科威特	56	3.01	68	2.69	43	3.16	89	2.76	59	2.96	50	3.16	60	3.39
阿曼	59	3	74	2.63	57	2.88	31	3.41	73	2.84	80	2.84	67	3.29
也门	151	2.18	159	1.63	153	1.87	134	2.35	141	2.21	144	2.21	124	2.78
埃及	62	2.97	57	2.85	60	2.86	77	2.87	58	2.99	43	3.23	99	2.99
肯尼亚	74	2.81	151	1.96	102	2.4	50	3.15	90	2.65	60	3.03	45	3.58
埃塞俄比亚	104	2.59	102	2.42	134	2.17	121	2.5	96	2.62	97	2.67	78	3.17
马达加斯加	112	2.54	114	2.37	140	2.11	84	2.79	128	2.31	103	2.59	96	3.02
毛里求斯	115	2.51	128	2.25	91	2.5	109	2.63	110	2.48	1.33	2.34	110	2.88
坦桑尼亚	138	2.33	135	2.19	114	2.32	137	2.32	145	2.18	150	2.11	107	2.89
莫桑比克	147	2.23	126	2.26	135	2.15	154	2.08	153	2.1	152	2.08	134	2.74
吉布提	154	2.15	134	2.2	150	2	158	1.8	140	2.21	155	2	132	2.74
澳大利亚	16	3.81	9	3.85	12	4	18	3.52	17	3.75	16	3.81	26	4
新西兰	23	3.64	6	3.92	22	8	3.67	27	3.56	38	3.33	40	3.72	

续表 7 - 13

国家	LPI		海关效率		物流基础设施质量		国际货运便利性		物流服务		货物可追溯性		货物运输及时性	
	排名	得分	排名	得分	排名	得分	排名	得分	排名	得分	排名	得分	排名	得分
斐济	111	2.55	106	2.4	95	2.47	94	2.72	139	2.22	118	2.47	101	2.97
东盟国家均值	/	3.17	/	3.05	/	3.08	/	3.17	/	3.12	/	3.17	/	3.45
南亚国家均值	/	2.73	/	2.76	/	2.4	/	2.74	/	2.85	/	2.73	/	2.82
海湾国家均值	/	3.07	/	2.82	/	3.06	/	3.03	/	3.03	/	3.1	/	3.37
非洲国家均值	/	2.52	/	2.31	/	2.31	/	2.52	/	2.44	/	2.51	/	3
南太平洋国家均值	/	3.33	/	3.39	/	3.38	/	3.3	/	3.18	/	3.2	/	3.56

从表 7 - 13 数据可以看出，LPI 呈现出一定的地域差异，2014 年，南太平洋国家、东盟国家和海湾国家 LPI 均值相对较高，超过 3.00 分；而南亚国家和非洲国家 LPI 均值相对较低，非洲国家仅有货物运输及时性一项均值达到 3.00 分。

其次，同一地域的不同国家间，LPI 值也显示出较大的差异。除了非洲国家排名和得分相近以外，其他地域不同国家间均呈现出明显变化。例如，东盟国家中排名和得分最高的是新加坡，位居东盟国家和"海上丝绸之路"国家第一位，世界第五位，绝大多数指标得分超过 4.00 分；而老挝则处在东盟国家最后一位，"海上丝绸之路"国家倒数第五位，世界第 131 位，所有指标得分均不足 3.00 分。

横向比较指标可以看出，货物运输及时性一项在所有国家中得分普遍较高。另外，LPI 得分较高的国家，如新加坡、澳大利亚、新西兰、阿联酋、中国等各项得分比较均衡，物流基础设施和海关效率对 LPI 贡献最高；而 LPI 得分较低的国家，如也门、斐济和非洲大部分国家，则在物流基础设施质量和海关效率方面得分偏低。

3. 中国的贸易便利化水平

根据 WEF(世界经济论坛)发布的 2014 年贸易促进报告采用的 ETI

(Enabling Trade Indicator)指数，在 138 个国家中，中国的贸易便利水平综合得分为 4.3 分，世界排名为第 54 位，在参与排名的 138 个国家中排在前 40%的位置，属中等偏上水平。

总体看，中国贸易便利化程度在亚洲发展中国家中水平较高。其中，交通基础设施及交通服务可得性与质量、边境管理的效率与透明性、信息通信技术的可得性与使用、运营环境五项，明显高于亚洲发展中国家平均水平，国内市场的准入略高于平均水平，但国外市场的准入远远低于平均水平。在所选“一带一路”沿线国家的贸易便利化排名中，也基本处于中间位置。从贸易便利化的各分项指标来看，中国在基础设施和商业环境两个方面的表现基本相同，得分均为 4.6 分，排名分别为第 36 和第 37 位，和其他国家相比处于相对靠前的位置，不过，从得分的绝对值来看，我国在这两方面还有进一步提升的空间。

从各个分项指标的绝对得分来看，中国的边境管理指标较其他三项来说，得分最高，但国际比较边境管理指标排名不甚靠前。在四个分项指标中，中国的市场准入指标得分最低，仅为 3.1 分，与日本和韩国得分相近，排名仅为第 119 位，处于世界落后水平。但是，日本和韩国的综合排名为第 13 和第 30 名，排名都比较靠前。这说明，中国在边境管理、基础设施建设，以及企业运营商业环境改善方面，都还有比较大的提升空间。

作为“一带一路”的引领者和推动者，中国的贸易便利化正在积极推进。

一是，“单一窗口”和 APEC 全球供应链电子口岸试点。“单一窗口”与我国“电子口岸”建设有类似之处，核心是建立统一的政府信息平台，实现数据共享，将进出口手续签注一体化。进出境商品电子数据通过单一窗口接入统一信息平台，一次性提交监管部门要求的所有与进口、出口和转口相关的标准化单证和电子信息。监管部门再通过单一平台，将处理状态(处理结果)反馈给申报人。单一窗口”摒弃了以往多人员、多客户端、多单证系统的操作模式，极大地简化了进出口程序，实现了贸易投资便利化。

二是，“负面清单”的设立。负面清单列明外资不能投资的领域和产业，使外资在投资时可以对照清单进行相应调整，从而提高投资效率。

三是,上海自贸试验区进行了一系列海关贸易监管制度和检验检疫监管制度创新,包括推出先进区、后报关,区内自行运输,统一备案清单,智能化电子卡口验放管理等十四项"可复制、可推广"的监管服务制度,以及推动通关无纸化、分线监管机制、进境货物预检验、第三方检验结果采信机制等检验检疫制度等八项新政。

目前,中国已推进了口岸通关程序改革,运用电子手段建立了统一口岸数据平台,规范和改良了口岸进出口货物的信息流、单证流、货物流和资金流,实现口岸数据信息共享,提高了管理部门监督的能力和效率。积极完善公路、铁路、港口和民航等基础设施建设。在公路方面,国道主干线系统全部建成,交通网四通八达,贯通和连接的城市总数超过 200 个;中国已成为世界铁路运输量最大的国家,也是运输量增长最快、运输设备利用效率最高的国家。

第五节 本章小结

一、小结

本章从理论上分析了贸易成本的影响因素,对中国与"一带一路"沿线国家间的双边贸易成本进行了估计,结合实际情况,通过计量回归,对中国与"一带一路"双边贸易成本影响因素的作用、效果进行了评估。

本章的主要研究结论总结如下:

①中国与"一带一路"各国的双边贸易成本几乎逐年下降。从 1995 年到 2013 年,平均下降幅度为 36.1%,表明了中国自改革开放以来,逐步实现贸易自由化,阻碍与限制贸易的壁垒在大幅减少。中国同"一带一路"沿线的不同区域之间的贸易成本有差别。如中国和欧盟国家的平均贸易成本,小于中国和非洲国家的平均贸易成本。在各区域内部,中国和各国的双边贸易成本也有差别。如在中亚地区,中国和哈萨克斯坦、土库曼斯坦的双边贸易成本较低,而与其他三国的贸易成本较高。

②由于国际贸易成本的构成具有复杂性和多样性,因此,影响贸易成

本的因素也不是单一的。从理论上,可以将贸易成本的影响因素大致划分为五类:地理因素、历史因素、制度因素、经济规模因素,和包括基础设施、配套服务体系在内的其他因素。这些因素都或多或少地决定了贸易成本的某一部分。一般而言,地理距离越接近,历史联系越紧密,制度体系越健全,经济发展水平越高,基础设施越完善,双边贸易成本就越低,反之,越高。

③通过对中国与丝绸之路经济带 60 个国家,和海上丝绸之路沿线 27 个国家分别进行贸易成本影响因素的实证研究后发现,对于丝绸之路经济带沿线国家来说,是否加入 WTO 及时间先后、两国互联网用户数量,对于贸易成本的影响是显著的,这两个因素对于贸易成本均有负效应。互联网用户数量作为基础设施建设的代理变量,也证实了它的上升能节省贸易成本。对于海上丝绸之路沿线国家来说,是否有共同边界、是否加入 WTO 及时间先后、是否有共同语言,以及贸易对象国的收入水平,对于贸易成本的影响不显著,两国之间的距离、两国互联网用户数量这两个因素,对贸易成本的影响是显著的。其中,两国之间的距离虽通过了显著性检验,但由于国际交通运输的日益便利等原因,导致其作用程度较小。

二、政策建议

虽然目前中国与"一带一路"沿线国家的双边贸易成本总体呈现下降趋势,但从数量水平来看,双边贸易成本仍旧比较大,也就是说,国际贸易障碍重重,如何进一步地扩大中国与丝路国家的贸易量、提高贸易效率,本章将从贸易成本的角度提供几点政策建议:

1. 制定地区和国别差异化的政策

中国与"一带一路"沿线国家的贸易成本,在区域间和区域内部均有差异。"一带一路"沿线国家众多,在发展水平和政治经济体制等方面,差异较大,为了更大程度地降低贸易成本,需要对贸易对象国进行差异化定位,进行恰当的政策布局:对于贸易成本已较低的国家,构建起更紧密的"贸易桥梁",可以从贸易便利化的角度出发进行合作,进一步地降低贸易成本,开发贸易潜力;对于有贸易价值且贸易成本仍有很大的下降空间的国家,应借鉴有效的办法来降低贸易成本,争取以更小的代价获得贸易成本的更大的下降,它们未来或许会成为中国进一步发展贸易关系的重点。

2.改善企业贸易环境

在影响贸易成本的因素中,空间距离、历史联系这些变量是相对固定的,但中国可以从其他可变的影响因素入手,尽可能地为企业创造更加便利的贸易环境。例如,可以加强基础设施的建设,互联网用户数量作为基础设施建设的代理变量,在回归结果中表明了,它对贸易成本有负效应。基础设施是国家之间进行经贸联系的载体,目前,"一带一路"基础设施建设仍显严重不足,因此,需要发挥外商直接投资和民营资本对基础设施的促进作用,充分调动它们对于基础设施建设的积极性,逐步改善基础设施资金和建设密度不均匀的困境。国家也可以为企业提供标准统一、快捷高效的通关模式,通关提速、物流加快,无疑会大幅度地降低企业的成本。

3.加强同近邻区域的经贸联系

在与海上丝路国家的实证中发现,在贸易成本的多个影响因素中,地理距离对于双边贸易成本有着较为显著的影响,从贸易成本的测度中也可发现,中国同临近的日本、韩国、俄罗斯,以及东盟国家的贸易成本均处于较低的水平。中国周围强邻众多,地区政治经济形势复杂多变,与邻国的经贸及政治关系,对于中国对外贸易有着举足轻重的地位。长期以来,中国一直秉持着睦邻友好的外交政策,中国与俄罗斯,以及中亚五国的领土问题得到了妥善的解决,与它们的贸易也呈快速增长。通过与邻国的交流合作,能够有效地降低两国间的贸易成本,达到双赢的目的。长期以来,中国对邻国的贸易一直呈现出口小于进口,因此,在未来可加强对邻国的出口,丰富贸易内容,充分利用彼此相邻的地理优势,促进双边贸易的深入和可持续发展。

4. 利用 WTO 贸易政策，加强区域贸易合作

本章研究发现，是否加入 WTO 及加入时间先后，对双边贸易成本有着显著影响。当贸易双方同为 WTO 成员国时，优惠的贸易政策会降低双边贸易成本，合理利用 WTO 成员国权利，推动订立完善的优惠贸易政策，有助于降低双边贸易成本。很多“一带一路”沿线国家经济规模较小，依靠出口带动经济，外贸依存度高，而且中国是其重要的贸易伙伴，因此，可以推动建立自由贸易区，或签订区域贸易优惠协定，促进贸易便利化以降低贸易成本。

5. 构建“一带一路”贸易政策信息服务平台，提高贸易政策透明度

贸易政策信息的公开化、透明化，是贸易便利化的前提和基础。只有及时掌握各国最新贸易政策，才能减少国际贸易中的障碍。构建贸易政策信息服务平台，通过分析利用大数据，可以及时收集、整理、分析和上传各个国家和地区的所有贸易政策信息。贸易方可通过贸易政策信息服务平台进行一站式查询，及时了解贸易政策动态，把握国际贸易发展走向，调整贸易发展方向。各国构建贸易政策信息服务平台，能有效地提高贸易政策的透明度，推动“一带一路”贸易便利化。

6. 加强双边和多边政策沟通与国际机构合作

贸易投资便利化是对国际贸易投资制度、程序和规范的简化与协调。通过简化贸易程序，提高政策管理和手续办理的透明度，基础设施的标准化建设，协调相关标准与规定等，为国际贸易投资活动创造良好环境，简化和协调贸易投资领域的各种程序，实现贸易投资便利化，才能以贸易投资为核心，促进一带一路的经济繁荣。

促进“一带一路”的贸易便利化，中国在做出表率的同时，要积极促进双边和多边的政策沟通。

一是，通过政策沟通推动沿线国家改革监管规则，尽快签署沿线国家公路、铁路、航空运输便捷通关合作协定，统一海关、检验检疫等通关要求，

简化沿途手续，消除跨境运输壁垒，降低贸易活动的交易成本，促进货物、服务的自由流动。

二是，外汇管理、跨境贸易结算、信贷担保等金融政策领域的沟通。中国与沿线国家在货币区域化和构建区域金融机构等问题上，还存在一些分歧和困难，应积极在政策层面加强沟通，探索建立金融创新与贸易投融资便利化联动机制，逐步扩大货币互换规模，构建涵盖“丝绸之路经济带”沿线各国的货币互换网络，以保障对外投资的安全性，降低汇率和金融风险。同时，也可以有效地规避以俄罗斯主导的欧亚经济共同体，对中国与沿线国家深化经贸合作带来的风险。

三是，加强劳动力、就业等有关政策的沟通，尽快消除双边或多边劳动力流动的壁垒。中亚国家在商务签证、外籍员工、劳动力派遣等方面，不仅存在诸多高门槛限制，在操作层面也存在大量不规范和腐败行为，是目前制约中国投资企业在当地开展业务的突出问题之一，应在国家层面尽快推进相关政策的沟通协调，为丝绸之路经济带的建设创造良好的投资环境。

7. 加强与国际机构合作

加强“一带一路”战略和沿线国家及现有合作机制。例如，上海合作组织、CAREC（中亚区域经济合作机制）间贸易便利化战略的联系。中国推进“一带一路”沿线国家贸易便利化的设想，与这个以亚洲开发银行主导的，以贷款项目为基础的区域经贸合作机制有目标的一致性。CAREC 成员国包括 10 个国家和 6 个多边机构，众多国际组织的参与，是其独特之处。CAREC 的目标是推进中亚区域经济一体化，鉴于 CAREC 机制在贸易便利化领域已经取得了显著的成绩和丰富的管理运营经验，故中国可以与 CAREC 贸易便利化机制合作，主动参与、积极推动中亚区域贸易便利化合作，促进“丝绸之路经济带”战略的实施。借鉴这一机制的成功经验，将中国国内贸易便利化战略与区域贸易便利化战略的实施联系起来，高度重视在沿线国家有业务往来的企业形态，以及企业贸易便利化要求，依据实际需求，逐步推动区域贸易便利化水平的提高。因此，还需要进一步加强各国职能部门之间的沟通，形成定期会晤协调机制。

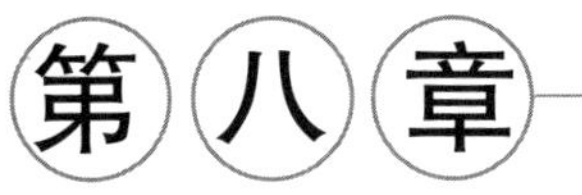

第八章 中国和“一带一路”沿线国家竞争力分析

竞争力，是参与者双方或多方的一种角逐或比较而体现出来的综合能力。它是一种相对指标，必须通过竞争才能表现出来。笼统地说，竞争力有大有小，或强或弱。竞争力按照不同的层次，可以从国家竞争力、区域竞争力、行业竞争力（如贸易竞争力）和企业竞争力等，分别进行分析。

为了对中国和“一带一路”沿线国家竞争力状况进行比较和定量分析，本章首先基于全球竞争力指数和制造业竞争力指数，对中国和“一带一路”国家的排名变化进行分析。其次，将在行业层次上选用显示性比较优势（RCA）指数，对中国和“一带一路”沿线国家比较优势现状进行分析。再次，通过贸易引力模型和通径分析，确定影响贸易的主要因素，进行贸易竞争力的横向和纵向的比较，从而对“一带一路”贸易的比较优势和竞争力进行定位。

第一节　全球竞争力指数

全球竞争力指数（GCI）由萨拉・伊・马丁教授为世界经济论坛设计，旨在衡量一国在中长期取得经济持续增长的能力，并于 2004 年首次使用。全球竞争力指数由总部设在日内瓦的世界经济论坛每年公布一次。

《全球竞争力报告》的竞争力排名，主要是基于世界经济论坛在 2004 年推出的全球竞争力指数（GCI）。该指数将竞争力定义为制度、政策，以及决定一国生产力水平的各种要素的综合，并根据各国在下列十二项指标上的表现进行赋分：制度建设、基础设施、宏观经济环境、卫生与初等教育、高等教育和培训、商品市场效率、劳动力市场效率、金融市场发展水平、技术就绪度、市场规模、商业成熟度，以及创新水平。这十二项指标是决定一国竞争力的主要依据，它们共同反映了一国竞争力的全貌。

GCI 的排名基于各种指标，不但包括经济数据，也包括卫生统计和与互联网用户数量有关的数据，等等。

2013 年全球竞争力指数指标体系，包括基础条件、效率推进和创新与成熟性因素三个分类指数，设置 12 个大类指标（详见表 8－1）和 112 个小类指标。

表 8－1　全球竞争力指数的分类指数和大类指标体系

	分类指数	大类指标（括号中数字为小类指标数）
全球竞争力指数（CCI）	A. 基础条件	1. 制度（21） 2. 基础设施（9） 3. 宏观经济环境（5） 4. 医疗卫生和基础教育（10）
	B. 效率推进	5. 高等教育与培训（8） 6. 商品市场效率（16） 7. 劳动力市场效率（10） 8. 金融市场发展水平（8） 9. 技术就绪度（7） 10. 市场规模（2）
	C. 创新与成熟性因素	11. 商业成熟度（9） 12. 创新（7）

《全球竞争力报告》将全球划分为五大区域：欧洲和北美地区、亚太地区、拉丁美洲和加勒比海地区、中东和北非地区、撒哈拉以南非洲地区。

一、全球竞争力十强经济体和亚太地区十强经济体

1. 全球竞争力十强经济体

2015 年 9 月 30 日，世界经济论坛发布《2015—2016 年全球竞争力报告》，此份年度报告对全球 140 个经济体在促进生产力发展与社会繁荣方

面的“全球竞争力指数”进行考量与排名。最新出炉的年度十强经济体是：瑞士连续第七年排名榜首，在全部12项指标上均取得优异得分，表现出强大的风险抵御能力，这也帮助该国成功渡过本次经济危机的冲击。新加坡和美国排在第2和第3位。德国上升一位至第4位；荷兰经历三年下滑后重回第5位。日本和中国香港表现稳定，分列第6和第7位。芬兰下降至第8位，是该国历年最差排名。紧随其后的瑞典和英国排在第9和第10位。

表8-2　全球竞争力十强经济体

经济体	排名
瑞士	1
新加坡	2
美国	3
德国	4
荷兰	5
日本	6
中国香港	7
芬兰	8
瑞典	9
英国	10

来源：2015—2016年全球竞争力报告。

报告发现，极具竞争力的经济体，在面对全球性经济危机时，表现出超凡的抵御和复苏能力。而其他一些经济体，尤其是新兴市场的竞争力，在危机之后状态乏力，这一现象令人担忧，它们或在下一次全球性经济动荡中陷入更深重、长期的困境。报告在分析中还发现，一个经济体培养、吸引、利用和支持人才发展的能力，与其竞争力高度正相关。排名领先的经济体在这方面均表现良好，但在许多其他经济体中，人们获得高质量教育和培训的机会很少，劳动力市场的灵活性也存在明显不足。

2. 亚洲竞争力十强经济体

在亚洲排名上，尽管面临诸多挑战和显著的区域内差异，亚洲经济体的竞争力整体向好。新加坡、日本、中国香港排名未变，稳定在全球十强行列。中国排在第28位，与去年持平，继续领跑金砖国家，仍是全球主要新兴市场中最具竞争力的经济体。报告建议，中国要想在全球排名中继续向上攀登，需进一步向可持续发展的经济模式转型。

表8-3 全球竞争力亚太地区十强经济体

经济体	排名
新加坡	1
日本	2
中国香港	3
中国台湾	4
新西兰	5
马来西亚	6
澳大利亚	7
韩国	8
中国内地	9
泰国	10

来源:2015—2016年全球竞争力报告。

二、"一带一路"沿线国家的全球竞争力状况

1.2015—2016年度"一带一路"全球竞争力状况分析

从"一带一路"亚洲地区来看，中国香港、日本、中国台湾、马来西亚、韩国和中国内地均依然位列全球竞争力前30位，展现出亚洲经济体的强劲活力。东盟最大五国都跻身全球榜单的前半部分，排名依次为：马来西亚(第18位，上升2位)、泰国(第32位，下降1位)、印度尼西亚(第37位，下降3位)、菲律宾(第47位，上升5位)和越南(第56位，上升12位)。而南亚国家印度停止了连续五年的下滑势头，上升16个位次，排名第55位。南亚其他国家孟加拉国、尼泊尔和巴基斯坦、蒙古国(第104位)的排名较为靠后。

欧洲方面，欧洲有10个国家和地区进入排名前20位。西班牙、意大

利、葡萄牙和法国的竞争力获得大幅提升。由于实施了一揽子改革计划，不断完善市场功能，西班牙和意大利分别攀升了两个和六个位次。法国（第 22 位）和葡萄牙（第 38 位）在商品和劳动力市场取得了类似的进步，但是，在其他领域的表现则有所退步，影响了它们的整体排名。根据 2015 年 6 月救市计划之前的数据，希腊当年仍排在第 81 位。融资渠道依然是本地区所有经济体共同面临的一大威胁，也是释放投资的最大障碍。

中东和北非地区经济体的表现可谓喜忧参半。卡塔尔（第 14 位）超越阿联酋（第 17 位），领跑本地区，但与邻国相比，卡塔尔的经济多元化程度低，遭受能源持续低价的威胁更大。相比之下，北非各国的表现要逊色很多，排名最高的是摩洛哥（第 72 位），而黎凡特地区（Levant）经济体的表现也乏善可陈，排名最前的是约旦（第 64 位）。由于地缘政治冲突和恐怖主义造成了更大损失，本区域经济体需加大力度改革营商环境，积极促进私营部门的发展。

撒哈拉以南非洲地区继续保持近 5% 的经济增速，但其竞争力和生产力水平仍然较低。尤其是在面临大宗商品价格波动、国际投资者审查更加严格，以及人口不断增长的背景下，本地区经济体应注重提高竞争力和生产力。毛里求斯（第 46 位）仍然是该地区最具竞争力的经济体，随后是南非（第 49 位，上升七位）和卢旺达（第 58 位）。科特迪瓦（第 91 位）和埃塞俄比亚（第 109 位）成为整个地区进步幅度最大的两个经济体。

拉美地区经济体竞争力排名都在 30 位以外。大宗商品超级周期的终结，严重影响了拉丁美洲和加勒比海地区，并且也已经波及了该地区的经济增长。若要提高风险抵御力，应对未来经济冲击，该地区需要进一步推行改革，继续加大对基础设施、技能和创新的投资力度。智利（第 35 位）仍然是该地区排名最高的国家，紧随其后的是巴拿马（第 50 位）和哥斯达黎加（第 52 位）。作为本地区两个大型经济体，哥伦比亚和墨西哥的排名分别上升至第 61 位和第 57 位。由于在宏观经济的稳定性和制度建设方面表现退步，巴西的排名跌落至第 75 位。

世界经济论坛创始人兼执行主席克劳斯·施瓦布认为：“第四次工业革命正在加速催生全新的行业与经济模式，与此同时，这也导致一些现有行业和模式的快速衰落。要在新的经济环境中保持竞争力,人们在此时需要特别重视促进生产力增长的关键要素,比如,人才与创新。"

哥伦比亚大学经济学教授 Xavier Sala-i-Martin 表示:"生产力增长放缓已成为新常态,这是对全球经济的严重威胁,并将深刻影响世界各经济体应对关键挑战的能力,如失业或收入不平的问题。对于各国领导者而言,最好的对策则是优先推行改革,重点加大对创新和劳动力市场等领域的投资力度,这将有助于释放创业人才的力量,让人力资本充分发挥作用。"

2.2014—2015 年度全球竞争力状况比较

世界经济论坛 2014 年 9 月 2 日公布了《2014—2015 年度全球竞争力报告》。《全球竞争力报告》的竞争力排名,基于全球竞争力指数(GCI),该指数是世界经济论坛于 2004 年引进的。GCI 分数的计算综合了涉及 12 个种类(竞争力的支柱)的国家级数据,这些数据共同呈现了一个国家的竞争力的全面图景。参见下表:

表 8-4 全球竞争力指数排行榜(2014—2015 年)

经济体	2014—2015 年		2013—2014 年
	排行	得分	排行
瑞士	1	5.7	1
新加坡	2	5.65	2
英国	3	5.54	5
芬兰	4	5.5	3
德国	5	5.49	4
日本	6	5.47	9
中国香港	7	5.46	7
荷兰	8	5.45	8
英国	9	5.41	10
瑞典	10	5.41	6
挪威	11	5.35	11
阿联酋	12	5.33	19
丹麦	13	5.29	15

续表 8-4

经济体	2014—2015 年		2013—2014 年
	排行	得分	排行
中国台湾	14	5.25	12
加拿大	15	5.24	14
卡塔尔	16	5.24	13
新西兰	17	5.2	18
比利时	18	5.18	17
卢森堡	19	5.17	22
马来西亚	20	5.16	24
奥地利	21	5.16	16
澳大利亚	22	5.08	21
法国	23	5.08	23
沙特阿拉伯	24	5.06	20
爱尔兰	25	4.98	28
韩国	26	4.96	25
以色列	27	4.95	27
中国内地	28	4.89	29
爱沙尼亚	29	4.71	32
冰岛	30	4.71	31
泰国	31	4.66	37
波多黎各	32	4.64	30
智利	33	4.6	34
印度尼亚西	34	4.57	38
西班牙	35	4.55	35
葡萄牙	36	4.54	51
捷克	37	4.53	46
阿塞拜疆	38	4.53	39
毛里求斯	39	4.52	45
科威特	40	4.51	36
立陶宛	41	4.51	48
拉脱维亚	42	4.5	52

续表 8-4

经济体	2014—2015 年		2013—2014 年
	排行	得分	排行
波兰	43	4.48	42
巴林	44	4.48	43
土耳其	45	4.46	44
阿曼	46	4.46	33
马耳他	47	4.45	41
巴拿马	48	4.43	40
意大利	49	4.42	49
哈萨克斯坦	50	4.42	50
哥斯达黎加	51	4.42	54
菲律宾	52	4.4	59
俄罗斯	53	4.37	64
保加利亚	54	4.37	57
巴巴多斯	55	4.36	47
南非	56	4.35	53
巴西	57	4.34	56
塞浦路斯	58	4.31	58
罗马尼亚	59	4.3	76
匈牙利	60	4.28	63
墨西哥	61	4.27	55
卢旺达	62	4.27	66
马其顿	63	4.26	73
约旦	64	4.25	68
秘鲁	65	4.24	61
哥伦比西	66	4.23	69
黑山	67	4.23	67
越南	68	4.23	70
格鲁吉亚	69	4.22	72
斯洛文尼亚	70	4.22	62
印度	71	4.21	60
摩洛哥	72	4.21	77
斯里兰卡	73	4.19	65

续表 8-4

经济体	2014—2015 年		2013—2014 年
	排行	得分	排行
博茨瓦纳	74	4.15	74
斯洛伐克	75	4.15	78
乌克兰	76	4.14	84
克罗地亚	77	4.13	75
危地马拉	78	4.1	86
阿尔及利亚	79	4.08	100
乌拉圭	80	4.04	85
希腊	81	4.04	91
摩尔多瓦	82	4.03	89
伊朗	83	4.03	82
萨尔瓦多	84	4.01	97
亚美尼亚	85	4.01	79
牙买加	86	3.98	94
突尼斯	87	3.96	83
纳米比亚	88	3.96	90
特立尼达和多巴哥	89	3.95	92
肯尼亚	90	3.93	96
塔吉克斯坦	91	3.93	n/a
塞舌尔	92	3.91	80
老挝	93	3.91	81
塞尔维亚	94	3.9	101
柬埔寨	95	3.89	88
赞比亚	96	3.86	93
阿尔巴尼亚	97	3.84	95
蒙古	98	3.83	107
尼加拉瓜	99	3.82	99
洪都拉斯	100	3.82	111
多米尼加	101	3.82	105
尼泊尔	102	3.81	117
不丹	103	3.8	109
阿根廷	104	3.79	104

续表 8－4

经济体	2014—2015 年		2013—2014 年
	排行	得分	排行
玻利维亚	105	3.77	98
加蓬	106	3.74	112
莱索托	107	3.73	123
吉尔吉斯斯坦	108	3.73	121
孟加拉	109	3.72	110
苏里兰	110	3.71	106
加纳	111	3.71	114
塞内加尔	112	3.7	113
黎巴嫩	113	3.68	103
佛得角	114	3.68	122
科特迪瓦	115	3.67	126
喀麦隆	116	3.66	115
圭亚那	117	3.65	102
埃塞俄比亚	118	3.6	127
埃及	119	3.6	118
巴拉圭	120	3.59	119
坦桑尼亚	121	3.57	125
乌干达	122	3.56	129
斯维士兰	123	3.55	124
津巴布韦	124	3.54	131
冈比亚	125	3.53	116
利比亚	126	3.48	108
尼日利亚	127	3.44	120
马里	128	3.43	135
巴基斯坦	129	3.42	133
马达加斯加	130	3.41	132
委内瑞拉	131	3.32	134
马拉维	132	3.25	136
莫桑比克	133	3.24	137

续表 8-4

经济体	2014—2015 年		2013—2014 年
	排行	得分	排行
缅甸	134	3.24	139
布基纳法索	135	3.21	140
东蒂汶	136	3.17	138
海地	137	3.14	143
塞拉利昂	138	3.1	144
布隆迪	139	3.09	146
安哥拉	140	3.04	142
毛里塔尼亚	141	3	141
也门	142	2.96	145
乍得	143	2.85	148
几内亚	144	2.79	14

来源:2014 世界经济论坛(www.weforum.org/gcr)。

根据该报告的全球竞争力指数(GCI)排名,亚洲有三个经济体进入世界十大最具竞争力国家(地区)行列,它们分别为:新加坡(第 2 位)、日本(上升 3 位到第 6 位)和中国香港(第 7 位)。当年排名垫底的是非洲地区的几内亚,最近因成为埃博拉疫情源头而受到全球瞩目。

3. 对中国 2015—2016 年度全球竞争力状况比较分析

按全球竞争力指数三大类划分,中国内地在基本需求分类指数(Basic Requirements)中位于第 28 位,获 5.37 分;增强效率分类指数(Efficiency Enhancers)位于第 32 位,获 4.66 分;创新和复杂因素分类指数(Innovation and Sophistication Factors)位于第 34 位,获 4.11 分。中国内地 12 项竞争力要素指标的得分情况,见表 8-5。从表 8-5 中可以看出,中国内地在市场规模、宏观经济环境和创新方面表现优异,这是中国内地的优势领域;但技术就绪度、高等教育与培训和商品市场效率仍是短板,是中国内地竞争力的劣势领域。

表 8－5　中国内地 12 项竞争力要素指标的得分情况

分类指数	排名	得分	竞争力要素指标	排名	得分
基本需求分类指数	28	5.37	1. 制度建设	51	4.1
			2. 基础设施	39	4.7
			3. 宏观经济环境	8	6.5
			4. 健康与初等教育	44	6.0
			5. 高等教育与培训	68	4.3
增强效率分类指数	32	4.66	6. 商品市场效率	58	4.3
			7. 劳动力市场效率	37	4.5
			8. 金融市场发展	54	4.0
			9. 技术就绪度	74	3.7
创新和复杂因素分类指数	34	4.11	10. 市场规模	1	6.9
			11. 商务成熟度	38	4.3
			12. 创新水平	31	3.8

来源：邢超、石玲.《2015—2016 年全球竞争力报告》与中国表现[J]. 全球科技经济瞭望，2016(2).

第二节　全球制造业竞争力指数

一、全球制造业竞争力指数前十强排名

2016 年 4 月，德勤旗下的全球消费者及工业产品行业小组联合美国竞争力委员会发布《2016 全球制造业竞争力指数》报告显示，中国在全球制造业竞争力领域排名第一，美国位居第二。不过，未来 5 年将被美国超过。德勤曾在 2010 年和 2013 年两次发布《全球制造业竞争力指数》，中国两次均排名第一。不过，该报告预测，未来五年，中国的竞争力将有所下降，到 2020 年，排名将下滑至第二位。美国将超越中国成为全球制造业最具竞争力的国家，德国仍将占据第三的位置。①

① 中国证券报，2016 年 4 月 28 日。

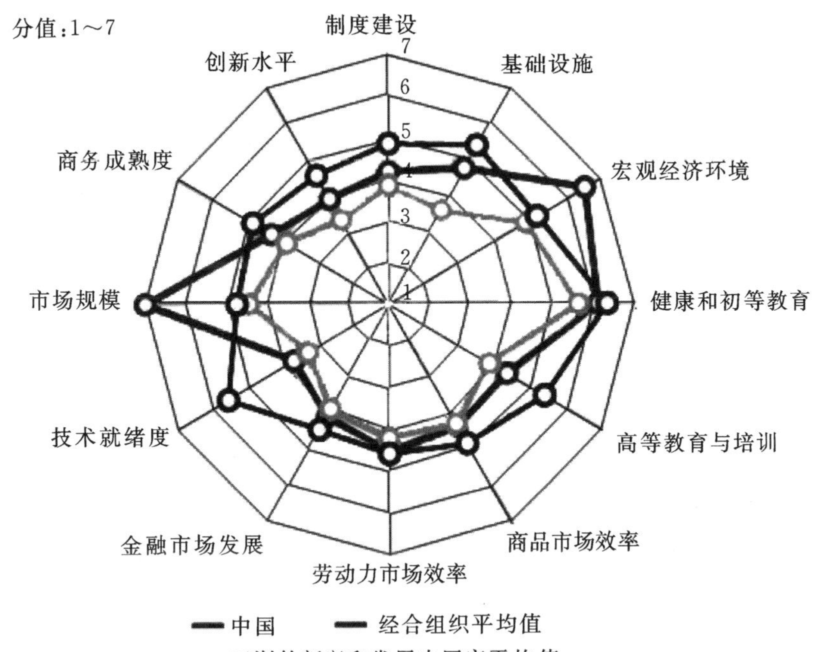

来源:邢超、石玲,《2015—2016 年全球竞争力报告》与中国表现[J]. 全球科技经济瞭望,2016(2).

图 8-1 中国内地与经合组织、亚洲的新兴和发展中国家指标得分对比情况

表 8-6　2016 全球制造业竞争力指数前十强排名

排名	2016 年(现排名)		排名	2020 年(预测排名)	
	国家/地区	得分(满分 100 分)		国家/地区	得分(满分 100 分)
1	中国内地	100	1	美国	100
2	美国	99.5	2	中国内地	93.5
3	德国	93.5	3	德国	90.8
4	日本	80.4	4	日本	78
5	韩国	76.7	5	印度	77.5
6	英国	75.8	6	韩国	77
7	中国台湾	72.9	7	墨西哥	75.9
8	墨西哥	69.5	8	英国	73.8
9	加拿大	68.7	9	中国台湾	72.1
10	新加坡	68.4	10	加拿大	68.1

数据来源:《2016 全球制造业竞争力指数》。

从全球来看，今年制造业竞争力排名前15的国家和地区呈现"抱团"出现的特点，以北美和亚太地区最为显著。其中，北美地区的美国、加拿大、墨西哥均跻身前十，且未来五年仍有望保持世界前10的领先优势；在亚太地区，在中国、日本和韩国领跑下，马来西亚、印度、泰国、印度尼西亚和越南亦呈现出良好发展势头，并全部有望在2020年冲刺全球前15。欧洲国家的整体表现弱于亚太和北美，主要以德国和英国为中心，周围聚集着瑞士、瑞典、荷兰。

具体来看，基础设施方面最具竞争力优势的是德国、美国和日本；人才方面，德国、日本和美国是最有竞争力的国家；劳动力成本方面，新兴经济体仍然拥有最大的优势，主要是劳动力的平均薪资较低，印度和中国2015年劳动力平均时薪仅为1.7美元和3.3美元，相较于美国的38美元和德国的45.5美元仍有较大差距；在劳动力生产效率上，发达经济体更胜一筹。美国遥遥领先，其次，是德国、日本和韩国。未来发展趋势上，中国和印度两国的加速度快于其他国家，而日本和德国将受到劳动力人口日益减少及人口老龄化的挑战。实体基础设施方面，德国、日本和美国拥有领先优势，德国在物流性能指数上拔得头筹，日本则在互联网渗透率上高居榜首。

二、全球制造业竞争力指数排名和影响因素分析

1.全球制造业竞争力排名变动趋势

中国目前是最具竞争力的制造业国家：与之前2010年和2013年全球制造业竞争力指数研究一样，2016年，中国再次被列为最具竞争力的制造业国家，但是，据全球企业高管分享他们对未来五年各国制造业发展与表现的看法，预计中国将下滑至第二名。德勤报告显示，目前，在影响制造业竞争力的主要因素中，中国仅在成本一项维持全球领先。和美国相比，中国在人才、创新基础设施、能源政策、实体基础设施、法律环境等方面，均有较大的差距。即便和竞争力稍弱的韩国相比，中国的优势也只有成本。

美国有望在2020年之前取代中国占据第一名，美国持续提高它的制造业竞争力，从2010年的第四名上升到2013年的第三名，而在今年的研

究中,它又升至第二名。此外,企业高管预计,美国将在 2020 年之前夺得第一名,而德国牢牢维持着第三名:德国从现在起到 2020 年一直牢牢地保持着第三名的位置。

企业首席执行官们认为,先进的制造业技术是释放未来竞争力的关键:随着制造业在数字世界和现实世界的融合,企业高管指出,打造制造业竞争力的途径是通过先进技术,向高价值先进制造业转型,为发达国家的未来创造优势:随着制造业不断采用更先进与更精细的产品、工艺技术和材料,20 世纪的传统制造业强国(即美国、德国、日本和英国)于 2016 年再次回到最有竞争力国家前十强的行列。

全球出现两个强有力的区域集群:在制造业竞争力前十强的国家中,两个地区即北美和亚太地区在竞争格局中占据主导地位。现在,北美三国全部位列前十强,且它们有望在今后五年内仍保持前十强的地位。位于亚太区的五个国家、地区(中国内地、日本、韩国、中国台湾和印度)有望在 2020 年前排名前十强,因此,只留下两个位置给德国和英国,代表前十强的欧洲国家。

金砖四国的分解:在金砖四国(巴西、俄罗斯、印度和中国)中,2016 年,只有中国被企业高管看作是排名靠前的制造业国家,其他三个国家在过去几年内排名显著下降。

“强力五国”的崛起:马来西亚、印度、泰国、印度尼西亚和越南,这五个亚太国家(“MITI - V”,也称为“强力五国”)预计在未来五年将跻身制造业竞争力前十五强。

2. 制造业竞争力的关键驱动因素

人才排在首位:与 2010 年和 2013 年的全球制造业竞争力指数的研究结论一致,制造商仍将人才列为全球制造业竞争力的最重要驱动因素。

成本竞争力排在第二,在目前的经济增长模式中,控制成本保持利润,对制造商而言,非常重要,生产力排在第三,供应商网络排在第四,在经济增长缓慢的时代,除了建立强大的供应商网络和生态系统以外,控制成本、提高生产力以增长利润,对制造商来说仍然非常重要。法律法规环境位列前五。

德国、美国和日本在大部分主要影响因素，如人才、创新政策、基础设备上具有比较优势，完善的法律法规环境也可以提升一国的制造业竞争力，而美国和德国在这四方面都属于领先者，两国在未来竞争力排名中也位于前列。中国、印度在劳动力和原材料成本方面具有比较优势，但法律法规环境不具有竞争力，印度的物理基础设备较差。

3. 中国制造业竞争力的优势和挑战

如果说，中国是所谓的"世界工厂"，那么，这很大程度上可能归功于中国强大的制造业。中国制造过去多年一直扮演着中国经济动力的角色，并推动出口、拉动经济繁荣。一直以来，中国凭借人力成本优势，成为全球最具制造业竞争力的经济体。但最近一份报告却认为：到 2020 年，成本或许将不再是竞争力关键，中国制造的竞争力将被美国赶超。而这背后的关键因素，还是技术。

在全球经济不确定性的大环境下，成本对于大多数资深的制造业管理人员而言，仍是做决策时最为关键的考虑因素。而在主要的国家中，中国和印度的成本竞争力依然很明显。不过，值得注意的是，中国在过去一些年，劳工成本的增加速度比周边国家要显著得多，一些企业开始寻找中国以外的新的、低成本的选项。

德勤报告显示，目前，在影响制造业竞争力的主要因素中，中国仅在成本一项维持全球领先。和美国相比，中国在人才、创新基础设施、能源政策、实体基础设施、法律环境等方面，均有较大的差距。即便和竞争力稍弱的韩国相比，中国的优势也只有成本。

接受德勤调查访问的首席执行官们认为，和成本等因素相比，先进的制造业技术才是未来竞争力的关键。而到底目前谁在先进制造业领域竞争力更强？这从出口情况便可一窥全局。德勤认为，出口的竞争力才是一个国家总体竞争力和繁荣的一项决定性因素。有能力出口更多高附加值、更先进的制造技术产品的国家，在一般情况下都比较发达。比如，德国、美国和日本。

目前，德国在欧洲范围内，仍占有中、高级技术出口的多数份额，美国

和日本的高技术产品出口同样遍布全球。但反观中国，尽管目前中国制造业出口的总规模全球第一，但这其中高技术产品的比重却远远落后于美国、日本、德国。此外，中国高技术产品的出口也主要局限在亚洲。

先进制造业依赖于大量的研发投入来提高技术含量。德勤的报告显示，在“研发投入”这一项指标上，中国大陆和先进经济体仍有较大差距。数据显示，在基础研究领域，美国仍然是最大的投入国，投入超过了655亿美元。而中国大陆的研发费用和过去相比，已经有了大幅提升，但研发费用占GDP的比例，以及从事科研工作的人口比例仍然相对较低。这意味着从事科研的人才队伍的扩大，并没有追上研发费用的上涨。在这两项指标上，韩国保持着全球第一，中国台湾地区位居全球第二。

在全球制造业领域，毫无疑问，美国是中国最主要的竞争者。在影响两国制造业竞争力的诸多要素中，政府公共政策的影响也非常明显。德勤的报告显示，尽管中国目前的制造业竞争力仍然强于美国，但和美国对比来看，中国的政策优势并不多，中国主要的四项政策优势中，有三项美国也有，中国仅在基础设施规划方面占有优势。而美国还拥有货币政策优势、知识产权、安全卫生监管等优势。在劣势方面，中国除了企业税率过高，个人所得税、劳动法规不完善、政府干预等，也被认为会给中国制造竞争力拖后腿。

第三节　中国和“一带一路”沿线国家比较优势分析

一、显性比较优势指数

显性比较优势指数(RCA指数)是甄别一国具有比较优势行业的常用指标，显性比较优势指数(Index of Revealed Comparative Advantage, RCA)又称出口绩效指数，是分析一个国家或地区的某种产品是否具有比较优势时，经常使用的一个测度指标。

该指数的含义是：一个国家某种出口商品占其出口总值的比重，与世界该类商品占世界出口总值的比重二者之间的比率。RCA>1，表示该国此种商品具有显性比较优势；RCA<1，则说明该国商品没有显性比较优势。如果 RCA>2.5，则表明该国服务具有极强的竞争力，如果 1.25≤RCA≤2.5，则表明该国货物或服务具有较强的国际竞争力，如果 0.8≤RCA≤1.25，则表明该国货物或服务服务具有中度的国际竞争力，如果 RCA<0.8，则表明该国货物或服务竞争力弱。其计算公式为：

$$RCA = (X_i/X_t)/(W_i/W_t)$$

其中，X_i 表示一国某商品出口值；X_t 表示一国商品出口总值；W_i 表示世界某商品的出口值；W_t 表示世界商品出口总值。

二、中国与"一带一路"沿线六大区域主要产品的比较优势

本章用该指数进一步分析中国与"一带一路"沿线六大区域主要产品的比较优势大小，计算结果如表 8-7 所示。

表 8-7　2013 年中国与"一带一路"沿线六大区域主要产品显性比较优势指数

	中国	中亚	东北亚	东南亚	南亚	西亚	中东欧
动物产品	0.67	0.14	0.56	0.96	2.73	0.42	2.35
植物产品	0.34	1.09	0.55	1.80	2.73	0.52	1.70
食品饮料	0.61	0.23	0.45	1.62	1.19	0.57	2.07
矿物	0.21	4.09	1.58	1.31	1.62	1.26	1.13
能源	0.06	2.79	2.71	0.67	0.67	2.62	0.27
化学制品	0.82	0.73	0.85	1.11	1.64	0.94	1.22
塑料橡胶	0.94	0.08	0.29	1.51	0.65	0.82	1.38
毛皮及其制品	2.05	0.11	0.16	0.54	1.79	0.15	0.59
木材及其制品	0.85	0.07	1.13	1.54	0.29	0.21	2.17
纺织服装	1.72	0.34	0.03	0.62	2.99	0.37	0.47
鞋帽制品	2.06	0.04	0.02	1.01	0.69	0.05	0.63
非金属矿物制品	1.05	0.60	0.73	0.62	2.87	1.20	0.48
金属及其制品	1.10	1.37	1.20	0.61	1.02	0.63	1.72
机械设备	1.71	0.04	0.10	1.33	0.25	0.15	1.05
交通运输设备	0.87	0.24	0.49	0.83	1.05	0.50	2.70
杂项制品	1.71	0.03	0.22	1.19	0.39	0.19	1.05

数据来源：根据国际贸易中心数据库提供的数据整理所得。

其中，中亚、西亚、东北亚（蒙古）、中东地区能源矿产品出口的比较优势显著，其能源的RCA指数分别为2.79、2.71、2.62。

南亚地区纺织服装及非金属矿物制品的RCA指数都较高，特别是纺织服装(2.99)，可见，南亚地区在全球纺织业的新一轮分工中占有突出地位（Tewari，2006①）。

中东欧出口中交通运输设备RCA指数为2.70，比较优势显著。东南亚国家出口结构相对均衡，植物产品、食品饮料、木制品、塑料橡胶及机械设备等行业，均具有一定的出口比较优势。可见，在“一带一路”贸易中，中国在鞋帽制品、纺织服装、机械设备、毛皮制品、金属及非金属制品等行业具有明显的比较优势。

总体上，中国与沿线国家进出口商品结构与这些国家出口优势行业基本一致，同时受各国需求结构影响。中国出口商品以机械设备及纺织服装为主；东北亚、中亚、西亚及中东三大板块对中国的出口是能源主导的单一型商品结构，南亚主要出口纺织服装，东南亚主要出口机械设备，中东欧国家出口商品主要有机械设备、交通运输设备及矿物等。

第四节　贸易竞争力指数

贸易竞争力指数也称“贸易竞争优势指数”“贸易专业化系（指）数”(Trade Specialization Coefficient, TSC)，是指一国进出口贸易的差额占进出口贸易总额的比重，系数越大，表明优势越大。贸易竞争优势指数，是分析行业结构国际竞争力的有效工具。它能够反映相对于世界市场上由其他国家所供应的一种产品而言，本国生产的同种产品是否处于竞争优势及其程度。

贸易竞争优势指数的计算公式：

$$\mathrm{TC}_i = \frac{X_i - M_i}{X_i + M_i}$$

① Tewari M. Adjustment in India's textile and apparel in-dustry: reworking historical legacies in a post-MFA world[J]. Environment and Planning A, 200638(12): 2325－2344.

式中：TC_j^i 表示 i 国第 j 种商品的贸易竞争优势指数；X_{ij} 表示 i 国 j 种某产品的出口值；M_{ij} 代表 i 国 j 种产品的进口值。如果 $TC_j^i > 0$，则说明 i 国家第 j 种产品具有竞争优势；如果 $TC_j^i < 0$，则说明该国在 j 种商品的生产上没有竞争优势。其取值范围为(−1,1)。如果TC指数大于零，表明该类商品具有较强的国际竞争力，越接近于1，竞争力越强；TC指数小于零，则表明该类商品不具有国际竞争力；指数为零，表明此类商品为产业内贸易，竞争力与国际水平相当。

引入贸易竞争力指数，是为了进行在部门关税减让条件下，本国与外国的竞争力分析。进口需求弹性变动对竞争力的影响，是通过进口量的变化来实现的，本章考虑以下两种简单情况，一是某国单方面的关税减让，二是两国双边的关税减让。

一、一国单边关税减让的情形（或部门减让零关税模式）

在某国单方面关税减让情况下，假设其他因素不变，那么，某国的出口量将不会有变化。则本国进口含税价格弹性为：

$$\varepsilon = \frac{(M_1 - M_0)/M_0}{(P_t^0 - P_t^1)/P_t^0} \tag{8.1}$$

而此时，某国1时期的进口量可以表示为：

$$M_1 = \varepsilon(P_t^0 - P_t^1)\frac{M_0}{P_t^0} + M_0 \tag{8.2}$$

可见，由于某国的关税减让，其国内进口量增加了

$$M_1 - M_0 = \varepsilon(P_t^0 - P_t^1)\frac{M_0}{P_t^0} \tag{8.3}$$

而根据贸易竞争力的概念，此时，可以把0、1时期的贸易竞争力分别表示为：

$$TC_i^0 = \frac{X_i^0 - M_i^0}{X_i^0 + M_i^0}, TC_i^1 = \frac{X_i^1 - M_i^1}{X_i^1 + M_i^1}$$

若出口量不变，则考虑到税率降低和进口价格需求弹性时，0期和1期时的贸易竞争力分别为：

$$\mathrm{TC}_i^0 = \frac{X_i - M_i}{X_i + M_i} = \frac{X_i - [\varepsilon(P_t^0)\dfrac{M_0}{P_t^0}]}{X_i + [\varepsilon(P_t^0)\dfrac{M_0}{P_t^0}]} \tag{8.4}$$

$$\mathrm{TC}_i^1 = \frac{X_i - M_i}{X_i + M_i} = \frac{X_i - [\varepsilon(P_t^0 - P_t^1)\dfrac{M_0}{P_t^0} + M_0]}{X_i + [\varepsilon(P_t^0 - P_t^1)\dfrac{M_0}{P_t^0} + M_0]} \tag{8.5}$$

若出口量不变，则国内进口量与相应的贸易竞争力可能会有三种情况：

$M_1 = M_0$　　$\mathrm{TC}_i^0 = \mathrm{TC}_i^1$　　贸易竞争力保持不变

$M_1 > M_0$　　$\mathrm{TC}_i^0 < \mathrm{TC}_i^1$　　贸易竞争力下降

$M_1 < M_0$　　$\mathrm{TC}_i^0 > \mathrm{TC}_i^1$　　贸易竞争力提高

与原来相比，假定若出口量不变，进口量增加，竞争力指数会有大幅度的下降。说明由于关税下调，进口价格弹性作用导致进口增加，可能使本国产品的比较优势减弱，或者比较劣势增强。

二、两国双边同时关税减让的贸易竞争力变动情形（或"零对X"降税模式）

假定世界上仅有两国，本国和外国，由于关税减让幅度不同，市场准入程度不同。则在两国关税同时减让的情况下，不但本国的进口量会变化，出口量也会变化。这时，外国在某一市场上的出口就等于该国对本国的进口，而外国的进口则可以表示为：

$$M_1^* = \varepsilon^*(P_t^{*0} - P^{*1}_t)\frac{M_0}{P_t^0} + M_0 \tag{8.6}$$

令：$X_1 = M_1^*$，$X_0 = M_0^*$；ε^*为外国进口价格弹性，P_t^{*0}为0期外国含税价格；P^{*1}_t为1期外国含税价格。

在双边减让条件下，0期的本国竞争力可以进一步表示为：

$$TC_i^0 = \frac{X_i - M_i}{X_i + M_i} = \frac{X_i - [\varepsilon(P_t^0)\dfrac{M_0}{P_t^0}]}{X_i + [\varepsilon(P_t^0)\dfrac{M_0}{P_t^0}]} = \frac{[\varepsilon^*(P_t^{*0})\dfrac{M_0^*}{P_t^{*0}}] - [\varepsilon(P_t^0)\dfrac{M_0}{P_t^0}]}{[\varepsilon^*(P_t^{*0})\dfrac{M_0^*}{P_t^{*0}}] + [\varepsilon(P_t^0)\dfrac{M_0}{P_t^0}]} \tag{8.7}$$

在双边减让条件下,1 期的本国竞争力则可以表示为:

$$TC_i^1=\frac{X_i-M_i}{X_i+M_i}=\frac{X_i-\left[\varepsilon(P_t^0-P_t^1)\dfrac{M_0}{P_t^0}+M_0\right]}{X_i+\left[\varepsilon(P_t^0-P_t^1)\dfrac{M_0}{P_t^0}+M_0\right]}$$

$$=\frac{\left[\varepsilon^*(P_t^{*0}-P^{*1}_t)\dfrac{M_0^*}{P_t^{*0}}+M_0^*\right]-\left[\varepsilon(P_t^0-P_t^1)\dfrac{M_0}{P_t^0}+M_0\right]}{\left[\varepsilon^*(P_t^{*0}-P^{*1}_t)\dfrac{M_0^*}{P_t^{*0}}+M_0^*\right]+\left[\varepsilon(P_t^0-P_t^1)\dfrac{M_0}{P_t^0}+M_0\right]}$$

$$=\frac{\left[\varepsilon^*(P_t^{*0}-P^{*1}_t)\dfrac{M_0^*}{P_t^{*0}}+M_0^*\right]-\left[\varepsilon(P_t^0-P_t^1)\dfrac{M_0}{P_t^0}+M_0\right]}{\left[\varepsilon^*(P_t^{*0}-P^{*1}_t)\dfrac{M_0^*}{P_t^{*0}}+M_0^*\right]+\left[\varepsilon(P_t^0-P_t^1)\dfrac{M_0}{P_t^0}+M_0\right]}$$

(8.8)

令:$\Delta P^*=P_t^{*0}-P^{*1}_t$, $\Delta P=P_t^0-P_t^1$。

又已知:$X_1=M_1^*$, $X_0=M_0^*$ 。

则可代入上式,所以在双边减让条件下,本国竞争力可以进一步表示为:

$$TC_i^1=\frac{(\varepsilon^*-\varepsilon)\left(\Delta P^*\dfrac{M_0^*}{P_t^{*0}}-\Delta P\dfrac{M_0}{P_t^0}\right)+(X_0-M_0)}{(\varepsilon^*+\varepsilon)\left(\Delta P^*\dfrac{M_0^*}{P_t^{*0}}+\Delta P\dfrac{M_0}{P_t^0}\right)+(X_0+M_0)} \tag{8.9}$$

当 $\varepsilon^*=\varepsilon$;

$$TC_i^1=\frac{X_0-M_0}{(\varepsilon^*+\varepsilon)\left(\Delta P^*\dfrac{M_0^*}{P_t^{*0}}+\Delta P\dfrac{M_0}{P_t^0}\right)+(X_0+M_0)} \tag{8.10}$$

$$TC_i^1=TC_i^0$$

当 $\varepsilon^*>\varepsilon$; 若$\left(\Delta P^*\dfrac{M_0^*}{P_t^{*0}}-\Delta P\dfrac{M_0}{P_t^0}\right)\geqslant 0$

则

$$TC_i^1=\frac{\left(\Delta P^*\dfrac{M_0^*}{P_t^{*0}}-\Delta P\dfrac{M_0}{P_t^0}\right)+(X_0-M_0)}{(\varepsilon^*+\varepsilon)\left(\Delta P^*\dfrac{M_0^*}{P_t^{*0}}+\Delta P\dfrac{M_0}{P_t^0}\right)+(X_0+M_0)} \tag{8.11}$$

由前面分析可知，削减前的竞争力：$TC_0=\frac{X_0-M_0}{X_0+M_0}$

$\varepsilon^*>\varepsilon$，并假定 $0<TC_i^0<1$。

当$\frac{(\varepsilon^*-\varepsilon)(\Delta P^*\frac{M_0^*}{P_t^{*0}}-\Delta P\frac{M_0}{P_t^0})}{(\varepsilon^*+\varepsilon)(\Delta P^*\frac{M_0^*}{P_t^{*0}}+\Delta P\frac{M_0}{P_t^0})}>TC_i^0$时，竞争力增强；

当$\frac{(\varepsilon^*-\varepsilon)(\Delta P^*\frac{M_0^*}{P_t^{*0}}-\Delta P\frac{M_0}{P_t^0})}{(\varepsilon^*+\varepsilon)(\Delta P^*\frac{M_0^*}{P_t^{*0}}+\Delta P\frac{M_0}{P_t^0})}=TC_i^0$时，竞争力不变；

当$\frac{(\varepsilon^*-\varepsilon)(\Delta P^*\frac{M_0^*}{P_t^{*0}}-\Delta P\frac{M_0}{P_t^0})}{(\varepsilon^*+\varepsilon)(\Delta P^*\frac{M_0^*}{P_t^{*0}}+\Delta P\frac{M_0}{P_t^0})}>TC_i^0$时，竞争力增强；

当$\frac{(\varepsilon^*-\varepsilon)(\Delta P^*\frac{M_0^*}{P_t^{*0}}-\Delta P\frac{M_0}{P_t^0})}{(\varepsilon^*+\varepsilon)(\Delta P^*\frac{M_0^*}{P_t^{*0}}+\Delta P\frac{M_0}{P_t^0})}<TC_i^0$时，竞争力减弱。

也就是说，当进行双边减让时，本国贸易竞争力的变化，不仅与本国和外国的关税削减幅度有关系，而且与本国和外国市场的进口需求弹性的大小有关。

如果 $\varepsilon^*>\varepsilon$，$TC_i^1>0$；则表明双边减让后，本国商品具有较强的国际竞争力，越接近于1，竞争力越强。

如果 $\varepsilon^*=\varepsilon$，$TC_i^1=0$；则表明本国此类商品为产业内贸易，竞争力与国际水平相当。

如果 $\varepsilon^*<\varepsilon$，$TC_i^1<0$；则表明本国出口已不具有国际竞争力。

这一方法还可以用来具体讨论双边或多边部门减让谈判中的“零对X”降税模式。假定外国愿以“零对 X 模式”与本国进行部门关税减让谈判。此时，假定两国的初始关税相等，外国的关税降到0，而本国的关税则降到X；那么，双方减让后的含税价格，就出现高低差异，势必影响到两国竞争力的变动。这虽然只是借用了一个两国的竞争力分析，但由于加入了税率变动和弹性因素，更贴近实际，也可更清楚地说明问题。

第五节 “一带一路”主要国家贸易竞争力及其通径分析

通径分析(path analysis)可用于分析多个自变量与因变量之间的线性关系,是回归分析的拓展,可以处理较为复杂的变量关系。当自变量数目比较多,且自变量间相互关系比较复杂(如:有些自变量间的关系是相关关系,有些自变量间则可能是因果关系),或者某些自变量是通过其他的自变量间接地对因变量产生影响,这时,可以采用通径分析。本章首先通过通径分析得出影响“一带一路”主要国家对外贸易的重要因素,然后,结合扩展的贸易引力模型构建外贸竞争力 CTG 指数,通过“一带一路”主要国家的 CTG 指数对比,评价“一带一路”主要国家外贸竞争力的大小。

一、研究对象选取和数据来源说明

1. 主要研究对象国家选取

本文根据地理位置、面积、人口等方面因素,选择了“一带一路”上的 16 个国家为研究对象,这些国家进出口合计占“一带一路”进出口比重的 60% 以上(根据世界银行数据库数据整理所得),经贸实力较强。因此,选择这些国家比较具有代表性。

表 8-18 “一带一路”上的 16 个国家

地区	国家		
中亚	哈萨克斯坦	吉尔吉斯斯坦	
上合大国	中国	俄罗斯联邦	
东南亚	印度尼西亚	马来西亚	泰国
南亚	孟加拉	印度	巴基斯坦
西亚	阿联酋	黎巴嫩	沙特阿拉伯
中东欧	匈牙利	波兰	乌克兰

数据来源:根据世界银行数据库提供的数据整理得到。

2. 数据来源说明

以上国家 2002—2013 年的 GDP、政府教育经费支出额、外商直接投资额、城镇人口数、研发投入额、所有产品最惠国加权平均税率，是由世界银行数据库中“指标”项目下的数据整理所得。

二、“一带一路”主要国家对外贸易竞争力核心影响因素选取

1. 通径分析方法

关于影响因素的研究，多使用多元回归分析法进行。该方法虽然能选择最有影响的因素进入回归方程，但它不能解释哪些因素对因变量有直接作用、哪些有间接作用，也不能解释因素间相互作用的情况，即未能消除多重共线性的影响①。而影响“一带一路”主要国家贸易的因素中，多存在着错综复杂的关系，某一因素对另一因素的作用既有直接的、也有间接的。因此，本章采用通径分析法，对相关系数进行分解，以显示某一个自变量对因变量的直接作用效果和间接作用效果。具体而言，它是把每一个自变量 X_j 与因变量 Y 的相关系数 R_{jy} 剖分成 X_j 对 Y 的直接作用 b_j^* 和 X_j 通过其它自变量 X_k 对 Y 的间接影响 r_{jy}，从而得到 R_{jy} 的一种统计方法。用矩阵表示为：

$$\begin{bmatrix} 1 & r_{12} & \cdots & r_{1p} \\ r_{21} & 1 & \cdots & r_{2p} \\ \cdots & \cdots & \cdots & \cdots \\ r_{p1} & r_{p2} & \cdots & 1 \end{bmatrix} \begin{bmatrix} b_1^* \\ b_2^* \\ \cdots \\ b_p^* \end{bmatrix} = \begin{bmatrix} r_{1y} \\ r_{2y} \\ \cdots \\ r_{py} \end{bmatrix} \tag{8.12}$$

式中：b_j^* 为直接通径，表示自变量 X_j 对 Y 的直接影响；r_{jy} 为间接通径，表示 X_j 通过 X_k 对因变量 Y 的间接影响。

以矩阵第一个方程为例，X_1 对 Y 的作用是通过一条直接路和 $(p-1)$ 条间接路而实现的，总作用 r_{1y} 等于各路径系数之和，即 $b_+^* \ r_{12}b_2^* + \cdots +$

① 叶倩，陈晓慧，谢扬. 基于通径分析的重庆市天然气消费量影响因素分析及预测[J]. 机械设计与研究，2010(9)：1-4.

$r_1 pbp^* = r_{1y}$。同理，对 r_{jy} 的各种原因进行剖析研究，可以选择适宜的路径，较好地实现对 Y 的控制。

2.通径分析变量说明

本章将分别从供需能力、成本因素、国家政策等角度，综合考虑经济规模（李永刚，2013①）、人力资本（许培源，2012②）、城市化水平（马丹，2013③）、外商投资水平（王永进，盛丹，2010④）、技术创新（余官胜，2011⑤）、贸易壁垒（宫同瑶，等，2012⑥）六个因素对“一带一路”主要国家出口（Y）的影响，选取2002—2013年的年度数据（数据来源：世界银行数据库），利用通径分析筛选影响“一带一路”国家对外贸易的主要因素（见表8-9）。

表8-9 “一带一路”国家对外贸易的主要影响因素通径分析的变量说明

变量	指标选取	预期符号	指标说明
X_1（经济规模）	人均GDP	+	经济规模增大，产品生产供给能力增强，对外贸易水平提高
X_2（人力资本）	政府教育经费支出额	+	人力资本通过自身要素禀赋的特性被投入到贸易活动中，提高货物和服务的产量和质量，自身劳动生产率提高的同时，也带动其他生产要素边际产出的增加，带来规模经济和溢出效应
X_3（城市化水平）	城镇人口数	+	城市化不仅可以为贸易的发展提供需求空间和基础环境，也可以有效改善地区原有资源禀赋的质量和规模

① 李永刚.“金砖五国”贸易竞争力的比较分析[J].经济体制比较，2013(1):51-61.

② 许培源.人力资本，南北贸易与经济增长:一个分析框架[J].国际贸易问题，2012(2):3-13.

③ 马丹.城市化能降低中国的出口依赖吗[J].经济理论与经济管理，2013(10):38-49.

④ 王永进，盛丹.政府管制、外商投资与我国行业出口依存度[J].数量经济技术经济研究，2010(11):100-113.

⑤ 余官胜.我国出口贸易和技术创新关系实证研究——基于联立方程组[J].科学学研究，2011,29(2):300-305.

⑥ 宫同瑶，辛贤，潘文卿.贸易壁垒变动对中国—东盟农产品贸易的影响——基于边境效应的测算及分解[J].中国农村经济，2012(2):64-74.

续表 8-9

变量	指标选取	预期符号	指标说明
X_4（外商直接投资）	对外直接投资净流入值	+	外商直接投资不仅可以改善投资接受地资本质量不高和知识、管理经验缺乏的现状，还可以通过设备投资和技术转移促进投资接受地的技术进步，提高产品的附加值
X_5（技术创新）	研发投入额	+	技术创新，一方面，能降低产品成本，促使企业结合核心技术原理和相关产品的关联性形成新产品，另一方面，能带动新兴产业的发展，加快产业升级和结构调整
X_6（贸易壁垒）	所有产品最惠国加权平均税率	−	贸易壁垒是人为地对贸易进行限制，主要有关税壁垒、反倾销、反补贴、特别保障措施和技术性贸易壁垒，宏观调控贸易发展，使得市场竞争机制受到人为干扰，阻碍地区贸易的发展，尤其是近年来兴起的技术性壁垒、绿色壁垒等。它们的实施直接抬高了受壁垒限制产品的生产成本，影响区域的对外贸易水平

3.通径分析结果

在进行通径分析之前，应该对被解释变量 Y 进行正态性检验，本章数据属于小样本，故选用 Shapiro-Wilk Test 方法进行检验。统计量 0.946，偏度为 0，说明因变量 Y 服从正态分布，可以进行通径分析。

Y 关于 x_1、x_2、x_3、x_4、x_5、x_6 的直接通径系数实际就是 Y 关于 x_1、x_2、x_3、x_4、x_5、x_6 标准回归系数。将 Y 作为因变量，x_1、x_2、x_3、x_4、x_5、x_6 作为自变量进行回归可得，自变量关于因变量的通径系数分别为：$P_{y1}=0.528$，$P_{y2}=-0.025$，$P_{y3}=0.262$，$P_{y4}=0.428$，$P_{y5}=-0.040$，$P_{y6}=0.136$。

表 8-10 是 y 关于 x_1、x_2、x_3、x_4、x_5、x_6 的相关分析及相关分析检验结果。

表 8-10 相关系数及检验输出结果

		Y	X_1	X_2	X_3	X_4	X_5	X_6
Pearson 相关性	Y	1	0.995	0.892	0.981	0.952	0.969	−0.953
	X_1	0.995	1	0.909	0.967	0.957	0.949	−0.952
	X_2	0.892	0.909	1	0.867	0.952	0.797	−0.944
	X_3	0.981	0.967	0.867	1	0.902	0.983	−0.954
	X_4	0.952	0.957	0.952	0.902	1	0.865	−0.952
	X_5	0.969	0.949	0.797	0.983	0.865	1	−0.916
	X_6	−0.953	−0.952	−0.944	−0.954	−0.952	−0.916	1
Sig.（单侧）	Y	.	0	0	0	0	0	0
	X_1	0	.	0	0	0	0	0
	X_2	0	0	.	0	0	0.001	0
	X_3	0	0	0	.	0	0	0
	X_4	0	0	0	0	.	0	0
	X_5	0	0	0.001	0	0	.	0
	X_6	0	0	0	0	0	0	.
N	Y	12	12	12	12	12	12	12
	X_1	12	12	12	12	12	12	12
	X_2	12	12	12	12	12	12	12
	X_3	12	12	12	12	12	12	12
	X_4	12	12	12	12	12	12	12
	X_5	12	12	12	12	12	12	12
	X_6	12	12	12	12	12	12	12

表 8-11 各变量对“一带一路”主要国家出口的通径分析表

变量	总作用系数	直接通径系数	间接通径系数						
			合计	X_1	X_2	X_3	X_4	X_5	X_6
X_1	0.986	0.528	0.458		−0.021	0.260	0.385	−0.040	−0.126
X_2	0.892	−0.025	0.917	0.442		0.227	0.407	−0.032	−0.128
X_3	0.981	0.262	0.719	0.523	−0.022		0.386	−0.039	−0.130
X_4	0.952	0.428	0.524	0.475	−0.024	0.236		−0.035	−0.129
X_5	0.969	−0.04	1.008	0.525	−0.020	0.258	0.370		−0.125
X_6	−0.953	0.136	−1.088	−0.491	0.024	−0.250	−0.407	0.037	

由表 8-11 可知，各影响因素总作用系数排序为：$X_1 > X_3 > X_5 > X_6 > X_4 > X2$，直接通径系数排序为 $X_1 > X_4 > X_3 > X_6 > X_5 > X_2$。可以发现，经济规模、外商直接投资、城市化水平、贸易壁垒是影响“一带一路”国家出口的主要因素。因为它们不仅总作用系数大，且直接影响也领先于城市化水平和外商直接投资，同时，其他因素也主要是通过它们来间接影响“一带一路”国家的出口。经济规模的影响排第一位(0.528)，它主要通过影响城市化水平、外商直接投资和贸易壁垒间接影响因变量；外商直接投资的影响排第二位(0.428)，它主要通过影响经济规模和城市化水平间接影响因变量；城市化水平的影响排第三位(0.262)，它主要通过影响经济规模和外商直接投资正向间接影响因变量，通过人力资本和技术创新负向间接影响因变量；贸易壁垒的影响排第四位(0.136)，它的直接作用为正但间接作用较大且为负，主要通过影响经济规模、城市化水平和外商直接投资间接影响因变量。

三、“一带一路”主要国家对外贸易竞争力评价模型构建和分析

1.“一带一路”主要国家的贸易引力模型

针对“一带一路”主要国家，建立贸易引力模型回归方程，并进行各系数值测算。运用面板回归分析有多种估计方法：如混合效应估计、固定效应估计和随机效应估计等。在进行估计前，首先要确定使用何种估计方法。这里分别采用 F 检验，来选择混合效应和固定效应，用 BP 检验，来估计混合效应和随机效应，用 Hausman 检验来估计固定效应和随机效应，运用 Eviews6.0 软件进行面板回归分析，在固定效应、混合效应和随机效应的选择上，经判断为固定效应，各变量系数的回归结果见表 8-12。

表 8-12 贸易引力模型面板回归结果

变量	常数	$\ln Y_i$	$\ln Y_j$	$\ln D_{ij}$	$\ln F_i$	$\ln U_i$
系数	4.824 ***	0.063 *	0.211 ***	−0.174 **	0.161 *	0.631 ***
调整 R^2	0.725	F 统计值	513.501 ***			

注：*** , ** , * 表示通过显著性水平为 0.01,0.05,0.1 的 T 检验

得到"一带一路"国家总体引力模型如下：

$$\ln\hat{E}_{ij} = -1.036 + 0.212\ln Y_i + 0.963\ln Y_j - 0.535\ln D_{ij} + 0.161\ln F_i + 0.141\ln U_i \tag{8.13}$$

对方程做进一步分析可知，在其他因素不变的情况下，经济规模对"一带一路"主要国家出口的影响最大，i 区域自身的经济规模、除 i 国之外的人均经济规模每增长 1%，将分别引起"一带一路"主要国家出口增长0.212%和 0.963%；另外，贸易壁垒每增加 1%将使得"一带一路"主要国家出口减少 0.535%；外商直接投资和城市化水平每增长 1%，将分别引起"一带一路"主要国家出口增长 0.161%和 0.141%。

本章进一步通过固定效应面板数据回归分析，得到"一带一路"主要国家各方程结果，见表 8-13。

表 8-13 面板回归结果

序号	国家	常数	$\ln Y_i$	$\ln Y_j$	$\ln D_{ij}$	$\ln F_i$	$\ln U_i$
1	哈萨克斯坦	7.660	1.097 **	1.464 *	−0.152 *	0.020	4.098 ***
2	吉尔吉斯斯坦	−0.556	1.490 ***	0.151 *	0.085	0.026 *	3.831 ***
3	中国	−8.121	0.512 *	2.240 ***	−0.012 *	0.136 *	0.869 *
4	俄罗斯	21.383	0.980 **	1.149 *	−0.244 *	0.111 *	0.685 *
5	印度尼西亚	10.732	0.989 ***	0.225 *	−0.731 *	0.082 ***	0.167 *
6	马来西亚	−0.326	0.664 *	0.708 *	−0.377 *	0.019 *	−1.324
7	泰国	−1.001	0.610 *	0.891 *	−0.035 **	0.012 *	−0.121
8	孟加拉	−9.993	0.183 *	0.734 *	0.081	−0.071	2.631 *
9	印度	−1.232	0.583 *	1.656 ***	−0.044 *	−0.025	0.024 *
10	巴基斯坦	−3.214	0.379 ***	1.255 *	−0.680 ***	−0.046	0.227
11	阿联酋	−5.671	1.143 ***	1.234 ***	0.587	−0.009	−0.130
12	黎巴嫩	−0.511	2.073 ***	−0.525	−3.670 ***	0.075 ***	−4.591 ***
13	沙特阿拉伯	−9.883	1.557 **	−0.586	0.469 *	0.172 **	−0.512
14	匈牙利	6.373	0.091 **	1.968 **	−0.482 *	0.046 *	−2.377
15	波兰	−9.777	0.398 *	1.451 *	0.265	0.001 *	0.643 **
16	乌克兰	5.030	0.642 *	1.242 *	−0.188 ***	−0.062	0.789 *

注：***、**、* 分别表示通过显著性水平为 0.01、0.05、0.1 的 T 检验

将本章所选“一带一路”主要国家进行编号，得到具体的国家的贸易引力模型见式(8.14)—式(8.29)。

$$\ln\hat{E}_{1j} = 7.660 + 1.097\ln Y_1 + 1.464\ln Y_j - 0.152\ln D_{1j} + 0.020\ln F_1 + 4.098\ln U_1 \quad (8.14)$$

$$\ln\hat{E}_{2j} = -0.556 + 1.490\ln Y_2 + 0.151\ln Y_j + 0.085\ln D_{2j} + 0.026\ln F_2 + 3.831\ln U_2 \quad (8.15)$$

$$\ln\hat{E}_{3j} = -8.121 + 0.512\ln Y_3 + 2.240\ln Y_j - 0.012\ln D_{3j} + 0.136\ln F_3 + 0.869\ln U_3 \quad (8.16)$$

$$\ln\hat{E}_{4j} = 21.383 + 0.980\ln Y_4 + 1.149\ln Y_j - 0.244\ln D_{4j} + 0.111\ln F_4 + 0.685\ln U_4 \quad (8.17)$$

$$\ln\hat{E}_{5j} = 10.732 + 0.989\ln Y_5 + 0.225\ln Y_j - 0.731\ln D_{5j} + 0.082\ln F_5 + 00.167\ln U_5 \quad (8.18)$$

$$\ln\hat{E}_{6j} = -0.326 + 0.664\ln Y_6 + 0.708\ln Y_j - 0.377\ln D_{6j} + 0.019\ln F_6 - 1.324\ln U_6 \quad (8.19)$$

$$\ln\hat{E}_{7j} = -1.001 + 0.610\ln Y_7 + 0.891\ln Y_j - 0.035\ln D_{7j} + 0.012\ln F_7 - 0.122\ln U_7 \quad (8.20)$$

$$\ln\hat{E}_{8j} = -9.993 + 0.183\ln Y_8 + 0.734\ln Y_j + 0.081\ln D_{8j} - 0.071\ln F_8 + 2.631\ln U_8 \quad (8.21)$$

$$\ln\hat{E}_{9j} = -1.232 + 0.583\ln Y_9 + 1.656\ln Y_j - 0.044\mathrm{kb}D_{9j} - 0.025\ln F_9 + 0.024\ln U_9 \quad (8.22)$$

$$\ln\hat{E}_{10j} = -3.214 + 0.379\ln Y_{10} + 1.255\ln Y_j - 0.680\ln D_{10j} - 0.046\ln F_{10} + 0.227\ln U_{10} \quad (8.23)$$

$$\ln\hat{E}_{11j} = -5.671 + 1.143\ln Y_{11} + 1.234\ln Y_j + 0.587\ln D_{11j} - 0.009\ln F_{11} - 0.130\ln U_{11} \quad (8.24)$$

$$\ln\hat{E}_{12j} = -0.511 + 2.073\ln Y_{12} - 0.525\ln Y_j - 3.670\ln D_{12j} + 0.075\ln F_{12} - 4.591\ln U_{12} \quad (8.25)$$

$$\ln\hat{E}_{13j} = -9.883 + 1.557\ln Y_{13} - 0.586\ln Y_j + 0.469\ln D_{13j}$$

$$+0.172\ln F_{13}-0.512\ln U_{13} \tag{8.26}$$

$$\ln\hat{E}_{14j}=6.373+0.091\ln Y_{14}+1.968\ln Y_j-0.482\ln D_{14j}+0.046\ln F_{14}-2.377\ln U_{14} \tag{8.27}$$

$$\ln\hat{E}_{15j}=-9.777+0.398\ln Y_{15}+1.451\ln Y_j+0.265\ln D_{15j}+0.001\ln F_{15}+3.643\ln U_{15} \tag{8.28}$$

$$\ln\hat{E}_{16j}=5.030+0.642\ln Y_{16}+1.242\ln Y_j-0.188\ln D_{16j}-0.062\ln F_{16}+0.789\ln U_{16} \tag{8.29}$$

2."一带一路"主要国家和地区贸易引力评价结果分析

①对"一带一路"沿线16个国家进行贸易引力具体分析,可以看出:每个国家的经济规模、贸易壁垒、外商直接投资和城市化水平,对其出口的影响都是不同的,且截距项也有差异。

对哈萨克斯坦而言,在其他因素不变的情况下,该国的城市化水平、经济规模,除该国之外的经济规模每增长1%,将分别引起该国出口增长4.098%、1.97%和1.464%;该国的贸易壁垒每增长1%,将分别引起该国出口降低0.152%;该国的外商直接投资对该国出口的影响不显著,但也为正值。

对吉尔吉斯斯坦而言,在其他因素不变的情况下,该国的城市化水平、经济规模、除该国之外的经济规模、外商直接投资每增长1%,将分别引起该国出口增长3.831%、1.49%、0.151%和0.026%;该国的贸易壁垒对该国出口的影响不显著。

对中国而言,在其他因素不变的情况下,除该国之外的经济规模、该国的经济规模、城市化水平、外商直接投资每增长1%,将分别引起该国出口增长2.240%、0.512%、0.869%和0.136%;该国的贸易壁垒对该国出口的影响为负,贸易壁垒每增长1%,将引起该国出口降低0.012%。

对俄罗斯而言,在其他因素不变的情况下,除该国之外的经济规模、该国的经济规模、城市化水平、外商直接投资每增长1%,将分别引起该国出口增长1.149%、0.980%、0.685%和0.111%;该国的贸易壁垒对该国出

口的影响为负，贸易壁垒每增长1%，将引起该国出口降低0.244%。

对印度尼西亚而言，在其他因素不变的情况下，该国的经济规模、除该国之外的经济规模、城市化水平、外商直接投资每增长1%，将分别引起该国出口增长0.989%、0.225%、0.167%和0.082%；该国的贸易壁垒对该国出口的影响为负，贸易壁垒每增长1%，将引起该国出口降低0.731%。

对马来西亚而言，在其他因素不变的情况下，除该国之外的经济规模、该国的经济规模、外商直接投资每增长1%，将分别引起该国出口增长0.708%、0.664%和0.019%；该国的贸易壁垒对该国出口的影响为负，贸易壁垒每增长1%，将引起该国出口降低0.377%；城市化水平对该国出口的影响不显著。

对泰国而言，在其他因素不变的情况下，除该国之外的经济规模、该国的经济规模、外商直接投资每增长1%，将分别引起该国出口增长0.891%、0.610%和0.012%；该国的贸易壁垒对该国出口的影响为负，贸易壁垒每增长1%，将引起该国出口降低0.035%；城市化水平对该国出口的影响不显著。

对孟加拉国而言，在其他因素不变的情况下，该国的城市化水平、除该国之外的经济规模、经济规模每增长1%，将分别引起该国出口增长2.631%、0.734%和0.183%；该国的贸易壁垒和外商直接投资对该国出口的影响不显著。

对印度而言，在其他因素不变的情况下，除该国之外的经济规模、该国的经济规模、城市化水平每增长1%，将分别引起该国出口增长1.656%、0.583%和0.022%；该国的贸易壁垒对该国出口的影响为负，贸易壁垒每增长1%，将引起该国出口降低0.044%；外商直接投资对该国出口的影响不显著。

对巴基斯坦而言，在其他因素不变的情况下，除该国之外的经济规模、该国的经济规模每增长1%，将分别引起该国出口增长1.255%和0.379%；该国的贸易壁垒对该国出口的影响为负，贸易壁垒每增长1%，将引起该国出口降低0.680%；外商直接投资和城市化水平，对该国出口的影响不显著。

对阿联酋而言,在其他因素不变的情况下,除该国之外的经济规模、该国的经济规模每增长1%,将分别引起该国出口增长1.234%和1.143%;该国的贸易壁垒、外商直接投资和城市化水平,对该国出口的影响不显著。

对黎巴嫩而言,在其他因素不变的情况下,该国的经济规模、外商直接投资每增长1%,将分别引起该国出口增长2.073%和0.075%;该国的贸易壁垒对该国出口的影响为负,贸易壁垒每增长1%,将引起该国出口降低3.670%;城市化水平对该国出口的影响为负,城市化水平每增长1%,将引起该国出口降低4.591%;除该国之外的经济规模对该国出口的影响不显著。该国城市化水平程度较高,城市化比率在阿拉伯国家中仅次于科威特、卡塔尔和巴林,居第四位。但城市化的系数显著但为负,表明该国城市化还未能很好地促进贸易出口的发展。

对沙特阿拉伯而言,在其他因素不变的情况下,该国的经济规模、外商直接投资每增长1%,将分别引起该国出口增长1.557%和0.172%;该国的贸易壁垒对该国出口的影响为负,贸易壁垒每增长1%,将引起该国出口降低0.469%;除该国之外的经济规模城市化水平对该国出口的影响不显著。

对匈牙利而言,在其他因素不变的情况下,除该国之外的经济规模、该国的经济规模、外商直接投资每增长1%,将分别引起该国出口增长1.968%、0.091%和0.046%;该国的贸易壁垒对该国出口的影响为负,贸易壁垒每增长1%,将引起该国出口降低0.482%;城市化水平对该国出口的影响不显著。

对波兰而言,在其他因素不变的情况下,除该国之外的经济规模、城市化水平、该国的经济规模、外商直接投资每增长1%,将分别引起该国出口增长1.451%、0.643%、0.398%和0.001%;该国的贸易壁垒对该国出口的影响不显著。

对乌克兰而言,在其他因素不变的情况下,除该国之外的经济规模、城市化水平、该国的经济规模每增长1%,将分别引起该国出口增长1.242%、0.789%和0.642%;该国的贸易壁垒对该国出口的影响为负,贸易壁垒每增长1%,将引起该国出口降低0.188%;外商直接投资对该国出口的影响

不显著。

②对“一带一路”中亚、东北亚、东南亚、南亚、西亚和中东欧地区各区域进行分析,其结果如下:

对于中亚国家来说,城市化水平和经济规模是影响其出口的主要因素,但是,中亚国家的人均GDP却不足“一带一路”主要国家人均GDP的90%,城市化水平也不够高,中亚国家城镇人口占比达不到“一带一路”主要国家城镇人口占比的平均水平;贸易壁垒和外商直接投资,对中亚国家出口的影响较弱。

对于东北亚国家来说,国外的经济规模是影响其出口的主要因素,说明国外的需求对其出口的影响大,尤其是中国,国外人均GDP每增长1%能够带动中国对外贸易出口增长2.240%。这也进一步说明,中国对国外市场的依赖程度较高;城市化水平也是影响东北亚国家出口的重要因素之一,东北亚国家本身的城市化程度较高,在一定程度上带动了贸易的发展;本国的经济规模对东北亚国家出口也具有一定影响,贸易壁垒和外商直接投资对东北亚国家出口的影响较弱。

对于东南亚国家来说,本国的经济规模对东南亚国家出口影响最大,其次是贸易壁垒和国外的经济规模,而外商直接投资的影响较弱,城市化水平的影响较为不显著。东南亚国家的经济规模不足“一带一路”主要国家人均GDP的平均水平,有待进一步提高,扩展本国的供给水平。东南亚各国拥有丰富的自然资源和人力资源,为经济发展提供了良好的条件,但是,经济结构比较单一,这也在一定程度上影响了该地区的贸易。

对于南亚国家来说,国外的经济规模是影响其出口的主要因素,其次是本国的经济规模和城市化水平,而贸易壁垒和外商直接投资的影响较为不显著。南亚国家包含了世界超过五分之一的人口,尤其是印度,劳动力资源丰富,但多为廉价劳动力,在一定程度上吸引了国际产业转移。

对于西亚国家来说,本国的经济规模是影响其出口的主要因素,国外的经济规模、贸易壁垒、外商直接投资和城市化水平的影响较弱,原因可能是这些国家石油资源丰富,但战乱不断,局势动荡,影响了本国的经济发展,从而导致贸易的发展缓慢。

对于中东欧国家来说，国外的经济规模是影响其出口的主要因素，其次是本国的经济规模，而贸易壁垒、外商直接投资和城市化水平的影响较弱。

3.“一带一路”主要国家的出口估计值测算

将本章所选的“一带一路”沿线16个国家的经济规模、贸易壁垒、外商直接投资和城市化水平四方面的数据代入式(8.14)—式(8.29)，得到16个国家出口估计值见表8-14。

表8-14 “一带一路”主要国家出口估计值(单位：亿美元)

年份	2002	2003	2004	2005	2006	2007	2008	2009	2010	2011	2012	2013
哈萨克斯坦	2894	4976	4531	5064	8258	6463	12710	6892	7278	8137	7057	6335
吉尔吉斯斯坦	127	186	235	236	296	402	688	513	494	676	733	852
中国	2124	2887	3918	5134	5708	6579	7096	5771	6506	8038	8176	8907
俄罗斯	1415	1649	1937	2135	2569	2579	2989	2218	2636	3333	3281	2916
印度尼西亚	1184	1376	1335	1546	1714	1818	2001	1862	2421	3014	2918	2749
马来西亚	2100	2311	2768	3057	3510	4110	4420	3556	4529	5096	4910	5015
泰国	1481	1398	1653	1663	2007	2355	2541	2172	2583	2608	2744	2878
孟加拉国	399	388	364	384	405	436	506	496	560	657	708	814
印度	1065	1032	1333	1547	1785	1903	2330	2244	2740	3003	2856	2809
巴基斯坦	847	994	1096	1145	1021	915	916	867	1041	1193	1264	1280
阿联酋	1279	1220	1392	1410	1505	1782	2469	2688	3380	4112	4596	4779
黎巴嫩	223	358	821	1123	1718	2031	4155	2383	4124	5592	8269	9080
沙特阿拉伯	2736	3777	5554	7251	9076	11083	12260	8268	10383	11767	11603	11507
匈牙利	1060	1332	1720	1910	2244	3026	3478	2428	2894	3299	3168	3201
波兰	952	1191	1514	1802	2115	2776	3386	2828	3215	3834	3726	4041
乌克兰	649	782	1045	1167	1435	1829	2223	1699	1923	2401	2369	2310

四、“一带一路”主要国家外贸竞争力CTG指数

将出口实际值与出口估计值的结果带入贸易竞争力评价模型式中，可

得“一带一路”16 个主要国家外贸竞争力 CTG 指数，见表 8－15。

表 8－15 “一带一路”主要国家外贸竞争力 CTG 指数测算结果

年份	2002	2003	2004	2005	2006	2007	2008	2009	2010	2011	2012	2013
哈萨克斯坦	0.04	0.03	0.05	0.06	0.05	0.08	0.06	0.07	0.09	0.11	0.13	0.14
吉尔吉斯斯坦	0.05	0.04	0.04	0.04	0.04	0.05	0.04	0.05	0.05	0.05	0.04	0.04
中国	1.72	1.68	1.68	1.63	1.86	2.04	2.23	2.31	2.68	2.60	2.75	2.74
俄罗斯	0.86	0.92	1.05	1.26	1.30	1.52	1.74	1.54	1.69	1.73	1.82	2.04
印度尼西亚	0.54	0.52	0.62	0.63	0.66	0.70	0.76	0.70	0.72	0.74	0.73	0.75
马来西亚	0.52	0.51	0.52	0.53	0.52	0.50	0.52	0.52	0.51	0.52	0.53	0.51
泰国	0.55	0.67	0.69	0.78	0.76	0.77	0.82	0.83	0.88	1.02	1.00	0.99
孟加拉国	0.17	0.19	0.24	0.26	0.29	0.31	0.32	0.35	0.33	0.39	0.38	0.36
印度	0.69	0.88	0.95	1.04	1.12	1.33	1.24	1.22	1.37	1.49	1.57	1.68
巴基斯坦	0.13	0.14	0.14	0.15	0.19	0.22	0.23	0.24	0.23	0.25	0.22	0.24
阿联酋	0.34	0.38	0.36	0.43	0.49	0.53	0.52	0.56	0.51	0.52	0.56	0.56
黎巴嫩	0.14	0.11	0.14	0.15	0.13	0.15	0.11	0.14	0.11	0.11	0.13	0.14
沙特阿拉伯	0.35	0.37	0.36	0.38	0.35	0.35	0.37	0.35	0.35	0.37	0.37	0.37
匈牙利	0.37	0.36	0.36	0.37	0.38	0.36	0.36	0.40	0.37	0.37	0.35	0.37
波兰	0.60	0.61	0.58	0.59	0.62	0.60	0.60	0.58	0.60	0.59	0.60	0.60
乌克兰	0.36	0.37	0.38	0.38	0.35	0.35	0.38	0.32	0.36	0.37	0.38	0.36

由“一带一路”具体国家的 CTG 指数可以看出：

(1)按 2002—2013 年各国 CTG 指数的总体趋势由大到小排名依次为：中国、俄罗斯、印度、泰国、印度尼西亚、波兰、阿联酋、马来西亚、沙特阿拉伯、匈牙利、孟加拉国、乌克兰、巴基斯坦、哈萨克斯坦、黎巴嫩、吉尔吉斯斯坦。

(2)2002—2013 年，中国、俄罗斯、印度、泰国的 CTG 指数有较大的涨幅，哈萨克斯坦、印尼、孟加拉国、巴基斯坦、阿联酋的 CTG 指数也有一定的增长，但涨幅较小，而吉尔吉斯斯坦、马来西亚、黎巴嫩、沙特阿拉伯、匈牙利、波兰和乌克兰的 CTG 指数较为平稳。

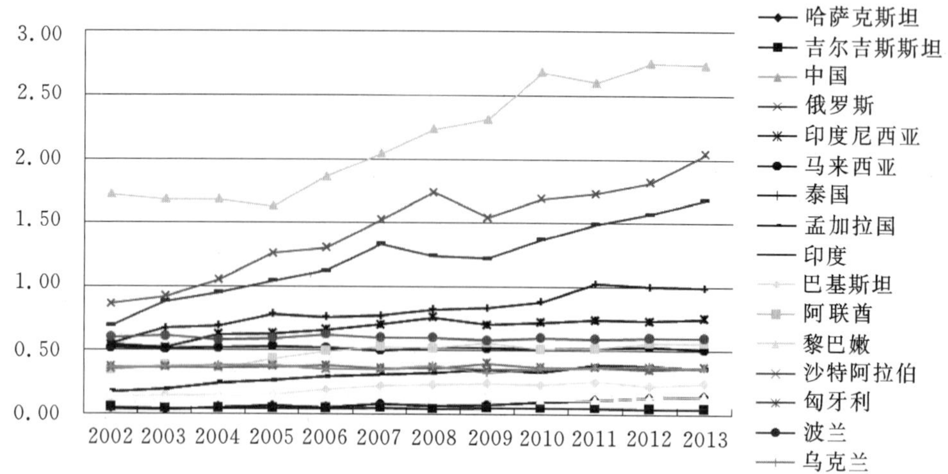

图 8-2“一带一路”主要国家外贸竞争力 CTG 指数折线图

由图 8-2 可知,“一带一路”分区域平均外贸竞争力由大到小排序为:东北亚、东南亚、南亚、中东欧、西亚、中亚。

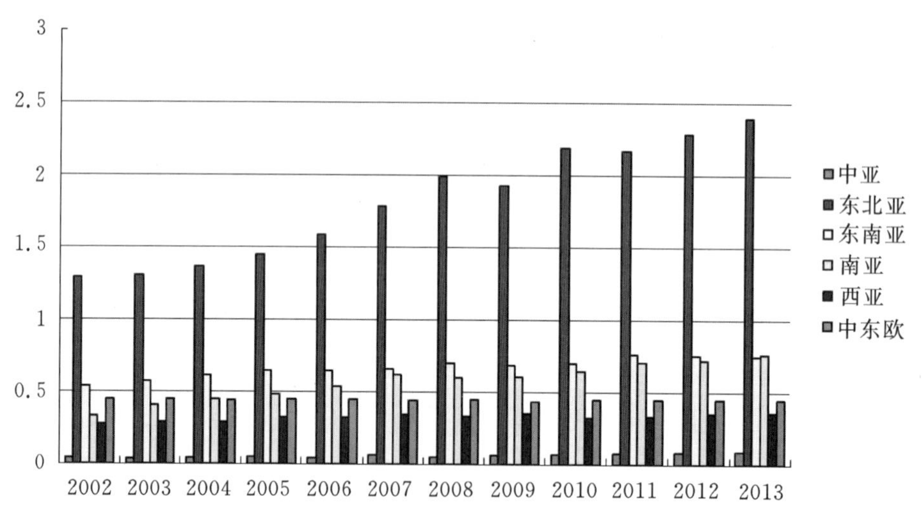

图 8-3 “一带一路”分区域平均外贸竞争力 CTG 指数测算结果

进一步分析可看出:

①由于中国较强的外贸竞争力的拉动作用,东北亚的 CTG 指数值明显高出其他区域。

②东南亚和南亚地区的 CTG 指数的差距在逐渐减少，在 2002 年，东南亚的 CTG 指数高于 0.5，而南亚明显不足 0.5，但经过这几年的努力，南亚国家的贸易发展较好，CTG 指数涨幅比东南亚国家大。

③西亚和中东欧地区的 CTG 指数较为平稳，但 2002—2013 年均为超过 0.5，可见其外贸竞争力有待提高。

④中亚地区的 CTG 指数明显低于其他区域，哈萨克斯坦作为中亚地区贸易的主要国家，虽然近几年哈萨克斯坦的贸易发展较快，但商品结构较为单一，以油气、矿产等产品的出口为支柱，出口产品贸易附加值低，阻碍了其对外贸易竞争力的提升。

第六节　本章小结

本章依次分析了基于全球竞争力指数和制造业竞争力指数，对中国和“一带一路”国家的排名变化进行分析；中国全球竞争力位于中上水平，在亚洲居于前十名行列。既有中国内地在市场规模、宏观经济环境和创新方面表现的优势领域；也存在技术就绪度、高等教育与培训、金融市场发展和商品市场效率等方面的短板，是中国内地竞争力的劣势领域。“一带一路”上呈现沿线国家在竞争力方面的明显的梯级分布差异，美国、欧洲主要发达国家、日本、韩国和新加坡等名列前茅，而东盟的一些国家正在迎头赶上。而南亚地区、非洲地区则相对落后。中国的制造业全球竞争力居于全球前列，但主要还是依靠成本优势。创新是限制中国制造业可持续发展的短板。

其次，在行业层次上选用显示性比较优势(RCA)指数，对中国和“一带一路”沿线国家 16 个行业的比较优势现状进行分析。结合以上分析，可以看到，显性比较优势在“一带一路”沿线不同的行业类型中展示出不同的地理分布特点。中亚国家在植物、矿物、能源、金属及其制品等行业具有比较优势，东北亚国家在矿物、能源、木材及其制品和金属及其制品等行业具有比较优势；东南亚国家在植物产品、食品饮料、矿物、化学制品、塑料橡胶、木材及其制品、鞋帽制品、机械设备和杂项制品等行业具有比较优势；南亚国家在动物制品、植物产品、食品饮料、矿物、化学制品、毛皮及其制品、纺织服装、非金属矿物制品、金属及其制品以及交通运输设备等行业具有比较优势;西亚国家在矿物、能源、非金属矿物制品等行业具有比较优势;中东欧的波兰、匈牙利和乌克兰等国家则在动物制品、植物产品、食品饮料、矿物、化学制品、塑料橡胶、木材及其制品、金属及其制品、机械设备、交通运输设备、杂项制品等行业具有比较优势。中国则在毛皮及其制品、纺织服装、鞋帽制品、非金属矿物制品、金属及其制品、机械设备和杂项制品等行业具有比较优势。

再次,通过贸易引力模型进行贸易竞争力的横向和纵向的比较,从而对"一带一路"各国贸易的比较优势和竞争力进行定位。通径分析结果发现经济规模、外商直接投资、城市化水平、贸易壁垒是影响"一带一路"国家出口的主要因素,因为它们不仅总作用系数大,且直接影响也领先于城市化水平和外商直接投资,同时其他因素也主要是通过它们来间接影响"一带一路"国家的出口贸易。"一带一路"分区域平均外贸竞争力由大到小排序为:东北亚、东南亚、南亚、中东欧、西亚、中亚。

第九章 中国对"一带一路"沿线国家直接投资的贸易效应实证研究

第一节 对外直接投资的贸易效应

对外直接投资的贸易效应,主要体现为替代效应和创造效应。所谓替代效应,即指对外直接投资会减少国际贸易。所谓创造效应,是指对外直接投资会增加国际贸易。这可以分别从两个视角来说明:从东道国(投资对象国)角度,国际直接投资对资本输入国(东道国)产生的贸易效应,包括进口替代效应、出口创造效应和进口引致效应。其中,贸易创造效应包括出口创造和进口引致;贸易替代效应包括进口替代。

从投资国(母国)角度,国际直接投资对资本输出国(母国)产生的贸易效应,包括出口引致效应、出口替代效应、反向进口效应和进口转移效应。其中,贸易创造效应包括出口引致和反向进口;贸易替代效应包括出口替代和进口转移。同时,又根据进口和出口的不同而分为四个方面,不同的贸易效应也会因不同的投资动机而不同。

表9 1 投资国和投资对象国的贸易效应

类别	贸易创造效应	贸易替代效应
投资国	出口引致效应+反向进口效应	出口替代效应+进口转移效应
投资对象国	出口创造效应+进口引致效应	进口替代效应

FDI 会直接导致资本货物、中间投入物和技术与服务的出口,从而会促进母国的对外贸易。特别是,当 FDI 作为先进产业及其生产函数的境外转移,会带来成本的降低、效率的提高和信息的跨国流动,因而,从整体和

长远上看,FDI 会创造新贸易需求,推动东道国向母国的出口贸易(小岛清,1987)。

表 9-2 对外直接投资对贸易的效应及其特点

类别	对外直接投资对贸易的效应	举例说明
出口引致效应	海外生产基地建设工厂所需要的生产设备,以及生产所需要的原材料和零件,从投资国进口,增加投资国的出口	如作为初始投资的设备等的输出,原材料和零部件等中间投入物的输出
进口转移效应	随着生产设备向国外转移,对生产所需的进口中间投入品的需求减少,从而引起投资国的进口减少	如将需进口原材料的产品的生产基地转移到国外,减少本国原材料的进口
出口替代效应	海外分公司产品在当地销售并被出口到第三国,引起的总公司的出口减少	如将原出口型产业通过对外直接投资的方式转移到国外,替代了本国该产业的出口
反向进口效应	海外分公司在当地生产的产品返销到投资国,引起投资国进口增加	如通过对外直接投资的方式将某产品的生产基地转移到国外,再从国外进口该产品

贸易与投资的关系,最初是由蒙代尔(Mundell,1957)提出的。他在赫克歇尔—俄林模型的基础上,考察贸易和投资相互替代的两种极端情况,即禁止投资如何促进贸易和禁止贸易如何刺激投资。他认为,贸易与投资之间具有替代性,即贸易障碍会产生资本的流动,而资本流动障碍会产生贸易。贸易与投资之间的这种替代关系,从"关税引致投资"的实践中得到了验证。他认为:在存在关税的情况下,投资与贸易具有替代性,贸易障碍会产生投资,投资障碍会导致贸易。

对外直接投资的进口替代效应,主要指投资国对东道国的直接投资减少了母国从东道国的进口。它主要体现在,为寻求效率而进行的对外直接投资,当母国生产所需的原材料、初级产品等需要大规模从东道国进口时,若此时母国企业为了寻求更高的生产效率,对东道国进行投资,并将相应的生产基地转移至东道国,则此时企业不再需要从东道国进口所需原材料,从而会使进口减少,则此时的对外直接投资表现为进口替代效应。效

率寻求型多体现在发达国家对发展中国家的直接投资。此外，如果对外直接投资是技术获取型的，也有可能产生进口替代效应。出口替代效应指母国对东道国的直接投资，会使得母国对该国的出口减少，这类效应主要表现在以制造业为代表的产业转移上。以中国的纺织业为例，鉴于近年来中国制造业成本增加，纺织业等产业往东南亚等生产成本低的国家转移，从而抑制了中国相应产品的出口。与此同时，当东道国企业逐渐开始对投资企业进行模仿学习时，会进一步抑制母国的出口。此外，以规避东道国贸易壁垒的直接投资也会产生出口替代效应。

进口创造效应是指投资国对东道国的直接投资，会促进投资国从东道国的进口，若母国企业通过对外直接投资形式，把制造基地搬至一国后，当再从东道国进口时，即可产生进口创造效应。除此之外，如果对外直接投资的目的是寻求东道国的资源时，也会产生该效应。如中国对中东及非洲等资源禀赋比较充裕的发展中国家采矿业的直接投资。

出口创造效应主要体现在两种类型的对外直接投资方面：绿地投资和资源寻求型投资。当投资国对东道国进行绿地投资时，如果所需投资品东道国无法生产或不达标时，通常需要从母国进口该产品，这无疑会增加本国的出口。在资源寻求型的直接投资时，会进一步增加母国开采设备、中间产品和制成品的出口。

中国进出口贸易规模大、国际地位显著。相对而言，中国对外直接投资规模小、国际地位偏低。同时，贸易的边际效益呈下降趋势，而对外直接投资则增长迅速、潜力巨大。因此，在“一带一路”扩大对外直接投资，将对进出口贸易产生促进作用，这对促进中国与“一带一路”各国贸易规模，将具有可持续发展的重大意义。

第二节　模型设定及估计方法

一、模型设定

随着理论界对对外直接投资贸易效应的各种理论的提出，学者们也紧接着对此进行实证研究，常用的实证研究模型主要有以下三类：

①FDI 和贸易相对比例变化模型，在对外直接投资为替代效应的前提下，该模型以贸易壁垒和贸易激励为自变量，以出口对海外生产的影响比例为因变量，该模型更多地表现在投资和贸易的权衡，故其应用有很大的局限性。

②出口或进口估计模型，该模型通常用来检验国家之间的贸易水平，该模型以进出口贸易量为因变量，以母国和东道国的 GDP、FDI 流量、距离等为因变量，该模型更多地是来表征投资与贸易的相互关系，无法确定 FDI 是贸易创造还是替代。

③改进的贸易引力模型，该模型以 FDI 流量和存量为自变量，以进出口为自变量，该模型不仅考察了投资和贸易的关系，而且也揭示了贸易的主要影响因素。

通过对上述三个模型的对比，本章选用改进的贸易引力模型。引力模型自上世纪六十年代提出以来，经过五十多年的发展和完善，已成为国际贸易领域最常用的模型之一。国际贸易引力方程，是根据牛顿的万有引力定律拓展而来的，最早是由 Tinbergen 将其用来进行国际贸易研究，并取得了巨大的成功。早期的贸易引力方程式几乎完全效仿引力定理形式，两个国家的贸易额与它们的 GDP 乘积成正比，而与它们之间距离的平方成反比。

$$X_{ij} = K\frac{Y_i Y_j}{D_{ij}^2} \tag{9.1}$$

其中，X_{ij} 是两国之间的贸易总额，Y_i 和 Y_j 分别是两国的国内生产总值，D_{ij} 是两国的距离。随着对该模型研究的不断深入，学者们也试着用其他变量来替换上式中的变量，或者引入其他的经济量，如人均 GDP，汇率，FDI 等，乃至贸易壁垒等虚拟变量，以期取得更好的拟合效果。经过几十年的发展，贸易引力方程已成为国际贸易中的一个基准方程。它之所以得到广泛应用，主要基于其以下优点，一是，它经验上的成功和较强的解释力，二是，使用的数据比较容易取得，三是，得益于数十年来的发展，贸易引力方程已建立了标准的处理方法，无论是经济变量的取舍，还是各参数的

范围。本章根据改进的贸易引力模型，建立以下经验模型：

$$\ln EX_{jt} = \alpha_0 + \alpha_1 \ln OFDI_{jt} + \alpha_2 \ln COFDI_{jt} + \alpha \ln GDP_{jt} + \mu_{jt} \quad (9.2)$$

式中，EX_{jt} 为 t 年度中国对东道国 j 的出口；$OFDI_{jt}$ 和 $COFDI_{jt}$ 分别为中国 t 年度对东道国 j 的投资流量和存量；GDP_{jt} 为国 t 年度国内生产总值。类似的，对于进口则有：

$$\ln IM_{jt} = \beta_0 + \beta_1 \ln OFDI_{jt} + \beta_2 \ln COFDI_{jt} + \beta_3 \ln GDP_{jt} + \varepsilon_{jt} \quad (9.3)$$

其中，式(9.1)和(9.2)中的 α_1、α_2、β_1 和 β_2 的取值表征对外直接投资的贸易效应，如果四者取值为正，且通过显著性检验，则意味着对外直接投资为贸易创造型，且贸易创造效应随着该值的越大而越强。若为负并通过显著性检验，则为此时对外直接投资为贸易替代型，相应的，替代效应也随着数值的增大而越强。而 μ 和 ε 则揭示了两国间的贸易密切程度。在通过显著性检验后，数值越大，则密切度越高；反之，则密切度较低。

二、变量选取

①经济规模：在实证研究中，常用的表征经济规模的变量有国内生产总值，人均国内生产总值乃至人口数量，而国内生产总值更能够从总体上衡量一国的市场规模——进口需求状况和出口的供给能力，这也是对外直接投资在选择目的国的一个出发点，因此，本章选取国内生产总值来表示经济规模。

②对外直接投资：实证表明，对外直接投资会对母国和东道国的贸易产生一定的影响，但具体的贸易效应，则根据国家或地区的不同而表现出一定的差异。由于对外直接投资会存在一定的滞后期，因此，本章中除了用对外直接投资流量外，还引入对外直接投资存量来表征在长期内其对贸易的影响，来弥补对外直接流量无法表达时滞性的缺失。

③距离：距离的远近直接影响各国贸易往来的成本，特别在以前交通远没有现在发达的情况下，距离对贸易成本的影响非常显著。此外，距离的远近在一定程度上也显示了贸易国双方文化体系的相似性。以东南亚为例，受历史文化的影响，东南亚与我国共同受儒家文化和佛家文化的影响，有很多相似的生活和文化习惯，因此，会便于贸易往来。随着经济的发

展，交通发展更是异常迅速，相信距离的影响会变得较小。

表 9－3 各解释变量预期符号及理论说明

解释变量	预期符号	理论说明
lnGDP	＋	经济规模越大，双边的贸易量越大
lnOFDI	＋/－	如投资流量对贸易表现为创造效应，则为＋；若表现为替代效应，则为－
lnCOFDI	＋/－	如投资存量对贸易表现为创造效应，则为＋；若表现为替代效应，则为－
lnDIS	－	空间距离越远，贸易成本越大，从而贸易量越小

三、估计方法

确立了使用的模型之后，本章选择面板数据来进行分析，面板数据也称平行数据，是指在同一个时间段内，对同一样本截面选取多个观测值，从横截面来看，其为若干个体在同一时刻构成的截面观测值，从纵剖面来看，则是一个时间序列。面板数据融合了时间序列数据和截面数据的优点，并具有二者所不具有的优点，它能够消除回归序列的多重共线性，从而在能在减少共线性的同时反映更多的信息和变化，能更好地提高估计准确性。

在采用面板数据进行分析时，有三种常用的模型，混合回归模型（都为常数）、变截距模型（系数项为常数）和变系数模型（皆非常数）：

混合模型：$y_{it}=\alpha+x_{it}\beta+\mu_{it} \quad i=1,\ 2,\ \cdots,\ N;\ t=1,\ 2,\ \cdots,\ T$

变截距模型：$y_{it}=\alpha+x_{it}\beta+\mu_{it} \quad i=1,\ 2,\ \cdots,\ N;\ t=1,\ 2,\ \cdots,\ T$

变系数模型：$y_{it}=\alpha+x_{it}\beta+\mu_{it} \quad i=1,\ 2,\ \cdots,\ N;\ t=1,\ 2,\ \cdots,\ T$

其中，N 代表截面样本的个数，T 代表样本观测时间范围，K 表示解释变量的个数。判断一个面板数据究竟属于哪种模型，用 F 统计统计量：

$$F_1=\frac{(S_2-S_1)/[(N-1)K]}{S_1/[NT-N(K+1)]}\sim F[(N-1)K,\ N(T-K-1)]$$

$$F_2=\frac{(S_3-S_1)/[(N-1)(K+1)]}{S_1/[NT-N(K+1)]}\sim F[(N-1)(K+1),\ N(T-K-1)]$$

来检验以下两个假设：

$$H_1: \beta_1 = \beta_2 = \cdots = \beta_N$$

$$H_2: \alpha_1 = \alpha_2 = \cdots = \alpha_N, \beta_1 = \beta_2 = \cdots = \beta_N$$

其中，S_1、S_2、S_3 分别为对应的上述三个模型的残差平方和，K 代表解释变量，N 代表截面个数，α 为常数项，β 为系数向量。根据计算所得到的 F_2 和对应显著性水平临界值的大小，来判断该接受哪一假设，若 F_2 小，则接受 H_2，采用混合模型，反之，则需用 F_1 检验假设 H_1。如果计算得到的 F_1 值小于给定显著性水平下的相应临界值，则认为接受假设 H_1，用变截距模型拟合；否则，用变系数模型拟合。此外，一般来说，用样本数据推断总体效应，应用随机效应回归模型；直接对样本数据进行分析，采用固定效应回归模型。

其中，变截距模型和变系数模型又有固定效应和随机效应之分，当样本中的个体成员是所有的单位时，个体固定效应模型是一个合理的选择，而当样本个体只是随机的抽自一个大的总体时，并且要以样本结果来分析总体时，则应该选用随机效应模型。在实际应用中，则通常需要进行检验，常用有以下两种检验方法：LM 检验和豪斯曼（hausman）检验。其中，LM 检验需要在固定效应的假设下进行，豪斯曼检验则是在随机效应的假设下进行。

第三节　样本范围及数据来源

一、样本范围

本章通过面板数据来对基于贸易引力模型进行回归测算，来对中国同“一带一路”直接投资的贸易效应进行探究。这里的样本即为上文中涉及的“一带一路”沿线各国。在对“一带一路”的研究中，绝大多数文献只是探究了沿线 64 个国家，考虑到欧盟是“一带一路”重要的桥头堡，因此，本章也将欧盟各国引入其中加以分析。鉴于数据的完整性，本章选取“一带一路”上的 76 个国家进行分析。

表 9-4 "一带一路"沿线及相关国家

区域	国家
东北亚	日本、韩国、蒙古
独联体	俄罗斯、白俄罗斯、乌克兰
中亚	哈萨克斯坦、土库曼斯坦、吉尔吉斯斯坦、乌兹别克斯坦、塔吉克斯坦
东南亚及大洋洲地区	印度尼西亚、马来西亚、菲律宾、新加坡、泰国、文莱、越南、老挝、缅甸、柬埔寨、东帝汶、新西兰、澳大利亚
中东欧	阿尔巴尼亚、波斯尼亚和黑塞哥维那、克罗地亚、马其顿、黑山、塞尔维亚、波兰、匈牙利、捷克、斯洛伐克、拉脱维亚、立陶宛、罗马尼亚、保加利亚
欧盟(部分国家)	法国、德国、意大利、荷兰、比利时、卢森堡、英国(已脱欧)、丹麦、爱尔兰、希腊、葡萄牙、西班牙、奥地利、瑞典、芬兰、马耳他

二、数据来源

本章的距离采用的是中国与各贸易国首都之间的直线距离,该数据通过 ww. indo. com 中的距离计算器得出。各样本国的 GDP 来自 Data|The World Bank 按购买力平价计算;中国与各国的进出口贸易额则来自于 UN Comtrade | International Trade Statistics Database;中国对外直接投资的流量和存量数据,则来自于历年中国对外直接投资统计公告。由于我国 2002 年才开始分国别和地区,来统计我国对外直接投资的流量和存量,涉及样本数据的完整性,本章选取 2003—2014 年的数据来进行分析,因此,上述我国同各国的进出口数据额及各国的 GDP 均在该年度范围内。

第四节 中国对各地区的直接投资贸易效应实证研究

本章在对数据进行分析时主要采用 stata12.0 版本,并主要参考周广肃的经典教材。

由于面板数据兼具时间序列的性质,因此,在对面板数据进行分析前,各变量要进行单整和协整检验,否则,有可能导致"伪回归"。常用的单位

根检验方法有 ADF、LLC、PP 检验等。当同一模型中涉及变量都同阶单整时，需进一步对协整性进行判断。在对面板数据进行协整检验时，常用以下两种办法来进行：一种是 Johansen 检验；另一种是建立在 Engle and Granger 二步法检验的基础上，具体方法主要有 Pedroni 检验和 Kao 检验。

一、中国对东南亚及大洋洲地区 OFDI 贸易效应分析

对面板数据进行回归分析，分别建立三种模型并进行检验，各模型回归结果如下表所示。从表中可以看到，三种模型回归结果相差不大，拟合优度都非常高，为了确定哪一种最理想，分别进行 F 检验、LM 检验和豪斯曼检验。对固定效应模型进行 F 检验，显示 F=39.41，且其 P 值为 0，说明固定效应优于混合效应。豪斯曼检验显示，Prob=0.5273，表明随机效应模型优于固定效应模型。最后，对随机效应和混合效应进行 LM 检验，此时 P 值为 0，表明随机效应优于混合效应。因此，选择随机效应作为最终模型。

表 9-5 中国对东南亚及大洋洲直接投资出口回归结果

	混合效应	固定效应	随机效应
C	10.78015*** (10.49)	0.4165349 (0.67)	10.63535*** (4.21)
Lngdp	0.8909132*** (30.81)	0.6356701*** (4.23)	0.8578309*** (13.87)
Lnofdi	−0.1580141*** (−4.70)	−0.116524*** (−4.98)	−0.1229658*** (−5.21)
Lncofdi	0.4395869*** (10.38)	0.4471086*** (9.95)	0.4024324*** (11.92)
Lndis	−1.394429*** (−11.32)	—	−1.341299*** (−4.33)
$AdjR^2$	0.9576	0.9330	0.971998

注：表格中数字为对应项系数。其中，角标 * 表示该系数在 10% 的置信水平下显著，** 表示在 5% 的置信水平下显著，*** 表示在 1% 置信水平下显著。混合效应和固定效应括号中的数字是 t 值，随机效应括号中的数字是 z 值。

观察随机效应模型各系数，均通过了显著性检验，且显著性非常高。从表中可以看到，中国对该地区的直接投资流量为负，而直接投资存量的系数则为正，这说明，在短期内，中国对该地区的直接投资具有出口替代作用，而在长期内，则具有出口创造效应，且创造效应大于替代效应。

表 9－5　中国对东南亚直接投资进口回归结果

	混合效应	固定效应	随机效应
C	5.017995 (1.52)	－1.314801 (－1.01)	3.911437 (0.33)
Lngdp	1.526125*** (16.44)	1.26095*** (4.97)	1.512845*** (6.80)
Lnofdi	0.1068708 (0.99)	0.1086898** (2.23)	0.1092965** (2.27)
Lncofdi	－0.2892172** (－2.13)	－0.2212649** (－2.36)	－0.2125118*** (－2.66)
Lndis	－0.6517208* (－1.65)	—	－0.6033497*** (－0.42)
$AdjR^2$	0.7475	0.7760	0.7789

注：表格中数字为对应项系数。其中，角标 * 表示该系数在 10％的置信水平下显著，** 表示在 5％的置信水平下显著，*** 表示在 1％置信水平下显著。混合效应和固定效应括号中的数字是 t 值，随机效应括号中的数字是 z 值。

对进口的面板数据进行三种模型分析，F 检验为 F＝54.88，Prob＞F＝0.0000，说明固定效应优于混合效应。豪斯曼检验显示，Prob＝0.9835，表明随机效应模型优于固定效应模型。最后，对随机效应和混合效应进行 LM 检验，此时，Prob＝0.0000，表明随机效应优于混合效应，因此，最终选定随机效应作为最终模型。在模型中，中国对该地区直接投资流量和存量均通过了显著性检验。可以看到，在短期内，中国对该地区的直接投资具有进口促进效应；而在长期内，则表现为对进口的替代作用。

二、中国对东北亚地区 OFDI 贸易效应分析

对面板数据进行回归分析，分别建立面板数据三种模型并进行检验，各模型回归结果如下表所示。从表中可以看到，三种模型回归结果相差不大，拟合优度都非常高，为了确定哪一种最理想，进行 F 检验和豪斯曼检验，最终选择随机效应模型，其拟合优度也是最高的。

表 9-6　中国对东北亚直接投资出口回归结果

	混合效应	固定效应	随机效应
C	5.768516*** (4.36)	−0.117968 (−0.18)	3.861551*** (1.52)
Lngdp	0.9584342*** (8.87)	0.9584342*** (7.36)	0.7466819*** (1.52)
Lnofdi	0.0339909 (0.62)	0.0339909 (0.78)	0.0200653 (1.52)
Lncofdi	0.1690645*** (2.25)	0.1690645** (2.60)	0.2438278*** (1.52)
Lndis	−0.8734993*** (−3.42)	—	−0.4158379*** (1.52)
$AdjR^2$	0.9923	0.9950	0.9973

注：表格中数字为对应项系数。其中，角标 * 表示该系数在 10%的置信水平下显著，** 表示在 5%的置信水平下显著，*** 表示在 1%置信水平下显著。混合效应和固定效应括号中的数字是 t 值，随机效应括号中的数字是 z 值。

对于中国对该地区的直接投资的进口效应，通过 F 检验和豪斯曼检验，选用随机效应模型进行分析。从上表中可以看到，除直接投资流量外，中国对该地区的直接投资均通过了显著性检验，且具有较高的显著性。观察直接投资流量与存量的系数，不难看出，中国对该地区的直接投资，在短期内，并不具有贸易效应，而在长期内则对于出口具有促进作用，即具有出口创造效应。

表 9-7 中国对东北亚直接投资进口回归结果

	混合效应	固定效应	随机效应
C	10.40267*** (8.97)	1.000292* (1.78)	9.020083*** (12.68)
Lngdp	0.9031629*** (9.01)	0.9031629*** (8.19)	0.749683*** (72.88)
Lnofdi	0.0425606 (0.93)	0.0425606 (1.16)	0.0324642 (0.89)
Lncofdi	0.1447691*** (2.20)	0.1447691** (2.63)	0.198974*** (5.00)
Lndis	−1.34743*** (−5.68)	—	−1.015616*** (−11.30)
$AdjR^2$	0.9958	0.9756	0.9970

注:表格中数字为对应项系数。其中,角标 * 表示该系数在 10%的置信水平下显著,** 表示在 5%的置信水平下显著,*** 表示在 1%置信水平下显著。混合效应和固定效应括号中的数字是 t 值,随机效应括号中的数字是 z 值。

参看随机效应模型各系数,可以看到,除中国对东北亚的直接投资流量未通过显著性检验外,其他变量均通过显著性检验,表明其对进口的影响非常显著。这说明,在短期内,中国对东北亚的直接投资不存在贸易效应,在长期内,则存在正的贸易效应。对比直接投资对出口的作用,中国对该地区的直接投资存量对出口的创造效应,大于对进口的创造效应。

三、中国对南亚地区 OFDI 贸易效应分析

对面板数据进行回归分析,分别建立面板数据三种模型并进行检验,各模型回归结果如下表所示。F 检验为 F=20.06,Prob>F=0.0000,说明固定效应优于混合效应。豪斯曼检验显示,Prob=0.2375,表明随机效应模型优于固定效应模型,最后,对随机效应和混合效应进行 LM 检验,此时,Prob=0.0001,表明随机效应优于混合效应。因此,最终选定随机效应模型作为最终模型。

表 9-8　中国对南亚直接投资出口回归结果

	混合效应	固定效应	随机效应
C	6.323988*** (2.88)	−5.092696*** (−5.58)	6.045853*** (2.45)
Lngdp	0.731334*** (17.02)	1.985134*** (10.56)	0.7363012*** (15.54)
Lncofdi	0.0458422 (1.05)	0.0069156 (0.22)	0.0498133 (1.19)
Lncofdi	0.1851432*** (3.41)	0.042566 (0.08)	0.1828505*** (3.36)
Lndis	−0.6313252*** (−2.51)	—	−0.6022373*** (−2.12)
$AdjR^2$	0.9635	0.9613	0.9891

注：表格中数字为对应项系数。其中，角标 * 表示该系数在 10%的置信水平下显著，** 表示在 5%的置信水平下显著，*** 表示在 1%置信水平下显著。混合效应和固定效应括号中的数字是 t 值，随机效应括号中的数字是 z 值。

观察随机效应模型各系数，可以看到，除直接投资流量未通过显著性检验外，其他各变量系数均通过 1%的显著性检验。结果表明，中国对该地区的直接投资在短期内，对出口并不具有贸易效应，在长期内，则对出口存在着替代效应。

表 9-9　中国对南亚直接投资进口回归结果

	混合效应	固定效应	随机效应
C	−6.820922*** (−1.37)	−0.2415051 (−0.10)	−4.159603 (−0.22)
Lngdp	1.367392*** (14.02)	0.768718 (1.53)	1.151752*** (4.12)
Lnofdi	0.1067828 (1.08)	0.0780517 (0.95)	0.0651597 (0.82)
Lncofdi	−0.1627194 (−1.32)	0.0423248 (0.31)	−0.0210759 (−0.17)
Lndis	−0.5169812 (0.91)	—	−0.2531499 (0.12)
$AdjR^2$	0.8829	0.9254	0.9415

注：表格中数字为对应项系数。其中，角标 * 表示该系数在 10%的置信水平下显著，** 表示在 5%的置信水平下显著，*** 表示在 1%置信水平下显著。混合效应和固定效应括号中的数字是 t 值，随机效应括号中的数字是 z 值。

对进口的面板数据进行三种模型分析，通过F检验、豪斯曼检验和LM检验，最终选定随机效应作为最终模型。可以看到，在模型中，各变量除国内生产总值的系数通过显著性检验，其他各变量的系数均未通过显著性检验。因此，中国直接投资对该地区进口贸易的效应并不显著。

四、中国对中亚OFDI贸易效应分析

对面板数据进行回归分析，分别建立面板数据三种模型并进行检验，各模型回归结果如下表所示。通过F检验、豪斯曼检验和LM检验，最终选定随机效应模型作为最终模型。

表9-10　中国对中亚直接投资出口效应分析回归结果

	混合效应	固定效应	随机效应
C	−11.98473 (−0.44)	−0.8283357 (−1.11)	37.76869*** (5.38)
Lngdp	1.619294*** (6.48)	1.619294*** (6.32)	0.31737*** (4.28)
Lnofdi	0.0972527 (1.37)	0.0972527* (1.82)	0.1215766* (1.72)
Lncofdi	−0.100595 (−1.00)	−0.100595 (−1.02)	0.2097698** (2.28)
Lndis	−1.181199 (0.37)	—	−4.230049*** (−5.11)
$AdjR^2$	0.9137	0.8324	0.9116

注：表格中数字为对应项系数。其中，角标*表示该系数在10%的置信水平下显著，**表示在5%的置信水平下显著，***表示在1%置信水平下显著。混合效应和固定效应括号中的数字是t值，随机效应括号中的数字是z值。

观察随机效应模型各系数，可以看到，各变量系数均通过显著性检验。其中，对外直接投资流量通过10%显著性检验，对该地区的直接投资存量则通过5%的显著性检验。这表明，无论长期还是短期，中国对该地区的直接投资均具有出口创造效应，且在长期内，作用更为显著。

表 9－11　中国对中亚直接投资进口回归结果

	混合效应	固定效应	随机效应
C	66.02738 (1.41)	－0.1422248 (－0.09)	13.63876 (1.20)
Lngdp	0.3238841 (0.56)	0.3238841 (0.58)	1.351874*** (11.24)
Lnofdi	－0.1300604 (－1.14)	－0.1300604 (－1.12)	0.067613 (－0.59)
Lncofdi	0.5597065*** (2.70)	0.5597065** (2.60)	0.2071855 (1.39)
Lndis	－7.883931 (－1.44)	—	－1.952817 (－1.45)
AdjR³	0.8226	0.6719	0.9881

注：表格中数字为对应项系数。其中，角标 * 表示该系数在 10％的置信水平下显著，** 表示在 5％的置信水平下显著，*** 表示在 1％置信水平下显著。混合效应和固定效应括号中的数字是 t 值，随机效应括号中的数字是 z 值。

对进口的面板数据进行三种模型分析，通过 F 检验、豪斯曼检验和 LM 检验，最终选定混合效应模型作为最终模型。可以看到，在模型中，在各变量中，只有中国对该地区的直接投资存量的系数通过了显著性检验。这表明，中国对该地区的直接投资，对进口只在长期内存在创造效应。

五、中国对西亚地区 OFDI 贸易效应分析

对面板数据进行回归分析，分别建立面板数据三种模型并进行检验，各模型回归结果如下表所示。通过 F 检验、豪斯曼检验和 LM 检验，最终选定固定效应模型作为最终模型。

表 9－12　中国对西亚直接投资出口回归结果

	混合效应	固定效应	随机效应
C	－20.89158*** (－6.37)	－2.183811*** (－4.77)	－13.60613 (－1.33)
Lngdp	0.7960906*** (17.39)	1.362441*** (16.04)	1.202075*** (15.91)

续表 9－12

	混合效应	固定效应	随机效应
Lnofdi	0.0645112** (2.55)	0.0199262 (1.25)	0.028927* (1.78)
Lncofdi	0.0793559*** (2.85)	0.0533643*** (2.58)	0.0695738*** (3.39)
Lndis	－2.513132 (6.57)	—	－1.407506 (1.19)
AdjR²	0.8215	0.7898	0.8233

注：表格中数字为对应项系数。其中，角标＊表示该系数在10％的置信水平下显著，＊＊表示在5％的置信水平下显著，＊＊＊表示在1％置信水平下显著。混合效应和固定效应括号中的数字是t值，随机效应括号中的数字是z值。

由固定效应模型可以看到，除中国对该地区的直接投资存量外，其他各变量系数均通过显著性检验。其中，中国对该地区的直接投资存量通过1％的显著性检验。这表明，在长期内，中国对该地区的直接投资存在出口的创造效应。

表 9－13　中国对西亚直接投资进口效应分析回归结果

	混合效应	固定效应	随机效应
C	－23.99577*** (－2.71)	－3.310307*** (－3.71)	－17.31459 (－0.58)
Lngdp	1.301333*** (10.54)	1.46891*** (8.89)	1.45981*** (9.45)
Lnofdi	0.0995582 (1.46)	0.0545964* (1.76)	0.0556504* (1.80)
Lncofdi	0.1068422 (1.42)	－0.0467961 (－1.16)	－0.0426171 (－1.08)
Lndis	－2.328718 (2.26)	—	－1.606029 (0.47)
AdjR²	0.5919	0.5787	0.5844

注：表格中数字为对应项系数。其中，角标＊表示该系数在10％的置信水平下显著，＊＊表示在5％的置信水平下显著，＊＊＊表示在1％置信水平下显著。混合效应和固定效应括号中的数字是t值，随机效应括号中的数字是z值。

对进口的面板数据进行三种模型分析，通过 F 检验、豪斯曼检验和 LM 检验，最终选定随机效应模型作为最终模型。可以看到，在模型中，中国对该地区的直接投资流量通过 10% 的显著性检验，表明在短期内，中国对该地区的直接投资具有进口创造效应。但变量系数为 0.0556504，可见，其促进作用并不显著。

六、中国对独联体地区 OFDI 贸易效应分析

对面板数据进行回归分析，分别建立面板数据三种模型，并进行检验，各模型回归结果如下表所示。通过 F 检验、豪斯曼检验和 LM 检验，最终选定混合效应模型作为最终模型。

表 9－14　中国对独联体直接投资出口效应分析回归结果

	混合效应	固定效应	随机效应
C	−5.655823 (−0.20)	−0.8690513*** (−0.89)	−275.5388*** (−8.12)
Lngdp	0.9975151*** (−0.20)	0.9975151*** (6.34)	2.300002*** (11.93)
Lnofdi	−0.0463785* (1.50)	0.0463785** (1.73)	0.0728574 (11.93)
Lncofdi	0.1326318*** (3.80)	0.1326318*** (3.25)	−0.0862902 (−1.19)
Lndis	−0.4925546 (0.16)	—	−30.50909 (8.11)
AdjR^2	0.9918	0.8615	0.9919

注：表格中数字为对应项系数。其中，角标 * 表示该系数在 10% 的置信水平下显著，** 表示在 5% 的置信水平下显著，*** 表示在 1% 置信水平下显著。混合效应和固定效应括号中的数字是 t 值，随机效应括号中的数字是 z 值。

由混合效应模型可以看到，中国对该地区的直接投资均通过显著性检验。其中，投资流量通过 10% 的显著性检验，直接投资存量通过 1% 的显著性检验。这表明，中国对该地区的直接投资，在短期内具有出口替代效应，在长期内，则具有出口创造效应。

表 9-15　中国对独联体直接投资进口效应分析回归结果

	混合效应	固定效应	随机效应
C	151.0422*** (3.34)	3.205648* (1.68)	42.15287 (1.26)
Lndgp	0.5088149** (2.22)	0.5088149* (1.67)	1.034327*** (5.46)
Lnofdi	−0.1483502*** (−2.78)	−0.1483502*** (−2.85)	−0.137668** (−2.52)
Lncofdi	0.2160485** (2.53)	0.2160485** (2.73)	0.1277203* (1.80)
Lndis	−16.95026*** (−3.37)	—	−4.839531 (−1.31)
$AdjR^2$	0.9609	0.9172	0.9550

注:表格中数字为对应项系数。其中,角标 * 表示该系数在 10%的置信水平下显著,** 表示在 5%的置信水平下显著,*** 表示在 1%置信水平下显著。混合效应和固定效应括号中的数字是 t 值,随机效应括号中的数字是 z 值。

对进口的面板数据进行三种模型分析,通过 F 检验、豪斯曼检验和 LM 检验,最终选定随机效应模型作为最终模型。观察随机效应各变量系数可以看到,中国对该地区直接投资流量和存量均通过显著性检验,且一正一负。这表明,中国对该地区的直接投资,在短期内,具有进口的替代效应,在长期内,则具有进口的创造效应。

七、中国对中东欧 OFDI 贸易效应分析

对面板数据进行回归分析,分别建立面板数据三种模型并进行检验,各模型回归结果如下表所示。通过 F 检验、豪斯曼检验和 LM 检验,最终选定随机效应模型作为最终模型。

表 9-16　中国对中东欧直接投资出口效应分析回归结果

	混合效应	固定效应	随机效应
C	−106.2921*** (−3.55)	−5.165092*** (−5.95)	−177.093* (−1.84)
Lngdp	1.336057*** (18.71)	1.82682*** (11.83)	1.611809*** (12.92)

续表 9-16

	混合效应	固定效应	随机效应
Lnofdi	−0.0266776 (−1.00)	−0.01982 (−1.19)	−0.0235092 (−1.40)
Lncofdi	0.0780869** (2.47)	0.0730091*** (2.99)	0.0916219*** (3.98)
Lndis	−11.70682*** (3.49)	—	19.46243* (1.80)
AdjR²	0.8493	0.8756	0.8825

注：表格中数字为对应项系数。其中，角标 * 表示该系数在 10%的置信水平下显著，** 表示在 5%的置信水平下显著，*** 表示在 1%置信水平下显著。混合效应和固定效应括号中的数字是 t 值，随机效应括号中的数字是 z 值。

由随机效应模型可以看到，除中国对该地区直接投资流量未通过显著性检验外，其他各变量系数均通过显著性检验。中国对该地区直接投资存量通过 1%的显著性检验，且系数为正，表明中国对该地区的直接投资在长期内具有贸易创造效应。

表 9-17　中国对中东欧直接投资进口效应分析回归结果

	混合效应	固定效应	随机效应
C	−105.8756** (−2.24)	−6.214057*** (−4.26)	−181.2987 (−1.23)
Lngdp	0.9970503*** (8.83)	1.58737*** (6.12)	1.333458*** (6.63)
Lnofdi	0.0996402** (2.37)	0.0660841** (2.36)	0.063472** (2.28)
Lncofdi	0.1751971** (3.51)	0.1709933*** (4.17)	0.1927541*** (5.08)
Lndis	−11.59851*** (2.19)	—	−19.84178 (1.20)
AdjR²	0.7350	0.7573	0.9550

注：表格中数字为对应项系数。其中，角标 * 表示该系数在 10%的置信水平下显著，** 表示在 5%的置信水平下显著，*** 表示在 1%置信水平下显著。混合效应和固定效应括号中的数字是 t 值，随机效应括号中的数字是 z 值。

经过 F 检验、豪斯曼检验和 LM 检验，最终选取固定效应模型作为最终模型。从表中可以看到，中国对该地区的直接投资流量通过 5%的显著性检验，直接投资存量通过 1%的显著性检验。这表明，无论长期还是短期，中国对该地区的直接投资均具有进口促进作用。

八、中国对欧盟地区 OFDI 贸易效应分析

对面板数据进行回归分析，分别建立面板数据三种模型并进行检验，各模型回归结果如下表所示。通过 F 检验、豪斯曼检验和 LM 检验，最终选定随机效应模型作为最终模型。

表 9－18　中国对欧盟直接投资出口回归结果

	混合效应	固定效应	随机效应
C	3.012511*** (10.07)	−15.87175*** (−9.42)	−1.029304 (−1.04)
Lngdp	0.5669019*** (14.25)	2.944158*** (14.03)	1.095023*** (9.07)
Lncofdi	0.0504978 (1.62)	0.0133463 (0.84)	0.0189552 (0.97)
Lncofdi	0.0839741** (2.34)	−0.0084779 (−0.44)	0.062128*** (2.82)
Lndis	—	—	—
$AdjR^2$	0.7233	0.7239	0.7518

注：表格中数字为对应项系数。其中，角标 * 表示该系数在 10%的置信水平下显著，** 表示在 5%的置信水平下显著，*** 表示在 1%置信水平下显著。混合效应和固定效应括号中的数字是 t 值，随机效应括号中的数字是 z 值。

由随机效应模型可以看到，距离的系数都无法估计，是因为欧盟地区国家相对集中，距离变化太小，取对数后相差更少，从而表现为非时序变量，无法估计。中国对该地区直接投资存量的系数为正，且通过 1%的显著性检验。这表明，中国对该地区的直接投资存量在长期内存在出口创造效应。

表 9－19　中国对欧盟直接投资进口回归结果

	混合效应	固定效应	随机效应
C	1.464349** (3.91)	－3.893399*** (－2.40)	－0.6553665 (－0.62)
Lngdp	0.6523858*** (13.09)	1.340599*** (6.62)	0.9370943*** (7.27)
Lnofdi	0.0384606 (0.99)	0.0200908 (1.31)	0.0213422 (1.38)
Lncofdi	0.0970685** (2.16)	0.0627343*** (3.38)	0.0782153*** (4.41)
Lndis	—	—	—
$AdjR^2$	0.6762	0.6668	0.7320

注：表格中数字为对应项系数。其中，角标 * 表示该系数在 10％的置信水平下显著，** 表示在 5％的置信水平下显著，*** 表示在 1％置信水平下显著。混合效应和固定效应括号中的数字是 t 值，随机效应括号中的数字是 z 值。

经过 F 检验、豪斯曼检验和 LM 检验，最终选取随机效应模型作为最终模型。由于欧盟地区国家相对集中，距离变量相差太小，从而无法估计该变量系数。从表中可以看到，中国对该地区的直接投资存量通过 1％的显著性检验，表明在长期，中国对该地区的直接投资具有进口促进效应。

九、中国对“一带一路”整体 OFDI 贸易效应分析

本章对已选取的“一带一路”所有国家面板数据进行回归分析，分别建立面板数据三种模型并进行检验，各模型回归结果，如下表所示。通过 F 检验、豪斯曼检验和 LM 检验，最终选定混合效应模型作为最终模型。

表 9－20　中国对“一带一路”整体直接投资出口回归结果

	混合效应	固定效应	随机效应
C	6.516675*** (10.90)	－3.062466*** (－11.40)	7.890126*** (4.70)
Lngdp	0.7660357*** (46.61)	1.490727*** (32.46)	1.127259*** (32.41)

续表 9-20

	混合效应	固定效应	随机效应
Lnofdi	0.0422246*** (2.81)	−0.0036889 (−0.44)	0.006454 (0.73)
Lncofdi	0.146028*** (8.20)	0.0769279*** (7.12)	0.1137367*** (10.39)
Lndis	−0.6383135*** (−9.23)	—	−1.028182*** (−5.22)
$AdjR^2$	0.8505	0.7859	0.8580

注:表格中数字为对应项系数。其中,角标* 表示该系数在10%的置信水平下显著,** 表示在5%的置信水平下显著,*** 表示在1%置信水平下显著。混合效应和固定效应括号中的数字是t值,随机效应括号中的数字是z值。

由混合效应模型可以看到,各变量系数均通过1%的显著性检验。中国对"一带一路"整体的投资流量和存量的系数均为正,且存量的系数大于流量的系数。这表明,中国对该地区的直接投资具有出口创造效应,且在长期内更为显著。

表 9-21 中国对"一带一路"整体直接投资进口回归结果

	混合效应	固定效应	随机效应
C	6.99888*** (6.11)	−2.00181*** (−4.15)	9.137185*** (2.88)
Lngdp	1.038392*** (32.99)	1.163158*** (14.11)	1.127099*** (18.22)
Lnofdi	0.1119652*** (3.88)	0.0371628*** (2.49)	0.0403084*** (2.72)
Lncofdi	0.0672998** (1.97)	0.0630761*** (3.25)	0.0670356*** (3.61)
Lndis	−1.004497*** (−7.58)	—	−1.272882*** (−3.42)
$AdjR^2$	0.7158	0.6934	0.7383

注:表格中数字为对应项系数。其中,角标* 表示该系数在10%的置信水平下显著,** 表示在5%的置信水平下显著,*** 表示在1%置信水平下显著。混合效应和固定效应括号中的数字是t值,随机效应括号中的数字是z值。

对进口数据进行分析，经过F检验、豪斯曼检验和LM检验，最终选取随机效应模型作为最终模型。可以看到，各变量系数均通过显著性检验。中国的直接投资流量和存量的系数均为正。这表明，中国对“一带一路”整体的直接投资具有进口的创造效应。

对“一带一路”整体和各地区的出口回归模型的系数进行对比，以分析地区之间的差异，从而为更好地布局中国对外直接投资，提高对外直接投资的效率，提出针对性建议。出口效应方面，在短期内，中国对东北亚、南亚、西亚、中东欧、欧盟地区的系数并不显著，即中国对该地区的直接投资，在短期内不具有出口创造效应。其他地区中，除对东南亚的直接投资流量具有出口替代效应外，对中亚和独联体均具有出口创造效应。可以看到，除东南亚和中亚外，中国对各地区的直接投资流量对出口的影响均较小。总体而言，中国对“一带一路”地区的直接投资流量具有出口创造效应，但创造效应较小。中国对各地区的直接投资存量的系数均通过显著性检验。这表明，在长期内中国对各地区的直接投资，均具有出口创造效应。可以看到，其中对东南亚地区的创造效应最大，其下依次是东北亚、中亚、南亚、独联体、中东欧、欧盟和西亚。

表9-22　中国对“一带一路”直接投资出口回归结果汇总

	整体	东南亚	东北亚	南亚	中亚	西亚	独联体	中东欧	欧盟
C	6.516675***	10.63535***	3.861551***	6.045853***	37.76869***	−2.18***	−5.655823	−177.093*	−1.0293
Lngdp	0.766035***	0.857830***	0.746681***	0.736301***	0.31737***	1.362441***	0.997515***	1.611809***	1.09502***
Lnofdi	0.042224***	−0.12296***	0.0200653	0.0498133	0.1215766*	0.0199262	−0.046378*	−0.0235092	0.018955
Lncofdi	0.146028***	0.402432***	0.243827***	0.182850***	0.2097698**	0.053364***	0.132631***	0.091621***	0.062128***
Lndis	−0.63831***	−1.34129***	−0.41583***	−0.60223***	−4.23004***	—	−0.4925546	19.46243*	—
$AdjR^2$	0.850	0.971	0.997	0.989	0.911	0.789	0.991	0.882	0.751

注：表格中数字为对应项系数。其中，角标* 表示该系数在10%的置信水平下显著，** 表示在5%的置信水平下显著，*** 表示在1%置信水平下显著。

通过对各地区进口数据回归模型进行对比分析，可以发现，在短期内，中国对各地区的直接投资只有东南亚、西亚、独联体和中东欧的系数通过显著性检验。其中，中国对独联体的直接投资流量对进口具有替代效应，而对于西亚、东南亚和独联体的直接投资，则具有进口创造效应。整体而言，中国对"一带一路"直接投资流量具有进口创造效应，但影响较小。在长期内，除了西亚和南亚地区，中国对各地区的直接投资存量均通过显著性检验。其中，对于东南亚表现为进口替代效应，剩余地区则表现为进口创造效应，整体而言，在长期内，中国对"一带一路"的直接投资具有进口创造效应。值得注意的是，中国对中亚的直接投资，在长期内的进口创造效应最为显著，其系数高达0.559706。

表9-23　中国对"一带一路"直接投资进口回归结果汇总

	整体	东南亚	东北亚	南亚	中亚	西亚	独联体	中东欧	欧盟
C	9.137185***	3.911437	9.020083***	−4.159603	66.02738	−17.31459	42.15287	−6.21405***	−0.65537
Lngdp	1.127099***	1.512845***	0.749683***	1.151752***	0.3238841	1.45981***	1.034327***	1.58737***	0.9370943***
Lnofdi	0.040308***	0.1092965**	0.0324642	0.0651597	−0.1300604	0.0556504*	−0.137668**	0.0660841**	0.021342
Lncofdi	0.067035***	−0.21251***	0.198974***	−0.0210759	0.559706***	−0.0426171	0.1277203*	0.17099***	0.078215***
Lndis	−1.27288***	−0.60334***	−1.01561***	−0.2531499	−7.883931	−1.606029	−4.839531	—	—
$AdjR^2$	0.738	0.778	0.997	0.941	0.822	0.584	0.955	0.757	0.732

注：表格中数字为对应项系数。其中，角标*表示该系数在10%的置信水平下显著，**表示在5%的置信水平下显著，***表示在1%置信水平下显著。

第五节　本章小结

本章将中国对"一带一路"直接投资贸易效应进行了分析和讨论，现将中国对"一带一路"直接投资贸易效应分地区和整体实证研究结果汇总，如表9-24所示。

表9-24　中国对"一带一路"分地区直接投资回归结果汇总

	中国出口贸易		中国进口贸易	
	OFDI流量	OFDI存量	OFDI流量	OFDI存量
整体	0.042224***	0.146028***	0.040308***	0.067035***
东南亚	−0.12296***	0.402432***	0.1092965**	−0.21251***
东北亚	0.0200653	0.243827***	0.0324642	0.198974***

续表 9－24

	中国出口贸易		中国进口贸易	
	OFDI 流量	OFDI 存量	OFDI 流量	OFDI 存量
南 亚	0.0498133	0.182850***	0.0651597	−0.0210759
中 亚	0.1215766*	0.2097698**	−0.1300604	0.559706***
西 亚	0.0199262	0.053364***	0.0556504*	−0.0426171
独联体	−0.046378*	0.132631***	−0.137668**	0.1277203*
中东欧	−0.0235092	0.091621***	0.0660841**	0.17099***
欧 盟	0.0189552	0.062128***	0.021342	0.0782153***

注：表格中数字为对应项系数。其中，角标 * 表示该系数在 10％的置信水平下显著，** 表示在 5％的置信水平下显著，*** 表示在 1％置信水平下显著。

从表 9－24，分别从出口、进口方面，对中国对外直接投资流量、存量进行对比分析，可以得出以下结论：

中国对外直接投资的贸易效应存在区域差异，对发展中地区的投资产生较大的贸易促进作用，原因在于，中国对发展中地区的投资动机，是获取资源和拓展市场，而对发达地区的投资目的，是绕开贸易壁垒。

①短期来看，中国对多地区直接投资不存在贸易效应，而长期内，对几乎所有地区的直接投资都存在贸易效应。

观察上表可以看到，中国对外直接投资分地区来看，在短期内，出口方面，中国对东北亚、南亚、西亚、中东欧、欧盟的直接投资不存在贸易效应，进口方面，中国对东北亚、南亚、中亚、欧盟的直接投资不具有贸易效应。而在长期内，出口方面，中国对各地区的直接投资均具有贸易效应，且都在 1％的显著水平下显著，进口方面，除中国对南亚、西亚的直接投资不存在贸易效应外，其他地区均存在显著的贸易效应。

②除个别地区存在替代效应外，中国对各地区的直接投资多表现为创造效应。中国对东南亚的直接投资，在短期内，具有出口的替代效应，在长期内，具有进口替代效应，对于独联体地区，无论出口还是进口方面，在短期内，均具有替代效应。除贸易效应不显著的地区外，中国对其他地区的直接投资，无论短期还是长期，无论进口还是出口方面，均表现为创造效应。

③从长期来看，中国对大多数地区的直接投资出口方面的创造效应，要大于进口方面的创造效应。

对比中国 OFDI 存量，出口和进口方面的数据，可以看到，除中亚、中东欧和欧盟地区外，进口方面 OFDI 存量的系数大于出口方面的系数，中国对其他各地区的直接投资存量出口方面的系数均大于进口方面的系数，即在长期内，中国对各地区的直接投资的出口创造效应均大于进口的创造效应，中国对“一带一路”沿线各地区的直接投资，从长期来看，更利于中国的出口。

中国应该制定有差别的对外投资政策，针对“一带一路”发达国家的投资，应该注重开拓市场和规避贸易壁垒，对发展中国家的投资应该注重开拓市场和产业转移，促进多元化的、多格局的对外直接投资体系的建设。

第十章 中国对“一带一路”国家直接投资的影响因素实证研究

第一节 投资国和东道国的关系

本章主要以邓宁的区位优势理论和小岛清的边际产业理论中，对外直接投资的动因等理论为基础，根据投资动机的不同，来探究不同动机下对外直接投资的内在机理。

本节将分别从政治及双边关系、市场因素、要素资源、经贸往来等四个方面来分析投资国的投资动机和东道国的影响因素。

一、政治及双边关系

政治制度主要体现在东道国吸引外资的相关引资制度，以及政治稳定性。当东道国相对于其他国家而言，有更好的税收优惠或其他有助于引资的措施时，对于企业无疑是一个非常大的吸引力。最基本的，应当给予企业以当地企业公平的待遇，这是政治腐败、效率低下的政府很难承诺的。此外，政治风险也是投资企业的重要考虑因素。

除了上述制度性因素外，如果东道国和母国之间具备良好的经贸合作关系，两国在语言、文化、风俗习惯等方面有比较紧密的联系，两国人民之间存在长期的友谊基础的话，这些都将对双边的投资起到一定的促进作用。特别是对于以政府为主导的大型国企的对外直接投资。

二、市场因素

寻求海外市场，是投资国依靠国内市场已建立的比较优势而拓展海外市场,或者迫于国内市场的激烈竞争而开拓海外市场的企业对外直接投资的主要动机。因此,对于该类企业而言,东道国的市场规模,以及市场潜力是其投资是主要考虑因素。一般来说,东道国的国内生产总值越高,市场规模越大,从而对于外资的吸引力则越大。除此之外,便是当前市场规模并不大,但增长迅速的新兴国家,则属于潜力型。

三、要素资源

资源寻求型主要体现在三个方面。第一,是对传统的矿产资源、燃料能源方面。对于能源、资源的开发生产型企业而言,对于资源禀赋丰富国的直接投资,则比通过贸易途径的方式更有吸引力。中石化在非洲、中东、俄罗斯、中亚等地的直接投资便是基于此类。

第二,是技术资源方面的寻求。主要体现在发展中国家在取得一定的比较优势后,对发达国家所进行的直接投资,通常东道国的科技发展水平、研发实力等指标,都能够体现东道国的技术资源程度。中国部分高技术企业,例如,华为的对外直接投资中,一个很大的动因就是为了获取东道国的技术资源。

第三,则是自 20 世纪 90 年代以来,寻求战略资产资源,就已成为中国对外直接投资的一个日益彰显的动机。因此,中国企业海外并购的目标企业一般均拥有专利技术、全球知名品牌或是已经建好的客户网络和销售渠道。“一带一路”中欧盟有许多世界知名的跨国公司,中国企业通过对其并购或者与其合作,一方面,可以获得相关战略资产,能够对国内市场产生积极的影响,更能够提高企业的全球知名度;另一方面,可以学习成熟的经营理念和管理经验,能够极大地提高全球竞争力。

四、经贸往来和市场需求

贸易和投资是外向型经济的两种主要方式,两者间联系密切而又复杂万千。普遍的观点是,对外直接投资对于贸易,既可能存在促进效应,也可能存在替代效应,要具体情况具体分析。目前,国内一些企业正通过对具有较强市场区位优势的国家进行投资,以克服国内市场饱和和对外贸易壁

垒加剧的影响。而“一带一路”沿线，不仅具有巨大的市场规模，而且还具有较强的经济发展潜力。从贸易总额的角度来看，贸易总额越大，则说明两国的经贸关系越密切。因此，母国对东道国的投资的可能性越大。除此之外，还要考察贸易壁垒对于投资的影响，为了规避贸易壁垒而对东道国进行投资，也是很多企业的一个主要动因。

按照投资动机的不同，邓宁将对外直接投资分为四种类型：市场寻求型、资源寻求型、效率寻求型、战略资产寻求型。可以发现，从投资动因出发，影响中国对“一带一路”直接投资的因素包括了沿线国家的经济发展水平和开放条件、政治环境、自然资源、基础设施及科研能力与水平。

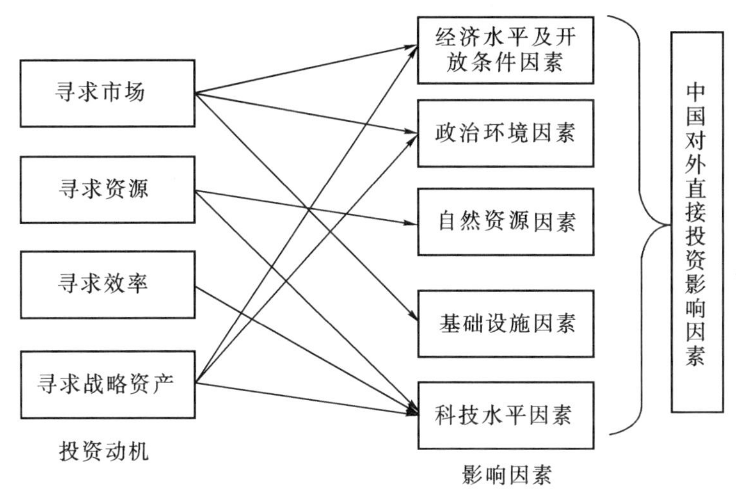

图 10－1　中国对“一带一路”直接投资动机和影响因素的示意图

第二节　模型设定及估计方法

一、模型设定

在对中国对“一带一路”直接投资的影响因素进行实证研究时，结合前面的分析，本章选用引力模型设定模型方程。鉴于在上一章已对引力模型进行过说明，本章就不再赘述。根据第二章关于对外直接投资区位选择的理论回顾和机理分析，设定以下扩展的对外直接投资的引力方程模型：

$$Lnofdi_{it}=\alpha_0+\alpha_1 Lngdp_{it}+\alpha_2 Lnwage_{it}+\alpha_3 Lntrade_{it}+\alpha_4 Lndis_{it}+\alpha_5 rd_{it}+\alpha_6 ops_{it}+\alpha_7 exi_{it}+\alpha_8 tva_{it}+\alpha_9 be_{it}+\alpha_{10} ins_{it}+\alpha_{11} cpi_{it}+\alpha_{12} ps_{it}+\mu_{it} \tag{10.1}$$

式中，$ofdi_{it}$为t年度中国对i国的直接投资流量；gdp_{it}为i国t年度的国内生产总值；$wage_{it}$为东道国的工资水平；$trade_{it}$为该国与中国的货物贸易总额；dis_{it}为该国首都距中国北京的直线距离；rd_{it}为该国的科技实力评分；ops_{it}表征该国的开放度，为当年该国直接投资净流入占国内生产总值的百分比；exi_{it}为该国的矿物燃料出口占货物出口贸易的百分比；tva_{it}为该国的货物与服务贸易总额占国内生产总值的百分比；be_{it}该国的营商环境排名；ins_{it}为该国的基础设施评分；cpi_{it}为该国的清廉指数；ps_{it}为政治稳定性评分。

二、变量选取

①东道国的经济总量(gdp)：东道国的生产总值越大，表明该国的市场规模越大，从而越有利于对外直接投资发挥规模经济和范围经济优势，因而会吸引更多的直接投资。预测中国$ofdi$与东道国的国内生产总值正相关。

②东道国的工资水平($wage$)：东道国的工资水平越高，在同等物价水平下，表明该国居民的消费水平越高，从而会刺激该国的市场需求。另一方面，该国的工资水平越高，则该国劳动力成本较高，从而给投资企业带来较大的成本压力。

③双边贸易额($trade$)：东道国与中国的货物贸易总额越大，则表明双方的贸易联系越紧密。中国对外直接投资，多表现为资源和效率寻求型的对外直接投资。因此，双方常常表现为互补左右，基于此，我们预测中国$ofdi$与双边贸易额正相关。

④东道国的制度(be、cpi、ps)：东道国的制度会对直接投资产生直接影响，本文用世界银行的营商环境排名、清廉指数，及全球治理指标中的政治稳定性三个指标，来综合评价一国的经商制度。排名越高，则该国的营商

环境越恶劣，因此，我们预测该变量系数为负；清廉指数及政治稳定性的评分越高，则说明该国国内腐败程度越低、政治越稳定，预测其会促进直接投资的增加。

⑤东道国的资源（*exi*）：随着中国对资源的需求日趋增加，中国资源寻求型的对外直接投资也日益增加。本章用矿物燃料出口占东道国货物贸易出口的比例，来表征该国的资源水平，比例越大，则表明该国资源禀赋越丰富。因此，我们预测其变量系数为正。

⑥距离因素（*dis*）：距离相近的国家间的贸易往来，会有更低的贸易成本，且通常有比较相似的文化环境。因此，也会有较低的沟通成本，便于企业更快地融入当地市场。基于此，我们预测东道国的距离与中国的对外直接投资负相关。

⑦投资国的经济开放度（*ops*、*tva*）：经济开放度越高，表明该国的贸易和投资壁垒越低。本章分别用该国直接投资净流入占国内生产总值的百分比和贸易总额（货物贸易与服务贸易之和）占国内生产总值的百分比，来表征投资国的开放度，并预测其均与中国的对外直接投资为正相关。

⑧基础设施（*ins*）：基础设施因素主要是指东道国的交通运输条件、能源供应条件、邮电通信条件和公用事业设施条件，等等。这些设施为企业的生产、经营、销售等提供了物质和信息技术条件，是影响对外直接投资的基本影响因素。本章选取世界经济论坛发布的全球竞争力报告中的基础设施评分，来表征一国的基础设施情况，并预测其系数为正。

⑨科技水平（*rd*）：中国正处于制造业转型升级阶段，对于发达国家的直接投资，通常是为了寻求较高的研发水平和技术水平，表现为学习型的*FDI*。本文选取世界经济论坛发布的全球竞争力报告中的技术水平评分，来表征一国的技术水平情况，并预测其与中国东道国的直接投资表现为正相关。

三、估计方法

由于本章的样本数据仍然是面板数据，可供选择的实证方法有混合回归方法、固定效应方法和随机效应回归法，但由于本模型中所选取的变量较多，比较容易出现自相关和异方差，因此，若样本存在自相关性和异方差性，则选用可以对样本中的自相关和异方差进行修正的可行广义最小二乘回归法(FGLS)进行分析。

第三节 样本范围及数据来源

一、样本范围

由于解释变量较多，考虑数据的完整性，本章在"一带一路"选取了63个国家进行了分析，并按照"丝绸之路经济带""21世纪海上丝绸之路"及分地区进行划分，以便于进一步分析。

①丝绸之路经济带(38国)：

哈萨克斯坦、俄罗斯、格鲁吉亚、乌克兰、土耳其、伊朗、以色列、卡塔尔、科威特、阿尔巴尼亚、波黑、保加利亚、波兰、捷克、克罗地亚、罗马尼亚、立陶宛、拉脱维亚、马其顿、塞尔维亚、奥地利、爱尔兰、比利时、德国、丹麦、法国、芬兰、荷兰、卢森堡、马耳他、葡萄牙、瑞典、西班牙、希腊、意大利、英国、斯洛伐克、匈牙利

②21世纪海上丝绸之路(26国)：韩国、蒙古、日本、东帝汶、越南、菲律宾、柬埔寨、马来西亚、泰国、文莱、新加坡、印度尼西亚、巴布亚新几内亚、澳大利亚、新西兰、巴基斯坦、印度、孟加拉国、尼泊尔、斯里兰卡、阿联酋、阿曼、阿塞拜疆、巴林、黎巴嫩、沙特阿拉伯。

东北亚：韩国、日本、蒙古

南亚：尼泊尔、印度、巴基斯坦、孟加拉国、斯里兰卡

东南亚及大洋洲：印度尼西亚、马来西亚、菲律宾、新加坡、泰国、文莱、越南、柬埔寨、东帝汶、巴布亚新几内亚、新西兰、澳大利亚

西亚：伊朗、格鲁吉亚、阿塞拜疆、土耳其、以色列、沙特阿拉伯、巴林、卡塔尔、阿曼、阿拉伯联合酋长国、科威特、黎巴嫩

中东欧：阿尔巴尼亚、波黑、克罗地亚、马其顿、塞尔维亚、波兰、匈牙利、捷克、斯洛伐克、拉脱维亚、立陶宛、罗马尼亚、保加利亚

欧盟：法国、德国、意大利、荷兰、比利时、卢森堡、英国（已脱欧）、丹麦、爱尔兰、希腊、葡萄牙、西班牙、奥地利、瑞典、芬兰、马耳他

二、数据来源

本章的距离采用的是中国与各贸易伙伴国首都之间的直线距离，该数据通过 ww. indo. com 中的距离计算器得出。各样本国的 GDP 来自 Data| The World Bank 按购买力平价计算；中国与各国的贸易额，则来自于国家统计局国家数据；中国对外直接投资的流量数据则来自于历年中国对外直接投资统计公告；各国的工资水平、对外直接净流入占 GDP 的百分比、矿物燃料占 GDP 出口的百分比、贸易总额占 GDP 的百分比等数据，则来自于世界银行数据库；营商环境排名来自于历年全球营商环境排名报告。其中，2003 年数据为其他年度平均值取整；基础设施和科技水平评分，则来自于世界经济论坛历年全球竞争力报告；清廉指数来自于透明国际历年全球清廉指数报告；政治稳定性来自于世界银行全球治理指标。考虑到数据的可得性及完整性，本文选取了以上样本各变量 2003—2014 年的数据进行实证研究。

第四节　中国对各地区的直接投资影响因素实证研究

一、中国对“一带一路”整体 OFDI 影响因素分析

分别对样本进行 Wooldrige 检验和 LR 检验，以检验样本的自相关性和异方差性。Wooldrige 检验结果显示 F＝4.323，Prob＞F＝0.0418，说明样本间存在序列自相关性。LR 检验结果显示 chi2＝329.89，Prob＞chi2＝0.0000，说明样本显著存在异方差性。故选用可消除样本自相关性和异方差性的 FGLS 法，对数据进行回归分析，结果如下表所示：

表 10-1 中国对“一带一路”直接投资影响因素 FGLS 回归结果

	Coef.	Std.	Z	P>|Z|
C	−8.05735	3.187222	−2.53	0.011
Lngdp	−0.41795	0.158998	−2.63	0.009
Lnwage	2.710631	0.545866	4.97	0.000
Lntrade	1.601198	0.126284	12.68	0.000
Lndis	−1.15292	0.293505	−3.93	0.000
ops	0.004807	0.007718	0.62	0.533
exi	0.027203	0.012402	2.19	0.028
cpi	0.288068	0.107283	2.69	0.007
tva	0.39303	0.206909	1.9	0.057
ins	−0.38209	0.181874	−2.1	0.036
ps	−0.3784	0.147498	−2.57	0.01
be	0.151007	0.128209	1.18	0.239
rd	−0.16415	0.231805	−0.71	0.479
	Wald chi2(12)=968.98		Prob>chi2=0.0000	

从表 10-1 中可以看到，除了东道国直接投资净流入占该国 GDP 百分比、东道国的营商环境和科技水平未通过显著性检验外，其余各变量均通过了显著性检验。其中，中国的对外直接投资与东道国的 GDP、基础设施水平、政治稳定性、距离呈负相关，而与东道国的工资水平、东道国贸易总额占 GDP 的百分比、双边贸易关系、资源禀赋、清廉指数呈正相关。

二、中国对丝绸之路经济带 OFDI 影响因素分析

同理，样本进行自相关性和异方差性检验，Wooldrige 检验结果显示 F=1.770，Prob>F=0.1915，说明检验结果未拒绝 H0 关于样本不存在自相关性的假设。LR 检验结果显示 chi2=166.59，Prob>chi2=0.0000，拒绝 H0 假设，说明样本显著存在异方差性。故选用 FGLS 法，对数据进行回归分析，结果如下表所示：

表 10－2　中国对“丝绸之路经济带”直接投资影响因素 FGLS 回归结果

	Coef.	Std.	Z	P>|Z|
C	−3.15673	7.98047	−0.4	0.692
Lngdp	0.527835	0.187667	2.81	0.005
Lnwage	3.667146	0.658251	5.57	0.000
Lntrade	1.107801	0.153195	7.23	0.000
Lndis	−2.24561	0.832805	−2.7	0.007
ops	−0.00051	0.006921	−0.07	0.941
exi	0.254121	0.07903	3.22	0.001
cpi	−0.2698	0.113551	−2.38	0.018
tva	1.943595	0.402535	4.83	0.000
ins	−0.2108	0.144314	−1.46	0.144
ps	−0.64904	0.162582	−3.99	0.000
be	−0.12412	0.152074	−0.82	0.414
rd	0.750003	0.218465	3.43	0.001
	Wald chi2(12)＝968.98		Prob>chi2＝0.0000	

从表 10－2 中可以看到，东道国直接投资净流入占 GDP 百分比的开放度 ops、东道国的营商环境、基础设施未通过显著性检验，其余各变量系数均通过显著性检验。其中，东道国的清廉指数、政治稳定性和距离与中国对“丝路经济带”的直接投资呈负相关，东道国的 GDP、工资水平、与中国的双边贸易额、矿物燃料出口占出口额的百分比、贸易总额占 GDP 的百分比、科技水平等于中国的直接投资为正相关。

三、中国对海上丝绸之路 OFDI 影响因素分析

同理，样本进行自相关性和异方差性检验，Wooldrige 检验结果显示 F＝7.054，Prob>F＝0.0138，说明检验结果拒绝了 H0 关于样本不存在自相关性的假设。LR 检验结果显示 chi2＝189.61，Prob>chi2＝0.0000，拒绝 H0 假设，说明样本显著存在异方差性。故选用 FGLS 法，对数据进行回归分析，结果如下表所示：

表 10－3　中国对"21 世纪海上丝绸之路"直接投资影响因素 FGLS 回归结果

	Coef.	Std.	Z	P>|Z|
C	－18.974	2.94059	－6.45	0.000
Lngdp	－1.05219	0.202656	－5.19	0.000
Lnwage	2.735114	0.563295	4.86	0.000
Lntrade	2.10597	0.154652	13.62	0.000
Lndis	0.358242	0.22781	1.57	0.116
ops	0.030359	0.012194	2.49	0.013
exi	0.021592	0.006362	3.39	0.001
cpi	0.126694	0.115254	1.1	0.272
tva	－0.5109	0.18431	－2.77	0.006
ins	－0.84069	0.178066	－4.72	0.000
ps	0.53726	0.193314	2.78	0.005
be	－0.17848	0.152284	－1.17	0.241
rd	0.091124	0.269781	0.34	0.736
	Wald chi2(12)＝968.98		Prob>chi2＝0.0000	

从表 10－3 中可以看到，东道国的营商环境、科技水平、清廉指数未通过显著性检验。其中，东道国的 GDP、基础设施水平、距离和贸易总额占 GDP 的百分比，与中国的直接投资呈负相关，东道国的工资水平、与中国的双边贸易额、矿物燃料出口占出口额的百分比、东道国直接投资净流入占 GDP 百分比、政治稳定性等与中国的直接投资为正相关。

四、中国对东南亚地区 OFDI 影响因素分析

同理，样本进行自相关性和异方差性检验，Wooldrige 检验结果显示 F＝2.596，Prob>F＝0.1382，说明样本不存在自相关性。LR 检验结果显示 Chi2＝68.75，Prob>Chi2＝0，拒绝 H0 假设，说明样本显著存在异方差性。故选用 FGLS 法，对数据进行回归分析，结果如下表所示：

表 10－4　中国对东南亚地区直接投资影响因素 FGLS 回归结果

	Coef.	Std.	Z	P>|Z|
C	－19.9387	5.68903	－3.5	0.000
Lngdp	－0.1654	0.395969	－0.42	0.676
Lnwage	6.722268	1.120005	6	0.000
Lntrade	1.371768	0.277097	4.95	0.000
Lndis	－0.16958	0.796794	－0.21	0.831
ops	0.095332	0.037016	2.58	0.01
exi	－0.31154	0.170679	－1.83	0.068
cpi	0.054112	0.179839	0.3	0.763
tva	－1.08246	0.308733	－3.51	0.000
ins	－0.90609	0.265692	－3.41	0.001
ps	－0.1654	0.292493	5.56	0.000
be	6.722268	0.213963	1.24	0.215
rd	1.371768	0.545451	1.04	0.300
	Wald chi2(12)＝968.98		Prob>chi2＝0.0000	

从表中可以看到，东道国的 GDP、距离、营商环境、科技水平、清廉指数，未通过显著性检验。其中，东道国矿物燃料出口占出口额的百分比、基础设施水平、和贸易总额占 GDP 的百分比，与中国的直接投资呈负相关，东道国的工资水平、与中国的双边贸易额、东道国直接投资净流入占 GDP 百分比的开放度 ops、政治稳定性等，与中国的直接投资为正相关。

五、中国对东北亚地区 OFDI 影响因素分析

同理，样本进行自相关性和异方差性检验，Wooldrige 检验结果显示 F＝468.096，Prob>F＝0.0021，说明样本存在自相关性。LR 检验结果显示 chi2＝5.64，Prob>chi2＝0.0595，未拒绝 H0 假设，说明样本不存在异方差性。故选用 FGLS 法，对数据进行回归分析，结果如下表所示：

表 10－5　中国对东北亚地区直接投资影响因素 FGLS 回归结果

	Coef.	Std.	Z	P>|Z|
C	－32.7205	23.6576	－1.38	0.167
Lngdp	－0.40929	1.281504	－0.32	0.749
Lnwage	－1.66424	7.650703	－0.22	0.828
Lntrade	2.215989	1.070079	2.07	0.038
Lndis	3.991529	4.491986	0.89	0.374
ops	－0.04387	0.016414	－2.67	0.008
exi	－0.11619	0.323338	－0.36	0.719
cpi	－0.22362	0.432001	－0.52	0.605
tva	0.776201	1.272906	0.61	0.542
ins	－0.09087	0.478212	－0.19	0.849
ps	－2.5581	1.074901	－2.38	0.017
be	0.748208	0.251677	2.97	0.003
rd	－2.9181	1.19984	－2.43	0.015
	Wald chi2(12)＝254.62		Prob>chi2＝0.0000	

从表中可以看到，东道国的 GDP、工资水平、距离、矿物燃料出口占出口额的百分比、清廉指数、东道国贸易总额占 GDP 的百分比、基础设施水平，均未通过显著性检验。东道国直接投资净流入占 GDP 百分比的开放度 ops、政治稳定性、科技水平与中国的直接投资呈负相关，东道国与中国的双边贸易额、营商环境与中国的直接投资为正相关。

六、中国对南亚地区"一带一路"整体 OFDI 影响因素分析

同理，样本进行自相关性和异方差性检验，Wooldrige 检验检验显示 F＝0.932，Prob>F＝0.3891，说明样本不存在自相关性。LR 检验结果显示 Chi2＝8.07，Prob>Chi2＝0.0089，拒绝 H0 假设，说明样本存在异方差性。故选用 FGLS 法，对数据进行回归分析，结果如下表所示：

表 10-6　中国对南亚地区直接投资影响因素 FGLS 回归结果

	Coef.	Std.	Z	P>|Z|
C	−97.9652	29.42775	−3.33	0.001
Lngdp	−1.4373	0.779456	−1.84	0.065
Lnwage	11.82877	4.730882	2.5	0.012
Lntrade	2.4929	0.605997	4.11	0.000
Lndis	6.944968	3.009068	2.31	0.021
ops	0.022591	0.186407	0.12	0.904
exi	0.590646	0.157373	3.75	0.000
cpi	0.448065	0.540905	0.83	0.407
tva	−2.33717	1.486238	−1.57	0.116
ins	0.695995	0.625234	1.11	0.266
ps	−0.44179	0.313966	−1.41	0.159
be	−0.65993	0.990065	−0.67	0.505
rd	−0.37525	1.053897	−0.36	0.722
Wald chi2(12)=1060.29 Prob>chi2=0.0000				

从表中可以看到，东道国直接投资净流入占 GDP 百分比的开放度 ops、清廉指数、贸易总额占 GDP 的百分比、基础设施水平、政治稳定性、营商环境、科技水平等，均未通过显著性检验。东道国的 GDP 与中国的直接投资呈负相关，东道国的工资水平、双边贸易额、矿产燃料出口、距离等，与中国的直接投资为正相关。

七、中国对西亚地区 OFDI 影响因素分析

同理，样本进行自相关性和异方差性检验，Wooldrige 检验结果显示 F=0.259，Prob>F=0.610，说明样本不存在自相关性。LR 检验结果显示 chi2=33.83，Prob>chi2=0.0004，拒绝 H0 假设，说明样本存在异方差性。故选用 FGLS 法，对数据进行回归分析，结果如下表所示：

表 10－7　中国对西亚地区直接投资影响因素 FGLS 回归结果

	Coef.	Std.	Z	P>|Z|
C	－45.876	55.39718	－0.83	0.408
Lngdp	1.027021	0.404648	2.54	0.011
Lnwage	10.40315	2.596499	4.01	0.000
Lntrade	0.606462	0.250947	2.42	0.016
Lndis	2.097357	5.849778	0.36	0.72
ops	0.049866	0.033105	1.51	0.132
exi	0.059797	0.018523	3.23	0.001
cpi	0.36741	0.234466	1.57	0.117
tra	－0.51215	0.861086	－0.59	0.552
ins	－0.27099	0.375112	－0.72	0.47
ps	－0.76402	0.296587	－2.58	0.01
be	－0.66189	0.29688	－2.23	0.026
rd	－0.78346	0.348642	－2.25	0.025
	Wald chi2(12)＝403.38		Prob>chi2＝0.0000	

从表中可以看到，东道国贸易总额占 GDP 的百分比、距离、东道国直接投资净流入占 GDP 百分比的开放度 ops、清廉指数、基础设施水平等，均未通过显著性检验。东道国政治稳定性、营商环境、科技水平与中国的直接投资呈负相关，东道国的 GDP、人均工资水平、双边贸易额、矿产能源占出口百分比等，与中国的直接投资为正相关。

八、中国对中东欧地区 OFDI 影响因素分析

同理，样本进行自相关性和异方差性检验，Wooldrige 检验结果显示 F＝0.247，Prob>F＝0.6282，说明样本不存在自相关性。LR 检验结果显示 chi2＝28.87，Prob>chi2＝0.0041，拒绝 H0 假设，说明样本存在异方差性。故选用 FGLS 法，对数据进行回归分析，结果如下表所示：

表 10－8　中国对中东欧地区直接投资影响因素 FGLS 回归结果

	Coef.	Std.	Z	P>|Z|
C	−236.511	111.2032	−2.13	0.033
Lngdp	2.002411	0.482215	4.15	0.000
Lnwage	0.213229	1.08702	0.2	0.844
Lntrade	0.384975	0.303458	1.27	0.205
Lndis	25.04861	12.57382	1.99	0.046
ops	−0.03439	0.024295	−1.42	0.157
exi	−0.27192	0.200996	−1.35	0.176
cpi	0.365382	0.373315	0.98	0.328
tva	1.163136	0.909104	1.28	0.201
ins	0.25721	0.477071	0.54	0.59
ps	−1.54342	0.599646	−2.57	0.01
be	0.561189	0.257154	2.18	0.029
rd	−1.66461	0.67665	−2.46	0.014
	Wald chi2(12)=291.49		Prob>chi2=0.0000	

从表中可以看到，东道国的工资水平、双边贸易额、东道国直接投资净流入占 GDP 百分比的开放度 ops、资源禀赋、清廉指数、贸易总额占 GDP 百分比、基础设施水平等，均未通过显著性检验。东道国政治稳定性与中国的直接投资呈负相关，东道国的 GDP、距离、营商环境和科技水平等，与中国的直接投资为正相关。

九、中国对欧盟地区 OFDI 总影响因素分析

同理，样本进行自相关性和异方差性检验，Wooldrige 检验结果显示 F=1.548，Prob>F=0.2326，说明样本不存在自相关性。LR 检验结果显示 chi2=77.62，Prob>chi2=0.0000，拒绝 H0 假设，说明样本存在异方差性。故选用 FGLS 法，对数据进行回归分析，结果如下表所示：

表 10-8　中国对欧盟地区直接投资影响因素 FGLS 回归结果

	Coef.	Std.	Z	P>|Z|
C	−31.7851	3.707515	−8.57	0.000
Lngdp	0.517505	0.378219	1.37	0.171
Lnwage	10.06293	1.648884	6.1	0.000
Lntrade	0.922566	0.306294	3.01	0.003
Lndis	—	—	—	—
ops	0.019125	0.008897	2.15	0.032
exi	0.006716	0.215533	0.03	0.975
cpi	−1.441	0.28341	−5.08	0.000
tva	3.181613	0.431272	7.38	0.000
ins	−0.28288	0.472438	−0.6	0.549
ps	−1.26539	0.843439	−1.5	0.134
be	−1.18998	0.313917	−3.79	0.000
rd	2.588026	0.722504	3.58	0.000
	Wald chi2(12)=505.97.49		Prob>chi2=0.0000	

从表 10-8 中可以看到，由于国家相对比较集中，从而距离未表现出差异，从而无法估计。在其余变量中，东道国的 GDP、能源矿产出口占比、基础设施评分、政治稳定性等，未通过显著性检验。除营商环境与中国直接投资为负相关外，其余各变量系数均为正，即与中国直接投资呈正相关。

第五节　本章小结

本章提出了对中国对"一带一路"直接投资的影响因素，包括①东道国的经济总量；②东道国的工资水平；③双边贸易额：④东道国的制度。本章用世界银行的营商环境排名、清廉指数及全球治理指标中的政治稳定性三个指标，来综合评价一国的经商制度。⑤东道国的资源，本章用矿物燃料出口占东道国货物贸易出口的比例，来表征该国的资源水平，比例越大，则表明该国资源禀赋越丰富；⑥距离因素；⑦投资国的经济开放度，本章分别

用该国直接投资净流入占国内生产总值的百分比和贸易总额(货物贸易与服务贸易之和)占国内生产总值的百分比来表征投资国的开放度;⑧基础设施:基础设施因素主要是指东道国的交通运输条件、能源供应条件、邮电通信条件和公用事业设施条件,等等;⑨科技水平:本章选取世界经济论坛发布的全球竞争力报告中的技术水平评分,来表征一国的技术水平情况,并预测其与中国东道国的直接投资表现为正,并进行了实证分析。

总体上看,中国对“一带一路”的对外直接投资与东道国的GDP、基础设施水平、政治稳定性、距离呈负相关,而与东道国的工资水平、东道国贸易总额占GDP的百分比、双边贸易关系、资源禀赋、清廉指数呈正相关。

具体来看,从丝路经济带而言,东道国的清廉指数、政治稳定性和距离与中国对“丝路经济带”的直接投资呈负相关,东道国的GDP、工资水平、与中国的双边贸易额、矿物燃料出口占出口额的百分比、贸易总额占GDP的百分比、科技水平等,与中国的直接投资为正相关。从海上丝路而言,东道国的GDP、基础设施水平、距离和贸易总额占GDP的百分比,与中国的直接投资呈负相关,东道国的工资水平、与中国的双边贸易额、矿物燃料出口占出口额的百分比、东道国直接投资净流入占GDP百分比、政治稳定性等,与中国的直接投资为正相关。

将中国对“一带一路”整体和各地区直接投资影响因素FGLS实证回归结果进行汇总,如表10-9所示。

表10-9　中国对“一带一路”各地区直接投资影响因素FGLS回归结果汇总

	整体	一带	一路	东南亚	东北亚	南亚	西亚	中东欧	欧盟
C	8.05735 ***	−3.15673	18.974 ***	19.9387 ***	32.7205	−97.96 ***	−45.876	−236.51 **	−31.78 ***
Lngdp	−0.41795 ***	0.527835 ***	−1.05219 ***	−0.1654	−0.40929	−1.4373 *	1.027 ***	2.0024 ***	0.517505
Lnwage	2.710631 ***	3.667146 ***	2.735114 ***	6.722268 ***	−1.66424	11.828 ***	10.403 ***	0.213229	10.062 ***
Lntrade	1.601198 ***	1.107801 ***	2.10597 ***	1.371768 ***	2.215989 **	2.4929 ***	0.6064 ***	0.384975	0.9225 ***
Lndis	−1.15292 ***	−2.24561 ***	0.358242	−0.16958	3.991529	6.9449 ***	2.097357	25.048 ***	—
ops	0.004807	−0.00051	0.030359 ***	0.095332 ***	−0.04387 ***	0.022591	0.049866	−0.03439	0.0191 **
exi	0.027203 **	0.254121 ***	0.021592 ***	−0.31154 *	−0.11619	0.5906 ***	0.0597 ***	−0.27192	0.006716
cpi	0.288068 ***	−0.2698 ***	0.126694	0.054112	−0.22362	0.448065	0.36741	0.365382	−1.441 ***

续表 10－9

	整体	一带	一路	东南亚	东北亚	南亚	西亚	中东欧	欧盟
tva	0.39303*	1.943595***	−0.5109***	−1.08246***	0.776201	−2.33717	−0.51215	1.163136	3.1816***
ins	−0.38209**	−0.2108	−0.84069***	−0.90609***	−0.09087	0.695995	−0.27099	0.25721	−0.28288
ps	−0.3784***	−0.64904***	0.53726***	−0.1654***	−2.5581***	−0.44179	−0.764***	−1.543***	−1.26539
be	0.151007	−0.12412	−0.17848	6.722268	0.7482***	−0.65993	−0.661***	0.5611***	−1.189***
rd	−0.16415	0.750003***	0.091124	1.371768	−2.9181***	−0.37525	−0.783***	−1.664***	2.5880***

注：表格中数字为对应项系数。其中，角标 * 表示该系数在 10％的置信水平下显著，** 表示在 5％的置信水平下显著，*** 表示在 1％置信水平下显著。

GDP 的回归结果显示，对于东南亚及大洋洲、东北亚和欧盟，其系数并不显著，而对于"一带一路"整体、"21 世纪海上丝绸之路"和南亚，其系数均为负，而"丝绸之路经济带"、西亚、中东欧则为正。对于"一带一路"整体而言，主要是因为中国目前的对外直接投资主要流向生产力不发达的国家。造成这种现象的主要原因是，中国目前仍是发展中国家，虽然经济实力雄厚，但并非经济强国，基于比较优势和自身竞争力，中国的对外直接投资多投向了经济并不发达的国家。另一方面，还因为这些国家大多自然资源丰富，基础设施较落后，因此，中国和这些国家的经贸合作，对中国具有一定的战略意义。

劳动力工资水平方面，除东北亚、中东欧地区未通过显著性检验外，可以看到，剩余其他各地区，其系数均为正，在变量选择中，我们曾分析，该变量对直接投资的影响基于两个方面。若东道国的劳动生产率和市场购买力比成本因素更加敏感的话，其系数为正。因此，这表明对于整个"一带一路"整体及各地区而言，工资水平更多地可以体现一国居民的消费能力和劳动生产率。

双边贸易额的回归系数，除西亚、中东欧不显著外，其余均为正，与预期一致。这表明中国对外直接投资具有明显的倾向性。中国对外直接投资更倾向于投资双边贸易关系紧密来往密切的国家。对外直接投资进入东道国当地市场，是有较高的成本的，当先导企业立足稳定后，多会增加投资，而相关产业链企业也会为了降低成本和风险而紧随其后，因此，而带来

对外直接投资的增加。

对距离的系数进行分析可以看到，对于“一路”、东南亚、东北亚、西亚而言，其系数均不显著，而对于“一带一路”整体和“一带”而言，其系数与预期一样为负，而对于南亚和中东欧，其系数为正。对比观察中国对南亚地区国家的直接投资可以看到，中国对巴基斯坦的直接投资相比于印度、孟加拉国等则多得多，因此，其系数为正，也就不难理解。

分析表征开放度的ops和贸易总额占GDP份额tva的系数，对于ops，可以看到“一带一路”、“丝绸之路经济带”、南亚、西亚该变量的系数，均未通过显著性检验，而对于通过显著性检验的国家，除东北亚地区外都为正，但其系数都非常小，影响并不大。对于tva，“一带一路”整体和“丝绸之路经济带”的系数均为正，而“海上丝绸之路”的系数则为正。这表明开放度对中国对外直接投资的影响是双面的，从某些方面而言，东道国的开放度越高，其市场竞争也因此加剧，对于低竞争力的企业而言，并不是一个明智的选择。

除东北亚、中东欧和欧盟外，矿物燃料出口的占比系数均通过显著性检验，且几乎都为正，与预期一致，表明中国对外直接投资表现出一定的资源寻求性。中国作为制造业大国，更是全球的生产工厂，因此，其资源的耗费量是非常之大的，这一点，也是显而易见的。

观察营商环境的系数，只有东北亚、西亚、中东欧和欧盟的系数通过显著性检验。其中，东北亚和中东欧的系数为正，与营商环境排名表现出负相关。政治稳定性方面，南亚和欧盟未通过显著性检验，“一路”该变量系数为正，其余皆为负。而西亚和欧盟的系数则为负，对于西亚地区，由于政治局势不稳定，因此，营商环境是中国企业在该地区直接投资的一个重要考虑因素。清廉指数方面，整体而言，中国对“一带一路”的直接投资与之表现出一定的正相关关系。

对于基础设施，凡通过显著性检验的地区，其系数皆为负，与中国对外直接投资呈负相关，这一点，可与GDP的分析得到印证。“一带一路”沿线国家大多基础设施落后，亟须改善，中国引导提倡建立亚洲基础设施投资银行和丝路基金，一个很大的主因便是引导资金投资这些落后国家的基础设施。

科研技术方面,“一带一路”、“一路”、东南亚及大洋洲和南亚皆未通过显著性检验,对于西亚、中东欧等发展较落后地区,其系数为负,而对于欧盟方面,其系数为正,且影响较大,说明中国对该地区直接投资表现出一定的技术寻求性。在当前,随着中国经济的不断发展,产业转型升级的压力也越来越大,因此,寻求先进的技术和人力资源,也就不难理解,可以预见,随着中国国内转型升级的加快,企业走出去,会越来越表现出技术寻求性。

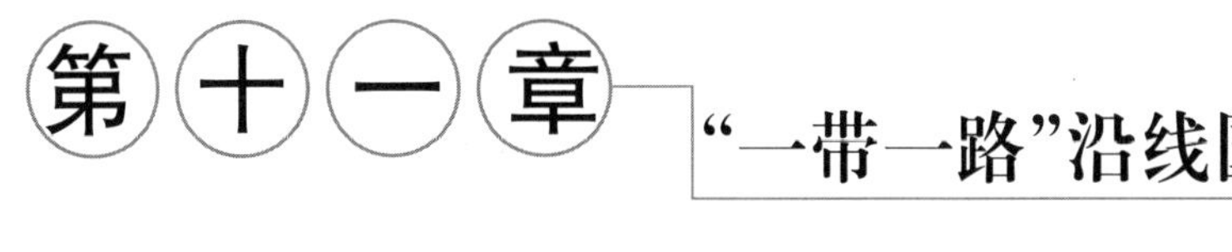

第十一章 "一带一路"沿线国家风险及其评估

第一节 引言

一、研究背景

"丝绸之路经济带"和"21 世纪海上丝绸之路"横贯欧亚非大陆、连接太平洋、印度洋和大西洋，是中国开放发展理念的重要升华，是促进周边国家和相关国家共同发展、实现共同繁荣的合作之路。通过共同建设沿线国家所需的铁路、公路、管道、港口、机场等基础设施、投资建厂，以及电网、通信网等互联互通项目，共建境外产业集聚区，建设金融合作平台，逐步将中国和亚洲、欧洲乃至非洲国家连接起来，有利于打造利益共同体、责任共同体和命运共同体。

"一带一路"战略构想的有效实施，必将助推中国经济和沿线国家的合作发展迈上新台阶。然而，机遇与挑战并存，风险与收益相伴，各国主权信用风险暴露人小程度不一，就是其中之一。中国与沿线国家的贸易和投资等各类经济交往，都受到沿线国家信用风险状况的影响。标准普尔 2016 年初发布的全球最新主权评级趋势报告显示，全球主权信用评级恶化，这意味着投资者投资相应国家时面临着更高的违约风险，相应国家的借贷成本也会随之增加，投资这些国家资产的相关风险也不容忽视。这对中国的"一带一路"战略提出了重要的警示。从整体上来讲，"一带一路"沿线部分国家的投资环境欠佳，国家主权信用状况不尽如人意，在世界经济走势不明朗的情况下，这些因素不容小觑。特别是，2014 年以来，国际三人评级机构和中国信用评级机构多次下调了泰国、希腊、俄罗斯等国的评级与展望。因此，在"一带一路"战略实施过程中，国家主权信用风险是一个不容忽视的风险因素。

本章以"一带一路"战略为研究背景，以国家主权信用风险和国别政治风险为研究对象，重点关注"一带一路"战略下国家主权信用风险的衡量与测算，进行政治风险国别案例分析，尝试给出主权信用风险和政治风险防范机制建设的对策建议。

第一，本章在"一带一路"战略下，分析了研究国家主权信用风险的重要性和意义。第二，分析国内外主权信用风险评级机构发展与评级现状，指出了其目前存在的问题。第三，对国家主权信用风险的影响因素和风险分类进行了分析。在此基础上，研究了"一带一路"战略沿线国家四大区域的主权信用风险及其对我国的影响。第四，本章选取"一带一路"沿线国家及全球主要国家作为分析对象，通过构建指标体系并利用多目标决策方法，对各国主权信用风险进行了评级。第五，根据上文研究，本章提出了加快我国主权信用风险防范机制建设的对策建议。我国加紧推动实施"一带一路"战略，以开放倒逼改革，为沿线国家创造发展机会，同时，强化自身经济实力。

二、研究意义

①有利于在新常态背景下促进中国经济健康发展和对外开放。开放是发展的大势，在当前新常态时期，形成对外开放新体制的大格局，是托起"中国梦"的重要支撑点。对国家主权信用风险和国别政治风险的衡量和分析，是为"一带一路"战略保驾护航的现实选择。

②有利于了解"一带一路"主权信用的风险点，加快防范机制建设。主权信用风险评级，对一个国家了解自身政治经济金融状况与风险点来讲，十分重要。通过对国家主权信用风险特征、影响因素，以及"一带一路"沿线国家经济状况，对中国主权信用风险影响的分析，可以清晰地了解中国主权信用方面的风险点，未雨绸缪，加快风险防范机制建设。

③有利于完善国家主权信用评价体系，为中国评级企业走向世界奠定

基础。主权信用评级信息有效地衡量了各国经济风险，对各国政府融资成本具有决定性意义，更对评估区域的经济形势起着不可忽视的作用。这一市场十分巨大，但目前世界评级市场被三大评级机构垄断，中国仅有中诚信、大公国际等寥寥数家大型专业评级机构与之抗衡，力量单薄，竞争力弱。中国评级企业应当迎难而上，努力开创国际市场。

第二节 国内外主权信用风险评级机构和方法

一、国内外主权信用风险评级现状

国家主权信用评级，是指评级机构依照一定的程序和方法，对主权机构（通常是主权国家）的政治、经济和信用等级进行评定，并用一定的符号来表示评级结果。信用评级机构进行的国家主权信用评级，实质就是对中央政府作为债务人履行偿债责任的信用意愿与信用能力的一种判断。作为中央政府对本国之外的债权人形成的债务，一般由债权人所在国家的信用评级机构进行国家主权信用评级。

为了从专业化的角度为国际贷款者提供主权信用风险方面的信息，标准普尔于 20 世纪 20 年代推出了最早的主权信用评级产品。二战以后，国际秩序逐渐稳定，国际金融迅速发展，越来越多的发展中国家政府为了获得充足的发展资源开始吸引国外资金。在这一过程中，这些国家主动要求进行信用评级，以降低信息不对称带来的交易成本，主权信用评级机构得以快速发展。按照评级主体的性质，全球国家信用评估机构大致可以分为五类，主要包括国际组织、官方机构（包含半官方机构）、非政府组织、营利性机构、学术研究机构等，如表 11－1 所示。

表 11－1 国际主权信用评级市场划分

主体性质	机构名称
国际组织	OECD、IMF、WB 等
官方或半官方机构	中国出口信用保险公司等

表 11-1

主体性质	机构名称
非政府组织	世界经济论坛等
营利性机构	穆迪、标准普尔、惠誉、大公国际等
学术研究机构	美国传统基金会等

资料来源:作者分类整理得到。

二、国外主权信用风险评级机构

自 20 世纪 90 年代末至今,穆迪、惠誉和标准普尔占有主权信用评级市场逾 90%的份额,因而影响着其他各种形式的评级。就国家主权信用风险评级而言,该市场被穆迪、标准普尔和惠誉三家垄断,穆迪的业务涉及 530 多个主权国家和次国家,标准普尔涉及 128 个国家,惠誉涉及 100 个国家。据 SEC 统计,这三家机构在国际评级市场的利润占有率约为 95%。

1. 评级方法

穆迪的评级体系较为松散,能够随时适应经济环境的变化改变评级方法,大体看来,主要是通过定性方法和定量方法相结合来进行评定。穆迪的评价指标体系包括定性因素、经济基本面和外债三个部分:定性因素来源于一国的公开资料与其分析师和评级委员会的分析、考量;经济基本面主要是对一国宏观经济要素进行分析;外债部分主要强调外债的规模和其占进出口总额、GDP 的比重等因素。

标准普尔将国家风险划分为八个类别,并对之进行定性与定量分析。定性分析主要衡量一国的政治风险,即该国的政治制度能否有效地抵御国内各项风险,并保持制度的稳定性和连续性。定量分析主要评价一国经济结构的合理性、经济持续增长的能力与可能性、货币政策稳定性和灵活性、财政能力等各项指标,以此反映一国的宏观经济发展能力、状况与效率。此外,标准普尔还将其他一些可能转化为国家信用风险的因素纳入了考量体系,以此增强其评级指标体系的科学性。

惠誉的评级建立在对评级国家政府官员的调查问卷和访谈的基础上,

是以双方合作的形式开展的。目前,惠誉的主权信用评价体系包含政治因素、宏观经济、金融与负债、教育、人口等十四类因素。

综合来讲,在主权信用评级指标的选取上,三大评级机构同中存异。三者在选取主权信用评级指标时,都会涵盖定量指标和定性指标两个方面,以此确保评级结果的客观性、全面性和前瞻性。其中,定量指标侧重于对一国宏观经济数据的测度与分析,而定性指标则对一国政治与社会环境的稳定性等进行综合考量,最终评级结果由这些因素的权重大小决定。即三大评级机构都认为,借债国的宏观经济状况、政策稳定程度,以及政治稳定性,是影响主权信用风险的重要因素,但三者在具体的指标构成细节上存在一定差异。

穆迪侧重评估主权国家财政稳定性和宏观经济形势,并设定了四个一级指标,分别是:经济结构和经济弹性、政府财政实力、对外支付和债务、货币的外部脆弱性和流动性指标。

标准普尔侧重于考察政府的偿债能力和偿债意愿,并设定了九方面的一级指标来对之进行度量。

惠誉重视指标体系的科学性与前瞻性,因此,其指标体系内容繁多,仅一级指标就设定了十四个,如银行与金融、对外资产与负债、国家与政治风险等因素[①]。

2. 评级等级分类

三大评级机构的评级分类不一,但基本原理大致相同。以穆迪公司为例,穆迪侧重评估主权国家的财政稳定性和宏观经济形势,因为其认为,一国主权信用风险的产生不外乎该国政府偿债能力与偿债意愿两方面的原因。穆迪的主权信用评级分为两种:一是政府债券评级,借此评估该国的违约风险;二是外币和本币上限评级,以此考量一国政府对其他国家偿还债务能力的影响。在此基础上,穆迪公司对主权国家的长期信用和短期信用进行分析,进而根据评级模型将评级结果进行分级,并将评级级别划分

① 成程.国家主权信用评级指标体系的优化研究[D].湖南大学,2011。

为投资级别和投机级别，以适应不同类型投资者的需求。随后，穆迪对评级级别进行了细化，并给予了评级释义，具体内容如表 3－2、3－3 所示。

表 11－2　穆迪长期信用评级等级分类

级别	等级	评定	释义
投资级别	Aaa 级	优等	信用质量最高，信用风险最低。利息支付有充足保证，本金安全。为还本付息提供保证的因素即使变化，也是可预见的。发行地位稳固
	Aa 级	高等	信用质量很高，有较低的信用风险。本金利息安全。但利润保证不如 Aaa 级债券充足，为还本付息提供保证的因素波动比 Aaa 级债券大
	A 级	中上级	投资品质优良。本金利息安全，但有可能在未来某个时候还本付息的能力会下降
	Baa 级	中级	保证程度一般。利息支付和本金安全现在有保证，但在相当长远的一些时间内具有不可靠性。缺乏优良的投资品质
投机级别	Ba 级	具有投机性质的因素	不能保证将来的良好状况。还本付息的保证有限，一旦经济情况发生变化，还本付息能力将削弱。具有不稳定的特征
	B 级	缺少理想投资的品质	还本付息，或长期内履行合同中其他条款的保证极小
	Caa 级	劣质债券	有可能违约，或现在就存在危及本息安全的因素
	Ca 级	高度投机性	经常违约，或有其他明显的缺点
	C	最低等级评级	前途无望，不能用来做真正的投资

资料来源：穆迪官方网站。

表 11－3　穆迪短期信用评级等级分类

级别	细分级别	释义
投资级别	Prime－1(P－1)	发行人(或相关机构)短期债务偿付能力最强
	Prime－2(P－2)	发行人(或相关机构)短期债务偿付能力较强
	Prime－3(P－3)	发行人(或相关机构)短期债务偿付能力尚可
投机级别	Not－Prime(NP)	发行人(或相关机构)不在任何 Prime 评级类别之列

资料来源：穆迪官方网站。

穆迪的长期和短期信用等级有一定对应关系。相应的标普的短期分

级表示分21级。从高到低分别为AAA、AA+、AA、AA-、A+、A、A-、BBB+、BBB、BBB-、BB+、BB、B+、B、B-、CCC+、CCC、CCC-、CC、C和D，长期分级为A-1+、A-1、A-2、A-3、B和C，惠誉的分级方法和标普类似，只是长期分级中，C级未作进一步细分，而长期分级中，则由F级来代替A级。

三、三大国际评级机构对"一带一路"沿线国家主权信用评级

三大评级机构对大部分"一带一路"沿线国家的主权信用有所评级。鉴于数据可得性，本章列出了三大评级机构在2013—2015年间对部分重点国家评定的主权信用等级，见表11-4。

表11-4 "一带一路"沿线国家主权信用等级

国家	标普			穆迪			惠誉		
	2013年末	2014年末	2015年末	2013年末	2014年末	2015年末	2013年末	2014年末	2015年末
荷兰	AA+	AA+	AA+	Aaa	Aaa	Aaa	AAA	AAA	AAA
比利时	AA	AA	AA	Aa3	Aa3	Aa3	AAA	AAA	AAA
法国	AA	AA	AA	Aa1	Aa1	Aa2	AAA	AAA	AAA
德国	AAA	AAA	AAA	Aaa	Aaa	Aaa	AAA	AAA	AAA
希腊	B-	B	CCC+	Caa3	Caa1	Caa3	B+	BB	B-
俄罗斯	BBB+	BBB	BBB-	Baa1	Baa2	Ba1	BBB+	BBB	BBB-
土耳其	BBB	BBB	BBB	Baa3	Baa3	Baa3	BBB	BBB	BBB
哈萨克斯坦	BB+	BB+	BB+	Baa2	Baa2	Baa2	A-	A-	A-
印度尼西亚	BB+	BB+	BB+	Baa3	Baa3	Baa3	BBB	BBB	BBB
新加坡	AAA	AAA	AAA	Aaa	Aaa	Aaa	AAA	AAA	AAA
柬埔寨	B	B	B	B2	B2	B2	—	—	—
泰国	A-	A-	A-	Baa1	Baa1	Baa1	A-	A-	A-
菲律宾	BBB-	BBB	BBB	Baa3	Baa2	Baa2	BBB	BBB	BBB
越南	BB-	BB-	BB-	B2	B1	B1	B+	B+	B+
马来西亚	A	A	A	A3	A3	A3	A	A	A
印度	BBB-	BBB-	BBB-	Baa3	Baa3	Baa3	BBB-	BBB-	BBB-
斯里兰卡	B+	B+	B+	B1	B1	B1	BB-	BB-	BB-

表 11－4

国家	标普			穆迪			惠誉		
	2013 年末	2014 年末	2015 年末	2013 年末	2014 年末	2015 年末	2013 年末	2014 年末	2015 年末
巴基斯坦	B－	B－	B－	Caa1	Caa1	B3	—	—	—
埃及	B－	B－	B－	Caa1	Caa1	B3	B－	B	B
肯尼亚	B＋	B＋	B＋	B1	B1	B1	BB－	BB－	BB－
中国	AA－	AA－	AA－	Aa3	Aa3	Aa3	A＋	A＋	A＋
美国	AA＋	AA＋	AA＋	Aaa	Aaa	Aaa	AAA	AAA	AAA
日本	AA－	AA－	AA－	Aa3	A1	A1	AA＋	AA＋	AA＋
英国	AAA	AAA	AAA	Aa1	Aa1	Aa1	AAA	AAA	AAA
巴西	A－	BBB＋	BBB＋	Baa2	Baa2	Baa3	BBB＋	BBB＋	BBB＋
南非	A－	BBB＋	BBB＋	Baa1	Baa2	Baa2	A－	A－	A－

资料来源：标准普尔官方网站（http://www.sec.gov）；穆迪官方网站（http://www.moodys.com）；惠誉官方网站（http://www.fitchratings.com）

据表 11－4 所示，三大评级机构对同一目标国的主权信用评级结果大致相同，仅存细微差别，说明三者采用的评级方法具有一定的共性。此外，"一带一路"沿线国家的主权信用等级差异较大，既有违约风险较大的投机级国家，也有违约风险较小的投资级国家，为"一带一路"战略的推进增添了更多的阻碍。

三大评级机构之一的穆迪 2015 年 5 月 28 日发布研究报告表示，中国"一带一路"战略旨在深化与三大洲多个参与国家的经济一体化，对沿线新兴市场国家具有正面信用影响。穆迪称，中国"一带一路"战略包括丝绸之路经济带和 21 世纪海上丝绸之路，穆迪预计，该战略将主要使沿线人均收入相对较低、进出口贸易逆差难以通过外资解决、投资率较低的国家受益。目前，穆迪对"一带一路"沿线约三分之二的国家都授予了评级，其中一半以上低于投资级别。这些国家的共同点是经济不够发达，基础设施缺口大，人均收入水平往往不高。丰富的自然资源推动了上述国家的增长，虽然最近大宗商品价格的大幅度下跌为这些国家的经济前景蒙上了阴影，但其增长潜力仍相当强劲。

四、国外主权信用评级存在的问题

1. 市场结构不完善

当今世界 90%的主权信用评级市场被三大评级机构垄断。这种高度集中的市场结构是不完善的，会引起评级业务的竞争扭曲。三大评级机构中，两家为美国企业，另一家为欧美合资，更有可能代表欧美国家的利益，进而很可能从政治因素、意识形态等方面出发，利用其在主权信用评级市场上的话语权，实行双重标准，扭曲评级信息。此外，近似寡头垄断的市场结构可能会消除鼓励创新的激励机制，影响世界主权信用评级市场的发展，从而进一步加剧话语权的集中程度。

2. 评级模型和评级过程不透明

在主权信用评级方面，三大评级机构的权威性不言而喻，然而，其却因评级模型和评级过程不透明而广遭诟病。具体来讲，三大评级机构仅对外公布其主权信用评级的指标体系，而对于何种模型、评级过程如何开展，则讳莫如深。此外，三大评级机构也没有各指标权重的确定方式。从商业秘密角度而言，权重确定非其核心业务，然而三大机构仍不愿公布其权重确定方法和相关公式。加之，主权信用评级机构与被评级对象是委托代理关系，这是一种以利益为基础的经济关系，因此，存在较大的操作空间。这是因为，被评级对象为了获得高的评级级别，甘愿支付高额费用；评级机构为了获取丰厚回报，更愿意做出被评级对象期望的结果。这种影响评级机构客观性、进而影响评级结果的行为，更可能发生在定性分析阶段，因为该阶段评级机构的主观性和自由裁量权是最大的。此外，这些过程都是不对外公开的，过程的不透明，使评级结果的可信度受到了一定影响。

3. 顺周期性明显

主权信用评级旨在解决跨国借贷中债权人（投资者）与债务人（筹资者）之间的信息不对称问题，为债权人（投资者）的投资决策提供依据。然而，实践证明，主权信用评级能发挥的作用十分有限。这是因为，当宏观经济状况良好时，评级机构的各项指标数据较为乐观，进而会上调评级，可能会导致公众积极预期膨胀，造成经济过热和虚假繁荣等现象。当宏观经济数据出现不利变化时，评级机构会根据这些数据下调评级，公众会迅速产生悲观预期，进而加剧经济形势的恶化。这时，评级结果发挥了“雪上加霜”的作用。但是，我们应该看到，宏观经济数据的不利变化，有可能是短期的，但评级结果却过分强调了这一变化，进而使得悲观情绪蔓延，影响了经济的正常发展。

五、国内主权信用风险评级现状

中国信用评级行业起步较晚，主权信用评级行业诞生的时间更短。然而近年来，随着政策的扶持和相关部门的推动，中国涌现出了一批从事国家主权信用评级的专业评级机构，主要包括大公国际、中诚信、联合资信等评级机构。因其发布的评级结果具有一定的争议性，从而获得了海内外媒体的广泛关注。

下文将以此三大评级机构为例，分析我国的主权信用评级行业发展状况。

1. 国内主权信用风险评级现状

大公国际、中诚信、联合资信在新型国家信用评级理论指导下，深入研究了各个时期不同类型的国家信用风险，在此基础上，建立了其评级标准。该三大评级机构的信用评级指标体系包含五个一级指标，分别反映主权国家的国家管理能力、经济实力、金融实力、财政实力和外汇实力。其中，前三个要素是基础性要素，后两个要素是直接要素。就分析层次而言，首先，对国家管理能力、经济实力和金融实力三个基础性要素进行分析，评估一国的偿债能力；其次，分析财政实力，以此反映主权国家偿还本币债务的能力；最后，分析主权国家的外汇实力，以此反映主权国家偿还外币债务的能力，后两种能力会综合影响该国的偿债能力。该体系层层递进，逐步扩展，是我国主权信用评级机构进行国家主权信用评价的基础和依据。大公国

际、中诚信、联合资信信用评级方法的结构与主要内容，如表 11－5 所示。

表 11－5 大公国际、中诚信、联合资信信用评级方法的结构与主要内容

要素划分	分析要素	次级要素	释义
基础性要素	国家管理能力	国家发展战略	反映政府的决策能力
		政府治理水平	考察政府的执行力，分析政府的权力运行特征和运行效果
		国内安全状况	考察国内外环境是否有利于国家发展战略的实现
		国际关系	
	经济实力	经济规模和体系	对一国当前财富创造能力的判断
		经济稳定性	考量宏观经济现在和未来发生波动的各类可能性，分析影响经济波动的因素和可能波动的幅度
		经济增长潜力	综合评价该国在未来一段时期内的增长前景
	金融实力	金融发展水平	评估一国金融体系能否通过创新信用关系、扩大信用规模，创造出更多的市场需求，以推动实体经济在更高的速度和更大的规模上实现增长
		金融稳健性	评估一国金融体系内的各类主体能否维持良好的信用关系
直接要素	财政实力	政府经常性财政收支状况	判断政府在当前和未来一定时期的财政平衡能力
		政府债务状况	重点是根据债务存量、债务动态，结合第一步对政府未来赤字规模的预测，判断债务负担的未来发展趋势
		政府收入增长潜力	若政府存在债务偿付方面的困难，则着重分析政府能够用于偿债的各类财政收入在未来的增长潜力如何。
	外汇实力	本币币值的稳定性	综合判断中央政府在当前和未来一段时间内，本币债务的实际偿付能力
		货币汇兑能力	主要分析本币兑换外币能力的强弱
		外汇充裕度	衡量一国外币资产现状，以及未来外币资产规模的变化趋势
		外汇融资能力	中央政府通过对外融资获得偿债资金的能力

资料来源：大公国际、中诚信、联合资信信用官方网站。

国家管理能力考察政府治理的有效性和稳定性。有效性主要参考该国的经济发展水平和增速，稳定性主要考虑政治与经济等方面制度的连续性。

对国家管理能力的分析，主要从四个次级要素层面展开。其中，国家发展战略处于核心地位，另外三个要素属于实现国家发展战略的保障因素。分析过程中，不仅要对现状做出分析，还要对其未来一段时期内的发展趋势做出判断，从而作为整个国家信用未来发展趋势的判断基础之一。

经济实力评估一国当前和未来一段时期内的国民财富创造能力，分析对象是实体经济，主要涉及经济规模和体系、经济稳定性和经济增长潜力三个次级要素。

这三个次级要素之间是层层递进的关系：一国当前的经济规模和体系特征是分析的基础，经济稳定性分析是判断经济在未来增长潜力的基础工作，经济增长潜力是整个分析的结论部分，进而为我们提供了理解一国未来经济表现和经济增长路径的系统方法，也为判断和预测政府在偿债期内财政收支规模的变化提供了基本依据。

金融实力评估金融体系的实力与效率，以此反映主权国家的金融体系是否为实体经济发展提供融资服务和支持，是否能实现金融资源的优化配置，是否具有较强的风险抵御能力等。

金融实力部分围绕金融是国民财富创造的驱动力这个主题展开分析，分析的目的在于，判断当前和未来一段时期内，一国金融体系能在多大程度上推动经济稳定健康发展。对金融实力的判断，从金融发展水平和金融稳健性这两个次级要素层面展开。金融发展水平从金融市场的规模与结构、中央银行的金融政策和货币政策等主要方面展开分析。对金融稳健性的评估是层层扩展的，首先，从金融体系构成的角度，考察金融机构和金融市场两类主体的稳健性；其次，从金融体系自身维持金融安全的机制角度，判断信用信息服务体系的健全状况和运行机制；最后，考察政府对金融体系内各类主体的监管能力如何。

财政实力评估政府的财政可持续性，判断政府的实际债务偿付能力。财政实力是影响主权国家偿还本币债务能力的直接因素，进而直接影响本

币债券信用评级。

财政实力衡量过程中，经常收支状况作为影响债务偿还能力的最基础因素，决定了政府债务负担的未来规模。政府债务状况考量的重点是根据债务存量、债务动态，结合上一步对政府未来赤字规模的预测，判断债务负担的未来发展趋势。若政府债务负担未来的规模与发展趋势不匹配，即可能存在难以偿付的债务时，则应重点分析各类财政收入（包括税收收入、债务收入和其他收入）在未来的增长潜力如何。最后，结合对本币币值稳定性的分析，综合判断中央政府在当前和未来一段时间内本币债务的实际偿付能力。

外汇实力评估中央政府获取充足的外币资产保障外币债务偿付的能力。

外汇实力影响主权国家偿还外币债务能力的直接因素，进而直接影响主权国家在外币债券方面的信用评级。其中，货币汇兑能力主要分析本币币值的高低，当本币币值较高时，本币兑换外币的能力较强；反之，亦然。外汇充裕度衡量一国外币资产现状，以及未来外币资产规模的变化趋势，通过与国家外债规模和外债动态的对比分析，可初步判断该国政府的外币债务偿付能力。外汇融资能力分析中央政府通过对外融资获得偿债资金的能力，该能力在一定程度上反映了主权国家在国际信用市场的认可度。这是因为，该指标是在本国自身的外汇资源不足以偿付外币债务时，其能在国际市场得到的支持。此时，只有具有良好的信用历史，且外汇实力较强的主权国家，才有可能获得所需融资。

2.国内主权信用评级存在的问题

(1)起点晚

由于长期以来，中国社会秉承“熟人社会”的准则，再加上市场经济体制改革时间较短，中国的信用评级行业起步较晚，行业认可度较低，发展速度缓慢。截止 2015 年，中国国内信用评级法人机构仅有数百家，且大多数企业没有开展国内主权信用业务。目前，国内从事国家信用评级的机构主要是大公国际、中诚信等评级机构，其业务开展时间较短，影响了其市场认可度，业务推广受限。

(2)核心竞争力不足

当前，中国的主权信用评级机构发展水平低，核心竞争力不足，专业性、权威性较差，业务影响力较为有限。在全球主权信用评级市场上，相对于中国的经济发展水平，我国评级机构的影响力相当有限。个别评级机构虽然有一定的关注度，但难以与实力庞大的穆迪、标准普尔和惠誉分庭抗礼。这不仅与市场范围狭窄有关，还与中国评级企业核心竞争力不足相关。

(3)外部发展环境不利

与国外相比，中国信用评级机构的发展环境较为不利。一方面，我国的金融市场发展不完善，很多数据的可得性受到了一定影响，束缚了国内评级机构的手脚和思维，更影响了其评级结果的科学性和全面性，从而限制了评级机构的发展，对其专业性和公信力也产生了负面影响。另一方面，中国的法律法规体系不够完善。首先，是市场准入门槛低，国外大型机构迅速抢占了本国市场；其次，是缺乏行业监管，导致行业发展较为混乱无序，恶性竞争激烈，限制了评级机构的发展壮大。

第三节　"一带一路"战略下国家主权信用风险分析

一、主权信用风险及其影响因素分析

1.主权信用风险影响因素分析

按照狭义的国家主权信用风险内涵，主权信用风险主要来源于两部分：一是政府偿还国际债务意愿的不确定性，称之为偿债意愿风险；二是政府偿还国际债务能力的不确定性，称之为偿债能力风险。二者互为基础，相互影响。

政府若有较强的债务偿还意愿，那么，该国政府就会提升努力程度，确保国际债务的顺利偿还。反之，若政府偿债能力有限，那么，政府的偿债意愿也会削弱，最终导致债务违约。即一国政府的偿债意愿和偿债能力之间

互相制约。

三大国际评级机构(标准普尔、穆迪、惠誉)是全世界最具权威性的主权评级机构。虽然三者在对主权信用风险影响因素的选取方面不尽相同,但是,从总体来看,三者均重视政治与社会因素、国家经济实力和财政实力对主权信用风险的影响。其中,权重最大的就是国家经济基本面的状况。

ICRG(国际国别风险指南)的主权信用评价体系是被世界所公认的评价体系,该评价体系以主权国政府的偿债能力和偿债意愿为出发点,同样认为,政治、金融和经济因素是影响主权信用风险的关键因素。

其中,政治因素影响主权国家的债务偿付意愿,反映因政治因素变化对主权信用风险的影响;而经济与金融因素影响主权国的债务偿付能力,反映因经济与金融环境的变更对主权国信用风险的影响。此外,ICRG 在设计指标体系时,将财政因素单列出来,偏重于影响主权国家的债务偿付能力,反映财政健康程度对主权信用风险的影响。

结合三大评级机构,以及 ICRG 对主权信用风险影响因素的阐释,本章认为,影响主权信用风险的因素可以分为内部因素和外部因素。

其中,内部因素是指一国主权范围内,可能影响主权信用不确定性的各种因素,包括一国政治与社会的稳定性、经济与金融系统的稳定性和财政健康程度,是来自国家内部的对主权信用风险的挑战。外部因素则指本国主权范围外,可能影响主权信用不确定性的各种因素,包括国外政治、经济形势的变化对本国主权信用风险的冲击,是不受本国国家意志影响或影响程度较小的风险冲击源。

总之,影响一国主权信用风险的因素,可以归纳为政治与社会因素、经济与金融因素、财政因素,以及国际风险传导因素。

(1)政治与社会因素

对特定的主权国家而言,政治与社会的安定,是其发展的基本保障。影响一国主权信用风险的基本因素也是政治与社会因素。

政治与社会因素关乎政府治理水平的高低与国家安全程度的大小。当一国政府的政治治理水平较高时,政策具有较高的科学性、连贯性和效率性,相应地,该国的主权信用风险就较小。当国家安全程度较高时,即不面临外部威胁时，该国发生战争等剧烈动荡的机会就较小，主权信用风险也较低。实际上，政府治理水平与国家安全程度具有一定的关联性，政治治理水平越高，表示该国越有能力通过外交渠道，以更低成本化解外在的国家安全威胁。

(2)经济与金融因素

经济与金融因素是影响主权信用风险的核心因素。

首先，经济与金融系统的发展水平，能够直接影响政府的偿债能力。政府的偿债能力主要由较高的资产水平和较低的债务水平保障，经济与金融系统的发展可以有效地实现这一目标。

其次，经济与金融系统的可持续发展可以提高其抗风险能力，从而提升我国主权信用水平。以 2008 年金融危机为例，虽然美国是风险的主要来源，但其凭借强大的经济实力和完善的金融发展体系迅速摆脱危机，而欧洲数国则陷入了政府债务危机的泥潭之中，久久不能脱身。所以，完善经济与金融体系，增强经济与金融实力，可有效地规避风险，减弱各种风险源对主权信用风险的影响。

(3)财政因素

财政健康程度直接影响财政系统的稳定性，进而与一国主权信用风险息息相关。良好的资产负债结构有助于降低一国的主权信用风险。

政府的财政资产包括外汇储备，以及财政盈余累积。在债务水平一定的条件下，一国的财政体制越为健全和完善、财政实力越强，政府的偿债能力越高，主权信用风险越弱。此外，外汇储备规模直接关乎外债偿还能力，并对汇率的稳定性产生一定影响，从而影响一国经济、金融系统的稳定性，随之对一国主权信用风险产生影响。

(4)国际风险传导因素

在高度全球化的当前，一国政治、经济形势的变化，将会对其他国家产生不可估量的影响。外部冲击对国家主权信用风险的影响日渐突出。

随着一国经济的发展和改革开放的日益深化，本国与他国之间的主权信用风险双向影响加深，这会加大主权信用风险管控的难度。由此可见，主权信用风险在国别之间具有传染性，因此，国际风险传导因素不容忽视。

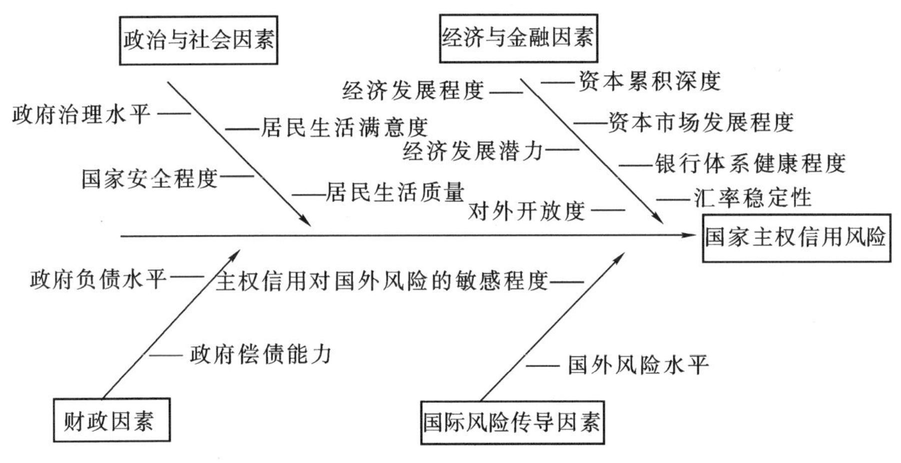

图 11-1 主权信用风险影响因素

2.主权信用风险类别分析

主权信用风险细化到各国国民经济各子系统中,分别是政治与社会风险、经济与金融风险、财政风险及外部冲击风险,子系统的风险形成了主权信用风险的落脚点。

(1)政治与社会风险

国际借贷中,政治与社会风险是很常见的主权信用风险爆发点之一。政治与社会系统是国家综合国力系统的重要组成部分,该子系统的稳定性和可持续性直接影响了政府偿债意愿,从而造成主权信用的不确定性。

(2)经济与金融风险

经济与金融风险是主权信用风险最突出的表现形式。经济与金融系统的稳定和可持续发展关乎民生,是国内外舆论的关注点,也是一国主权信用的重要支撑,直接影响政府的偿债能力。

经济史上不乏经济与金融危机后果的论述,历次比较大的经济与金融危机都严重地影响了政治与社会的稳定性,造成的政治动乱与社会动荡,使各个国家付出了极大的代价,对一国主权信用也造成了极大损害。

(3)财政风险

财政风险是主权信用风险最直接的表现形式,是政府偿债能力风险的具体表现。健康的财政体系是维持主权信用的关键,通过举债或再融资方式，维持政府运转不具有可持续性。政府部门资产负债率的增加，将会直接导致违约可能性的提高，从而引发财政风险，使得主权信用受到损害。

(4)外部冲击风险

外部冲击风险是主权信用风险的重要组成部分。此风险既可能对偿债能力产生冲击，也可能对偿债意愿产生冲击。外部冲击风险的影响，可能对国民经济系统中的单个或多个系统产生影响，也可能同时对各个子系统造成全面冲击。

二、“一带一路”沿线国家主权信用和综合风险分析

“一带一路”地域辽阔，横贯欧亚，涉及区域较广，连接了全球范围内多个重要经济体，沿线国家较多，政治经济发展状况不一，情况复杂。

就共性来讲，“一带一路”沿线国家主权信用风险和综合风险表现在如下方面：

1. 政治风险

“一带一路”沿线部分国家内部政治斗争激烈，政权更迭频繁，外部地缘政治冲突不断。

2. 经济风险

“一带一路”沿线部分国家经济基础较为薄弱，承受风险的能力较弱；经济结构单一，转型升级难度大，易发生不利变化。对外依存度高，易受外部冲击影响，且自身经济抵御风险能力较弱，易发生主权信用危机。

在“一带一路”国家进行投资，主要经济风险包括市场风险、税务风险、汇率风险。市场风险是直接影响项目经济可行性的风险。比如，项目的收入水平是市场化决定还是受政府监管；项目的需求是否在未来有较大波动的可能；对于政府购买服务的项目，政府的财政能力如何？当地是否存在恶性通胀等。而应对市场风险的最好方式，应当是在投资前做好商业可行性和尽职调查。税务风险是会影响企业投资收益的税收成本，对当地税法不了解，税务架构设计不合理，都会增加企业的税收成本，甚至导致合规性

风险。应对税务风险的方法,应是对目标国的税务体系做充分的研究,并对投资架构进行合理设计。应对汇率风险,则可以使用金融产品对外币收入进行套期保值,避免汇率波动带来的风险。

3. 财政风险

部分国家财政实力偏弱,赤字率较高,再加上对外依存度高,经常账户情况堪忧,易产生财政风险。

4. 金融风险

"一带一路"沿线部分国家金融市场发展不成熟,有的甚至才刚刚起步,面临货币贬值、汇率波动、信贷紧缩等金融因素而引发的种种风险。

5. 法律风险

由于"一带一路"国家的法律环境而带来的法律风险,是企业投身"一带一路"所必须高度警惕的陷阱。由于"一带一路"上的一些国家,在法律上与国际接轨的程度较低,因此,外国企业经常面临较为陌生的制度环境,并可能引起严重的风险。

从目前来看,中国企业在所在国的税收缴纳、劳资关系、安全环保、招标程序、并购法律、国家安全审查、投资流程等多方面都面临诸多风险。比如,印度虽然劳动力价格便宜,对于罢工权却较为保护;哈萨克斯坦近年来对企业的环境保护日益严格;蒙古由于其发展策略的变化,对其吸引海外资本的法律曾经进行过较大变化。

除此之外,一些国家还存在比较严重的法律风险。一方面,这些国家司法机关不独立、腐败严重,政策不透明,属于高危国家。另一方面,一些国家政府公信力较差,经常有对国外企业的征收行为。一些国家还存在当地强权集团利用司法程序掠夺国外企业的现象。

6. 社会风险

由于宗教、文化的差异带来的社会风险是企业投身"一带一路"所必须考虑的风险。"一带一路"上的许多国家与欧美国家不同,在文化、宗教上存在自身的特点。

特别是"一带一路"许多的国家都是伊斯兰国家。其中的一些国家有着相当多的,不为中国企业所熟悉的文化禁忌。由于伊斯兰教存在教派林立、教派冲突的问题,不同区域的伊斯兰国家往往存在较大差异,中国企业在一些国家的经验,往往并不适应于其所在国家。

比如,中亚地区大部分国家虽然与沙特等海湾国家同属于逊尼派,但是,在社会生活上却较为世俗化;马来西亚、印尼、土耳其等国家,则体现出民主伊斯兰的特征,其社会生活的现代化程度较高;而阿富汗以及巴基斯坦的部分地区,则极为保守,甚至还处于政教合一的传统状态。

除了伊斯兰国家之外,"一带一路"上还存在大量的佛教国家与天主教国家,其社会对于企业亦有相应的期待与禁忌。中国的企业,往往对当地宗教、文化缺乏敏感,极易与当地社会产生误解与冲突。

基于数据可获得性等因素的考虑,本章将"一带一路"区域分为欧洲七国、中亚五国、东盟十国,以及以印度、伊朗、埃及为代表的其他国家四个区域,对其主权信用风险进行分析。

三、中国"一带一路"沿线国家风险线路图

1.中诚信"一带一路"国家主权风险评级

尽管"一带一路"战略蕴含巨大的发展机遇,但其推动落地和执行仍将面临来自各方面的挑战。而当前最大的风险即对沿线国家基本国情的不熟悉。

2015年5月27日,中诚信国际信用评级有限责任公司(下称"中诚信")发布《"一带一路"沿线国家主权信用风险报告》。报告选择"一带一路"沿线27个重点国家,覆盖中亚、东盟、欧洲,以及中东、南亚和非洲等沿线必经区域,主要根据宏观经济实力、政府财务实力、对外偿付能力和事件风险敏感性等四个维度,对沿线国家的国情和风险进行具体刻画。据报告观察,沿线国家主权信用状况不容乐观。其中,半数信用级别未达投资级别,且部分沿线国家存在主权级别下调风险。

(1)半数国家信用级别未达投资级

中诚信在报告中指出，“一带一路”沿线国家主权信用级差跨度大。[①]报告显示，主要欧元区国家(除希腊主权信用为 CCC，展望负面)由于自身的经济实力和国际货币地位，决定了主权信用级别普遍较高。部分中亚和东盟国家凭借丰富的资源及相对成熟的经济财政体系，主权信用级别也较高。

但是，“一带一路”沿线其他大多数国家，由于内部面临政治稳定及经济转型的压力，外部面临经济再平衡和资本外逃的风险，信用水平表现相对较弱。根据报告统计，在 27 个样本国家中，有 15 个国家的主权信用在投资级(BBB－)以下。中亚五国除哈萨克斯坦、乌兹别克斯坦之外，土库曼斯坦等三国均处于 BBB－以下，东盟九国近半数主权信用处于 B 以下评级，中东、南亚和非洲六国除印度为 BBB 级以外，其他均为 B＋以下评级。

报告指出，除欧洲之外，绝大多数“一带一路”沿线国家处于经济转轨的过程中，内部政局不稳，民主进程相对缓慢，政治体制矛盾重重。同时，由于大多数国家资源丰富，地理位置显要，也是大国拼抢和施加影响的核心区域，地缘政治问题和宗教冲突突出，政治风险成为影响国内经济表现的核心因素。

(2)部分沿线国家存在主权信用评级下调风险

此外，部分沿线国家存在主权信用评级下调风险。2014 年以来，中诚信先后对希腊、俄罗斯、泰国、土耳其等沿线国家下调了主权评级及展望。总体来看，欧元区内部主权债务危机还在持续，尤其是希腊面临严峻的财政和债务局面，主权危机和银行危机之间形成了恶性循环。报告尤其指出，部分国家事件敏感性和政治风险对主权评级影响突出。

(3)部分地区政治风险突出

在中东、南亚和非洲地区，肯尼亚国内权力斗争增加，安全风险较高。埃及政局持续动荡，伊朗内部腐败严重，同时，与西方的长期对峙影响深远，政治安全风险较高。巴基斯坦国内政治依然存在不稳定因素，对经济发展产生了负面影响。

---

① 来源：21 世纪经济报道，2015－05－28。

2.大公国际资信评估公司的“一带一路”国家主权风险评级

大公国际资信评估有限公司2016年5月18日发布《“一带一路”沿线国家信用风险分析与展望》，对“一带一路”沿线国家信用风险发展走势做出了预测。大公国际对沿线各国政治风险分别予以高稳定、较稳定、低稳定、高风险，以及极高风险五个级别分类。该报告的主要观点如下：

(1)沿线国家政治局势的稳定性相对较低，中东地区地缘政治风险突出

在41个受评国家中，高稳定国家仅有一个，极高风险国家数量亦相对较少，分布在低稳定区域的国家最多，表明“一带一路”建设推进面临的整体政治风险较高。其中，新加坡是唯一高稳定国家。处于第二级别较稳定的国家有14个，中东欧分布最广。

处于第三级别的低稳定和第四级别高风险国家数量分别为15个、9个。低稳定和高风险类型的国家或，仍处于政治体制转轨的过程中，或国内部族、宗教矛盾突出，或国际关系不佳，导致内部政局不稳定，缺乏或难以确立适合本国比较优势的发展战略并顺利推行，政治风险成为影响国内经济表现的核心因素。处于第五级别的极高风险国家为两个。

(2)总体经济发展水平较低，基础设施条件薄弱，经济下行风险较大，同时，潜力较大，前景广阔

截至2015年底，沿线国家区域经济总量估计达到23.2万亿美元，占全球经济总量的31.7%，诸项经济增长指标好于全球水平。如平均经济增长率、平均贸易增长率，在2000—2009年及2010—2014年两个时期均高于世界平均水平。

大公国际对沿线各国经济实力进行五个级别划分。41个受评国家较为明显地集中在经济实力中等及较强区域内，表明“一带一路”沿线国家经济发展态势良好，发展潜力较大。

其中，经济实力极强的国家有两个。处于第二级别的较强国家数量为二十个，接近受评国家数量半数，主要分布在中东欧、西亚及中东地区。处于第三级别中的国家数量为十三个，主要分布在中东欧地区。处于第四级

别经济实力较弱的国家数量相对较少，为六个。而处于第五级别经济实力极弱的国家数量为0。

(3)主权债务风险较为分化，部分国家偿债来源恶化，与外部流动性压力上升，导致主权信用级别面临下调风险

沿线国家较大差异性的偿债环境与财富创造能力，促成主权信用水平较为分化。大公国际所评沿线国家主权信用级别分布于AAA至CC，本币级别处于投资级别的有23个，投机级别的有18个。其中，BBB本、外币主权信用级别最多。受货币错配和汇率风险影响，沿线一些国家主权外币债务风险高于本币。大公评级的41个国家中，七个国家外币级别低于本币级别。

(4)金融发展水平有待提高，对全球金融市场高敏感度等问题，将为金融部门带来较大风险

沿线国家整体金融风险较大，绝大部分分布于低稳定及高风险级别。具体来看，新加坡仍为唯一高稳定国家。处于第二级别较稳定的国家有七个，主要来自东南亚地区。处于第三级别的低稳定国家共10个，西亚及中东地区分布最广。处于第四级别高风险国家数量有19个。其中，11个都分布在中东欧地区，该地区银行业外资比重大，货币错配严重，不良资产处置较为缓慢。在欧洲央行量化宽松货币政策刺激下，金融体系稳健性正在恢复，但实质性问题未得到明显改善。处于第五级别极高风险的国家共四个。

(5)部分国家对外国资本依赖度较高，外部经济环境恶化和美联储加息，将不同程度地推升其外部风险

大公国际对沿线各国外汇风险分别予以五个级别披露，结果显示，中间级别低稳定国家分布最为集中，两边级别高稳定与极高风险国家相对较少。其中，第一级别的高稳定国家两个。处于第二级别较稳定的国家有10个，西亚及中东地区占6个，处于第三级别的低稳定国家数量为18个，主要分布在中东欧地区。处于第四级别高风险国家数量为9个，处于第五级别的极高风险国家为2个。

(6)中国应通过人民币国际化进程，改善沿线国家的信用风险水平，尽量降低现行国际货币体系对“一带一路”战略实施产生的危害

现有国际货币体系与全球实体经济的发展并不协调，已经成为全球金

融不稳定的一个主要根源。

为尽量降低现行国际货币体系对"一带一路"战略实施的危害,大公国际建议:一是,中国对"一带一路"沿线国家的投资,应当以直接投资为主,间接投资为辅。二是,建立中国的人民币国际金融中心地位,由中国掌握信用风险的判断权和金融产品的定价权。三是,中国需要向"一带一路"沿线使用人民币作为国际货币的国家,提供最后的流动性支持。

表 11-6 "一带一路"沿线部分国家主权信用风险评级一览表

表 11-6 "一带一路"沿线部分国家主权信用风险评级一览表

地区	国家	政治	经济	主权	金融	外汇
俄蒙	蒙古	高风险	低稳定	高风险	高风险	高风险
	俄罗斯	较稳定	较稳定	较稳定	极高风险	较稳定
中亚	乌兹别克斯坦	高风险	低稳定	低稳定	高风险	低稳定
	哈萨克斯坦	低稳定	较稳定	低稳定	高风险	低稳定
	土库曼斯坦	低稳定	低稳定	低稳定	极高风险	低稳定
东南亚	菲律宾	低稳定	低稳定	低稳定	较稳定	低稳定
	泰国	低稳定	较稳定	低稳定	较稳定	低稳定
	越南	较稳定	低稳定	高风险	高风险	高风险
	柬埔寨	较稳定	高风险	低稳定	高风险	高风险
	印度尼西亚	低稳定	较稳定	高风险	低稳定	低稳定
	马来西亚	较稳定	较稳定	较稳定	低稳定	较稳定
	新加坡	高稳定	高稳定	高稳定	高稳定	高稳定
南亚	巴基斯坦	高风险	高风险	高风险	高风险	高风险
	斯里兰卡	高风险	低稳定	高风险	低稳定	高风险
	孟加拉国	低稳定	低稳定	高风险	极高风险	低稳定
	印度	低稳定	较稳定	低稳定	低稳定	低稳定
中东欧	乌克兰	极高风险	低稳定	极高风险	高风险	极高风险
	保加利亚	低稳定	低稳定	低稳定	高风险	低稳定
	波黑	高风险	高风险	高风险	高风险	高风险
	罗马尼亚	低稳定	较稳定	低稳定	高风险	低稳定
	白俄罗斯	高风险	低稳定	低稳定	高风险	低稳定
	克罗地亚	低稳定	低稳定	低稳定	高风险	低稳定
	塞尔维亚	高风险	高风险	高风险	高风险	高风险
	脱维亚	较稳定	较稳定	低稳定	高风险	低稳定
	匈牙利	较稳定	较稳定	低稳定	高风险	低稳定
	爱沙尼亚	较稳定	较稳定	较稳定	较稳定	较稳定
	波兰	较稳定	较稳定	较稳定	高风险	较稳定
	立陶宛	较稳定	较稳定	低稳定	高风险	低稳定
	捷克	较稳定	较稳定	较稳定	低稳定	较稳定
西亚及中东地区	也门	极高风险	高风险	极高风险	极高风险	极高风险
	埃及	高风险	低稳定	高风险	高风险	高风险
	土耳其	高风险	较稳定	低稳定	低稳定	低稳定
	科威特	高风险	较稳定	较稳定	低稳定	较稳定
	格鲁吉亚	低稳定	高风险	低稳定	高风险	低稳定
	阿联酋	低稳定	较稳定	较稳定	低稳定	低稳定
	阿曼	低稳定	较稳定	较稳定	低稳定	较稳定
	约旦	低稳定	低稳定	高风险	低稳定	高风险
	卡塔尔	较稳定	高稳定	较稳定	较稳定	较稳定
	巴林	较稳定	较稳定	较稳定	低稳定	较稳定
	以色列	较稳定	较稳定	较稳定	较稳定	较稳定
	沙特阿拉伯	较稳定	较稳定	较稳定	较稳定	较稳定

注:极高风险 ● 高风险 ● 低稳定 ● 较稳定 ● 高稳定 ○

四、"一带一路"沿线国家主权信用风险对中国的影响

1."一带一路"倡议对中国主权信用风险的正面影响

"一带一路"倡议不仅可以推动国内的区域及产业结构升级，还可加速人民币的国际化进程，推进我国文化的对外传播，从而对中国主权信用具有正面影响。

"一带一路"地跨欧亚非大陆。总体来看，除去欧洲国家之外，"一带一路"沿线国家的能源、矿产、农业原材料，以及旅游资源丰富，但多数国家工业化程度偏低，产业结构相对单一，产业附加值较低。同时，基础设施相对薄弱，外债负担率偏低，且人口规模庞大、劳动年龄人口比重较高，具有宽广的市场潜力和较大的增长空间。"一带一路"倡议为沿线国家提供了一个良好的经济发展契机，沿线国家可借此机会形成一个具有共同利益的涉及经济、政治、文化等多方面的共同体。由于涉及国家众多，市场范围极大，"一带一路"倡议为我国企业"走出去"创造了有利机遇。"一带一路"倡议为我国对外贸易开辟了新的市场，为中西部地区带来了新的经济增长点，有助于缩小我国经济的区域差异。"一带一路"倡议还可通过大型基建项目的大规模出口，推动国内经济的转型升级，实现产业附加值的进一步提升，使我国经济走向可持续发展之路，有利于提升我国主权信用水平。此外，"一带一路"倡议必将催生更多人民币资产的海外需求，主要用于与我国进行贸易和资本避险，这将加速人民币离岸市场的建设，有利于维持我国外汇市场的稳定性，加强金融系统的抗风险能力，从而有利于我国主权信用水平的提升。

2."沿线国家主权信用风险对"一带一路"可能产生的负面影响

"一带一路"倡议实施为中国经济的发展增添了新的动力，但同时也为中国带来了新的风险。由于中国将作为"一带一路"的倡议者和推动者，本身承担着更多的投资者或借贷人的责任，沿线国家主权信用风险会给中国的金融安全、投资安全,乃至国家经济安全带来一定的负面影响。

“一带一路”沿线各个国家具有不同的市场环境,法律完备程度也不尽相同,地区安全风险频发,沿线各国风险各异,风险不可控因素增多,这就对我国对外投资的风险管控工作提出了新的要求。此外,“一带一路”战略致力于形成与加强经济、政治、文化共同体,国别信用风险联系将会更加紧密、相互依存,主权信用风险的溢出效应将会增加,形成对我国主权信用的不利影响。

“一带一路”沿线国家的主权信用风险水平差异巨大,风险特征不同。欧洲各国虽然在总体上风险较低,但政府负债水平过高,财政风险突出;中亚与西亚各国处于东西方文明交汇处,具有地缘政治战略意义,成为大国博弈的焦点,其政治与社会风险比较高,总体风险也比较高;同样,东南亚与非洲等国政治与社会较为动荡,需注意其政治风险。

这些风险因素均为中国“一带一路”战略的实施带来一定的难度,同时,有可能对我国金融投资和对外开放安全产生不利影响。此外,“一带一路”战略下,不同国家意识形态与文化体系的不同等因素,也会增加对中国国家安全的负面影响。

第四节　“一带一路”沿线国家的主权信用风险评估模型

一、主权信用评估模型选择及指标体系的构建

1.模型选择及模型简介

信用评级是一个很复杂的系统,需要搜集大量的信息,并按照一定的规则,对这些信息综合处理,所以,选择合适的主权信用评级模型,十分重要。主权信用评级有两种模式:定量分析和定性分析。

定性分析就是对借债国的政治、社会和经济金融状况进行全面分析,

通过评级者的专业知识，分析国际借贷过程中可能面临的风险，并根据评级者的既有经验，将这些风险综合起来进行量化，通常由评级机构以主权信用风险报告或特定风险指数的形式，给出该国主权信用风险的等级。

定量分析则是选择影响主权信用风险的关键因素，将这些因素量化之后输入一定的信用评级模型，最终得出借债国的主权信用风险等级。

定性分析更多地取决于评级者的知识积累和相关经验，主观性比较强。定量分析减少了信用评级之时掺杂的主观评价，削弱了主观程度，但这种分析方式严重依赖于历史数据，对历史数据的完备性要求较高，所得结论的前瞻程度有限。两种模式皆有优缺，因此，西方国家在对一国主权信用进行评级之时，多采用两者结合的方法，既保证评级结果的客观性，又保证评级结果的前瞻性。

除此之外，选择的计量模型还需能够识别该国主权信用风险的时间迁移特性。国家主权信用危机的爆发，不仅来源于突发事件造成的冲击，还来源于一国信用风险在长期过程中的累积效应。

以欧债危机为例，虽说希腊债务危机的爆发是2008年次贷危机这一突发事件所致，但也反映了希腊经济结构的长期失衡，以及政府债务水平的持续高位。所以，寻找能够识别主权信用风险的时间迁移特性的模型，十分重要。

娄春伟(2012)采用多目标决策方法，对国家风险进行了量化分析，将时间维度与空间维度蕴含的信息融为一体，但该文仅选择了五个反映经济与金融系统的指标，所选指标过于简单，无法全面地反映一国的主权信用风险。

本章借鉴其方法，通过构建更加全面的指标体系，采用多目标决策方法进行分析，以得出更加准确的结论。

多目标决策方法综合了多个学科的优势，能够基于评价目标的多个属性，准确地反映各个方案的优劣关系。从多目标决策方法来看，主权信用评级就是将国家看作不同的方案，再根据不同属性(经济基本面、政治稳定性等要素)评判这些国家的风险大小，最终做出的决策就是判别出主权信用风险较高或主权信用风险较低的国家。因此，从原理的角度出发，多目标决策可以被用于对国家主权信用进行评级。

进行多目标决策时，不同目标之间或多或少地存在一定冲突，常导致不存在最优解，因此在多目标决策问题中多数是非劣解。多目标决策过程中，既要权衡定量与定性指标的作用，又要考虑先验与后验的平衡，还可将时间因素纳入决策体系中，所以，多目标决策方法完全可以被用于主权信用风险评级。

基于以上论述，本章使用多目标决策方法，对多国主权信用进行评级，现将该方法简介如下：

首先，需要构建风险决策矩阵。假定选取 n 个国家以及 m 个评级指标，则将方案集记为：$S=\{s_1,s_2,\cdots,s_n\}$，属性集记为：$O=\{o_1,o_2\cdots,o_m\}$，方案 $s_i(i=1,2,\cdots,n)$ 在属性 $o_j(i=1,2,\cdots,m)$ 下的属性值记为 ，即可得到风险决策矩阵 $\mathbf{X}=[x_{ij}]_{n\times m}$。

其次，为满足数据的可比性要求，去除各指标间的量纲影响。多属性决策过程涉及多个指标，其属性不同导致其量纲不同，进而使得这些指标间无法展开横向对比，因此，需进行标准化处理。去量纲的方法有很多，本文采用 Max－Min 标准化的方法，该方法针对不同属性的指标有不同的算法，其目标是通过一定算法将不同属性的指标，均转化为 0 至 1 区间上的正向型指标，就是让主权信用水平与指标值的大小呈正比。

对于正向型指标，效用值定义如下：

$$u_{ij}\ \frac{x_{ij}-\min_i\{x_{ij}\}}{\max_i\{x_{ij}-\min_i\{x_{ij}\}} \tag{11.1}$$

对于负向型指标，则定义如下：

$$u_{ij}\ \frac{\max_i\{x_{ij}\}-x_{ij}}{\max_i\{x_{ij}-\min_i\{x_{ij}\}} \tag{11.2}$$

再次，确定指标权重并求取包含权重的决策矩阵。为使主权信用评级结果能反映国别差异以及时间累积效应，本文所选数据为面板数据，涉及截面和时间两个维度，求取指标权重时需分开计算，进而分别得到指标权

重和时间权重，具体方法下文细述。假定 $\omega=(\omega_1,\omega_2,\cdots,\omega_m)$ 与 $\gamma=(\gamma_1,\gamma_2,\cdots,\gamma_T)$ 为所求得的指标权重和时间权重，那么包含权重的决策矩阵就可表示为 $V=u\omega\gamma$。

最后，根据决策矩阵测算主权信用排名。由于主权信用排名属于多目标决策，必须根据多个属性判定国家主权信用风险的大小，所以需寻找满足偏序集设定的模型。对于给定的集合 S，其元素必须满足偏好的反身性、反对称性和传递性。反身性则是指集合 S 内的任意元素至少与它本身一样好；反对称性则是指若 A 偏好于 B，B 又偏好于 A，那么 A 与 B 无差异；传递性是指集合 S 内任意包含三个以上元素的子集内部成员的优劣排序无法形成闭环。

TOPSIS 模型是一种成熟的排序方法，本章在使用多目标决策方法对主权信用进行评级时，就使用该模型对各国主权信用风险进行排序。TOPSIS 模型的核心思想是通过寻找最优方案和最劣方案，计算被评价对象与这两种方案的距离得出其相对位置，以完成排序。该模型原理清晰简单，逻辑性较强，可有效地解决不同指标偏好的非一致性问题，适用于对主权信用进行评级。

2. 指标体系构建

根据前文分析，本章将主权信用风险设为主权信用评价指标体系中的综合指标，将影响一国主权信用风险的政治与社会因素、经济与金融因素、财政因素以及国际风险传导因素设定为一级指标，一级指标下又可分设多个子指标。对于二级指标体系的构建，本章参考了三大评级机构和大公国际的主权信用评价指标体系，并充分考虑了数据获得的难易程度。

本章构建的指标体系如表 11－7 所示。

表 11－17　主权信用评级指标体系

目标	一级指标	二级指标	指标性质
主权信用水平(A)	政府与社会因素(B1)	政府治理水平(C1)	+
		国防支出/GDP(C2)	－
		痛苦指数(C3)	－
		人均预期寿命(C4)	+
	经济与金融因素(B2)	GDP(C5)	+
		GDP 增长率(C6)	+
		进出口贸易额(C7)	+
		储蓄率(C8)	+
		股市市值/GDP(C9)	+
		银行资本对资产比率(C10)	+
		汇率波动程度(C11)	－
	财政因素(B3)	政府赤字/GDP(C12)	－
		政府债务余额/GDP(C13)	－
		外债余额/GDP(C14)	－
		官方外汇储备规模/GDP(C15)	+
	国际风险传导因素(B4)	对外依存度(C16)	－
		主要出口目标国 GDP 增速(C17)	+
		股票市场国际联动性(C18)	－

资料来源:作者整理得到。

表 11－7 中,政府和社会因素由四个子指标构成,分别是政府治理水平、国防支出与 GDP 的比值、痛苦指数和人均预期寿命。

其中,政府治理水平反映了政府依法治国的程度、法律框架内政策执行力以及社会资源凝聚力,对主权信用有正面影响。国防支出与 GDP 的比值反映了国家安全程度,国防支出占比越多,说明来自外部的政治威胁越严重,国防安全需求越大,对主权信用有负面影响。痛苦指数是通货膨胀率和失业率的简单加总,反映了一国经济状况对社会稳定性的影响,同时,也是对居民生活满意程度的反映,痛苦指数与社会整体福利相关,当其超过一定阈值后容易引发社会动荡,也就危及政治的稳定性,将会加大主权信用风险。人均预期寿命反映了一国生活水平与生活质量的高低,可以用来反映社会与政治的发展程度,其对主权信用水平有正面影响。

经济与金融因素由七个子指标构成,分别是国民生产总值、国民生产

总值的增长率、进出口贸易总额、储蓄率、股市市场与GDP的比值、银行资本对资产比率以及汇率波动程度。

其中，GDP、GDP增长率和进出口贸易额测度了经济基本状况，反映一国经济发展程度和经济增长潜力，对主权信用具有正面影响。储蓄率、股市市值/GDP和银行资本对资产比率分别衡量了资本累积深度、资本市场发展程度和银行体系健康程度，反映了一国金融发展状况，对主权信用有正面影响。汇率波动程度则反映汇率市场的风险大小，也是对央行政策有效性的检验方式之一，对主权信用有负面影响。

财政因素方面包括四个子指标，分别是政府赤字、政府债务余额、政府外债余额和官方外汇储备规模与GDP的比率。

其中，前三个指标均能反映政府负债情况，它们是衡量主权信用水平的负向指标。官方外汇储备规模/GDP则能反映政府偿还外债的能力和维持汇率稳定的能力，是主权信用水平的正向指标。

国际风险传导因素则从两个方面进行衡量。一是，一国主权信用对国外风险的敏感程度。当一国经济、金融对国外风险反映较为敏感时，国外风险对主权信用更具传染性，主权信用的不确定性就会增加，表现为主权信用水平的降低。二是，国外风险的水平，在敏感程度一定时，国外风险的加大会使得国内经济金融系统处于不稳定状态，主权信用风险就会增加。

本章使用对外依存度和股票市场国际联动性这两个指标反映主权信用对国外风险的敏感程度，使用主要出口目标国GDP增速反映国外风险的水平。对外依存度以进出口总额占GDP的比重衡量，股票市场国际联动性则采用国内股指与世界股指的相关系数表示。

3. 数据选取

样本选择方面，根据研究的需要，考虑到数据的完整程度和可得性，本章选择2007年—2014年“一带一路”沿线25个重点国家[①]以及中国、美国、

① 25个重点国家包括：欧洲七国：荷兰、比利时、法国、德国、希腊、俄罗斯、土耳其；中亚五国：哈萨克斯坦、土库曼斯坦、乌兹别克斯坦、塔吉克斯坦、吉尔吉斯斯坦；东盟七国：印度尼西亚、新加坡、柬埔寨、泰国、菲律宾、越南、马来西亚；其他国家：印度、斯里兰卡、巴基斯坦、埃及、肯尼亚、伊朗。

日本、英国、巴西、南非等世界六个主要国家作为实证研究对象。这些国家2014年总人口和GDP分别达到48亿、55万亿美元，占世界总人口和GDP总量的67%和71%。

本研究所采用的数据主要来源于世界银行、IFS和WTO数据库，缺失部分由其他资料补充得到。其中，政府治理水平采用修正后的WGI指数(Worldwide Governance Indicators)衡量，该指数由世界银行发布，涉及政府稳定性、法律遵守程度和腐败打击力度等六个方面，权威性较高。但该指标的可信度受到了国内外学者的质疑，包括标准普尔在内的评级机构普遍认为该指标低估了中国政府的治理水准。Maksym Ivanyna、Anwar Shah(2009)通过实证指出在使用该指标对中国政府治理水平进行衡量时低估了2.5%左右，本章采用该结论对WGI进行修正，用来衡量政府的治理水平。

二、基于TOPSIS模型的主权信用风险评级

运用TOPSIS模型对各国主权信用排序时，需要事先确定指标维和时间维的权重。本研究参考娄春伟(2012)[31]的做法，分别采用较为成熟的层次分析法和熵权法求取指标权重和时间权重。

1.基于层次分析法的截面指标权重确定

层次分析法(Analytic Hierarchy Process，AHP)的核心思想是通过构造判断矩阵反映各指标间的相对重要程度，再通过一定的方式提取判断矩阵的信息，以检验指标体系的构建是否符合一致性原则，并以此获得指标权值。该方法实现了定性与定量分析的结合，是一种成熟的指标权重求取方法，应用较为广泛。

本章使用该方法评估截面指标的权重。

(1)指标单排序和一致性检验

①计算一级指标B的权重。

一级指标B对综合指标A的评价矩阵，如表11-8所示。

表 11-8　一级指标 B 对综合指标 A 的判断矩阵

A	B1	B2	B3	B4
B1	1			
B2	1	1		
B3	1	1	1	
B4	1/7	1/7	1/5	1

资料来源:通过专家评分得到。

该矩阵的最大特征根为:$\lambda_{max}=4.01$,权重向量是 $\mathbf{W}_A=\begin{bmatrix}0.32\\0.32\\0.30\\0.05\end{bmatrix}$,一致性比率 $CR_A=0.005<0.1$,通过一致性检验,接受比较矩阵及其求得的权重系数。

②计算二级指标 C_1—C_4 的权重。

二级指标 C_1—C_4 对一级指标 B_1 的评价矩阵,如表 11-9 所示。

表 11-9　二级指标 C_1—C_4 对一级指标 B_1 的判断矩阵

B1	C1	C2	C3	C4
C1	1			
C2	1/7	1		
C3	1/2	6	1	
C4	1/4	4	1/2	1

资料来源:通过专家评分得到。

计算该矩阵的最大特征根为:$\lambda_{max}=4.07$,权重向量是 $\boldsymbol{W}_{B1}=\begin{bmatrix}0.51\\0.05\\0.29\\0.16\end{bmatrix}$,一致性比率 $CR_{B1}=0.025\leqslant0.1$,通过一致性检验,接受比较矩阵及其求得的权重系数。

③计算二级指标 C_5—C_{11} 的权重。

二级指标 C_5—C_{11} 对一级指标 B_2 的评价矩阵，如表 11－10 所示。

表 11－10　二级指标 C_5—C_{11} 对一级指标 B_2 的判断矩阵

B2	C5	C6	C7	C8	C9	C10	C11
C5	1						
C6	1/7	1					
C7	1/3	4	1				
C8	1/7	2	2	1			
C9	1/5	2	1/2	2	1		
C10	1/6	2	1/2	2	1	1	
C11	1/7	1/3	1/2	1	1/2	1/2	1

资料来源：通过专家评分得到。

计算该矩阵的最大特征根为：$\lambda_{max}=7.65$，权重向量是 $\boldsymbol{W}_{B2}\begin{bmatrix}0.45\\0.06\\0.14\\0.09\\0.10\\0.10\\0.05\end{bmatrix}$，一致性比率 $CR_{B2}=0.08<0.1$，通过一致性检验，接受比较矩阵及其求得的权重系数。

④计算二级指标 C_{12}—C_{15} 的权重。

利用几何平均数法，综合各专家所构建评价矩阵，所得二级指标 C_{12}—C_{15} 对一级指标 B_3 的评价矩阵，如表 11－11 所示。

表 11－5　二级指标 C_{12}—C_{15} 对一级指标 B_3 的判断矩阵

B3	C12	C13	C14	C15
C12	1			
C13	6	1		
C14	3	1/3	1	
C15	4	1/2	2	1

资料来源：通过专家评分得到。

计算该矩阵的最大特征根为：$\lambda_{max} = 4.03$，权重向量是 $\mathbf{W}_{B3} = \begin{bmatrix} 0.07 \\ 0.48 \\ 0.17 \\ 0.28 \end{bmatrix}$，一致性比率 $CR_{B3} = 0.01 < 0.1$，通过一致性检验，接受比较矩阵及其求得的权重系数。

⑤计算二级指标 C_{16}—C_{18} 的权重。

利用几何平均数法综合各专家所构建评价矩阵，所得二级指标 C_{16}—C_{18} 对一级指标 B_4 的评价矩阵如表 11－12 所示：

表 11－12　二级指标 C_{16}—C_{18} 对一级指标 B_4 的判断矩阵

B4	C16	C17	C18
C16	1		
C17	5	1	
C18	3	1/3	1

资料来源：通过专家评分得到。

计算该矩阵的最大特征根为：$\lambda_{max} = 3.04$，权重向量是 $\mathbf{W}_{B4} = \begin{bmatrix} 0.10 \\ 0.64 \\ 0.26 \end{bmatrix}$，一致性比率是 $CR_{B4} = 0.03 < 0.1$，通过一致性检验，接受比较矩阵及其求得的权重系数。

(2)指标总排序和一致性检验

层次总排序是在各层指标权重的基础上对整个指标体系进行的综合排序。根据公式：$W_{C总} = W_B \times W_C$，便可由单排序得到的各层次指标权重向量计算得到 C 层指标的层次总排序，即得到主权信用评价指标的综合权重，如表 11－13 所示。

此外，各层指标的非一致性有可能在层次总排序的过程中进行累加，因此，需对指标体系进行综合的一致性检验。根据下式，可计算得到 C 层总排序的一致性指标：

$$CR=\frac{\sum_{j=1}^{m}CI_{Bj}W_A(j)}{\sum_{j=1}^{m}RI_{Bj}W_A(j)}=\frac{0.05}{1.02}=0.05 \tag{11.3}$$

因为 CR=0.05<0.1,说明层次总排序结果具有较满意的一致性，接受比较矩阵及其求得的权重系数。

表 11-13 指标权重矩阵

目标	一级指标		二级指标		总权重
	指标	权重	指标	权重	
主权信用水平(A)	政府与社会因素(B1)	0.32	政府治理水平(C1)	0.51	0.16
			国防支出/GDP(C2)	0.05	0.02
			痛苦指数(C3)	0.29	0.09
			人均预期寿命(C4)	0.16	0.05
	经济与金融因素(B2)	0.32	GDP(C5)	0.45	0.15
			GDP 增长率(C6)	0.06	0.02
			进出口贸易额(C7)	0.14	0.05
			储蓄率(C8)	0.09	0.03
			股市市值/GDP(C9)	0.10	0.03
			银行资本对资产比率(C10)	0.10	0.03
			汇率波动程度(C11)	0.05	0.02
	财政因素(B3)	0.30	政府赤字/GDP(C12)	0.07	0.02
			政府债务余额/GDP(C13)	0.48	0.15
			外债余额/GDP(C14)	0.17	0.05
			官方外汇储备规模/GDP(C15)	0.28	0.08
			对外依存度(C16)	0.10	0.01
	国际风险传导因素(B4)	0.05	主要出口目标国 GDP 增速(C17)	0.64	0.03
			股票市场国际联动性(C18)	0.26	0.01

资料来源:作者根据计算得到。

2.基于熵权法的时间权重确定

本章选用的面板数据建立在个体、指标和时间的维度上。其中,时间

维度可以用来反映主权信用风险的时间累积特性，使实证结果既具有一定的历史深度，又有一定的前瞻性。本文使用熵权法对2007—2014年各个年份的相对重要程度进行评估，求出时间权重。下面，简要介绍熵权法求取权重的步骤。

首先，将三维数据展开为二维数据。设包含时间维的决策矩阵为$[u]_{n\times m\times p}$，将个体和指标两个维度展开成一维数据，那么，决策矩阵可化为$[x]_{q\times p}$，其中，$q=n\times m$。

其次，将决策矩阵进行归一化处理，计算公式如下：

$$z_{ij}=\frac{x_{ij}}{\sum x_{ij}},\ (i=1,\ 2,\ \cdots,\ q;\ j=1,\ 2,\ \cdots,\ p) \tag{11.4}$$

再次，计算熵权值。用符号H_j表示第j个年份的熵，那么：

$$H_j=-k\sum_{i=1}^{q}z_{ij}\ln z_{ij},\ (j=1,\ 2,\ \cdots,\ p) \tag{11.5}$$

其中，k为调节系数，$k=\frac{1}{\ln q}$。

最后，确定权重值。

$$d_j=\frac{1-H_j}{m-\sum H_j},\ (j=1,\ 2,\ \cdots,\ p) \tag{11.6}$$

不同于层次分析法，熵权法基于客观存在的定量数据对指标确权。上述步骤求取的时间权重，同样具有较强的客观性，但缺乏一定的主权判断。

郭亚军(2007)引入了时间度的概念，利用主观给定的时间度约束熵的优化过程，最终求得带有主观偏好的时间权重。具体步骤如下：

首先，定义时间权向量的熵I和时间度λ：

$$I=-\sum_{i=1}^{p}w_k\ln w_k,\ \lambda=\sum_{i=1}^{p}\frac{p-k}{p-1}w_k \tag{11.7}$$

其中，w_k表示时间权向量。“时间度”是对算子集结过程中时序重要程度的衡量，λ越接近于0，决策者越偏重于近期数据。当λ接近于1时，说明决策者更加注重远期数据。

其次，确定时间权向量w_k的值。主观给定“时间度”λ，那么，w_k可通过求解如下非线性规划问题求得：

$$\left.\begin{aligned}&\max(-\sum_{i=1}^{p}w_k\ln w_k)\\&s.t.\ \lambda=\sum_{i=1}^{p}\frac{p-k}{p-1}w_k\\&\sum_{i=1}^{p}w_k=1,\ w_k\in[0,1]\end{aligned}\right\}\tag{11.8}$$

一般的,λ 设定为 0.1。根据熵权法原理和本文所选数据,可得客观时间权向量 d 和主观时间权向量 w。取 $w_o=\frac{d\times w}{d\cdot w^T}$,即为时间维度的综合权重,如表 11－14 所示。

表 11－14　时间权重

时间权重＼时间	2007	2008	2009	2010	2011	2012	2013	2014
客观时间权	0.127	0.133	0.130	0.125	0.109	0.129	0.130	0.118
主观时间权	0.001	0.003	0.007	0.017	0.042	0.101	0.243	0.586
综合时间权	0.001	0.003	0.008	0.018	0.037	0.107	0.259	0.567

数据来源:作者计算整理得到。

3. 主权信用风险评级结果

指标权重和时间权重已通过前文计算得到,接下来,将运用 TOPSIS 方法,对各个国家的主权信用风险进行排序。

TOPSIS 方法的核心在于,确定正理想解和负理想解,并通过计算个体到理想解之间的距离,确定该个体的排位位置。具体步骤如下:

首先,通过时间权将三维决策矩阵转化为二维矩阵。若标准化的三维决策矩阵为$[u]_{n\times m\times p}$,前文所求综合时间权重为 w_o。那么,决策矩阵可化为二维:$X=\sum_{k=1}^{p}u_{ijk}w_{ok}$ 。

其次,构造规范化决策矩阵:$V_{ij}=X_{ij}/\sqrt{\sum_{i=1}^{n}x_{ij}^2}$ 。

再次,构造正理想解和负理想解。由于指标均已标准化,所以,正理想

解和负理想解分别是各指标最大值和最小值的集，数学表达式为：

$$V_j^+ = [(\max_i v_{ij})] \tag{11.9}$$

$$V_j^- = [(\min_i v_{ij})] \tag{11.10}$$

最后，计算个体的贴近度 C_i。

$$L_i^+ = \sqrt{\sum_{j=1}^{n}(v_{ij} - v_j^+)^2} \tag{11.11}$$

$$L_i^- = \sqrt{\sum_{j=1}^{n}(v_{ij} - v_j^-)^2} \tag{11.12}$$

$$C_i = L_i^- / (L_i^+ + L_i^-) \tag{11.13}$$

按照以上步骤，带入数据之后，可得 31 个国家的 4 个一级指标及综合指标的贴近度，如表 11－15 所示。

表 11－15　各国贴近度

国家	A	B1	B2	B3	B4	所属地区
荷兰	0.63	0.91	0.48	0.46	0.43	欧洲
比利时	0.58	0.84	0.45	0.41	0.44	欧洲
法国	0.59	0.79	0.49	0.47	0.51	欧洲
德国	0.67	0.90	0.51	0.49	0.54	欧洲
希腊	0.29	0.52	0.33	0.35	0.52	欧洲
俄罗斯	0.37	0.38	0.48	0.65	0.32	欧洲
土耳其	0.42	0.48	0.43	0.61	0.52	欧洲
哈萨克斯坦	0.38	0.44	0.40	0.62	0.42	中亚
土库曼斯坦	0.41	0.29	0.36	0.82	0.54	中亚
乌兹别克斯坦	0.34	0.27	0.33	0.71	0.56	中亚
塔吉克斯坦	0.28	0.33	0.31	0.60	0.55	中亚
吉尔吉斯斯坦	0.33	0.34	0.30	0.65	0.66	中亚
印度尼西亚	0.42	0.47	0.49	0.61	0.29	东盟
新加坡	0.83	0.85	0.61	0.68	0.64	东盟
柬埔寨	0.41	0.47	0.30	0.69	0.48	东盟
泰国	0.56	0.56	0.46	0.69	0.74	东盟
菲律宾	0.45	0.48	0.47	0.66	0.39	东盟
越南	0.41	0.49	0.43	0.60	0.36	东盟

续表 11-15

国家	A	B1	B2	B3	B4	所属地区
马来西亚	0.64	0.67	0.49	0.67	0.46	东盟
印度	0.42	0.47	0.51	0.58	0.43	其他
斯里兰卡	0.33	0.50	0.30	0.55	0.30	其他
巴基斯坦	0.25	0.31	0.37	0.56	0.49	其他
埃及	0.22	0.30	0.34	0.54	0.44	其他
肯尼亚	0.27	0.33	0.33	0.59	0.43	其他
伊朗	0.34	0.28	0.41	0.68	0.43	其他
中国	0.54	0.50	0.60	0.69	0.40	中国
美国	0.61	0.76	0.60	0.47	0.49	参照国
日本	0.60	0.90	0.50	0.36	0.57	参照国
英国	0.59	0.85	0.50	0.42	0.33	参照国
巴西	0.44	0.53	0.47	0.58	0.34	参照国
南非	0.33	0.37	0.44	0.61	0.34	参照国

资料来源:作者根据模型计算整理得到。

若将国家主权信用水平分为五个等级,由高至低分别设为A、B、C、D、E,运用K均值聚类法,对贴近度聚类后,可得31国的主权信用等级,如表11-16所示。

表 11-16 31国主权信用等级

国家	综合主权信用风险	政治与社会风险	经济与金融风险	财政风险	外部冲击风险	所属地区
荷兰	B	A	C	D	D	欧洲
比利时	B	A	D	E	D	欧洲
法国	B	B	C	D	C	欧洲
德国	B	A	B	D	C	欧洲
希腊	E	C	E	E	C	欧洲
俄罗斯	D	E	C	B	E	欧洲
土耳其	C	D	D	C	C	欧洲
哈萨克斯坦	D	D	D	C	D	中亚

续表 11－16

国家	综合主权信用风险	政治与社会风险	经济与金融风险	财政风险	外部冲击风险	所属地区
土库曼斯坦	C	E	E	A	C	中亚
乌兹别克斯坦	D	E	E	B	C	中亚
塔吉克斯坦	E	E	E	C	C	中亚
吉尔吉斯斯坦	D	E	E	B	B	中亚
印度尼西亚	C	D	C	C	E	东盟
新加坡	A	A	A	B	B	东盟
柬埔寨	C	D	E	B	C	东盟
泰国	B	C	C	B	A	东盟
菲律宾	C	D	C	B	D	东盟
越南	C	D	D	C	E	东盟
马来西亚	B	B	C	B	D	东盟
印度	C	D	B	C	D	其他
斯里兰卡	D	C	E	C	E	其他
巴基斯坦	E	E	E	C	C	其他
埃及	E	E	E	C	D	其他
肯尼亚	E	E	E	C	D	其他
伊朗	D	E	D	B	D	其他
中国	B	C	A	B	D	中国
美国	B	B	A	D	C	参照国
日本	B	A	B	E	C	参照国
英国	B	A	B	D	E	参照国
巴西	C	C	C	C	E	参照国
南非	D	E	D	C	E	参照国

资料来源:作者根据模型结果整理得到。

三、主权信用风险等级的迁移

1. 主权信用风险级别

目前,主权信用评级的表示方法,在各个商业评级公司各有不同,一般单独用字母或配合数字来表示。总体上说,这些分级一般都分为两个大的级别。即投资级别和投机级别，前者表明该国主权信用等级高，债务无风险；后者表示风险较大，债务偿付可能得不到保证。

在过去的五年中，“一带一路”沿线国家GDP平均增速为4.7%，而同期欧盟增长为－0.5%，美国的经济增长率一直在2%左右。2014年，我国与“一带一路”沿线国家进出口贸易值接近7万亿元人民币，增长7%，占同期我国外贸进出口总值的25%。“一带一路”战略将成为全球化产业和产能配置的新路径，为沿线国家带来巨大的发展机遇，在为发展中国家提供发展机遇的同时，也将为发达国家创造出口市场，有利于全球经济的稳定和复苏。与此同时，“一带一路”战略也将推动国内产业结构升级，为中国企业“走出去”创造有利契机，并将加速人民币国际化进程。

国家主权信用风险识别是“一带一路”倡议实施的必要前提。尽管“一带一路”倡议蕴含着巨大的发展机遇，真正推动战略落地和执行，仍将面临各方面挑战。在目的国特定的政策环境约束下，核心问题仍是巨大的投资和资本运作，如何实现收益最大化的问题。资本管理的市场化、资本项目的选择及投资配置，都需要风险判断和识别，由于沿线涉及国家众多，各国发展水平及投资环境差异巨大，贸易壁垒及准入条件各异，地区安全风险频发，不同风险条件下的差异化投资策略如何制定，成为首要问题。由于沿线国家主权信用水平存在巨大差异，对“一带一路”沿线国家主权风险评级的动态跟踪，成为推动“一带一路”战略实施的重要前提。

2.主权信用风险等级迁移及其影响

信用等级迁移矩阵是指当主权借款人（或债务人）信用发生变化，从而使其评级的信用等级由原始等级发生迁移变化的概率。

研究主权信用等级迁移问题，对国际信贷（债务）相关各方，均具有十分重要的意义：

①对本国政府（银行、投资机构）而言，外国政府（借款人、债务人）的信用评级迁移，会给本国金融稳定带来风险。因此，在涉外贷款、债券产品定价和贷款（债券）风险管理时，必须充分估计主权信用评级迁移的风险，将信用评级迁移纳入到风险监测和管理之中。

②对国际信用评级机构而言，信用等级迁移是检测外国主权信用评级级别稳定性的重要工具。因此，国际著名的信用评级机构都定期发布和调整其所评国家的信用等级迁移结果。

③对银行业监管机构而言，信用等级迁移是其了解、掌握金融市场信用风险变化的重要途径，是监管银行内部评级的重要指标之一。

构建信用等级转移矩阵所采用的方法——信用等级迁移计算方法有两种，分别是 Cohort 方法和 JLT 方法。

其中，Cohort 方法比较简单，易于操作，且容易被投资者理解并接受，但其缺陷也比较明显，该方法只能反映考察期初到考察期末的信用等级变化，无法反映考察期内任意时间段内债务企业的信用评级迁移轨迹。

JLT 方法是目前最广为接受的信用等级迁移矩阵的计算方法。该方法由 Jarrow、Lando(1997)提出，可以反映考察期内信用等级的迁移轨迹，比 Cohort 法更为准确。因此，本文使用该方法求取"一带一路"沿线国家的主权信用等级迁移矩阵，见表 11-17。

表 11-17 "一带一路"沿线国家主权信用评级迁移矩阵

	AAA	AA	A	BBB	BB	B	CCC	CC	C	D
AAA	0.85	0.15	0.00	0.00	0.00	0.00	0.00	0.00	0.00	0.00
AA	0.00	1.00	0.00	0.00	0.00	0.00	0.00	0.00	0.00	0.00
A	0.00	0.00	0.89	0.11	0.00	0.00	0.00	0.00	0.00	0.00
BBB	0.00	0.00	0.04	0.96	0.00	0.00	0.00	0.00	0.00	0.00
BB	0.00	0.00	0.00	0.09	0.82	0.09	0.00	0.00	0.00	0.00
B	0.00	0.00	0.00	0.00	0.00	0.94	0.04	0.01	0.00	0.02
CCC	0.00	0.00	0.00	0.00	0.00	0.25	0.22	0.10	0.00	0.42
CC	0.00	0.00	0.00	0.00	0.00	0.00	0.00	0.18	0.00	0.82
C	0.00	0.00	0.00	0.00	0.00	0.00	0.00	0.00	1.00	0.00
D	0.00	0.00	0.00	0.00	0.00	0.00	0.00	0.00	0.00	1.00

资料来源：作者根据模型结果整理得到。

由表 11-17 可见，综合来看，"一带一路"沿线国家的主权信用等级被调降的概率，要大于被调升的概率，反映了当前严峻的世界经济形势下主权信用的恶化趋势，突出了主权信用风险防范的必要性。

2. 主权信用风险等级的调整情况

主权信用评级迁移矩阵表明了，国家主权信用评级机构对于各国主权信用风险等级的评级，不是一劳永逸的，也不是固定不变的。评级机构常常需要根据形势与影响因素的相应变化，进行相应的调整和前景预测。这种调整包括上调和下调；前景预测则分为正面和负面。

国际评级机构——标准普尔发布的2016年全球主权评级趋势报告显示，全球主权信用前景展望从2015年下半年开始“恶化”，目前，已达2008年金融危机以来最糟的水平，2016年，全球主权信用评级的下调数量或将超越上调数量。

截至2015年年底，在标普评级的131个主权国家中，只有53%的国家是投资级别的(BBB－级及以上)，为历史最低水平。报告指出，AAA级别的国家数由2010年12月的19个下降到了目前的13个，主要是由欧元区国家的评级下调，及美国信用评级下调所引起的。2008年金融危机前，AAA级占比为15%，而如今为10%。

如图11－2所示，自2008年金融危机以来，全球主权信誉评级出现了下跌。长期主权信用评级的均值微跌一个等级至BBB－到BBB之间，尚高于BB或者更低的垃圾级，2008年的水平是BBB＋。

上述负面趋势的形成，主要是因为新的评级都发生在了较低的评级层次；另外，2015年，巴西、俄罗斯等国家都遭到了从投资级至非投资级的下调。阿根廷是唯一被评级为选择性违约的主权国家。此外，乌克兰在2015年也发生了一次违约。上述的信用质量的恶化，是整体信用评级下降的一大因素。其中，既有“一带一路”沿线国家，也有新兴经济体国家，这是值得重视的严重问题。

3. 主权信用风险等级调整对目标国的影响及其影响机制

主权信用等级的调整对目标国的经济与金融系统的稳定性具有一定影响。国家主权信用等级是该国企业信用等级的上限，二者存在高度的相

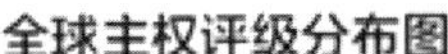

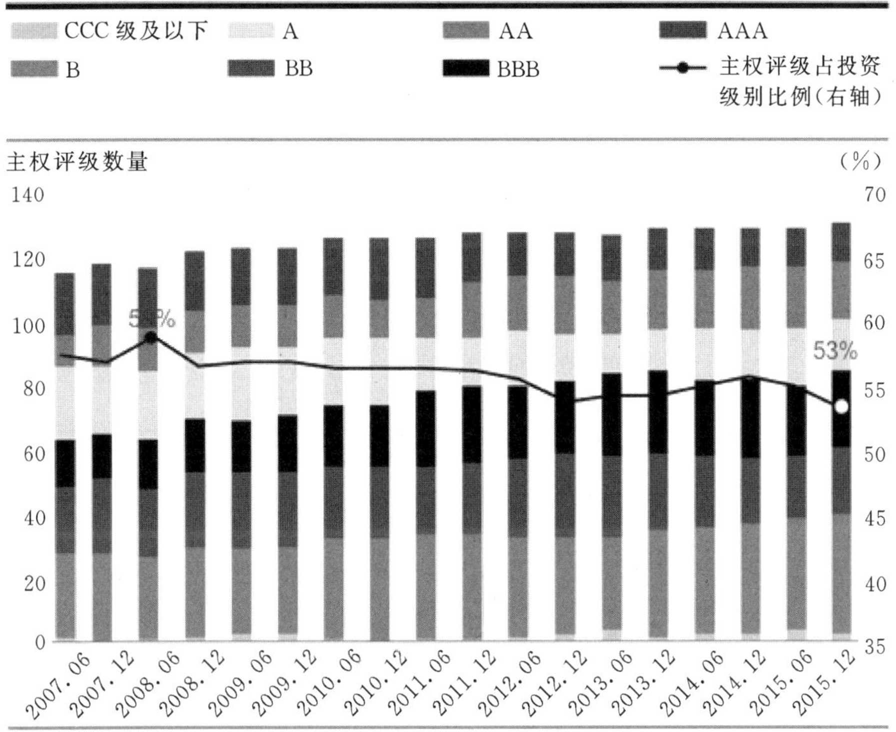

图 11－2　全球主权评级分布

关性。主要特点有：

①国家主权信用评级与该国主要银行的贷款评级，及国家大型或垄断企业的评级密切相关。

②由中央政府担保的公司债的信用评级（或前景）通常与国家主权信用评级（或前景）一致。

③国家行业垄断者寡头的信用评级（或前景）与主权评级（或前景）高度相关。

因此，国家主权信用评级（或前景）的调升或降低，通常会同时使该国主要银行的贷款评级及大型企业信用评级（或前景）上调或下调，从而影响到投资者或贷款人的信心，这将加速该国资本的逃离，恶化投、融资环境，从而影响到经济与金融系统的稳定性。其影响机制如下：

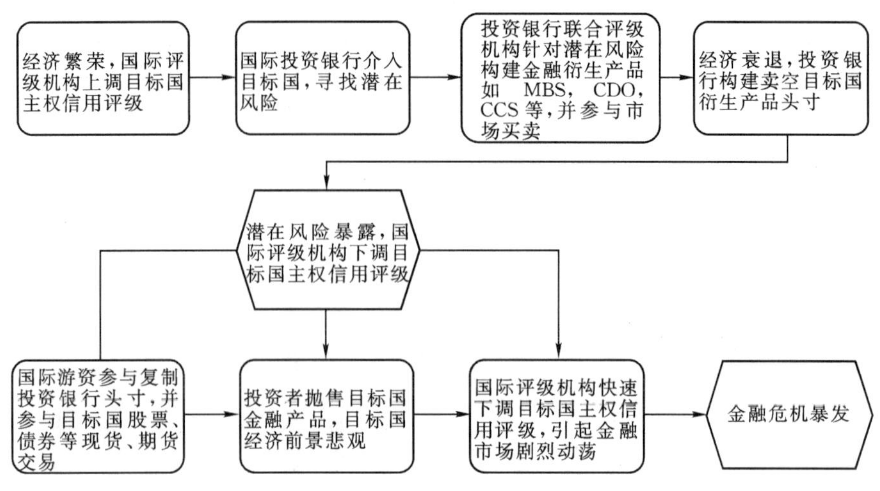

图 11-3　主权信用风险级别调整波动的影响机制

近十几年来，有关主权信用评级调整和变化，给各国带来冲击的实例，主要有两次：一次是 1997 年的亚洲金融危机，另一次是 2009 年开始的欧洲主权债务危机。从实证研究来看，在金融危机中，美国、德国和法国等核心国家的评级调整并没有实质影响到其国家风险，而希腊、意大利和西班牙等风险国家的调级，则显著影响到其国家风险，对某些危机严重国家的评级调整，显著影响到其国债价格。

主权信用评级的恶化意味着相应国家更高的借贷成本和违约风险，对于投资者来说，意味着投资相应国家资产相关的风险会随之增加。因此，在一带一路战略的推进过程中，加强主权信用风险防范，实有必要。

第五节　国别政治风险案例分析

一、国家政治风险分析

中国企业正在越来越多地通过"一带一路"走出去，这意味着中国受海外东道国风险敞口影响的企业也越来越多。东道国的国家风险不可避免地给"走出去"的中国企业带来造成巨大损失的潜在可能性。政治风险就

是国家风险中影响力最大的风险之一。

政治风险是因投资者所在国与东道国政治环境发生变化、东道国政局不稳定、政策法规发生变化，给投资企业带来经济损失的可能性。政治风险通常包括战争、内乱、征收、征用、没收、国有化、汇兑等发生的风险，也包括因种族、宗教、利益集团和国家之间的冲突，或因政策、制度的变革与权利的交替造成损失的风险。政治风险是指完全或部分由政府官员行使权力和政府组织的行为而产生的不确定性。政府的不作为或直接干预，也可能产生政治风险。政治风险也指企业因一国政府或人民的举动而遭受损失的风险。政治风险常常分为两大类:宏观政治风险和微观政治风险。其中，宏观政治风险对一国之内的所有企业都有潜在影响。如“恐怖活动”“内战”或“军事政变”等。至于微观政治风险，仅对特定企业、产业或投资类型产生影响。从政治风险的结果看，可以把政治风险分为影响到财产所有权的风险和仅仅影响企业正常业务收益的风险两类。前者是指，导致外国企业或投资者失去资产所有权或投资控制权的政治方面的变化，如国有化或强制性地没收财产等;后者则是指，导致减少外国企业或投资者经营收入或投资回报的政治方面的改变。

“一带一路”项目大多为大型的基础设施类投资或者资源进入型的企业走出去或者高端产能走出去，等等。一方面，这意味着这些项目是被东道国广泛关注的建设项目，东道国政府毫无疑问地将大量参与。所以，任何突然的政治变化，都可能改变项目的结果。而另一方面，这些项目一般都是大型项目，即便是政治转向事件造成的短期停滞，都会给相关企业带来巨大损失。在国家加快实施“一带一路”战略的大背景下，中国企业将在境外参与更多大型工程项目，而且身份将逐步由工程承建方(乙方)向投资方(甲方)转变，或者向投资方和承建方双重角色转变，机遇更大，风险也更大。

二、斯里兰卡基础设施项目案例分析

为了更好地向企业说明，在海外项目或投资过程中，可能遇到政治风险的类型、估计相应造成的损失，以及在不同阶段针对政治风险进行防范提出不同建议，本章将选取斯里兰卡港口城项目作为案例进行政治风险的案例分析，使相关企业能更具体地了解政治风险的运作与防范。

斯里兰卡科伦坡港口城遭叫停，是由该国政府换届引起的之前协议不被承认导致项目长时间暂停的一起事件。该事件是一起典型的政治风险事件。科伦坡港口城项目产生于"一带一路"背景之下，是2014年习近平主席访问斯里兰卡期间正式开工的大型基础设施的项目投资，因此，该项目事件对于"一带一路"背景下中国企业"走出去"的各种项目投资来说，具有重要的参考意义。

综上所述，本章选取斯里兰卡科伦坡港口城遭叫停事件作为"一带一路"沿线国家政治风险研究的案例，不仅是因为该案例反映了典型的政治风险，更是因为该项目在"一带一路"背景下，对中国"走出去"企业具有代表性和参考性，相关企业可以通过本案例政治风险分析，了解到政治风险的运作，以及如何有效地规避或者处理政治风险并把这种经验类推到自己的海外项目投资中。

1.斯里兰卡在"海上丝绸之路"的战略位置

斯里兰卡，旧称锡兰，现改名为斯里兰卡民主社会主义共和国（The Democratic Socialist Republic of SriLanka），是一个热带岛国，位于印度洋上，西北隔保克海峡与印度相望，接近赤道，具有明显的热带气候特征，无四季之分，年平均气温28℃。国土面积65610平方公里，人口约2048万。其中，僧伽罗族占75%，泰米尔族占16%，摩尔族占9%。斯里兰卡实行总统共和制，是英联邦成员国之一，首都为科伦坡，僧伽罗语、泰米尔语同为官方语言和全国语言，上层社会通用英语。居民70.2%信奉佛教，12.6%信奉印度教，9.7%信奉伊斯兰教，此外，还有天主教和基督教。

斯里兰卡于1978年实行经济开放政策，推进私有化，逐步形成市场经济格局。货币是卢比（Rupee），2014年9月至2015年3月期间的平均汇率为1美元=131.40卢比。近年来，斯国经济保持中速增长，呈现出良好发展势头，2011年至2013年的经济增长率分别为8.2%、6.3%、7.3%。2014年，国内生产总值（GDP）为749.4亿美元，人均国民收入（GNIpercap-

ita)为 3631 美元,居世界第 125 位。

斯里兰卡农业产值 GDP 占比为 10.8%,同比增长 4.7%,以种植园经济为主,主要作物有茶叶、橡胶、椰子和稻米等;工业产值占 GDP 的 31.1%,同比增长 9.9%,但工业基础薄弱,以农产品和服装加工业为主;服务业产值占 GDP 的 58.1%,同比增长 6.4%。其中,贸易、银行保险、房地产、运输和通信等产业增长较快。斯里兰卡位于印度洋,靠近欧亚国际货运主航线,因其独特的地理位置,在转运、中转和补给等方面具有天然的优势。随着印度洋贸易通道功能得到越来越多的重视,斯里兰卡的战略作用也备受关注。与南亚其他国家相比,斯里兰卡在交通条件、人口素质、法律制度、商业环境等方面都更胜一筹,已发展成为亚太地区最具有吸引力的投资地之一。

2. 中国与斯里兰卡的经贸合作

中斯之间有着历史悠久的友好往来。1950 年,斯里兰卡承认新中国。1952 年,斯里兰卡在未与中国建交的情况下,不顾美国等西方国家对中国的封锁,同中国签订了米胶贸易协定,开创了中斯两国友好的经贸合作史。1957 年 2 月 7 日,两国正式建交。两国在许多重大国际和地区问题上拥有广泛共识,保持良好合作。中国一直在人权问题上坚定支持斯方,多次在国际场合为斯仗义执言。斯里兰卡政府也一贯奉行对华友好政策,在台湾、西藏、人权等问题上给予中国支持。长期以来,中斯一直保持着友好关系,高层往来不断。双边关系友好、稳定。2005 年,中国总理温家宝访斯,宣布建立真诚互助、世代友好的全面合作伙伴关系。

近年来,两国在各领域互利合作不断扩大,双边贸易保持较快增长的势头。据斯统计局数据显示,2014 年,中斯双边货物贸易额为 36.2 亿美元。其中,斯里兰卡对中国出口 1.7 亿美元,占斯里兰卡出口总额的 1.6%;斯里兰卡自中国进口 34.5 亿美元,占斯里兰卡进口总额的 17.9%。2014 年,斯里兰卡对中国贸易逆差为 32.8 亿美元,增长 15.5%。

表 11－18　2009—2014 年中斯双边贸易情况

年份	贸易总额	同比增长	斯里兰卡对华进口	同比增长	斯里兰卡对华出口	同比增长
2009	9.4	－18.5%	8.8	—20.4%	0.6	22.9%
2010	13.3	41.6%	12.4	40.8%	0.9	50.9%
2011	22.4	67.9%	21.3	71.4%	1.1	20.2%
2012	26.8	19.7%	25.7	20.7%	1.1	0.9%
2013	30.8	15.1%	29.6	15.2%	1.2	12.0%
2014	36.2	17.5%	34.5	16.6%	1.7	42.9%

资料来源:斯里兰卡出口促进局、斯里兰卡统计局

截至 2014 年底,中国在斯里兰卡出口贸易中位居第十五位,在斯里兰卡进口贸易中位居第二位。容易看出中斯双边贸易过程中,斯方是一直处于贸易逆差状态的,并且贸易逆差逐年递增。

表 11－19　2014 年斯里兰卡出口主要贸易伙伴(金额单位:百万美元)

国家和地区	金额	同比(%)	占比(%)
总值	11046	10.5	100
美国	2720	9.1	24.6
英国	1116	3.7	10.1
印度	625	14.9	5.7
意大利	614	20.6	5.6
德国	497	6.3	4.5

资料来源:斯里兰卡出口促进局、斯里兰卡统计局

表 11－20　2014 年斯里兰卡进口主要贸易伙伴(金额单位:百万美元)

国家和地区	金额	同比(%)	占比(%)
总值	19285	12.8	100
印度	3978	28.8	20.6
中国	3451	16.6	17.9
阿联酋	1757	45.2	9.1
新加坡	1271	1.4	6.6
日本	941	40.6	4.9

资料来源:斯里兰卡出口促进局、斯里兰卡统计局

中国从1957年起向斯里兰卡(原锡兰)提供经济技术援助,援建了班达拉奈克国际会议大厦、国家表演艺术剧院等一系列项目。中国援建的纪念班达拉奈克国际会议中心已成为象征着斯里兰卡与中国持久友谊最明显的标志。2004年底,印度洋海啸发生后,中国政府向斯国提供海啸专项援助,免除斯国一批到期债务,并派医疗队赴斯开展救援工作。在海啸灾难之后,中国帮助斯里兰卡建设了三个渔港,并提供了价值为三亿美元的支持和帮助。民间亦踊跃捐款,援建了"中斯友谊村"和"红十字村"。在拉贾帕克萨总统执政以前,中国也援建了几个项目,包括最高法院大楼,中央邮件交换中心,静恒河防洪工程和重建的李奇微夫人儿童医院。2009年,中国成为斯里兰卡的最大捐助国。其形式为援助赠款,贷款和信贷,占外国国家和多边机构承诺的22亿美元的百分之五十四,共计达到了12亿美元。不少中国援建设施在当地知名度很高,有些工地的施工现场还成了热门旅游景点。

随着中斯两国经贸合作水平不断提高,中国对斯里兰卡的投资快速增长。近些年随着斯政府专心投身于国内经济建设,中国企业深度参与了海港、机场、发电站等重要基础设施建设,如火电发电项目,汉班托塔港口,贾夫纳内环公路等。中国公司在当地建设了大批基础设施,包括公路、港口、机场、发电厂、医院,以及文化体育设施等。据中国商务部统计,2013年,中国对斯里兰卡直接投资流量7177万美元。截至2013年底,中国在斯里兰卡直接投资累计金额2.93亿美元。中资企业在斯里兰卡投资主要以承揽工程和设备出口等形式为主,伴有少量的电信服务项目和纺织行业项目。

中国在斯里兰卡的港口城投资是两国合作的重点,在习近平主席2014年9月访问斯里兰卡期间,两国签署了科伦坡海港城建设协议和其他海港发展协议。斯里兰卡科伦坡港口城项目由中国交建与斯里兰卡国家港务局共同开发,该项工程在2014年9月17日开工,计划20年至25年全部建设完成。项目直接投资14亿美元,带动二期开发投资130亿美元;创造超过8.3万个就业机会。这块土地的三分之一将由中国公司拥有并开发,其余的三分之二交由斯里兰卡开发。规划建筑规模超过530万平方米,包括计划三年完成的填海造地276公顷土地,计划五年至八年初步形成规模,

20 年至 25 年全部建设完成。项目的二期投资将达到 130 亿美元。

然而，随着斯里兰卡总统的更替，2015 年 3 月 6 日，斯里兰卡新政府以质疑项目"是否履行了适当的程序"和"缺少相关审批手续"为由，停止了科伦坡港口城一期建设项目。据中国港湾公司负责人介绍，项目停工导致斯方一千多人失业，中方则每天承受约 38 万美元的直接经济损失。该项目直至一年后，在 2016 年 3 月才开始复工。

3.斯里兰卡科伦坡港口城事件进展分析

科伦坡港口城项目于 2014 年 9 月正式动工建设，是迄今斯里兰卡最大的外国直接投资项目。科伦坡港口城，位于科伦坡 CBD 核心，与希尔顿酒店等标志性建筑咫尺相连，被誉为未来城市。中国公司将吸引国内和世界的投资者，包括美国和印度的公司，也可以到填海造地得到的土地上投资。中国港湾有限责任公司提供的资料显示，项目直接投资 14 亿美元，带动二级开发投资 130 亿美元；创造超过 8.3 万个就业机会。

2015 年 3 月初，斯政府以"缺乏相关审批手续""重审环境评估"等原因暂停该项目，科伦坡港口城项目一期投资约 14 亿美元，将带动二级开发投资约 130 亿美元，创造超过 8.3 万个就业机会。根据规划，港口城集金融、商务、娱乐、居住等多种业态为一体，并提供学校、幼儿园、医疗、文化等生活配套设施。建成后，现代化的会展中心、智能化办公大厦、南亚风情的购物天堂、海洋公园等游乐设施将一应俱全。

此前，斯里兰卡总理拉尼尔·维克勒马辛哈要求对该项目展开调查并进行进一步评估。斯里兰卡政府做出的这一决定正是基于该项调查的报告结果。斯里兰卡外交部副部长阿吉特·佩雷拉表示，斯方在综合考虑后决定暂时叫停港口城项目施工。斯里兰卡投资促进部部长卡比尔·哈什姆 2015 年 3 月 4 日对媒体表示，有指控称，前政府在包括港口城项目在内的一些项目上涉嫌规避当地法律，以及回避相关环境要求。

斯里兰卡政府对前政府批准的一些项目进行全面审查，不仅中国项目受到影响，包括澳大利亚、伊朗等国，以及斯里兰卡本国的一些项目也已被暂停甚至被取消。

图 11－4 为斯里兰卡科伦坡港口城遭叫停事件的时间轴，轴上标注了这段时间内中国与斯里兰卡之间的重要事件：

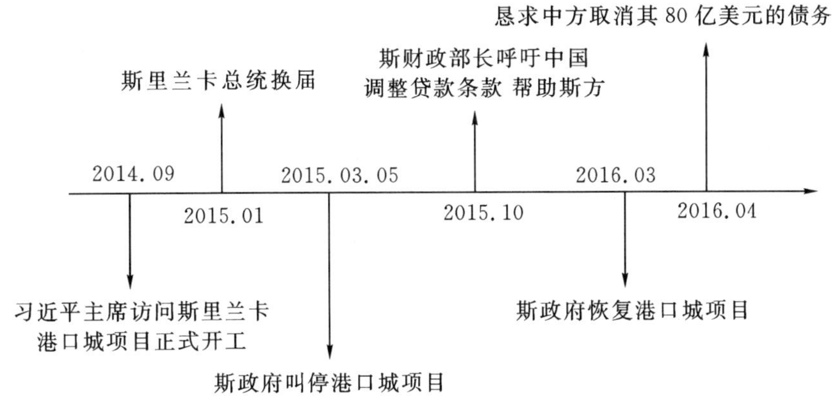

图 11－4　斯里兰卡科伦坡港口城遭叫停的事件时间轴

由图 11－4 可知，科伦坡港口城项目始于 2014 年 9 月，彼时正值习近平主席访问斯里兰卡期间，项目也随之正式开工；2015 年 1 月，斯里兰卡总统换届，前总统连任失败；2016 年 3 月，斯里兰卡新政府上任不到两个月就叫停了港口城等大型基础设施建设项目；2015 年 10 月，斯里兰卡爆发债务危机，斯方恳请中国放宽贷款还款条件；2016 年 3 月，港口城项目全面复工；2016 年 4 月，斯里兰卡总理访华并提出以“债转股”的方式免除斯里兰卡 80 亿美元的债务。

斯里兰卡新政府打着整顿贪腐的旗号叫停了许多前政府签订的大型基础设施项目，港口城项目就是其中之一。然而暂停调查才一年，项目已全面复工，这是否意味着斯里兰卡新政府已彻底整治贪腐问题，由斯里兰卡清廉指数来看，似乎并不是这样，下表是 2010—2015 年斯里兰卡的清廉指数：

表 11－21　斯里兰卡 2010—2015 清廉指数

CPI SCORE	2010	2011	2012	2013	2014	2015
Sri Lanka	3.2	3.3	4.0	3.7	3.8	3.7

资料来源：透明国际官网

由表 11－21 可知，2015 年一年的清廉指数并没有比之前的年度有显著的好转。也就是说，斯里兰卡政府花大力整顿腐败的收效甚微，与之相对，斯里兰卡经济在这一年却出现了极大危机，债务危机导致斯里兰卡的经济已不堪重负。正因为如此，斯里兰卡政府不得不使之前暂停调查的项目大面积复工，因为斯里兰卡的经济已不能承受旷日持久的停工调查。

二、中国在斯里兰卡基础设施项目案例政治风险分析

科伦坡港口城项目停建发生的直接原因，就是斯里兰卡总统的换届，亲华的前总统连任失败，导致之前签订的项目被无效化暂停而调查，这是典型的政治风险。然而，具体导致前总统连任失败的原因又是复杂的，我们可以从国内和国际两个角度来究其原因。

1. 国内方面

按本文归纳的三大因素：政府贪腐、政治稳定性与法治完善程度来分析：第一，前任总统连任失败最重要的原因之一就是民众认为，其贪腐问题极其严重，这点也无可争辩，拉贾帕克萨在任时确实将自己的总统权力提升到了一个顶峰。正如上一小节中的清廉指数所示，拉贾帕克萨在任期间，斯里兰卡的清廉指数普遍处于很低水平。也就是说，斯里兰卡政府的贪腐，间接地导致并给该项目造成了政治风险。

第二，斯里兰卡的政治稳定性较差。表 11－22 为近几年斯里兰卡的 ICRG 指数，它们都处于 50.0—59.9 这一等级，表示政治稳定性存在高风险。事实上，由于斯里兰卡采取以永久业权抵扣债务的方式，许多斯里兰卡民众指责政府"卖地求荣"并对此表示了强烈的不满，政府与民众间的冲突一定程度上加剧了政治的不稳定性。也就是说，斯里兰卡政治的不稳定直接导致、给该项目造成了政治风险。

表 11－22　斯里兰卡 2011—2015ICRG 指数

ICRG	2011	2012	2013	2014	2015
Sri Lanka	57.71	55.00	52.08	55.21	57.00

资料来源：PRS 官网

最后,法治方面,如果一国的法治环境是正常的,那么,即便政府换届导致项目暂停,相关法治也应该保护项目承办商,提供相应的损失补偿,在最后关卡消灭相应政治风险。然而,斯里兰卡的法治程度并不完善,如下表中法治指数所示,斯里兰卡的法治完善程度仅处于中等水平。类似本案例中外国投资者和承办商们无法在斯里兰卡得到全面的法治保护,沦为当地政府拿腐败开刀或政治策略中的牺牲品。

表 11-23　斯里兰卡 2011—2015 法治指数

Country	Region	Income Group	2012—2013	2014	2015
Sri Lanka	SA	LM	0.55	0.52	0.51

资料来源:世界正义工程官网

2015 年 8 月,斯里兰卡财政部长卡鲁纳纳亚克在接受媒体采访时则表示,斯政府目前正在与中国有关方面对该项目协议进行重新谈判,一个重点要解决的议题便是土地所有权问题。根据中斯双方签订的协议,科伦坡港口城的 108 公顷土地将归中国企业所有,其中 20 公顷土地的所有权即时生效,其余的土地有 99 年的租用地契。

“99 年(时间)真是太长了,有很多人对此表示不满,”斯里兰卡现政府认为,“前政府在该项目上有很多问题没有向斯里兰卡民众交代清楚,因此,科伦坡港口城停建,不能被视为中国与斯里兰卡外交关系的摩擦。”

2. 国际方面

斯里兰卡位于印度洋的中心,而印度洋连同西太平洋,会成为未来世界政治、战略和经济的中心,华盛顿、德里和北京对斯里兰卡产生兴趣是有理由的。印度洋航线是世界最繁忙的,全球超过 80%的海上石油贸易经过这里。海上石油贸易的一大部分必须通过两个重要的海峡:40%通过霍尔木兹海峡,35%通过马六甲海峡。这样一来,斯国就是中国“珍珠链”的中心,这是一连串在友好国家的港口,用来支持和保护中国的大规模商品出口和能源进口。斯里兰卡地处印度洋东西航道要冲,是 21 世纪海上丝绸之路战略的重要支点,也是中国对外战略中的“关键性小国”,其新政府深知中国的新战略需要斯里兰卡与之合作,有足够的资本在中印之间搞战略平衡,所以,才会有此举动。

图 11-5 所给出的时间轴反映了从项目停工到复工之间前后国际上发生的一系列相关事件。

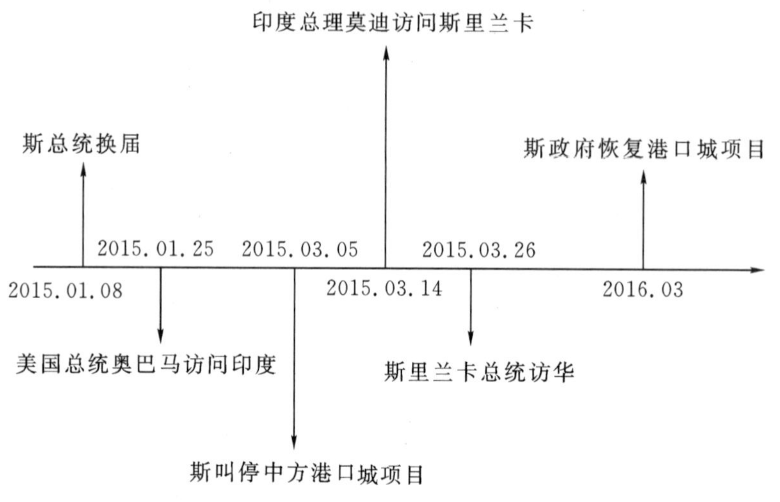

图 11-5　斯里兰卡港口城遭叫停的国际事件时间轴

从时间轴来看,斯政府特意在斯总统访华前两周叫停了港口城项目,其目的非常明显:斯政府清楚自己在中国“一带一路”战略中的重要地位,想利用中国对斯里兰卡在经济和战略等方面的期待,从各方获得更大利益,并以此为筹码,索取中国更多的援助。当然,在这一切背后,其实有两个大国在一步步操纵着事态的走向——印度和美国。

这里,本章将借用双层博弈模型(Robert D. Putnam, 1988)进一步扩展分析政治风险。按照政治风险来源,可分为母国因素、东道国因素与区域因素三类。就现代而言,东道国政策的变化、资源保护、经济和政治报复、文化差异、第三国干预、民族主义和宗教矛盾、各国内部利益集团和非政府组织的政治参与等政治风险日益成为主流。当斯总统更换后,出现了一个表面上两国双层博弈的动态转换,背后则是两个大国诱导一个小国向另一个大国开展的双层博弈。

第一,在 2015 的总统竞选中,拉贾帕克萨败给在中国事务上持相反主

张的反对派候选人西里塞纳。新总统西里塞纳主张结束一边倒的对外政策，回到平衡和制约的规则上。

第二，从印度的角度来说，由于斯里兰卡的战略地位，以及其与印度之间的悠久关系，印度向来把斯里兰卡看成是自己的一个部分。另外，由于地缘因素，斯里兰卡是只有六万多平方公里的岛国，历史上对次大陆有着先天的依赖性。所以，印度强烈反对南亚地区以外的大国势力介入南亚事务。而近年来，中国对斯里兰卡的援助和投资越来越大，这对印度来说，无疑是进入其“后院”，印度是非常担忧和不满的。对此，印度首先启动了“季风计划”，反制中国“一带一路”战略，目标是规划一个“印度主导的海洋世界”。

第三，印度推波助澜发起了科伦坡政权改变运动，使亲华的前总统拉贾帕克萨落选，以此改变斯里兰卡外交政策方向，使之远离中国。

第四，为了保证自己的地位，印度尽全力加大对斯里兰卡的投资，为此，印度总理莫迪 28 年来首次访问斯里兰卡。在访问期间，他同斯方签署了四项双边协议，同时发表讲话，极力争取加强两国军事联系。[①]

第五，就美国而言，奥巴马政府提出“重返亚洲”，期望在外交上孤立中国、在军事上围堵中国。美国总统奥巴马在斯里兰卡总统换届当月，就前往印度首都新德里进行访问，要求印度帮助改变斯里兰卡和缅甸的亲华政策，目的是削弱它们同中国的关系。由于斯里兰卡重要的地理位置，美国担心自己的利益很可能受到威胁。为此，美国联手印度，使斯里兰卡前总统拉贾帕克萨落选，并在换届后迅速与印度商定之后如何引导斯里兰卡的外交政策走向。

总之，美国和印度所做的一切目的都是，使印度成为该地区具有主导性作用的区域强权，使美国在印度洋的利益得到保证。斯里兰卡的例子，让美国现在也许意识到，需要对一些国家的利益更加关注，以免他们投入北京张开的怀抱。[②]

从国内层次而言，在斯里兰卡新总统上任后，对前总统马欣达・拉贾

---

① 斯里兰卡一度叫停中斯港口城内幕曝光 美媒：印度施压. 参考消息网. 2015 - 8 - 5。

② 卡迪拉・佩西亚革达. 斯里兰卡：美国战略的经验教训 2015 - 10 - 24. 来源：绘略。

帕克萨发起的一些大型项目进行重新评估,停掉了科伦坡附近由中国支持的港口建设项目。斯里兰卡商业集团 Aitken Spence PLC 主任罗汉·费尔南多告诉澎湃新闻,“要知道,无论是违反环境保护的原因,还是土地所有权期限过长,都会在(斯里兰卡)国内引发很多人的不满情绪,再加上中国企业的国企背景,这更会加重这些人的担忧。”[①]

国内政治因素发挥了直接作用。在当地民众眼里,这一项目停建主要是由总统更迭造成的,是新政府为了释放竞选压力,兑现竞选承诺而做出的选择,是新政府上台后烧的“第一把火”。某种意义上说,“重新审批项目”,是西里塞纳竞选时的“一张王牌”。他胜选后,一定要在选民面前“兑现承诺”,项目“手续不全”,只是借口而已。

然而,就在斯政府于 2015 年 3 月初暂停该项目后不久,斯里兰卡当地工人举行了大规模的抗议活动,认为停工损害了他们的利益,并积极要求政府尽快重启项目。从这一侧面报道可以反映出,港口项目的建设注重对不同利益群体的利益分配问题,以致在项目搁浅后,当地工人也主动投入到为项目重启的努力当中。

斯方以缺少相关审批手续为由要求该项目暂停施工。斯里兰卡内阁发言人塞纳拉特纳说,斯总理维克勒马辛哈在内阁会议上表示,科伦坡港口城项目要尽快提交相关报告和文件,以帮助斯政府对整个项目作进一步处理。到底是哪些文件目前没有交给新一届政府?是否存在不合规、不合法的问题?或者投资方没有积极地回应?是哪个环节出了问题?中斯双方在合同里规定,整个项目的环评部分和拿到取砂点的合法许可是政府的责任。当新一届政府在 3 月 6 日通知中方企业停工,并在两周内提交相关文件时,中企也都按照政府的要求办理了停工手续。因为 3 月 6 日是周五,3 月 9 日(周一),中企按照政府的要求提交了所有必需的文件。从公司立场来看,在提交文件、施工等方面,中企一直都是配合斯政府的各项要求和指示进行的。

---

① 斯里兰卡学者:科伦坡港口城停建不是中斯外交关系的摩擦.澎湃新闻,2015 年 11 月 10 号。

3. 事件转圜与复工条件分析

这样一来，港口城得以全面复工的原因也简单明了了——斯里兰卡债务危机的爆发。由于斯里兰卡贸易长期处于逆差地位，包括对中国的贸易在内。因此，出现严重的外汇缺口。1971 年至 2012 年，中国向斯里兰卡的援助总计达 50.56 亿美元。其中，2005 年至 2012 年的援助达到 47.61 亿美元（占 94%）。2012 至 2014 年，中国承诺再援助 21.8 亿美元，主要为低息贷款。事实上，中国已取代日本成为斯里兰卡最大的援助贷款国，该国近 70%的基础设施项目是由中国出资并修建的。

斯里兰卡外债规模在最近五年内增加了近两倍。对于这种外债，斯里兰卡政府无力偿还，从而陷入债务周期。它只能以“债转股”的方式出售一部分本国公司，或者以某片土地的永久业权作为交换来抵债。例如，本次港口城项目最初协议就是填海造地后的 108 公顷土地归中国交通建设股份有限公司所有，中交建股份享有其中 20 公顷土地的永久所有权。所以，斯政府叫停大量大型基础设施项目，自然导致债务压力越来越大，政府支出几乎全部用于债务支出。据有关数据显示，斯里兰卡的国外债务占国内生产总值的比重将达 94%，债务危机已迫使斯政府向国际货币基金组织 IMF 申请援助。国际评级机构惠誉，也将斯里兰卡信用评级下调至 B+，评级展望为负面。

斯政府 2016 年三月宣布解除项目停工令。6 月 10 日，随着五辆满载石料的重型卡车缓缓驶入项目施工现场，工程中断一年多以后重新开工。

港口城叫停事件后，中国政府重新调整对斯的公共外交政策，采取各种措施进行补救。

首先，是改善中国在斯里兰卡的形象。其中包括邀请斯里兰卡记者访问中国，与智库负责人互动，雇佣斯里兰卡人在中国的项目中工作，并且还向斯里兰卡人提供奖学金前往中国学习。此外，中国已经成为斯里兰卡第二大旅游客源国，促进了当地旅游业的发展。

其次，中国政府还开展了与斯里兰卡在公共卫生方面的合作。斯里兰卡是慢性肾病的高发区，中方采取诸多举措，包括派遣中科院专家组，在肾病预防与治疗等方面帮助斯里兰卡。由于新总统西里塞纳本人就来自肾病高发的波隆纳鲁瓦,为了争取西里塞纳的支持,中方还同意在波隆纳鲁瓦地区援建一所肾病医院。一段时间以来,中国推行软实力的做法已经取得成效。

另外,由于中国在斯里兰卡投资的工程,多是关系其国计民生的基础设施建设项目,这些项目投资大、回报周期长,世界上没有其他国家及国际组织能够取代中国在这方面的重要地位。虽然印度作为南亚地区大国,一直在斯里兰卡内政上保持较大的影响力,内战结束后,印度的对斯政策也以经济合作为中心,承诺将全力帮助斯里兰卡进行经济重建,但是,在斯里兰卡重建和经济援助问题上,印度是心有余而力不足。斯里兰卡作为中国海上能源生命线上的重要节点和商船的主要补给基地,对于确保中国战略安全具有突出的意义。因此,中斯互利合作伙伴关系的前景仍然乐观。

报道称,经过几个月的商讨,斯中双方终于就重新调整后的方案达成共识。根据《科伦坡公报》披露的合同细节,中国交通建设股份公司放弃了1.4亿美元的索赔款项,作为补偿,中方将获得2公顷的额外建设用地,使得总占地面积达到110公顷。其中的20公顷为先前协议中为中方永久使用的土地,在新协议中改为99年期租赁。

4.项目对中方造成的损失分析

据中国港湾公司负责人介绍,项目停工导致斯方一千多人失业,中方则每天承受约38万美元的直接经济损失。38万美元这个数字只是每天的直接损失,不包括间接损失。

这里所说的直接损失包括财务成本、人工支出等:中方的投资项目有些资金来自银行贷款。目前,中方没有解聘任何的员工,要付给他们工资。另外,已经完成的水工结构、吹填造好的陆地等项目,由于突然接到停工指令,没有时间做防护措施保护,有一部分已经被海浪冲蚀[28]。

除了直接损失外,这次项目暂停还包括了许多间接损失,包括由于停工产生的额外费用,以及停工对未来工作的影响。这其中,最主要的就是项目暂停一年的时间成本,以及永久业权丧失的成本:

(1)时间成本

尽管项目只暂停一年，但其间发生的时间成本不可小觑。为了更清楚地看到斯里兰卡港口城项目暂停期间发生的时间成本，先假设其他条件不变，唯一改变的就是项目暂停一年，设 i 为折现率，c 为港口城的年收入，那么，事件发生前的净现值为：

$$NPV_{T1} = -15 + \frac{-130}{1+i} + \frac{c}{i(1+i)^{25}}$$

推迟一年后的净现值则变为：

$$NPV_{T2} = -15 + \frac{-130}{1+i} + \frac{c}{i(1+i)^{26}}$$

为了更好地清楚展示时间成本的不可忽视性，下面带入具体数值到上述公式。通常用来折现的折现率，可以以当时的市场利率替代，以下为斯里兰卡 2015—2016 年的市场利率变化：

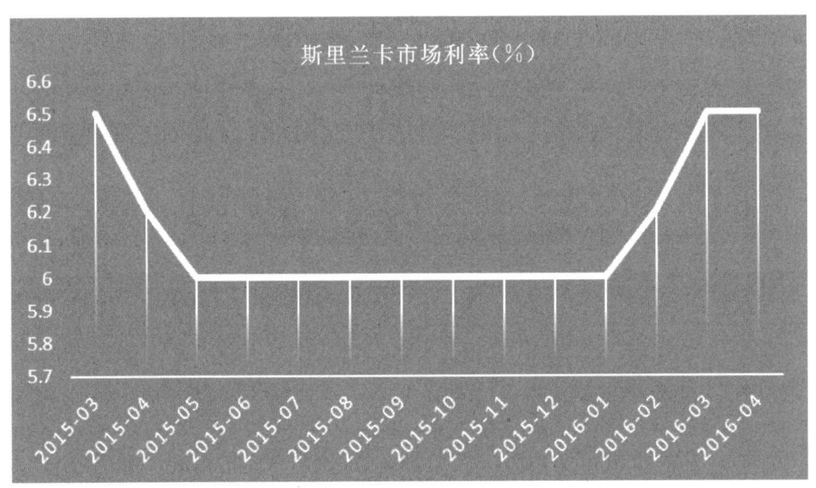

资料来源：斯里兰卡出口促进局、斯里兰卡统计局

图 11－6　斯里兰卡 2015—2016 年的市场利率

选取 2015 年 4 月的市场利率：6.5％作为折现率，那么 i＝6.5％，再假设港口城一年的收入为 200 亿美元，那么，推迟一年就导致项目的净现值减少了：

$$\Delta NPV_T = NPV_{T1} - NPV_{T2} = \frac{c}{i} \times \frac{i}{(1+i)^{26}} \approx 38.90$$

仅推迟一年就造成了38.90亿美元的损失，可见，项目的时间成本不可忽视。虽然年收入是假设的，但时间成本的影响力可见一斑，斯里兰卡暂停项目时，中方的一期投资已投入，无法撤回，时间成本不可避免，由此导致的损失，应由暂停项目的斯里兰卡政府负责。

(2)永久业权丧失的成本

2015年3月，港口城项目复工。值得注意的是，斯里兰卡取消了原合同中给中国企业的永久业权，而仅享有99年的租赁权。美媒援引斯里兰卡《每日镜报》报道称，斯里兰卡政府发言人塞纳拉特内8月2日对媒体表示，由于来自印度方面的压力，斯里兰卡政府不得不就中国投资的科伦坡港口城项目与中国投资方重新修订了建设协议。在新的协议中，斯里兰卡撤回了先前给予中方的20公顷土地永久使用权，而改为99年租赁。这一改变看似没给中国企业造成多大损失，但其实造成的成本是巨大的。

在此，本章同样以净现值角度来计算一下，项目这一改变导致的损失。为了看到斯里兰卡港口城项目丧失永久业权的成本，先假设其他条件不变，唯一改变的就是永久权的丧失，那么，已知事件发生前的净现值为：

$$NPV_{P1} = -15 + \frac{-130}{1+i} + \frac{c}{i\,(1+i)^{25}}$$

在丧失永久权之后，中国企业仅享有对港口城99年的租赁权，即使用权，那么，此时，在其他条件不变的情况下，项目的净现值变为：

$$NPV_{P2} = -15 + \frac{-130}{1+i} + \frac{1}{(1+i)^{25}} \times \frac{c}{i}\left(1 - \frac{1}{(1+i)^{99}}\right)$$

同样假设每年港口城的收入为200亿美元，折现率i=6.5%，那么，永久业权的丧失就导致项目的净现值减少了：

$$\Delta NPV_P = NPV_{P1} - NPV_{P2} = \frac{c}{i\,(1+i)^{25}} \times \frac{1}{(1+i)^{99}} \approx 1.25$$

虽然港口城收入只是假设数据，而且也没有考虑土地具体的公顷数与收入之间的关系，但上述分析告诉我们，永久业权的丧失，确实产生了新的成本，而且1.25亿美元并不是一个小数字。

(3)总成本

根据已有数据，项目暂停一年每天直接成本38万美元的损失；根据上述计算，这一年产生的间接成本与时间成本，以及取消永久业权的成本各是38.8亿美元和1.25亿美元，项目暂停一年按365天来计算，那么，项目暂停一年的总成本损失为：

$$C = 0.038 \times 365 + 38.8 + 1.25 = 53.42$$

综上所述，斯里兰卡港口城遭叫停这一政治风险，给中国企业带来了直接成本和间接成本损失总计53.42亿美元。

三、中国“一带一路”基础设施项目对策建议

虽然斯里兰卡科伦坡港口城项目已全面复工，但损失已经发生，相关赔偿并不令人满意。前事不忘，后事之师。风险和机会往往是并存的，关键是如何找到合理合法的途径，有效地规避风险。以下是一些对策建议：

第一，本例中，这种突发性如政府换届等的政治事件，是无法预测的。而且像港口城这种大型项目，建设过程往往持续数十年，在此期间政府换届等变化不可避免。所以，对于这种突发性政治事件所造成的种种成本，相关企业应提前提防，尽可能将相关成本转移。例如，与东道国政府签订协议，保证项目不受政府换届变化的干扰等。

第二，中方企业要注意在项目协议中商定法律救济条款，从而使中国企业的损失可以控制。当项目已因相关政治风险影响而停滞，且有关政府拒绝协商赔偿时，这时候可以采取争议解决的方法解决。

争议解决，又可分为当地救济和国际仲裁。当类似本案例的事件发生后，一方面，中国企业应积极配合当地政府的审查，通过积极沟通和协商消除误解或解决争议。另一方面，假如项目最终被当地政府取消，中国企业可以选择当地救济。

例如，在当地法院起诉或提起国际仲裁，通过法律手段解决争端。包括英国在内的一些英联邦国家，在签订大型基础设施投资项目的过程中，通常都会增加有关临时仲裁或者中间仲裁的条款，对投资项目可能发生的争议及时提出仲裁。仲裁机构或者仲裁员，应当对项目实施过程中出现的

问题做出裁决，从而确保双方的损失不会进一步扩大。

中国企业投资科伦坡港口城建设，投资资金巨大，建设周期很长，中国企业应当充分利用仲裁规则，随时处理合同履行过程中出现的问题[29]。

第三，中方应注意有关项目的投资的分散性与多样性。本例中，中国在斯里兰卡的投资几乎都集中在基础设施投资领域——机场、港口、铁路等，这不仅需要耗费大量资金，更容易受到国际以及国内局势的影响。相比之下，日本对斯里兰卡的投资就聪明很多——集中在非经济领域，即文化、教育与民生方面，不仅投入小，而且回报巨大，且不容易受政治风险的影响。

第四，从国家角度来看，中国政府可以选择以外交手段，帮助我国企业加快解决港口项目遭叫停调查的问题。具体来说，中国政府可以通过外交途径与斯里兰卡政府进行外交协商的同时，进行一定的施压，要求对方政府和企业承担契约义务，从而使争议在短时期内得以解决。

第六节　本章小结

一、"一带一路"主权信用风险评估结论

本章首先通过构建指标体系，利用 TOPSIS 模型，对 31 个世界主要国家的主权信用状况进行排序，得出以下实证结论：

①欧洲地区信用风险较低，信用等级普遍较高，除希腊之外，其他各国基本处于 B 级，处于中等偏上水平。欧洲地区拥有比较成熟的社会文明，其政治和社会风险较低，偿债意愿较高，是支持其信用等级的主要因素。但该地区各个国家的经济发展动力不足，又深陷福利陷阱，政府负债水平偏高，制约了政府部门的偿债能力，直接导致 2010 年欧债危机的爆发。

②中亚五国总体的主权信用风险水平较低，信用等级多为 C 级和 D 级。前些年，该地区的财政状态良好，现时偿债能力较强，是其信用等级的主要支撑因素。但这五个国家的政治、社会和经济的发展程度较低，难以保证政府具有足够的偿债意愿，且近年内受资源价格下降，本币贬值，其偿

债能力受到较低经济水平的拖累，可持续性较差，制约了其主权信用等级的提升。

③东盟七国的主权信用水平跨度较大，既有 A 等级的新加坡，也有处于 C 等级的越南、柬埔寨等国。该地区普遍拥有较为健康的财政体制，财政赤字率和政府负债率均处于较低水平。该地区经济发展程度不一，不确定性较大，除新加坡外，经济与社会风险均处于中等偏上水平，所以，需要警惕其经济与社会风险。

④除上述区域外，巴基斯坦、埃及等"一带一路"沿线国家的主权信用风险普遍较高，六国中有一半国家的主权信用评级处于 E 级。这些国家在各个方面都有待进一步发展，政治与社会风险，以及经济风险较高，无法保证足够的偿债意愿和偿债能力。此外，该区域内的政府缺乏公开透明的财政体制，普遍具有较高的负债数额，进一步限制了主权信用的改善。

二、加强国别政治风险管理和控制的政策建议

政治风险管理是指企业或投资者在进行对外投资决策，或对外经济贸易活动时，为了避免由于东道国或投资所在国政治环境方面发生意料之外的变化，而给自己造成不必要的损失，因而针对东道国政治环境方面发生变化的可能性，以及这种变化对自己的投资和经营活动可能产生的影响，提前采取相应的对策，以减少或避免由于这种政治方面的变化而给企业或投资者自己带来的损失。

中国有关部门和企业对国别政治风险的管理和控制，应该注意到以下三个方面：

①在进入东道国市场前，企业或投资者必须对一个国家的政治风险做出评估，要认真评估东道国或投资所在国发生预料之外的政治环境变化的可能性。在进行对外投资之前，中国有关部门和企业或投资者，必须与东道国的有关部门，就投资环境问题进行专门谈判，以取得对方的某种承诺承担其应负的责任。

②在项目投资决策前，企业或投资者要科学估算上述政治环境的变化，对企业或投资者的利益可能造成的影响。一旦做出投资决策，开始进

行实际投资之后，企业或投资者必须作好调整自己经营策略的准备，以不断强化自己适应东道国投资环境变化的能力。

③企业或投资者需要根据法律保护自己的利益，避免受到上述政治环境变化的不利影响，或者从某些政治环境的变化中获利。企业在制订日常经营计划的同时，还必须制订一个反危机的计划，以时刻应付可能发生的政治事件，及由此导致的一系列风险。

④建议中国官方有关部门、企业和投资者，一是要正确评估东道国的政治环境；在风险发生前进行周密安排，如与东道国政府签订协议等明确双方的利益和责任义务，并切实履行。二是要采取风险分散化的方法：寻找国际合作伙伴共同投资，如其他大跨国公司、金融机构等；并与东道国的不同利益集团建立联系，如向当地企业出售股票、债券等。三是要寻找避险手段，积极研究德国、日本、美国的海外投资保险制度；例如，购买保险，如美国海外私人投资公司(OPIC)提供的保险：包括货币不能兑换风险；没收风险；战争、革命、暴乱风险；政治性暴力事件对企业的损失等。中国保险机构也应尽力开发新的险种，以利于减少企业走出去的风险损失。

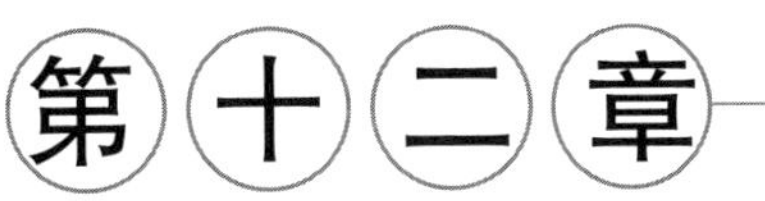

第十二章 “一带一路”生态文明与可持续合作发展

第一节 引 言

人类社会在跨入21世纪以后，在经济全球化日益活跃的同时，也出现了全球性的气候变化与环境问题。工业文明给人类带来生产力巨大发展和社会财富的积累过程中，也造成了气候变暖、环境污染和生态破坏等一系列的问题。

应对气候变化，建设生态文明，已经成为人类面临的共同的任务和挑战。生态文明是建立在物质文明和工业文明的基础之上的一种新的更高级的文明形态。生态文明强调可持续发展，要求人与自然和谐相处，要求人们树立经济、社会与生态环境协调发展的理念。并且以此调节生产和生活方式，推进全社会、全人类履行维护生态安全的责任和义务。

源自中国的“丝绸之路”作为一条横贯东西的商路能够载入史册，在于其不仅仅是普普通通的贸易通道，而且是促进不同民族和地区友好交往、使亚欧不同国家共享千年繁荣的和平之路、合作之路。今天，建设丝绸之路经济带和21世纪海上丝绸之路，中国展现出对人类做出较大贡献的宏伟抱负，实现“丝绸之路”的伟大复兴，把合作的传统与共赢的方式发扬光大的愿望。进一步而言，中国不仅要肩负历史使命，还要推进“一带一路”可持续发展，在“一带一路”建设中以生态文明理念为思想引领，使“一带一路”建设成为世界生态文明建设的伟大实践。

当代世界的生态环境问题是一个对人类社会可持续发展具有普遍性影响的重大问题，区域地质、地貌、气候、植被和土壤等自然地理条件，是构成区域生态环境的基础，也是产生生态环境问题的决定性因素。人与自然组成的生态关系系统被称为人类生态系统。人类生态系统在不断演化的过程中，经历了农业文明时期和工业文明时期，相应地形成了农业人工生态和工业人工生态，后者对自然生态的影响远远大于前者，破坏了大气圈、水圈、土壤圈和生物圈的平衡，导致温室效应，并给人类的生存和发展带来一系列恶果。同样，上述这些，还有战争和过度开发，以及其他的人类活动，也已经非常严重地影响了丝路的绿色资源，古丝路沿线一些原有的生机勃发之地化作茫茫荒漠，肆虐的风沙湮没了朔方、埋葬了楼兰，以及古巴比伦，曾经的驼铃声声的古丝路陷入了荒凉与沉寂，曾经人流如织的城市变成了废墟。现实在不断地警醒世人：没有一个良好的生态环境做土壤，任何文明都是难以存活的，更遑论经济和民生的可持续发展。

“以史为镜，可以知兴衰”。古丝绸之路的兴衰史，既是贸易、文化和文明交往的历史，也是一部生态的变迁史。如今，随着“一带一路”战略的推进和实施，生态文明建设已成为其中最为重要和引人关注的一环。同时，打造生态丝路、绿色丝路，已成为沿线各国的共识。整体上看，地域辽阔、资源富集、市场潜力巨大等，是“一带一路”沿线国家合作与共同发展的客观条件。

然而，也必须看到，丝绸之路经济带各地区因地理位置、自然环境上的差异，而具有不同的表现形态：就丝路经济带中国西北地区而言，生态环境问题主要表现为干旱和沙漠化，植被稀少和严重的水土流失；而地质结构复杂的西南地区，更多地呈现为荒漠化和石漠化。

从土壤类型图可以了解到，丝绸之路经济带的区域总共包含三十多个土壤组织类型。丝绸之路经济带北部的西伯利亚与欧洲植被覆盖主要是阔叶林与针叶林。但是在中部区域，也就是中东、中亚、中国西北，以及北非等区域的植被覆盖相对较少，其主要是戈壁沙漠。沙漠化问题体现最为严重的是第二亚欧大陆桥段。

丝绸之路沿线的生态环境相当脆弱。其中部分区域的荒漠化和沙漠化表现得非常严重。丝绸之路表现的严峻生态环境，需要周边国家共同合作，应对气候变化所带来的影响。长期以来，由于自然、经济、社会等多方面的交织影响和历史积淀，致使中国西部和丝绸之路沿线部分国家地区生

态环境恶化，水土流失、土地沙化、资源危机、洪涝灾害、地质灾害、减贫脱贫等生态环境问题日益严重，不仅阻碍了各地区自身社会经济发展，甚至对本国、区域甚至整个区域的可持续发展构成了严重威胁。如果在“一带一路”倡议实施中，不能很好地处理资源开发与环境保护方面的问题，则不仅生态环境有进一步恶化的趋势，而且会使当地人民的生存条件和正常的生产、生活都受到严重影响。从而影响到“一带一路”命运共同体的形成和未来。

2013 年 9 月，中国国家主席习近平在哈萨克斯坦纳扎尔巴耶夫大学发表演讲时，阐明了生态文明建设尊重自然、顺应自然、保护自然的理念。2015 年 3 月，《推动共建丝绸之路经济带和 21 世纪海上丝绸之路的愿景与行动》进一步明确指出：“在投资贸易中突出生态文明理念，加强生态环境、生物多样性和应对气候变化合作，共建绿色丝绸之路。”

建设生态文明，实现绿色发展，是中国“一带一路”共建倡议秉持的重要理念。近年来，中国经济正在进入新常态，中国正在努力走出粗放发展的模式，努力克服“先污染后治理”的弊端，并且将生态文明建设放在更为突出和紧迫的地位。因此，中国在“一带一路”建设中不能沿袭陈旧的国际合作模式，即仅以低廉的经济利益换取宝贵的资源、环境和生态价值，而是需要充分考虑各国人民对良好生态环境的期待，与合作伙伴共同探索经济效益与生态效益并重的合作模式。从利益共同体走向责任共同体最终形成命运共同体。中国与“一带一路”沿线许多国家处在相似的发展阶段，通过互学互鉴，可以共同促进各国在加快经济发展的同时，推进生态文明建设。本章将对“一带一路”区域经济合作中，推进生态文明建设的意义和特征进行分析。

第二节　“一带一路”生态文明建设的意义和路径特征

一、“一带一路”区域经济合作中生态文明建设的意义

在“一带一路”区域经济合作中，推进生态文明建设具有重要的意义和

路径特征。

第一，体现可持续发展。“一带一路”生态文明制度上是亲生态的经济社会制度，在这种社会制度基础上，通过发展方式的转变，鼓励实现生态文明建设和经济社会发展的有机统一。强调生态文明，并不否定发展。“一带一路”的生态文明建设与一些极端的环境保护主义者从神学和纯粹生物学角度出发的“零增长”“负增长”等主张不同，它承认发展，推进科学发展，承认工业文明，构建新型工业文明。同时，又将生态文明建设作为一种发展手段，以积累绿色资产、开发绿色资源和拓展绿色空间。因此，丝绸之路经济带的生态文明建设是发展性的。不仅考虑当代的发展，还要考虑到子孙后代的发展，不仅考虑代内公平，还要考虑代际公平。

第二，体现系统性和融于合作发展的全过程。“一带一路”生态文明建设的发展性决定了“一带一路”生态文明建设路径的系统性和过程合作性。

“一带一路”生态文明建设的路径：

一是确立“一带一路”生态文明建设的目标，即建设美丽丝绸之路经济带，实现丝绸之路经济带永续发展。

二是确立“一带一路”生态文明建设在全球现代化进程中的地位，即把生态文明建设作为“一带一路”发展的重要组成部分。作为全球现代化进程的基础结构，将生态文明建设贯穿到经济社会发展的全过程。

三是确立“一带一路”生态文明建设产业体系，为“一带一路”生态文明建设提供产业支撑。构建科学发展制度框架，为丝绸之路经济带生态文明建设提供制度支撑。构建有利于生态文明的国土功能区域格局，为“一带一路”生态文明建设提供空间支撑。构建“两型”社会体系，为“一带一路”生态文明提供社会支撑。加强绿色技术、循环技术、节能技术、环保技术的研发和应用，为“一带一路”生态文明建设提供技术支撑。建设生态文化和生态人格，为“一带一路”生态文明建设提供文化支撑。加强国际合作，形成既有利于“一带一路”生态文明水平提升，又有利于承担生态文明国际责任的国际互动体系。构建有利于“一带一路”生态文明的社会经济发展评价标准体系，为建设生态文明提供绿色引导。为“一带一路”生态文明建设提供理论指导，等等。

二、“一带一路”区域合作和生态安全面临的重大问题

1.资源合作开发问题

自然资源包括土地资源、矿产资源和能源、旅游资源和水力资源等。中国和“一带一路”资源型国家合作的重要一环，就是对当地丰富的自然资源的开发，以充分利用资源，加快改善当地人民的生活，促进本地和东道国与中国的共同发展。然而，中国企业在当地资源开发，又不能摆脱生态环境的硬约束。而且中国企业在开发过程中，如果不注意科学、合理地开发，不注意当地经济社会的可持续发展，就可能出现政治风险，甚至导致资源诅咒的结果。

2.环境污染问题

污染是违反公共利益向共同的环境排放有害的副产品和废弃物质。从经济学的角度看，污染是对环境质量的损耗，换句话说，由于环境是一种稀缺的资源，污染实质上是对这种稀缺资源的一种消耗。经济增长的过程中，具有很强的空间外部负效应，即会产生环境污染、资源滥用等生态环境问题。这种外部不经济已不再是市场运行的偶然“失灵”，而是变成了经常的、普遍的现象。因而探索、认识并逐渐掌握其运行规律，度量其作用程度并加以转化，以消除或减少这种负效应，实现外部效应的内部化，就显得非常重要。对境外资源开发造成的环境污染及其与当地经济社会发展关系的科学分析，也成为“一带一路”项目合作对接的一项重要任务。

3.跨境产业转移问题

在“一带一路”倡议实施所伴随的对内对外开放日益扩大的作用进程中，中国和沿线国家的企业、产业与区域经济受到国际、国内环境因素（如环境标准）的双重影响。在不同的环境标准规则下，区域经济的不平衡增长，会引起各地污染排放强度的不同变化，与地区间污染产业和污染品的空间梯度转移。此外，国与国之间可能通过贸易与投资渠道，将本国所禁止的污染品和污染产业转移到他国国内,各国的可持续发展面临着来自国内、国际两方面的挑战。

4.减贫问题

在"一带一路"沿线国家的资源开发合作当中的特殊之处在于,需要考虑当地减少乃至摆脱贫困与保护生态环境之间存在很大的矛盾关系。贫困问题是一个经济社会发展问题,只有通过发展才能减少或者摆脱贫困。环境问题既是与人类文明的出现和经济社会发展相伴产生的,同时,又只能通过可持续发展来缓解环境恶化,实现人类与自然的和谐相处。丝绸之路沿线部分地区的贫困问题又因其与生态环境交织,突出表现为生态贫困。

中国在与亚欧非国家开展合作的过程中,坚持倡导新合作观、新文明观、新安全观,以及正确的义利观,就是要坚持不同发展水平、不同文化背景、不同资源禀赋国家之间的平等合作,正确处理好"予"和"取"的关系,通过这样面向长远的合作方式,可以为"一带一路"的经济合作与生态文明可持续建设铺平道路。

除上述外,学者们常常认为有五种力量决定"一带一路"沿线国家的生态环境态势:工业化进程、脆弱的人口——资源——环境背景、全球环境合作与经济全球化的影响、可持续发展所做的有意识的努力。

除上述特殊问题之外,丝绸之路经济带生态文明建设中面临的普遍问题可以归结为以下方面:

①日益膨胀不断增加的人口对自然环境的压力。"一带一路"人口的基本情况是人口基数庞大、结构不均,而且整体素质较低,造成了不断增加的自然环境压力。2014 年底,世界人口达到 73 亿左右。日益膨胀的人口,不断消耗着地球上宝贵的能源资源,对"一带一路"有限的自然资源造成了很大的冲击和压力。

②工业化过程中,产业结构重型化和布局不合理,加大对"一带一路"生态环境的挑战。在"一带一路",工业化过程中不合理的产业结构不断加大对生态环境的挑战。工业化的历史过程,是人们加快积累社会财富、迅速提高生活水平的过程,也是消耗能源资源、污染环境和破坏生态的过程。

从消费结构、投资结构和对外贸易结构的变化趋势来看，这段时期“一带一路”国家的产业结构将不断向重化工业化方向转变，产业重化工业化特征将更加明显。其显著特点就是能源、矿产资源消耗大量增加和环境的全面污染。此外，在相当长的时期内，“一带一路”主要国家宏观经济布局，在一定程度上忽视了生态破坏、环境保护的客观要求，增加了大区域集中控制和治理污染的难度，导致污染范围不断扩大。

③城市化进程中生产生活方式的变迁，不断产生生态环境问题。2008年以来，城市化进入快速增长期，全球城市化率由2000年的46.7%增长至2010年的50.9%，年均增长率0.42%。城市化进程就是一部生产生活方式的变迁史。与城市化进程如影随形的是一系列的生态环境问题。

④落后的生态意识不断加重人与自然的矛盾。生态文明的核心就是人与自然的和谐共处，落后的生态意识观是“一带一路”生态文明面临的主要矛盾。人与自然的矛盾日益尖锐，与人们落后的生态意识有着密切的关系。这种落后的生态意识，主要表现在领导的错误政绩观和公众的消费主义等方面。

⑤传统的发展模式影响着生态文明建设。对传统发展模式的片面认识阻碍生态文明的建设。“丝绸之路经济带的环境问题，不是一个专业问题，而是一个政治问题，根源是扭曲的发展观。”[①]不转变竭林而耕、竭泽而渔、竭矿而采，不顾自然，不计代价、不问未来的传统发展模式，无论从近期看，还是从长远看，无论从国内资源看，还是从地球资源看，无论从当代人的发展看，还是从后代人的发展看，都是难以为继、不可持续的。

三、中国“一带一路”走出去企业的社会责任

进入21世纪以来，人们对海外投资企业的期望，已经不仅限于解决当地就业、赚取利润和缴纳税收的功能，人们更希望，企业能有效地承担起推动社会进步、关心环境和生态、扶助社会弱势群体、参与社区发展、保障员工权益等一系列社会问题上的责任和义务。这就是人们常说的“企业的社

① 潘岳. 环境保护与公众参与[J]. 生产力研究，2004 (8)：91-91.

会责任”(Corporate social responsibility,简称 CSR)。

企业得以可持续经营,仅仅考虑经济因素对股东负责,是远远不够的,必须同时考虑到环境和社会因素,承担起相应的环境责任和社会责任,一个负责任的企业,必须将社会基本价值与日常商业实践、运作和政策相整合,它必须有良好的公司治理和道德价值、对利益相关者负责、对社会环境负责、对社会和经济发展的广义贡献。

美国专家的研究表明,如果以十分制来计算声誉的话,一分之差,对一般公司的损失相当于 5150 万美元,而对 500 强公司则相当于 5 亿美元。这一研究的结论是:尽管公司的规模和行业不一样,但声誉每变化 10%,就会引起约 1%～5%的市值变化。

“一带一路”建设为中国企业走出去提供了难得的契机,但也充满了挑战。“一带一路”的风险,除了政治经济风险之外,还包括以下几个方面:(1)环境、生态风险:不少地方自然环境、生态环境脆弱。(2)人文社会风险:“一带一路”国家之间存在巨大的文化差异。(3)国内协调与执行风险。(4)舆论环境风险:国内某些研究、话语存在将经济活动‘战略化’‘政治化’,导致合作伙伴对中国的不信任。

因此,企业需要有强烈的风险防范意识,未雨绸缪。在“一带一路”背景下,中国企业不能只是走出去,而是要下功夫走进去、走下去。相比过去,中国企业的硬实力确实增强了,但是,软实力还是比较弱。走出去的中国企业的海外形象,事关“一带一路”建设大局,也已成为中国国家形象的重要组成部分,成为国际社会认识中国、了解中国的重要窗口。无论是“一带一路”战略大局,还是从企业自身的可持续发展的角度,目前,中国企业必须在增强硬实力的同时,补上软实力建设“短板”,才能提升企业的整体竞争力和国际影响力。这是大势所趋,也是国际化必由之路。

“一带一路”沿线国家的政治、经济、文化和法律制度存在巨大差异,中国企业走出去时,必须高度重视防范风险,提高海外投资利益的保障能力,实现与当地社会、文化、法治的良性融合。

一是从海外投资环境看,中国企业与西方跨国公司相比,有明显的“后发劣势”,大部分只能到投资环境差、风险高的国家和行业去寻找机会,有

的市场看似空间巨大,实则有效需求不足,盲目地进入将带来高风险。

二是从企业管理能力看,中国海外投资起步较晚,企业不熟悉国际市场、缺乏海外投资经验,以及会计、律师、咨询等中介机构发展程度低、风险评估能力弱等问题,比较突出。海外国家的政治、经济、社会环境复杂多变,语言文化、商业规则、法律体系、行业标准等与国内截然不同,对企业的适应能力和管理水平提出了更高要求。

三是从协调支持机制看,走出去的中国企业还面临着信息不对称、资源碎片化、恶性竞争等问题,既不利于力量整合统筹,也容易造成资源重复浪费。此外,"一带一路"沿线国家和地区的金融环境并不完善,对中国企业的金融支持有限。

四是从"一带一路"建设中的生态环境问题来看,涉及面广泛,还受政治经济、社会文化等因素影响。"一带一路"沿线国家和地区国情不同,发展阶段不同,在有些国家和地区,企业如果仅仅满足于合规经营,还是会遇到困扰。当企业在法律法规不健全或者执法能力欠缺的国家或地区运营时,仅仅满足法规的基本要求,并不能帮助企业合理化解政策风险和声誉风险。合理提高环境社会标准,虽然短期来说会增加成本,但战略型企业社会责任策略可帮助企业获得竞争优势,从而补偿其成本。

五是企业在投资开发建设过程中,除了依法经营之外,还要勇于承担社会责任、关注当地民众诉求,积极开展民生工程。然而一方面,"一带一路"沿线的国家差异较大,各国有关企业社会责任的法律制度、社会认知,以及关注重点并不一致,经济社会环境复杂多变,增加了相关社会责任项日实施的难度。

例如,发展中东道国更注重于经济发展、减少贫困、增加就业,以及满足人们的基本需要,而发达国家则更加关注道义支持、员工发展和社会保障等。因此,要加强对中国企业在东道国的社会责任问题的共性进行研究,从而有助于中国企业在东道国的长远发展。另一方面,企业类型和背景的多样性,也加大了在这一区域推进社会责任项目的执行难度,不同企业履行社会责任的能力也存在很大差异。"一带一路"地区的中资企业,既具有社会责任能力建设水平普遍不高的共性特征,又具有"走出去"企业的个性问题。

最近几年，中资企业在海外运营的过程中，屡屡因为与当地社区融入不足，对东道国风俗、文化了解不充分，缺少与当地民众、非政府组织、媒体的沟通，而引发纠纷、冲突，甚至导致项目停滞。应当引起高度重视，深入研究对应之策。

第三节　对"一带一路"沿线国家生态文明评价

本章采用生态文明综合指数评价法，来评价"一带一路"沿线主要国家生态文明，即指标体系指数化的综合评价方法，合成单一的、体现"一带一路"生态文明水平的综合指数。

"一带一路"生态文明是一个非常广泛的领域，给定量评价造成了极大的困难，制度层面和观念层面的建设，在生态文明评价中起着关键性作用，是其不可或缺的组成部分。但是"一带一路"生态文明体系评价，目前只止步于定性层面，缺乏可靠数据来支撑而且还难以量化。

因此，本章希望通过分析评价生态文明中相对客观的器物和行为部分，依据正确的指标选取原则，科学地选取指标和确定各项评价指标权重，并且在此基础上，利用生态文明评价体系模型，对"一带一路"生态文明进行综合评价①②。

一、指标体系构建

对"一带一路"沿线主要国家生态文明进行综合评价，核心任务就是：构造科学、完善、可操作的生态文明评价指标体系，合理确定各指标在体系中的相应权重，这对于"一带一路"沿线主要国家生态文明评价而言，至关重要。"一带一路"生态文明，是以人与自然、人与现代人类文明、人与时代发展和谐共生、全面发展、持续繁荣为基本宗旨的复合系统。此外，"一带

① 梁文森. 生态文明指标体系问题[J]. 经济学家，2009 (3)：102－104。

② 杜宇、刘俊昌. 生态文明建设评价指标体系研究[J]. 科学管理研究，2009，27(3)：60－63。

一路”沿线主要国家生态文明评价指标结构，必须表现资源、环境、经济、社会各组成成分的相互作用和相互联系。

“一带一路”生态文明评价的指标体系，可以衡量“一带一路”沿线主要国家生态文明水平和程度，从而可以为沿线国家进行经济合作、生态文明建设做出正确决策、科学规划提供可靠依据。

1. 选取原则

由于生态文明建设自身具有较特殊的区域特点，并且在此需要根据“一带一路”生态文明状况进行指标体系设计。一般情况而言，构建生态文明建设评价指标体系，必须遵循科学性原则、完整性原则、目的性原则、动态性原则、可操作性原则、导向性原则等六大原则。

①科学性：生态一般指生物之间，以及生物与环境之间的相互关系及存在状态，自然生态有着自在自为的发展规律。人类社会改变了这种规律，把自然生态纳入到人类可以改造的范围之内，这就形成了文明。生态文明的崛起，是一场涉及生产方式、生活方式和价值观念的世界性革命，是一次顺应世界潮流的新选择。生态文明建设，也是对共建利益共同体、责任共同体和命运共同体的实践性提升。它将通过多种渠道，对发展方式和人们的生活方式进行重大的引导和调整，沿着可持续发展的轨道前进。

②完整性：生态文明植根于自然界之中，根植于人与自然、人与人之间的和谐相处之中。从性质上来讲，生态文明是一种文化伦理观，是用于指导全社会处理人与自然关系，统筹人与自然和谐发展的意识形态。“一带一路”把建设生态文明提到了发展目标的高度，充分体现了与时俱进的历史主动精神。人类社会的发展实践告诉我们，如果生态系统不能持续提供资源能源、清洁的空气和水等要素，经济社会的持续发展就会失去载体和基础，整个人类文明进而都会受到威胁。“一带一路”的发展已不能再走拼资源环境的老路，而是要清醒地认识发展的自身条件、外部环境和全球趋势，以历史的主动精神去探索新的发展方式，抓住和用好新的发展机遇，主动地融入到世界生态文明发展新趋势的大潮中。

③目的性：生态文明评价体系要求通过围绕综合评价的目的，逐步展

开来评价结论，并能准确地反映城市文明评价目标，并对对象的本质特征和构成的主要成分进行客观监测和描述，达到为监测和评价活动服务的目的。选择相互独立并且相互关联的指标构成一个整体，为生态文明建设模型进行指导，以期科学全面地反映生态文明建设发展水平。

④动态性：作为一个有机整体的指标评价体系，既要从不同角度反映被评价系统的特征，又要反映其发展规律和发展趋势，这就使得指标评价体系，必须能够综合反映影响丝绸之路经济带的资源状况、生态环境、经济协调发展、社会进步的各种要素。生态文明评价体系的建立，必须要求其能够在现在以至一段时间之内能够有效评价其可持续发展的能力，其生态文明的优劣程度，以及在全国的等级位次，也是在动态中不断发展的。

⑤可操作性：一方面，要求数据具有收集方便、计算简单的特点，另一方面，要尽量避免主观臆断数据的特点。因此，到目前为止，许多国内外生态文明建设水平停留在指标繁杂、指标之间相关性较高、互相重复，并且许多指标在现实中很难监测到，而是通过经验数据或估算得到，这就很难保证指标评价体系的可信度和准确度。因此，构建丝绸之路经济带生态文明建设指标体系要求具有一定的可操作性；要能够量化，实行定量评价，达到客观、准确、科学。

⑥导向性："一带一路"生态文明评价体系具有两方面的作用：一方面，能够反映出沿线主要国家目前的生态现状，并对其进行生态文明建设评价，估算其生态文明建设水平的发展情况，另一方面，能够通过以往与现在经济状况对比、社会要素与自然环境要素之间的协同关系，来反映生态文明建设的发展进程，引导、帮助"一带一路"实现其战略目标。因此由于生态文明评价体系自身的固有向导性，这就要求在确立各项评价指标时，不仅要能综合地反映出比原有水平的明显进步与全面发展，又要保证与社会现代化目标的衔接性和连贯性，用发展的眼光看待问题，从而更好地引导当地政府进行生态文明建设。

2. 评价指标的筛选

"一带一路"生态文明评价指标的选取，以及评价体系的建立，是对丝

绸之路经济带生态文明内涵的具体化。在遵循以上原则的基础上，基于对“一带一路”生态文明内涵的阐释，采取自上而下的思路，构建丝绸之路经济带生态文明评价指标体系。

首先，从生态文明内涵出发，构建评价指标体系的准则层，全面、直接地体现生态文明的基本内涵，包括资源条件、生态环境、经济效率、社会发展四个方面。其次，将准则层中单元分解为20个指标层(如表12-1所示)。“一带一路”国家生态文明程度高，则表示该国资源条件较为优越、生态环境较为良好、经济效率较高、社会稳定发展。

表12-1 “一带一路”生态文明评价指标体系

	准则层	指标层	性质	评价意义
“一带一路”沿线主要国家生态文明综合评价	资源占用条件	1. 从业人员占总人口比重(%)	正向	评价劳动力资源、耕地资源、水资源、森林资源和矿产资源情况
		2. 人均耕地面积(亩/人)	正向	
		3. 人均水资源量(m^3/人)	正向	
		4. 森林覆盖率(%)	正向	
		5. 能源使用量(人均千克石油当量)	正向	
	生态环境	6. 自然资源租金总额(占GDP的百分比)	负向	评价资源损耗程度、污染气体排放强度、循环经济规模和保护强度
		7. 矿产资源损耗(现价美元)	负向	
		8. 二氧化碳排放规模(kg/万元)	负向	
		9. 陆地及海洋保护区面积(占总领土面积比例)	负向	
		10. 用水自给率	正向	
	经济发展与效率	11. 人口密度	正向	评价经济的发展水平、规模效率、研发投入、人均GDP、投资效率和能源效率
		12. 研发支出(占GDP比例%)	正向	
		13. 人均GDP(元/人)	正向	
		14. 单位GDP能耗(吨标准煤/万元)	负向	
	社会发展	15. 收入(占GDP的比例%)	正向	评价收入水平、服务业务水平、教育情况、教育情况、医疗和寿命状况
		16. 服务业产值占GDP比例	正向	
		17. 城镇化率	正向	
		18. 公共教育占GDP比重(%)	正向	
		19. 人均医疗卫生支出	正向	
		20. 人均出生时预期寿命	正向	

首先，资源条件是生态文明建设的基础。工业化的实质是对土地、水资源、林业资源和矿产资源等自然资源的大量快速消耗。当资源供给不能有效地满足工业化需求，或价格太高时，就形成了社会经济发展的资源约束。一般认为，资源包括人力资源、土地资源、水资源、森林资源和矿产资源这五大类资源。可用资源占用指标，具体包括对从业人口占总人口的比重、人均耕地面积、人均水资源量、森林覆盖率、能源使用量的评价。

其次，生态环境是人类赖以生存的空间基础。保持健康的生态环境能，吸纳生产和生活的环境排放，支持经济的健康发展和可持续发展。因此，"一带一路"沿线主要国家生态文明建设，要以生态文明健康为导向。生态环境的评价包括自然资源租金总额（占 GDP 的百分比）、矿产资源损耗（现价美元）、二氧化碳排放、陆地及海洋保护区面积（占总领土面积比例）、用水自给率（水资源总量与用水总量的比值）五个具体方面。

再次，经济发展与效率一般理解为经济发展的水平，以更低的投入，取得更多的产出。不仅体现在单位物耗的产出提高，还体现在人均产出的提高。经济效率的评价具体包括人口密度、研发支出、人均 GDP（元/人）、单位 GDP 能耗（吨标准煤/万元）。

最后，必须坚持全面、协调可持续的社会发展。为了引导生态文明科学发展，在社会发展评价领域中，主要从收入、城镇化、教育，以及医疗等方面来衡量，具体包括收入（占 GDP 的比例）、服务业产值占 GDP 比例、城镇化率、公共教育占 GDP 比重（%）、人均医疗卫生支出、人均出生时预期寿命。

二、指标权重的确定

"一带一路"生态文明选取的评价指标，能够真实地反映"一带一路"沿线各国的生态文明水平状况。指标体系中准则层和指标层两个层面的各级指标，从不同角度体现了生态文明的效果，具有同等重要的地位和意义。

因此，本章采用等权重的方法处理各指标的重要性[①]。

---

① 高珊，黄贤金. 基于绩效评价的区域生态文明指标体系构建——以江苏省为例[J]. 经济地理，2010，30(5)：823－828.

1. **构建样本标准化矩阵**

由于各指标的计量单位，以及方向性不尽一致，需要首先进行标准化处理。设 X 为国家生态文明水平系统对应于 m 个评价指标与 n 个国家的样本矩阵，对 x_{ij} 进行归一化处理，得矩阵 $U=(u_{ij})_{n*m}$，本文使用极大值标准化法。其标准化公式为：

对于取值越大越好的指标，令 $y_{ij}=\dfrac{x_{ij}-\min x_j}{\max x_j-\min x_j}$；

对于取值越小越好的指标，令 $y_{ij}=\dfrac{\max x_j-x_{ij}}{\max x_j-\min x_j}$。

式中：$\max x_j$、$\min x_j$ 分别是第 j 个指标下各评价样本值的最大值和最小值。

其次，y_{ij} 是进行标准化处理后的值。这样处理之后的指标值取值范围均落入[0,1] 范围内，兼具直观性和可比性。

2. **样本的综合评价**

生态文明综合评价指数，是由资源条件、生态环境、经济效率和社会发展四个子系统评价指数的加总。各个子系统的评价为所属子指标的加权平均数。

资源条件的计算公式为：$\boldsymbol{A}=\dfrac{r_1+r_2+r_3+r_4+r_5}{5}$，式中：$A$ 为资源条件综合指数，r_1、r_2、r_3、r_4、r_5 分别为资源条件具体的指标层；

生态环境的计算公式为：$B=\dfrac{r_6+r_7+r_8+r_9+r_{10}}{5}$，式中：$B$ 为生态环境综合指数，r_6、r_7、r_8、r_9、r_{10} 分别为生态环境具体的指标层；

经济效率的计算公式为：$C=\dfrac{r_{11}+r_{12}+r_{13}+r_{14}}{4}$，式中：$C$ 为经济效率综合指数，r_{11}、r_{12}、r_{13}、r_{14} 分别为经济效率具体的指标层；

社会发展的计算公式为：$D=\dfrac{r_{15}+r_{16}+r_{17}+r_{18}+r_{19}+r_{20}}{6}$，式中：$D$ 为

社会发展综合指数，r_{15}、r_{16}、r_{17}、r_{18}、r_{19}、r_{20}分别为社会发展具体的指标层；

"一带一路"生态文明综合评价 R 为：$R=A+B+C+D$。R 值越高，表明生态文明综合评价水平越高，即该国的生态文明越好。

三、样本选择与数据来源

1. 样本选择

为研究的方便，本章选择"一带一路"沿线所经区域上的主要国家来进行评价，主要包括东亚、中亚、西亚、南亚、欧洲、北非等六大区域的 39 个国家，如表 12－2 所示。

表 12－2 "一带一路"辐射区域及国家样本

地域	国家
亚洲	
东亚	中国
中亚	哈萨克斯坦、吉尔吉斯斯坦、塔吉克斯坦、乌兹别克斯坦
南亚	印度、巴基斯坦、阿富汗
西亚	伊朗、亚美尼亚、伊拉克、沙特阿拉伯、土耳其
欧洲	
北欧	瑞典、芬兰、丹麦
南欧	意大利、希腊、西班牙、葡萄牙
西欧	英国、爱尔兰、法国、荷兰、比利时、德国
中东欧	波兰、捷克、爱沙尼亚、拉脱维亚、立陶宛、保加利亚、克罗地亚
独联体	俄罗斯、白俄罗斯、乌克兰
非洲	
北非	埃及、利比亚、阿尔及利亚

2. 数据来源

指标体系的数据来源，主要有《世界统计年鉴》、《全球城市竞争力》、《国家统计年鉴》《环境统计年报》、《中国统计年鉴》、《中国科技年鉴》、世界银行、经济合作和发展组织（OECD）、国际货币基金组织（IMF），及各国内权威机构公布的统计资料等。

四、评价结果及分析

根据以上生态文明评价标准，及相关评价原则，对数据进行整理得出“一带一路”沿线主要国家生态文明情况的数据表，如表 12－3 所示。

表 12－3 “一带一路”沿线部分国家生态文明综合评价

国家	资源条件	生态环境	经济发展与效率	社会发展	综合评价	排名
芬兰	0.27	0.79	0.65	0.54	2.68	1
瑞典	0.31	0.76	0.61	0.58	2.59	2
荷兰	0.57	0.89	0.72	0.60	2.54	3
比利时	0.22	0.87	0.68	0.62	2.48	4
德国	0.33	0.96	0.60	0.49	2.40	5
丹麦	0.30	0.75	0.55	0.67	2.31	6
法国	0.27	0.87	0.51	0.52	2.24	7
爱沙尼亚	0.30	0.83	0.42	0.43	2.21	8
爱尔兰	0.19	0.81	0.39	0.62	2.13	9
英国	0.70	0.76	0.52	0.52	2.07	10
俄罗斯	0.35	0.63	0.31	0.31	2.00	11
波兰	0.05	0.83	0.49	0.33	1.96	12
意大利	0.18	0.83	0.43	0.42	1.93	13
西班牙	0.20	0.86	0.33	0.45	1.92	14
立陶宛	0.11	0.84	0.25	0.42	1.92	15
捷克	0.33	0.77	0.34	0.38	1.87	16
葡萄牙	0.16	0.84	0.31	0.41	1.85	17
希腊	0.39	0.86	0.28	0.45	1.83	18
保加利亚	0.12	0.84	0.28	0.34	1.79	19
白俄罗斯	0.44	0.71	0.30	0.34	1.77	20
拉脱维亚	0.64	0.76	0.23	0.29	1.71	21
印度	0.76	0.72	0.41	0.16	1.69	22
沙特阿拉伯	0.42	0.69	0.26	0.42	1.67	23
乌克兰	0.25	0.61	0.34	0.35	1.64	24
中国	0.06	0.54	0.41	0.35	1.63	25
哈萨克斯坦	0.29	0.55	0.25	0.22	1.59	26

续表 12-3

国家	资源条件	生态环境	经济发展与效率	社会发展	综合评价	排名
吉尔吉斯斯坦	0.41	0.70	0.22	0.31	1.49	27
克罗地亚	0.28	0.62	0.24	0.32	1.46	28
土耳其	0.35	0.75	0.22	0.29	1.45	29
伊朗	0.24	0.61	0.27	0.42	1.45	30
亚美尼亚	0.38	0.72	0.23	0.32	1.45	31
塔吉克斯坦	0.34	0.77	0.20	0.18	1.36	32
利比亚	0.07	0.50	0.39	0.27	1.30	33
巴基斯坦	0.31	0.77	0.27	0.12	1.28	34
乌兹别克斯坦	0.14	0.51	0.28	0.18	1.17	35
阿富汗	0.33	0.75	0.08	0.20	1.15	36
阿尔及利亚	0.32	0.63	0.14	0.30	1.15	37
埃及	0.51	0.72	0.16	0.20	1.14	38
伊拉克	0.28	0.56	0.15	0.21	0.97	39

1. 资源条件的国别及区域分析

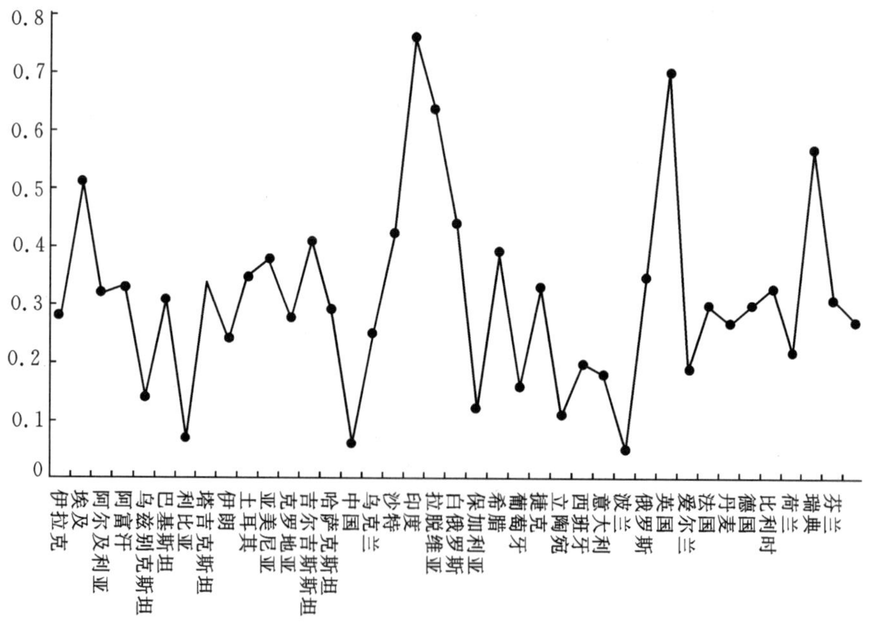

图 12-1 “一带一路”资源条件状况

从国别来看，印度、英国、拉脱维亚、荷兰、埃及的资源条件评价值排在前五位，而资源条件处于最后五位的国家是保加利亚、立陶宛、利比亚、中国、波兰。从区域来看，中亚、西亚、南亚、欧洲和北非五大区域中，资源条件相对最差的是中东欧区域。但资源条件最好的前五位仍然是欧洲国家较多，有英国、拉脱维亚、荷兰三个国家，而南亚和北非分别只有一个国家。可见，欧洲整个区域的资源条件处于偏差较大的地位，整体区域相对平衡。

2. **生态环境的国别及区域分析**

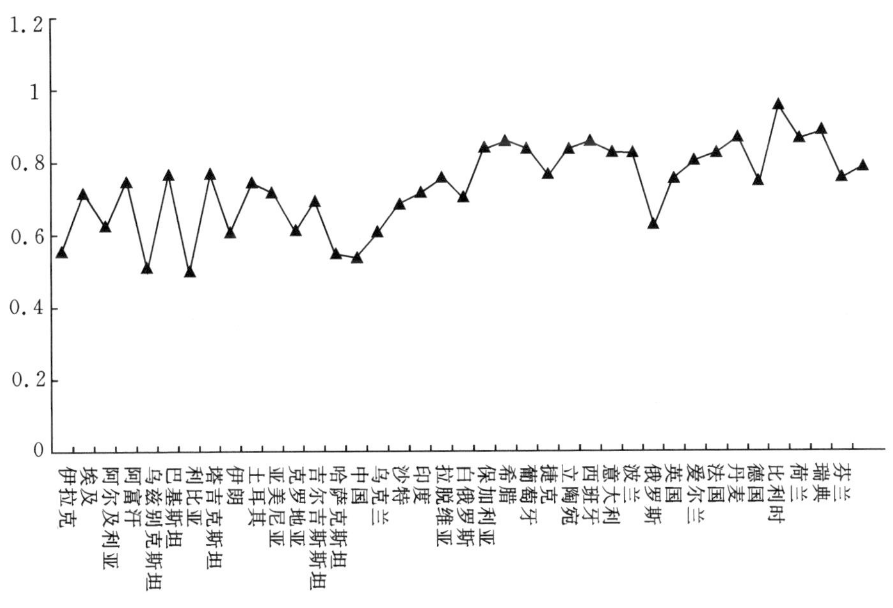

图 12－2 “一带一路”生态环境状况

从国别来看，德国、荷兰、法国、比利时、西班牙的生态环境评价值排在前五位，德国的生态环境状况，包括资源损耗程度、污染气体排放强度最小、循环经济规模和保护强度最高。而生态环境处于最后五位的国家是中国、哈萨克斯坦、乌兹别克斯坦、伊拉克和利比亚。从区域来看，中亚、西亚、南亚、欧洲和北非五大区域中，生态环境较好的是欧洲区域，较差的是中亚的哈萨克斯坦、乌兹别克斯坦和西亚，还有非洲的利比亚。可见，亚洲区域的生态环境条件处于偏差的地位。中亚和西亚区域是“一带一路”重要的核心区,整个"一带一路"的快速发展依赖于中亚区域。因此,中亚、西亚、非洲等区域的生态环境有待大力提升。

3.经济效率的分析

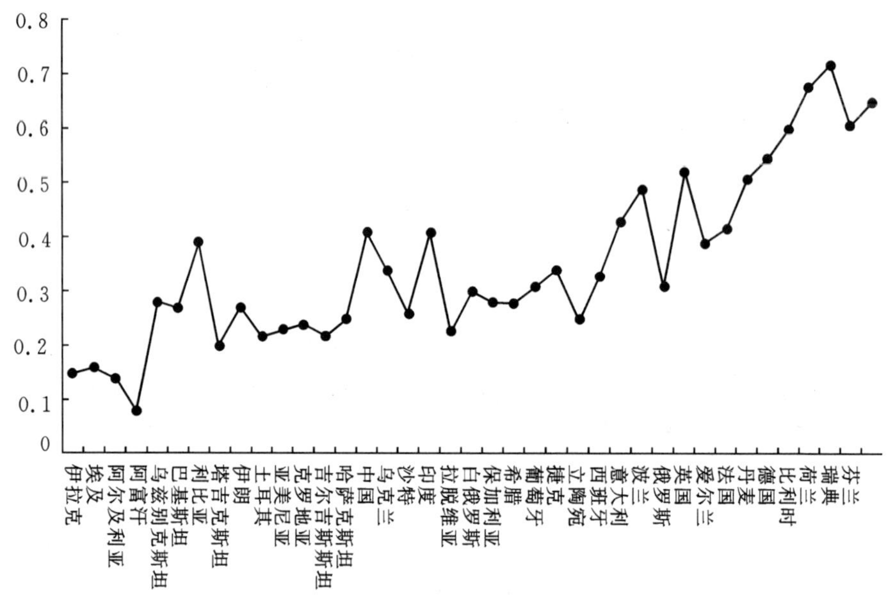

图 12-3　经济发展与效率状况

从国别来看,荷兰、比利时、芬兰、瑞典、德国的经济发展与效率评价值排在前五位,可知这五国经济的规模效率、研发投入占比、人均 GDP 和能源效率整体水平较高。而经济效率处于最后五位的国家是塔吉克斯坦、埃及、伊拉克、阿尔及利亚和阿富汗。

从区域来看,中亚、西亚、南亚、欧洲和北非五大区域中,经济发展与效率最好的是欧洲区域,最差的是北非区域国家,西亚的伊拉克和南亚的阿富汗。可见,北非整个区域的经济效率处于偏差的地位。北非区域是重要的拓展区,因此,北非区域应加大力度提升经济效率。

4. 社会发展的分析

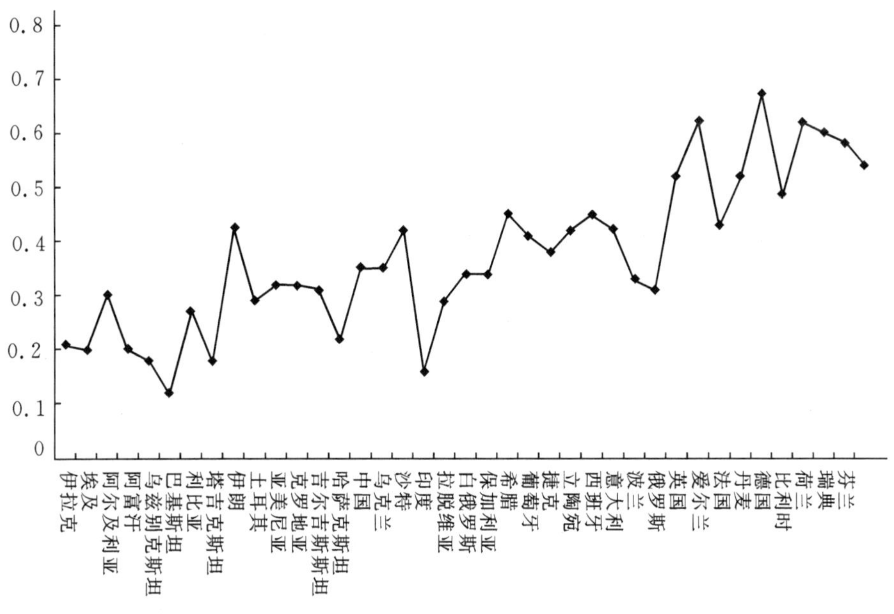

图 12-4 “一带一路”社会发展状况

从国别来看，丹麦、比利时、爱尔兰、荷兰、瑞典的社会发展评价值排在前五位，可知这五国的收入水平、服务业水平较高，教育情况、医疗和寿命状况较好。而社会发展处于最后五位的国家是阿富汗、乌兹别克斯坦、塔吉克斯坦、印度、巴基斯坦。从区域来看，社会发展稳定的是西欧和北欧区域，最差的是中亚、南亚区域国家，中亚、南亚均是“一带一路”重要的核心区，因此，中亚、南亚等区域的社会发展将对整个“一带一路”有很大的影响。

5. 综合评价

将“一带一路”生态文明综合评价的资源条件、生态环境、经济效率、社会发展四个子系统，以及综合评价结果分别绘制成图，见图 12-5 和图12-6。

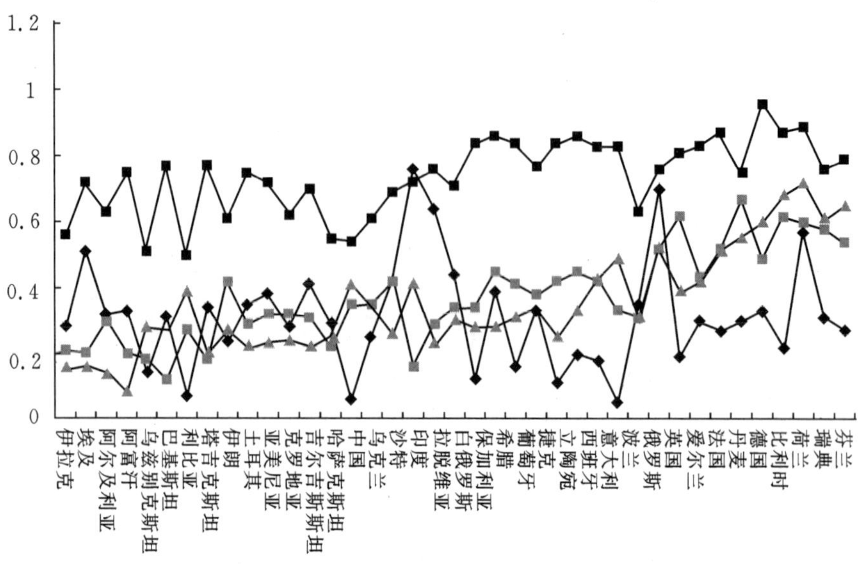

图 12-5 “一带一路”生态文明综合评价子系统

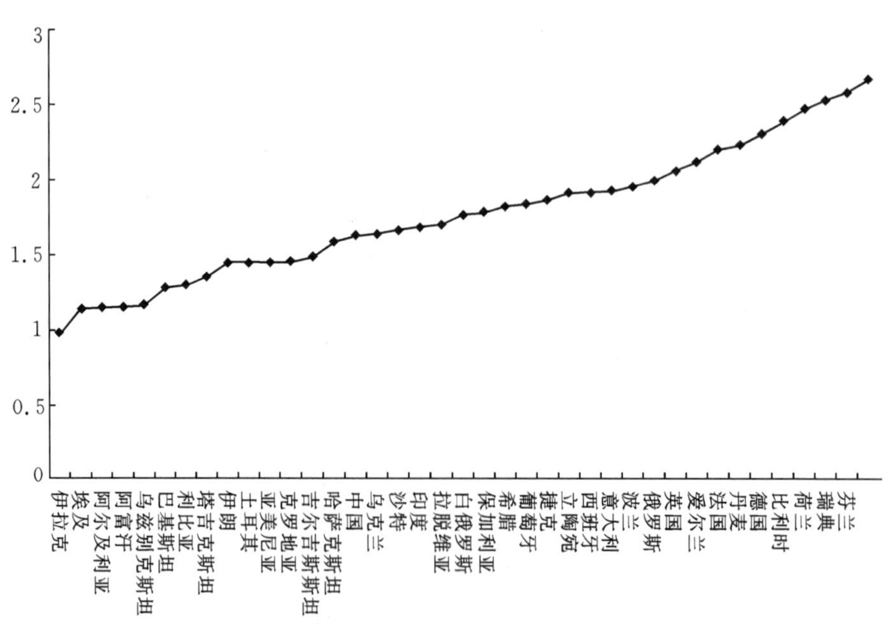

图 12-6 “一带一路”生态文明综合评价

从图 12－5 中可以看出，四个子系统中，生态环境、经济效率、社会发展在“一带一路”主要国家中变化比较平稳，表明“一带一路”上各个国家的状况是相对平衡的，而资源条件的起伏波动较大，表明“一带一路”上各个国家的资源条件差异较大。需要各国共同协调，走可持续发展道路，高效率地利用“一带一路”区域内外的资源，实现互利互赢。

从图 12－6 可以看出，“一带一路”生态文明综合评价结果：芬兰、瑞典、荷兰等国家，是“一带一路”上生态文明程度较高的国家，即相对而言，这几个国家的资源条件优越，生态环境状况良好，经济效率较高，社会发展稳定；而伊拉克、埃及、阿富汗等国是“一带一路”上，生态文明程度相对较差的国家，比起生态文明程度较高的国家，除资源条件外、它们的生态环境、经济效率、社会发展方面均相对其他国家较差，使得生态文明综合评价较低。

总而言之，在“一带一路”主要国家的生态文明评价中，欧洲区域的国家生态文明程度较好，中亚区域和西亚区域的国家生态文明程度整体次之，南亚区域和北非区域国家的生态文明程度较低，尤其是埃及、阿尔及利亚、巴基斯坦等发展中国家。

第四节 “一带一路”可持续发展中的企业社会责任担当

在全球化的大背景下，中国企业正通过“一带一路”更加深入地参与到国际竞争中去，过去那种只讲规模、产值、经济效益，而不谈企业社会责任的做法，越来越丧失竞争力。未来在“一带一路”具有国际竞争力的企业，应该是遵守法律、技术领先、管理领先并且对社会负责任的企业，是把对社会、环境，以及企业利益相关者的责任成功地融入企业战略、组织结构和经营过程中的企业。所以，中国《公司法》也明确要求公司从事经营活动，必须“承担社会责任”。公司理应对其劳动者、债权人、供应商、消费者、公司所在地的居民、自然环境和资源、国家安全和社会的全面发展承担一定责任。

资源型企业开发给当地带来了环境污染和生态失衡的负面影响。据统计，目前自然环境所遭受的污染物中大约有百分之八十来自企业。因此，如何解决经济发展与环境保护的矛盾，已成为世界各国共同关注的全球性问题。由于对环境造成的影响巨大，公司在环境污染治理和环境保护方面备受公众的关注，也被认为是责任的主要承担者。中国企业在拓展海外市场的过程中，对社会责任的认识与实践存在不足，由于生态环境、劳资关系和人权保护等社会责任问题受到负面评价，甚至在一些国家遭受政府责罚，以及引发冲突等严重后果的情况屡见不鲜，致使社会责任问题成为中国企业面临的主要风险来源之一。因此，企业社会责任已经成为中国企业参与全球竞争所面临的严峻挑战，中国企业增强社会责任意识、切实提高自身履行社会责任的能力，刻不容缓。中国政府和企业都应当为“一带一路”生态建设文明做出应有的贡献。同时，沿线各国也要同舟共济，权责共担，打造绿色丝绸之路责任共同体，共建“一带一路”命运共同体。

一是中国政府相关部门要建立和“一带一路”各国的生态建设交流与合作机制。不断加强沿线各国政商各界在生态文明领域的对话交流与务实合作，并形成良好的合作机制，建立全球生态治理联盟。建立国际论坛平台，使各国可以更有效地分享生态治理经验，展示生态治理技术，扩大绿色文明成果，加大对生态脆弱国家的绿色援助。

二是在“一带一路”实施的过程中，政府有关部门要发挥引导作用。除了政府机构之外，行业协会也是督促企业履行 CSR 的重要推手。中国工业经济联合会发布“一带一路”中资企业社会责任路线图，提出尊重法治、开放合作、平等互利、公开透明、和谐包容五项基本原则，责任引导、多方参与、企业推进等三大推进机制，并明确了社会责任意识提升、社会责任能力建设、搭建多方沟通参与平台和开展企业社会责任评估等四方面具体行动。①

三是企业不只是盈利的组织，还应该是有人文精神的组织。中国政府有关部门在对接“一带一路”相关国家发展战略、产业和项目时，可以参考

① 工经联呼吁“一带一路”中资企业更好履行社会责任，新华社. 2016 年 6 月 16 日。

本章构建的评价系统和相关结果，并采取相应的对策，做到有备无患。协会、商会应要求所有走出去企业在做出投资经营决策时，必须考虑应承担的社会责任；督促企业切勿把履行社会责任当作标语和口号，必须真正在公司运作中承担和实现；当经济利益与社会责任发生冲突时，企业不能忽视和故意逃避应承担的社会责任，防止由此引发大量的社会问题。企业社会责任要落到实处，除了必须建立包含企业社会责任的承担与实现机制的有效的公司治理结构外，企业还应主动承担当地的环境治理工作，近期应该建立资源企业环境和社会报告制度。

四是中国和"一带一路"上的沿线国家要不断加强技术经济合作，大力发展生态产业，促进资源节约、环境友好。生态建设离不开技术的支持，应鼓励生态脆弱地区学习先进地区的生态治理经验，大力引进和创新生态技术，并且把这些技术应用到基础行业和企业，以实现生态效应和经济效应的双赢。对此，建议可在丝路生态脆弱地区建立生态修复示范基地或生态经济特区，先行先试，在取得成熟经验后，再向沿路区域辐射。

五是要鼓励社会力量，尤其是企业参与到生态文明建设中来。特别要鼓励在生态领域具有领先水平，同时又具有强烈社会责任感的企业，大力实施"走出去"战略，在更大范围、更广领域、更高层次参与国际生态交流与合作，促进丝路生态经济一体化发展。跨国企业既要制定自身整体社会责任战略，又要基于不同的经济基础条件、宗教文化背景、自然环境条件、政治社会制度等；企业还要加强与东道国政府、部落、非政府组织、所在地社区和居民的沟通，了解当地实际需求和最强烈的关注点，分清主次，量力而行，有的放矢，以提升社会责任履行的意义和效率。"一带一路"建设非一日之功，要防止操之过急，在很短的时间内就要开展项目、动土开工，但未考虑到当地的环境保护评估、当地社会经济对项目的承受力、拆迁安排、危机管控等各利益攸关者的处理的方方面面，而且对沿线不少地区崇尚漫长协商、不重立时上马的文化习俗也需要理解，做好互通交流。[①]

六是要大力发展"一带一路"生态文化，普及生态文明理念，加强生态

① 胡逸山：丝路进展之东南亚观感.联合早报.2016年9月30日。

文明宣传。建议在丝路沿线各国，特别是生态脆弱地区开展多种形式的生态文明宣传活动，营造生态文明建设的浓厚氛围，增强民众的生态意识，并且把生态文明建设做成丝路沿线各国人民的自觉行动。政府的意识也应该提高。

七是建议企业应该改变传统观念，增加信息披露和透明度，将承担社会责任的情况以具体数字和案例体现，适当加大宣传力度，融入人文精神，使相关成果在更大范围内为人知晓。除向政府重点汇报和强调社会责任方面的成果，还应让当地部落、居民及非政府组织等知悉，从而树立企业正面形象，改善与当地利益相关方的关系。

第五节　本章小结

本章首先分析了"一带一路"生态文明建设的意义和路径特征，体现了以人为本和可持续发展；体现了区域合作的系统性和融于合作发展全过程。指出了"一带一路"区域合作和生态安全面临的资源合作开发、环境污染、跨境产业转移以及减轻贫困等重大问题。影响到"一带一路"共建成败，与沿线国家合作发展息息相关。

其次，本章提出并采用生态文明综合指数评价法，来评价"一带一路"沿线主要国家生态文明，即通过指标体系指数化的综合评价方法，合成单一的、体现"一带一路"生态文明水平的综合指数。其结果初步建立了一个评价系统，给出了一个初步的评价结果，可以为中国和"一带一路"区域经济合作和生态文明建设做一参考。

再次，讨论了在"一带一路"可持续发展中，中国企业如何做好社会责任担当，与沿线各国在合作中，建设共商，利益共享，权责共担，命运与共；并提出了若干建议。

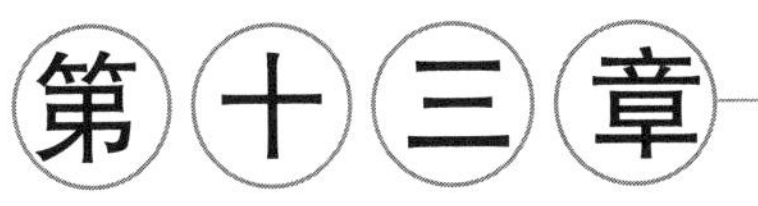

第十三章 结论和展望

第一节 结论

本书以“一带一路”沿线国家的区域经济合作发展为主题，以构建利益共同体为主线，深入讨论了“一带一路”的空间特征和区域经济一体化合作路径；从整体和分区域上分别分析了中国和“一带一路”的进出口贸易、贸易壁垒、贸易成本和贸易便利化以及产业内贸易、竞争力状况，中国对“一带一路”的直接投资及其影响因素等问题。在此基础上，对“一带一路”沿线国家的风险及其评估进行了分析和讨论，提出了风险担当的责任共同体理念，最后，从“一带一路”可持续发展角度，提出了区域合作发展的命运共同体主张。

①本书通过对文献的综述和分析，提出了“一带一路”区域经济合作的理论分析框架，包括要素流动、贸易和投资、新发展理论、双缺口模型和演化；“一带一路”运输成本和交易成本；“一带一路”区域经济合作的政治经济分析——内外双层博弈以及“一带一路”利益共同体、责任共同体和命运共同体等。

②本书从整体和区域上勾勒了“一带一路”的空间特征和区域经济一体化合作路径；其空间走廊和地理走向，分析了“一带一路”与现有区域合作机制的对接，“一带一路”与新区域自由贸易协定谈判的联系。对“一带一路”涵盖的国家，从各自经济规模、产业特征、收入、科研水平、各自对华贸易情况等不同层面深入分析了“一带一路”所涵盖各大区域的特征差异。最后，进行了一般均衡的数值模拟。

③本书从整体和分区域上分别介绍、分析了中国和“一带一路”的进出口贸易、中国对“一带一路”的直接投资以及中国对“一带一路”区域的对外援助。提出了中国在“一带一路”区域经济合作方面，应当高度重视形成贸易、投资和对外援助的三位一体，有效分工、相互支持和互为补充的合作方案和政策体系。这对于促进“一带一路”区域经济合作、民心相通都具有重要和深远的意义。

④本书通过产业内贸易指数分析，对中国和“一带一路”沿线国家整体和不同地区的产业内和产业间贸易状况得到基本的把握；厘清了中国和“一带一路”沿线国家水平和垂直产业内贸易类型以垂直型为主，水平型为辅；进一步深入到产业内贸易类型品质差异特点进行了剖析，对中国和“一带一路”沿线国家产业内贸易的影响因素进行了分析和讨论。本书进一步指出“一带一路”区域内能源—资源型、生产—消费型以及资本—消费型这三种类型国家与中国制造业之间具有较高的供应链支撑和价值链互补性。这些“一带一路”上的国家与中国产业间的关系，表现在互为对方的产品和服务市场、生产要素来源地、交通过境地等，共同参与国际经济一体化分工体系。本书基于增加价值的显示性比较优势(RCA)指数对中国和“一带一路”沿线国家比较优势现状进行分析，发现欧盟凭借要素禀赋和先进的科技水平，在食品制造、非耐用品、木材印刷、化学制品等多个行业具有国际竞争力，且占据全球价值链利益上游，获得更高的价值链收益。俄罗斯凭借丰富的资源在食品及化工产品上获得比较优势和竞争力。中(中国内地)日韩及中国台湾地区比较优势主要分布在机械电子运输设备生产网络中，中国主要承接位于价值链下游的劳动要素密集环节。

⑤本书对中国和“一带一路”沿线国家的贸易壁垒、贸易成本和贸易便利化进行了讨论和分析。结合引力模型，对中国与“一带一路”国家间的双边贸易成本进行了估计，并结合实际情况通过计量回归对中国与“一带一路”国家双边贸易成本影响因素的作用效果进行评估。应用贸易便利化指数讨论和比较了“一带一路”贸易便利化现状及其存在的问题。研究发现“一带一路”沿线国家在加入 WTO 和实施 WTO 贸易规则方面存在重大差异。沿线国家是否加入 WTO 及时间先后，以及对 WTO 规则的执行状况

对双边贸易成本有着显著影响。很多“一带一路”沿线国家经济规模较小,依靠出口带动经济,外贸依存度高,而且中国是其重要的贸易伙伴,因此需要从双边和多边,大力推动贸易便利化协定的实施,同时需要推动相互建立自由贸易区或签订双边区域贸易优惠协定,促进贸易便利化以降低贸易成本。

⑥本书对中国和“一带一路”沿线国家的竞争力状况分析发现:中国的全球竞争力指数排列和中国的制造业竞争力指数排列第一;中国内地在市场规模、宏观经济环境和创新方面表现优异;但技术就绪度、高等教育与培训和商品市场效率仍是短板。通过贸易引力模型进行贸易竞争力的横向和纵向的比较,发现东北亚的CTG指数值明显高出其他区域;东南亚和南亚地区的CTG指数的差距在逐渐缩小;西亚和中东欧地区的CTG指数较为平稳,外贸竞争力有待提高;中亚地区的CTG指数明显低于其他区域。从而对“一带一路”贸易的比较优势和竞争力进行了定位。

⑦本书引入了贸易引力模型并采用面板数据来实证研究中国对“一带一路”沿线国家直接投资对贸易所产生的替代效应和互补效应发现,分别从分地区对中国对“一带一路”直接投资的贸易效应进行实证研究,然后对“一带一路”整体和分地区整体的角度来进行对比分析。分析结果显示,在长期内,出口方面,中国对“一带一路”沿线各地区的直接投资均具有贸易效应,且都在1%的显著水平下显著;进口方面,除中国对南亚、西亚的直接投资不存在贸易效应外,对其他地区均存在显著的贸易效应。从长期来看,中国对大多数地区的直接投资出口方面的创造效应要大于进口方面的创造效应。中国对外直接投资的贸易效应存在区域差异,对发展中地区的投资产生较大的贸易促进作用,原因在于中国对发展中地区的投资动机是获取资源和拓展市场,而对发达地区的投资目的是绕开贸易壁垒。

⑧本书进行了关于中国对“一带一路”沿线国家直接投资的影响因素的实证研究。本书根据中国对“一带一路”沿线国家直接投资的动机,选取了多个沿线国家2003—2014年的数据,并从多角度选取了东道国包括经济发展水平、开放程度、科技发展等十多个指标来对中国对该地区的直接投资影响因素进行探究。总体上看,中国对“一带一路”的对外直接投资与

东道国的GDP、基础设施水平、政治稳定性、距离呈负相关，而与东道国的工资水平、东道国贸易总额占GDP的百分比、双边贸易关系、资源禀赋、清廉指数呈正相关。具体到丝路经济带和海上丝绸之路而言，一是从丝路经济带来看，东道国的清廉指数、政治稳定性和距离与中国对“丝路经济带”的直接投资呈负相关，东道国的GDP、工资水平、与中国的双边贸易额、矿物燃料出口占出口额的百分比、贸易总额占GDP的百分比、科技水平等与中国的直接投资为正相关。二是从海上丝路来看，东道国的GDP、基础设施水平、距离和贸易总额占GDP的百分比与中国的直接投资呈负相关，东道国的工资水平、与中国的双边贸易额、矿物燃料出口占出口额的百分比、东道国直接投资净流入占GDP百分比、政治稳定性等与中国的对外直接投资为正相关。这也为中国“一带一路”对外直接投资提供了重要的决策借鉴，即要分别具体情况，将综合决策和分别施策结合起来，要注意到投资的领域、方向，尽可能为东道国民生改善、互联互通基础设施形成、增加双边贸易作出贡献。

⑨本书指出，“一带一路”战略构想的实施，助推中国经济和沿线国家的合作发展迈上新台阶，然而机遇与挑战并存，风险与收益相伴。中国与沿线国家的贸易和投资等各类经济交往都受到这些国家国内的地缘政治、经济、金融、财政、法律、劳工及环境等状况的影响。从整体上来讲，“一带一路”沿线部分国家的投资环境欠佳，沿线国家主权信用风险差别较大，在中国重点建设的国家、地区和项目中尤其突出。我国作为“一带一路”建设的倡议者和推动者，本身承担着更多的投资者或借贷人的责任，沿线国家的各类风险会给我国的金融安全、投资安全乃至国家经济安全带来一定的负面影响。某些风险因素引发的后果已经造成了少数中方投资项目受阻、暂停、中止，甚至资金链断裂，遭受难以挽回的损失。为此，本书建立评估模型，对沿线若干国家的主权信用风险进行了评估，并可把握风险的分布和演变特征。本书还专门分析了国别政治风险，并以斯里兰卡基础设施项目和高铁项目为例，进行了专门研究和讨论，提出了政策建议。同时，指出要在“一带一路”合作发展中提倡契约精神，在明确规定各方获取收益的同时，一定要明确各自的法律责任和义务，切实实施风险共担。更重要的是

要真正形成中国与沿线各国的责任共同体，相互提供良好信用和信誉保证。

⑩本书分析了“一带一路”合作发展与生态文明建设的意义和路径特征，认为将建设生态文明和绿色丝绸之路纳入“一带一路”合作发展，体现了以人为本和可持续发展的新发展观；体现了区域合作的系统性并融于合作发展全过程；同时指出了“一带一路”区域合作和生态安全面临的重大问题。本书采用生态文明综合指数评价法，初步建立了一个“一带一路”沿线国家生态文明评价系统，给出了一个初步的评价结果：相对而言，芬兰、瑞典、荷兰等欧洲国家在“一带一路”上生态文明程度分值较高，而伊拉克、埃及、阿富汗等西亚、北非和南亚国家则在“一带一路”上生态文明程度分值相对较低，比起生态文明程度较高的国家，除资源条件外，它们的生态环境、经济效率、社会发展方面均相对其他国家较差，使得生态文明综合评价得分较低。上述评价结果可以为中国推进“一带一路”区域经济合作和生态文明建设作一参考，更加注意在“一带一路”倡议实施和建设中的经济效率、社会发展和生态文明等方面的综合水平提高。本书还讨论了在“一带一路”可持续发展中，中国企业如何做好社会责任担当，并提出了若干政策建议。

第二节　研究展望

一、有待进一步研究的问题

本书经历了三年多的研究，经过了多次讨论修改、增删，并几易其稿，但由于本书研究内容广泛、涉及面广，加之数据搜集困难，并因时间和精力所限，仍然存在一些不尽人意之处，有待进一步深入研究。

一是在理论研究方面有待进一步专题深入，如关于区域合作发展的系统评价、环境治理与经济社会发展的内涵、新发展理念与可持续发展的基本线索、现代产业和价值链的内涵、合作发展的动力机制等理论问题都还需要进一步深化；对区域一体化的多样性合作等理论问题的认识也有待深入。

二是在研究方法上，需要更加注意到研究方法的多样性，力求运用多学科的研究方法，将社会科学的理论、方法与自然科学的理论、方法更好地有机结合进行研究。进一步的研究还面临着如何在现有研究的基础上提高、综合，充分体现"整体性、综合性研究"的优势和特色。此外还需要加强整体区域的宏观研究，也要联系域外的区域研究；与此同时加强国别、地区、产业的研究乃至个体企业的微观研究，如何进一步将上述两者相结合的综合研究也是今后需要重视的任务之一。

三是在实践领域中，不仅要注意搜集面上的数据信息，还要更加关注"一带一路"合作中的成功和失败的案例研究，成功固然可以提供经验，失败更可以提供教训，以防患于未然。这对于更好地支撑和深化"一带一路"区域合作发展的研究也将大有裨益。

二、研究与发展展望

2017 年，中国和"一带一路"建设发展将迎来新的机遇和挑战。"一带一路"倡议已经提出了三年多，目前建设已经逐步展开，功能型的一体化在多方面推进，协议规范性的一体化也在部分区域推进或升格(如中国与东盟共同体)，利益共同体的成果已经显现，但是责任共同体的认识和实践还有待深化，命运共同体更有待利益一责任共同体的建立和完善。

"人们奋斗所争取的一切，都同他们的利益有关。"实践证明，利益共同体成员对经济利益的认识，相对比较容易，只要相关各方能够认同共同利益交汇点，能够形成共识；然而经济利益是和多层面的利益相交织的，当经济利益与其他利益，其中包括政治利益、团体利益、区域利益、公共利益、军事利益、宗教利益等相矛盾乃至冲突的时候，利益共同体的共识就比较难以形成。因此，"一带一路"的利益共同体建设还需要进一步汇聚各方利益共识，不断扩大合作范围，形成更多利益的成果，并实现公平共享。

相比较而言，较之经济利益而言，共同体成员对责任共同体的认识，就可能相对困难一些，"一带一路"建设涉及相关国家众多，涉及上至国家领导，中至部门或地方，下至企业，泛之居民百姓，因此需要中国与沿线国家方案共商，项目共建，利益共享，责任共担。然而其中可能最难实现的是责

任共担。责任事关多个方面，有商事责任、法律责任、信用责任、信誉责任、安全责任、保障责任、监管责任，等等，而且在一旦出现重大风险的情况下，共同体成员能够共担风险，使经济项目合作得以维系。但从目前“一带一路”建设项目实施的状况来看，确实存在不少的失责和不履责现象，导致项目的正常施工、进度保障、企业安全、人员安全、信用诚信等都受到影响和威胁。这方面存在的问题，必须通过各方努力，在法律和契约的基础上，进行扭转。

利益共同体和责任共同体是建立命运共同体的基石。从三者关系来说，命运共同体是共同体的发展目标，利益共同体是共同体形成与发展的基石和纽带，而责任共同体则是共同体存在与壮大的保障。基础不牢，地动山摇。因此，“一带一路”合作发展处在全面推进的关键节点，需要自上而下总结过去、规划未来。求木之长者，必固其根本，欲流之远者，必浚其泉源。而达到这些要求，需要中国的“一带一路”区域合作发展研究进一步的深入展开。

当前，世界上一些地区特别是发达国家出现了反全球化、反自由贸易的声音，甚至已经反映在一些国家的贸易政策和对外经济关系上。而“一带一路”倡议实际上是在持续推动全球化，推动地区一体化，推动全球自由贸易和投资合作，为全球化注入新动力。2016 年 11 月 17 日，第 71 届联合国大会自联合国安理会当年 3 月通过包括推进“一带一路”倡议内容的第 2274 号决议后，首次将“一带一路”倡议写入决议，得到 193 个会员国的一致赞同，体现了国际社会对推进“一带一路”倡议的普遍支持。① 因此今后需要进一步加强“一带一路”与经济全球化和贸易自由化的综合研究，通过“一带一路”的合作示范作用走向引领作用。

从区域制度建构水平看，“一带一路”倡议在提出之初为了吸引更多的成员方参与，避免与现有的国际治理框架和区域组织发生冲突，未提出形成统一的制度性安排设想，亦缺乏统一的常设管理机构，客观上导致规则

① 中国华人民共和国常驻联合国代表团. 联合国大会一致通过决议呼吁各国推进“一带一路”倡议

标准和执行力存在较低和乏弱的风险性。因此,为了进一步提高区域合作发展水平,今后需要加强"一带一路"合作治理框架及其方案的研究。

中国的发展得益于国际社会,也愿为国际社会提供更多更好的物质产品、公共产品和公共服务。而这些商品、公共产品和服务如何造福于"一带一路"沿线区域和福及更多国家民众,使之切身感受,真心拥护,值得进一步深入研究和讨论。

"一带一路"合作的深入,迫切需要加强合作区域、国家相关人员的能力建设。通过能力建设,打造智力丝绸之路。中国需要全面支撑共建"一带一路"的人才培养与能力培训合作,实施"丝绸之路"合作办学推进计划。探索开展多种形式的境外合作办学,为沿线各国专项培养行业领军人才和优秀技能人才和各类"一带一路"建设者。这方面也需要深入地进行研究。

2017 年,"一带一路"建设将进一步深入广泛地展开,在继续做好互联互通、产能合作、经贸投资和金融合作等领域项目的同时,需要大力推进贸易便利化,加强能力建设,管控风险,推进协议型一体化,建立利益一责任共同体已成为重要任务。为此,提出如下建议:

第一,开好 2017 年五月首届"一带一路"国际合作高峰论坛,形成高层引领,多方合作的机制化框架,推动国际合作,实现合作共赢。预期首次高峰论坛将全面总结"一带一路"建设的积极进展,展现重要早期收获成果,进一步凝聚合作共识,巩固良好的合作态势。高峰论坛将在相关国家元首和政府首脑层次,共商下一阶段重要合作举措,进一步推动各方加强发展战略对接,深化伙伴关系,实现联动发展。通过主办高峰论坛,推进"一带一路"建设,为促进世界经济增长、深化地区合作打造更坚实的发展基础,创造更便利的联通条件,更好造福各国和各国人民。推动国际合作,实现合作共赢。

第二,中国在进一步推进互联互通的同时,应把握世界贸易组织《贸易便利化协定》正式生效这一重大利好的全球贸易便利化机遇,积极推动"一带一路"贸易投资便利化进程。协定的生效和实施对成员口岸基础设施、管理方式以及口岸管理部门之间的协同等方面提出了更高的要求。根据中国对外承诺,除单一窗口、确定和公布平均放行时间、出境加工货物免税

复进口、海关合作等少量措施我国可在一定过渡期后实施，其余措施我国均需在《贸易便利化协定》生效时即实施。中方应与“一带一路”相关各方进一步合作丰富便利化政策体系；共同推进海关、质检合作，提升通关便利化水平；加强电子商务等创新贸易方式的推广；推动区域内融资合作及跨境本币结算。简化和协调贸易投资领域的各种程序，加强沿线国家能力建设合作，促进贸易投资便利化，以贸易投资为核心促进“一带一路”的经济繁荣。

第三，中国要与“一带一路”相关国家合作，打造智力丝绸之路，共同推进各国发展能力建设。中方和外方应在如涉及发展战略、宏观政策、经贸金融、合作规划、创新能力、治理能力等不同领域方面，进一步加强合作。千秋基业，人才为先。要高效推进“一带一路”战略的实施，人才是关键要素和重要保障，为此，需要搭建系统的人才队伍。无论是深化经济合作，还是拓展人文交流，都离不开人才和智力支持，离不开沿线国家管产学商等各方面的精诚合作。为全面提高“一带一路”项目实施水平，促进项目政治经济效益最大化，应通过多种形式和手段，研究并开展项目实施企业及受援国的能力建设和从业人员素质提升等相关工作，尽快培育一批投资、援外及当地业务骨干力量，进一步提高其执行援外涉外项目的能力。加强南南合作技术、管理、环境治理等合作项目的实施，推进境外 PPP 项目管理培训，发展中国家职业教育管理培训等应用项目。考虑到“一带一路”建设各个环节的实施都要以语言沟通为基础，“一带一路”话语权和国际传播依赖语言相通，语言相通成为其他相通的前提条件，国家间语言沟通能力建设成为“一带一路”建设深化当务之急。

第四，中国要与“一带一路”相关国家合作，增加互信、利益共享、风险共担，加强利益共同体和责任共同体的建设。随着“一带一路”建设的深入推进并取得重要进展的同时，地缘政治因素、各国国内的经济、政治、财政、金融、法律、劳工等状况，以及环境状况等各类风险因素也伴随而生，单一或多个风险因素的作用效应可能影响、干扰乃至阻碍到“一带一路”的建设进程。此外中国与沿线国家的贸易和投资等各类经济交往都受到沿线国家信用风险状况的影响。中国作为“一带一路”建设的倡议者和推动者，本身承担着更多的投资者或借贷人的责任,沿线国家的各类风险会给我国自身的金融安全、投资安全乃至国家经济安全带来一定的负面影响。某些风险因素引发的后果已经造成了少数中方投资项目受阻、暂停、中止,资金链断裂,甚至遭到难以挽回的损失。为此,我国与沿线各国及域外大国要保持战略互信,增强与各国的沟通。各有关部门和企业制定走出去的战略安排和项目配置时,要认真评估东道国的政治环境;在风险发生前进行周密安排,如与东道国政府签定协议等。对项目投融资要采取风险分散化的方法:寻找国际合作伙伴共同投资,如其他大跨国公司、金融机构等;还要寻找有效的避险手段,中国保险机构也应尽力开发新的险种,以利于减少企业走出去的风险损失。

第五,要在"一带一路"合作发展中大力提倡契约精神,在明确规定各方获取收益的同时,一定要明确各自的责任和义务,切实实施风险共担,并且配备一定的奖惩手段,形成责权利相关制约的伙伴合作机制,以此确定国家、地区和项目的选择依据和优先次序。在具体行动上要政府和市场有效结合,例如我国目前和部分"一带一路"沿线国家还尚未签署税收协定,造成企业双重缴税,这类问题牵涉两国政府,财政、法律部门和企业,需要政府主导,市场跟进才能推动问题的有效解决。中国企业要在境外建设中,担负起企业的社会责任,成为"一带一路"经济和绿色发展的模范建设者。对于某些在"一带一路"建设中试图冲击中国国家核心利益底线的受惠国家,中国必须准备并实施一定的防范和制约手段,更重要的是要真正形成中国与沿线各国的责任共同体,相互提供良好信用和信誉保证,从而实现由利益共同体向责任共同体的和谐演进,并逐步向命运共同体升华。

参考文献

[1] A. P. Dobson, AD Bradshaw and A. J. M. Baker. Hopes for the future: restoration ecology and conservation biology [J] Science, 25 July 1997: Vol. 277 no. 5325 pp. 515 - 522.

[2] Afonso A, Furceri D, Gomes P. Sovereign credit ratings and financial markets linkages: Application to European data[J]. Journal of International Money & Finance, 2011, 31(3):606 - 638.

[3] Afonso A, Gomes P M, Rother P. What 'Hides' Behind Sovereign Debt Ratings [J]. Working Papers Department of Economics, 2007:314 - 343(30).

[4] Ahlquist, J. S. Economic policy, institutions, and capital flows: portfolio and direct investment flows in developing countries[J]. International Studies Quarterly, 2006, 50(3), 681 - 704

[5] Aizenman J, Noy I. FDI and trade-two-way linkages[J]. The Quarterly Review of Economics and Finance, 2006. 46(3):317 - 337.

[6] Alexander W. Butler, Larry Fauver. Institutional Environment and Sovereign Credit Ratings[J]. Financial Management, Financial Management Association International, 2005, 35(3): 53 - 79.

[7] Alon I, Herbert T T. A stranger in a strange land: Micro political risk and the multinational firm[J]. Business Horizons, 2009, 52(2):127 - 137.

[8] Alon I, Martin M, Mckee D. Political risk spillovers in the Middle East[J]. Middle East Journal, 1998, 20(4):152 - 156.

[9] Amadou, N. R. Sy. "Rating the Rating Agencies: Anticipating Currency Criscs or Debt Crises?"IMF working paper, June 2003, pp. 1 - 26.

[10] Anderson J E, Van Wincoop E. Trade costs[R]. National Bureau of Economic Research, 2004.

[11] Andrew Hurrel, "Explaining the Resurgence of Regionalism in World Politics." Review of International Studies, (No. 21 1995)nn 39 - 45.

[12] Antonio Afonso, Pedro Gomes. What"hides"behind sovereign debt ratings. European Central Bank[J]. 2007(1): 5 - 31.

[13] Anwar A. The role of diaspora in attracting Indian outward FDI[J]. International Journal of Social Economics, 2013, 40(11):944 - 955(12).

[14] Archer, Candace, Glen Biglaiser, Karl DeRouen. Sovereign Bond Ratings and Democracy: The Effects of Regime Type in the Developing World[J]. International Organization. 2007. 61(1): 341 - 365.

[15] Balassa, B. (1961) The Theory of Economic Integration Home wood Irwin.

[16] Balassa, B. (1966) Tariff reductions and trade in manufactures among industrial countries, American Economic Review, 56.

[17] Benedikt Goderis, Wolf Wagner, Credit Derivatives and Sovereign Debt Crises [J]. Credit Endowment for Research in Finance. 2005: 2 - 7.

[18] Brander, J. &Krugman P. R. ,"A reciprocal Dumping"Model of International Trade, [J] Journal of International Economics 15(1983): 313 - 321.

[19] Brunetti A, Weder B. Investment and Institutional Uncertainty: A Comparative Study of Different Uncertainty Measures[J]. Review of World Economics, 1998, 134(3):513 - 533.

[20] Butler A W, Fauver L. Institutional Environment and Sovereign Credit Ratings [J]. Financial Management, 2006, 35(3):53 - 79.

[21] Cantor, Packer. F. Determinants and Impact of Sovereign Credit Ratings[J]. Federal.

[22] Chipman J S (1986) Intra-Industry Trade, Factor Proportions and Aggregation. Springer Berlin Heidelberg, 1986:67 - 92.

[23] Chartes Pentland, International Theory and European Integration, (London, Faber, 1973), P. 132.

[24] Depken C. La Fountain C. and Butters R. Corruption and Creditworthiness: Evidence from Sovereign Credit Ratings[J]. Department of Economics, University of Texas at Arlington. Working Papers, 2007(4): 2 - 10.

[25] Falvey, R. E. ,"commercialpolicy andintra—industrytrade". [J]. Journal ofInternational Economics, II(1981): 495311.

[26] Favley, R. and Kierzkowski, H. (1984), Product quality, intra-industry trade. [J]. Journal of International Economics, 1 1.

[27] Ferri G, Liu L, Stiglitz J E. The Procyclical Role of Rating Agencies: Evi-

dence from the East Asian Crisis[J]. Economic Notes, 1999, 28(3):335 - 355.

[28] Filippaios F, Papanastassiou M. US Outward Foreign Direct Investment in the European Union and the Implementation of the Single Market: Empirical Evidence from a Cohesive Framework[J]. Jcms Journal of Common Market Studies, 2008, 46(5):969 - 1000.

[29] Finger, J. M. 1975. "Trade Overlap and Intra-Industry Trade". Economic Inquiry, 13: 581 - 589.

[30] Flam, Harry and Elhanan Helpman. 1987. Vertical Product Differentiation and North-South Trade [J]. American Economic Review 77 (December): 810 - 822.

[31] Franklin R. Root,"U. S. Business Abroad and Political Risks,"MSU Business Topics,Winter 1968,pp. 73 - 8.

[32] Fung K C, Garcia-Herrero A, Siu A. A Comparative Empirical Examination of Outward Foreign Direct Investment from Four Asian Economies: People's Republic of China; Japan; Republic of Korea; and Taipei,China[J]. Asian Development Review, 2009, 26(2):86 - 101.

[33] García-Canal,E. , M. F. Guillén,2008,"Risk and the Strategy of Foreign Location Choice in Regulated Industries",Strategic Management Journal,29: 1097 - 1115.

[34] Gärtner M, Griesbach B, Jung F. PIGS or Lambs? The European Sovereign Debt Crisis and the Role of Rating Agencies[J]. International Advances in Economic Research, 2011, 17(3):288 - 299.

[35] Greenaway,D. (1986)The Economics of Intra-industry Trade. Blackwell Publishers.

[36] Greenaway,D. , R. Hine, and C. Milner (1994)"Country Specific Factors and the Pattern of Horizontal and Vertical IntraIndustry Trade in the UK," Weltwirtschaftliches Archiv,Vol. 130,No. 1,pp. 77 - 100.

[37] Greenaway,D. ,R. Hine,and C. Milner (1995)"Vertical and Horizontal IntraIndustry Trade: A Cross Industry Analysis for the United Kingdom,"Economic Journal,Vol. 105,November,pp. 1505 - 1518.

[38] Greene, Robert T. Political Instability as a Determinant of U. S. Foreign In-

vestment. Austin: Bureau of Business Research, Graduate School of Business, University of Texas at Austin, 1972.

[39] Greenaway,D. Hayne,M and Milner,C. B. (2002),Adjustment,Employment Characteristics and Intra-Industry. TradeWeltwirtschaftliches Archiv V01. 138 (2). PP. 254 - 276.

[40] Haberllh Erb Kl,Krar~F. Haw to calculate and interpret ecological footprints for long periods of time; The case of Austria 1926 - 1995 [J]. Ecol. Econ, 2001,38 (1):25 - 45.

[41] Haendel, D. Foreign investments and the management of political risk[M]. Boulder, Colorado: Westview Press,1979.

[42] Hau J. L. Bakshi B. R. Promise and Problems of Energy Analysis [J]. Ecological Modeling,2004,178: 215 - 225.

[43] Helpman, E. Mclitz, M. J&Yeaple. S. R. Export versus FDI with Hetcrogencous Firms[J]. American Economic Review. 2004, 94:300 - 316.

[44] Helpman. E and Krugman. P. (1985) : Market Structure and Foreign Trade: Cambridge, MIT Press.

[45] Henisz,W. J. ,and A. Delios,2001,"Uncertainty,Imitation,and Plant Location: Japanese Multinational Corporations,1990 - 96",Administrative Science Quarterly,46: 443 - 475.

[46] Delios,A. ,and W. J. Henisz,2003,"Political Hazards,Experience,and Sequential Entry Strategies: The International Expansion of Japanese Firms,1980 - 1998",Strategic Management Journal,24: 1153 - 1164.

[47] Herbert Grubel, Peter J. Lloyd: Intra-industry trade: the theory and measurement of international trade in differentiated products. In: The Economic Journal. 85 (1975).

[48]] Hobsbawm,E. The age of extremes[M]. London:Michael Joseph,1994:428 - 429.

[49] Jacks D, Meissner C, Novy D. Trade Costs, 1870 - 2000. The American Economic Review[J]. Papers & Proceedings, 2008, volume 98(2):529 - 34.

[50] Juttner, McCarthy. Modelling a Rating Crisis[D]. Sydney, Australia, Macquarie University. 1998: 5 - 12.

[51] Larrain, G,R. Helmutand J. Maltzan. Emerging Market Risk and Sovereign Credit Ratings[J]. Intereconomics, 1998(4): 73 - 82.

[52] Larraön G, Reisen H, Maltzan J V. Emerging market risk and sovereign credit ratings[J]. Sede De La Cepal En Santiago, 1997.

[53] Leandro, Rothmulle. London School of Economics and political Science. May. 2003:4.

[54] Machlup Fritz. A History of Thought on Economic Integration, London, Macmillan, 1979.

[55]] Manasse Roubini, Schimmelpfeng. Managing Country Risk[J]. Advance praise for The Handbook of Credit Portfolio Management, 2003: 423.

[56] Massa, D. L. , Savage, B. D. , & Fitzpatrick, E. L. Peculiar ultraviolet interstellar extinction[J]. The Astrophysical Journal, 1983, 266, 662 - 683.

[57] Mayo,A. L. ,A. G. Barrett. An earIy warning model for assessing developing country risk[J]. In Stephen H. Goodman(Ed.),Financing and Risk in Developing Countries,1978(10)10 - 22.

[58] Mckinnon R I, Pill H. International overborrowing: A decomposition of credit and currency risks [J]. World Dcvclopment, 1998, 26(7):1267 - 1282.

[59] Monfort. Band Mulder. C. Using credit ratings for capital requirements on lending to emerging market economies-possible impact of a new Basel accord [J]. 2000(6): 19 - 22.

[60] Moon C G, Stotsky J G. Testing the differences between the determinants of moody's and standard & poor's ratings an application of smooth simulated maximum likelihood estimation [J]. Journal of Applied Econometrics, 1993, 8(1): 51 - 69.

[61] Moon. , J. Stotsky. Testing the Differences between the Determinants of Moody's and Standard and Poor's Ratings[J]. Journal of Applied Econometrics,1993(8): 51 - 69.

[62] Mora N. Sovereign credit ratings: Guilty beyond reasonable doubt? [J]. Journal of Banking & Finance, 2006, 30(7):2041 - 2062.

[63] Mulder C B, Monfort B. Using Credit Ratings for Capital Requirementson Lending to Emerging Market Economies[J]. 2000, 00(69).

[64] Nada Mora. Sovereign credit ratings: Guilty beyond reasonable doubt? [J]. Journal of Banking and Finance, 2006, 30(7): 41 - 62.

[65] Nehrt, Lee Charles. The Political Environment for Foreign Investment[M]. NY: Praeger Publishers, 1970.

[66] Nigel Driffield, James H. Love & Karl Taylor. Productivity and labour demand effects of inward and outward foreign direct investment on UK industry [J]. The Manchester School, 2009, 77(2): 171 - 203.

[67] Novy D. Gravity Redux: Measuring International Trade Costs with Panel Data [EB/OL]. http://www2. Warwick. ac. uk/fac/soc/economics/staff/faculty/fast. pdf, 2008.

[68] Novy D. Gravity Redux: Measuring International Trade Costs with Panel Data [R]. Cesifo Working Paper, No. 3616, 2011.

[69] Novy D. Is the iceberg melting less quickly? International trade costs after World War II[J]. Warwick Economic Research Paper, 2006 (764)

[70] Odum H. T. Environmental Accounting—Energy and Environmental Decision Making [J]. New York: John Wiley & Sons, 1996: 20 - 50.

[71] Paul R. Krugman(1979), Increasing returns, monopolistic competition and international trade. Journal of International Economics, Vol. 9, 469 - 479.

[72] PINDER J. T he case for economic integration [J]. Journal of Common Market Studies, 1965, 3 (3) : 246 - 259.

[73] Raven J. Trade and transport facilitation: a toolkit for audit, analysis, and remedial action[M]. World Bank Publications, 2001.

[74] Rbos R. , Sleuwaegen. L. Tariff Jumping DFI and Export Substitution: Japanese Electronics Firms inurope [J]. Journal of Industrial Organization, 1998, 16(5):601 - 638.

[75] Rees W E. Ecological footprints and appropriated carrying capacity: what urban economics leaves out [J]. Environment and urbanization, 1992, 4(2): 121 - 130.

[76] Reserve Bank of New York Economic Policy Review, 1996(2): 37 - 53.

[77] Robock S H. Political risk: Identification and assessment [J]. Columbia Journal of World Business, 1971, 6(4):6 - 20.

[78] Rodriguez, Rita M. , and Carter, E. Eugene. International Financial Management[M]. Englewood Cliff: Prentice-Hall, 1976.

[79] Root F R. U. S. business abroad and political risks[J]. International Executive, 1968, 10(3):11 - 12. 8 Root, Franklin.

[80] Sajid Anwar, LAN Phi Nguyen. Foreign direct investment and trade: The case of Victnam [J]. Research in International Business and Finance, 2011, (25). 39 - 52.

[81] Simon J D. A Theoretical Perspective on Political Risk [J]. Journal of International Business Studies, 1984, 15(3):123 - 143.

[82] Simon J D. Political risk assessment: Past trends and future prospects [J]. Columbia Journal of World Business, 1982, 17(3):62 - 71.

[83] Stephen J. Kobrin,"When Does Political Instability Result in Increased Investment Risk?"Columbia Journal of World Business,Vol. 13,No. 2,Fall 1978,pp. 113 - 122.

[84] Stoian C. Dunning's eclectic paradigm: A holistic, yet context specific framework for analysing the determinants of outward FDI [J]. 2012.

[85] Swenson S L,Buell S,Zettler P,et al. Patient-centered Communication[J]. Journal of General Internal Medicine,2004,19(11):1069 - 1079.

[86] The Economist Intelligence Unit. One-Belt-One-Road-report[R]. China: 2014.

[87] The New Encyclopedia Britannica in 30 Volume (Micropedia), 15th edition, Volume Ill, (Chicago, Encyclopedia Britannica Inc. 1980), p. 47.

[88] Tinbergen, J (1954) International Economic Integration Amsterdam: Elsevier.

[89] Transnational Business: 2015(3).

[90] W. Hejazi &A. E. Safarian. The Complementarity between US FDI Stock and trade [J]. Atlantic Economic Journal. 2001, 29(4):420 - 437.

[91] Verdoorn, Petrus J. ,"The IntraBloc Trade of Benelux,"in Economic Consequences of the Size of Nations, E. A. G. Robinson, ed. , Macmillan for the International Economic Association, London, 1960.

[92] Viner, J. 1950. The Custo ms Union Issue. New York: Carnegie Endowment for International Peace.

[93] Wackernagel M, Chad M, Erb K1, Ecological faotprint time series of Austria,

the Philippines, and South Korea for 1961 - 1999 the conventional approach to-actual land areaapproach CJ} Comparing Iandilse Policy, 2004, 21 (3): 261 - 269.

[94] Westo, V. Fred, and Sorge, Bart W. International Managerial Finance. Homewood, Ⅱ: Richard D. Irwin, Inc, 1972.

[95] Wenlee Ting, "Multinational Risk Assessment and Management: Strategies for Investment and Marketing Decisions," The International Executive, Vol. 20, No. 2, 1988, pp. 31 - 33.

[96] Wilson J S, Mann C L, Otsuki T. Assessing the benefits of trade facilitation: A global perspective [J]. The World Economy, 2005, 28(6): 841 - 871.

[97] Yeaple S R. The complex integration strategies of multinationals and cross country dependencies in the structure of foreign direct investment [J]. Journal of International Economics, 2003, 60(2):293 - 314.

[98] 曹荣湘. 国家风险与主权评级:全球资本市场的评估与准入[J]. 经济社会体制比较,2003,(05):91 - 98+129.

[99] 柴庆春,胡添雨. 中国对外直接投资的贸易效应研究[J]. 世界经济研究,2012(6).

[100] 钞鹏. 日本企业防控海外投资政治风险的启示[J]. 亚太经济,2012,(06):65 - 70.

[101] 陈安娜. 中国高铁对实现国家"一带一路"战略构想的作用[J]. 商业经济研究,2015,(09):4 - 6.

[102] 陈恩,王方方. 中国对外直接投资影响因素的实证分析——基于2007—2009年国际面板数据的考察[J]. 商业经济与管理,2011,(08):43 - 50.

[103] 陈国余. 应对跨国经营政治风险 完善我国海外投资保险[J]. 保险职业学院学报,2006,(01):16 - 19.

[104] 陈鹏. "一带一路"之高铁外交——以泰国为例[J]. 社会发展: 2014(11).

[105] 陈寿朋. 生态文明建设论[M]. 北京: 中央文献出版社, 2007.

[106] 陈洁. 从英国脱欧看欧盟差异性一体化[J]. 国际论坛. 2016(06).

[107] 陈伟. "标准-普尔"政府信用等级评价体系简析[J]. 国际金融研究,2003,(01):47 - 52.

[108] 陈岩,翟瑞瑞,郭牛森. 基于多元距离视角的中国对外直接投资决定因素研究

[J]. 系统工程理论与实践,2014(11):2765－2771.

[109] 陈勇兵,曹亮. 生产分割、垂直 FDI 与贸易增长[J]. 宏观经济研究,2012(3).

[110] 陈愉愉. 中国对外直接投资的贸易结构效应[J]. 统计研究,2012－09.

[111] 陈云. 投资泰国 中国高铁出海版图扩张[J]. 中国对外贸易,2015,(01):18－21.

[112] 程惠芳,阮翔. 用引力模型分析中国对外直接投资的区位选择[J]. 世界经济,2004,(11):14－18.

[113] 储殷,高远. 中国“一带一路”战略定位的三个问题[J]. 国际经济评论,2015,(02):90－99＋6.

[114] 丛琳,侯佳. 对国家主权信用评级的决定因素的实证研究[J]. 时代金融,2010,(01):27－28.

[15] 代中强.中国企业对外直接投资动因研究——基于省际面板数据的分析[J].山西财经大学学报,2008 (11): 29－35.

[16] 戴志强,李琳. 跨国投资要规避政治风险[J]. 企业研究,2009,(10):68－69.

[117] 德尼·古莱. 残酷的选择: 发展理念与价值[M]. 高铦,高戈,译. 北京: 社会科学文献出版杜,2008: 316.

[118] 杜飞阳. 中国企业投资非洲的政治风险规避研究[D]. 北京: 中共中央党校: 2015.

[119] 杜宇, 刘俊昌. 生态文明建设评价指标体系研究[J]. 科学管理研究, 2009, 27(3): 60－63.

[120] 段景辉,黄丙志. 贸易便利化水平指标体系研究[J]. 科学发展,2011,(07):46－52.

[121] 樊秀峰,程文先. 新海上丝绸之路的贸易便利化研究[J]. 国际商务(对外经济贸易大学学报),2015,(05):144－152.

[122] 樊一江. 高铁“走出去”:世界的召唤与中国的期待[J]. 世界知识,2010,(23):14－22.

[123] 方虹, 彭博, 冯哲, 等. 国际贸易中双边贸易成本的测度研究——基于改进的引力模型[J]. 财贸经济, 2010 (5): 71－76.

[124] 冯志峰, 黄世贤. 生态文明考核评价制度建设: 现状, 体系与路径——以江西省生态文明建设为研究个案[J]. 兰州商学院学报, 2013 (4): 98－105.

[125] 冯宗宪,李刚. “一带一路”建设与周边区域经济合作推进路径[J]. 西安交通大

学学报(社会科学版),2015,(06):1-9.
[126] 冯宗宪. 一带一路构想的战略意义[N]. 光明日报,2014-10-20(011).
[127] 弗朗西斯·佩鲁. 新发展观 [M]. 北京：华夏出版社,1987.
[128] 甘泉. 论生态文明理念与国家发展战略[J]. 中华文化论坛,2007,3：7-10.
[129] 高珊，黄贤金. 基于绩效评价的区域生态文明指标体系构建——以江苏省为例[J]. 经济地理，2010，30(5)：823-828.
[130] 高长江. 生态文明：21 世纪文明发展观的新维度[J]. 长白学刊，2000，1：7-9.
[131] 龚群. 自由主义的自我观与社群主义的共同体观念[J]. 世界哲学,2007(5):72-78.
[132] 关琰珠，郑建华，庄世坚. 生态文明指标体系研究[J]. 中国发展，2007，7(2).
[133] 郭洁敏. 生态文明的曙光[J]. 社会观察,2005(4)：36-39.
[134] 郭濂. 国际三大信用评级机构的比较研究[J]. 中南财经政法大学学报,2015,(01):36-39+131.
[135] 何娣. 海外投资面临的政治风险及其防范[J]. 经济问题探索,2001,(03):83-85.
[136] 何新华,胡文发. 国际环境下的项目政治风险评价模型[J]. 同济大学学报(自然科学版),2007,(11):1572-1577.
[137] 洪露. 主权债务评级的因素分析[D]. 北京：对外经济贸易大学,2007.
[138] 侯鹰，李波，郝利霞，等. 北京市生态文明建设评价研究[J]. 生态经济(学术版)，2012 (1)：436-440.
[139] 胡倩，董大为. 广西生态文明建设指标体系研究[J]. 市场论坛，2012 (7)：23-26.
[140] 黄河,陈美芳,汪静等. 中国企业在“一带一路”沿线国家投资的政治风险及权益保护——以中线北线 B 和南线为例[J]. 复旦国际关系评论,2015：(1).
[141] 黄瑾轩. 从金融危机视角对评级公司主权评级模型的分析和修正[D]. 厦门大学,2009.
[142] 黄一玲. 中国跨国公司对美直接投资中的政治风险分析[J]. 现代经济探讨,2013,(01):31-35.
[143] 纪念《发展权利宣言》通过 30 周年北京倡议,新华网. 2016. 12. 05 http://news.xinhuanet.com/politics/2016-12/05/c_1120056548.htm.

[144] 蒋小平. 河南省生态文明评价指标体系的构建研究[J]. 河南农业大学学报, 2008, 42(1): 61-64.

[145] 经合组织重新计算贸易便利化协议潜在利益. 商务部网站. 2014-3-8.

[146] [美] 卡尔·多伊奇. 国际关系分析[M]. 北京:世界知识出版社,1992.

[147] 孔庆峰,董虹蔚."一带一路"国家的贸易便利化水平测算与贸易潜力研究[J]. 国际贸易问题,2015,(12):158-168.

[148] 莱切尔·卡逊. 寂静的春天[M]. 长春: 吉林人民出版社,1997,75-86.

[149] 蓝庆新, 彭一然, 冯科. 城市生态文明建设评价指标体系构建及评价方法研究[J]. 财经问题研究, 2013.

[150] 李丹,崔日明."一带一路"战略与全球经贸格局重构[J]. 经济学家,2015,(08): 62-70.

[151] 李海涛,沈文清. 新疆生态经济系统的能值分析与可持续发展研究田[J]. 干旱区地理,24 (4) :289-296.

[152] 李继宏. 中国高铁"走出去"面临的机遇与挑战[J]. 对外经贸实务,2015,(01): 74-77.

[153] 李林林. 关于国家风险与主权信用评级的研究[D]. 北京: 中国社会科学院研究生院,2013.

[154] 李文华. 生态文明与绿色经济[J]. 环境保护, 2012, 11: 12-15.

[155] 李向阳. 构建"一带一路"需要优先处理的关系[J]. 国际经济评论,2015,(01): 54-63+5.

[156] 李勇, 周学馨. 基于模糊灰色统计的生态文明建设综合评价研究[J]. 重庆工商大学学报: 自然科学版, 2013, 30(3): 35-38.

[157] 李泽红, 王卷乐, 赵中平, 等. 丝绸之路经济带生态环境格局与生态文明建设模式[J]. 资源科学, 2014, 36(12).

[158] 林书友. 墨西哥为何突然撤销中国高铁合同[J]. 金秋, 2015(3):7-8.

[159] 林孝成,管七海,冯宗宪. 金融机构的国家风险评估模型评介[J]. 当代经济科学,2000,(01):17-22.

[160] 林毅夫 苏剑. 新结构经济学:反思经济发展与政策的理论框架(增订版)[M]. 北京: 北京大学出版社, 2015.

[161] 刘春胜. 中国企业国际化发展进程中的政治风险及对策分析[D]. 广州: 暨南大学, 2007.

[162] 刘晓洁. CAFTA 对中国对东盟直接投资的影响及对策研究[M]. 长春：东北师范大学出版社，2013.

[163] 刘衍君，张保华，曹建荣，等. 省域生态文明评价体系的构建——以山东省为例[J]. 安徽农业科学，2010，38(7)：3676 - 3678.

[164] 刘智峰，黄雪松. 建设生态文明与城乡社会协调发展[J]. 池州师专学报，2006，19(6)：11 - 13.

[165] 卢光盛. 斯里兰卡国家风险评估与对策[J]. 国际工程与劳务：2016(2).

[166] 陆留存,田益祥. 主权信用评级的决定因素研究——基于一般面板数据和面板有序概率方法的分析[J]. 管理学家(学术版),2011,(05):39 - 48.

[167] 罗布森. 国际一体化经济学 [M]. 上海：上海译文出版社，2001.

[168] 罗春雪. 中国企业在美国跨国经营的政治风险及其规避[D]. 武汉：湖北工业大学，2010.

[169] 罗会钧,黄春景. 中国企业对非洲投资的政治风险管理[J]. 云南财经大学学报，2009,(04):140 - 145.

[170] 梅松，齐心. 和谐社会评价指标体系的构建[J]. 北京社会科学，2006，1：62 - 66.

[171] 那明. 金融危机背景下国家主权信用评级影响因素分析——基于 27 个 OECD 国家面板数据的研究[J]. 世界经济研究,2014,(10):28 - 33,88.

[172] 牛国良. 中国资源型企业海外投资所面临的风险与防范. 北京市经济管理干部学院学报[N]. 2007:09 - 22(3).

[173] 潘晓明. 从墨西哥高铁投资受阻看中国对外基础设施投资的政治风险管控[J]. 国际经济合作,2015(3):76 - 79.

[174] 潘远洋. 机会与挑战并存——泰国高铁前景分析[J]. 东南亚之窗，2014(2)：58 - 63.

[175] 潘岳. 社会主义生态文明[J]. 资源与人居环境，2006 (12X)：62 - 66.

[176] 邱耕田."命运共同体"：一种新的国际观. 学习时报,2015 年 6 月 8 日

[177] 任海军，唐晶."丝绸之路经济带"生态保护一体化战略研究[J]. 兰州大学学报(社会科学版)，2015 (3).

[178] 任清. 为何斯里兰卡科伦坡港口城项目说停就停——为防范海外投资政治风险支招[J]. 风险管理：2016(2).

[179] 赛格,门明. 中国企业对非洲投资的政治风险及应对[J]. 西亚非洲，2010,

(03):60－65.

[180] 邵鹏鸣. 墨西哥高铁项目的失败原因及其启示[J]. 国际融资,2015,(05):43－45.

[181] 申现杰,肖金成. 国际区域经济合作新形势与我国“一带一路”合作战略[J]. 宏观经济研究,2014,(11):30－38.

[182] 申振东. 建设贵阳市生态文明城市的指标体系与监测方法[J]. 中国国情国力,2009 (5): 13－16.

[183] 盛夏. 简评一体化理论的发展[J]. 欧洲 体化研究,2000(3),50－54.

[184] 史宝良. 海外直接投资的政治风险及对策[J]. 世界经济与政治,1994,(11):35－39.

[185] 史建军. 我国企业海外投资的政治风险及规避[J]. 产业与科技论坛,2008,(05):33－35.

[186] 世界环境与发展委员会;我们共同的未来[M]. 王之佳, 柯金良, 译;夏堃堡校. 长春: 吉林人民出版社,1997.

[187] 孙红,张国柱,罗红光,娄辉. 国际三大评级机构主权信用评级模式的经验及启示[J]. 征信,2015,(05):59－62.

[188] 孙洪岩. 中石油海外勘探开发投资项目政治风险研究[D]. 北京: 中国地质大学: 2013.

[189] 孙岩峰. 中国高铁“受挫”墨西哥背后[J]. 世界知识,2015,(05):46－48.

[190] 谭华,主权国家内部区域经济一体化水平测量综述 [J]. 嘉兴学院学报,2011(07).

[191] 谭晶荣,潘华曦. 贸易便利化研究文献综述[J]. 经营与管理,2015,(12):81－83.

[192] 唐杰英. 日本对外直接投资的贸易效应及其启示[J]. 世界经济研究,2009(12).

[193] 唐鹏琪. 实施“一带一路”战略的政治与经济风险——以中国在斯里兰卡的投资为例[J]. 南亚研究季刊,2015,(02):102－106＋6.

[194] 屠强. 试析影响标准普尔主权信用评级的因素[J]. 企业导报,2010,(09):38－39.

[195] 托达罗. 经济发展[M]. 6 版. 黄卫平,彭刚,陶文达,等. 译. 北京: 中国经济出版社,1999.

[196] 万艳. 影响国家主权评级因素的实证分析[J]. 经济研究导刊,2012,(29):7-8.

[197] 汪毅霖，蒋北. 植入生态文明指标的省际间人类发展比较研究——基于主成分分析和自由发展的视角[J]. 山西财经大学学报，2009 (10)：45-52.

[198] 王聪. 中印在斯里兰卡的战略竞争[D]. 武汉：华中师范大学,2015.

[199] 王如松. 奏响中国建设生态文明的新乐章[J]. 环境保护,2007(11)：56-59.

[200] 王文清. 生态文明建设评价指标体系研究[J]. 江汉学术，2011，30(5)：16-19.

[201] 王晓欢，王晓峰，秦慧杰. 西安市生态文明建设评价及预测[J]. 城市环境与城市生态，2010 (2)：5-8.

[202] 王旋子. 中国资源型海外投资的政治风险研究[D]. 杭州：浙江大学：2013.

[203] 温宗国，张坤民，杜娟，等. 真实储蓄率 (GSR)——衡量生态城市的综合指标[J]. 中国环境科学，2004，24(3)：376-380.

[204] 毋兴. 国际主权评级理论方法研究及在我国的应用[D]. 山西财经大学,2008.

[205] 吴俊,王舒鸿. FDI 对我国出口贸易方式影响的统计分析[J]. 科学决策，2013，03.

[206] 邢林博. 中国企业海外投资政治风险测评及其应对策略[D]. 上海：上海外国语大学,2014.

[207] 许德友，梁琦. 中国对外双边贸易成本的测度与分析：1981—2007 年[J]. 数量经济技术经济研究，2010 (1)：119-128.

[208] 许连辉. 中国投资俄罗斯石油行业的分析[D]. 北京,首都经济贸易大学：2014.

[209] 许统生，涂远芬. 中国贸易成本的数量，效应及其决定因素[J]. 当代财经，2010 (3)：95-101.

[210] 严也舟，成金华. 生态文明建设评价方法的科学性探析[J]. 经济纵横，2013，8：015.

[211] 杨胜刚,成程. 中国的主权信用评级是否被低估[J]. 国际金融研究,2011,(07):59-66.

[212] 杨纬球,丁启洪. 中国对外直接投资决定因素实证分析[J]. 现代商贸工业，2011,(07):110-111.

[213] 杨新杰. 国际投资的政治风险处理[J]. 华商,2008,(02):97-98.

[214] 杨雪伟. 湖州市生态文明建设评价指标体系探索[J]. 统计科学与实践，2010(1)：51－53.

[215] 杨智明. 建设生态文明必须树立八个理念[J]. 河北环境保护，2009(2)：28－30.

[216] 衣长军. 中国与美日对外直接投资战略动因国际比较[J]. 宏观经济研究，2010,(04):63－67.

[217] 于翠萍,王美昌. 中国与"一带一路"国家的经济互动关系——基于GDP溢出效应视角的实证分析[J]. 亚太经济,2015,(06):95－102.

[218] 袁正之. 拉美石油投资的政治风险分析[J]. 国际石油经济,2008,(03):11－17＋86－87.

[219] 张欢，成金华. 湖北省生态文明评价指标体系与实证评价[J]. 南京林业大学学报：人文社会科学版，2013，13(3)：44－53.

[220] 张建平,樊子嫣."一带一路"国家贸易投资便利化状况及相关措施需求[J]. 国家行政学院学报,2016,(01):23－29.

[221] 张猛超. 中国资源获取型海外直接投资的政治风险研究[D]. 杭州：浙江大学，2013.

[222] 张晓通,陈佳怡. 中国高铁"走出去":成绩、问题与对策[J]. 国际经济合作，2014,(11):26－29.

[223] 张英达,葛顺奇. 跨国经营的政治风险:结构、趋势与对策[J]. 国际经济合作，2011,(11):4－8.

[224] 张友兵,刘岭,崔俊锋,等. 中国高铁"走出去"的优势和建议[J]. 铁路通信信号工程技术,2016,(01):105－110.

[225] 张幼文. 世界经济一体化的历程[M]. 上海:学林出版社，1999:12(162).

[226] 张仲宁,白鹏飞,佩鲁《新发展观》述评.

[227] 赵世璐. 国内贸易便利化研究现状及展望[J]. 上海海关学院学报,2011,(03):83－89＋94.

[228] 赵曙明，杨忠. 国际企业:风险管理[M]. 南京大学出版社，1998.

[229] 郑磊,刘亚娟. 中国对外直接投资的贸易效应研究[J]. 数学的实践与认知，2014－08.

[230] 智宝月. 资源型企业跨国并购政治风险法律防范研究[D]. 北京：北京交通大学，2012.

[231] 周嘉. 论主权信用评级中的本土偏好[J]. 经济研究导刊,2015,(03):255-259.

[232] 周生贤. 积极建设生态文明[J]. 环境经济,2009(12):10-12.

[233] 周穗明 西方新发展主义理论述评[J]. 国外社会科学,2003(5).

[234] 周五七."一带一路"沿线直接投资分布与挑战应对[J]. 改革,2015,(08):39-47.

[235] 周啸东. 土耳其安伊高铁——第一个中国高铁工程技术"走出去"项目[J]. 国际工程与劳务,2015,(09):50-52.

[236] 周学仁. FDI技术水平与东道国出口贸易结构[J]. 财经问题研究,2012,02.

[237] 朱守先,梁本凡. 中国城市低碳发展评价综合指标构建与应用[J]. 城市发展研究,2012(9):93-98.

[238] 朱松丽.李俊峰,生态文明评价指标体系研究[J].世界环境,2010,(1).

[239] 朱玉林,李明杰,刘旖. 基于灰色关联度的城市生态文明程度综合评价——以长株潭城市群为例[J]. 中南林业科技大学学报:社会科学版,2010,4(5):77-80.

[240] 朱智洺,丁海燕,陈效林."一带一路"下中国OFDI对中亚五国经济增长的影响测度[J]. 河海大学学报(哲学社会科学版),2015,(05):67-72+106.

附录

附表 1 《国际贸易标准分类》(修订 4)的行业分类

部门和类的描述	类代码
第〇部门——食品和活动物	
活动物,第〇三类动物除外	00
肉及肉制品	01
乳制品和禽蛋	02
鱼(非海洋哺乳动物)、甲壳动物、软体动物和水生无脊椎动物及其制品	03
谷物及谷物制品	04
蔬菜及水果	05
糖、糖制品及蜂蜜	06
咖啡、茶、可可、香料及其制品	07
牲畜饲料(不包括未碾磨谷物)	08
杂项食用品及其制品	09
第一部门——饮料及烟草	
饮料	11
烟草及烟草制品	12
第二部门——非食用原料(不包括燃料)	
生皮及生毛皮	21
油籽及含油果实	22
生胶(包括合成胶及再生胶)	23
软木及木材	24
纸浆及废纸	25
纺织纤维(不包括毛条及其他精梳毛条)及其废料(未加工成纱或织物的)	26
粗肥料,第五十六类所列的除外,及原矿物(煤、石油及宝石除外)	27
金属矿及金属屑	28
未另列明的动物及植物原料	29
第三部门——矿物燃料、润滑油及有关原料	
煤、焦炭及煤砖	32

部门和类的描述	类代码
石油、石油产品及有关原料	33
天然气及人造气	34
电流	35
第四部门——动植物油、脂和蜡	
动物油脂	41
未加工的、已提炼的或精制的非挥发性植物油脂	42
已加工的动植物油脂,未另列明的不适宜食用的动植物蜡及动植物油脂的混合物或产品	43
第五部门——未另列明的化学品和有关产品	
有机化学品	51
无机化学品	52
染色原料、鞣料及色料	53
医药品	54
盥洗用品及光洁用品	55
肥料(第二百七十二组所列除外)	56
初级形状的塑料	57
非初级形状的塑料	58
未另列明的化学原料及其产品	59
第六部门——主要按原料分类的制成品	
未另列明的皮革和皮革制品,以及裘皮	61
未另列明的橡胶制品	62
软木及木材制品(家具除外)	63
纸、纸板,以及纸浆、纸和纸板的制品	64
纺织纱(丝)、织物、未另列明的成品及有关产品	65
未另列明的非金属矿产品	66
钢铁	67
有色金属	68
未另列明的金属制品	69
第七部门——机械及运输设备	
动力机械及设备	71
特种工业专用机械	72
金属加工机械	73

部门和类的描述	类代码
未另列明的通用工业机械和设备及其未另列明的机器零件	74
办公用机器及自动数据处理设备	75
电信、录音及重放装置和设备	76
未另列明的电力机械、装置和器械及其电器零件(包括家用电气设备的未另列明的非电动部件)	77
陆用车辆(包括气垫式车辆)	78
其他运输设备	79
第八部门——杂项制品	
预制建筑物;未另列明的卫生、水道、供暖和照明设备及配件	81
家具及其零件;床上用品、床垫、床垫支架、软垫及类似填制的家具	82
旅行用具、手提包及类似容器	83
各种服装和服饰用品	84
鞋类	85
未另列明的专业、科学及控制用仪器和装置	87
未另列明的摄影仪器、设备和材料,以及光学产品	88
未另列明的杂项制品	89
第九部门——《国际贸易标准分类未另分类》的其他商品和交易	
未按品种分类的邮包	91
未按品种分类的特种交易和商品	93
非合法货币的铸币(金币除外)	96
非货币用黄金(金矿砂及精矿除外)	97

附录1 “一带一路”大事记

■ 2013 年 9 月　习近平在访问哈萨克斯坦时提出构建“丝绸之路经济带”。

■ 2013 年 10 月　习近平在印度尼西亚国会发表演讲提出共同建设“21 世纪海上丝绸之路”。

■ 2013 年 12 月　习近平在中央经济工作会议上提出，推进“丝绸之路经济带”建设，抓紧制定战略规划，加强基础设施互联互通建设。建设“21 世纪海上丝绸之路”，加强海上通道互联互通建设，拉紧相互利益纽带。

■ 2014 年 2 月　中国与俄罗斯就跨欧亚铁路与“一带一路”的对接达成了共识。

■ 2014 年 3 月　“2014 年中国政府工作报告”提出抓紧规划建设“一带一路”。

■ 2014 年 5 月 19 日，作为“丝绸之路经济带”首个实体平台，中国—哈萨克斯坦(连云港)物流合作基地启用。

■ 2014 年 11 月　习近平在 APEC 峰会上宣布，中国将出资 400 亿美元成立丝路基金。2014 年 12 月 29 日，丝路基金有限责任公司在北京注册成立。丝路基金的资金规模为 400 亿美元，首期资本金 100 亿美元。截至目前，丝路基金已签约 15 个项目，承诺投资金额累计达 60 亿美元，并单独出资 20 亿美元设立中哈产能合作专项基金，投资覆盖俄、蒙以及中亚、南亚、东南亚、西亚、北非、欧洲等地区的基础设施、资源开发、产业合作、金融合作等领域。

■ 2014 年 12 月　“2014 年中央经济工作会议”提出优化经济发展空间格局。要重点实施“一带一路”、京津冀协同发展、长江经济带三大战略，争取 2015 年有个良好开局。

■ 2015 年 2 月　“一带一路”建设工作领导小组成员亮相。

组长：张高丽　中共中央政治局常委，国务院副总理

王沪宁　中央政治局委员，中央政策研究室主任，中央改革办主任

汪　洋　中央政治局委员，国务院副总理

杨　晶　中央书记处书记，国务委员，国务院秘书长

杨洁篪　国务委员

■ 2015 年 3 月国家发改委、外交部和商务部联合发布《推动共建丝绸之路经济带和 21 世纪海上丝绸之路的愿景与行动》。文件主要内容分为 8 个部分：时代背景、共建原则、框架思路、合作重点、合作机制、中国各地方开放态势、中国积极行动、共创美好未来。

■ 2015 年 12 月 25 日，亚洲基础设施投资银行正式成立。亚投行主要宗旨是通过在基础设施及其他生产性领域的投资，促进亚洲经济可持续发展、创造财富并改善基础设施互联互通；与其他多边和双边开发机构紧密合作，推进区域合作和伙伴关系，应对发展挑战。亚投行正式成立并开业，将有效增加亚洲地区基础设施投资，多渠道动员各种资源特别是私营部门资金投入基础设施建设领域，推动区域互联互通和经济一体化进程，也有利于改善亚洲发展中成员国的投资环境，创造就业机会，提升中长期发展潜力，对亚洲乃至世界经济增长带来积极提振作用。截至 2017 年 7 月，亚投行已运营 18 个月，批准了 17 个项目，价值 28 亿美元；亚投行成员已从最初创立时的 57 个扩大到 80 个。

■ 2016 年 8 月　习近平出席推进“一带一路”建设工作座谈会并发表重要讲话。

■ 2016 年 11 月 17 日，第 71 届联合国大会协商一致通过第 A/71/9 号决议。

决议欢迎“一带一路”等经济合作倡议，敦促各方通过“一带一路”倡议等加强阿富汗及地区经济发展，呼吁国际社会为“一带一路”倡议建设提供安全保障环境。联合国大会第 A/71/9 号决议首次写入“一带一路”倡议，得到 193 个会员国的一致赞同，体现了国际社会对推进“一带一路”倡议的普遍支持。

■2017 年 5 月 “一带一路”国际合作高峰论坛在中国北京举行。29 位外国元首、政府首脑及联合国秘书长等 3 位重要国际组织负责人出席“一带一路”国际合作高峰论坛领导人圆桌峰会等活动。来自 130 多个国家和 70 多个国际组织的约 1500 名各界贵宾作为正式代表出席论坛，来自全球的 4000 余名记者注册报道此次论坛。论坛的主题是“加强国际合作，共建‘一带一路’，实现共赢发展”。论坛主要活动包括开幕式、领导人圆桌峰会和高级别会议三部分。这次论坛重点打造四方面成果：凝聚更多共识，明确合作方向，推动项目落地，完善支撑体系。

附录2 中国高铁海外建设项目的跨国别案例研究

1 引言

高速铁路是指通过改造原有线路，使营运速度达到每小时200公里以上，或者专门修建新线，营运速度达到每小时250公里以上的铁路系统。20世纪70年代以来，全球包括日本、法国、德国等发达国家已建起不少高铁线路，例如有名的日本新干线、法国TGV等。21世纪以来，中国已经与美国、俄罗斯、巴西、沙特、委内瑞拉等国家达成了合作建设高铁的意愿，这些国家希望中国参与他们高铁建设的合作，部分合作项目已取得重要进展；还与缅甸、波兰、印度和中亚部分国家达成了合作发展铁路的共识。目前中国企业在境外承揽的铁路项目涉及50多个国家和地区，合同金额逾260亿美元；铁路装备已出口亚洲、非洲、澳洲和美洲等30多个国家。

1.1 中国高铁"走出去"的战略意义

作为中国自主创新和引进消化再创新的标志性成果和铁路交通建设的重大突破——中国高铁"走出去"，毫无疑问具有重要的战略意义。高铁是中国制造业转型升级、获得新市场能力的象征，标志着中国正在凭借技术和工程经验、造价成本等多重优势走向国际市场。铁路建设涉及人员众多，建设期间将为东道国增加几十万个就业岗位，并可为当地培训大量技术工人。

我国高铁技术从"技术引进"到"消化吸收"，再到"科技和产能输出"，正在实现跨越式发展。目前，我国铁路总公司对高铁技术具有完全的自主知识产权，并已获得900多项国际专利。在海外建设过程中，中国高铁技术专利将进一步磨合、提升，制造业也将因此获得升级的机会。中国所制造的产品可以获得更安全、更快速的运输通道，中国的能源安全可能得到加固。中国高铁"走出去"项目建设过程中,将对接各国的高铁规划,实现中国与东道国建设地之间的双赢,有助于经济总量提升、运输速度加快,物流标准化程度进一步统一。

根据目前世界各国的高铁发展规划,到 2020 年,世界高铁总里程将达到 5 万公里,由此带来的直接投资达 1.1 万亿美元。面对巨大的市场,日本、德国、法国等国家的高铁企业都在积极行动。

与此同时,中国企业应当了解,在国际上修建高铁更需要国际市场理念。在具体的运作过程中,高超的谈判技巧、务实的市场观念、专业的建设素质缺一不可。中国企业在低收入发展中国家修建高铁项目会遇到东道国难以承担高昂的修建费用,需要中方提供支持,未来的矿产等资源如何折算成资金;在较为发达的国家修建高铁,又会遇到如何适应当地法律,获得议会与民众的认同等问题;当遭遇一定的阻力的时候,如何与对方携手创造未来的市场价值,都是摆在企业甚至决策官员面前的课题,解题绝非易事。

1.2 跨案例分析方法

跨案例分析一般有 3 种方法:第一种是案例分类,用两维度的坐标体系将案例的某些特性归属于 4 个象限中以发现群内相似性或组间差异性。第二种是案例配对,对每个案例都列出其相应具有的特性。第三种是将所有案例包含的特征排在一起比较,决定哪些类目是研究重点(Eisenhardt,1989)。

本文的分析框架是在综合这 3 种方法的基础上,结合研究问题和相关文献而制订的。首先通过有无政治和经济风险两个维度对案例项目进行分类,然后对每一类别的案例企业进行特征分析,最后归并各案例典型特征与其影响因素的相关性。

为了更好地总结高铁"走出去"项目一些共性的规律特点,本文将采用跨案例分析的方法,将一组案例项目结合起来分析。仅分析一个案例只能代表该地区的政治风险情况,但如果把若干个国别地区的情况结合起来分析,就可以得出高铁海外项目适用于各个国家的具有共性的规律,从而为

高铁项目企业“走出去”提供参考，这就是本文跨案例分析的意图，具体运作模式如附图1所示。

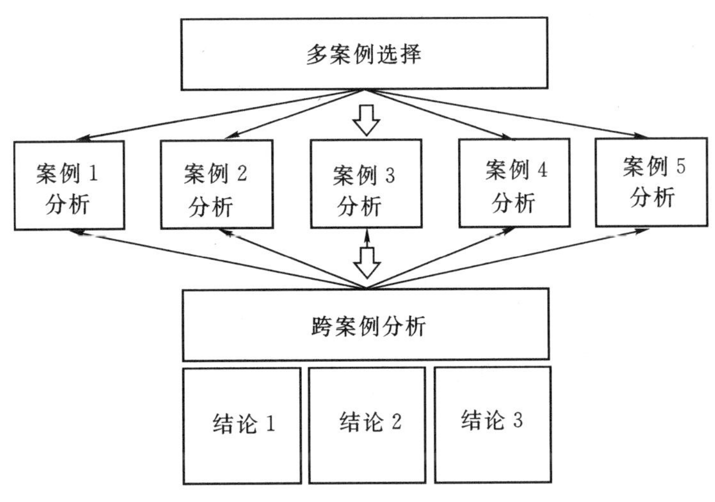

附图1　跨案例分析原理图

自2014年以来，中国高铁开始大步地“走出去”。在过去几年中，中国已与美国、阿联酋、老挝、泰国、英国、俄罗斯、白俄罗斯、巴西、罗马尼亚等国签署了高铁或铁路合作意向书或协议书。高铁已成为我国优质产能走出去的代表。

由于中国高铁企业海外项目在2000年之后出现了爆发式的增长(Child &Rodrigues，2005；Deng，2009)，同时为了保证可以观测到高铁项目海外建设的效果，本文对高铁“走出去”发生的时间进行了限制。据此我们设定了案例筛选的标准：中国高铁海外项目建设以促进互联互通，中国高端装备工业“走出去”为主要动机；隶属行业；所选国家覆盖不同国别地域类型；海外项目发生在2000—2017年。基于这些标准并结合多案例研究复制法则的需要，我们最后在众多可供选择的国别案例中选择了7个典型案例。

本跨国别案例研究将以在建地处西亚的土耳其高铁，南美洲的墨西哥高铁和委内瑞拉高铁，中东欧的匈塞高铁，东南亚的印尼高铁、泰国高铁以及马新高铁等七个项目为主要研究对象，分析它们处于何种阶段以及在不同阶段受到何种政治经济以及法律风险的影响、遇到了哪些问题并总结出它们的共性与特性，最后为项目企业以及国家提出建议。由于七个案例中的高铁项目各自所处的阶段不同而且所处的地区也不同，因此对于相关企业来说有一定的参考性。

2　中国高铁项目海外进展情况

2.1　高铁海外项目意向到协议和建设阶段

2.1.1　高铁海外项目的阶段

高铁是一个国家的"奢侈级"基础设施。在世界上，一国要建设高铁有三个较高的经济门槛：首先需要投入大量资金；其次是人口密度要求；三是电力供应充足。然而能满足这些条件，又有意愿修建高铁的国家可谓稀缺。相比较而言，高铁承建双方要面对的更大不确定性在于政治经济风险。一般来说高铁海外项目分为以下几个阶段。

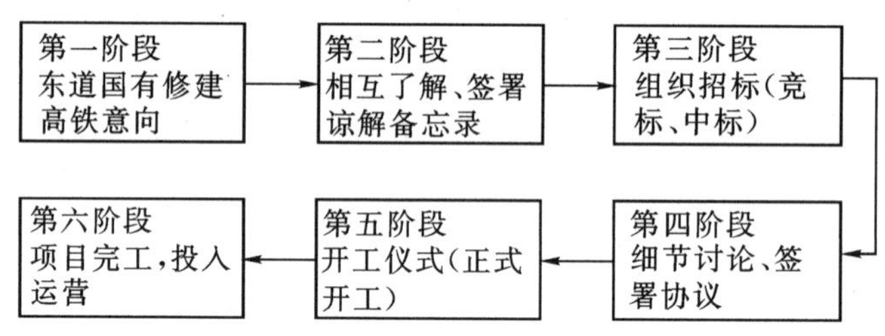

附图 2　高铁海外项目阶段图

高铁项目具有投资大、工程周期长、投资回报周期长等特点，这决定了其在开展过程中容易受到所在国家政治、经济和社会等诸多因素的影响。2016 年，媒体称为中国高铁"走出去"爆发元年，中国高铁出海已经渐趋成熟，中国高铁的版图已经扩展到了亚、欧、非、美等五大洲数十个国家，能够与日本等老牌铁路强国进行竞争，而在工程合作上，中国企业也探索出了更加灵活、更加本土化的方式。

2.1.2 高铁海外项目的合同特点

以印度尼西亚雅万高铁项目为例，项目采用 EPC 总承包合同，EPC (Engineering Procurement Construction)是指公司受业主委托，按照合同约定对工程建设项目的设计、采购、施工、试运行等实行全过程或若干阶段的承包。公司在总价合同下，对其所承包的工程质量、安全、费用和进度负责。

与传统承包模式相比，EPC 具有强化设计在整个建设过程中的主导作用、合理衔接设计—采购—施工各阶段工作以及明确工程质量责任主体的基本优势。雅万高铁是中国高铁从技术标准、勘察设计、工程施工、装备制造到物资供应、运营管理和人才培训等全方位整体走出去的第一单项目，充分展示出中国建设运营高铁项目的丰富经验和以雅万高铁作为深化“一带一路”倡议敲门砖的坚定决心。除印尼雅万高铁以外，以中巴经济走廊、泛亚铁路等项目为代表的中国制造、中国工程大踏步走向海外，中国密集推广基建外交。在目前和未来来看，中国工程在海外市场的潜力非常巨大。那么，在以 FIDIC(国际咨询工程师联合会)合同为权威的海外工程承包合同惯例化、规范化的大背景下，探讨和研究海外工程承包合同的注意事项，具有一定的积极意义。

海外工程承包合同具有以下几个特征：

①国际性。体现在合同涉及多国合同主体，涉及多国法律，涉及跨国付款形式，涉及第三国仲裁机构等四个方面，相对双边合作，更为复杂。

②多元性。主要体现在合同不仅与合同双方有关，也会关联双方的咨询公司、业主代表、分包商、材料供应商等多方主体，而且由于在具体的施工地点沿线较长，利益相关者更多。

③标的特殊性。国际工程承包合同的标的是不动产，是工程项目，是一个不可分割的独立整体，具有不可移动性和长期使用性。

④履约时间长期性、履约方式连续性和渐进性。一个工程的建设，通常需要一至三年甚至更长的时间，需要双方相互协调和配合。海外工程承包合同的履约过程是施工过程，施工应当连续和渐进，另外施工项目质量

的检查和确认，贯穿于整个施工过程的始终。

⑤风险性。海外工程承包，对承包商而言是一种资本、技术、设备、劳务和其他商品的综合性输出，在其施工过程中，会受到许多条件的制约和许多不可控风险的影响，如项目在海外施工，对当地的地理环境信息缺乏、合同涉及金额大、有垫资施工的可能性以及施工工期长等。在此期间，可能发生政治、经济和技术乃至工程自身等多方面的风险。

2.2 中国高铁海外项目在案例国家的建设

2.2.1 中国高铁海外项目的后发比较优势

中国高铁海外项目有明显的后发比较优势，相比于传统的海外市场，中国高铁技术输入海外时间较晚，这与中国高铁自身发展有密切关系。

①中国铁路建设实现了快速发展，高铁运营总里程达到世界第一。近年来，在中国政府的高度重视和有力支持下，到2015年底，中国铁路营业里程达12.1万公里，居世界第二位，高铁营业里程突破1.9万公里，占世界高铁运营里程的60%以上，居世界第一位。中国已经建成成网运行的高速铁路网络，是世界上高速铁路建设运营规模最大、技术最全面、管理经验丰富的国家。

②中国铁路技术及其标准化和国际化水平不断提高，已形成集融资、设计、施工、主要装备、机车车辆和运营维护为一体的全产业链优势。截至2010年7月，中国高铁技术已实现专利化、专利标准化和标准国际化，申请高速铁路相关专利授权946项。2010年之前，中国企业在海外承建的铁路项目主要表现为工程承包或装备出口，这一模式为推动中国铁路"走出去"做出了巨大贡献。2011年，中土集团等中资企业签约埃塞俄比亚一吉布提铁路项目，项目线路全长约760公里，总合同额近40亿美元，首次在海外实现了全流程的"中国化"，成为成套中国铁路技术标准对外输出的典范。

③高铁列车覆盖地形多样、等级全面，列车保有量世界第一，施工效率高。在中国东西南北纵深5000公里的广袤大地上，高铁线跨越了各种地形、地貌和气候特征，其运营总里程达到1.6万公里，超过世界高铁总里程

一半以上。中国高速列车保有量1300多列,世界最多。列车覆盖时速200公里至380公里各个速度等级,种类最全;动车组累计运营里程约16亿公里,经验最丰富。

④建造成本较低,施工效率高,产品交货及时。中国铁路呈网络规模化发展使得桥梁、隧道、车站等不同建设部分的设计可以实现标准化;具有显著的规模经济和范围经济的优势。总体来讲,中国铁路建造成本是世界发达国家平均水平的1/3至2/3。原因有中国劳动力资源丰富,劳动力成本较低;施工单位及设备供应团体建设积极性较高;业务量庞大,可以采用摊销资金的方式去购买施工设备;较完整的产业链降低了成本。据测算,中国企业的工期短,施工效率是外国企业的一倍以上。中国产品交货及时,工人劳动效率高。同样一列车,国外制造要18—22个月,中国企业最多12个月。

相对而言,中国高铁的劣势主要在于融资门槛相对较高,作为发展中国家,中国融资机构给国外项目提供的贷款利率一般不会低于2%,而很多西方国家能够提供0.5%的利率,有时候甚至是0.1%乃至免息。在印度尼西亚的项目中,中方提供的贷款利率就是2%,而日本提供的贷款利率是0.1%,差距非常大。

2.2.2 中国高铁承接和参与海外项目的国别案例概况

(1)建设工程已完成并进入运营阶段的土耳其安伊高速铁路项目

如果从2003年8月中国商务部领导率领经贸代表团访问土耳其,推荐中机公司作为唯一与土耳其国家铁路总局合作的中国企业算起,到安伊高速铁路二期2014年7月正式通车,该项目历时整整十一年。

安伊高速铁路连接了土耳其首都安卡拉和最大的城市伊斯坦布尔。该工程分为三期,其中二期项目全长158公里,是全线最艰巨的部分。安伊高速铁路二期的竞争非常激烈,来自土耳其、中国、德国、日本、西班牙、意大利、英国、瑞士、印度、乌克兰等国的24家国际知名公司和土耳其当地公司组成8家联合体参加了项目投标。2006年,由中国铁道建筑总公司和中国机械进出口总公司以及土耳其两家公司共同组成的合包集团成功中标二期主要路段，中标路段全长158公里，合同金额12.7亿美元，设计时速250公里。这是中资企业在境外组织承揽实施的第一个电气化高速铁路项目，组成的联合体击败欧美多家公司，成功中标土耳其安伊高铁二期项目主要路段，成为中国高铁进军国际市场的第一条线路，对推动中国高铁“走出去”具有重要意义。①

中国铁建等承包的安卡拉至伊斯坦布尔高速铁路二期工程项目主要路段，完全采用欧洲标准和规范建设，其中40%的路段都是桥梁和涵洞，是工程量最大、难度最高的一段路。监理和业主对安全质量、技术资料、图纸设计、施工管理严格要求，人、财、物、料环境都不具备抢工期的条件，工程由多家公司合作施工，互相影响和制约因素多。由于土耳其当地铁路部门前期采集的地质勘测数据不够精确，导致项目不得不边勘测、边设计、边施工。2014年1月17日，伊安高铁二期主体工程宣告完工，中国企业在海外承建的第一条高速铁路进入通车倒计时，标志着中国高铁建设的企业从此获得欧洲高铁建设市场的“准入证”。2014年7月25日，该线路顺利通车。此后，中国高铁持续发力，先后在亚洲、欧洲、非洲等国签下多项高铁订单。

随着安伊高铁顺利运营，2015年往来安卡拉与伊斯坦布尔之间的乘客达到200万人次，比2014年翻了一倍。两年来，安伊高铁因其舒适、便捷、费用适中，已经成为众多民众出行的首选，改变了乘客以前乘坐巴士或飞机长途旅行的习惯。2016年9月，中国铁建中土集团牵头的土耳其安伊高铁二期项目合包集团，与土耳其国家铁路总局项目验收委员会签署验收会议纪要，这标志着安伊高铁二期项目已完全移交给土耳其铁路总局。

(2)几经磨合、尚未全面开工的泰国高铁项目

2005年前后，中国“泛亚铁路”的构思刚刚出炉，泰国就曾动脑筋“搭便车”。2005至2014年间，他信·西那瓦、沙马·顺达卫、英拉·西那瓦等几任总理都曾表达中泰铁路合作意愿，但终因政治不稳定而作罢。2013年10月，中国总理李克强访问泰国时，提出了“高铁换大米”的倡议。然而由

① 中国第一条“驶出”国门的高铁：探访土耳其安伊高铁项目，2014年1月17日，中国经济网.

于泰国政局突生变数，计划被迫暂时搁置，直到 2014 年 8 月初，泰国军政府计划重启泰国高铁项目。在历时 9 轮谈判后，中泰铁路于 2015 年 12 月举行启动仪式。按原计划，中泰铁路合作项目全长近 900 公里。呈人字形的铁路线分为曼谷—坎桂—呵叻段、玛塔卜—罗勇段和呵叻—廊开段，共经过泰国 10 个府，在泰国东北部的廊开与已经奠基开工的中老铁路对接，经老挝磨丁和中国磨憨抵达昆明。但泰国政府于 2016 年 3 月 25 日突然表示，泰国将不再寻求中国方面的资金来帮助自己建造一条从曼谷到一个地方省的高铁项目，打算自行进行融资，虽然仍将使用中国技术、信号系统和列车，但工程将使用泰国企业作为分包商，原材料、设备和劳动力也将来自泰国。此后，直到 2017 年 7 月 10 日，泰国政府做出决定，中国获得了在泰国建设高铁的权利。中泰铁路将成为连接中国与新加坡并经过老挝、泰国、马来西亚的“铁道丝绸之路”的一部分。

泰国路段的高铁对“一带一路”倡议和东南亚铁路网的建设非常重要，有利于打造更加紧密的经济体，实现利益共享。这一高铁项目对东南亚各国发展而言也十分有利，将大大促进中国与东南亚之间的旅游和货物运输。

(3)一波几起、正式签约进入施工阶段的印度尼西亚雅万高速铁路

雅万铁路是连接印度尼西亚首都雅加达和大城市万隆之间的一条高速铁路，全长 142 千米，最高设计时速 350 千米，计划 3 年建成通车。届时，雅加达到万隆的旅行时间将由现在的 3 个多小时缩短至 40 分钟。2015 年 3 月和 4 月，中国和印尼有关部门与企业分别签署了关于就印尼高铁开展合作的谅解备忘录和框架安排，然而同年 7 月份，日本加入了印尼高铁的竞争，此后中日两国一直就施工造价、资金来源等方面进行竞争，中途印尼政府还突然宣称退回中日方案不再修高铁，最后峰回路转，直至同年 10 月印尼政府终于正式与中方签订协议。

雅万高铁项目尽管从签约到启动仪式时间不长，但随后当地媒体曝出，2016 年 1 月的动工仪式仅仅具有象征意义，一周之后就被暂停，因为施工方当时只获得 5 公里的许可。英国《金融时报》称，印尼官员给出的解释是，由于看不懂承建方提交的中文文件，无法加快处理审批工作。但外媒

普遍认为，来自土地征收、环保等方面的民意阻力，才是雅万高铁面临的真正困难。[①] 在此之后，又经过一年多时间，雅万高铁项目从签署合资公司协议到签订总承包合同，一个问题一个问题解决，一步一个脚印扎实推进。国开行的贷款将在印尼总统佐科批准项目计划后立即到位。2017 年 4 月 4 日，中国与印度尼西亚企业合作建设的雅加达至万隆高速铁路（雅万高铁）项目总承包合同签署仪式在雅加达举行。该仪式标志着中印尼铁路合作取得重要进展，雅万高铁进入全面实施阶段。[②]

(4)墨西哥高铁项目

墨西哥是拉美第二大经济体，现总统涅托上台以来，大力进行改革，发展经济，但效果一直不太明显，加上石油价格暴跌，使依靠石油财政的墨西哥政府雪上加霜，经济形势更不容乐观，财政预算大受挤压，相应的基础设施建设不得不减少。2015 年初的民调显示，对涅托执政满意度已从执政初的 55%下降到了 30%。

如果中国企业能顺利完成高铁合同，这将是第一条中国在海外设计、承建并采用中国标准和设备的高铁，对中国企业“走出去”具有里程碑的意义。2014 年 11 月 3 日，墨西哥通信与交通部公布由中国铁建牵头的国际联合体中标了墨西哥城至克雷塔罗州的高速铁路项目，但仅仅 3 天后，由于外界质疑和墨西哥国内压力，中标结果即被撤销。2015 年 1 月 14 日，墨西哥官方宣布重启项目招标，并确认有包括中国公司、西门子、庞巴迪、阿尔斯通在内的 5 家企业有意参与新一轮招标，可是在 16 天之后，墨西哥官方又改变主意，决定无限期搁置高铁项目。此举致使中国企业损失了上亿元人民币。目前有关赔偿政策是赔偿中方约 810 万元人民币。

(5)正式签约而中途停顿的委内瑞拉高铁项目

委内瑞拉玻利瓦尔共和国（西班牙语：República Bolivariana de Venezuela），简称委内瑞拉，是位于南美洲北部的国家，首都加拉加斯。北临加勒比海，西与哥伦比亚相邻，南与巴西交界，东与圭亚那接壤。它被称为

① 印尼雅万高铁拖延一年后获重要进展系海外首条中国标准高铁，2017 年 3 月 25 日，观察者网

② 中印尼雅万高铁项目进入全面实施阶段，2017 年 4 月 5 日，人民日报

“瀑布之乡”，面积912050平方千米，海岸线长2813千米，原为印第安人居住地，委内瑞拉有人口32196517人（2013年）。委内瑞拉为石油输出国组织成员，是世界上重要的石油生产国和出口国，世界主要的产油国之一。石油产业是其经济命脉，该项所得占委内瑞拉出口收入的约80%。1974年6月28日同中国建交。

委内瑞拉第一个全国铁路修建计划制订于1950年，计划在50年内修建21条铁路。委内瑞拉政府认为，修建铁路一是可以将聚居于北部沿海地段的人员向西部和北部平原地带转移；二是可以极大带动沿线人员就业和当地经济发展；三是提升几大港口的运能，急需发展铁路以加速疏散途经港口的物资，提升吞吐量，促进对沿线地区的经济拉动作用；四是铁路运输网络向西北拓展可以连接石油产出地扩大出口。

委内瑞拉前总统查韦斯执政期间，大力推动国家铁路网建设，规划了一批项目，引入了一批外资公司，自此基本达成了意大利公司、中资公司在委内瑞拉建设铁路的互相竞争格局。意大利公司在南美持续经营多年，公司实力强劲，而中国中铁则是拓展南美铁路市场的新锐力量。2009年3月22日，中国中铁股份有限公司承建的委内瑞拉北部平原铁路项目举行开工典礼。这条铁路西起科赫德斯州的蒂纳科，东至安索阿特吉州的阿纳科，全长约472公里，最高设计时速220公里，预计在2012年完工。该项目合同总金额为75亿美元。截至当时，这项合同是中国企业在国际建筑市场签订的最大铁路建设承包合同。近年来，委内瑞拉总统马杜罗及政府当局基本维持了查韦斯执政时期的铁路建设思路，维护了原铁路网络规划。由于石油价格下跌，经济下滑，社会的不稳定，委内瑞拉没有启动新项目建设，原来已经启动的项目也暂时性压缩规模。总体而言，委内瑞拉铁路建设进展缓慢。近年来，委内瑞拉石油、公路、市政、电力等项目普遍都处于缺乏维修或者缓慢建设的状态，铁路只是众多进展缓慢项目的冰山一角，铁路项目进展缓慢并非特例。中委铁路项目充分暴露中国企业在拉美从事基础设施开发所面对的巨大风险。

（6）签约后遭到审查的匈塞高铁项目

2013年11月25日，中国、匈牙利与塞尔维亚三国总理在罗马尼亚首都布加勒斯特共同宣布，将合作建设连接匈牙利首都布达佩斯和塞尔维亚首都贝尔格莱德的匈塞铁路，并立即建立工作组，尽快推进该项目。该项目不仅将造福两国，也将使本地区其他国家从中受益。

匈塞铁路始建于1882年，绝大部分路段是单线，最高运行时速只有40公里。这一铁路的新建和改建项目由中国铁路总公司牵头组成的中国企业联合体承建，匈塞铁路自匈牙利首都布达佩斯至塞尔维亚首都贝尔格莱德，全长350公里，其中匈牙利境内166公里，塞尔维亚境内184公里。该项目为电气化客货混线快速铁路，有单线铁路的增建二线工程及部分区段新建双线，设计最高时速200公里，建设工期2年，建成通车后，两地之间的运行时间将从目前的8小时缩短至3小时以内。

匈牙利是第一个与中国签署关于共同推进“一带一路”建设的政府间合作文件的欧洲国家，在2017年5月的“一带一路”国际合作高峰论坛，中匈一致同意建立全面战略伙伴关系，这使得匈牙利成为中东欧地区继波兰与塞尔维亚之后第三个与中国建立全面战略伙伴关系的国家。中国铁路具有技术先进、兼容性好、安全可靠、性价比高等综合优势，中国铁路总公司牵头的中国企业联合体承建匈塞铁路项目，再次体现了国际社会对中国铁路技术实力和综合优势的认可。目前，中国铁路总公司所属铁三院与匈塞两国共同完成了项目可行性研究，中国铁路总公司牵头的中国企业联合体与匈塞两国共同确定了合作模式。下一步，铁路总公司将充分发挥在管理、技术、资源等方面的优势，加大对中国各联合体成员单位的组织协调力度，与匈牙利、塞尔维亚合作伙伴通力合作，加快推进项目实施，严格工程质量和施工安全管理，努力把匈塞铁路建设成为安全优质的精品工程、国际铁路合作的示范工程。①

2015年11月24日，中国政府与匈牙利政府在中东欧16+1会议上签署了《关于匈塞铁路项目匈牙利段开发、建设和融资合作的协议》。根据该协议，该项目估算总额折合人民币约100亿元。中国中铁股份有限公司25日发布公告称，由中国中铁公司的全资子公司中铁国际、中国铁路总公司

① 匈塞铁路匈段建设的优势与隐忧，2017年5月5日，新华网

旗下的铁总国际,与匈牙利国家铁路公司成立的中匈铁路合资公司,将作为匈牙利路段的总承包商。在该合资企业中,中方占85%股份,匈方占15%股份。[②] 2016年11月,匈牙利政府决定为中匈铁路合资公司每年提供23亿匈牙利福林(约合786万美元)的资金。至于匈塞铁路的塞尔维亚段,则由中铁国际和中国交建组成的联合体承担项目总承包,由中国进出口银行提供优惠贷款方式融资。2016年12月23日,在塞尔维亚诺维萨德,匈牙利至塞尔维亚铁路塞尔维亚段在塞尔维亚第二大城市诺维萨德举行启动仪式。匈塞铁路大大拉近了塞尔维亚与欧洲中心地带的距离,有助于将塞打造成地区交通、物流中心。这一铁路项目由中国铁路总公司牵头组成的中国企业联合体承建,它的启动标志着中匈塞铁路合作进入实施阶段,塞尔维亚愿与中国一起继续努力,确保实现匈塞铁路2018年通车目标。中国铁路走出去取得又一重大成果。

然而,中国参与建设的匈塞高铁项目进行得并不顺利。据英国《金融时报》2017年2月20日报道称,欧委会正在调查中国提供贷款的匈塞铁路的财务可行性,评估其是否违反欧盟关于大型交通项目必须公开招标的相关法律规定。由于匈牙利是欧盟国家,因此其受到欧盟法的规范,欧盟正在调查在匈牙利内部的铁路路段是否违反国家采购法,同时,欧委会与匈牙利、塞尔维亚两国政府的对话也在进行当中。此次调查的内容涵盖匈、塞两国政府与中国分别签署的铁路合作协议。但由于匈牙利是欧盟成员国,严格适用于欧盟的公共采购法规,因而成为调查的主要焦点;塞尔维亚只是谋求加入欧盟的国家,但非正式成员国,因此只适用于较为宽松的规则。国际舆论由此猜测欧委会调查是否会让该铁路项目受阻,并酿成北京与布鲁塞尔之间的外交尴尬。欧委会的介入首先反映的是欧盟面对自身日趋松散化、难达合力应对挑战的焦虑不安。对中国而言,这种焦虑感将是中国对欧投资中不得不考虑的长期因素。[③]

匈塞铁路始建于1882年,作为一个南北运输走廊在欧洲有悠久的历

② 中国中铁联合中标百亿元匈塞铁路项目,2015年11月25日,新华网

③ 中企承建的匈塞铁路遭欧盟调查 招标流程被质疑,2017年2月22日,财新网

史传统，历史上被称作“琥珀之路”。对匈牙利和塞尔维亚来说，翻新改造这条铁路还有更大的意义：它将成为泛欧10号走廊的组成部分，未来可向北延伸到波罗的海国家，向南延伸到希腊比雷埃夫斯港的贯通线，实现与亚洲的海上连通。中欧陆海快线被认为是匈塞铁路的升级版。这条快线南起希腊比雷埃夫斯港，北至匈牙利布达佩斯，中途经过马其顿斯科普里和塞尔维亚贝尔格莱德。2014年12月，中国、匈牙利、塞尔维亚、马其顿和希腊宣布将一同建设中欧陆海快线。

(7)有待争取的连接马来西亚和新加坡的马新高铁项目

2013年2月19日，马来西亚总理纳吉布与新加坡总理李显龙举行会谈后宣布，两国同意兴建吉隆坡至新加坡高速铁路，铁路全长约400公里、时速达250至280公里，可将往返吉隆坡和新加坡的时间大幅降至90分钟，高铁预计在2020年前投入运作。这条高铁的名称叫“跨国轻快铁路系统”。高铁从马来西亚吉隆坡经马南部的柔佛州巴鲁市直达新加坡。该系统将兴建一座桥梁或地下通道，穿越柔佛海峡，连接新加坡和马来西亚柔佛州新山。建成后，新加坡至吉隆坡的交通时间将由现在的4至5小时缩短为90分钟。预计每天客流量将会达到数十万人次。新加坡专家预测，马新高铁每公里造价约2.14亿马币，总造价最高可能达到728亿马币(相当于人民币1236.73亿元)，估计工程要到2025年至2030年才能完成。马新高铁计划耗资80至140亿令吉，对中国来说，马新高铁项目不仅对中国高铁“走出去”有重要的商业意义，还打通了泛亚铁路重要一环，有助于落实中国“一带一路”构想，意义同样重大。

2015年10月，马新两国公开征询市场对马新高铁的意见和兴趣，并收集业界对有关商业和技术问题的看法，为两国下一阶段双边会谈和招投标提供参考。共有98家企业或联合体提交意见，超过56份来自欧洲，来自中国和日本等东亚国家的意见有14份。虽然马新高铁项目尚未开始招标，但是各方早已开始发力。中国和日本均在马来西亚举办过高铁方面的展览和研讨会，而韩国KTX集团(Korea Train eXpress)在吉隆坡市区一个大型商场专门租下一个店面，展示其高铁技术。随着马新两国就高铁项目取得一致，有意竞标的国家均加紧对两国政府的公关和游说。新马媒体

和一些业内分析人士普遍认为，马新高铁主要是中国和日本之间的竞争，中方在马来西亚有一些优势。韩国方面也展现出浓厚的兴趣，希望能在中日激烈竞争之下后来居上。[④]

2016 年 7 月 19 日，马来西亚和新加坡政府就马新高铁项目签署谅解备忘录。谅解备忘录中包含了两国就高铁项目已经达成一致的方面，包括技术标准细节、商业模式、出入境管理和检疫、安全和安保、监管架构和项目管理等。2016 年 12 月 13 日，马来西亚和新加坡政府就马新高铁项目签署具有法律效力的双边协议，双方约定于 2017 年正式启动包含车辆系统在内的高铁项目招标工作，并再次承诺该项目将于 2026 年底前实现通车。协议内容显示，马新高铁共设 8 站，马新两国将分别设计建造并运营本国境内的车站和设施，但在车辆系统如轨道、动力、信号和通讯系统的招标方面，两国将共同选择一个中标方。

该铁路是东南亚地区最大规模的基础设施项目之一，预计投资约为 120 亿美元至 150 亿美元。该项目预计于 2017 年第一季度正式竞标，目前除中国外，已有日本、法国、韩国决定参加竞标，且日本已成中国最大竞争对手。

新加坡陆路交通管理局(陆交局)和马来西亚财政部下属马来西亚高铁公司 2017 年 2 月 16 日联合发布消息称，新加坡和马来西亚政府决定委任由三家公司组成的财团为马新高铁项目联合开发伙伴。这三家公司分别是 WSP 工程马来西亚公司、莫特麦克唐纳马来西亚公司及安永咨询服务公司。它们组成的财团将为马新高铁的系统和运营提供管理支持和技术咨询，参与制定马新高铁的技术与安全标准，协助由陆交局和马来西亚高铁公司共同组建的联合项目团队准备招标文件。马来西亚高铁公司首席执行官穆赫德·努尔·伊斯梅尔表示，委任马新高铁联合开发伙伴标志着项目进入实施阶段。新加坡陆交局局长鄞云斌说，借助财团的专业知识和丰富的高铁项目经验，马来西亚高铁公司和陆交局将启动高铁项目联合招标准备工作。

---

④ 中日韩蓄力竞标马新高铁，谁手里牌更多，2016 年 8 月 19 日，新华网

3 影响中国高铁海外项目的政治经济风险及相关问题研究

3.1 高铁海外项目的政治、经济和技术风险

海外工程的风险主要包括政治风险、经济风险和技术风险三个方面。政治风险主要包括工程所在地政局动荡，与工程所在国关系紧张，税收歧视等因素。经济风险主要包括通货膨胀，外汇管制和外汇波动，利率税率波动等因素。技术风险主要包括新工艺新技术更新换代，工程项目涉及的材料、工艺、设备有多种国际标准和规范，工程变更影响进度和成本，报价与工程量不符等因素。此外，由于当前海外工程承包市场供大于求，业主地位优越，还有可能导致不公平条款出现，业主履行义务迟延以及保函项下恶意索赔等情形。这里按阶段进展先后将几个高铁项目在各阶段所遇到的风险及问题进行分析研究。

(1)中国在土耳其高铁项目的政治、经济和技术风险分析

中国承建的土耳其安伊高铁二期项目六个阶段已全部完成，目前已投入运营。土耳其地处欧亚非交界，交汇东西、横跨欧亚，战略地位十分重要。周边国家包括伊拉克、叙利亚等战争不断的国家，不过土耳其作为中国高铁西亚第一站，具有里程碑意义。

从高铁项目开发的六个阶段来看，土耳其安伊高铁二期项目遇到的政治经济风险主要体现在第三阶段，即招标竞标阶段。我国企业的中标被投诉导致项目开工延迟。事件起因是土耳其国家铁路总局采取综合评价的中标方式，由于中国公司联合体的中标价格不是最低(但综合方案和综合标价是得分最高)，没有中标的一家土耳其公司就以此为由在中标结果公示期间向土耳其国家铁路总局提出了申诉，申诉无果之后又向土耳其法院递交了诉讼，与业主土耳其国家铁路总局打起了一场旷日持久的官司，从而最终导致项目的延误。其中，最大的难题就是融资。当时，中国关于海外投资项目融资的管理比较严格，没有出台很多优惠政策。经过多方沟通协调，项目的主要部分由中国进出口银行提供 7.2 亿美元贷款，其中的组成及条件是 5 亿美元优惠贷款、2.5 亿美元商业贷款，平均年息 2.5%，还

款期 20 年；其余的贷款部分，则由土耳其与欧洲开发银行达成 5.5 亿美元贷款协议解决。由于综合考虑了融资成本和技术方案的评分，合包集团的综合得分是第一。

技术风险则在第五阶段集中显现。一是由于该项目线路地质复杂；桥隧相连，施工难度大；而业主前期的地质勘探不够扎实精确，现场的地质条件和当初业主提供的资料有很大的出入，导致项目一直在“边勘测、边设计、边施工”的圈子里打转。业主总是不断提出新的要求，设计方案一改再改，土建工程量大大增加。二是业主负责的安伊高速铁路二期项目沿线的征地拆迁也困难重重，进展缓慢。因此，原订的开工日期不得不推迟，中国企业联合体首先要做的就是和业主沟通协调：既要延长工期，又要增加合同额。三是业主要求设计完全遵循欧洲标准，这意味着，从原料开始，包括信号、钢轨、水泥、模具、产品装备，都要经过欧洲认证，每一项认证都需要五六年的认证期。但此类设计对中国企业尚无经验可借鉴，意味着成本的增加和工期的延长，对于管理过程，欧洲和中国的理念也很不同：欧洲标准注重过程控制，中国标准注重的是结果。⑤ 这种不同体现在项目施工中，就产生了诸多问题。比如说，欧洲要求每一步都要有过程控制的记录，有负责人签字，并有监理监督。这样的过程控制管理约束强，出了问题每一步都能找到由谁负责。显然，欧洲标准有它的科学之处。中国企业可从执行欧洲标准中学习精细化管理，转变施工理念，质量控制上也更科学。四是中土工程师的互认也是一个难题。本来中国有众多有资质的工程师可以参与高铁建设，但由于土方不认可中国工程师文凭。为此，中国企业不得不在土耳其和欧洲聘请工程师，从而增加了项目的人工成本。此外，语言也是障碍，仅电气化零件就成百上千个，语言不通，专业术语又无法对接，双方沟通往往都要连比画带画图。

(2)中国在印度尼西亚高铁项目的风险分析

印尼的地理特点为“海阔而地散”，整个国家由 5 个大岛和 30 多个岛

---

⑤ 周啸东.土耳其安伊高铁——第一个中国高铁工程技术“走出去”项目[J].国际工程与劳务，2015(09).

屿群组成,是世界最大的发展中国家之一,人口约2.5亿。印尼地区发展极不平衡,长期以来主要基础设施建设集中在中部的爪哇岛,而其他地区的基础设施建设较为落后。

佐科总统上台后许诺将致力于整个印尼的均衡发展,民意不允许政府对位于爪哇岛的雅万高铁项目再占用政府有限的财政预算。出于以上的政治原因考虑,佐科政府始终主张对雅万高铁项目政府不投资、政府不提供担保。针对这样的条件,中国铁路总公司牵头的中方企业联合体经审慎研究,提出该项目采用由政府主导搭台,中方由中国铁路总公司牵头,组织铁路设计、建造、装备和运营等企业组成联合体,与印尼维贾亚卡亚公司牵头的印尼国有企业联合体合作,这对于面向东道国政府和市场,减少不必要的政治风险是非常必要和有益的。两国企业合作模式的特点,一是不直接或间接占用印尼政府的中央预算,由两国企业通过资本金和中国国家开发银行进行项目融资的方式,解决项目的投资问题;二是由参与项目的印尼企业为项目的融资提供企业担保,从而有效解决了印尼方关切的国家担保问题。选择这样的合作模式,是建立在对印尼国情、政情的充分理解上。中方提出的合作模式,既照顾到印尼政府的诉求,又最大化地确保中方企业的权益,为在激烈的竞争中击败对手、赢得项目起到了决定性作用。

由于印尼土地高度私有化,雅万项目征地为商业征地模式、不具备国家强制力,在与产权人就价格无法达成一致的情况下,出现了红线征地难的问题。目前征地问题尽管仍未完全解决,但也取得了巨大进展。印尼官方2016年9月曾宣布征地完成了60%,而到了2017年1月,据信已经达到90%。2016年8月,项目也获得了全线建设许可证。

印尼高铁目前已进行到第五阶段,即已部分开工,项目预计2018年底完成,2019年正式投入运营。纵观印尼高铁项目的五个阶段,遇到风险问题的主要是竞标阶段和后续的商讨细节阶段。

在竞标阶段,中国企业遇到的问题主要是来自日本的强烈竞争。从2015年7月份开始,日本企业强势加入到印尼高铁的竞争之中,与中国企业展开了一场长达两个月的竞争。7月上旬,日本首先派特使前往印尼提交在贷款利率、配套措施等方面更优惠的新方案;8月10日,中国企业派代

表赴印尼面呈新方案并积极回应印尼政府所关注的重点，表达中方的诚意与信心；8月26日，日本再派特使访问印尼提交再次调整、优化的方案；8月下旬，中国驻印尼大使约见印尼政府部长，再次就雅万高铁项目做工作，还特意在印尼首都雅加达承办了一场高铁成就展览，使印尼方更好地了解中方优势。在此期间，日本企业对中国企业步步相逼，随时根据中方的方案修改完善，使得印尼政府做出选择中国企业的决定步步推迟。

在后续的细节讨论过程中，出现了印尼政府突然将方案退回的突发事件。原本于2015年8月底公布结果的印尼政府，在2015年9月4日突然宣布取消高铁项目，同时退回中日高铁方案。印尼政府开始考虑改建"中速铁路"，原因是国内经济问题。印尼政府担心民众会因高铁项目的预算问题产生担忧，惧怕在国内经济问题没有得到解决的情况下，政府借外债修路会对经济产生进一步的负面影响。所以才会突然退回方案，改为预算更少的"中速铁路"。最终，由中国国家开发银行为项目提供占总投资额55亿美元75%的融资，化解了这一风险难题。

据国家开发银行网站2017年5月14日报道，在中国和印尼两国元首的见证下，国家开发银行在北京与印尼中国高铁有限公司就印尼雅加达至万隆高速铁路项目正式签署贷款协议，国家开发银行将为雅万高铁项目提供45亿美元的贷款支持。雅万高铁项目贷款协议在"一带一路"国际合作高峰论坛期间正式签署，标志着中国高铁在东南亚的第一单进入快速实施阶段。

雅万高铁项目全部采用中国高铁技术、装备和标准，借鉴中国高铁丰富的建设和运营管理经验，是中国高铁标准"走出去"第一单，在东南亚和亚洲市场都有重要的标杆意义。经过一年多的努力，中印尼合作伙伴先后完成了高铁线路规划审批、项目建设许可、特许经营协议、线路环评、勘察设计等各项准备工作。此次总承包合同签署后，中印尼双方将加强项目建设组织和管理，高标准施工，确保项目顺利推进。

(3)中国在泰国高铁项目的政治、经济和技术风险分析

2013年，中国就与泰国达成"高铁换大米"计划，2014年5月，泰国反腐委员会裁决泰国时任总理英拉不当处理大米补贴罪名成立。随后，宪法

法院裁决英拉滥用职权罪名成立,并解除其总理职务,中泰"高铁换大米"计划因政府更迭一度被搁置。时隔一年多之后,2014 年 12 月,中泰双方签署了《中泰铁路合作谅解备忘录》和《中泰农产品贸易合作谅解备忘录》。这意味着中泰两国"高铁换大米"的合作重新开启。

泰国高铁项目一度停滞于第四和第五阶段之间,即已完成协议的签署工作但由于政府方面原因导致项目僵持而迟迟无法开工。纵观泰国高铁进行的四个阶段,受政治风险影响的主要是第二阶段和第四阶段,即签署谅解备忘录之前以及协议签署后的开工。下面就这两个不同阶段分别来分析相应阶段的政治经济风险和问题。

首先在签署谅解备忘录之前的阶段泰国政治风险对高铁项目的影响主要来源于当地政治的不稳定性。

其次,在签署协议后等待开工这一阶段,政治经济风险对高铁项目的影响主要来源于国内政府的犹疑不决以及地缘政治格局变化。一是从政府方面来看,我国与泰国已于 2015 年 12 月进行了高铁项目的启动仪式,然而泰国政府 2016 年 3 月 25 日突然表示,出于对贷款利率等因素的考虑,以及应使用哪种支付货币方面存在分歧,泰国决定自筹资金投资中泰铁路项目建设工程,不再向中方贷款。虽然仍将使用中国技术、信号系统和列车,但工程将使用泰国企业作为分包商,原材料、设备和劳动力也将来自泰国。这里需要指出泰国市场具有准高端市场的特点:即泰国本土资金充裕,中方融资优势不明显;泰国本土承包工程企业实力较强,特别是在土建方面具有明显优势;劳务政策严格,泰国建筑工人主要来自周边国家(如缅甸、柬埔寨、老挝等),中国劳务工人无法大规模进入泰国市场;此外还有本土保护主义倾向,政府项目基本授予本土企业,外国公司只能与泰国公司合作开展业务。

再次,中泰双方在项目建设的造价计算结果方面也有一定差距。2016 年早些时候,中方将中泰高铁的整体造价定为 5600 亿泰铢(约 1078 亿元人民币),但泰方认为这个报价太高。而中国对首段铁路建设的估计造价为 1900 亿泰铢(约 366 亿元人民币),泰方的估计则为 1700 亿泰铢(约 327 亿元人民币)。经历长时间的艰难谈判后,泰国与中国终于就中泰高速铁

路第一期工程的成本达成了协议。泰国交通部长阿空2016年9月21日在曼谷宣布:“这项工程将耗资1790亿泰铢(约345亿元人民币)。这是双方同意的数额。”阿空说,泰国将承担全部建筑费用,中国则将为相关技术系统提供资金。⑥

最后,来自于国际方面的政治经济风险影响因素也不可忽视。第一,美国重返亚太,有可能改变区域战略均衡,对中泰高铁造成影响。第二,中国规划的泛亚铁路东南亚方向的三条路线方案都需要经过泰国,向北连接老挝万象,直达昆明,向南则通向马来西亚和新加坡,将构成泛亚铁路规划的重要一环。因其战略地位,泰国向中国索求更低利率。第三,中泰铁路陷入僵局与来自日本的竞争有一定关系。

尽管存在诸多政治经济风险,通过双方真诚合作,2016年12月9日中泰两国代表在北京举行签署了包括铁路合作谅解备忘录在内的数份合作文件。泰国交通部长阿空·丁披他耶拜实表示,根据两国最新的备忘录,泰中铁路曼谷—呵叻段计划于2017年年初开工建设,大约三年内完工,曼谷-呵叻铁路项目只是一个更大计划的一部分,这部分铁路完工后,铁路将继续从呵叻延伸到与老挝接壤的廊开府。泰国国家铁路公司在仔细研究了曼谷-呵叻铁路项目后,一致同意将其分为四段。而整条线路即曼谷—廊开线将在未来五年内实施建设。⑦

然而,要全面开工还有一些法律障碍和技术障碍有待克服。其中主要的问题,在于泰国现有法律和这一庞大工程的冲突。首先是参与建造高铁的中国工程师资质问题。泰国法律规定外国工程人员必须通过泰国的从业资格考试,才能在该国参与施工。其他障碍还包括政府采购法的限制,根据该法律,超过50亿泰铢(10亿元人民币)的项目必须由“超级委员会”来审理,这将耗时持久。此外,这条高速铁路通过的一些地区是农田,根据法律,这些土地不能被挪作他用。为了克服所有这些限制,必须用到宪法

---

⑥ 外媒:中国与泰国就高铁一期工程成本达成协议,2016年9月23日,上海证券报·中国证券网(上海)

⑦ 中泰高铁项目或年内开工 技术和法律问题正加紧解决,2017年6月9日,中国起重机械网

第44条。[8] 2017年6月份,泰国总理巴育使用临时宪法44条赋予的"绝对权力",来解决当前中泰铁路合作项目面临的一系列法律和技术障碍。7月10日,泰国政府做出决定,中国获得了在泰国建设曼谷到呵叻府高铁的权利。中泰铁路项目的一期工程资金预算52亿美元和技术部分方案业已获得批准。泰铁路将成为连接中国与新加坡并经过老挝、泰国、马来西亚的"铁道丝绸之路"的一部分。

(4)中国未建即停的墨西哥高铁项目政治风险

墨西哥高铁曾被认为是中国高铁"走出去"真正意义上的第一单,但命运却一波三折。2014年11月3日,墨西哥通信与交通部公布由中国铁建牵头的国际联合体中标了墨西哥城至克雷塔罗州的高速铁路项目,但仅仅3天后,由于外界质疑和墨西哥国内压力,中标结果即被撤销。2015年1月14日,墨西哥官方宣布重启项目招标,并确认有包括中国公司、西门子、庞巴迪、阿尔斯通在内的5家企业有意参与新一轮招标,可是在16天之后,墨西哥官方又改变主意,决定无限期搁置高铁项目。政治风险造成中国企业两次中标被取消以及项目的无限期搁置。

中国高铁承办商依法投标中标,却由于东道国国内政治原因,被取消中标而且造成的损失没有得到合理赔偿,该项目存在很大的潜在风险。

有人猜测高铁项目涉嫌行贿受贿,竞标结果不够公平公正,导致中标遭到公众质疑。中国企业的正当权益没有得到维护,墨政府政府目前预估赔偿金额近2000万比索(131万美元,约合810万元人民币)。鉴于中方企业完全履行了招投标义务,毁约系墨西哥方的单方面行为,赔偿金额理应是一个较大的数字。而且中铁建曾透露,仅前期工作就在墨西哥投入200名技术人员,成本数以百万美元计,这样的赔偿金额显然不合理。

(5)中国企业中途停建的委内瑞拉高铁项目的经济风险

由中国中铁在拉美总承包承建的第一条高铁——全长462.27公里、设计时速220公里的蒂纳科—阿纳科铁路为双线电气化铁路,原预计2012年完工。根据双方协议,中铁公司负责该铁路工程的设计、采购和施工,其

[8] 为引进中国高铁 泰国动用"绝对权力",2017年6月20日,新浪新闻

与委内瑞拉铁路局将成立货车车辆组装厂、轨枕生产厂、道岔组装厂和钢轨焊接厂共四个合资工厂，中方将对委方进行技术转让。该项目采用中国的技术标准，主要工程材料、机车车辆、工程设备和施工设备从中国进口，项目合同总金额75亿美元。从拉美当地媒体的报道中可知，事实上这笔资金按合同系委内瑞拉方提供（项目采取工程总承包模式，中方负责设计、采购、施工，委内瑞拉承诺75亿美元总工程款分批如期到位）。然而成也石油，败也石油，丰富的原油储备让委内瑞拉经济增长了数年，在查维斯当政期间，国际原油价格一度达到每桶100美元的水平。在这种情况下委内瑞拉依赖出口获得了大量的美元外汇储备，于是委内瑞拉把很多钱都用于支持社会公共项目，对食物进行补贴，国民福利水平大幅提升。但是在国际油价暴跌的时候，委内瑞拉的各种补贴和社会福利支出就难以为继了。目前委内瑞拉的现金基本上处于枯竭的边缘。委内瑞拉央行称，该国的外汇储备只有104亿美元，而其债务规模为72亿美元。国际货币基金组织(IMF)称，2016年委内瑞拉经济出现了负8%的增长，通胀率高达481%，失业率高达17%，预计2017年委国失业率会上涨至20%。

项目"烂尾"的根本原因，也正是由于石油价格下跌，委国经济出现严重问题，导致无法按合同提供工程款。由此导致项目本身的进度一拖再拖，铁路原定2012年完工，但实际上直到2012年底连一寸铁轨都未能铺出，此时此刻承建方—中国中铁股份有限公司转而和委内瑞拉方改签查瓜拉马斯-帕斯瓜河谷"优先区间"先行的"逐段建成完工协议"，而这段长度仅35公里、预计2014年底完工的区间，直到2014年4月10日方才开始铺轨，"2014年底竣工通车"的承诺，最终也成为一纸空文。

(6)欧委会审查中的匈塞高铁项目遇到的政治经济风险

匈塞铁路是中国在欧盟市场首个高铁项目，也成为中欧之间"一带一路"倡议的指标项目。分析认为如果此计划遭取消，将打击"一带一路"推进到欧洲中心的势头。另一方面，此调查案可能会造成欧盟与成员国间的分歧，匈牙利就曾强调，它已向布鲁塞尔咨询过，他们的行为符合欧盟采购法。

欧盟对匈牙利的基建项目招标程序展开调查，匈塞铁路并非首例。早在 2014 年,匈牙利政府就曾因将一项投资额达 125 亿欧元的核能项目合同,授予俄罗斯的国有能源企业而招致欧盟调查,并遭到欧委会的侵权起诉。耗时近三年,欧委会才于 2016 年 12 月终止调查,接受了匈方关于"只有俄罗斯能提供所需技术"的申辩理由。

根据中国社科院欧洲研究所 2017 年 5 月份发布的《匈牙利看"一带一路"和中国—中东欧合作》智库报告显示,欧盟目前公布的规划中包括 9 条跨欧洲线路,其中只有两条是南北向,且没有一条连接新加入欧盟的国家,更不用说非欧盟的欧洲国家。《报告》立足于匈牙利的视角,邀请了匈牙利著名智库和研究机构的学者撰写文章,阐述他们对"一带一路"倡议和中国—中东欧机制的理解。欧盟中有部分人士持怀疑观点,认为中国与中东欧的合作会削弱欧盟的权威。⑨

2016 年 11 月,中国交建和中铁国际负责人代表中方联合体与塞尔维亚政府签署了匈塞铁路塞尔维亚第一段商务合同。这标志着中匈塞三国合作的匈塞铁路迈向实施阶段。2017 年 5 月 16 日,中国进出口银行董事长胡晓炼与塞尔维亚副总理兼建设、交通与基础设施部部长佐拉娜·米哈伊洛维奇在京签署匈塞铁路塞尔维亚贝尔格莱德至旧帕佐瓦段项目优惠出口买方信贷贷款协议。在 2017 年 6 月 9 日举行的中国—中东欧国家合作发展论坛主论坛上,中国商务部国际贸易谈判代表兼副部长傅自应披露,"中方倡议并推动的匈塞铁路和中欧陆海快线建设已经取得积极进展,塞段铁路有望于年底开工。"这也是中国官方首次确认匈塞铁路将于年内开工的消息。⑩

然而与匈牙利合作的开展可能并不会像和塞尔维亚般那样简单,匈牙利作为欧盟国家,投资与贸易必须符合欧盟的相关规定。欧委会主要有疑虑的内容包括,中国政府与匈牙利政府签署的政府间协议,将项目的执行工作,直接授权给由中、匈两国国有铁路公司合资成立的企业,因而有可能

⑨ 社科院欧洲研究所发布《匈牙利看"一带一路"和中国—中东欧合作》智库报告,2017 年 5 月 17 日,中国经济网

⑩ "中国与中东欧合作对欧盟透明",匈塞铁路塞段有望年底开工,2017 年 6 月 13 日,澎湃新闻网

违反公开竞争的招标规则。截至目前,欧盟方面仍然未公布相关的调查结果。欧盟的角色与影响显然不能忽视。作为欧盟成员国,匈牙利近一阶段与欧盟的关系较为敏感,这或许也影响到了匈牙利与其他国家开展合作。因此作为匈塞铁路另一端的匈牙利,迄今仍没有给出境内铁路动工的明确时间。[11]

(7)待建的马新高铁项目可能遇到的政治经济风险

马新高铁由于涉及马来西亚和新加坡两个国家,因此谈判磋商必须获得三方的合作。该项目目前处于项目招标的准备阶段。就目前来看,中国高铁项目遇到的两大问题,一是项目延期和征地、融资问题,为避免征用私人土地而引起争议,马新高铁将尽量使用政府土地;除了工程本身之外,两国政府还有诸多因素需要考虑,目前一个重要问题就是项目融资。由于项目延期,马新高铁建设成本必然受通货膨胀以及地价上涨等因素影响而增加,政治经济风险无疑会增加。[12] 二是来自对手的竞争。从中国高铁"走出去"开始,日本一直是一个如影随形的强有力对手。对日本来说,竞推高铁技术只是两国争夺亚洲行业优势地位的缩影,发电、港口和道路基础设施都是潜在竞争领域。然而,马新高铁竞标存在政治经济因素,在开标前一切都存在变数。中国企业参与竞争马新高铁项目就像一场长跑,既比拼实力,更需要耐力。

4 中国高铁海外项目政治经济风险的共性与特性分析

4.1 风险的共性分析

虽然六个国别高铁项目的地区不同、所处阶段不同、各自结果也不同,但在项目推进的过程中所面临的一些问题是相同的,下面就以本次跨案例分析的几个高铁项目为例进行共性分析。

(1)面临他国的强势竞争

---

⑪ 匈塞铁路匈段建设的优势与隐忧,新华网 2017 年 5 月 5 日

⑫ 马新高铁 2020 年恐难竣工,2014 年 10 月 31 日,驻马来西亚经商参处商务部网站.

在国际高铁建设领域，除中国外，还有法国、德国、日本等国家掌握高铁技术，目前来看，竞争问题对我国高铁海外项目的影响越来越大。以日本为例，从中国高铁“走出去”开始，日本一直是强有力对手，自与中国相争而失利印尼高铁以来，日本倍感压力，面对中国高铁日益扩大的影响力产生了危机感，所以近年来日本开始有明显动作，与中国高铁间的竞争也越来越明显，马力全开，积极推销新干线，与中国竞争马新高铁。除了日本企业，欧洲企业也形成了较大的竞争，而且对于欧洲企业来说，竞标泰国高铁项目相对有利，因为欧洲的很多铁路咨询公司是按照欧洲规格来进行调查并制订项目计划的，而中国、日本和欧洲的铁路信号和运行管理系统却采用了不同的规格。

鹬蚌相争，渔翁得利，在这样的竞争下受益的其实是各个东道国。中日高铁在各方面相差较大，各有各的擅长领域，完全可以合作互补，然而由于历史和国家方面的种种因素，这种合作是难以达成的。总之，中国企业不管在哪一个海外国家开展高铁项目，都可能会遇到其他国家高铁企业竞争的问题，中国企业应该清楚自己的优势方面，取长补短，避免不必要的竞争，将损失降到最小。

(2)随时可能受到东道国政治经济变动影响

由于高铁项目的资金量大，工期长，施工对沿线有重要影响，因此中国高铁海外项目不管进展到什么阶段，总是会受到东道国政治经济等方面的不同干扰和影响。例如泰国高铁项目处于签署谅解备忘录前的第二阶段时就因泰国国内政变造成项目洽谈的推迟；墨西哥高铁项目处于第三阶段即竞标阶段就因为墨西哥国内党派冲突等原因导致项目夭折；印尼雅万高铁项目在签署协议(第四阶段)完成后仍因为国内征地方面的政策导致项目难以落地，匈塞铁路项目在开工前又遭遇欧盟的调查等，不一而足。可见需要对政治经济法律风险时时提防，做好应对准备。

(3)第三至第五阶段受政治经济风险影响概率最大

从项目竞标开始到项目完工前这段时期，高铁项目受政治经济风险影响最大。因为在第三阶段即竞标前，企业的直接投入相对较小，即便政治或经济风险影响了项目对企业来说直接损失还是相对较小的。但从第三

阶段起，企业开始为招标投入人力、物力、财力，到第四阶段协议签署完成开工时，企业的直接投入就更大了，如果在这几个阶段发生政治、经济风险，企业的损失是极大的，因为投入的资本是无法撤回的，这就导致即便是小小的项目延期也会造成极大的成本损失。因此，当项目处于第三至第五阶段时，应格外注意政治、经济风险的发生，以免造成巨额损失。

(4)政治经济风险的国别表现不尽相同

在本次跨案例分析中的几个跨国别高铁项目中，中国企业其实都在不同程度上受到了东道国政治经济风险的影响，比如说土耳其政府的贪腐和不透明就导致了中国高铁公司中标遭怀疑，诉讼争论耽误了一段时间使得高铁项目无法正常开工；泰国则是由于发生政变导致政府更迭，高铁项目洽谈也因此被推迟整整三个月；墨西哥项目由于政府腐败以及党派争斗以及社会纠纷导致我国高铁中标后遭质疑并最终被取消，造成了巨大的损失；委内瑞拉则是由于国际石油价格下降，造成国内经济形势发生巨大变化，从而无力推进高铁项目实施；而匈塞铁路因被审查而无法开工则是由于可能违反欧盟法律所致。

由此可见，虽然在不同国家中影响高铁项目进展的政治经济风险有所不同，有的是受政府腐败影响，有的是受东道国政治不稳定影响，还有的是受当地法治不完善的影响，但相同的是政治风险是肯定存在的。中国企业不能因为某个国家存在较大的政治经济风险就完全禁止对该国的投资，关键是能否做到风险可控。因为风险与机会往往是并存的，找到合理的规避路径才是解决难题之道。

4.2.2 各自项目风险的特性分析

(1)项目进展速度不同

尽管在不同的国家，我国高铁企业都以同样的步骤、方式与东道国进行高铁项目的合作，但对于不同的国家，高铁项目的进展速度是不同的。

以几个高铁项目为例，土耳其的安伊高铁项目已完工且通车，这不仅是因为前期洽谈谈判投标期间遇到的阻碍较少，而且土耳其的高铁连接土耳其首都安卡拉和土耳其最大城市伊斯坦布尔，这对于当地的发展十分重要，所以当地政府对于高铁的修建持有较强烈的意愿。同样，印尼雅万高铁项目目前已开工，除前期遇到日本强势竞争，印尼政府变高铁为“中速铁路”，以及征地拆迁等问题之外，进展较顺利，预计三年后即可投入运营。

中泰高铁项目一度陷入僵局，这不仅是由于泰国国内政治动荡导致的前期协商的延迟，也由于泰国政府需要顾及国内各方利益，不仅耗时长，漫天要价，还以日本新干线为由威胁中国，导致中泰高铁一段时期情况不明，停滞于第四阶段。

委内瑞拉作为石油输出国，对资源依赖过强，价格下跌、通胀严重，经济近期难以好转，以致根本无暇顾及高铁建设项目，只能停建等待观望；墨西哥更不必赘述，因为该项目未建设即已无限期停滞。

匈塞高铁项目因审查而暂时停工，马新高铁项目的进展相对更慢一些。因为一方面，马新高铁是一条跨国高铁，需要由马来西亚和新加坡的领导人共同商议决定，所以决策会更谨慎，进度也因此会更慢一些；另一方面，各国企业间激烈的竞争也是导致马新高铁进度缓慢的原因之一。由于各国高铁特点不一样，例如中国高铁性价比高而日本高铁则是技术较成熟，马来西亚政府难以抉择，导致该项目建设一拖再拖。马新高铁最初的规划是于2016年开工，并于2020年运行，而时至今日，马新高铁都尚未进入竞标阶段。由此可见，对于不同的国家，由于面对的东道国的环境与风险、技术要求、标准规范和法律规定都有较大差异，所以中国海外高铁项目的进展速度往往是不同的。

(2)面临主要政治、经济风险类型各有不同

尽管中国修建海外高铁项目的东道国都或多或少的存在政治经济风险，但各自占主导地位的政治经济风险类型却是各不相同的，例如在跨国别案例中，土耳其对高铁项目造成主要影响的政治风险是政府的不透明程度较高，造成了中标遭质疑以及诉讼的时间成本；而泰国对高铁项目造成主要影响的政治风险则是政治的不稳定性，泰国因突发的政变导致之前所做的谈判合约失效，以及难以践约等问题；墨西哥的高铁项目则是由于政府贪腐不透明引起的社会冲突以及政治上的党派之争导致中标失效，造成了巨大的损失；印尼高铁和马新高铁则主要受他国政治经济因素以及企业

竞争影响；匈塞高铁又受到超国家联盟——欧盟的政策和法律的影响。

所以中国高铁企业在海外的东道国进行高铁承建，虽然都会面临政治经济风险的新挑战，但是所面临的造成主要影响的风险类型是不同的。中国企业应该对所前往的东道国做好充分的调查，确定对高铁项目产生主要影响的政治经济风险是什么，提前做出科学预判，并进行有效的预防以及相应的补救措施，将发生损失的可能性降到最小。

5　中国企业参与海外高铁项目的风险规避

①在进行海外高铁项目时，首先要进行风险识别、估计和预测。要将可能遇到的问题分类并做预案处理。对于在任何国家承办高铁项目都会遇到的共性问题，应该咨询参考在其他各国进行高铁项目的中国企业在遇到这些问题是如何解决的，比如参考在土耳其修建高铁时是如何应对欧洲标准问题等；在面对不同东道国的特性问题时，应该彻底调查了解该东道国的各方面情况，特别是政治风险方面，以泰国为例，政治不稳定导致高铁项目被反复停滞或暂停的可能性是非常大的，要做好投入大量时间成本的准备与对应解决之道。

②企业竞标时尽量注意满足东道国需求。在竞标过程中，应注意在突出自己优势的同时关注东道国的需求，学会主动合作，共商、共建、共享。中日两国方案的重要差别，就在于是否需要印尼政府使用国家预算并进行贷款担保，这也是中国方案胜出的最关键因素。中国企业认识到了印尼政府在基础设施建设上推动无政府担保的商业融资模式存在需求并在竞标方案中有所体现，提供55亿美元的全额贷款，不需要印尼政府担保。也正因为如此，中国企业成功中标。可见竞标要有技巧，不应胡乱搞价格战，合理满足东道国需求才是硬道理。

③对于非我方责任造成的损失据理力争。海外高铁项目由于受东道国政治风险影响较大，经常会由于东道国原因遭到波及，造成损失。对此，我国企业应据理力争，可以采取国际仲裁的方式，到WTO等组织进行仲裁，维护自己的合法权益。

④做好提前防范东道国政府或企业的单方面违约行为，当违约行为发

生时不轻易让步，要依照法律妥善解决。中国企业应该在与东道国协议时将东道国违约甚至毁约的后果及赔偿事宜商定清楚，以便将风险锁定或转移。对于无视协议单方面毁约的国家，中国企业不能放纵这种行为，必须认识到这种做法的破坏性示范效应，要依据法律进行索赔。从宏观上讲，中国作为世界大国，在与中小国家的合作中，可以做出适度让步，但这种让步是在谈判框架内做出的。中国应该树立中国与中小国家进行基础设施合作的标杆，这对于中国高铁技术的良性对外输出大有裨益。

后　记

本书是在进行国家社会科学基金重大和重点项目相关研究工作及完成国家自然科学基金管理科学部应急项目“基于价值链的‘一带一路’经贸投资和产业转移研究”、陕西省社会科学基金面向“十三五”重大理论与现实问题研究项目“‘一带一路’全方位对外开放新局面研究”，陕西省社科基金丝绸之路专项“中国与丝绸之路沿线国家贸易投资合作及政策研究”等课题基础上所形成，并在理论研究和实证分析方面做了重大充实、完善和提高情况下完成的。

本书由冯宗宪教授牵头并确定研究和写作大纲，确定各章的安排，并对各章内容进行修改、增删和总纂，课题组成员薛伟贤教授、博士研究生王珏、蒋伟杰、王石，硕士研究生宋德华、米嘉伟、滕旋、任伟、李鑫、陈韫等参加了部分章节的写作、计算和讨论。在此特作说明。

在课题研究中我们得到了来自有关部门的支持和帮助，得到了中国社科院和中国科学院的有关学者、专家和国内外大学教授们的热情帮助，在此表示诚挚的谢意。本书研究工作获得国家社会科学基金、国家自然科学基金、陕西出版资金和陕西省社会科学基金的鼎力支持，在此特表示衷心的感谢。

在本书付梓之际，作者还要衷心感谢西安交大出版社总编辑林全、责任编辑柳晨的大力支持和辛勤劳动。

作　者

责任编辑 韩星
封面设计 刘璇